做一个理想的法律人
To be a Volljurist

法律人进阶译丛【法学启蒙】
李昊/译丛主编

如何解答法律题

解题三段论、正确的表达和格式

第11版增补本

Juristische Klausuren
und Hausarbeiten richtig
formulieren, 11. Auflage

〔德〕罗兰德·史梅尔/著
胡苗苗/译

北京大学出版社
PEKING UNIVERSITY PRESS

著作权合同登记号　图字:01-2015-4538
图书在版编目(CIP)数据

如何解答法律题:解题三段论、正确的表达和格式:第11版:增补本/(德)罗兰德·史梅尔著;胡苗苗译.—北京:北京大学出版社,2019.1
(法律人进阶译丛)
ISBN 978-7-301-29936-4

Ⅰ.①如… Ⅱ.①罗…②胡… Ⅲ.①法律—学习参考资料 Ⅳ.①D9

中国版本图书馆CIP数据核字(2018)第229153号

Juristische Klausuren und Hausarbeiten richtig formulieren, 11th rev. and add. Ed. by Roland Schimmel. ⓒ Verlag Franz Vahlen GmbH, München 2014

本书原版由C.H.贝克出版社于2014年出版。本书中文版由原版权方授权翻译出版。

书　　　　名	如何解答法律题:解题三段论、正确的表达和格式(第11版增补本) RUHE JIEDA FALÜTI:JIETI SANDUANLUN、ZHENGQUE DE BIAODA HE GESHI
著作责任者	〔德〕罗兰德·史梅尔　著　胡苗苗　译
丛书策划	陆建华
责任编辑	田　鹤
标准书号	ISBN 978-7-301-29936-4
出版发行	北京大学出版社
地　　　　址	北京市海淀区成府路205号　100871
网　　　　址	http://www.pup.cn　http://www.yandayuanzhao.com
电子信箱	yandayuanzhao@163.com
新浪微博	@北京大学出版社　@北大出版社燕大元照法律图书
电　　　　话	邮购部010-62752015　发行部010-62750672 编辑部010-62117788
印　刷　者	三河市北燕印装有限公司
经　销　者	新华书店
	880毫米×1230毫米　A5　17.125印张　543千字 2019年1月第1版　2019年11月第2次印刷
定　　　　价	59.00元

未经许可,不得以任何方式复制或抄袭本书之部分或全部内容。
版权所有,侵权必究
举报电话:010-62752024　电子信箱:fd@pup.pku.edu.cn
图书如有印装质量问题,请与出版部联系,电话:010-62756370

"法律人进阶译丛"编委会

主　编

李　昊

编委会

（按拼音排序）

班天可　陈大创　杜志浩　季红明　蒋　毅
李　俊　李世刚　刘　颖　陆建华　马强伟
申柳华　孙新宽　唐志威　夏昊晗　徐文海
查云飞　翟远见　张　静　张　挺　章　程

做一个理想的法律人（代译丛序）

近代中国的法学启蒙受之日本，而源于欧陆。无论是法律术语的移植、法典编纂的体例，乃至法学教科书的撰写，都烙上了西方法学的深刻印记。即使中华人民共和国成立后兴盛了一段时期的苏俄法学，从概念到体系仍无法脱离西方法学的根基。20世纪70年代末，借助于我国台湾地区法律书籍的影印及后续的引入，以及诸多西方法学著作的大规模译介，我国重启的法制进程进一步受到西方法学的深刻影响。当前中国的法律体系可谓奠基于西方法学的概念和体系基础之上。

自20世纪90年代开始的大规模的法律译介，无论是江平先生挂帅的"外国法律文库""美国法律文库"，抑或许章润、舒国滢先生领衔的"西方法哲学文库"，以及北京大学出版社的"世界法学译丛"、上海人民出版社的"世界法学名著译丛"，诸多种种，均注重于西方法哲学思想尤其英美法学的引入，自有启蒙之功效。不过，或许囿于当时西欧小语种法律人才的稀缺，这些译丛相对忽略了以法律概念和体系建构见长的欧陆法学。弥补这一缺憾的重要转变，应当说始自米健教授主持的"当代德国法学名著"丛书和吴越教授主持的"德国法学教科书译丛"。以梅迪库斯教授的《德国民法总论》为开篇，德国法学擅长的体系建构之术和鞭辟入里的教义分析方法进入到了中国法学的视野，辅以崇尚德国法学的我国台湾地区法学教科书和专著的引入，德国法学在中国当前的法学教育和法学研究中的地位日益尊崇。然而，"当代德国法学名著"丛书虽然遴选了德国当代法学著述中的上乘之作，但囿于撷取名著的局限及外国专家的视角，丛书采用了学科分类的标准，而未区分注重体系层次的基础教科书与偏重思辨分析的学术专著，与戛然而止的"德国法学教科书译丛"一样，在基础教科书书目的选择上尚未能充分体现当代德国法学教育的整体面貌，是为缺憾。

职是之故，自2009年始，我在中国人民大学出版社策划了现今的"外国法学教科书精品译丛"，自 2012 年出版的德国畅销的布洛克斯和瓦尔克的《德国民法总论》（第 33 版）始，相继推出了韦斯特曼的《德国民法基本概念》（第 16 版）（增订版）、罗歇尔德斯的《德国债法总论》（第 7 版）、多伊奇和阿伦斯的《德国侵权法》（第 5 版）、慕斯拉克和豪的《德国民法概论》（第 14 版），并将继续推出一系列德国主流的教科书，涵盖了德国民商法的大部分领域。该译丛最初计划完整选取德国、法国、意大利、日本诸国的民商法基础教科书，以反映当今世界主要大陆法系国家的民商法教学的全貌，可惜译者人才梯队不足，目前仅纳入"日本侵权行为法"和"日本民法的争点"两个选题。

系统译介民商法之外的体系教科书的愿望在结识季红明、查云飞、蒋毅、陈大创、葛平亮、夏昊晗等诸多留德小友后得以实现，而凝聚之力源自对"法律人共同体"的共同推崇，以及对案例教学的热爱。如果说德国法学教育有何最值得我国法学教育借鉴之处，当首推其"完全法律人"的培养理念，以及建立在法教义学基础上的以案例研习为主要内容的教学模式。这种法学教育模式将所学用于实践，在民法、公法和刑法三大领域通过模拟的案例分析培养学生体系的法律思维方式，并体现在德国第一次国家司法考试中，进而借助于第二次国家司法考试之前的法律实训，使学生能够贯通理论和实践，形成稳定的"法律人共同体"。德国国际合作机构（GIZ）和国家法官学院合作的《法律适用方法》（涉及刑法、合同法、物权法、侵权法、劳动合同法、公司法、知识产权法等领域，由中国法制出版社出版）即是德国案例分析方法中国化的一种尝试。

基于共同创业的驱动，我们相继组建了中德法教义学 QQ 群，推出了"中德法教义学苑"微信公众号，并在《北航法律评论》2015 年第 1 辑策划了"法教义学与法学教育"专题，发表了我们共同的行动纲领：《实践指向的法律人教育与案例分析——比较、反思、行动》（季红明、蒋毅、查云飞执笔）。2015 年暑期，在谢立斌院长的积极推动下，中国政法大学中德法学院与德国国际合作机构法律咨询项目合作，邀请民法、公法和刑法三个领域的德国教授授课，成功地举办了第一届"德国法案例分析暑期班"并延续至今。2016 年暑期，季红明和夏昊晗也积极策划并参与了西南政法大学黄家镇副教授牵头、民商法学院举办的"请求权基础案例分析法课程"暑培训班。2017年暑期，加盟中南财经政法大学法学院的"中德法教义学苑"团队，成功举办了"案例分析暑期培训班"，系统地在民法、刑法和公法三个领域以德国的鉴定式模式开展了案例分析教学。

中国法治的昌明端赖高素质法律人才的培养。如中国诸多深耕法学教育的启蒙者所认识的那样，理想的法学教育应当能够实现法科生法律知识的体系化，培养其运用法律技能解决实践问题的能力。基于对德国奠基于法教义学基础上的法学教育模式的赞同，本译丛期望通过德国基础法学教程尤其是案例研习方法的系统引入，能够循序渐进地从大学阶段培养法科学生的法律思维，训练其法律适用的技能，因此取名"法律人进阶译丛"。

本译丛从法律人培养的阶段划分入手，细分为五个子系列：

——法学启蒙。本子系列主要引介关于法律学习方法的工具书，旨在引导学生有效地进行法学入门学习，成为一名合格的法科生，并对未来的法律职场有一个初步的认识。

——法学基础。本子系列对应于德国法学教育的基础阶段，注重民法、刑法、公法三大部门法基础教程的引入，让学生在三大部门法领域能够建立起系统的知识体系，同时也注重增加学生在法理学、法律史和法学方法等基础学科上的知识储备。

——法学拓展。本子系列对应于德国法学教育的重点阶段，旨在让学生能够在三大部门法的基础上对法学的交叉领域和前沿领域，诸如诉讼法、公司法、劳动法、医疗法、网络法、工程法、金融法、欧盟法、比较法等有进一步的知识拓展。

——案例研习。本子系列与法学基础和法学拓展子系列相配套，通过引入德国的鉴定式案例分析方法，引导学生运用基础的法学知识，解决模拟案例，由此养成良好的法律思维模式，为步入法律职场奠定基础。

——经典阅读。本子系列着重遴选法学领域的经典著作和大型教科书（Grosse Lehrbuecher），旨在培养学生深入思考法学基本问题及辨法析理之能力。

我们希望本译丛能够为中国未来法学教育的转型提供一种可行的思路，期冀更多法律人共同参与，培养具有严谨法律思维和较强法律适用能力的新一代法律人，建构法律人共同体。

虽然本译丛先期以德国法学教程和著述的择取为代表，但并不以德国法独尊，而注重以全球化的视角，实现对主要法治国家法律基础教科书和经典著作的系统引入，包括日本法、意大利法、法国法、荷兰法、英美法等，使之能够在同一舞台上进行自我展示和竞争。这也是引介本译丛的另一个初衷。通过不同法系的比较，取法各家，吸其所长。也希望借助于本译丛的出版，展示近二十年来中国留学海外的法学人才梯队的更新，并借助于新生力量，在既有译丛积累的丰富经验基础上，逐步实现对外国法专有术语译法的相对统一。

本译丛的开启和推动离不开诸多青年法律人的共同努力，在这个翻译难以纳入学术评价体系的时代，没有诸多富有热情的年轻译者的加入和投入，译丛自然无法顺利完成。在此，要特别感谢积极参与本译丛策划的季红明、查云飞、蒋毅、陈大创、黄河、葛平亮、杜如益、王剑一、申柳华、薛启明、曾见、姜龙、朱军、汤葆青、刘志阳、杜志浩、金健、胡强芝、孙文、唐志威（留德）、王冷然、张挺、班天可、章程、徐文海、王融擎（留日）、翟远见、李俊、肖俊、张晓勇（留意）、李世刚、金伏海、刘骏（留法）、张静（留荷）等诸位年轻学友和才俊。还要特别感谢德国奥格斯堡大学法学院的 Thmoas M. J. Möllers 教授慨然应允并资助其著作的出版。

本译丛的出版还要感谢北京大学出版社副总编辑蒋浩先生和策划编辑陆建华先生，没有他们的大力支持和努力，本译丛众多选题的通过和版权的取得将无法想象。同时，本译丛部分图书得到中南财经政法大学法学院徐涤宇院长大力资助。

回顾日本和我国台湾地区的法治发展路径，在系统引介西方法律的法典化进程之后，将是一个立足于本土化、将理论与实务相结合的新时代。在这个时代，中国法律人不仅需要怀抱法治理想，更需要具备专业化的法律实践能力，能够直面本土问题，发挥专业素养，推动中国的法治实践。这也是中国未来的"法律人共同体"面临的历史重任。本译丛能预此大流，当幸甚焉。

李　昊
2018 年 12 月

译者序

早在十几年前，以请求权作为基础的案例分析方法就已经在中国大陆崭露头角，这主要得益于王泽鉴先生的著作《民法思维：请求权基础理论体系》。但其逐渐进入法科学生的视野并不断流行则是不久之前的事情。译者真正接触这种理性的案例分析方法是2011年在中国政法大学中德法学院攻读硕士的时候。当时作为德方院长的汉马可先生为我们讲授德国民法最基本的思维方法，即是本书所介绍的以请求权作为基础的案例分析方法。虽然刚开始由于固有思维模式的限制无法很快适应，但经过几个案例的训练之后便被其严谨的逻辑以及理性的思考方法所征服。法学这门人文科学在这一思维模式之下显得更加精巧，有了自然科学中依据公式层层推导的感觉。

译者在德国攻读博士期间，一批有志于推广德国法教义学的中国学者筹划了包括本书在内的德国文献翻译项目。译者本欲借此书系统学习并巩固这一法学思维模式，恰巧有这样一个翻译的机会便欣然接受了这一任务。在翻译过程中，译者更加深刻地体会到法学三段论推理模式并不是曾经法理学课中点到即止的抽象理论，乃是可作为在实际案例分析过程中极为实用的工具。愿所译的这本《如何解答法律题》不但能够为一般法科学生提供案例分析的方法指导，也能够给学习德国法以及将要到德国学习深造的学生提供一个参考。

译者在学习法学的过程中常常会有这样的体会，即拿到一个案例之后脑海中出现很多法律条文，案情简单时可能会立即得出一个结论，但案情复杂时却一头雾水不知从何下手，有时虽然对答案有一个预判，但却不知如何梳理并清楚简洁地表述思维过程。而以请求权为基础的案例分析方法可以让我们摆脱无从下手的困境，答题人每次只需从一个请求权入手，先假设该请求权成立，并层层推进检索其构成要件是否存在，就可以最终得出结论。对于剩余可能的请求权只需重复这一过程即可。本书将对解答法学案例的三段论作公式化的总结，并通过对十个具体案例的分析，训练该公式的具体操作。

读者只需认真阅读并领会这十个案例的分析过程便能对这个"放之四海而皆准"的公式形成大致印象。但真正的熟练运用仍有待日后勤加练习,直到读者看到一个案例脑海里便会出现条理清晰的解题步骤。

本书对于将要到德国读 LLM(法学硕士)或者参加德国国家司法考试的学生而言都是不错的参考。在德国读书期间一说到自己是法学专业的,常常会让人投来"崇拜"的眼光,其实很多时候乃是因为法律语言本身的缘故,因为法律专业语言本身就是一门外语,即使德语是母语的学生也需要额外学习和掌握。如果读者在学业中不熟悉如何用法言法语接收并输出信息,这将给听课以及考试带来很大的麻烦。在德国法学教育中绝大部分笔试或者家庭作业都采用案例分析的形式,因此学会以法言法语正确表达法律观点尤为重要。本书在翻译过程中保留了在笔试以及家庭作业中如何正确表达的德语原文,读者在初学之时可以参考这些表达例句并不断积累,最终可以熟记于心并运用自如。另外,本书中提到的法学作业外在格式的要求也能够为初学德国法律的读者提供一些指导,一份法律人的作品应当具备良好的品格并与其"身份"相称。

本译文脚注中参考文献的书目信息都以德文原文呈现,以便需要查阅相应参考文献原著的读者进行查找。

最后需要说明的一点是关于"如何表达"部分出现的"〈 〉"符号。如果将某一个表达本身视为一个自然科学中的公式,则"〈 〉"符号中的内容就相当于公式中作为变量的符号,指代各项的内容。例如在"$E = mc^2$"这个公式中,E 表示能量,m 表示质量,c 表示光速,在计算某一具体物体的能量时只需将该物体的质量代入公式即可;在本书中"〈请求权人〉所主张的债权可以依据〈请求权基础〉得出",这一表达中〈请求权人〉和〈请求权基础〉就相当于上述公式中的质量,在具体的案件中读者只需将具体的请求权人和请求权基础代入其中即可。

由于译者能力所限,无法通过译文准确传达原著的精妙之处,望读者见谅。

胡苗苗

2017 年 10 月 2 日于慕大校园内

前　言

本书虽然在很大程度上不只是以大学新生为对象，但其却致力于研究大部分大学新生都有过的经历，即：他们将法学以及法律适用作为一门——刚开始非常难以理解的——艺术来对待，而这门艺术在很大程度上是通过对一门专业语言的熟练掌握而进行传授的。如果参加专业的学术讨论，即使讨论限于初学者练习的难度，也只有那些注意并遵守其一系列规则的人才有可能取得不错的成绩，至少是存在于某一部法律（Gesetz）中的规则。本书试图为法律人应当如何思考与讨论提供一个指引。认识这些规则后，人们可能就不再会认为法学入门的门槛有多高。

关于法律人应当如何就法律问题进行口头及书面表达这个问题——理想状况下——还是比较容易理解的，但是要真正掌握却并非易事。习得这样一种能力是法学教育非常重要的组成部分。[1]

与上一版本的改动情况相比，新版本在大框架上的变化少于细节上的变化。为使本书更加简洁，我已对其作了尽可能的缩减。但因有新案例的不断引入，本书的篇幅却比之前有所增加。这些新增案例——包括对其所作的必要阐释——都是近几年德国国家司法考试所常常引用的。这表明，有不少学生，甚至是已经参加德国国家司法考试的学生仍未能掌握某些难点问题，而这些问题在他们还是初学者时就已经对其造成困扰。

偶尔会有读者抱怨，认为本书过于注重错误分析。关于是否改变以及如何改变这种状况，经过考虑之后我决定保留原稿的形式。如果读者觉得第三部分理解起来过于吃力，就请多阅读第二部分的内容。此外，倘若读者只是

---

〔1〕 该观点认为，在学习法律文书写作的同时也能习得法律的思维方式。另外，利用该途径的步骤之一是法律文献的有效阅读，但这一点并未明确提出。持有该观点的有 Reimer ZJS 2012, 623 ff.（www.zjs-online.com/dat/artikel/2012_5_618.pdf）；Lagodny Gesetzestexte.

需要完美的——如果说没有完美,就且称之为"没有错误的"——案例分析范本,不但可以在教学期刊中,也可以在笔试及家庭作业的相关图书中找到相当丰富的资料。

经过多次修订之后,现在本书看起来已基本符合我当初对它的设想。为本书完善提供诸多帮助的人不胜枚举,我感谢每一位提供过帮助的人。尤其要感谢那些为本书寄来改进意见[1]的读者,以及向其学生[2]推荐过本书的老师们。

其中不可替代的是汉斯·彼得·本诺尔教授(Prof. Dr. Hans-Peter Benöhr)以及我的父亲。前者的鼓励使我鼓起勇气撰写本书,后者在可被期待的最大限度内为本书提供持续数年的校对工作。

此外,我要由衷感谢的是弗里德里希·E. 史纳坡教授(Prof. Dr. Schnapp),他的帮助使本书的案例变得更加形象生动。

此外,我还要感谢出版社的贝尔博·斯马克曼(Bärbel Smakman)和安德烈安·贝尔特勒(Andrea Bertler)对手稿尽心尽力的编辑。

百炼成钢,经过不断修订,本书也会变得越来越完善。为此,我欢迎读者所有的意见和建议。

罗兰德·史梅尔
美茵河畔的法兰克福,2013 年 10 月

---

[1] 请发送至:rolandschimmel@ t-online. de.
[2] 严格来讲,此处必须使用 *StudentInnen*(意为包括男女学生在内的复数形式)。本书将通篇不使用内置大写字母——这并不是出于歧视女性的目的,乃是为了使文章简洁易读。如果从上下文联系中不能明确得出相反结论(例如 *Gesamtschuldnerinnenausgleich* 〈连带债权人的内部分摊〉一词,如果固守性别问题上的政治正确,则会导致该词成为 *Gesamtschuldnerinneninnenausgleich* 〈女性连带债权人的内部分摊〉),那么另一性别也总是被同时提及,因此在提及女权主义者(*Feministen*)的同时,使(女性的)女权主义者(*Feministinnen*)也感受到被尊重。Informativ zum Problem des sprachlichen-geschlechterpolitischen Anstands *Scheffler* JZ, 1162. ff;立法者提出了一种新的、有趣的书写样式,其在《德国反不正当竞争法》第 1 条第一句中将消费者区分为女性消费者(*Verbraucherinnen*)和(男性)消费者(*Verbraucher*)(并一如既往地采用了传统的、绅士风度的顺序,即女士优先),但在之后的法律文本中都只采用 *Verbraucher*(消费者)一词。如果立法者已经对其作出定义,这样的用法也是完全没有问题的——难道不是吗?类似的用法也被立法者适用于《德国平等待遇法》第 6 条第 2 款第一句之中:本章意义上的雇主(*Arbeitgeber*)(*Arbeitgeber*〈男性雇主〉und *Arbeitgeberinnen*〈女性雇主〉)是指……此外,于 2013 年 4 月 1 日生效的《德国道路交通管理条例》也避开了表现性别特征的字符;司机(例如《德国道路交通管理条例》第 3 条第 1 款)是指驾驶交通工具的人。请参见 http://binnenibgeone.awardspace.com/。

目 录

第一部分 绪论 / 001

一、为何要阅读本书？/ 001
二、本书通往预期目标的四个步骤 / 003
三、四点提醒 / 003
四、结构和使用 / 004
五、读者的期待 / 005

第二部分 关于法律鉴定的构造——案例 / 011

第一章 相关理论——必要前提 / 012

一、演绎推理（又称为"三段论"）/ 012
二、鉴定模式 / 016

第二章 具体适用 / 023

一、程式化 / 023
二、练习案例及其鉴定建议 / 027

第三部分 语言的组织 / 043

第一章 词汇本形成指南 / 044

第二章　鉴定模式的表达
——本书讨论的侧重点在于民法 / 046

一、大前提 / 047

二、小前提 / 080

三、结论 / 100

四、将鉴定模式转换为判决模式 / 106

五、标准情形 / 121

第四部分　解题提示 / 199

第一章　错误以及错误的避免 / 200

一、正确的德语 / 204

二、易读的德语 / 221

三、几个法学特性 / 240

四、法学鉴定中的几个特点 / 291

第二章　完成练习作业的一些建议 / 354

第五部分　附录：表达和学术研究的外在形式 / 375

一、家庭作业中的形式 / 378

二、笔试中的格式 / 423

三、脚注 / 425

第六部分　检查清单 / 457

参考文献目录 / 463

关键词索引 / 481

缩略语表 / 517

第一部分 绪 论

一、为何要阅读本书？

本书主要探讨了法律鉴定技术（Gutachtentechnik）[1]以及法律语言两个方面的问题。基于以下三个理由，法律鉴定技术及法律语言应当受到法律人，尤其是法学初学者的重视。

1. 对具有法律意义的案件事实进行判断时，法律鉴定技术能在很大程度上保证得出一个内容上"正确的"（意指：至少是可被认为具有正当性的）结果。

尽管始终以鉴定模式进行思考是非常困难的，但我们还是应当尽可能地掌握好如何表述法律论证过程的规则，因为采用鉴定模式有时还能避免一些不必要的工作量和错误。

2. 鉴定技术以及涵摄技术（Subsumtionstechnik）[2]都是考试内容的组

---

[1] 译者注："鉴定技术"（Gutachtentechnik）又称"鉴定模式"（Gutachtenstil），是一种案例分析方法。它是指从案例中有关当事人的诉求出发，先假设相应的权利存在，再逐步寻找、检验并论证该权利存在的前提要件是否满足，最终判断相应的权利实际上是否存在。与之相对应的是"判决模式"（Urteilsstil）。在"判决模式"中，首先判断相应的权利是否存在，之后再论证其存在与否的理由。参见：http：//www.nataliestruve.de/wp-content/uploads/2012/09/Gutachtentechnik.pdf。

[2] 译者注："涵摄技术"（Subsumtionstechnik）是"鉴定技术"中的核心内容，是指将特定的案件事实，置于相应的法律规范之下，并判断该案件事实是否满足相应法律规范中的构成要件的一种思维过程。"Subsumtion"本身的含义是指"将……归属于；将……纳入"。将Subsumtion译为涵摄是借鉴王泽鉴先生的译法。王泽鉴先生将其称为"来回穿梭于法律规范和案件事实之间的一种严谨、精致、艰难的法学思维过程"。参见：王泽鉴：《法律思维：请求权基础理论体系》，北京大学出版社2009年版，第157—163页。

成部分,也是要求考生必须掌握的两项重要技能。[1]

2 请读者设想一下考官的状态:对于考官来说,考卷中的所有问题都非常简单。因为,首先考官可以提一些他所了解的问题,其次他也有足够的时间来思考这些问题的答案。每一个错误的答案都会使考官感到失望。如果存在语言或者技术上的错误,则会令其更加失望。相反,当阅卷人批改完一连串"灾难性"的卷子之后拿到出色的答卷时肯定会感到非常欣慰。

3. 法律语言是法律人从业的工具。[2]法律条文以及合同所表达的意思通常取决于其具体用词的确切含义。因此,法律工作者必须非常谨慎地处理法律语言。

法律语言的重要性既不宜被高估,亦不能被低估。当然,也没有必要将遣词造句过分神化、吹毛求疵,毕竟语言表述的内容本身也是非常重要的。如果读者对于所讨论的问题拥有有力的论据,那就应该用恰当的语言将其表达出来;即使论据不够充分,一个较好的语言外在形式也能弥补实质内容上说服力的不足。[3]

---

[1] 下文所提及的绝大多数提示和说明适用于法律鉴定及涵摄技术。这些也是考生在大多数考题中需要用到的。对于专题研习(Themenarbeit) [相关内容请参见:Schimmel/Weinert/Basak Themenarbeiten; Noltensmeier/Schuhr JA 2008, 576 ff.; Bull JuS 2000, 47 ff.; Büdenbender/Bachert/Humbert JuS, 24 ff.; Konrath in: Busch/Konrath (Hrsg.) SchreibGuide JuS, 115 ff.; 比较典型的有:Kudlich JuS 2002, 1071 ff.; Putzke Arbeiten, 118 ff.] 以及就研讨课报告而言,法律鉴定和涵摄技术只间接用于对材料进行思路分析;就其结果的表述而言,则适用其他规则(将在本书第三部分论及,参见边码323及以下)。法律鉴定通常都是以书面形式表现;对于**口试成绩**的提示,尤其对于研讨课报告来说是有益的提示,请参见:Leist JuS 2003, 441 ff. 关于德国国家司法考试中的口试部分请参见:Petersen; Klünder/Schultze/Selent; Augsberg/Büßer; Diringer LTO, v. 4.2.2012 = www.lto.de/recht/studium/referendariat/s/beeindruckendes-nichtwissen-knoblauch-fans-und-studenten-auf-dem-selbstverwirklichungstrip-bei-muendlichen-pruefungen-kann-mann-allerlei-erleben-wie-sie-für-alle-beteiligten-zu-einem-unvergessliche/;第一次德国国家司法考试中的口试范例请参见:Sporleder-Geb/Stüber JA 2009, 535ff.,第二次德国国家司法考试的口试范例请参见:dies. JA 2006, 56 ff., 2010, 52ff.; Krüger/Ebling/Gusy AL 2013, 292ff. 考试中做报告的范例参见:Kipp/Kummer Jura 2007, 414 ff.;进一步的指导请参见:www.muendlichepruefung.de/lit.html 及 www.jura.uni.duesseldorf.de/lehre/studium/faq;考官的视角请参见:Ogorek Law Zone 2/2008, 17 ff.; Ebling/Gusy Law Zone 2011, 281ff.

[2] 延伸阅读请参见:Schnapp JZ 2004, 473 ff.

[3] 当然,最后一点是存在争议的。当读者成为一名律师时或许会改变现在的想法。

二、 本书通往预期目标的四个步骤

如果读者目前只是购买了本书,毫无疑问只完成了第一步。这一步非常重要同时也是正确的,但还远远不够。第二个步骤就是阅读本书。该步骤可以快速进行。[1]但是读者需要考虑的是:走马观花式的快速阅读很难让读者取得实质性进步。读者最晚可以在第三步的时候注意到这一点:读者必须领会并掌握书中的内容。[2]这个过程应当如何进行,我并不能给出确切的答案;在逐步领会的过程中,读者将会看到一些建议和指引。第四个步骤虽然非常简单,却非常耗费时间,即:练习,练习,再练习。[3]读者可以在整个大学学习期间不断地练习。当然,越早开始越好。

虽然购买本书不会同时提供圆珠笔和记号笔,但还是强烈推荐读者多多使用这两样工具。当然,如果读者计划在考试之后转手本书的话,这会明显降低其转售价格。但这些工具的使用却可以增加考试前以及考试时的收获。

三、 四点提醒

1. 本书无法作为文献进行援引[4],也没有被援引的需求。因为其并非着眼于学术研究,亦未意图给人留下其为学术著作的印象。研究鉴定技术的

---

[1] 如果集中精力,只需两个下午便可将本书读完。需要提醒读者注意的是,如果对本书第三部分(边码 50 页及以下)进行逐字逐句的整体阅读,实际上收获不大。读者只需快速浏览并理解其结构即可,到实际需要运用时再去查看具体的细节。本书的读者如果是大学新生,则应当从头开始读——也就是从此处开始。如果读者是已经具有一定基础的高年级学生或者是德国国家司法考试的备考者,那么可以从本书边码 50 开始阅读,根据不同的确信程度或许也可以从本书边码 323 开始阅读。

[2] 由于这样的领会过程非常漫长并且有时也是非常枯燥的,这里为读者提供一个判断标准,即何时可以结束这个过程:当本书书脊脱胶的时候,本书的内容才被真正领会。此外,书页四周的白边上布满读者的笔迹,书页上尽是被咖啡和红酒弄脏的污渍以及书页的折角已经撕到文章内容上了(请读者尤其要注意,最后提及的三个条件必须同时得到满足)。

[3] 复习材料请参见:*Namitz* Schemata, Bd.I;*Tettinger/Mann* Einführung;*Bringewat* Methodik;*Wyss* Einführung;*Kerschner* Arbeitstechnik;*Pense* Klausur 相对简短的文献请参见:*Zuck* JuS 1990, 905 ff.

[4] 关于可引注性的规则请见本书边码 519。

基础本身就已经是一项非常复杂的任务。

2. 本书并非《圣经》[1]：它并不包含任何作为唯一标准的诫命，使得世界上所有的一切都必须谨遵执行。如果本书的内容与读者练习课老师的教导有所出入，那么请读者仍以练习课老师所讲为准。

3. 本书并不完全，并且也无法提供解决所有问题的万能秘诀：即使读者将本书内容全部熟记于心，仍有可能犯错。

优秀的法学入门指导书籍或多或少给人以这样的印象，即读者为了在练习或考试中尽可能取得优异的成绩，则必须遵循一系列的规则。坦诚地说，与系统性的入门指导相比（例如《如何有把握地通过笔试与家庭作业？》），本书只是为读者提供一些具有针对性的提示。

4. 此外，本书并非教科书。如果读者通过阅读本书也有实体法（materielles Recht）上的得益（这当然是令人高兴的），也只是意外的收获。

文中所使用案例的主要目的在于让本书的读者达到第一学期应有的专业知识水平，同时，也为了使作为初学者的读者能够在研习本书的过程中有所收获。但是，如果读者想要系统学习实体法的内容，就请参考合适的教科书。[2] 如果读者想要更加深入地研究法学理论，也可以考虑使用本书所提及的一些法学导论参考书。

4a 四、结构和使用

1. 本书包括——在本绪论之后——三个部分，读者可以按顺序通读全文并加以使用，也可以就每个部分单独进行阅读和利用。第二部分简要概括了法律适用技术（Technik der Rechtsanwendung）并借助初学者所熟悉的案例进行分析

---

〔1〕倒不如称之为"课本"，因为本书只是一本普通的练习手册，并没有多少权威性，但其提出很多具有建设性的建议。

〔2〕关于民法实体法的系统性介绍，下列教科书对于初学者而言可能要求过高：Medicus *Bürgerliches Recht*; Grunewald *Bürgerliches Recht*; Schellhammer *Schuldrecht nach Anspruchsgrundlagen*。此外，本书所推荐的参考书籍读者无需全部购买，当然也无需立即购买。但下列做法对于读者而言或许是很有帮助的，即在法学研讨课中找出这些书籍的书目号，并将其记在本书边缘的空白处，当需要用到相关书籍的时候便能迅速找到它们。此外，读者也可以借此机会学会如何使用图书馆的书目分类目录。

和阐释。第三部分为读者提供了大量的表达建议（Formulierungsvorschläge），借助于这些建议读者可以将一份框架性的提纲转化成一份简明易懂的法律鉴定（Rechtsgutachten），而这样的法律鉴定也是练习及考试中阅卷人所期待看到的。第四部分内容是对练习以及考试中经常出现的不必要的错误予以提醒。第四部分将尽可能地就如何处理一些典型问题提供建议。

2. 正如很多教科书一样，本书也采用加粗字体的方式强调特别重要的**内容**。

举例：详细阐释以及不那么重要的内容（包括举例以及对所举例子进行说明）采用相对较小的字体，这也使读者在反复研读本书的过程中可以将注意力集中于重点内容之上。

为了便于区分，第三部分关于表达的建议（Formulierungsvorschlage）将采用列举符号（•）加无衬线字体的形式进行排版。[1]

五、读者的期待

阅读本书能够给读者带来什么（假定读者的兴趣、好奇心以及勤勉都已经具备）？这个问题在前言部分已简单提及，下面以一个简单的例子对此加以进一步说明——案例式教学（exempla docent）。

在大学第一学期的一次期末考试中出现下面这句话： 4b

Vertretungsmacht heißt, dass der A weiß, was der B in seinem Namen macht（代理权是指某A知道某B以其名义所做的行为）。

乍一看感觉还不错，至少从学生的角度来看是这样的。但是，以阅卷者挑剔的眼光看来，这句话在很多方面都存在可指摘的地方。

---

〔1〕译者注："衬线指的是字形笔画末端的装饰细节部分。一般认为衬线起源于古罗马的石刻拉丁字母。1968年Edward Catich神甫在其著作《衬线的起源》中指出，在石刻时，先用画笔将字母轮廓标注在石头上，然后刻字人依照墨迹进行刻画形成了衬线。衬线体和无衬线体的区分，同样存在于东亚方块字体中。比如汉字中的宋体就是衬线体，而黑体就是无衬线体。"请参见：http://zh.wikipedia.org/wiki/衬线体。

4c　　1. 从语言上来看，这个定义[1]并不令人满意。首先，如果省略行为主体前那些显得过时且拗口的定冠词[2]，那么这个定义看起来会更加令人满意：

　　Vertretungsmacht heißt, dass A weiß, was B in seinem Namen macht（代理权是指 A 知道 B 以其名义所做的行为）。

　　其次，我们必须将所做的行为（不精确的表达）精确化。代理行为并非指所有的行为（machen），而仅仅是指法律行为意义上的行为，即其本质是意思表示（Willenserklärung）的那些行为。因此，最为恰当的动词应当是表示（erklären）[3]：

　　Vertretungsmacht heißt, dass A weiß, was B in seinem Namen erklärt（代理权是指 A 知道 B 以其名义所做的表示）。

　　最后，一个好的定义不应该使用 A 或者 B 这样的称谓，而应当采用体现相关主体法律地位的称谓。因为所谓定义应当包含一个具有普遍适用性的结论[4]：

　　Vertretungsmacht heißt, dass der Vertretene weiß, was der Vertreter in seinem Namen erklärt（代理权是指被代理人知道代理人以其名义所做的表示）。

　　到目前为止，这个句子至少在形式上已经包含了一个可适用于法学鉴定的定义。

　　对表达进行一定程度上的美化和调整是第四部分的内容。正如读者所见，对上述句子进行相应修改之后，不但内容上更加准确，而且语言表达也得到了改善。由于这些形式上的美化常常与实质内容存在紧密联系，因此读

---

〔1〕关于法学鉴定中的定义请参见本书边码 98 及以下。
〔2〕请参见本书边码 404。
〔3〕此处的表示（erklären）必须从法学意义上进行理解（即给出一个意思表示），而不能从一般语意（erläutern）进行理解（即阐释、说明的含义），详细内容请参见本书边码 371。
〔4〕但这并不是什么严重的错误。通过使用法律关系的具体参与人而更加贴近案情地表述相关定义，这在法学鉴定中是非常普遍的（并且在某些情况下是恰到好处的）。虽然从逻辑上讲并不是很有说服力，却也是能够理解的。

者应当认真对待。在法律文件中,形式往往与内容上的品质(或缺陷)彼此关联。随后将对此作进一步详细论述。

2. 另外,上文提到的句子实际上最多只能算作对代理权(*Vertretungsmacht*)这一法律概念的一次非专业性了解。在阅读过相关法条(《德国民法典》第 164 条第 1 款)之后,我们可能会对代理权这一概念有更好的理解。根据《德国民法典》第 164 条第 1 款的法律后果即可得出第一种表达方式。可以将其表述为: **4d**

> Vertretungsmacht zu haben bedeutet, Willenserklärungen mit Wirkungen für oder gegen andere abgeben können(拥有代理权意味着可以作出法律后果归于他人的意思表示)。

如果有读者觉得该表述过于拗口,也可以将其稍加润色后表述为:

> Vertretungsmacht ist die Rechtsmacht zur Abgabe von Willenserklärung, die nicht den Erklärenden, sondern den von ihm Vertretenen berechtigen und verpflichten[1](代理权是指作出意思表示的权能,该意思表示的法律后果并不归于表示人,而是由被代理人享有相应权利并承担相应义务)。

由此可以看出,最初援引的定义并不完全正确(错误)。毕竟人(A)不可能知道一切。但是,即使假定人可以知道一切(正如上文所援引句子的作者所认为的那样),我们必须思考,是否只要 A 知道(wissen),便足以创设 B 的代理权?如果 A 的知道(wissen)仅仅是代理权存在众多要件中的一个,那就应该这么表述:

> Vertretungsmacht setzt voraus, dass A weiß, was B in seinem Namen erklärt(代理权的存在以 A 知道 B 以其名义所为的表示为要件)。

至少到目前为止已经可以看出,这个定义并不完整[2]。

---

[1] 由另一练习课成员所下的尚且过得去的定义:Vollmacht ist die Befugnis des Handelnden, mit Wirkung für und gegen den Vertretenen handeln zu dürfen(代理权是指行为人所享有的权限,行为人根据该权限可以为一定行为,并且该行为的法律后果直接归属于被代理人)。但是,此处的行为(handeln)一词含义过于宽泛,因为代理权仅指涉及意思表示的行为。

[2] 想要进一步了解定义的构建和结构请参见:v. *Savigny* Grundkurs; *Schneider/Schnapp* Logik, 45ff.; *Gast* Juristische Rhetorik, 194ff.

因此上述表达在内容上是完全错误的。代理权的社会及经济功能恰好体现在被代理人无需知道代理人所做的行为而承受其法律后果。A 对于 B 所为意思表示的具体内容的知悉，并非代理权存在的构成要件。更确切地说，B 可以在其代理权范围内作出意思表示，而这些意思表示是 A 所不知道的（或许永远不知道或者事后才知道）。

请读者不要惊慌！因为阅读本书并不以读者能对代理权概念下一个好的定义为前提。后者涉及实体法上的内容。为了能够正确运用这些实体法上的定义，我们必须具备法律知识。传授实体法知识并不是本书的目的所在。[1] 但是，倘若涉及将逻辑严密的规范结构（Normstruktur）正确转化为语言表达的问题，恰好属于本书的探讨范围[2]。

4e 3. 从策略（taktisch）上看，考生其实完全可以将这一切恼人的事情省去。在有些情况下我们在法律鉴定中并不会对法律概念进行如此准确的定义——尽管根据法律鉴定的逻辑这是必要的。如果我们省略法律概念定义这一步骤，则直接表明代理权存在是比较常用的候补方法。最后，考生假定阅卷人对代理权概念有一定了解，因此不对其进行定义并直接进入下一个思考环节：

> Vertretungsmacht kann B kraft gesetzlicher Anordnung oder kraft rechtsgeschäftlicher Erteilung（Vollmacht）gehabt haben［B 既可以根据法律规定取得代理权，也可以根据法律行为授予（委托授权）而取得代理权］。

这种做法相当普遍并且大部分情况下也不会被判定为错误[3]。

即使在答卷中出现文章开头所援引的句子，也是有可能通过考试的，尽管代理权的存在在一定程度上是有问题的。

---

〔1〕 请参见本书边码 4 第 4 点。
〔2〕 主要在于第三部分，本书边码 50 之后。
〔3〕 这里提出一个比较实际的问题，即考生在哪些情况下允许做出这样的省略。这个问题很难回答。相关教科书也未给出一个恰当的定义。关于代理权请参阅 *Brox/Walker* BGB AT, Rn. 531；*Medicus* AT, 923ff.；*Rüthers/Stadler* BGB AT, § 30 Rn. 10；非常有帮助且不得不提的是 *Brok* 的教科书, Rn. 1425：Vertretungsmacht ist die Befugnis, durch Abgabe oder Enrgegennahme gerade dieser Willenserklärung Rechtsfolge für den Vertretenen herbeizuführen（代理权是指通过发出或者接收意思表示并使该意思表示直接向被代理人发生法律效果的权限）。

这些策略性的思考正是本书期待帮助读者的，但本书也有明显的局限，即它不可能为读者曾经在练习或者考试中所遇到过的所有问题提供答案。

4. 通过上述例子可以得出以下结论：在定义上所花费的精力固然值得尊重，但实际上没有必要。如果读者经受住这番考验，那就能如所期望的那样得出一个内容上正确的定义。如果无法得出一个内容上正确的定义，那至少有可能得出一个有更好表述的错误定义。[1]

总而言之，本书旨在帮助读者尝试理解，为何阅卷人会觉得文章开头所援引的句子远不如应试者所认为的那么好。

---

[1] 尽管现在回过头来细看前文的例句，这样的表达已经不被人所看好，但是，说实话，这样的表述是非常典型的。

第二部分　关于法律鉴定的构造
——案例

　　本部分包括两方面的内容，一方面是对于法律适用方法最基本的概括，另一方面是一系列非常简单的练习案例以及相应的分析建议。通过这些案例，读者可以对法律鉴定的案例分析方法有初步的了解。读者如果已经学过一个学期及以上的法学，则可以跳过这一部分直接进入下一个环节。但是对于初学者而言，本部分的阅读仍然是有所裨益的。

第一章

相关理论——必要前提

读者在深入研究鉴定技术之前,有必要对法学推理的作用机制有一个大概的了解。所谓法学推理主要涉及将应然规则(**法律规范**〈Normen〉)适用于具体情形(案件,称之为**案件事实**〈Sachverhalt〉更加妥当)。为了根据一般规则就具体案件事实得出有效的判断,我们需要借助一种合乎逻辑的推理方法,这种逻辑推理方法被称为"三段论"或"**演绎推理**"(Syllogismus)。

一、演绎推理(又称为"三段论")

我们可以将演绎推理理解为一个过程,依靠该过程我们能够通过有说服力的方式获知问题的答案,答案具有结论的形式。请读者用自己的语言习惯对此进行考察,通过演绎推理可以从已有的结论中得出新的结论并以此来回答问题。[1]

首先来看一个自古以来的经典范例:

> 这个在某种程度上具有学术性的**问题**是:
> 苏格拉底会死吗?
> 该问题的**答案**只能这样得出:
> 首先针对这类问题需要一个一般性的结论:所有的 x 都是 a
> 所有人都会死。
> 然后需要确定:y 属于 x 的情形之一
> 苏格拉底是一个人。

---

[1] 关于亚里士多德的逻辑更易理解的简明导论请参见 Soentgen,边码 125 及以下。

据此得出结论：y 是 a

苏格拉底会死。

从最后一个句子得出的结论看起来非常普通：苏格拉底会死——更确切地说，这个答案我们在这些推论之前就已经知道。但是通过上述程序也能得出一些并非显而易见的结论，因为该程序具有逻辑上的说服力。

第二个例子取自于日常生活：

五岁孩童（K）因一头比特犬（P）大声叫喊而感到害怕，于是问他妈妈（M）：这只狗会咬人吗？

M 说：会叫的狗不咬人。

K 很快得出结论：P 是一条狗并且它会叫。

因此 P 不咬人。

并因此得到很大安慰。

为了使答案具有逻辑上的说服力，在这个例子中必须同时满足（kumulativ）两个前提要件。此外，我们也可以看到，无论一个所期待的结果是积极（苏格拉底会死）还是消极（P 不会咬人）表述，其对推理结果并不会产生任何影响。

在前提要件为消极表述时，这一推理过程也同样适用。

例三：L 问，他为什么不能彩票中奖。B 运用如下原理，即"不敢于冒险，便不可能获奖"对此作出逻辑解释，据此告诉 L，如果其之前不买彩票，那么他便没有中奖的可能性。

在目前为止所举的例子中所适用的规则都是描述性的（叙述性的）类型；因此听起来并不那么"法学"。但当我们提出需要适用规范性规则的问题时，情况就会有所变化。规范性规则规定一定的内容，并且通常使用<u>应当怎样</u>（soll）表达，而不是是<u>怎样</u>（ist）来表达：Wer einem anderen dessen Eigentum wegnimmt, soll als Dieb bestraft werden（夺取他人财物者，应当作为盗窃罪而受到刑罚处罚）。在下文的法律规范中将使用**法律规范**（**Normen**）来称呼。

例四，这个例子来自于刑法：

问题或许可以表达为：

谋杀者 T 是否应当受到刑罚处罚[1]？

答案的推导过程如下：

所有的谋杀者都应当受到刑罚处罚。具体请参阅《德国刑法典》第 211 条及以下（§§211f. StGB）。

T 是一个谋杀者。

T（作为谋杀者）应当受到刑罚处罚。

11 这个推理过程很简短并且毫无难度。问题往往在于如何有说服力地得出第二个结论（T 是一个谋杀者）。这个结论也可以通过同样的推理得出：

所有的军人都是谋杀者[2]。

M 是一个军人。

M 是一个谋杀者。

12 为了就法律问题作出判断，我们常常必须多次运用上述推理过程进行相互关联的反复求证。

例如：

问题依然是：T 是否应当受到刑罚处罚？

已知信息（案件事实）：T 是一个职业军官。

结论的推导过程：

所有的谋杀者都应当受到刑罚处罚。

所有的军人都是谋杀者。

所有的职业军官都是军人。

T 是职业军官。

T 是军人。

---

[1] 在练习作业中提出的问题常常很不确切，例如：T 是否应受到刑罚处罚？

[2] Kurt Tucholsky 是否曾经这样写过？如果没有，那又是怎么样呢？请参阅：Der bewachte Kriegsschauplatz, Gesammelte Werke, Hrsg. Gerold-Tucholsky/Raddatz, 1960, Bd. 9；1931, 253 ff.（也可参见：www. e-text. org/text/Tucholsky%20Kurt%20-%20DER%20BEWACHTE%20KRIEGSS-CHAUPLATZ. txt）。请读者思考，如果和这里一样适用一个错误的观点，那后果将是如何。结论必定是错误的吗？推论过程的逻辑依旧是正确的吗？

T是一个谋杀者。

T（作为一个谋杀者）应当受到刑罚处罚。

例五（该例来自民法）：

论点如下：*Alle x sind a*（所有的 *x* 都是 *a*）。

我们是否可以将物之所有人和占有人之间的关系改写为：

Alle Eigentümer sind berechtigt, vom Besitzer iherr Sache deren Herausgabe zu verlangen[1]（所有的所有权人都有权要求其所有物的占有人返还其所有之物）。

或者更简短一点：

Jeder, der Eigentümer einer Sache ist, kann vom Besitzer deren Herausgabe verlangen（任何个人，其作为物之所有权人，有权要求占有人返还）。

法律条文表述如下：

Der Eigentümer kann vom Besitzer die Herausgabe der Sache verlangen（所有权人可以向占有人请求物之返还）[2]。

这个句子作为一般性陈述的本质并未因改写而改变。

我们将第二个句子与具体案件事实联系起来：

E 是一本书的所有人，该书被 B 占有。

据此可以推导出：

E 可以要求 B 返还该书。

为了使本文的阐释一目了然，本文特地挑选一些比较简单的例子作为分析的对象，但是其展现了法学论证工作的精髓，即使在处理结构更加复杂的条文和涉及范围更广的案件事实时读者也能够从容应对。

其实这一过程只是法律适用者在脑子里作出一个判断时所使用的简单草稿。抛开其形式化的外壳，这个过程也是为大家所熟知的。当这个过程为了

---

[1]《德国民法典》第 985 条所规定的请求权的第三个要件是没有占有的权利（《德国民法典》第 985 条第 1 款第 1 句），此处为了简洁而省略。

[2] 请参阅《德国民法典》第 985 条（§985 BGB）。

法律判断的目的而表现于书面时,就需要遵循一定的规则。

15 二、 鉴定模式

使用上述方法所得出的结论在语言上可以通过不同的方式来表现。其中一种被称为判决模式,这种模式符合法学上中立性语言习惯的要求。

判决模式的一般表达形式为:

问题:Hat A einen Anspruch gegen B(A是否享有对B的请求权)?

答案:Ja, denn...(die im Gesetz genannten Voraussetzungen für einen solchen Anspruch liegen vor)(有请求权,因为……)(法律对该请求权所规定的前提要件存在)。

16 因此这样的表达模式——仅是暂时性的——并不能继续向前推进。另外一种表达方式称为**鉴定模式(Gutachtenstil)**,读者必须掌握这种模式[1][2]。鉴定模式将进一步遵循上文所提及的演绎推理的方式作出判决。鉴定模式具有一个优势,即这种表达方式能够使读者更易于把握判断结果的正确性。一种表达方式应该能够表明读者是客观地对案件事实进行分析,并且其结果是未知的。但是很多时候读者在练习中刚刚下笔就已经知道确切的结论。

鉴定模式的论证过程看起来是这样的:

问题:Hat A einen Anspruch gegen B(A是否享有对B的请求权)?

答案:1. A kann gegen B einen Anspruch haben, wenn die gesetzlichen

---

[1] 这常常需要花费很多的努力。学生们常常为此懊恼叹息并且问老师,如此晦涩艰难地训练鉴定模式是否有点偶像崇拜的嫌疑。答案是否定的。实际上这是非常有意义的——它的意义通常在一年之后会慢慢明了:通过这样的训练,我们可以学会如何在庞大的、可能存在竞合的判断中筛选出真正重要的信息和法律规范并且了解它们在相互关系中哪些更具有说服力。在学习过程中,这样的目的并不明显,因为在练习中学生常常只能得到非常有限的信息,并且潜在的相关法律规范更是有限。但是这种状况正在慢慢改变。

[2] 对于鉴定模式的简要介绍请参见 Jansen AL 2009, 223 ff.

Voraussetzungen dafür gegeben sind（A 享有对 B 的请求权，如果法律对该请求权所规定的构成要件存在）。

2. Die im Sachverhalt mitgeteilten Informationen erfüllen die gesetzlichen Voraussetzungen（案件事实所包含的信息满足法律所规定的构成要件）。

3. A hat daher einen Anspruch（因此 A 享有对 B 的请求权）。

鉴定模式的一般化表达形式为：

第 1 步：构成要件

读者必须先明确导致具体法律后果的构成要件是什么，然后再从法律中找出规定该法律后果的具体法律规范。

第 2 步：涵摄（Subsumtion）

读者需要确定在具体案件事实中是否存在法律规范所规定的抽象的构成要件。在过程中，读者应当列举每一个具体的构成要件并对其进行定义，并将案件事实纳入到该定义之中。这个过程意味着，案件事实将与法律规定的构成要件进行对比，据此我们可以作出判断，案件事实（Sachverhalt）是否属于法律所规定的构成要件（Tatbestand）。

第二个步骤常常涉及范围极广。只是基于简洁之故而在例子中仅用一句话来表述。但是，不论这一部分的内容有多长，也不能省略第 1 步和第 3 步的内容。[1] 正是因为鉴定的长度无法一目了然，读者才需要通过大前提（Obersatz）（第 1 步）以及（阶段性）结论（Zwischenergebnis）（第 3 步）明确其结构。

第 3 步：结论

读者只能在最后一步得出结论，才能就最初的问题作出回答。

在鉴定模式中总是如此，即结论总在涵摄之后得出。

---

[1] 这是练习中常常出现的错误。

我们可以借鉴拉伦茨[1]所使用的框架对该步骤的顺序予以说明：
1. T→R 构成要件导致法律后果（法律规范）
2. S = T 案件事实符合构成要件
3. S→R 案件事实导致法律后果

21　　所有上述框架所涉及的法律规范都具备特定的结构。意思是指它们都是以"如果……就……（Wenn-dann-Schema）"的结构进行构建的。

如果（wenn）法律所规定的构成要件存在，就（dann）出现相应的法律后果。（用符号简洁地表达为：T→R）

读者在阅读法律条文时，并不是所有法律条文都能一眼看出该结构。《德国民法典》第 985 条关于返还原物请求权的规定中这一结构非常明显。但是《德国民法典》第 346 条第 1 款、第 437 条第 2 项、第 440 条、323 条、326 条第 5 款规定的解除合同情况下的返还价款请求权就需要读者同时查看很多法律规定才能得出。这种能力我们只能随着时间的推移慢慢习得。

22　**（一）大前提（Obersatz）**

根据所适用的方法论，大前提也被称为三段论结论的第一个假设。[2][3]

大前提的内容和作用：通常情况下大前提是由法律规范所组成，即对于法律规范内容的规范性表述，当满足特定前提要件时应当出现特定的法律后果，简言之：法律后果的归入。

23　　作为大前提的法律规范可以改写为下列一般化表述：

当构成要件中规定的所有前提条件存在时，就会出现相应的法律后果（Die Rechtsfolge tritt ein, wenn die im Tatbestand beschriebenen Voraussetzungen vorliegen）。

---

[1] *Larenz* Methodenlehre, 271 ff. 其他法学方法论相关文献推荐：*Zippelius* Methodenlehr; *Schwintowski* Methodenlehre; *Bydlinski* Grundzüge; *Puppe* Schule; *Wank* Auslegung; *Schapp* Methodenlehre; *Schwacke* Methodik; *Treder* Methodenlehre; *Koller* Theorie; *Kramer* Methodenlehre; *Rüthers/Fischer* Rechtstheorie; *Vesting* Rechtstheorie; *Meier* Denkweg; *Schmalz* Methodenlehre; 比较深入的文献有 *Koch/Rüßmann* Begründungslehre; *Herberger/Simon* Wissenschaftstheorie; *Pawlowski* Methodenlehre; *ders.* Einführung; *Müller/Christensen* Methodik, Bd. I; *Rückert/Seinecke*（Hrsg.），Methodik; 值得熟读的有 *Lege* GreifRecht 2006, 1 ff. *Sauer* Juristische Methodenlehre.

[2] "praemissa major" 是拉丁语"大前提"的意思。原文作 praemissa maior，应属印刷错误。

[3] 译者注：请参阅拉伦茨（Fn. 34）：T→R。

如果从习题本身不能得出相反信息，那么初学者在民法案例分析过程中总是应当先选择**请求权规范**（Anspruchsnormen）[1]。这样做读者可以避免阅卷人作出诸如 "Kein Anspruch unter dieser Nummer（该条文之下无本案所涉的请求权）" 等令人不快的评语。

补充说明：如何识别请求权基础[2]？

通常情况下法律规范的表述本身就会显明其请求权基础的特性：从法律结果角度规定请求权的有下列字眼 "Anspruch（请求权）"（如《德国民法典》第 1004 条第 2 款），"kann verlangen（可以要求）"（如《德国民法典》第 1004 条第 1 款第 1 句；第 985 条，第 1007 条第 1、2 款），"kann klagen（可以提起诉讼）"（如《德国民法典》第 1004 条第 1 款第 2 句），"kann fordern（可以请求）"（如《德国民法典》第 546 条第 2 款），"ist zur... verpflichtet（负有……义务）"（如《德国民法典》第 812 条第 1 款第 1 句），"hat... herauszugeben（必须返还……）"（如《德国民法典》第 987 条第 1 款），"... ist für... verantwortlich（……向……负责）"（如《德国民法典》第 989 条），等等。在官方的法律文本中就包含 "Anspruch（请求权）" 一词的法律规范并不少见（如《德国民法典》第 985 条）。遗憾的是并非所有的法律条文都是如此：根据上述判断标准，《德国民法典》第 251 条也可以成为请求权基础。但是该条文只是对已经规定于其他条文的法律后果作进一步的明确[3][4]。这可能会使读者感到疑惑，即在完成家庭作业过程中应当参阅法律评注还是教科书。此外读者也可以在自己所有的法条文本上将可以识

---

[1] 虽然该标准化作为学术习惯的结果在不同的法律部门中有不同的表现形式，但是几乎在所有的法律部门中都得到认可：在劳动法、商法以及公司法中适用与一般民法极为相似的规则；在刑法的鉴定中法律规范的构成要件被规定于刑法典分则当中［或者规定于刑法关系法规（Nebenstrafrecht）之中］；只是在公法领域中处理一般案件的法律规范会更加复杂。

[2] 《德国民法典》第 194 条第 1 款规定的请求权的立法定义。

[3] 在这一点上，联邦普通法院的语言习惯并不理想；在 BGH MDR 2002, 631 f. 中其总是使用 Anspruch aus § 251 I BGB（《德国民法典》第 251 条规定的请求权）的表达。正确的表达应该是 Die Schadenbemessung nach § 251 I *BGB*（根据《德国民法典》第 251 条第 1 款进行的损害衡量）。

[4] 《德国民法典》第 830 条也存有争议，联邦普通法院（BGHZ 67, 14 [17]; 73, 355 [358]）以及 *Palandt/Sprau*, § 830 Rn.1 将其视为请求权基础，而 *Brox/Walker*, SchuldR BT, § 43 Rn.5 持相反意见。

别的请求权基础标注出来。[1]如果某一条款提及权利人、义务人以及请求权的内容[2]，那么该法律规范只能是一个请求权基础。

思考问题：根据该判断标准，《德国民法典》第276条是否属于请求权基础？类似的标准是否可以适用于刑法条文或者作为公法中授权基础的表达方式。

25 在大前提中读者应当让鉴定的阅卷人对下列问题有大致的了解。在民法中该问题被称为：

基本问题：谁（1）想要什么（3）从谁那里（2）根据什么（4）主张什么[3]？

在具体法律文本中该一般化表达被写成：

〈请求权人〉（1）可以向〈请求权相对人〉（2）根据〈请求权基础〉（4）主张一个〈具体请求权目的〉的请求权（3）。

举例：V kann gegen K einen Anspruch auf Kaufpreiszahlung aus §433 Ⅱ BGB haben（V可以享有依据《德国民法典》第433条第2款向K主张支付价款的请求权）。

最后表述结论（最终结果）时必须回到最初抛出来的问题。大前提和结论就所提出的问题共同组成一个完整的括号。如果我们使用括号的前半部分，也必须使用后半部分（为使其形成一个完整的括号）。如果读者没有写大前提，就请不要写相应的结论——反过来也是一样。

26 **大前提的语言表达**：在表述大前提的时候必须明确一点，即大前提只是提出一个要求或者可能性，至于其是否真能出现是不确定的——否则就没有必要再进行涵摄。因此在大前提中不能预先给出结论。关于表达的建议请读者参见本书第三部分的内容。[4]

---

[1] 但是这样的做法只在读者下次考试的考场规则没有规定考生只能带未经任何批注的法条文本时才适用。保险起见读者应当事先明确这个问题或者准备两本法条，一本只用于学习，另一本专门用于考试。

[2] 尽管根据这个判断标准我们基本上都能作出明确的判断。然而对于学生而言，这在一定程度上还是比较难的。因此在国家司法考试的民法科目中大概有5%的考生将第312条b和/或者第312条d作为远程销售合同的请求权基础。另外5%的考生将第311条第3款当作请求权基础。这都是无法得分的。

[3] 相关内容在本书边码56也有所提及。

[4] 本书边码50及以下。

(二) 小前提 (Untersatz)

小前提也被称为第二个前提 (praemissa minor)。[1]

小前提的内容：小前提包含涵摄过程，也就是将具体案件事实纳入抽象的法律规范或者抽象的构成要件。通过这一过程可以确定所选择的法律规范是否适用于具体的案件事实。在实际操作中这一过程通常比较困难和枯燥，因为我们必须先对条文本身进行解释。

小前提的一般化表达形式为：

> 具体案件事实（不）满足法律规范中所规定的构成要件。

> **举例**：V und K haben sich (nicht) über den Kaufgegenstand — das gebrauchte Fahrrad des V — und den Kaufpreis — 200 EUR — geeinigt（V 和 K（未）达成协议，K 以 200 欧元的价格购买 V 的二手自行车）。

在小前提中针对构成要件中的每一个具体要件通常需要再次或者多次完成"大前提—小前提—结论"三个步骤的论证过程。因此，小前提的结构在一定程度上也就不言自明了。[2]

小前提的语言表达表明所提出的问题是充满疑问并有待讨论的。在将案件事实纳入法律规范的过程中，两者契合可能性比较明确的案件——实践中比较常见——只需使用判决模式的表达方式，即法律规范中的构成要件与案件事实信息基本吻合。两者之间的契合度越低，所使用的表达方式就越需要用逻辑上的推导和内容上的评价对答案的逐步探寻加以详细说明。[3]

(三) 结论 (Schlusssatz)

结论也被称为 conclusio。[4]

结论的内容：结论将确定法律规范所规定的法律结果适用于具体案件事实中，或恰好不适用，如果并不是所有构成要件都得到满足。

---

[1] 请参见 Larenz (Fn. 34)：S = T
[2] 请参见本书边码 12 的例子。
[3] 关于表达方式的指导请参见本书第三部分边码 96 及以下。
[4] 请参见 Larenz (Fn. 34)：S→R。

举例：V hat gegen K (keinen) Anspruch auf Kaufpreiszahlung aus §433 Ⅱ BGB（V 不享有依据《德国民法典》第 433 条第 2 款向 K 主张支付价款的请求权）。

31 **结论的语言表达**：因为结论是一个逻辑推理的结果，因此应当以陈述句表达。[1]

32 对于**鉴定模式与判决模式之区别**的说明：在判决模式中推理过程的表达是反方向的，即从目标推向出发点，而在鉴定模式中我们总是从一个已经到达的中间目标出发设定下一个目标，再朝着这个目标一步步迈进并确定是否能到达该目标。

判决模式的表达具有**条件从句**的特征，

举例：Der Anspruch steht G zu, weil S versprochen hat, ihm das Fahrrad zu übereignen（G 享有相应的请求权，因为 S 承诺向其转移自行车的所有权）。

相反，**鉴定模式**具有**结果从句**的特征，

举例：S hat versprochen, G das Fahrrad zu übereignen, so dass G ein Anspruch hierauf zusteht（S 承诺向 G 转移自行车的所有权，因此 G 享有相应的请求权）。

---

〔1〕 关于表达方式请参见本书第三部分边码 127 及以下。

第二章

具体适用

本部分将通过下列例子介绍如何在实践中应用第一部分所阐释的技巧。

即使是最简单的案例也不是没有任何法律知识就能分析的。如果本书的读者完全是一个初学者,那就必须随时查阅《德国民法典》并偶尔参考教科书。[1]需要再次提醒的是:阅读是有益的,但是只有阅读是不够的。请读者牢记这三个黄金法则:练习,练习,再练习![2]

一、程式化

为了在分析下列练习案例时向读者阐明鉴定模式的一般结构,以及其在很大程度上的强制性结构的特征,读者可以发现在解题建议旁边有一组数字组合。该数字组合的功能在于充当方向性引导以及思维辅助,这将在下文作简单的介绍。

解题提示:本书所研究的程式化并非**应试材料**;读者无需掌握。本书所使用的数字仅仅是为了使读者更易于理解本书案例分析的模板。读者也可以在没有这些辅助工具的情况下理解鉴定的结构。

---

[1] 对于初学者来说,只需阅读一本篇幅较短的民法总论部分的教科书,例如 *Brox/Walter* 或者 *Rüthers/Stadler* 或者 *Köhler* 或者 *Wörlen* 或者 *Schack* 的民法总论教科书。本文所采用的案例基本上属于债法的范畴;若有读者想进一步学习债法的具体内容,可以先考虑 *Brox/Walter* 篇幅较短的债法总论及分论。如果读者在练习中想参考一本法律评注,以下几本是值得推荐的,即 *Kropholler* Studienkommentar zum BGB 以及 *Jauernig* BGB 以及 *Schulze/Dörner/Ebert* Handkommentar zum BGB(之后读者才应当开始参考 *Palandt*)。

[2] 预习及复习的建议:根据最简单的民法案例研究法律适用技巧可以参见 *Köbler* 的 Anfängerübung,简单的导论可参见 *Musielak* 的 Grundkurs BGB,第一章。不同难度等级及练习形式的案件事实以及其分析建议通常可以在法学教育杂志中找到(JuS, JA, Jura, AL, ZJS)。此外也存在一系列案例分析范例参考书,这些书通常是根据不同法律部门进行主题分类;其中只有 *Werner* 的 Fälle mit Lösungen für Anfänger im Bürgerlichen Recht 值得推荐。

此外：程式化的过程看起来更加数学化。

请读者在完成练习的过程中只需将这样一个程式化的过程放在思维过程中，而不要写出来。

35　　案例分析的具体步骤将通过一个由三部分组成的数字代码来标注。借助于这些数字代码读者在研读鉴定的过程中就不会一直被所插入的注释或者解说打断，并且也能随时确定自己目前所处的步骤。

最后一个代码告诉读者鉴定目前所处的阶段，前两个代码表明鉴定中的具体位置。

为了解释该原则，我们将这三个代码以字母根据其先后顺序来表示。我们将第一个代码命名为 x，第二个命名为 y，第三个命名为 z；因此该代码的一般表现形式为 xyz。

在具体的案例解说过程中我们将会使用该代码的不同变形，这也意味着某一特定代码的含义并不取决于具体数值。

36　　**位置三（z）**

位于位置三的代码代表鉴定模式必要的三个步骤，即构成要件、归入（涵摄）以及最后的结论。

因此在位置三中只能使用 1—3 的代码。请读者在学习过程中予以注意，位置三的代码顺序只能是 1-2-3。

xy1： 构成要件　　——大前提
xy2： 涵摄　　　　——小前提
xy3： 结论　　　　——结论

以文字表达：三位数字组合的最后一位是 1，那么其右边的句子就代表大前提，如果是 2，则代表涵摄过程，如果是 3，则代表结论部分。

37　　**位置二（y）**

位置二是必要的，因为在涵摄过程（位置三 = 2，也就是在步骤 xy2 中）中常常需要转换到另一个、低一层级的涵摄过程中：对请求权规范进行涵摄的过程中必须就每一个具体的构成要件完成三段论推理的三个步骤。

请求权规范的构成（x1z）至少包含一个构成要件，但大多数情况下包含多个构成要件（x2z）。每一个构成要件也可能再通过多个部分要件（x3z）共同定义，而只有当这些部分要件的所有子要件（x4z）都存在时，该部分要件才被满足。如此类推，理论上构成要件的层次是不受限制的，直到最细小的定义划分为止。[1]

x1z：请求权规范层面

x2z：构成要件层面

x3z：构成要件的部分要件（Teilmerkmal eines Tatbestandsmerkmals）

x4z：构成要件之部分要件的子要件（Untermerkmal eines Teilmerkmals eines Tatbestandsmerkmals）

因此在位置二上——根据所检索的法律规范其构成的复杂程度——可能存在数值很大的编号。只有当所有构成要件（……，x4z，x3z，x2z）都完成位置三中的三个检索步骤之后，对该请求权规范（x1z）的涵摄（xy2）才算结束。

位置一（x）

位置一包含读者正在研究层面内的连续编号。

1yz：所涉层面的第一个要件（例如：第一个构成要件：12z）

2yz：所涉层面的第二个要件（例如：第二个请求权：21z）

3yz：所涉层面的第三个要件（例如：第三个部分要件：33z）

位置一也可能——根据构成要件的个数——存在数值很大的编号。

如果一个具体的法律条款必须同时满足三个构成要件，其规范结构（当所有的构成要件都满足时，出现一个相应的法律后果）可以表达为：

$$Tbm1 + Tbm2 + Tbm3 \rightarrow R$$

因此第三个构成要件被称为 32z。

请读者有时间的时候尝试将法律条文参照本书所介绍的结构进行分解，例如：《德国民法典》第 823 条第 1 款及第 929 条第 1 句。[2]

即：

---

[1] 法律规范所规定的请求权常常需要满足多个构成要件，而每一个构成要件本身也可能需要满足多个要件。也就是说一个请求权的某一个构成要件由多个低一个层级的要件构成，而该低一个层级的要件又可能由多个更低一级的要件构成。

[2] 课后测试：哪些是请求权规范？为什么？请读者回想一下本章边码 24 讲解的内容。

请求权规范	构成要件	= x11
	涵摄	= x12
	结论	= x13
构成要件	构成要件	= x21
	涵摄	= x22
	结论	= x23

以及对其他构成要件的分解。

  法律规范的"Wenn—dann—Struktur（如果……就……）"结构可以通过一个非常简单的例子来阐释。但是在练习及考试题中当然不会出现如此简单的题目。

案例零：V与K之间就买卖价款支付产生争议。

情形a：V向K主张支付价款的请求权的所有构成要件都满足。

情形b：除一个构成要件之外该请求权的其他要件都满足。

是否存在价款支付请求权？

情形a的鉴定：

111：V可以向K请求支付价款，如果取得该请求权的所有构成要件都满足。

112：《德国民法典》第433条第2款所规定的价款支付请求权的所有构成要件都满足。

113：因此V可以要求K支付价款。

情形b的鉴定：

111：V可以向K请求支付价款，如果该请求权的所有构成要件都满足。

112：《德国民法典》第433条第2款所规定的价款支付请求权的构成要件没有完全满足。

113：因此V不能要求K支付价款。

在上述案例中只存在一个目标请求权（支付价款）和一个相应的法律规范（《德国民法典》第433条第2款）。因此在前两个位置的编号一直都是1。

在读者接下来要学习分析的案例中，步骤112——也就是对请求权规范的构成要件进行涵摄——常常是存有疑问的。在该步骤中读者必须常常重复三段论推理的三个步骤。读者在鉴定中看到位置二的数值大于1，这就意味着涵摄将一个层次接着一个层次地层层推进。

二、 练习案例[1]及其鉴定建议

下文会列出十个练习案例作为例子。这十个案例根据其复杂程度依次排列。这种剥洋葱式的分解模式使读者在遇到不理解的问题时可以倒退一步重新研究。

本书中的鉴定只是一些范例。读者不必完全照搬其语言表述，但这么做也没有问题。关于文体美化的内容请参见本书第三部分。

案例一：K 与 V 就 V 所有的一本书签订买卖合同。
K 是否有权要求 V 向其交付这本书？

本案的案件事实非常明确，在这种情况下如果使用繁琐的鉴定模式进行分析确实不太合适。但在这里是作为练习，请读者区分案件事实的描述与任务（案例中需要解答的问题）。其中后者通常是在案件事实的结尾部分，但并非总是如此。

为了对各具体请求权基础有一个概观，读者尽早开始熟悉所探讨的各具体请求权基础的标题。这在民法中或许可以通过"谁可以向谁依据什么主张什么"这个公式来构建[2]。如果将这个问题转化到案例一中，其标题就是 K verlangt von V das Buch aus Kaufvertrag nach §433 I 1 BGB（K 根据《德国民法典》第 433 条第 1 款第 1 句基于买卖合同而向 V 要求本书）。

K 根据《德国民法典》第 433 条第 1 款第 1 句请求 V 交付书并转移

---

[1] 这一部分有意将例子的选择限制在条理清晰的民法案例范围内。其中一个理由是，对于初学者来说民法往往是最难以理解的。——这些例子是有关买卖合同的内容并且是依靠第一学期所习得的知识就可以处理的。涉及更广泛的主题，即也适用于复习及深入的文献请参见：*Valerius* Einführung。

[2] 例外情况请参见本书边码62。

其所有权的请求权。

111：K 有权要求 V 交付书并转移其所有权。

112：该请求权可以出自《德国民法典》第 433 条第 1 款第 1 句。

121：前提要件是 K 和 V 之间订立一个以本书为标的物的买卖合同。

122：在 V 与 K 之间已经成立了一份这样的买卖合同。

123：本案中存在这样的买卖合同。

113：因此 K 有权根据《德国民法典》第 433 条第 1 款第 1 句的规定要求 V 交付书并转移其所有权。

在本案例中案件事实与法律规范的抽象构成要件之间差距很小：案件事实是由规范性的概念，即由法律条文所使用的概念构成。在案例二之中两者的距离则更大一些。

案例二：K 从 V 处买了一本书。
V 是否可以要求 K 支付所约定的价款？

信息不足或者只有间接信息的案件事实也是可以处理的。例如本案并未交代所约定的价格是多少，因此请求权的具体内容将无法确定。

请读者在表述标题及大前提时注意一下这种情况。

V 请求 K 支付所约定价款的请求权。

111：V 享有根据《德国民法典》第 433 条第 2 款的规定要求 K 支付价款的请求权。

112：如果双方之间订立了一个买卖合同。

121：目前应当检索的是双方之间是否订立了一个买卖合同。

122：V 将一本特定的书以特定的价格卖给 K；

123：因此 V 和 K 之间订立了一个买卖合同。

113：因此 V 享有根据《德国民法典》第 433 条第 2 款的规定要求 K 支付价款的请求权。

在小前提中对本案的案件事实进行了非常简单的解析。它包括两个要素：

（1）案件事实中的动词"买"在鉴定中解释为名词"买卖合同"。这种情况在处理语言过程中常常出现。但是在复杂的案子中这个过程非常容易出错。

（2）本案的鉴定与案例一类似，即都将案件事实描述的内容进行法律技术形式理解（即在法律意义上理解"买"这个词）。但是，原则上我们不应该信任案件事实的用词；尤其是合同当事人称呼合同时通常会出现错误表述[1]的问题，即双方当事人就某一法律行为达成一致但却是错误的称谓。我们作为案件的处理者并不受限于合同当事人的法律观念。但它却构成一个重要的论证基础。这些法律观念在大多数情况下都是可以使用的，只在少数情况下才会导致错误[2]此外，这些法律观念也常常包含对案件事实所存在问题的提示；通过这些法律观念，出题者已经对案例的分析进行初步构造。根据案件事实的不同表达方式其解释的空间将不断扩大——且分析过程也会愈加困难。

案例三：V 以 20 欧元的价格向 K 提供一本书。K 表示同意。V 是否有权要求 K 支付 20 欧元？

通常情况下案件事实所给出的信息（本案中：购买价格）对案件处理都是有意义的。请读者不要遗漏任何有用的信息。有时候案件事实中的具体细节的作用只是作为案情修饰或者为了使案情更易于理解；这些细节在鉴定中是可有可无的。如果读者对某一信息是否真正为案例分析所需要存有疑问，建议读者在分析过程中将其考虑进去。

V 根据《德国民法典》第 433 条第 2 款的规定要求 K 支付 20 欧元价款的请求权。

111：V 可以根据《德国民法典》第 433 条第 2 款享有要求 K 支付 20 欧元价款的请求权。

112：V 享有该请求权。

121：如果双方当事人之间订立了一个买卖合同。一个买卖合同可以根据《德国民法典》第 433 条的规定产生，如果当事人就标的物及价格达成合意。

---

[1] 拉丁语为：falsa demonstratio。
[2] 如果出题人意图用一个可能错误的称谓误导考生，通常情况下会通过以下方式，即其在案件事实中将相关术语放在引号中。

122：V和K已经就V将其特定的书以20欧元价格卖给K达成合意。

123：因此在双方当事人之间订立了一份买卖合同。

113：因此V根据《德国民法典》第433条第2款享有要求K支付20欧元价款的请求权。

在案件事实中并没有提到买卖二字。因此在鉴定中首先需要确定是否有物品被买卖。在此过程中就需要对买卖合同进行定义。但是所使用的定义并不存在于法律中（在民法领域这种情况经常出现）。根据《德国民法典》第433条所表述的出卖人和买受人的义务可以推断出合同双方当事人必须达成合意的内容。达成合意的要求可以从合同的定义（订立合同 = 达成合意）推导出来，但是合同的定义在立法中也只做了初步的规定：请参阅《德国民法典》第145条及以下各条，第154、155条。此外建议读者在教科书或者法律评注中查阅更加丰富的定义。当然在考试中——与家庭作业不同——考生可以写明或者不写明这些定义的出处。

很重要的一点是，读者应当从意义层面理解这些定义并决定是否采用。对（买卖）合同的不同构成要件的讨论应当多详细，也就是说小前提的范围应当多广，取决于案情信息的丰富程度。在案例三中只有少量的信息，所以只需进行简短的讨论。

43 **案例四**：V和K约定将V的一本书以20欧元的价格卖给K。在转移该书所有权之前V有效地撤销了该买卖合同。

K是否还有权要求这本书？

在本案中需要对案件事实中的问题作进一步精确化解释："要求这本书"应当理解为"要求交付并转移这本书的所有权"。就这个问题我们需要再次适用《德国民法典》第433条第1款第1句的规定，该条文正是对这个问题的规定。

K要求V根据《德国民法典》第433条第1款第1句的规定向其交付并转移这本书的请求权。

111：K可以享有根据《德国民法典》第433条第1款第1句的规定，要求V向其交付并转移这本书的请求权。

112：为此

121：双方之间必须已签订一份买卖合同。

122：当双方当事人就买卖合同的标的物及价格达成一致，则存在一份买卖合同。本案中 V 和 K 已经就此达成合意，即 V 将其特定的一本书以 20 欧元的价格卖给 K。

123：因此本案中存在一份买卖合同。

221：但是，如果合同无效，则 K 的请求权不存在，即完全不产生任何法律后果。本案中合同可因《德国民法典》第 142 条第 1 款的规定有效撤销之法律后果而无效。

222：该买卖合同被有效撤销。[1]

223：因此该合同自始无效（ex tunc），《德国民法典》第 142 条第 1 款。

113：因此 K 不享有要求 V 交付并转移该书所有权的请求权。

在案例三中所问及的法律后果——根据 V 的价款支付请求权或者 K 的价款支付义务两个不同的角度——由各自独立的前提条件所决定，在案例四中该前提条件应表达为"买卖合同仍然存在"，因此可以对此作进一步细分：

12x：存在一份买卖合同

22x：该买卖合同未失效

就多个问题相互连结的案情，鉴定模式的案例分析方法就尤其能够显示出其优势。鉴定模式可以将各个问题纳入到特定的构成要件当中，并由此作出清晰、易于理解的表达。

案例五：K 对 V 说："给我你的最新版 Duden 词典，我给你 20 欧元"。V 回答说："给我 20 欧元，那 Duden 词典就是你的了。"

V 是否可以要求 K 支付 20 欧元？

V 根据《德国民法典》第 433 条第 2 款要求 K 向其支付 20 欧元的

---

[1] 此处不对撤销的原因（错误，《德国民法典》第 119 条；欺诈或胁迫，《德国民法典》第 123 条）进行讨论。就像案例一，本案已经对一部分论证进行了"准涵摄"，因为本案中用了一个法学专业概念。

请求权。

111：V 可以享有要求 K 支付 20 欧元的请求权。

112：根据《德国民法典》第 433 条第 2 款的规定必须满足下列条件

121：在双方之间已成立一份有效的买卖合同。

122：该买卖合同通过当事人之间一致的表示而成立，且该表示至少必须涵盖买卖标的和价款，《德国民法典》第 433 条第 2 款。

131：首先双方的表示必须一致。

132：无论在 V 的表示还是 K 的表示中都提到买卖价款，即 20 欧，以及买卖标的物，即 K 的最新版 Duden 词典。

133：因此存在一个包含买卖合同所要求的必要要素（essentialia negotii）的合意。

231：该合意必须通过两个有效的意思表示来传达；即首先必须存在一个有效[1]的要约。

232：K 通过其表示已经充分确定表明其购买本书的意愿。

233：因此其向 V 发出了一个有效的要约。

331：该要约必须已被 V 有效承诺。

332：V 的表示也表明其接受 K 的要约。

333：V 已经有效承诺 K 的要约。

123：综上所述，在双方之间已签订一份有效的买卖合同。

113：因此 V 享有根据《德国民法典》第 433 条第 2 款要求 K 支付 20 欧的请求权。

由于本案案情并不包含法学技术概念，因此需要对其进行更加详细的解释。"买卖"不能仅仅进行想当然的定义，而有必要基于涵摄目的将其拆分为具体的构成。

---

[1] 如果在鉴定建议中使用"有效的意思表示"，那么意味着该意思表示不但存在，而且是在法律意义上由表意人发出并已经到达接收人的意思表示，根据《德国民法典》第 130 条第 1 款。因为在本案中意思表示的存在及生效问题并无疑义，因此不加赘述；定语"有效"一词在一定程度上只是作为修饰。

案例六：V问K是否愿意以15欧的价格购买其外语词典。K说："好。"但是现在V改变主意了；由于这本书具有收藏价值，所以V准备自己保存这本书。

若K提起诉讼，是否有胜诉的可能？

乍一看本案的问题似乎有点不太平常，并且在民法案件中通常不会以这种方式提问（与公法及部分劳动法不同）。为使问题转化为通常的请求权结构，只需要一个额外的句子。常常与本案问题同时出现的可诉性[1]相关问题，因为缺少相关的信息而无法作出判断。

K根据《德国民法典》第433条第1款的规定要求V交付并转移外语词典所有权的请求权。

111：如果K享有要求V交付并转移该外语词典所有权的请求权，则K的诉讼具有胜诉可能性。该请求权可基于《德国民法典》第433条第1款而享有。

112：现在需要检索该请求权的构成要件[2]。

121：必须存在有效的买卖合同。

122：一份买卖合同通过两个涵盖买卖标的及价款的、一致的意思表示而成立，即《德国民法典》第145条及以下条款意义上的要约和承诺。

131：V通过问K其是否愿意以15欧的价格购买其外语词典的行为，可以构成一项要约。

141：该询问必须是一项意思表示。

142：意思表示是一项直接以特定法律后果为目的且充分确定的意思表达。V提出的问题，即K是否愿意以15欧的价格购买其外语词典，表明其与K签订一份买卖合同的意愿，并且以直接的法律后果为目的。

---

[1] 在公法的练习题中常常涉及可诉性判断问题，但在私法中不具有可诉性的案件只是例外情况。

[2] 从本步骤起常常省略特定的涵摄大前提（例如：112、122、132）。因为该大前提通常没有实质内容。例如 Dies ist im Folgenden zu prüfen（将在随后的内容中检索这一问题），在大前提中可以省略。这种做法是非常值得推荐的。关于该部分内容以及类似的语言精简可能性的详细内容请参见本书边码139及以下。

143：因此 V 的意思表示存在。

241：该意思表示若要称为一个要约，则该表示应当向 K 如此提出签订合同，即 K 只需通过简单的"好"字便可使合同成立。

242：在 V 的意思表示中可以得出买卖标的物为外语词典，买卖价款为 15 欧，因此一份买卖合同的必要要素（essentialia negotii）已经具备。

243：因此 V 的询问构成一项要约。

231：K 必须已经对该要约进行承诺。

232：承诺是指对既存要约毫无保留的接受。K 以"好"回答 V 提出来的充分确定的问题。

233：因此 K 的回答构成承诺。

123：据此 V 和 K 之间已经就该外语词典达成有效的买卖合同。现在 V 想要保留该外语词典的愿望并不能改变合同已经成立的事实。并且他想法的改变也无法构成合同撤销的正当理由，根据《德国民法典》第 119 条第 1 款。

113：K 享有根据《德国民法典》第 433 条第 1 款的规定要求 V 交付并转移外语词典所有权的请求权。因此其诉讼具有胜诉的可能性。

在本案中无需就要约和承诺这些概念的子构成要件，例如"表示意识"等作进一步审查，因为案情并没有就此设定一些疑问。读者只需将此过程在脑海里过一遍并仅将那些对阅卷人而言有价值的部分展现于卷面上。

在上述鉴定中就可能的撤销只作了非常简短的论述，因为在案件事实中并未出现关于撤销理由的提示并且也没有明显的关于撤销的意思表示（《德国民法典》第 143 条第 1 款）。根据《德国民法典》第 119 条及以下各条，仅是 V 改变其意愿并不足以构成撤销理由。因此，读者只需简单提及撤销并迅速做出判断（没有必要对此问题进行更加详细的论述）。这种处理办法在练习作业中也是非常值得推荐的，因为读者在练习作业中需要处理的鉴定较本书给出的案例而言要复杂得多。读者若在不必要的论述中花费过多时间，将没有时间再处理真正重要的论述。

本鉴定反映出法律适用的一些典型问题。例如，意思表示的定义在法律规定中并不存在也不能间接从法律规定推导出来。因此，此处无需引注法条。因此本定义必须由读者在笔试中根据其意义进行理解或者概括。

案例七：K 在 V 的书店的橱窗中看到一本旧画册《比利时之路》，价格为 98 欧元。于是 K 走进书店并对 V 说："我想把这本画册从橱窗拿出来。"V 回答说："很遗憾这本画册已经出售。"K 认为，他刚才已经和 V 就该旧画册签订了一份买卖合同，因此 V 负有转移该画册所有权的义务，并且不因 V 之前已经将该画册售出所影响。

该案的法律后果如何？[1]

K 根据《德国民法典》第 433 条第 1 款第 1 句要求 V 交付画册并转移画册所有权的请求权。

111：K 可以享有根据《德国民法典》第 433 条第 1 款第 1 句的规定要求 V 向其交付画册并转移画册所有权的请求权。

112：其前提是 K 和 V 之间存在一份买卖合同，《德国民法典》第 433 条。

121：该买卖合同的成立必须有两个相互一致的意思表示，且该意思表示必须显明买卖合同的必要要素。

122：是否满足上述条件需要审查以下内容。

131：首先必须存在一个要约。

132：意思表示是指以特定法律后果为目的的私人意志的表达。如果将 V 在橱窗展览画册的行为视为意思表示，那么通过 K 的表示确实可以促成一份买卖合同的成立。在这种情况下，即使 V 怀有异议，即不愿将该画册卖给 K，也无法改变买卖合同成立的事实。反对将展示画册的行为评价为意思表示——由于该要约可能向不确定多数的受领人发出（Offerte ad incertas personas）——的理由是，即受领人并非唯一可确定。但是需要进一步确认的是，V 通过将画册在橱窗展示的行为是否表明其愿意受一定法律后果的约束，还是仅仅向路人发出的一个不受约束的要约邀请（invitatio ad offerendum），以期路人能够向其发出要约。如果 V

---

[1] 像"该案的法律后果如何？"这种提问方式深受出题者所喜爱，该提问方式意味着读者应当就所有当事人相互之间可能存在的所有请求权进行讨论。本案仍属于比较简单的情形。对于存在三个以上当事人的案情而言，在出现这种提问方式时，针对每两个当事人之间各个请求权分别进行鉴定就显得尤其重要。

期望的是法律约束，则其有义务和每一个向他发出具有约束力的意思表示的顾客就这样的画册成立买卖合同，并转移画册的所有权。鉴于该画册库存有限，不应该作此理解。即使在具有交货可能性的情况下，也有可能导致 V 需要向很多对画册感兴趣的人承担损害赔偿责任。然而对于仅存一本的旧画册而言，上述理由就显得尤为清楚。对于 K 而言，他也可以认识到这一点，就 V 的利益状况而言，该展示画册的行为不应被评价为一个意思表示。因此，V 将画册放在橱窗展览仅仅想借此让具有购买兴趣的人向他发出要约，而 V 可以根据其库存量针对要约做出承诺或者拒绝的决定。

133：因此，并不存在 V 的意思表示。

131：但是，K 通过向 V 表示，其愿意以既定价格购买橱窗中展示的画册，K 可以因此向 V 发出一个要约。

132：在该表示中已经包含一个买卖合同的必要要素；与此同时 K 也愿意受法律约束。K 认为其仅仅给出一个承诺，这并不影响其作为一个要约的性质。

133：因此存在一个 K 的要约。

231：该买卖合同是否成立取决于 V 是否接收该要约。

232：因为这本画册是一本旧画册，所以可以认为 V 无法提供另一本同样的画册。V 说这本书已经出售，因此他的表示应视为对 K 要约的拒绝。

233：因此缺乏 V 的承诺。

123：因此并未成立一份买卖合同。

113：K 依据《德国民法典》第 433 条第 1 款第 1 句所主张的请求权不存在。

V 根据《德国民法典》第 433 条第 2 款的规定要求 K 支付价款的请求权。

由于缺乏一份买卖合同，因此 V 根据《德国民法典》第 433 条第 2 款的规定要求 K 支付 98 欧买卖价款的请求权也不存在。

在本案中两次提及"要约（Angebot）"（131—133）这一构成要件是有其必要性的，因为本案中要约之所并非不言自明。

推测 V 的仓库里仍有同样画册库存或者橱窗中其他的画册都是没有必要的。对案件事实进行猜测，阅卷人常称之为"案情虚构"（sachverhaltsquetsche），这对于读者解答习题是徒劳无益的。

在对意思表示这个概念进行涵摄的过程中我们可以看出，只有那些具有疑义的构成要件才必须进行分析讨论。就 V 的行为意思而言，在本案中（通常情况下也是如此）无需赘述。

案例八：远程图书销售商 V 将其特价图书的书目寄送给 K。K 从中选择了一套价值 148 欧元的康德文集，填写了随寄的订购卡并将订购卡寄回给 V。

a）一个星期之后 K 收到 V 寄回来的信，信中表达了 V 对于 K 预订康德文集的感谢并且通知 K 将于之后几天内将其所预订的文集分别寄送给 K。

b）不日 V 向 K 寄送了其所预订的康德文集。

V 是否可以要求 K 支付 148 欧元的价款？

关于情形 a）的鉴定：V 根据《德国民法典》第 433 条第 2 款的规定要求 K 支付 148 欧的请求权。

111：V 可以享有根据《德国民法典》第 433 条第 2 款，要求 K 支付 148 欧的请求权。其前提是存在一份有效的买卖合同。

121：买卖合同的成立需要两个涉及买卖价款及标的物的一致的意思表示。

122：需要一个要约和一个承诺。

131：V 向 K 寄送特价书籍目录的行为可以成为要约。

132：该行为中受领人的范围以及可供选择的书籍都是充分确定的。鉴于 V 在无法寄送顾客所选购图书时所面临的损害赔偿责任风险，其并不愿意受寄送书籍目录表行为的约束。因此 V 的行为不构成要约。[1]

133：因此不存在 V 的要约。

131：K 向 V 寄回其填写完整的订购卡的行为可以构成要约。

---

[1] V 的行为不构成要约的原因并不是因为买卖标的物缺乏确定性，因为书籍目录中列出了很多不同类型可供选择的图书；实际上该目录可以包含多项具体确定的要约。关于要约邀请（invitatio ad offerndum）请参见本书边码 46。

132：该行为不但包含了买卖标的物（即康德文集）以及买卖价款（即 148 欧元），而且 K 受其约束的意思也是清晰可见的。

133：因此 K 的行为构成要约。

231：V 可以通过其书信对 K 的要约进行承诺。

232：针对 K 的要约 V 已经表明，他已经采取一定的履行行为来履行该买卖合同。通过对《德国民法典》第 133 条、第 157 条进行解释，可以认为 V 已经对 K 所建议的买卖合同予以确认。

233：因此 V 已经发出一个承诺表示。

123：因此成立了一份买卖合同。

113：因此 K 根据《德国民法典》第 433 条第 2 款的规定负有向 V 支付 148 欧元的义务。

关于情形 b）的鉴定：

到步骤 113 为止读者可以直接套用情形 a）的表达。

231：V 必须已经对该要约表示承诺。

141：一项承诺表示可以通过寄送所预定的书籍而存在。

142：即使通过寄书的行为 V 并未明确表示他愿意与 K 就其所欲购买的书籍签订一份买卖合同，但是根据当时的具体情形可以对其行为做出充分解释。若将 V 向 K 寄送书籍的行为理解为对其要约进行承诺之外的意思，未免牵强。

143：据此 V 通过确定性的行为（默示）做出一项承诺表示。

241：该承诺表示以其到达 K 为生效要件，《德国民法典》第 130 条第 1 款第 1 句。

242：意思表示的到达是指该意思表示达到相对人的支配范围并且该相对人具有以可期待的方式了解其内容的可能性。本案中 K 尚未收到相应书籍。因此 K 并不知道书籍已经寄出，承诺的意思表示未到达 K。

243：由于 V 的承诺表示未到达 K，因此不存在有效的承诺。

341：只有在例外情况下，当承诺表示的到达非为必要时，V 和 K 之间才能成立一份买卖合同。

342：根据《德国民法典》第 151 条第 1 句第 1 种情况，当根据交易习惯,对要约人的承诺系不可期待时,承诺表示的达到为非必要。本案应当从远程销售中的订购行为出发进行考虑。一般情况下,订购者往往不期待专门的确认,而是期待收到其所订购的货物。

343:因此,根据《德国民法典》第151条第1句第1种情况,V的承诺表示无需到达即可生效。

233:V的承诺有效。

123:基于生效的买卖合同

113:根据《德国民法典》第433条第2款,K有义务支付148欧元。

如果读者在练习中需要处理两个及以上的案情变形,则无需重复已经书写过的步骤。读者只需援引前面已经叙述的内容,并在其他需要适用上述内容作出法律判断的位置将两者连结在一起。

案例九:K在V的报摊上从书架里拿出了《心痛——一部医生小说》系列的第137期并根据标价将书和2欧放在收银台上。V拿走2欧并将书推向K。

V是否有权收取这2欧元?[1]

111:如果V享有2欧元的支付请求权,则其有权获得该2欧元。该价款支付请求权可以依据《德国民法典》第433条第2款而取得。

121:其前提要件是成立一份有效的买卖合同。

131:为此双方当事人必须给出两个互补的意思表示,即要约和承诺。

141:首先必须存在一个要约。

142:要约是指一个意思表示,且该意思表示应当向相对人就签订合同作如此表述,即相对人只需通过简单的"同意"二字便可使合同成立。K通过将其所选购的小说以及2欧元放在收银台上,可以发出符

---

[1] 本案中的问题并未明确要求请求权检索,看起来只需要判断一个问题。读者需要注意的是第一个大前提。此处鉴定的内容既可能是对价款支付请求权(《德国民法典》第433条第2款)进行检索,也可能是对不当得利返还请求权(《德国民法典》第812条第1款第1种情形)进行检索。

合上述要求的意思表示。通过买卖标的物、买卖价款以及受其表示约束的意愿，表明 K 已经履行其所欲订立的合同。但是需要考虑的是，K 并没有通过语言表达其意愿。但是，如果店员能够根据具体情形认为相对人意图给出一个法律上明确的意思表示，并且其内容是可认知的，也可以存在一个意思表示。V 根据 K 将小说放在收银台的同时将钱放上去的动作可以得出结论，即 K 想要购买这本书。

143：因此 K 通过默示的方式发出一个要约。

241：该要约必须被 V 接受。

242：承诺是指对要约人发出的要约毫无保留的同意。该承诺可以通过 V 收取价款以及之后将小说推向 K 的行为得出。同样，V 也可以不通过语言上的表达而根据具体情形就订立合同做出表示。K 也可据此认为 V 同意订立该买卖合同。

243：因此 V 已经做出最终的承诺。

341：两个意思表示必须相互一致。

342：在 V 和 K 之间就以 2 欧元的价格交换小说《心痛》一事达成一致。

343：因此存在两个符合买卖合同必要要素（essentialia negotii）的意思表示。

133：一份买卖合同的前提要件存在。

123：因此一份买卖合同已经订立。

113：因此 V 享有收取 2 欧元的请求权。他有权收取 2 欧元。

案例十：远程图书销售商 V 主动向 K 寄送菜谱《肉饼的 32 种做法》。同时附有如下说明："祝贺您！您只需花费 42 欧元便可以获得这本菜谱，机会只有一次。我期待您在接下来的两个星期之内往下列账户支付货款。"

a）K 并不喜欢吃肉饼，因此对收到的菜谱没有兴趣。他把收到菜谱这件事完全忘记了。

b）K 非常喜欢吃肉饼，对收到的菜谱非常感兴趣。在收到菜谱的第二天他就邀请朋友来家里做客，并根据菜谱中第 7、12 和 23 种肉饼的做法款待客人。

分别在以上两种情况下，V 在四个星期之后是否可以要求 K 支付 42 欧元？

关于情形 a）的鉴定：V 根据《德国民法典》第 433 条第 2 款要求 K 支付 42 欧的请求权。

111：V 可以根据《德国民法典》第 433 条第 2 款的规定要求 K 支付 42 欧。其前提条件是两者之间订立了一份有效的买卖合同。

121：一份有效合同的成立必须具备两个意思表示，即《德国民法典》第 145 条及以下各条意义上以成立买卖合同为目的的要约与承诺。

131：V 向 K 寄送说明[1]的行为可以成为一个要约。[2]

132：对此 V 必须向 K 做出具有约束力的表达，即其意图以确定的价格将特定的标的物卖给 K。V 在其所寄送的说明中标明了菜谱的价格并使相对人认为，一份具有约束力的合同的成立只取决于 K 的承诺。

133：因此 V 发出了一个要约。

231：该要约必须被 K 所接受。

232：承诺必须是一个意思表示。

141：即 K 必须有一个具备表示特性的行为。

142：K 对 V 的要约并没有做出回应。K 的反应构成一个法律意义上的沉默，也称为有意思的不表达。通常情况下沉默并不构成意思表示。对于非商人而言，除非当事人事先通过法律行为约定赋予沉默意思表示的意义，沉默才能构成意思表示。在本案中双方当事人既不具有商人身份，也未事先就沉默构成意思表示达成一致。

143：因此缺乏一个表示行为。

233：因此不存在 K 的承诺。

123：因此以买卖该菜谱为内容的合同并未成立。

---

[1] 本案中寄送菜谱的行为并不是我们需要关注的重点。虽然与说明同时寄来的菜谱构成了《德国民法典》第 929 条第 1 句意义上关于转移物之所有权合意的要约，但是基于区分原则该物权合意的要约对于买卖合同的成立并不产生任何作用。

[2] 使用 Ein Angebot kann liegen in... （要约可存在于……之中）或者使用 V hat... Darin kann ein Angebot liegen（V 做了……行为，该行为中可以存在一个要约），具体内容请参见本书边码 126。

113：因此 V 不享有根据《德国民法典》第 433 条第 2 款的规定要求 K 支付价款的请求权。

在本案中并没有必要对当事人的商人身份作具体论述，但是读者仍有必要像步骤 142 一样对此进行简要说明。因为在商人之间对于确认要求（Bestätigungsschreiben）的沉默有可能构成一项意思表示，因此在本案中商人身份的有无对于案情的判断起到决定性作用。

关于情形 b) 的鉴定：V 根据《德国民法典》第 433 条第 2 款要求 K 支付 42 欧元的请求权。

到步骤 231 为止可以直接采用情形 a) 鉴定中的原文内容。

232：从案情中并不能看出一个明确的承诺表示；但是 K 可以通过对于 V 之要约的默示行为给出一个承诺的意思表示。所谓"默示行为"是指只有间接透过行为的具体情形才能判断出蕴含在该行为背后关于给出一个具有法律约束力的表示的意愿。在本案中 K 的行为不应理解为他只想使用该菜谱而不想拥有该菜谱。根据 V 出售菜谱的要约，K 不应做出赠予的期待。根据 K 在宴请朋友时使用该菜谱的行为可以得出其具有订立买卖合同的意愿。然而不同于下意识的判断，根据《德国民法典》第 241a 条第 1 款的规定，本案中并不存在一个默示行为。否则就无法实现《德国民法典》第 241a 条第 1 款的立法目的，即保护消费者不被强迫购买其无意购买的货物。[1]

233：因此 K 并未给出一个默示的承诺表示。[2]

123：因此双方未就该菜谱订立买卖合同。

113：因此 V 不享有要求 K 支付 42 欧元的合同[3]请求权。

请读者尽可能避免在鉴定文本中使用括号[4]；最好只在法条引用时使用（请参见 121 和 242）。

---

[1] 这个问题也并非完全没有争议；请参见 MüKo-*Kramer* BGB，§241a BGB Rn. 3, 11；Palandt-*Heinrichs* BGB, Rn. 3，两者都持相反观点，均认为使用物品的行为足以作为判断成立合同的依据。

[2] 因此在本案中无需讨论承诺表示是否有效，以及其是否到达 V 等问题。如果需要讨论上述问题，本案的情形满足《德国民法典》第 151 条第 1 句所规定的条件。

[3] 基于法定之债的请求权也被《德国民法典》第 241a 条排除在外。

[4] 关于谨慎使用括号请具体参见本书边码 344。

第三部分　语言的组织

这一部分包含对学习以及考试中法学鉴定语言表达的一些建议。本部分首先讨论系统分类，然后再介绍民法案例分析的经典架构（边码 55 及以下）。最后针对一般的方法论问题辅以实用性建议（边码 157 及以下）。

本部分对于初学者和有一定基础的人（Anfängern und Fortgeschrittenen）都具有参考价值。初学者常常还不确信该如何以法学上正确的[1]方式来表达自己的观点。相反，对于有基础的人而言，他们大部分已经习惯于作为基础的法学语言表达方式，其表达不至于过于繁复。

经验告诉我们，很多法学学生在笔试中很少投入精力去改善其所表述内容的可阅读性。缺乏可阅性的答卷对于阅卷人来说可能是相当费神的。读者因这些问题导致阅卷人的差评也可以很好的避免，只要读者努力改善语言表达。

如果说学习法学就相当于学习一门外语，那么与学习外语一样，不仅仅对于法学中各种定义（及诸如此类的概念等），而且对于法律语言来说都需要一本生词本。[2]

---

[1] 法学上正确的表达主要是指符合法学语言习惯的表达。
[2] 下面一章的内容主要对学习归纳法的人有较大帮助，即从具体的例子出发归纳出一般原则。

第一章

词汇本形成指南

1. 在下列内容中读者可以看到一系列可参照使用的表达,这些多样化的表达方式也是我们归纳出一份词汇本的原因。但是这些绝不是完整的。请读者在学习过程中自行补充!读者可以从很多教育期刊[1]所刊载的范例中摘取各种不同的表达形式。但是读者需要注意的是,这些转载的鉴定范例常常包含鉴定之外的内容,也就是说其范围、形式及语言仅在有限范围内可作为自己案例分析的参照。因此请读者更多关注那些未被修改或者评论的原始考题。

2. 本文给出的建议并不是为了让读者能够怠于思考恰当的语言形式,而仅仅是当读者在完成家庭作业过程中遇到同样问题却没有思路时的一种提示。读者不应该将其视为自助商店,将所需要的现成内容完全照搬过来,而是把它当作一个采石场,只是偶尔从中获取自己案例分析的原材料。读者采纳本书提供的示范时应当进行适用性审查。读者的自我法学表达风格主要通过两个(可能)行为发展而来:即带着批判的眼光阅读他人行文表达以及撰写自己的表达。本文提到的词汇本对于这两个行为而言都是不可或缺的。

3. 本书所提及的建议中可能有个别建议已经有点过时了——也请读者不要感到惊讶。并不是所有的表达都是一样考究和文雅。读者只需从中选择自己喜欢的表达便可。如果读者在文章中发现关于语言表达的建议,也请读者随时将其他可能性补充到词汇本中。在此过程中读者可以使用同义词

---

[1] 在德国教育期刊主要有:JuS、JA、Jura、AI、ZJS(仅是在线期刊 www.zjs-online.com);奥地利:JAP;瑞士:recht und ius. full。大部分相关文献从标题即可辨认出来。

词典。[1]

4. 请读者根据本书所提供的以及读者自己补充形成的表达材料库，尝试总结一份抽象的鉴定模板，根据该模板读者可以向非法学专业人士解释法律适用最一般的操作方式。若读者掌握了各种可能的表达方式及其相互间的关系，在练习的具体适用过程中就会倍感轻松。

5. 建议读者首先从一些常见的范例着手练习，之后再开始处理自己的作业，最后尝试案例集或者教育期刊中的鉴定范例。

---

[1] 例如：*Dornseiff* Der deutsche Wortschatz nach Sachgruppen；*Wehrle/Eggers* Deutscher Wortschatz；Duden Bd. 8：Sinnverwandte und Sachverwandte Wörter；*Weber/Morell* (/A. M. Textor) Sag es treffend.

第二章

鉴定模式的表达
——本书讨论的侧重点在于民法[1]

54 下文有关表达的例子的书写方式的灵感来自于一台脱粒机。用比较形象的方式来表达就是：

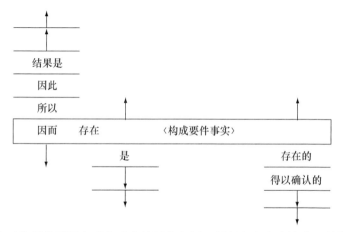

由于这样的图形表现方式比较耗费空间，所以在表达建议中以斜线将不同的表达可能性隔开。

---

〔1〕 在公法领域并不存在像民法或者刑法那样标准表达的汇编。仅仅因为国家法（请参见 Oberrath JA 2003, 484ff.）与行政法处理方式和内容的不同以及公法常常涉及程序法律状态的处理，就足以使公法在很大程度上放弃像民法和刑法那样的公式化。在完成授益行政行为法相关习题时，请求权检索总是一个非常重要的环节；但是像警察法等涉及负担行政行为法时，就只能对初学者的简单习题进行类型化。列举典型案情以及常见错误的书籍主要有：*Stender-Vorwachs* Prüfungstraining Staats-und Verwaltungsrecht；*Pieroth*（Hrsg.）Hausarbeit im Staatsrecht；*Gramm*（Hrsg.）Fehlerlehre. 其他比较值得推荐的有：*Schwerdtfeger* Öffentliches Recht in der Fallbearbeitung—geht aber über Anfängerniveau weit hinaus；*Butzer/Epping* Arbeitstechnik im Öffentlichen Recht；以请求权为目标导向的有：*Frenz* Öffentliches Recht。

一、大前提

通常情况下，为了表明鉴定结果尚未确定，大前提都会以虚拟语式表达。但是，在做题过程中滥用虚拟式也是阅卷人所不愿看到的。[1]

举例：Denkbar wäre hier Möglicherweise, dass A vielleicht einen Anspruch haben könnte... Voraussetzung dafür wäre, dass A... hätte（可以假设本案具有这样的可能性，即 A 或许可以享有……请求权。如果 A 享有该请求权，其前提要件应该是 A 具备……）。

这或许会导致对《德国基本法》第 1 条第 1 款第 1 句的误解：Das „würde" des Menschen ist unantastbar。[2]

原则上动词只需要使用"可能"（können）便足以表明大前提所表达的内容只是一个假设。

举例：Ein Anspruch des A kann sich aus §985 BGB ergeben（A 的请求权可能基于《德国民法典》第 985 条得出）。

使用"可能"（können）这个动词的好处在于，只需在例外情况下使用虚拟式就足以表明对结果只是一种可能性的预估；如果使用动词"本可能"（könnte）来引导，通常情况下得出的结果是否定的。

但是，在下列表达中却有必要使用虚拟式：

• ⟨Anspruchsteller⟩ könnte einen Anspruch aus ⟨Anspruchsgrundlage⟩ geltend machen. ⟨请求权人⟩ 可能（könnte）基于 ⟨请求权基础⟩ 主张某请求权。

如果在这个表达中我们使用可以（kann）一词，则大前提就失去了假设的性质。这个句子听起来就如同结果一样确定无疑。

---

[1] 关于滥用虚拟式的典型错误，推荐读者阅读：Wolf JuS 1996, 30, 31 ff. m. w. N.; Schnapp Jura 2002, 32 ff.; Franck JuS 2004, 174 ff.; Mix Schreiben, 56 f.

[2] 译者注：《德国基本法》第 1 条第 1 款第 1 句原文为 "Die Würde des Menschen ist unantastbar." 其中 "Würde" 的首字母为大写，作名词用，其含义为 "尊严"。整句话的意思为："人性尊严神圣不可侵犯。"

(一) 第一个[1]请求权基础

在民法领域中——只要可能——读者必须总是提出这样一个基础问题，即谁想要从谁那里根据什么请求权基础获得什么？分解开来就是请求权人，请求权相对人，请求权目的以及请求权基础。

请求权人 请求权相对人	请求权人和请求权相对人必须是案情所提到的至少两个不同（！）的法律关系主体（自然人或者法人）。大多数情况下请求权人和相对人都以缩写的形式出现（例如：S、T-GmbH 等等）。通常情况下，法律关系的两造分别只有一个主体（例外情况如：在连带债务关系中一方或双方有多个主体）。
请求权目标	读者应当清楚明确地列明请求权人所欲追求的不同请求权目标：送货、支付价款[2]、恢复原状、损害赔偿、抚慰金等。为了准确找到各请求权目标所对应的请求权基础，确定所探究的请求权目标是必要的前提。
请求权基础	在可能的情况下——就如各标题所说的那样——应当一开始就尽可能精确给出相应的条款（enkette）。在面临实际案情时可能存在一些可相互替换的条款，在这种情况下读者可以先适用"关于……（例如无因管理）的条款"；但读者应当尽快将请求权基础精确化：因为阅卷人想要确切知道答题人所适用的条文。读者也可以采取这样的处理方式，即从一整组请求权（例如：基于相对人的侵权行为而产生的请求权）入手，在第一个句子中就对其作详尽的论述，最后才提及相应的条文。

---

〔1〕 在多个竞合的法律条文中应当最先进行检索的请求权条款在很大程度上取决于实体法上的考量。因此本文在此处将不讨论这个问题。关于请求权基础检索顺序中的鉴定策略请参见边码 416 和 434。

〔2〕 这样的表达并不精确，为了更便于理解，应该作如下表述：A kann gegen B einen Anspruch auf 40,000 EUR haben（A 可以享有要求 B 向其支付 40000 欧元的请求权）。因为根据定义，请求权是指请求权人有权要求请求权相对人为一定行为或者不为一定行为（《德国民法典》第 194 条第 1 款），所以应当指明其所要求的行为，即：A kann gegen B einen Anspruch auf Zahlung von 40,000 EUR haben（A 可以享有要求 B 向其支付 40000 欧元的请求权）。同样，我们不应该将这个句子表达为：A kann gegen B einen Anspruch auf Kaufpreiszahlung（A 可以享有要求 B 向其支付买卖价款的请求权），却可以将其表达为：A kann gegen B einen Anspruch auf Kaufpreiszahlung in Höhe von 10,000 EUR haben（A 可以享有要求 B 向其支付金额为 10000 欧元的买卖价款的请求权）。对于精确性的极力追求并不是一个自我目的，而是为了法律实践作准备。《德国民事诉讼法》第 253 条第 2 款第 2 项就要求充分确定的诉讼请求——只有在鉴定过程中尽可能精确地说明请求权标的，才能保证在司法实践中提出充分确定的诉讼请求。下面举例子说明如何表达要求不作为的请求权标的：我们不能之称为 Anspruch des A gegen B auf Zwangsvollstreckung（A 要求 B 强制执行的请求权），而应该称为 Anspruch des A gegen B auf Duldung der Zwangsvollstreckung（A 要求 B 容忍强制执行的请求权）。《德国民法典》第 535 条第 1 款第 1 句的请求权应该称为 Anspruch des M gegen V auf Überlassung des Gebrauchs an der〈Mietsache〉（M 要求 V 转移租赁物使用权的请求权），而不是 Anspruch des M gegen V auf Gebrauch der〈Mietsache〉（M 向 V 提出使用租赁物的请求权）。

借助上述表格，读者可以掌握大部分民法案件事实，包括一部分公司法、商法以及劳动法习题的解题方法。[1]

通常情况下作为请求权目标的并不是请求权人所要求的履行行为本身，而是履行的结果（**Leistungserfolg**）。

举例：我们不说 Anspruch des A gegen B auf Abgabe einer auf Übereignung des Fahrrads gerichtete Willenserklärung（A 要求 B 给出一个旨在转移自行车所有权的意思表示的请求权），而是说 Anspruch des A gegen B auf Übereignung des Fahrrads（A 要求 B 转移自行车所有权的请求权）。

在大前提中我们尽可能只提出一个法律后果（**nur eine Rechtsfolge**），并且对这个法律后果进行尽可能精确的表述。所有其他元素都会使大前提变得冗余和不精确。[2]

举例：我们不说 A kann gegen B Anspruch auf Rückgabe des Buchs oder Wertersatz haben（A 可以享有要求 B 返还该书或者赔偿损失的请求权），而是分两次进行检索，在第一次检索中写道 A kann gegen B Anspruch auf Rückgabe des Buchs haben（A 可以享有要求 B 返还该书的请求权），第二次检索中写道 A kann gegen B Anspruch auf Wertersatz für das Buch haben（A 可以享有要求 B 赔偿该书损失的请求权）。

在第一个句子中我们可以先重复一遍请求权人的**诉求**（**Rechtsschutzbegehren**）——或者一次性全部阐述清楚——并在下一个句子中提出相应的请求权基础：

- ⟨*Anspruchsteller*⟩ *verlangt von* ⟨*Anspruchsgegner*⟩ ⟨*Anspruchsziel*⟩. *Als* ⟨*Anspruchs-* ⟩ *Grundlage hierfür kommt* ⟨*Anspruchsgrundlage*⟩ *in Betracht/in Frage.* ⟨请求权人⟩ 向 ⟨请求权相对人⟩ 要求 ⟨请求权目标⟩。其 ⟨请求权的⟩ 前提是某 ⟨请求权基础⟩。

57

---

〔1〕 关于一些不同的任务设置请参见边码 62。
〔2〕 关于大前提中不应提及的内容请参见边码 439，关于大前提中可选的表达形式请参见边码 81。

- *Zunächst/in erster Linie... will ⟨Anspruchsteller⟩ ⟨Anspruchsziel⟩ erreichen. Ein darauf gerichteter/solcher/dahingehender Anspruch (stellt sich rechtlich als... dar und) kann sich aus ⟨Anspruchsgrundlage⟩ ergeben.* 首先/第一点，⟨请求权人⟩想要达到某⟨请求权目标⟩。以此为目的的/这样的/相关的请求权（在法律上称为……）可以基于⟨请求权基础⟩得出。

但是，在大多数情况下只需要一个句子即可（更加简洁）：

- *Ein Anspruch des ⟨Anspruchsteller⟩ gegen ⟨Anspruchsgegner⟩ auf ⟨Anspruchsziel⟩/Der von ⟨Anspruchsteller⟩ geltend gemachte Anspruch auf ⟨Anspruchsziel⟩ kann sich (zunächst/nur) aus ⟨Anspruchsgrundlage⟩ ergeben/auf ⟨Anspruchsgrundlage⟩ gründen/stützen.* ⟨请求权人⟩向⟨请求权相对人⟩要求的以……为⟨请求权目标⟩的请求权/⟨请求权人⟩向⟨请求权相对人⟩主张的以……为⟨请求权目标⟩的请求权（首先/只有）可以根据某⟨请求权基础⟩取得/基于某⟨请求权基础⟩而成立/以某⟨请求权基础⟩为依据。

- *Ein ⟨Anspruchsziel-⟩ Anspruch des ⟨Anspruchsteller⟩ kann aus ⟨Anspruchsgrundlage⟩ begründet sein.* ⟨请求权人⟩以……为⟨请求权目标⟩的请求权可以基于某⟨请求权基础⟩而成立。

- *⟨Anspruchsteller⟩ kann gegen ⟨Anspruchsgegner⟩ ein ⟨Anspruchsziel-⟩ Anspruch aus ⟨Anspruchsgrundlage⟩ zustehen.* ⟨请求权人⟩可以享有从⟨请求权相对人⟩处基于⟨请求权基础⟩获得以……为⟨请求权目标⟩的请求权。

- *⟨Anspruchsgegner⟩ kann ⟨Anspruchsteller⟩ zu/r ⟨Anspruchsziel⟩ verpflichtet sein.* ⟨请求权相对人⟩可能对⟨请求权人⟩负有⟨请求权目标⟩的义务。

- *Angesichts des Fehlens (z. B. vertraglicher Verbindung zwischen den Beteiligten) kommen nur (z. B. deliktische) Anspruch in Betracht.* 鉴于……（例如当事人之间合同关系）的缺失，本案只可能存在（侵权行为导致的）请求权。

- *Als Rechtsgrundlage für einen Anspruch des ⟨Anspruchsteller⟩ gegen ⟨Anspruchsgegner⟩ kommt zunächst ⟨Anspruchsgrundlage⟩ in Frage.* 作为

〈请求权人〉向〈请求权相对人〉所主张的请求权的法律基础首先应当考虑〈请求权基础〉。

• 〈Anspruchsteller〉 kann gegen 〈Anspruchsgegner〉 wegen... ein Anspruch auf 〈Anspruchsziel〉 erwachsen, der sich auf 〈Anspruchsnorm〉 stützen lässt. 由于……〈请求权人〉可以对〈请求权相对人〉产生以……为〈请求权目标〉的请求权，该请求权以〈请求权规范〉为依据。

以支付**金钱**为目的的请求权：

• 〈Anspruchsgegner〉 kann 〈Anspruchsteller〉 aus 〈Anspruchsgrundlage〉 zur Zahlung von 〈Betrag〉 verpflichtet sein. 〈请求权相对人〉基于〈请求权基础〉可能负有向〈请求权人〉支付〈金额〉的义务。

• 〈Anspruchsgegner〉 kann 〈Anspruchsteller〉 wegen 〈Anspruchsgrundlage〉 〈Betrag〉 / 〈Schadenersatz in Höhe von...〉 schulden. 〈请求权相对人〉基于〈请求权基础〉可能应当向〈请求权人〉支付数额为……的〈金钱〉/〈损害赔偿〉。

如果某请求权在结果中很有可能被否定：

• Möglicherweise kann 〈Anspruchsteller〉 von 〈Anspruchsgegner〉 〈Anspruchsziel〉 verlagen. 〈请求权人〉或许享有向〈请求权相对人〉要求〈请求权目标〉。

• Ein Anspruch des 〈Anspruchsteller〉 〈Anspruchsgegner〉 würde voraussetzen, dass... 〈请求权人〉如果要向〈请求权相对人〉要求〈请求权目标〉，其前提要件为……

如果所选择的请求权基础并非当即能够理解，我们也可以以下列表达引入鉴定：

• 〈Anspruchsteller〉 kann einen Anspruch aus 〈Anspruchsgrundlage〉 haben, weil... 〈请求权人〉可以基于〈请求权基础〉享有请求权，因为……

遇到这种情形时，读者可以先在鉴定中插入一个名为请求权基础（Anspruchsgrundlage）的标题，然后在该标题之下确定具体的请求权基础并列举其构成要件，之后再插入一个子标题权利合法性（Anspruchsberechtigung），并在该标题之下对各具体的构成要件是否满足进行详尽分析。

61 如果某请求权是针对**一个以上的请求权相对人**[1]提出,可以对不同的请求权相对人作如下标注:

- ⟨Anspruchsteller⟩ kann gegen ⟨Anspruchsgegner 1⟩ und ⟨Anspruchsgegner 2⟩ als Gesamtschuldner einen Anspruch auf ⟨Anspruchsziel⟩ haben. ⟨请求权人⟩可以享有将⟨请求权相对人1⟩和⟨请求权相对人2⟩作为连带债务人要求⟨请求权目标⟩的请求权。

但这样的表达只在少数例外情况下才有适用的必要,因为在练习案情中多个当事人通常是被分别提出来的。[2]

补充说明:关于鉴定方法和请求权方法之间的关系

62 在民法中常常涉及两个或以上主体之间的法律关系,且通常情况下是以请求权的形式存在。但偶尔也会涉及人和物之间的法律关系问题。

举例:所有权状态

状态问题

举例:继承地位、劳动者身份、婚姻的存在

或者有关合同解释的问题

举例:所计划的股东决议是否要求一致通过?

此外,读者还可能遇到一些关于形成权(例如:解雇、解除或者撤销的可能性)是否存在的问题。在大部分情况下,这些问题的法律意义在于解决之后会涉及的请求权状态。

因此,针对这一类问题我们无法从请求权方法着手[3];尽管如此,读者仍然应当就这些问题作出鉴定。正如上文所述,这类鉴定的表达只需将第一个大前提作区别于请求权方法的表达即可。

---

〔1〕 法律上称之为"连带责任"(gesamtschuldnerische 或者 solidarische Haftung)(例如:《德国有限责任公司法》第43条第2款的内容)。

〔2〕 其他相关内容请参见本书边码438。

〔3〕 因此我们也不称解除权为 Anspruch auf Rückgängigmachung(要求解除的请求权)或者类似的其他名称,而是直接称为 Rücktrittsrecht(解除权)。现实中并不存在所谓的 Anspruch auf Rückgängigmachung(要求解除的请求权),因为解除权是由解除权人自己做出表示。但是作为解除的法律后果,存在《德国民法典》第346条以及以下各条所规定的给付返还请求权,我们称之为 Anspruch aus Rücktritt(基于解除而产生的请求权)。

如果题目所设置的任务无法适用谁想要从谁那里根据什么请求权基础获得什么（*Wer will was von wem auf welcher Anspruchsgrundlage?*）这一公式。

举例：N möchte wissen, was er nun tun kann. was ist ihm zu raten?（N想要知道他现在可以做什么。可以给他提什么建议？）（债法）或者 E fragt, ob er noch Eigentümer des Kraftfahrzeugs ist（E问，他是否还是那辆车的所有权人。）（物权法）——Ist die Kündigung des A wirksam?（A的解雇是否有效？）或者 Hat eine Kündigungsschutzklage des B Aussicht auf Erfolg?（B的解雇保护之诉是否有胜诉的可能？）（劳动法）

那么，读者或许应当先对任务进行解释，然后可能将大前提作如下表述，即阅卷人无需多加思考就能理解大前提与问题之间的联系。[1]

上述几个例子的大前提可以表述为：

债法：N kann den Vertrag anfechten, aus wichtigem Grund kündigen oder...（Ergebnis:）Anzuraten ist ihm, wegen... zu kündigen. N可以撤销合同，基于重大理由解除合同或者……（结果：）建议他基于……解除合同。

物权法：（标题或可写作 Eigentum des E an dem Kfz〈E对该车的所有权〉）E ist nach wie vor Eigentümer des Kfz, wenn nicht zugunsten eines der anderen Beteiligten ein Eigentumserwerbstatbestand eingreift（如果没有出现导致其他当事人取得所有权的法律事实，那么E一直都是该车的所有权人）（如果案情已经明确表明E是该车的原始所有权人，否则应表述为：）E ist Eigentümer, wenn er zunächst Eigentum erworben hat und dieses nicht an G oder H verloren hat（如果E事先取得该车的所有权并且未将其转移给G或者H）。

劳动法：（标题或可写作 Wirksamkeit der A gegenüber ausgesprochenen

---

[1] 除去极少数例外情况，在练习题及考试题目中出题人总是应当具备法官的视角。像"可以给T提什么建议？"这样的问题看起来却是从顾问（例如律师）的视角出发。尽管如此，在鉴定中仍然应当保持严格的中立态度。与鉴定中对于法律状态处理方式的区别仅仅在于，针对这些问题除了对法律状态进行判断之外还要求从法律及经济学的角度对法律实践进行评估。但是，近年来出题人越来越倾向于从顾问角度出题，起初主要出现在实习培训中（通过第一次德国国家司法考试的见习律师或者候补法官），现在也常常出现在大学考试中。

Kündigung〈对 A 的解雇通知的效力〉）Die Kündigung des Arbeitsverhältnisses des A ist wirksam, wenn sie fristgemäß erklärt wurde und ein Kündigungsgrund vorlag（如果对 A 作出的解雇通知遵循解雇期限并且存在解雇理由，则该劳动关系的解除有效）或者（标题或可写作 Erfolgsaussichten einer Kündigungsschutzklage des A〈A 的解雇保护之诉的胜诉可能性〉）Eine Kündigungsschutzklage des A/Die von A erhobene Kündigungsschutzklage hat Aussicht auf Erfolg, wenn sie zulässig und begründet ist（如果 A 的解雇保护之诉/A 所提起的解雇保护之诉在程序上具有可诉性并且具有实体法上的理由，则其具有胜诉的可能性）。

有时候也会出现这样的问题，即尽管从原则上看很明显可以适用请求权方法进行处理，但是由于案件问题的某些特殊性而无法直接从请求权规范入手。

举例：A、B 和 C（基于共同过错或者选择过错 kumulativ oder alternativ）导致 O 遭受损害。本案要解决的问题是 O 是否有权要求 A、B 和 C 作为连带债务人向其承担损害赔偿责任。对于这样的案情，建议读者在正式着手检索请求权基础之前先对《德国民法典》第 421 条规定的连带之债的构成要件作一个简单梳理。如果通过检索各具体的请求权得出 O 有权要求 A、B 和 C 分别承担全额损害赔偿，我们可以回过头来再探讨连带之债问题。

63 **基本原则**：如果题目所设置的问题可以直接适用请求权公式进行鉴定，那么读者可以直接按照该方法完成鉴定。在其他情况下也需要进行鉴定，只是应当先在第一个大前提中对问题本身进行阐释。其处理方式就像在一个普通的请求权鉴定中加入一个中间大前提，在这个中间大前提中读者也可以对例如解雇效力等问题进行探究。

64 有些问题需要经过多个中间环节的转换之后才能适用谁想要从谁那里根据什么请求权基础获得什么？这一公式。

举个简单的**例子**：Muss B das Fahrrad herausgeben？（B 是否必须交出自行车？）首先我们需要将这一问题改写为：Kann A von B das Fahrrad herausverlangen？（A 是否有权要求 B 交出自行车？）——我们可以在脑海里想象

(无需写在纸面上)一个大前提：B muss das Fahrrad herausgeben, wenn A es zu Recht von ihm herausverlangen kann. （如果 A 有权要求 B 交出自行车，那么 B 必须交出自行车）。

在鉴定的第一个大前提之后不适合插入任何脚注，因为大前提作为假设——且该假设是针对具体案情做出的——无需进行论证。但是，如果大前提与案件事实的关系并不是很直接，则可以在脚注中加以说明 Einen solchen Anspruch/Eine Strafbarkeit nach... zieht auch〈Gericht/Autor, Fundstelle〉 in Erwägung（〈法院/作者，出处〉也提到了这样一个请求权/根据……的应受处罚性）。

补充说明：从哪里寻找请求权基础？

对于最简单和最常见的案例，请求权基础可以直接从**法律规定**中摘引。其中最大的问题在于如何区分有待探讨以及错误的请求权规范。

由于立法者十分重视请求权基础，因此他们通常将请求权基础放在相关法律章节的开头部分（例如很多合同履行请求权的请求权基础，几乎毫无例外地可以在《德国民法典》各合同类型的前几个条文中找到）。但是偶尔也会发现请求权基础隐藏在末尾的条文中（例如：《德国民法典》第 304 条关于债权人履行迟延的条款；这也表明立法者认为其他法律后果更具重要性。）一般情况下请求权基础存在于一个条文的开头部分，但是也并非完全如此（例如：《德国民法典》第 904 条）。

如果需要适用**判例法**（**Richterrecht**），则需要从相关的判决中提取出一个适用于当前涵摄且具有充分普适性的大前提，这通常是比较困难的。但是这样的工作通常是由其他人来完成（例如教科书、法律评论等）。尽管如此，我们在处理问题时也不应该忽视相关的最新判例。和处理法律竞合问题的方法相同，当存在两个相关判决时，新判决优先于旧判决适用。从另一方面来讲，更改判决的可能性也是极小的。

在民法实践中**习惯法**（**Gewohnheitsrecht**）已不再发挥作用。[1]

有些时候我们必须自行组织所应当适用的法律条文，这些条文主要是指

---

[1] 其中商人间商业往来中的商事惯例是一个小例外。但是在大学教育中通常不需要考虑这些商事惯例。关于商事惯例请参见 *Krebs* JuS 2013, 586 ff.

从构成要件上看并不是相符的条文,但是从立法目的来看却是应当适用的条款(**Analogie**〈类推适用〉)。

如果读者对固定的法教义学结构已经有所耳闻,那么对法律条文的类推适用进行全面论证显然是没有必要的。

举例:在 2002 年 1 月 1 日以法律条文形式固定下来以前的积极侵害债权和缔约过失责任的处理。

我们可以表述为:

- 〈*Rechtsfigur*〉 *ist gewohnheitsrechtlich/in Rechtsprechung und Literatur*〈*ggf. Fußnote mit ausgewählten Belegstellen*〉 *und vom Gesetzgeber in*〈*Norm*〉 *anerkannt/lässt sich jedenfalls aus einer entsprechenden Anwendung der*〈*Normen*〉 *ableiten* (〈法律构造〉是由立法者根据习惯法/判例法以及文献〈或者在脚注中注明所选择的出处〉在法律条文中所确认的/至少是根据法律规范的相应适用推导出来的)。

并且列举一些可作为类推依据的法律条文。在笔试中我们通常可以省略这个简短的推导过程并假定阅卷人了解相应的法教义学结构。[1]

同样,**法律所明文规定的类推**(**gesetzlich angeordnete Analogien**)可以直接适用。

举例:《德国民法典》第 644 条第 2 款规定,运输情形下承揽合同的风险负担准用《德国民法典》第 447 条关于买卖合同的规定。

与法律后果准用类似,当法律已经规定类推适用的情形下只需简短表述为:

- *Für/Wegen... verweist*〈*Norm*〉 *auf*〈*Norm/en*〉[2] */den... —Begriff in*〈*Norm*〉. 鉴于/由于……〈法律规范〉准用〈法律规范〉/〈法律规范〉中的……—概念。

- *Bei... ordnet*〈*Norm*〉 *die Anwendung/Anwendbarkeit des*〈*Norm*〉

---

[1] 但是在家庭作业中读者应当引注法学方法论教科书作为类推适用的理论的依据,以使类推适用的基础不至于被架空。

[2] 译者注:Normen 为 Norm 的复数形式。文中出现的 Norm、Normen 以及 Norm/en 均统一译为"法律规范"。

an. 在……情形下，〈法律规范〉纳入了〈法律规范〉的适用/可适用性。

通常情况下，读者据以寻找请求权基础的类推远远优先于其他途径，需要注意的是如何以一种具有说服力的方式来表达。如果我们需要自行对相关法律条文的可适用性进行论证，才需要遵循下文所列的解题结构。[1]

首先是一个小提醒（若有必要的话），即相应的规定**并非可以直接适用**(**nicht unmittelbar anwendbar sind**)。否则就无需衡量相应规定的可适用性……

- Die Vorschrift/Regeln des/r〈Norm/en〉ff. sind/waren zunächst für〈unstreitige Anwendungsfälle〉gedacht/auf... zugeschnitten. Für die hier in Frage/Rede stehenden... kommt eine unmittelbare Anwendung wegen〈zu verneinendes Tatbestandesmerkmal〉nicht in Frage. Eine〈vorliegenden Sachverhalt〉erfassende weite Auslegung scheitert am—gemessen am Wortlaut der Vorschrift—möglichen Sinne der Formulierung/des Wortes〈Tatbestandesmerkmal〉。首先〈法律规范〉的规定/规则是针对〈没有争议的适用情形〉而设置的。由于〈构成要件被否定〉本案所提及的……并不能直接适用相应的规定。由于——衡量法律条款的文义——缺乏〈构成要件〉可能含义的表达/用词，因此不存在涵盖〈上述案件事实〉的扩张解释。

- 〈Norm〉erweist sich als nicht unmittelbar anwendbar.〈法律规范〉表明其不可直接适用。

- Eine ausdrückliche gesetzliche Regelung des...—Anspruch fehlt. ……—请求权缺乏明确的法律规定。

之后我们再指出存在相应适用的可能性：

- Zu fragen ist, ob〈Norm/en〉im Weg der (Gesetzes-/Rechts-) Analogie angewendet werden kann/können. 问题是，〈法律规范〉是否可以/可能根据〈法条/法律〉类推得以适用。

- Ein...—Anspruch kann sich aber aus einer (Sinn-) entsprechenden/analogen Anwendung des/der〈Norm/en〉ergeben. 然而……—请求权可以根据对〈法律规范〉〈含义〉的参照/类推适用得出。

---

[1] 关于在练习作业中对此问题应当持有的谨慎态度（Zurückhaltung）请参见边码458。

我们通常所说的法条类推（Gesetzesanalogie）是指一个特定的具体条款所包含的规定可以转用于其他案件事实，而法律类推（Rechtsanalogie）则是指多个法律条文背后所蕴含的法制观念可以转用于其他案件事实。

读者需要指明类推适用的前提要件：

- *Dazu muss im Gesetz eine Regelungslücke bestehen. Darunter ist eine planwidrige Unvollständigkeit der gesetzlichen/positivrechtlichen Regelung zu verstehen.* 在法律条文中就相关问题必须存在一个法律漏洞。所谓法律漏洞是指法律规范/现行法律体系存在与计划相违背的不圆满性。

- *Für 〈vorliegenden Sachverhalt〉 findet sich, wie bereits festgestellt, keine gesetzliche Regelung.* 正如上文所述，就〈上述案件事实〉不存在相应的法律规定。

- *Eine Analogie/analoge/entsprechende Anwendung von 〈Norm〉 ist nicht von vornherein durch (die Existenz des) 〈Norm〉 versperrt.* 〈法律规范〉的类推使用并未通过〈法律规范〉（的存在）事先排除。

- 〈*Norm*〉 *beansprucht keine lückenlose Geltung.* 不存在法律漏洞时该〈法律规范〉不具有全面的可适应性。

此处很重要的一点在于确定相应法律体系中存在**与立法者意愿相悖**的法律漏洞。因为只有在遵循法律续造之极其严格的前提条件之下读者才可以凌驾于立法者明确的立法计划之上。

当然，对于一个法律规定的**可类推适用性**（**Analogiefähigkeit der Regelung**）只需作简单论述，即表明如何得出类推适用的思考过程即可，因为类推适用毕竟只是例外情况（*singularia non sunt extendenda*——即例外鲜有解释）。

- *Eine analoge Anwendung kann ausgeschlossen sein, weil… /Einer analogen Anwendung kann entgegenstehen, dass…* 由于……/类推适用可能导致与……的冲突，则类推适用可能被禁止。

如果涉及公权力干涉公民自由领域时（主要存在于刑法和税法中），必须时刻警惕禁止类推原则的适用。

类推适用的关键点在于法律有规定的案件事实与法律未作规定的案件事实之间存在**本质上的相似性**（**wesentliche Ähnlichkeit**）。相似性的判断标准取决于法律本身的意图，在必要情况下需要通过法律解释来确定。[1]

- *Zulässig ist eine Analogie/ein Analogieschluss/ein Analogieargument/ein argumentum a simile（ad simile*[2]*）/eine rechtsähnliche Anwendung der 〈Normen〉, wenn der zu entscheidende Sachverhalt in der für die gesetzliche Regelung maßgeblichen Hinsicht gleich/ähnlich/vergleichbar ist wie die gesetzliche Regelung.* 如果需要作出裁判的案件事实在所涉及法律争议的关键方面与现有法律规定相同/相似/具有可比性，则该〈法律条款〉可以类推适用/可以作出类推适用的结论/具有类推适用的论据/具有相似性的依据（ad simile）/允许法律类似适用。

- *Erforderlich ist die Ermittlung des tragenden Grundgedankens der gesetzlichen Regelung（en）.* 必须确定法律规定所蕴含的基本原理。

- *Wie sich aus〈z. B. historisches oder teleologisches Argument〉ergibt, dient〈Gesetzesnorm〉der Regelung des Interessenkonflikts zwischen… und… /der Risikoverteilung in Fällen von… . Anknüpfungspunkt für die in〈Norm〉getroffene Regelung ist dabei erkennbar… Ebendies liegt auch für〈ungeregelte Fälle〉nahe. Das für〈gesetzliche Regelung〉typische/charakteristische Element findet sich ganz ähnlich/in vergleichbarem/noch ausgeprägterem Maß auch bei〈ungeregelter Sachverhalt〉.* 根据〈例如历史原因或者目的论上的论据〉可以得出，〈法律规范〉适用于规范……与……之间的利益冲突/……情形下的风险分摊。〈法律规范〉所涉及规定的连结点是显而易见的，该连结点同样存在于〈法律未规定的情形〉。在〈法律未作规定的案件事实中〉也存在与〈法律规定〉所包含的典型要素/特有要素完全类似/具有可比性/极大程度上类似的要素。

读者整个类推适用论证的说服力取决于相似性论证过程的质量。尤其在处理新案件的情况下，读者无法在文献中找到所有论据。读者允许并且必须自己思考如何论证相似性。

在结论中读者就可以作出判断：

---

〔1〕 相关内容请参见本书边码215及以下。
〔2〕 请读者注意本书边码365。

- 〈Unklarer Sachverhalt〉 ist damit 〈gesetzlich geregeltem/klarem Sachverhalt〉 gleichzusetzen/-achten/-bewerten. 因此可以将〈不确定的案件事实〉与〈法律有规定的/确定的案件事实〉等量齐观/同等看待/作出相同裁判。
- Da..., ist es gerechtfertigt/geboten,〈Norm〉auf (z. B. Sachverhalt wie den vorliegenden) analog/entsprechend anzuwenden. 由于……，应当将〈法律规范〉类推/参照适用于〈例如上述案件事实〉/其适用具有正当性。

因此，依据上述推导过程得出的法律规范对所涉案件事实进行涵摄时，遵循与适用成文法时相同的规则。

（二）第二个至最后一个请求权基础

为了避免因重复而使人产生审美疲劳，在讨论多个请求权基础时我们可以对语言表达作一些细小的变化：

- Zu denken ist weiter an... /Zu erwägen ist außerdem/noch/überdies/ebenfalls[1], ob... 下一步需要考虑的是/此外需要衡量的是/另外/除此之外/同时需要确定的是……
- In Frage kommt weiter/ferner/schließlich... 另外/进一步/最后需要作出判断的是……
- Zu prüfen bleibt nur noch ein Anspruch aus... 最后只需要检索基于……的请求权。

1. 如果上一个检索的请求权成立

- Darüber hinaus/Daneben/Das Weiteren/Ferner/Weiter (hin)/Im Übrigen/Außerdem/Ergänzend/Gleichfalls/Zudem... 此外/另外/同时……
- ... käme/kommt (nur/noch/nur noch) ein Anspruch des 〈Anspruchstellers〉 gegen 〈Anspruchsgegner〉 auf 〈Anspruchsziel〉 aus 〈Anspruchsgrundlage〉 in Betracht/in Frage. ……（仅需/还要）讨论的是〈请求权

---

[1] 译注：außerdem, noch, übersies, ebenfalls, darüber hinaus, daneben, das Weiteren, ferner, weiter (hin), im Übrigen, außerdem, ergänzend, gleichfalls, zudem 均为同义词，意为："此外，另外，同样的"。下文中若出现类似的同义词，为避免重复不对每一个词作详细翻译。

人〉可以/或许享有根据〈请求权基础〉向〈请求权相对人〉要求某〈请求权目标〉的请求权。

- ... *wäre/ist... denkbar/zu erwägen—wenn der Anspruch im Ergebnis relativ klar absehbar scheitert.* 如果从结果来看可以比较清楚地预见该请求权不成立，那么……是有可能的/是需要考虑的。
- *Weiter kann/könnte 〈Anspruchsteller〉 sein Begehren（auch）auf 〈Anspruch sgrundlage〉 stützen.* 另外〈请求权人〉（也）可以/可能以〈请求权基础〉作为其诉求的依据。
- *Darüber hinaus kann 〈Anspruchsteller〉 noch einen Anspruch aus/nach/gemäß*[1]*〈Anspruchsgrundlage〉/wegen deliktischer Schädigung/Vertragsverletzung aus 〈Anspruchsnorm〉 haben.* 除此之外〈请求权人〉还可以根据/依据〈请求权基础〉/因侵权行为导致的损害/违约行为根据〈请求权规范〉享有某请求权。
- *Des Weiteren beruft sich aus 〈Anspruchsziel〉 kann auch aus 〈Anspruchsgrundlage〉.* 此外〈请求权人〉还可以根据〈请求权基础〉向〈请求权相对人〉主张某请求权。
- *Ein Anspruch auf 〈Anspruchsziel〉 kann auch aus 〈Anspruchsgrundlage〉 hergeleitet werden/begründet sein/lässt sich auch auf 〈Anspruchsgrundlage〉 stützen/gründen.* 以……为〈请求权目标〉的请求权也可以依据〈请求权基础〉推导出来/论证/也可以以〈请求权基础〉为依据/基于〈请求权基础〉而成立。
- *Die von 〈Anspruchsteller〉 geltend gemachte Forderung kann sich（auch）〈Anspruchsgrundlage〉 ergeben.* 〈请求权人〉所主张的债权（也）可以依据〈请求权基础〉得出。

2. 如果上一个检索的请求权不成立

- *〈Anspruchsteller〉 kann jedoch/aber...（z. B.：gegen 〈Anspruchsgegner〉 vorgehen, wenn...）* 但是/然而〈请求权人〉可以……（例如：如果……，可以针对〈请求权相对人〉采取措施）。

---

[1] 译者注：在该语境中 aus, nach, gemäß 为同义词，意为"根据、依据"。

- *Denkbar ist noch ein Anspruch...* 其他可能的请求权还有……
- *In Betracht käme allenfalls/zuletzt noch ein Anspruch des 〈Anspruchsteller〉 aus 〈Anspruchsgrundlage〉.* 至少/最后〈请求权人〉还可能基于〈请求权基础〉享有〈请求权〉。

根据上述大前提的表达方式读者应该能够注意到,有些请求权成立的可能性并不大,只是为了完整起见而对其进行检索。

(三) 第一个[1]构成要件

为了引入对具体的请求权构成要件的讨论,我们可以采用多种不同的表达形式:

- *Dazu/Hierzu/Dafür/Hierfür/Dann müsste/muss zunächst ein/e 〈Tatbestandesmerkmal〉 vorliegen/gegben sein.* 就此/为此/因此必须/首先必须存在〈构成要件〉。
- *Das setzt 〈Tatbestandsmerkmal〉 voraus.* 这以〈构成要件〉为前提。
- *Dazu bedarf es einer/s 〈Tabestandsmerkmal〉/Hierzu ist 〈Tatbestandsmerkmal〉 notwendig/erforderlich/nötig.* 为此需要存在〈构成要件〉/为此〈构成要件〉是必不可少的/是必要的。
- *(Erste/Einzige) Voraussetzung (für einen 〈Anspruchsziel-〉) Anspruch des 〈Anspruchsteller〉) ist (das Vorliegen/Bestehen eines) 〈Tatbestandsmerkmal〉.* 〈请求权人〉以……为〈请求权目标〉的请求权)的(第一个/唯一的)前提条件是存在〈构成要件〉。
- *〈Anspruchsgrundlage〉 verlangt/erfordert, (dass) 〈Tatbestandsmerkmal〉.* 〈请求权基础〉要求存在〈构成要件〉。
- *〈Anspruchsteller〉 muss/müsste..., dann... haben/sein.* 〈请求权人〉必须……,才能享有……
- *Ein 〈Tatbestandsmerkmal〉 kann vorliegen, wenn 〈Teilmerkmal〉.* 如果〈子构成要件〉存在,〈构成要件〉才能存在。

---

[1] 从法律条文的哪一个构成要件开始讨论既是一个逻辑问题,同时也是一个合目的性问题。

- *Ein solcher Anspruch ist（nur）gegeben, wenn...* 只有当……，这一请求权（才）能存在。
- *Gemäß 〈（Anspruchs-）Norm〉kommt es（hierfür）darauf an, ob 〈Teilmerkmal〉.* 根据〈（请求权—）规范〉（本案）取决于〈子构成要件〉是否存在。
- *Fraglich/Problematisch ist（zunächst）/Zunächst stellt sich die Frage, ob...* （首先）问题是/需要确定的是/第一个问题是……
- 〈*Tatbestandsmerkmal*〉*kann erst angenomen werden, wenn nicht nur*〈*1. Teilmerkmal*〉*, sondern auch*〈*2. Teilmerkmal*〉. 只有当〈第一个子构成要件〉和〈第二个子构成要件〉同时存在时，〈构成要件〉才能得以确认。

请读者在表述大前提时注意必须（*müssen*）一词的使用。首先这是一个美学问题，

举例：Gemäß §§433 Ⅰ 2, 437 Nr. 1 BGB muss die an A gelieferte Kartusche einen Sachmangel i. S. v. §434 Ⅰ BGB aufweisen（根据《德国民法典》第433条第1款第2句，第437条第1项的规定，向A寄送的漩涡花饰必须存在《德国民法典》第434条第1款意义上的瑕疵）。——这一表述看起来非常不美观。法律规范当然不希望物品存在瑕疵。虽然法律规范规定存在瑕疵是请求权的前提要件，但是法律也希望物品是没有瑕疵的。

其次这也是一个逻辑问题。

举例：我们常常草率地并且过于具体地参照 Der Anspruch setzt einen wirksamen Kaufvertrag voraus; hierzu muss A ein Angebot abgegeben haben, dass...（该请求权以生效的买卖合同为前提；为此A必须已经给出一个要约，即……）这一模板表达大前提——为什么A必须已经给出一个要约呢？如果A对于B所给出的要约进行承诺也可以成立一个买卖合同。上述句子想要表达的是... Hierzu muss ein Angebot abgegeben worden sein; dieses kann in der Erklärung des A liegen...（……为此必须存在一个要约，而该要约有可能存在于A的意思表示之中……）。

79 　　如果采用否定形式表述大前提可以更快地引向问题本身[1]，读者也可以用否定形式：

• Wegen ⟨Sachverhaltsinformation⟩ kann es hier daran/an/am erforderlichen ⟨Merkmal⟩ fehlen. 根据〈案件事实信息〉本案缺少必要的〈要件〉。

80 　　为了推导大前提中提到的法律后果读者常常会列举出现该法律后果必须满足的**所有构成要件**，这种做法虽然可行，但并不是必须的。然而当法律条文包含很多个构成要件或者结构复杂时，则不推荐这样的列举。因为这样的做法存在使问题复杂化的风险，同时也很容易使大前提变得混乱。[2]

　　举例：请读者尝试以易于阅读合理理解的句子完整地表述部分价款返还请求权（《德国民法典》第441条第4款）的前提要件。

　　很明显，当我们只检索多个构成要件中的一个时才能以 **首先/第一**（Zunächst/Zuerst）等词引入第一个大前提。

81 　　另外，在大前提中使用**选择性情形**（**Alternative**）的表达方式也是不值得推荐的。

　　举例：Fraglich ist, ob A den X Erben oder als Vermächtnisnehmer eingesetzt hat. 问题在于，A是将X作为其继承人还是受遗赠人。

　　即使在法学思维中常常发生具有多种选择的情形，但是在鉴定中阅卷人

---

〔1〕 但请读者注意本书边码107的相关论述。
〔2〕 下列例子可以说明这个问题：第一个例子中大前提还比较明了，例如 Eine Zahlungsverpflichtung der E aus einer von ihr übernommenen Bürgerschaft setzt zum Einen voraus, dass die gesicherte Schuld überhaupt besteht, zum Anderen, dass E sich wirksam als Bürgerin verpflichtet hat（E因担保关系负担支付义务的要件之一是其所担保的主债务存在，另一个要件是其作为有效的担保人）。但是下一个例子中的大前提基本上已经处于混乱的边缘，例如 Schadensersatzanspruch des G gegen den S nach § 823 I BGB setzt voraus, dass S durch sein Verhalten—in Betracht kommt hier auch ein pflichtwidriges Unterlassen—eine Verletzung eines der von der Norm geschützten Rechtsgüter verursacht hat, diese Verletzung ihm—dem S—zurechnen ist, sie sich als rechtswidrig und wenigstens fahrlässig darstellt und dass infolge eben dieser Verletzung der G einen Schaden erlitten hat, der wiederum ursächlich und zurechenbar auf die Rechtsgutsverletzung zurückzuführen ist［（G根据《德国民法典》第823条第1款向S主张侵权损害赔偿的前提要件为：S通过其行为——本案还需要考虑其非法不作为——导致一个法律所保护的法益受损害，并且该损害是可归责于S的，即S具有违法性且至少具有过失，并且因上述原因而使G遭受损失，同时该损失也与上述法益损害具有因果关系并具有可归责性）］。如果我们在笔试中写出如此庞杂的大前提，很快我们就会发现这是非常浪费时间的，因为我们需要就每个具体的构成要件重新表述一遍其各自的大前提。

将需要同时面对两个不同的可能结果——这似乎过于严苛。读者最好以单独且明确的方式表达需要讨论的问题；并且通常情况下应该先讨论在结果中将被否定的情形。

举例：A 可以将 X 作为其受遗赠人。……（讨论遗赠关系）。经过讨论遗赠关系不存在，那么 A 可能将 X 作为其继承人。

当然，只有当两种裁判可能性在鉴定中都具有讨论的必要时，才需要适用上述讨论的先后顺序。

举例：如果在上一个例子中 X 只能通过继承而享有请求权，则只需对继承进行讨论。但是无论如何我们可以通过下列大前提 Ein Anspruch des X aus seiner Erbenstellung wäre nicht gegeben, wenn der lediglich Vermächtnisnehmer wäre（如果 X 只是受遗赠人，那么其不享有基于继承而取得的请求权）引入对遗赠的讨论。

如果法律条文的构成要件中同时提供了多个可选择的情形，那么使用选择性情形的表达形式也没有太大问题。

举例：在讨论依据《德国民法典》第 823 条第 1 款的请求权时，我们可以直接使用如下表述，即 Zudem muss T schuldhaft, also vorsätzlich oder wenigstens fahrlässig gehalten haben（T 必须具有过错，即其行为时主观上具有故意或至少具有过失）。在这种情形下我们应当同时对两种过错情形作简短的讨论。

如果读者没有说明法律后果而使用选择性情形的表达，则很容易陷于混淆，尤其是在不同构成要件可能导致不同法律后果的情况下。

举例：本案中的债务可以是特定之债，也可以是种类之债。一方面阅卷人无法了解两者区别的重要性之所在。另外一方面在特定之债的情况下，标的物的损毁将直接导致履行不能，然而在种类之债的情况下可能需要对标的物具体化进行复杂的讨论之后才能得出结论。

（四）第二个至最后一个构成要件

下列关于表达的建议是以第一个构成要件与之后各构成要件之间的并存

关系（kumulativ）为基础。[1]

- *Voraussetzung (für...) ist weiter (hin) /schließlich/außerdem/ überdies/zuletzt/noch/ferner...* （……的）其他／另一个／下一个／最后一个／前提要件是……

- *Die zweite/letzte Voraussetzung für... ist... /, die gegeben sein muss, um... bejahen zu können, ist...* （……的）第二个／最后一个前提要件是……／，为了使……能够成立，必须存在……

- *Fraglich/zu prüfen/untersuchen ist (nun/nunmehr). ob auch [2. Tatbestandsmerkmal (im Sinne der 〈Norm〉)] vorliegen/eingetreten/gegeben/erfüllt ist.* 问题是／需要检索的是／（现在／还）需要讨论的是，[（〈法律规范〉意义上的）第二个构成要件] 是否存在／出现／满足。

- *Weiter/des Weiteren/darüber hinaus verlangt 〈Norm〉, dass 〈nächstes Tatbestandsmerkmal〉 eingetreten ist.* 此外／另外〈法律规范〉还要求〈下一个构成要件〉的出现。

- *Ob 〈weitere Tatbestandsmerkmal〉 gegeben ist, ist jedoch/zumindest/ allerdings zweifelhaft/fraglich/zu bezweifeln/problematisch/näher zu überlegen/ prüfen/untersuchen.* 然而／至少／但是〈其他构成要件〉是否存在仍然存有疑义／需要进一步考虑／检索／讨论。

- *Fraglich ist dagegen/hingegen, ob...* 然而／但是问题在于，是否……

- *Für 〈Anspruch〉 fehlt es nun noch an 〈letztes Tabestandsmerkmal〉.* 到目前为止〈请求权〉的存在还缺少〈最后一个构成要件〉。

- *Weitere/n-te und letzte Anspruchsvoraussetzung ist...* 下一个以及最后一个请求权前提要件是……

- *Sodann müsste 〈Anspruchsgegner〉 〈Handlung〉... haben.* 此外〈请求权相对人〉必须实施了……〈行为〉。

- *Auch/Schließlich muss...* 此外／最后必须……

- *〈Zuvor bejahtes Merkmal〉 muss wiederum 〈nächstes Merkmal〉 sein. (z. B.: Der Vertrag muss ein gegenseitiger sein).* 〈上一个得到确认的要

---

[1] 关于选择关系请参见本书边码94。

件〉必须同时作为〈下一个要件〉而存在。(例如合同必须是双务合同)。

- 〈Tatbestandsmerkmal〉 genügt für 〈Rechtsfolge〉 nur, wenn 〈weiteres Merkmal〉 hinzutritt. 只有当〈其他要件〉出现时，该〈构成要件〉才足以引起〈法律后果〉。

- Es muss (so) dann/zudem ein/e... vorliegen/vorlegen haben. 此外/因此必须存在……

- Außer von... ist 〈Rechtsfolge〉 von... abhängig. 除……之外，〈法律后果〉还取决于……

- Damit steht jedoch noch nicht fest/ist jedoch nicht gesagt, dass/ob... Zusätzlich muss nämlich 〈3. Tatbestandsmerkmal〉 erfüllt sein. 但是尚未确定的是/尚无定论的是……/是否……。另外还必须满足〈第三个构成要件〉。

- Ein... (allein) begründet noch/kein/e/n... Hinzukommen muss (vielmehr)... (仅有)……并不足以成立……，此外（尤其）必须……

- Bedenken ergeben sich allerdings wegen des/r/hinsichtlich des /r (vielmehr)... 然而关于/在〈构成要件〉方面还存有疑问……

- Wie 〈Norm〉 zeigt, ist 〈Rechtsfolge〉 aber an 〈Tatbestandsmerkmal〉 geknüpft. 正如〈法律规范〉所述，〈法律后果〉取决于〈构成要件〉。

读者最好对引入涵摄的每一个构成要件的所有大前提作一次综述，以便阅卷人可以对所检索的法律条文中所有重要的前提要件形成一个概观。 83

在存在**选择性构成要件**（alternativen Tatbestandsmerkmalen）的情形下请读者只引注其中作为涵摄的依据的那部分。 84

举例：《德国民法典》第812条是相当复杂的——如果读者已经将案情所述的情形确定为给付不当得利，那么读者在引注法条时应当只引注给付不当得利的前提要件（获得利益，通过给付行为，没有法律上的原因）——同时精确地标明相应的情形：《德国民法典》第812条第1款第一种情形。

1. 积极的构成要件 85

- Weiter ist (nach 〈Anspruchsnorm〉) erforderlich, dass es sich bei 〈Sachverhaltsinformation〉 um 〈Tatbestandsmerkmal〉 handelt. 另外（根据

〈请求权规范〉),〈案件事实信息〉应当属于〈构成要件〉。

- *Des Weiteren verlangt 〈Anspruchsnorm〉...* 此外〈请求权规范〉还要求……

- *Auch/Zudem/Darüber hinaus/Weiterhin/Schließlich muss/müsste 〈Tatbestandsmerkmal〉 gegeben sein/vorliegen/erfüllt sein.* 同时/另外/此外/最后还必须存在/满足〈构成要件〉。

- *Zum Tatbestand/Zu den Voraussetzungen des 〈Anspruchsgrundlage〉 gehört/zählt außerdem/ferner das... —erfordernis/〈Tatbestandsmerkmal〉.* 此外/另外……——要求/〈构成要件〉也属于〈请求权基础〉的构成/前提要件。

- *〈Sachverhaltsinformation〉 muss außerdem den Anforderungen des... —gebots genügen.* 此外〈案件事实信息〉还必须满足……——规定的相关要求。

86 如果我们要否定一个要件或者有意识地暂时搁置一个与结果相关但存有争议的判断,可以用 Aber/Jedoch/Indessen/Allerdings/Freilich(意为:"然而/但是/可是")等词引入上文所列举的表达。

87 **2. 消极的构成要件**

读者需要注意的是,在否定的情况下使用"必须(muss)"一词表达大前提容易造成歧义。

举例:*Der Schuldner muss seine Leistungspflicht trotz Fälligkeit nicht erfüllt haben*(虽然债务人的债务已经到期但其必须未履行其债务)与 *Der Schuldner darf die Leistungspflicht nicht erfüllt haben*(债务人应当未履行其债务)这两种表达是有区别的。

- *Ein Anspruch aus 〈Anspruchsgrundlage〉 kommt nicht in Betracht/scheidet aus, wenn/falls/sobald...* 如果/当/只要……,则基于〈请求权基础〉的请求权不存在/将被排除。

- *Der Anspruch/Die Haftung des 〈Anspruchsgegner〉 ist zu verneinen/ausgeschlossen/unmöglich/kann ausgeschlossen sein, sofern/soweit...* 如果/只要……,则请求权/〈请求权相对人〉的责任将被否定/被排除/不可能。

- *Ein Anspruch aus ⟨ Anspruchsgrundlage ⟩ kann entgegenstehen, dass...* ……将阻却基于〈请求权基础〉的请求权成立。
- *Es darf (allerdings/aber/jedoch) kein... vorliegen/kein Haftungsausschlussgrund eingreifen.* （然而/但是）本案中不应该存在……/不能出现免责事由。
- *Handelte es sich hier aber um..., so entfiele...* 然而本案属于……，则……将被排除。
- *Eine andere Bewertung könnte/kann (allenfalls) unter dem Gesichtspunkt... gerechtfertigt erscheinen/sein.* （至少）从……角度来看其他判断似乎具有正当性。
- *Etwas Anderes kann/könnte sich aber aus Umstand/der Tatsache ergeben, dass...* 但是根据具体情况/事实可能/可以得出不同的结果，即……
- *Etaws Anderes muss/kann/könnte/würde gelten/gälte/wäre der Fall, wenn...* 如果……，那么必然/可以/可能/将会出现不同的结果。
- *Allerdings ⟨ Sachverhaltsinformation ⟩ mit der möglichen Folge, dass...* 但是〈案件事实信息〉可能导致下列结果，即……
- *⟨ Anspruchsgegner ⟩ haftet also auf ⟨ Anspruchsziel ⟩, es sei denn, dass...* 〈请求权相对人〉负有实现〈请求权目标〉的义务，除非…

Ein Anspruch aus ⟨ Anspruchsgrundlage ⟩ besteht nur, wenn nicht ⟨ negatives Merkmal ⟩ /setzt allerdings voraus, dass kein/e... vorliegt/anzunehmen ist. 只有当〈消极要件〉不存在/不成立时，基于〈请求权基础〉的请求权才能存在。

- *Jedoch gilt dies nur vorbehaltlich ⟨ des Nichtvorliegens des negativen Merkmals ⟩ /unter der Voraussetzung, dass nicht...* 然而，只有当〈不存在消极要件〉时/在……不存在的条件下，才能适用这一规则。

3. 不成文的构成要件

有些时候我们无法从法律规范的文本中得出所有的构成要件，因为立法者认为某些要件是不言自明的，因此没有必要写入法条中。

举例：在物权法中（例如《德国民法典》第929条第1句）标的物特定性原则虽然是毫无争议的基本原则——但是在法律文本中我们应当用哪些词汇将其与确定性原则联系起来？从意义角度看，《德国刑法典》第263条第1款关于诈骗的规定中应当包含受害人处分财产的要件，但是在法律文本中我们并不能找到这样的表述。交易行为是民法善意取得的构成要件之一（《德国民法典》第892条及以下；第932条及以下）但是一个比较随意的读者并不能从法条本身的文字中解读出这一要件。

随着时间的推移，法律条文或由司法判决或者学术研究进行了修正或者补充。

举例：司法判决以及文献都认为根据《德国民法典》第253条第2款的规定对于非物质损害进行补偿的范围也包含对一般人格权造成的损害，虽然法律条文的文本中并未涵盖这一范围并且与《德国民法典》第253条第1款存在冲突。根据《德国民法典》第123条第1款的规定，因恶意欺诈而撤销只有在该欺诈行为具有违法性（经常用于求职面试以及问卷中雇主不允许提问方面）的条件下才可能。

如果要件本身没有争议，读者就可以采用本文所介绍的操作方式。但是在家庭作业中推荐读者对相关要件做一个引注，以表明为何应当满足这一要件。

- *Ungeschriebenes 〈Tatbestands-〉 Merkmal des 〈Anspruchsnorm〉 ist...*〈请求权规范〉的未成文（构成）要件是……

- *Das Erfordernis... lässt sich zwar nicht unmittelbar 〈Norm〉 entnehmen, ergibt sich aber im Umkehrschluss aus 〈Norm〉.* 虽然……要求并未直接规定于〈法律规范〉，但是可以从〈法律规范〉的反面推导出来。

- *〈Tatbestandsmerkmal〉 ist gesetzlich nicht geregelt, als Voraussetzung eines/r... aber in der richtlichen Praxis anerkannt.* 法律本身并未规定〈构成要件〉，但是其作为……的前提要件是法官在司法实践中所认可的。

对于某些不成文的构成要件我们可以并且允许不予讨论，除非在具体案件中这些构成要件的存在与否恰好是所需讨论的关键问题。

举例：根据很多教科书以及法律评注的观点，可代理性是《德国民法典》第 164 条第 1 款的一个不成文的要件。因为只有在极少数例外情况下法律行为的可代理性才会被否定（即具有高度人身性质的法律行为），如果具体案件中所涉及的法律行为其可代理性是没有争议的，那么我们可以在鉴定中不提及该要件，一般而言这样做是不会受到阅卷人责难的。——在《德国民法典》第 932 条中对交易行为作专门讨论是没有必要的或者仅在极其有限的范围内具有必要性，即在当双方当事人是两个不同的自然人并且没有任何表明交易性质的信息时。

有一些适用于整个法律部门的**原则**（**Prinzipien**）虽然在法律条款中未作明确规定，但其在法学理论以及司法判决中的适用是不言自明的。

举例：物权法中的类型强制（Typenzwang）[1] 原则，人合企业中的（所有权和经营权）两权合一原则。

在可能的情况下读者至少应当尝试将这些原则与一个或多个法律条文联系起来，但是在鉴定中读者至少应当归纳出正确的关键词。然而，为了避免鉴定沦为教科书，相关原则的推导过程则应当简洁明了。只有当一个原则的适用范围存有争议并且该争议会对所讨论问题的判断产生实质性影响时，读者才有必要作进一步推导。

- Aus den das gesamte Recht der... beherrschenden Prinzip des... ergibt sich... als weitere Voraussetzung. 基于……可适用于……全部法律的原则可以得出……作为另一个前提要件。[2]

- In dieser Gestaltung der Vertretungsregeln kann ein Verstoß gegen das Prinzip der Selbstorganschaft liegen. 该代理条款违反（所有权和经营权）两权合一原则。

4. 多余的构成要件

相反，有些时候也会存在一些多余的构成要件，这些构成要件虽然（仍）存在于法律规范文本中，但已经随着法律科学的发展而失去其重要

---

[1] 译者注：即物权法定原则中的类型强制，即当事人不得随意创设物权的类型。
[2] 在这种情况下我们常常有必要同时对相关原则作具体化说明，使其适于随后要进行的涵摄。

性，因而无需再予以考虑。

举例：对于《德国民法典》第 812 条第 1 款第一种情形（因支付而产生的不当得利）规定的不当得利返还请求权已经形成一致观点，即 auf dessen Kosten（使他人蒙受损失）这一要件已经不再必要，因此无需对其进行检索（但是在其他方式导致不当得利的情形中该要件仍为必要，《德国民法典》第 812 条第 1 款第二种情形）。

如果这些要件不存在争议，我们可以在鉴定中完全不予提及或者在脚注中作一个注解，说明根据通说该要件已经不再必要。在某要件的必要性存在争议时，如果该要件满足，那么只需对该争议进行简短论述。但是，如果所检索的请求权恰好因该要件的缺失而无法成立时，则应当对该争议作详细讨论。

5. 对立规范（Gegennorm）——需主张的抗辩（Einreden），无需主张的抗辩（Einwendungen），请求权之排除（Anspruchsausschlüsse）

在民法鉴定中根据检索使请求权成立的前提要件已经得到满足。

举例：合同成立，存在侵权行为或者没有法律上的理由而受益。

但是问题在于，该请求权是否会再次消灭（**Einwendung**）或者其执行是否与请求权相对人的权利相冲突（**Einrede**）。这些权利又被称为反对权（**Gegenrechte**）或者对立规范（**Gegennormen**）。其与请求权规范之间系统地存在一个"原则—例外—关系"。

在对立规范之下进行涵摄时，应当以否定形式表达至今为止的请求权检索的大前提：

- ⟨Anspruchsteller⟩ hat keinen Anspruch..., wenn ⟨Anspruchsgegner⟩ ihm ein/e ⟨Gegenrecht⟩ entgegenhalten kann. 如果 ⟨请求权相对人⟩ 可以提出一个 ⟨反对权⟩，则 ⟨请求权人⟩ 不享有请求权……

除上文[1]提到的表达之外还有下列可能的表达方式：

- *Die Vereinbarung/Das (Rechts-) Geschäft/der Vertrag wäre jedoch (wegen ⟨Norm⟩) unwirksam/nichtig, wenn es/sie gegen die guten Sitten/die*

---

[1] 上文边码 87。

Verbotsnorm des ⟨Verbotsnorm⟩ / die zwingenden (Form-) Vorschriften des ⟨Norm⟩ / ... —gesetzes verstieße. 如果该协议/（法律—）行为/合同违反公序良俗/〈禁止性规范〉的禁止性规定/〈法律规范〉中的强制性（形式）条款/违反……—法律，则其（由于〈法律规范〉）无效/自始无效。

- Ein/e... darf nicht nach ⟨Einwendungsnorm⟩ /den Regeln über... ausgeschlossen sein. 不得根据〈抗辩规范〉/关于……的规定而排除……

- Der Geltendmachung des Anspruchs kann/könnte die... —Einrede (des ⟨Norm⟩) entgegenstehen. 主张某请求权将会/可能与（〈规范〉）……抗辩权相冲突。

- ⟨Anspruchsgegner⟩ beruft sich (dagegen) auf ⟨(Gegennorm)⟩ / macht ⟨Gegenrecht⟩ geltend/wendet nun ein/behauptet, erhabe ⟨z. B. ein Zurückbehaltungsrecht⟩. （相反）〈请求权相对人〉以〈对立规范〉作为依据/主张〈反对权〉/提出抗辩/主张，其享有〈例如留置权〉。

- Der ⟨Anspruchsziel-⟩ Anspruch des ⟨Anspruchsteller⟩ kann/könnte daran scheitern, dass... /an... scheitern. 〈请求权人〉以……为〈请求权目标〉的请求权将会/可能会因……而落空。

- ⟨Sachverhaltsinformation⟩ darf (aber) kein ⟨Tatbestand der Gegennorm⟩ sein. （但是）〈案件事实信息〉不能是〈对立规范的构成要件〉。

- Die Durchsetzung des Anspruchs kann aber vorübergehend/dauernd/dauerhaft gehemmt sein, wenn... 如果……，则请求权的执行将被暂时/持续/永久性阻却。

- Es kann sein, dass ⟨Anspruchsgegner Gegenrecht hat⟩. 本案中存在这样的可能性，即〈请求权相对人享有反对权〉。

- Der Anspruch kann durch... erloschen/entfallen/weggefallen/ausgeschlossen sein. 该请求权可以因……而被排除/消灭/落空。

需要注意的是，读者应当**先说明法律后果**[1]。因为阅卷人想要知道读者为什么要对对立规范进行检索。

举例：Der Anspruch kann aber durch Aufrechnung erloschen sein,

---

[1] *Kuhn* JuS 2008, 956 ff.

§389 BGB（然而该请求权又可以因抵销而消灭，根据《德国民法典》第 389 条）。

在此过程中读者应当援引据以得出该法律后果的法律条文。

举例：因欺诈或者胁迫而撤销的法律后果并不是基于《德国民法典》第 119 条、第 123 条得出，而是根据《德国民法典》第 142 条第 1 款的规定得出。在这个问题上甚至很多非初学者也常常因粗心大意而表达为：V kann den Vertrag wegen Irrtums angefochten haben（V 可以因错误而撤销合同），而其真正想要表达的应该是：Der Vertrag kann insgesamt weggefallen sein, wenn die Willenserklärung des V wegen Anfechtung nach §142 I BGB von Anfang nichtig ist. Der erforderliche Anfechtungsgrund kann in einem Irrtum des V über... bei... liegen, §119 I BGB（如果 V 的意思表示因撤销而根据《德国民法典》第 142 条第 1 款自始无效，那么该整个合同将失去效力。其中必要的撤销理由可以存在于 V 对于……在……方面的错误，《德国民法典》第 119 条第 1 款）。

未列明法律后果是一个非常常见的错误。至于在下一个句子或者前一个句子中给出法律后果，都是没有问题的。但是，如果没有写明法律后果，则是一个严重的错误。

举例：Fraglich ist, ob im vorliegenden Fall ein Angebot seitens A persönlich oder durch einen Stellvertreter gemäß §164 BGB ausgegangen ist（问题在于，在上述案件中 A 是亲自给出一个要约还是通过依据《德国民法典》第 164 条的代理人给出一个要约）。该表达的不足之处是不言自明的：因为这个句子并没有说明为什么两者之间的区别是问题的关键所在。如果非要这样表达，这个句子应该表达为 Wegen der sich aus §164 I BGB ergebenden zusätzlichen Voraussetzungen für die Zurechnung einer Willenserklärung kommt es darauf an, ob A eine eigene Erklärung abgegeben hat oder durch eine fremde Erklärung verpflichtet werden soll.（对一个意思表示承担责任是否需要同时满足《德国民法典》第 164 条第 1 款的额外构成要件取决于下列条件，即 A 因自己作出的意思表示还是因他人作出的意思表示而承担责任）。

如果读者这样写道：T kann aber den Leistungsgegenstand nach §243 II BGB konkretisiert haben（然而 T 可以根据《德国民法典》第 243 条第 2 款将标的物特定化），阅卷人就会问，为什么种类之债的特定化很重要？因此我们应该这样表述这个句子 T kann aber den Leistungsgegenstand nach §243 II BGB konkretisiert haben, so dass mit dem Untergang/Verlust/Verschwinden der Kamera Unmöglichkeit i. S. v. §275 I BGB eingetreten（und so der Anspruch erloschen）ist（T 可以根据《德国民法典》第 243 条第 2 款将标的物特定化，因此当照相机灭失/丢失/消失时将发生《德国民法典》第 275 条第 1 款意义上的履行不能〈因此对方的履行请求权消灭〉）。

即使是阅卷人很可能熟知规定其法律后果的那些法律规范，保险起见读者还是应当在鉴定中写明 Fraglich ist jedoch, ob die sich aus dem Kaufvertrag ergebende Pflicht zur Übereignung der Kamera unmöglich geworden ist, §275 I BGB（然而问题是，根据买卖合同而负有的交付照相机的义务是否已经成为不可能，根据《德国民法典》第 275 条第 1 款）。这个句子更好的表达方式是 Fraglich ist jedoch, ob die Erfüllung der sich aus dem Kaufvertrag ergebenden Pflicht zur Übereignung der Kamera unmöglich geworden ist, so dass sie nicht mehr erfüllt werden muss/erloschen ist, §275 I BGB（然而问题是，根据买卖合同而负有的交付照相机义务的履行是否已经成为不可能，以至于该义务无需再履行/消灭，根据《德国民法典》第 275 条第 1 款）。

明确法律后果也可以避免鉴定结构出现不必要的错误。

举例：当我们对《德国民法典》第 254 条第 1 款意义上的受害人与有过错进行讨论时，很容易陷于错误，即将其置于"应当归责（vertretenmüssen）"的标题下进行讨论。然而事实上其属于"损害（Schaden）"的范畴——正如根据《德国民法典》第 254 条第 1 款的法律后果所得出的结论。

举例：Allerdings könnte §827 S. 2 BGB einschlägig sein. Dies ist zu bejahen, wenn der Schuldner...（然而《德国民法典》第 827 条第 2 句可能是适用的。如果债务人……，则上述条款的适用是可以确认的）。

在第一个句子之后读者必须已经给出法律后果的相关信息。（在上述案件中：债务人对其主动醉酒之后造成的损害负有过失责任）。如果读者已经提出相关的法律规范，情况或许也没有那么糟糕。但是基本原则仍旧是：说明法律后果！

91b 为了使鉴定的受众能够追踪或者至少便于其追踪鉴定人的整个思维过程，读者应当在大前提中将**不精确的法律后果进行精确化处理**（ungenaue Rechtsfolge präzisieren）。然而并不是所有的法律后果都可以非常明确地从所适用的法律规范中获得。在这种情况下大前提应当为其提供辅助。

举例：《德国民法典》第447条第1款规定的法律后果是 geht die Gefahr auf den Käufer über（风险转移给买受人）。我们只有同时阅读《德国民法典》第446条第1句才能正确理解该法律后果，因为《德国民法典》第446条第1句对风险转移这一概念有简单的阐释，即 Gefahr des zufälligen Untergangs oder der zufälligen Verschlechterung（意外损毁或者灭失的风险）。同样，关于价款风险的相关规定，大部分读者也只能在深入思考之后才能理解。为了在鉴定中能够在正确的场合探讨该法律条款，读者必须知道这一条款是作为《德国民法典》第326条第1款的一个例外而设置的。但是，为了使阅卷人也能更好地理解该条款，在鉴定中我们只写第二种最恰当的答案 etwas anderes kann aber nach §477 I BGB gelten, wenn...（如果……，根据《德国民法典》第447条第1款可以得出不同的结果）。如果能对其作简短地阐释则更好 Möglicherweise kann V von K dennoch die Zahlung des Kaufpreises verlangen. Der in §477 I BGB angeordnete Gefahrübergang auf den Käufer führt zum Fortbestehen der Kaufpreiszahlungspflicht trotz Wegfalls der Sachübereignungspflicht（V 可能仍然可以要求 K 支付价款。《德国民法典》第447条第1款所规定的风险转移给买受人这一法律后果虽然导致标的物交付义务的消灭，但价款支付义务仍然存在）。据此风险转移这一非常抽象的概念其经济上以及法律上的含义就得到了清楚的解释，而无需进行教科书式长篇累牍的论述。通过这种方式的精确化，风险转移这个难以理解的概念就转化为易于操作的 Weiterbestehen der Kaufpreiszahlungspflicht（价款支付义务仍然存在）。

在大前提中读者应当只提出**一个法律后果——而不是多个法律后果**。多 91c
个可能的法律后果对于阅卷人而言显然过于混乱。读者当然可以对多个法律
后果进行探讨，但是在一个大前提中请读者只提出将要在结论中作出判断的
那一个法律后果。[1]

举例：Dafür müsste es sich um eine Hol-, Bring- oder Schickschuld handeln（本案中必须存在一个往取之债、送交之债或者代送之债）。像这样的大前提将所有可以想到的可能性都列举一遍——其结果就是阅卷人将无法判断读者的鉴定是朝哪个方向展开的。我们要么可以将其表达为 Die Voraussetzungen der Konkretisierung hängen nach §243 II BGB davon ab, ob vertraglich eine Hol-, eine Bring- oder eine Schickschuld vereinbart ist（根据《德国民法典》第243条第2款的规定，种类之债特定化的前提条件取决于当事人在合同中约定的是往取之债、送交之债还是代送之债），或者也可以着眼于更加具体的案情 Dass T den Kühlschrank zur Abholung durch G bereitstellte, würde den Voraussetzungen der Konkretisierung nur genügen, wenn es sich bei der Pflicht zur Übereignung aus §433 I BGB um eine Holschuld handelte（T为G来取货而将冰箱准备好，只有当《德国民法典》第433条第1款中的交付义务属于往取之债时，标的物特定化的前提要件才得以满足）。这一表达方式对于思维过程的展开是最有利的。

如果鉴定过程中出现与现有（阶段性）结果相反的信息，例如因为在 92
结果中构成要件不存在或者由于其属于一个否定形式表达的要件，读者可以
插入 aber, jedoch, allerdings, dennoch, trotzdem, indessen（意为："但是，
然而，可是，尽管如此，与此相反"）等词。

需主张的抗辩（Einrede）需要权利人提出**主张**，而无需主张的抗辩 93
（Einwendung）则由法院在诉讼程序中依职权予以调查。在鉴定中必须对此
进行讨论。如果从案件事实中无法判断请求权相对人是否对其可能享有的抗
辩权提出有效主张，则该问题并不是本案的重点所在，因此只需对其作简短

---

[1] 相关问题在本书边码81中已有论及。

讨论即可。但是读者不能完全忽略这个问题。因为鉴定的作用不仅仅在于提供实体法律状态的相关信息，还应当让阅卷人了解有关执行可能性以及执行障碍的相关信息。

（五）选择性构成要件之间的联系

对彼此之间存在选择关系的不同构成要件进行讨论，是为了对一个法律条款包含的多个请求权的情形进行区分。一种情况下其具有相同的法律后果，另一种情况下其法律后果可能不同。因此我们应当考虑，是否需要对该法律条款进行两次检索，每次着眼于某一个单独的法律后果。[1]

- 〈Rechtsfolge〉tritt auch ein, wenn〈alternatives Tatbestandsmerkmal〉vorliegt. 如果〈选择性构成要件〉存在，也会出现〈法律后果〉。
- Liegt danach kein〈Tatbestandsmerkmal〉vor, so ist〈Rechtsfolge〉nur gegeben, wenn〈alternatives Tatbestandsmerkmal〉. 如果〈构成要件〉不存在，那只有当〈选择性构成要件〉存在时才会出现〈法律后果〉。
- 〈Tatbestandsmerkmal〉kann nicht angenommen werden; es kommt aber/allenfalls noch〈alternatives Tatbestandsmerkmal〉in Betracht.〈构成要件〉无法得到确认；但是/然而还可以考虑〈选择性构成要件〉。
- Statt〈Tatbestandsmerkmal〉kann auch〈alternatives Tatbestandsmerkmal〉zu〈Rechtsfolge〉führen. 除〈构成要件〉之外〈选择性构成要件〉也可以导致〈法律后果〉。
- 〈Sachhaltsinformation〉stellt zwar noch kein/e/n〈Tatbestandsmerkmal〉, wohl aber ein/e/n〈alternatives Tatbestandsmerkmal〉dar; dies ist für ein/e/n〈Anspruch〉ausreichend/reicht für〈Delikt〉aus/genügt für... 尽管〈案件事实信息〉并没有关于〈构成要件〉的描述，但是关于〈选择性构成要件〉的信息；该〈选择性构成要件〉也足以使〈请求权〉成立/足以构成〈侵权行为〉/足以……
- Hiervon zu unterscheiden ist die Frage, ob〈alternatives Tatbestands

---

[1] 如果在法律后果方面存在不同法律后果之间的选择权，例如《德国民法典》第179条第1款中规定的履行和损害赔偿两个法律后果，则没有必要分别进行检索。

merkmal〉 verwirklicht ist. 本案中需要区分的问题是，〈选择性构成要件〉是否已经得到满足。

- Daneben kann auch〈alternatives Tatbestandsmerkmal〉gegeben sein. 另外也可以存在〈选择性构成要件〉。
- Der/Die/Das fehlende〈Merkmal〉kann auch durch〈alternatives Tatbestandsmerkmal〉ersetzt werden. 所欠缺的〈要件〉也可以通过〈选择性构成要件〉代替。

如果法律规范中存在多个构成要件，但只要其中之一满足即可出现相应法律后果，那么读者只需在真正有可能的那个要件之下进行涵摄。比较推荐的做法是，如果第一个要件已经确定成立，读者才对第二个要件进行讨论。阅卷人比较倾向与第一个构成要件不同的观点，而这样的做法可以更好地说服阅卷人认可结果的正确性。然而读者应当注意的是一个要件存在将排除另一个要件存在的情况（**排他性选择**〈exklusive Alternativität〉）。

举例：《德国民法典》第812条第1款第1句规定不当得利人要么通过履行（durch Leistung），要么通过其他方式（auf sonstige Weise）实现其返还义务；《德国民法典》第823条第1款规定的要件要么是故意（vorsätzlich）行为，要么是过失（fahrlässig）行为。

但并不是所有的选择性要件彼此之间都是相互排他的关系。

举例：谋杀的多个要件（《德国刑法典》第211条）可以彼此重叠；因为这些要件对于违法性的谴责以及量刑具有参考价值，因此必须对所有相关的"选择情形"或者犯罪方式进行检索。

在否定情形中我们可以只作简要说明：

- Ebenso wenig〈liegt alternatives Merkmal vor〉. 同样也不存在〈选择性要件〉。

如果两个要件同时满足，同样只需作简短说明：

- In〈Sachverhaltsinformation〉liegt zugleich ein/e〈alternatives Merkmal〉在〈案件事实信息〉中同时存在一个〈选择性要件〉。

在大前提中我们应当使用"可能"（können）而非"必须"（müssen）进行表达。在选择性要件的情况下必须是某一特定要件恰好不存在——但尽管如此法律规范的构成要件也可以被满足。

举例：Als Grund für die Anfechtung müsste ein Irrtum nach §119 BGB vorliegen（作为撤销的理由必须存在一个《德国民法典》第119条第一款意义上的错误）该表达并不理想；比较好的表达是：Anfechtungsgrund kann ein Irrtum im Sinne des §I 119 BGB sein（作为撤销的理由可以是《德国民法典》第119条第1款意义上的错误）。同样，在讨论合同成立时 Dazu muss ein Angebot des A vorliegen（为此必须存在一个 A 的要约）这样的表达也不好。——并非如此！一个合同的成立当然也可以因 B 给出一个要约，而 A 对该要约表示承诺。

二、小前提

我们可以通过下列表达引入小前提：

• *Fraglich/Zu untersuchen/prüfen ist/bleibt, ob...*[1] 仍然存有问题的是/需要继续探讨的是/需要继续检索的是，是否……

• *Dies ist (im Folgenden/nun) zu prüfen. /Es ist (nun) zu prüfen, ob...* 这是（接下来/现在）需要检索的。/（现在）需要检索的是，是否……

• *Dies/Das ist der Fall/anzunehmen/zu bejahen/trifft zu, wenn...* 如果……，那么本案正是该情形/可以确认/与之相符。

• *Der Tatbestand des/r 〈Anspruchsgrundlage/Merkmal〉 ist gegeben/erfüllt, wenn...* 如果……，则构成要件/〈请求权基础/要件〉存在/得到满足。

对于比较简单的案件事实，读者通常只需将需要讨论的构成要件与相应的案件事实同步进行对照即可。[2] 如果案情比较复杂且法律规范的表达也更加抽象，为了最后能够确定具体的案件事实是否隶属于相应的法律规范之下，读者必须通过多个步骤将案件事实与法律规范的构成要件一步一步展开进行对比。

---

[1] 该表达已经被用烂了（但并不会错）；详细内容请参见边码110。
[2] 相关内容请参见本书边码117。

(一) 定义

首先需要明确的是概念,即我们据以进行涵摄的概念。在这一过程中我们将其与其他概念进行区分,即对其进行定义。

1. 我们可以从哪里寻找定义?

(1) 在最简单的情况下,定义就规定于法律之中。我们称之为**法律定义(Legaldefinition)**。

举例:Ein Volksfest ist eine im Allgemeinen regelmäßig wiederkehrende, zeitlich begrenzte Veranstaltung, auf der eine Vielzahl von Anbietern unterhaltende Tätigkeiten im Sinne des §55 I Nr. 2 ausübt und Waren feilbietet, die üblicherweise auf Veranstaltung dieser Art feilgeboten werden, (§60b I GewO)[1] (所谓民间节日是指一般情况下具有规律性地反复举行,并且具有时间限制的活动,在该活动上许多供应商从事《德国工商条例》第55条第1款第2项意义上的经营性活动并且出售与活动类型相关的商品〈《德国工商条例》第60b条第1款〉)。

但可能出现疑问的是一个定义是否属于相关的定义。如果某定义并没有像其可期待的那样恰好与相应法律体系存在明显的关联,作为法律适用者我们必须解决这个问题。由于法律体系的统一性要求,我们并不能随意进行扩大解释。

(2) 拟制(Fiktion)的作用机制与法律定义相类似。

举例:《德国民法典》第108条第2款第2句后半句将沉默视为对于追认的拒绝;《德国商法典》第377条第2款将沉默视为予以追认。

即使根据定义必要的构成要件恰好不存在,法律也可以通过拟制设置或者排除一个法律后果。因此拟制是一个视为——真实——假设的关系。但是与法律定义一样,拟制的构成要件必须得到满足时才能导致相应的法律后果。

---

[1] 从结尾来看这个定义似乎有点陷于循环,读者是否也这样觉得呢?

举例：在离开被隔离的轨道区域之前必须持有有效的车票。轨道区域包括所有地铁站和火车站。这是一个拟制，因为明显与事实不符。因为站台通常并不是被隔离的。

在《德国民法典》第119条第2款中也存在类似的情形：关于在交易上视为重要的合同标的物的特征或者人的资格的错误并不是意思和表示之间存在不一致，因此为了在性质错误的情况下提供撤销可能性，法律必须对此作出明确的规定。法律通过拟制例外地将动机错误中的一种特殊情形纳入可撤销的范畴。请读者阅读《德国民法典》第150条第1款和第2款、第950条第1款第2句或者《产品责任法》第4条第1款第2句：生产者同时也包括使用他人的姓名、商标或者其他具有区分性的标识而冒充生产者的人。

《德国民法典》第90a条第2句不仅是法律所明文规定的类推适用，而且是一个拟制。[1]

(3) 法律对诸如损害（《德国民法典》第984条）、收据（《德国民法典》第368条第1句）、继承证书（《德国民法典》第2353条）、实际年利率（《德国民法典》第494条第2款[2]）以及租金一览表（《德国民法典》第558c条第1款）等核心概念作出定义，然而遗憾的是未对合同、意思表示和风险等附属概念进行定义。

这些概念的定义就只能查阅教科书和法律评注，即从司法判决和法学研究中总结出来的定义（Definitionen von Rechtsprechung und Rechtswissenschaft）。

举一个司法实践中的例子：请读者尝试对"铁路"进行定义，并将其与帝国法院[3]的定义进行对比："……以在并非完全微不足道的区间内反复运送旅客或者货物，在金属基础上通过其坚固性、构造以及光滑性使运送

---

[1] MüKoBGB/Hoch §90a Rn. 11：隐藏的拟制；Staudinger/H. Dilcher §90a Rn. 5：援引的类推适用，m. w. N.；Graul JuS 2000, 215 ff. m. w. N.

[2] 译者注：原文是第492条，应该是笔误。

[3] RGZ 1, 247 (252)——书写规则（德语正字法）以及标点的使用都以官方的判例汇编为准。对该晦涩难懂的定义在文风上作出具有可读性分析的是 Walter 的版本，第77页以下各页及所引用的各处，以及 Reiners 的版本，第85页，Gast, Rhetorik, Rn. 199.

大宗货物成为可能或者以保证运输活动恰当的速度为目的，并且通过这种特有的方式结合其他用于推动运输活动的自然力（蒸汽、电力、牲畜或者人力，在轨道斜面上运送运输工具本身以及其所装载的重量，等等）。该企业的运行可能导致一定的严重性后果（根据情况只有在合其目的时具有益处，或者同时也会导致人员死亡或者损害人的健康）。"——该定义是否可以更贴切一点?[1]

由于在笔试过程中读者并不能查阅判决以及文献所总结的定义，因此平时练习如何定义是很有益处的。通过练习如何定义读者可以——正如上文所举的例子——将自己作出的定义和法律[2]定义、判例法[3]定义以及从法学研究中发展而来的定义进行对比[4]。适用于练习的概念有例如"催告"（《德国民法典》第286条第1款），"给付"（《德国民法典》第812条第1款第一种情形），"处分"（《德国民法典》第816条第1款第一句）——所有属于不可缺少的最基本构成的定义，而这些概念是我们单纯依靠一般思维不能得出或者只有经过深入思考才能得出（另外在定义"处分〈Verfügung〉)"这个概念时读者需同时注意行政法中的"一般处分〈Allgemeinverfügung〉"。

如果要对一个法律概念进行定义，我们可以尝试对其构成要件或者法律后果进行描述。其中后者对于涵摄而言并不合适。因为涵摄需要从构成要件着手而不是从法律后果着手的定义。

举例：如果我们将特定之债定义为：特定之债是指就履行标的物达成一致，在特定之债中只要应给付的标的物灭失，则立即发生履行不能。该表达虽然也符合特定之债的特性，但是还算不上其定义。同样，如果我们对种类之债作如下解释：在种类之债的情况下，当种类物的一

---

[1] 相比之下，1993年版的《一般铁路法》(AEG)对于铁路所下的定义要正常得多。

[2] 例如《武器法》第1条关于射击武器的定义，《德国民法典》第305条第1款关于一般交易条款的定义，《产品责任法》第2条关于产品的定义，《德国民法典》第13条关于消费者的定义。

[3] 例如BGH NJW 2004, 3328 (3329) 关于分界树的定义（《德国民法典》第923条）。请读者尝试——现在立即——对不可抗力进行定义（例如在《德国民法典》第701条第3款中）。

[4] 关于定义的困难性在本书边码4b及以下中已经有所论及，关于宪法中的定义请参见 Frenzel ZJS 2009, 487 ff.

部分灭失时,出卖人承担以其他种类物继续履行的风险。这一说法并没有错,但这并不是种类之债的定义。

只有当一个句子包含某一法律概念针对某案件事实所规定的所有条件时,才能称之为定义。

在寻找定义的过程中,我们有时会找到**教科书式的概念定义**(**Lehrbuchartige Begriffsbestimmungen**)。虽然从学术研究的角度来看这些定义也是正确的,但我们很少或者无法将其用于鉴定中,因为在其前提条件之下开展的涵摄将会非常宽泛,甚至完全无法进行涵摄。

举例:意思表示是指以实现法律所确认的法律后果为目的的私人意思的表达。这一说法当然没有错——但是请读者尝试在"私人的"一词之下进行涵摄……

如果读者拥有多个竞合的定义可用,就请从中选择一个具有实践可操作性的定义。所谓实践可操作性是指将案件事实中的信息置于该定义的构成要件之下进行涵摄是可能的。

2. 表达

根据其构造,定义是指上文所述意义上的法律规范:如果所有必要的前提要件都满足时,则所定义的概念存在。虽然在法律后果层面不存在义务性规范,但是定义所具备的条件从句结构使它不但可以使用下列表达,也可以使用很多上文[1]所建议的表达方式。

- *Unter ⟨Tatbestandsmerkmal⟩ ist ⟨Definition⟩ zu verstehen.* ⟨构成要件⟩可以理解为⟨定义⟩。

- *Unter ⟨Tatbestandsmerkmal⟩ im engeren/eigentlichen/weiteren Sinne versteht man...* 狭义的/实质意义上的/广义的⟨构成要件⟩可以理解为……

- *Unter den Begriff des/der ⟨Tatbestandmerkmal⟩ wird/werden ⟨Anwendungsfälle der Definiton⟩ gefasst.* ⟨构成要件⟩的概念可以理解为⟨定义的适用情形⟩。

---

[1] 参见本书边码78及以下。

- Ein/e 〈Tatbestandmerkmal〉 liegt vor/ist gegeben/anzunehmenm wenn/falls/sobald 〈Definition〉. 如果/假如/只要〈定义〉，那么〈构成要件〉存在/成立。
- 〈Tatbestandmerkmal〉 ist/bedeutet 〈Definition〉 (mit anderen Worten/mit den Worten des Gesetzes:...). 〈构成要件〉是/的含义是〈定义〉(换句话说/法律所规定的是：……)。
- 〈Sachverhaltsinformation〉 ist 〈Tatbestandsmerkmal〉, wenn 〈Voraussetzungen gemäß Definition〉. 如果〈根据定义的前提要件〉，那么〈案件事实〉是〈构成要件〉。
- Diese/r ist gekennzeichnet/charakterisiert/definiert durch.../zeichnet sich durch... aus. 该概念被称为/被定义为/描述为……/具有……特征。
- (Ob)... beurteilt sich nach (z. B. Legaldefinition)/bemisst sich daran, ob... (是否)……根据(例如法律定义)作出判断/取决于，是否……
- 〈Norm〉 bezeichnet alle 〈Anwendungsfälle〉 als 〈Tatbestandsmerkmal〉, die 〈Definition〉. 〈法律规范〉将所有的〈适用情形〉称为〈构成要件〉，〈定义〉。
- Es genügt (nicht)/reicht (nicht) aus, wenn/dass... Vielmehr muss... 如果/……，不足以成立……。而必须是……
- Ob..., richtet/entscheidet/bestimmt sich nach 〈Norm〉. 是否……，取决于〈法律规范〉。
- Maßgeblich für die... —eigenschaft des/r... ist... ……的——特征的决定性因素是……
- So verhält es sich, wenn... 如果……，则……
- Ein/e... soll immer (dann) vorliegen, wenn... 如果……，……应当(因此)始终存在。

有时候我们只能通过某些案例或者**案例群**（Fallgruppe）不断靠近定义。这种情况主要发生在**不确定性法律概念**（unbestimmten Rechtsbegriffen）和**一般条款**（Generalklauseln）之中。

举例：《德国民法典》第138条，第242条，第315条，第826条。

- Als... kommen alle... in Betracht. 所有……都可以作为……
- ⟨Norm/Begriff⟩ erfasst/bezieht sich（nur）auf ⟨Fälle⟩.⟨法律规范/概念⟩包含/（只）涉及⟨情形⟩。
- Zu ⟨Tatbestandsmerkmal⟩ zählen/gehören（insbesondere/namentlich/vor allem/im Wesentlichen/beispielsweise/regelmäßig/typischerweise/auch）⟨Fälle der Definition⟩.属于⟨构成要件⟩的（尤其是/主要有/例如有/通常有/基本上有）⟨定义中的情形⟩。
- Als ⟨Tatbestandsmerkmal⟩ wird/werden ⟨Fälle der Definiton⟩ angesehen.⟨定义中的情形⟩将被视为⟨构成要件⟩。

在这种情形下存在一个很明显的特性，即逻辑推理对结果仅有很少的说服力。将一个具有可比性的案件事实纳入某一案件群主要以价值判断为依据，而该价值判断与演绎的逻辑构造之间并没有多少内在联系。

如果上述来源中的定义不够明确，因而无法直接适用于现有案件事实的涵摄，读者就需要对其进行法律解释。使法律成为适用于具体个案涵摄的形式可能是充满疑问的、有争议的、耗时费力的。[1]

- Mit diesem...—begriff lässt sich auch die Situation des ⟨Anspruchstellers⟩ beschreiben/kennzeichnen/erfassen. Fraglich ist aber, ob der Begriff sachgerecht ist.通过……—概念⟨请求权人⟩的状况也得到阐释/理解。问题在于，这一概念是否恰当。

我们也可以通过"**推理过程（im Vorübergehen）**"来定义：

举例：B必须通过L的给付行为，即通过L有意识、有目的的财产增益而取得该画。——L有意识、有目的的财产增益意义上的给付是指将画的所有权转移给B。——本案中是否存在一个给付行为，即B有意识、有目的的财产增益，乍看之下还不确定。——⟨请求权人⟩的催告，即明确的给付要求，可以因《德国民法典》第286条第2款第1项的规定而不再必要。

这样的表述虽然节省空间，但为了避免句子过于冗长，请读者只将其适

---

[1] 关于如何正确适用相关法律规范存在争议的情况并不少见；在这种情况下读者需要在争议问题中确定自己的立场。对这一类争议的阐述请参见本书边码158及以下。

用于基本上明确且没有争议的定义中。此外,从策略上看用这种方法呈现定义也是比较明智的,因为这使批改人能够清楚地识别相关概念。

举例:如果我们在讨论履行迟延时只写:"A 必须已经向 B 作出催告",就没有机会因定义得到分数。如果我们使用"A 必须已经向 B 作出催告,即已经明确要求其支付",这个表达也不会花费很多时间。更加明智的做法是进一步写道:"然而,如果/因为……,催告可以因《德国民法典》第 286 条第 2 款第 1 项的规定而不再必要"。

首先就不同的构成要件给出两个或者**多个定义**,然后在各具体概念之下进行涵摄,这样的做法并不明智。[1]

举例:针对下列表述:一个合同基于要约和承诺而成立,我们不应该随后同时给出"要约"和"承诺"的定义,"意思表示""表示意识"以及"到达"等概念的定义,然后再在这些概念之下进行涵摄。——如果我们在适用《德国民法典》第 994 条第 1 款时对"费用"这个概念作出定义,那就不要同时给出"费用必要性"的定义,而应该先弄清楚本案中是否确实存在费用——如果案件事实中不存在费用,那么所有关于必要性的讨论当然都是多余的。

同时给出多个概念的做法会使鉴定结构变得混乱且难以理解。读者应当只在下列情形下才给出定义,即读者随后将在该定义之下进行涵摄。

通常情况下我们并不会简单地通过一个**反面定义**(Definition des Gegenteils)而在涵摄中否定相应的要件:

- *Ein/e ⟨ Merkmal ⟩ ist zu verneinen/liegt jedenfalls nicht vor, wenn...*
  如果……,⟨要件⟩将被否定/无论如何不存在。

举例:如果我们要审查是否已经订立一个合同,我们不会在不合意(Dissens)(《德国民法典》第 154 条及以下)的前提条件之下进行涵摄,而会探讨是否存在一致的意思表示(即合意⟨Konsens⟩)。

阅卷人感兴趣的是大前提中提到的法律后果的要件是否以及何时得以满

---

[1] 典型的表述为:Zunächst sind hier einige Begriffsbestimmungen vorzunehmen(首先需要对几个概念进行定义)。这种情况常常发生在初学者身上,但也不限于初学者。

足，而该要件何时不满足对阅卷人而言是不重要的。虽然有些时候证明某一要件不存在要比证明其存在更加容易。例如某要件缺少一个明确的或者被普遍认可的定义，而在某些少数情况下该要件的欠缺存在普遍共识，这种情况下读者可以采用论证某要件欠缺的方法进行涵摄。但是，只能在某要件确实能够被否定的情形下才能适用这种方法，否则其对于涵摄而言毫无意义。

3. 以案件事实为导向的表述

通常情况下我们有必要将宽泛表述的定义聚焦于具体的案件事实上。

- *Hierzu ist... nicht erforderlich/Das... ist nicht allein entscheidend; es kommt vielmehr（wesentlich/in erster Linie/entscheidend/vordringlich）darauf an, dass/ob...* 因此……是不必要的/……并不是唯一决定性的；……更（主要/尤其/首先）取决于，……/是否……

- 〈*Tatbestandsmerkmal*〉 *ist nicht im Sinne von/wie* 〈*ähnlicher Begriff/gleicher Begriff in anderem Rechtsgebiet/Begriff im... Sinne*〉 *zu verstehen.* 〈构成要件〉并不能理解为〈近似概念/其他法律部门的同一概念/……意义上的概念〉。

- *Auf... kommt es nicht an/（Ob...）ist dabei unerheblich/nicht von Bedeutung/ohne Bedeutung/bedeutungslos/irrelevant/unbeachtlich/spielt keine Rolle. Ausschlaggebend/Maßgeblich/Entscheidend ist, ob...* 本案并不取决于……/（是否……）对此并不重要。重要的是/决定性的是，是否……

- *Der Begriff der/s* 〈*Tatbestandsmerkmal*〉 *umfasst nicht nur* 〈*Hauptanwendungsfall*〉*, sondern auch* 〈*weniger naheliegenden Fall*〉*.* 〈构成要件〉的概念不仅包含〈主要适用情形〉，也包括〈不那么近似的情形〉。

- *Da* 〈*Umstand*〉*, dürfen an... keine allzu hohen Anforderungen gestellt werden. Für... wird daher... genügen müssen/* 〈*Sachverhaltsinformation*〉 *ist daher als ausreichendend anzusehen.* 由于〈情形〉，不应该对……提出过高的要求。因此……就足以……/〈案件事实信息〉应视为满足构成要件。

- *Zu* 〈*Anwendungsfälle des Tatbestandsmerkmals*〉 *gehört/gehören auch* 〈*Fälle der Sachverhaltsinformation*〉*.* 〈案件事实信息中的情形〉也属于〈构成要件的适用情形〉。

- *Für... genügt dabei schon...* 本案中只需……就足以……

请读者注意，为了能以一个简洁的句子进行涵摄，读者不要过分详细地表述大前提以致其过分冗长[1]。否则存在教科书式阐述的风险，尤其是在没有疑问的要件或者将被否定的要件中读者很容易作不必要[2]的详细论述。读者尤其应当将构成要件和相应的案件事实信息在概念上一一对照，并一步步相互靠近。

读者无需毫无例外地使用下列表达来引导使法律规范具体化的大前提，即

- *Fraglich ist nunmehr, ob...* 现在问题在于，是否……

而可以偶尔以下列表达作为替换：

- *Hierfür ist von Bedeutung, ob... unter... zu subsumieren ist.* 对此重要的是，是否将……置于……之下进行涵摄。
- *Damit stellt/ergibt sich die Frage/das Problem/ist die Frage/das Problem ausgeworfen/angeschnitten, ob...* 因此提出/得出的问题是，是否……
- *...verlagert sich damit auf die Frage,.../In Frage steht, ob...* 因此……转换为……问题/所提出的问题是，是否……
- *Klärungsbedürftig/Erörterungsbedürftig/Zu untersuchen/prüfen/diskutieren/entscheiden ist daher,...* 因此具有阐释必要的是/具有讨论必要的是/需要检索/讨论/判断的是……

4. 引证（Belege）

(1) 法律定义

如果某要件在法律中被定义，应当先从该定义着手。并且读者无需在脚注中给出该定义的出处。在具体个案中读者必须将其作为一个问题进行讨论，即某概念应当作扩大解释还是限缩解释或者应当作出完全偏离法律文义

---

[1] 表述不和谐的例子：Ein Angebot ist eine empfangsbedürftige Willenserklärung, durch die ein Vertragsschluss einem anderen so angetragen wird, dass nur von dessen Einverständnis das Zustandekommen des Vertrags abhängt. Dies ist hier der Fall（要约是指一个需要接收的意思表示，通过该意思表示就合同的订立向相对人提议，即该合同的成立与否取决于相对人的同意。本案恰好属于这种情况）。仅从这个句子中阅卷人就可以感受到冗长的定义和简短的涵摄之间存在的不平衡。

[2] 关于重点的安排请参见本书边码227。

的理解。

- Nach/Gemäß/Entsprechend/ laut 〈Definitionsnorm〉/〈Definitionsnorm〉 zufolge ist 〈Begriff〉〈Definition〉. 根据/依据/按照/根据〈定义规范〉/依据〈定义规范〉〈概念〉是〈定义〉(该表达不是很好)。
- 〈Definitionsnorm〉 definiert 〈Begriff〉 als 〈Definition〉.〈定义规范〉将〈概念〉定义为〈定义〉。
- 〈Begriff〉 ist/bedeutet/ist zu verstehen/aufzufassen als 〈Definition〉(Norm)〈概念〉是/意思是/应当理解为/应当解释为〈定义〉(法律规范)。
- Das Gesetz definiert... an anderer Stelle (in 〈Norm〉) als...[1] 法律在其他位置(在〈法律规范〉中)将……定义为……
- Die Definition in 〈Norm〉 ist indes für... nicht maßgeblich, weil... 因此〈法律规范〉中的定义对于……而言并不具有决定性，因为……

（2）法律之外的来源

原则上，一个对于案件事实判断具有重要意义且不是来源于法律规定的论点是需要引证的。

- Nach der/einer.../Der... zufolge/nach... 根据/依据……
- ... zutreffenden/herrschenden/überwiegenden/allgemeinen/allgemein anerkannten/üblichen/einer [im Vordringen begriffenen/jüngeren/neueren/（nur noch/bislang noch nur）vereinzelt vertretenen/gebliebenen...] /hauptsächlich/vornehmlich/meist/im Wesentlichen im Schrifttum/in der Rechtsprechung vertreten. 正确的/通说的/主要的/通常的/[最新的/(只有/目前为止只有)个别人持有的]/文献中主要的/司法实践所持的观点是……
- ... Meinung/Ansicht/Auffassung/Theorie/These... ……观点/看法/见解/理论/命题……
- ... in Literatur（weniger gelungen：eine literarische Meinung）/Lehre/Schrifttum/Wissenschaft und Judikatur/Rechtsprechung... ……在文献

---

[1] 读者有必要讨论，相应概念的定义是否基于规范之间的联系而可以适用于其他概念（相关内容在本书边码99中已有论及）。

(比较逊色的表达：文献观点)/教义/著作/科学和判例/司法实践……

- ... ist/bedeutet 〈Begriff〉〈Definition〉……是/的意思是〈概念〉〈定义〉。

读者通常可以在教科书、工具书以及法律评注中找到一些未被法律采纳的定义。但是，由于教科书、工具书以及法律评注并不属于法律渊源，所以读者在采纳这些定义时可能需要对其正确性以及恰当性进行论证。如果读者在不同的出处找到不同的定义，在这种情况下读者不能不作任何讨论而直接选择其中一种，而应当就自己的选择理由进行探讨，即为什么所选择的定义具有优先适用性。[1]

请读者注意：援引权威观点并不能省略内容上的论证。如果读者了解联邦最高法院（BGH）的观点，这是值得赞赏的；但是读者不能不作论证而直接将其作为结论使用。这不只是显得读者迷信权威——而事实上就是迷信权威。[2]

5. 简化涵摄的推定

与举证责任问题[3]相关的是**法律推定**（**gesetzliche Vermutungen**）[4]的适用。

不可反驳的推定（**unwiderlegliche Vermutung**）无需多加讨论。

举例：《德国民法典》第288条，第892条。

为了表明相应构成要件已经满足，读者只需指出，基于法律的规定而不可反驳地推定该构成要件存在。（当然，读者必须在推定的前提要件之下进行简单涵摄。）拟制也适用同样的规则。

举例：《德国民法典》第1923条第2款。

可以反驳的推定（**widerlegliche Vermutung**）：

举例：《德国民法典》第280条第1款第2句、第286条第4款、第831条第1款第1句中的过错推定以及因果关系推定，《商法典》第

---

[1] 关于该问题更详细的内容请参见"争议问题"，本书边码158及以下。
[2] 因此在读者的鉴定中不应该存在"Gemäß Palandt..."（根据帕兰特……）或者 Laut BGH...（依据联邦最高法院……）"。
[3] 关于在鉴定中如何处理举证责任问题请参见本书边码445。
[4] 关于事实推定请参见 Musielak JA 2010, 561ff.

344条第1款对于商事行为的推定。

在实际案例分析过程中可能发生下列情形,即一方面在涵摄过程中案件事实信息已经在内容上满足某一要件——例如过错要求——另一方面即使案件事实中本身不存在这样的信息,但由于推定的介入也可以使相应的要件得到满足。在这种情况下读者应该进行涵摄而不是采用更加简便易行的推定。因为,如果案例的出题人在案件事实中设置了相应的信息,那么他很可能对读者答题时提到这一信息有一定的期待。[1]

如果案件事实中缺乏相关信息,那么读者可以简单表述并仅凭推定而直接确定相应要件的存在。

举例:根据《德国民法典》第286条第4款的规定,因债务人的迟延而享有的损害赔偿责任的前提要件还包括债务人对于迟延负有责任。S因其至少具有过失的行为而根据《德国民法典》第276条第1款负有责任,其过失行为可以根据《德国民法典》第286条第4款进行推定。即只要S无法为其迟延履行提供合理的解释,则债务人的行为将被视为具有过错。

下列做法并不符合推定的目的,即为了能够在没有真正依据的情况下得出结论,在案件事实中缺乏相关信息时以推测性的口吻列举排除推定适用所需要的事实,即因案件事实中不存在与适用推定相反的信息,因此可以适用推定。这样的做法属于对法律设置推定目的的误解。

(二)相关案件事实部分的纳入

本文所采用的表述顺序——首先是所检索的法律规定的要求,然后才是从案件事实中提取可能符合法律规定要求的信息——并不具有强制性。[2]为了将案件与法律规定间的关联性解释清楚,读者最好将两者紧密结合起来表达。如果可能,最好将其表述于同一个句子中。

- Ein/e/n 〈 Tatbestandsmerkmal 〉 kann/könnte im vorliegenden/

---

[1] 请参见案例分析范例中的一个例子 Lamprecht JA 2006, 561 ff.
[2] 另一种表述顺序请参见本书边码126。

gegebenen Fall/hier der /die/das ⟨Sachverhaltsinformation⟩ sein/darstellen.[1] 本案/上述案件中〈案件事实信息〉可以/可能是〈构成要件〉。

• Als ⟨Tatbestandsmerkmal⟩ kommt (nur/allenfalls/höchstens) ⟨Sachverhaltsinformation⟩ in Betracht/in Frage. 作为〈构成要件〉（只能/最多）可以考虑〈案件事实信息〉。

• Dies kann hier in Gestalt/Form des/r ⟨Sachverhaltsinformation⟩ geschehen sein. 这在本案中可以存在于〈案件事实信息〉的表述/形式当中。

就存有疑问的要件可以进一步使用

• Dies ist zweifelhaft/unklar/nicht eindeutig/nicht unzweifelhaft mit Rücksicht auf ⟨Umstand⟩ und den/die daraus folgende/daran geknüpfte ⟨rechtliches Problem⟩. 考虑到〈具体情形〉以及由此产生的/相关的〈法律问题〉，某要件存在与否尚不能确定/还不确定/仍有疑问。

（三）涵摄

如果读者有理由相信，阅卷人也会认为相应要件的存在是毫无疑问的，那么在涵摄过程中读者可以不加详细论述而以简洁的形式同时提出构成要件和案件事实信息。这是法律适用日常实践中的一般原则。在法律鉴定的练习当中也常常出现这种情形，即针对具体的构成要件可以在特定案件事实中找到明确对应的信息。因此在涵摄中鉴定人只需通过将构成要件和案件事实信息予以等同，即向阅卷人展示案件事实在逻辑上从属于法律规范即可。

• ⟨Sachverhaltsinformation⟩ ist ⟨Tatbestandsmerkmal⟩ (in diesem/im obigen/soeben beschriebenen Sinne). 〈案件事实信息〉是〈构成要件〉（在此/在上述/上文所描述的意义上）。

• Indem/Als/Dadurch, dass ⟨z. B. Anspruchsteller⟩ ⟨handelt⟩, hat er/sie ⟨Tatbestandsmerkmal⟩ erfüllt. 通过〈例如请求权人〉〈所作的行为〉，使〈构成要件〉得以满足。

• In ⟨Sachverhaltsinformation⟩ liegt ⟨Tatbestandsmerkmal⟩ / ⟨Tatbes-

---

[1] darstellen 很常见，但并不好（法律鉴定并不是舞台剧）；详细内容请参见本书边码 382。

tandsmerkmal⟩ besteht in ⟨ Sachverhaltsinformation⟩. 在〈案件事实信息〉中存在〈构成要件〉/〈构成要件〉存在于〈案件事实信息〉之中。

比较简短的表达是 So/Nicht anders liegen die Dinge hier. /Nichts anderes ist... /in... zu sehen. /So verhält es sich hier/vorliegend:〈Feststellung〉本案中不存在相反的信息。/在……中并没有相反信息。/因此本案/上述情形是:〈结论〉。但是读者只能谨慎地使用这些表达。因为任何结论背后都必须有相应的论证。

如果据以进行涵摄的概念本身需要在内容上作出评估[1]，则读者不能简单地采用将案件事实信息和构成要件进行对比的表述方式。

读者同样应当避免缺乏实质内容的涵摄。

举例：该请求权可以通过履行（《德国民法典》第362条第1款）而消灭。为此所负担的给付——即交付买卖物——必须已向S作成。本案并非这种情况。这一表达并不理想。我们要么在内容上论证，为什么本案并非这种情况（并未向S交付标的物并转移其所有权，因为所出售的照相机已在运输过程中损毁），要么将整个句子予以简化：《德国民法典》第362条第1款意义上的履行并没有发生，所以该请求权并未因此而消灭。

对于并不十分明确的案件事实——在练习作业中以恰当的方式加以处理是该练习的主要任务——读者必须花费更多精力进行论证。在论证过程中读者应当呈现出将案件事实信息纳入构成要件的整个评判过程，并将其与相应的理论依据联系起来。

- *Nach diesen Kriterien/diesem Kriterium liegt mit ⟨ Sachverhaltsinformation⟩ ein/e ⟨ Tatbestandsmerkmal⟩ vor.* 根据该判断标准〈案件事实信

---

[1] 相关内容请参见本书边码119。但是就某些无关紧要的构成要件，我们应该考虑是否采用最简单的基本涵摄形式会更加合适。代替 Aus den Umständen ergibt sich, dass B im fremden Namen handelt, §164 I 2 BGB（从具体情形中可以得出，B以他人名义而实施法律行为，《德国民法典》第164条第1款第2句），我们可以在内容上更加明确地表述为：Die Verwendung des Geschäftsstempels des A zeigt, dass B im fremden Namen handelt, §164 I 2 BGB（使用A的业务印章的行为表明，B以他人名义而实施法律行为，《德国民法典》第164条第1款第2句）。如果读者没有明确指出（所谓的）具体情形，即使适用于案件事实的法律条款及正确的构成要件都是显而易见的——而读者却将涵摄过程能否得分留与阅卷人解释。这样的状态并不理想。

息〉中存在〈构成要件〉。

- Darin/Hierin/In〈Sachverhaltsinformation〉ist ein/e〈Tatbestandsmerkmal〉zu sehen/zu erblicken. 在〈案件事实信息〉中可以找到〈构成要件〉。
- Aus... ist auf... zu schließen/kann auf... geschlossen werden/ist/wird ersichtlich/erkennbar/deutlich/klar, dass... 从……中可以得出……结论/可以看出/得知/明显看出，即……
- Aus〈Umstand〉geht hervor, dass... 由〈具体情形〉可以得知……
- 〈Tatbestandsmerkmal〉besteht (hier) in〈Sachverhaltsinformation〉. (本案中)〈构成要件〉存在于〈案件事实信息〉中。
- Mit〈Sachverhaltsinformation〉ist〈Tatbestandsmerkmal〉gegeben.〈案件事实信息〉中存在〈构成要件〉。
- 〈Sachverhaltsinformation〉stellt eine/n〈Tatbestandsmerkmal〉dar/erfüllt diese(s)〈Tatbestandsmerkmal(e)〉.〈案件事实信息〉属于〈构成要件〉/满足该〈构成要件〉。
- 〈Sachverhaltsinformation〉unterfällt dem Begriff des〈Tabestandsmerkmal〉(in〈Norm〉).〈案件事实信息〉属于〈构成要件〉的概念（在〈法律规范〉中）。
- Daraus lässt sich entnehmen, dass... 据此可以得出……
- Tatsächlich war/ist... 事实上……
- Angewendet auf den Sachverhalt/auf〈Anspruchsteller〉bedeutet dies/führt dies zu... 将此适用于案件事实/〈请求权人〉意味着/将导致……
- Bei〈Sachverhaltsinformation〉handelt es sich um ein/e〈Tatbestandsmerkmal〉(im Sinne des/von.〈Norm〉).〈案件事实信息〉属于〈构成要件〉(在〈法律规范〉意义上)。
- 〈Sachverhaltsinformation〉ist/bedeutet/enthält/bringt〈Tatbestandsmerkmal〉mit sich.〈案件事实信息〉是/意味着/包含〈构成要件〉。
- 〈Sachverhaltsinformation〉begründet〈Tatbestandsmerkmal〉.〈案件事实信息〉为〈构成要件〉提供依据。
- Dass〈Tatbestandsmerkmal〉vorliegt, ergibt sich aus〈Sachverhaltsin-

formation⟩. 从〈案件事实信息〉中可以得出,〈构成要件〉存在。

- Dass ⟨…⟩, ändert hieran nichts: ⟨Grund für Unmaßgeblichkeit⟩. 〈……〉并不会影响本案的结果:〈无关紧要的原因〉(请注意:判决模式)。
- ⟨Sachverhaltsinformation⟩ ist ein Fall von ⟨Tatbestandsmerkmal⟩. 〈案件事实信息〉是〈构成要件〉的情形之一。
- Der/Die/Das ⟨Tatbestandsmerkmal⟩ zeigt sich in ⟨Sachverhaltsinformation⟩.〈构成要件〉存在于〈案件事实信息〉中。
- Dazu gehören/zählen/auch/insbesondere/gerade/namentlich/vor allem ⟨Fälle von...⟩. 尤其/主要/恰好〈……的情形〉属于这种情形。

如果读者并不确定且无法证明某种情况确实属于典型情形,请读者在使用最后一种表达方式时尽可能不要写成... ist ein eindeutlicher/offensichtlicher Fall/die klassische Situation von...(……很明显属于这种情形/是……的典型情形)。通过上述表达方式而省去整个涵摄过程的做法存在很大的风险。另外,我们也无法确切知道,什么才是真正意义上的典型情形。因此只能在满足下列条件时我们才能使用这一概念,即我们在此之前既已确信其确实属于某一种适用情形,而该适用情形在所有教科书和法律评注中都被作为范例使用。

119 在**不确定性法律概念**(**unbestimmte Rechtsbegriffe**)和**一般条款**(**Generalklauseln**)(即通常只适用于案例群的概念和条款)之下进行涵摄时存在一个很明显的特征,即只有借助价值判断才能将案件事实置于法律规范之下进行涵摄。

- ⟨Sachverhalt⟩ entspricht/ist ⟨den zu Fallgrunppe x gehörenden Situationen⟩ in der maßgeblichen Hinsicht/hinsichtlich aller rechtlich wichtigen Gesichtspunkte ähnlich/vergleichbar.〈案件事实〉符合/与〈属于 x 案例群的情形〉在主要方面/在所有法律上视为重要的方面具有相似性/具有可比性。

法律规范本身越是需要进行价值判断,就越是需要谨慎地进行论证。正是在法律未作确定性规定而需要进行价值判断的问题中,鉴定的受众可能持有不同的观点,我们只能通过有理论依据的论证才能使其信服鉴定所得出来的结论。为此我们需要将立法者的判断(如果可以看得出来)与案件事实中的特殊之处进行对比。

如果案件事实中的情形明显表明其需要进一步讨论，但是在结论中不存在其他合理的判断：

- Dagegen/Gegen dieses/das bisherige Ergebnis könnte sprechen, dass 〈Umstand〉. 相反/与此相反/到目前为止的结果可能表明，〈具体情形〉。
- Der vorliegende Sachverhalt weist allerdings die Besonderheit/Eigenheit auf, dass... 然而前述案件事实表明其特殊性/特性，即……

读者也可以在结果中通过下列表达再次提及相关的具体情形：

- Auch 〈Umstand〉 hindert also nicht die Annahme eines/r... /steht einem/r... nicht entgegen/beseitigt nicht... /lässt... nicht aus. 〈具体情形〉并不阻碍……的成立/存在……/与……并不对立/并不使……消灭/并不排除……
- Aus 〈Umstand〉 folgt noch kein... /ergibt sich noch nicht, dass... 根据〈具体情形〉并不能得出……
- Obwohl 〈scheinbares Hindernis〉, kann 〈Rechtsfolge〉 eintreten. 尽管〈存在表面上的障碍〉，〈法律后果〉仍可以出现。

如果案件事实所包含的信息也可能导致其他结果：

- 〈Umstand〉 ist (insoweit) unerheblich/Auf 〈Umstand〉 kommt es hierfür nicht an. 〈具体情形〉（在此范围内）并不重要/本案并不取决于〈具体情形〉。
- 〈Umstand〉 ändert daran nichts/spielt dafür keine Rolle. 〈具体情形〉不会使结果产生任何变化/不对此产生任何影响。

针对案件事实中的法律重点，涵摄这一步骤通常是对争议问题进行呈现、准备以及作出判断。在此过程中鉴定人有很大的发挥空间[1]。但是最后读者必须提出相应的结论，即案件事实属于所检索法律规范的要件——或者恰好相反。

如果读者想要再次表明某个问题的判断并不完全明了，可以使用下列表达：

---

[1] 关于呈现这些争议问题的构造以及表述请参见本书边码158及以下。

- *Im (Hin-) Blick auf das soeben/zuletzt Gesagte/Gerade angesichts dessen erscheint/ist es gerechtfertigt/sinnvoll/zweckmäßig/naheliegend/sachgerecht/interessengerecht, ⟨ Sachverhaltsinformation ⟩ als einen (Anwendungs-) Fall von ⟨ Tatbestandsmerkmal ⟩ zu betrachten/dem Begriff des/r ⟨ Tatbestandsmerkmal ⟩ unterzuordnen.* 根据/鉴于上文/最后所述,将〈案件事实信息〉视为〈构成要件〉的（适用）情形/纳入〈构成要件〉的概念之中是合理的/合目的的/恰当的。

- *Unter dem Gesichtspunkt (z. B. Normzweck) ist also... überzeugend/zwingend/sinnvoll/angemessen/notwendig/erforderlich.* 根据该观点（例如法律规范的目的），……是具有说服力的/强制性的/合适的/适当的/必要的/需要的。

124　　在准备法律规范的过程中，只有当所选择的法律规范与具体的案件事实足够接近时读者才能停止寻找请求权基础。否则存在下列风险，即读者对案件事实的阐述缺乏依据，因为阅卷人无法根据鉴定判断，在某法律规范之下对一定案件事实进行涵摄是否可能。

125　　最后还是举一个实践中的例子：请读者判断，悬空缆车是否属于上文[1]定义的轨道交通。然后再将自己判断的结果与帝国法院的判决进行对比[2]：（这个问题的结果取决于悬空缆车是否属于《侵权责任法》〈HaftPflG〉意义上的轨道交通）……悬空缆车在金属地基上在并非完全微不足道的距离内以较快的速度运输大宗货物，并且是利用自然力推动运输活动。该运输活动造成一定强度的影响，根据具体情形既有益处也可能致人员死亡或者损害人的健康（《帝国法院报》第1卷第252页）。移动的交通工具异于平常，其并非处于金属地基之上，而是悬挂于承重轨道之下，尽管交通工具本身并不以通常形式置于稳固的地面之上，而是通过高处的支架来支撑，这一区别并不会造成概念上的本质差异。（悬空缆车满足轨道交通概念的所有基本特征，因此也属于轨道交通。)

磁悬浮列车是否也可以纳入帝国法院关于轨道交通的概念之下？那么滑

---

[1]　参见本书边码101。
[2]　RGZ 86, 94 (95)——本文将其改写为鉴定模式。

雪缆车[1]呢？请读者对此进行涵摄。

（四）选择性方法

读者也可以通过描述或者复述相关案件事实的内容着手涵摄：

- Bei ⟨Sachverhaltsinformation⟩ muss/müsste/kann/könnte es sich um ein/e ⟨Tatbestandsmerkmal⟩ handeln. ⟨案件事实信息⟩必须/可能/可以属于⟨构成要件⟩。

- Es stellt sich also die Frage, ob es sich bei ⟨Sachverhaltsinformation⟩ um ⟨Tatbestandsmerkmal⟩ handelt/handeln kann. 因此问题在于，⟨案件事实信息⟩是否/可以属于⟨构成要件⟩。

- Ob nun/aber ⟨Sachverhaltsinformation⟩ ein/e ⟨Tatbestandsmerkmal⟩ ist, ist (durchaus) fraglich//zweifelhaft/problematisch/unklar/uneindeutig. 然而⟨案件事实信息⟩是否属于⟨构成要件⟩，还（完全）是个问题/存有疑问/不清楚/不确定。

- ⟨Anspruchsteller⟩/⟨Anspruchsgegner⟩ hat ⟨Sachverhaltsinformation⟩. Darin könnte eine ⟨Tatbestandsmerkmal⟩ liegen/zu sehen sein. ⟨请求权人⟩/⟨请求权相对人⟩⟨案件事实信息⟩。其中可能存在⟨构成要件⟩。

- ⟨Sachverhaltsinformation⟩ könnte als ⟨Tatbestandsmerkmal⟩ anzusehen sein. 可以将⟨案件事实信息⟩视为⟨构成要件⟩。

之后再提出定义：

- Dies ist der Fall/anzunehmen/zu bejahen, wenn ⟨Definition⟩. 如果⟨定义⟩，本案正是这种情形/应当予以确认。

- Dafür/Dann muss.../Dies erfordert... 为此/因此必须……/要求……

这种表达形式的优势在于其具有较大的灵活性，且与案情之间存在紧密的联系。但并不是很合乎规律，因为读者总是应当从法律规范出发进行涵摄。[2]同时我们也可以将其作为表达形式的替换。

---

[1] 请参见 BGH NJW 1960, 1345 f.
[2] 读者越是希望将阅卷人引向简短的思维主线，越不应该选择这种表述方式。

举例：代替 Der Anspruch kann nach §275 I BGB erloschen sein. Unmöglichkeit der Leistung kann nämlich eingetreten sein, als das Paket mit der verkauften Kamera auf dem Postweg abhanden kam（该请求权可以因《德国民法典》第275条第1款的规定而消灭。下列情况会导致给付不能，即装有所出售照相机的包裹在邮寄途中丢失），我们可以表达为 Der Anspruch kann mit dem Abhandenkommen des Pakets wieder erloschen sein. Darin kann nämlich eine Unmöglichkeit der Leistung im Sinne des §275 I BGB liegen（该请求权可以因包裹的丢失而重新消灭。其理由可以是存在《德国民法典》第275条第1款意义上的给付不能）。

三、结论

127　结论无论如何必须以**陈述句**（**Indikativ**）的形式来表达，因为结论是作出一个判断。

比较常用的结论引导方式有：

• *Demnach/Danach/Folglich/Somit/Damit/Mithin/Sonach/Demzufolge/Also/Daher/Infolgedessen/Deswegen/Deshalb/Danach/Nach dem（soeben/oben/gerade）Gesagte/Ausgeführten/Dementsprechend/Aus diesem Grund/Aus diesen Gründen.* 因此/所以/根据（上文）所述/所阐释的/基于这个/这些理由。

在更加复杂的讨论之后：

• *Schließlich/Zusammenfassend/Im Ergebnis ist/bleibt festzuhalten/lässt sich daher festhalten/kann festgestellt werden, dass...* 最后/综上所述/从结论中可以确定/作出判断，……

• *Damit ist im Ergebnis...* 因此结论为……

与大前提不同，结论不能再使用假设。

举例：非常不恰当的表述例如 Somit kann man zu dem Ergebnis gelangen, dass A gegen B einen Anspruch auf Zahlung von 20 EUR aus §433 II BGB hat（因此可以得出结论，即A享有根据《德国民法典》第433条

第 2 款要求 B 支付 20 欧元的请求权）。阅卷人自然会问，是可以得出结论还是必须得出结论？

所谓结论必须与所属大提前中抛出的问题保持一致。针对未提出的问题作出回答会让人感到非常迷惑，对于所提出的问题不做回答也是一样。批改人并不希望看到这样的情况。

如果在鉴定中大前提和小前提是彼此相邻，并且阅卷人也可以清楚地理解读者针对各问题进行讨论所得出的结论，这才是优秀的鉴定。

（一）某一构成要件、子要件或者部分要件的结果

- *Demnach ist ⟨Tatbestandsmerkmal⟩ gegeben/erfüllt/zu bejahen/anzunehmen.* 因此〈构成要件〉存在/满足/得以确认。
- *Ein/e（Fall des/der）⟨Tatbestandsmerkmal⟩ liegt folglich vor.* 因此〈构成要件〉（的情形）存在。
- *Bei ⟨Sachverhaltsinformation⟩ handelt es sich um ein/e ⟨Tatbestandsmerkmal⟩.* 因此〈案件事实信息〉属于〈构成要件〉。
- *Das...—erfordernis/-prinzip ist damit gewahrt./Dem Erfordernis der/s... ist also genügt（worden）/Genüge getan.* 因此……—要求/—原则已经得到满足。/因此……要求已经得到满足。
- *Daraus ergibt sich（dass...）.* 据此可以得出（……）。
- *... ist daher als... anzusehen/zu qualifizieren/bewerten/einzustufen.* 因此……可以视为……/定义为/评价为/纳入……的范围。
- *Ein/e... liegt in/Form/Gestalt des/r/mit... vor...* ……以……的表现形式/方式存在。
- *Der/Die... stellt sich mithin als... dar.* 因此……是指……

有关行为（**Handlungen**）的情形：

- *Somit ist ⟨Tatbestandsmerkmal Handlung⟩ erfolgt/hat ⟨Tatbestandsmerkmal Handlung⟩ stattgefunden.* 因此〈构成要件行为〉已经完成/〈构成要件行为〉已经发生。

如果某要件**被否定**：

- *Ein/e kann nicht angenommen/festgestellt werden/ist ausgeschlossen...*

……将无法被肯定/不能得到确认/将被排除。

- Mangels/einer/s/Wegen/Angesichts der/s fehlenden... liegt hier kein ⟨Tatbestandsmerkmal⟩ vor/ist ⟨Tatbestandsmekmal⟩ nicht gegeben.（Anderweitige/Sonstige/Weitere Anhaltspunkte für... sind nicht ersichtlich.）由于/鉴于缺乏/缺少……本案中不存在⟨构成要件⟩。(关于……存在的其他依据也不明显。)

- Für ⟨Tatbestandsmerkmal⟩ fehlt es an ⟨Teilmerkmal⟩. ⟨构成要件⟩缺乏一个⟨部分要件⟩。

- Für... reicht... nicht aus/genügt... nicht... ……对于……而言并不足够/……并不足以……

- Ein/e... scheidet damit aus. 因此……无法成立。

- Von einem/r ⟨Tatbestandsmerkmal⟩ kann nicht gesprochen werden. 不能将……称为⟨构成要件⟩。

131 对论据经过详细权衡之后：

- Trotz/Obwohl ⟨entgegenstehender Gesichtspunkt⟩, ist daher ⟨Merkmal⟩ zu bejahen/verneinen. 尽管/即使⟨相反的观点⟩，但⟨要件⟩仍是应该被确认的/被否定的。

- Zwar spricht einges für..., doch wird man... müssen. 尽管有些人认为……，我们仍必须……

132 如果某一特定的**构成要件**不是必须的：

- Die Einhaltung des/r... ist also（ausnahmsweise）entbehrlich/nicht erforderlich. 因此对于……的遵守是（例外地）不重要的/非必需的。

- Einer/s... bedarf es mithin nicht. 因此不需要……

- Da aber..., ist... allein nicht relevant/kann... nur am Rand/keine maßgebliche/entscheidende Bedeutung zukommen. 但因为……，所以……是不相关的/……只是次要问题/不具有主要的/决定性的意义。

- Ein/e ⟨Tatbestandsmerkmal⟩ kann entfallen/unterbleiben/ist entbehrlich/nicht erforderlich/nicht Voraussetzung für... ⟨构成要件⟩可以不予考虑/不进行检索/是不必要的/非必需的/不是……的前提要件。

- *Daher erübrigt sich...（z. B. eine Erörterung/Prüfung...）*[1] 因此……（例如对于……的讨论/检索）是多余的。
- 〈*Rechtsfolge*〉 tritt auch ohne 〈*Tatbestandsmerkmal*〉. 即使没有〈构成要件〉也可以出现〈法律后果〉。

关于**反对权**（**Gegenrecht**）——无需主张的抗辩权，需要主张的抗辩权

- *Demnach kann* 〈*Anspruchsgegner*〉 *dem Anspruch des* 〈*Anspruchsteller*〉 *die* 〈*Einrede, z. B. der Verjährung*〉（*nicht*）*entgegenhalten/entgegensetzen.* 因此〈请求权相对人〉（不）可以以其〈需要主张的抗辩权，例如诉讼时效的超过〉来反驳/对抗〈请求权人〉的请求权。
- *Wegen* 〈*Einrede*〉 *ist der* 〈*Anspruchsziel-*〉 *Anspruch des* 〈*Anspruchsteller*〉 *gehemmt/nicht durchsetzbar.* 由于〈需要主张的抗辩权〉〈请求权相对人〉〈请求权目标—〉的请求权将受到阻碍/无法执行。
- 〈*Anspruchsgegner*〉 *kann sich danach* （*nicht*）*auf... berufen.* 因此〈请求权相对人〉（不）可以援引……作为依据。
- *Ein Leistungsverweigerungsrecht/Zurückbehaltungsrecht* （*nach* 〈*Norm*〉）*steht* 〈*Anspruchsgegner*〉 *also* （*nicht*）*zu/steht* 〈*Anspruch*〉 *nicht entgegen.* 因此〈请求权相对人〉（不）享有拒绝给付的权利/留置权（根据〈法律规范〉）。

涵摄的讨论范围越是广泛，结果越是有争议，越是需要辅以（阶段性）结论。相反，如果通过简短的讨论即可得出结论，那么读者倒是可以省略这一明确的结果。读者如果感到不确定，在家庭作业中最好给出一个阶段性结论，而在考试时最好不要给出阶段性结论。

（二）关于请求权的结论

在比较详细的讨论中我们可以通过下列表达引入结论：

- *Die Voraussetzungen des* 〈*Anspruchsgrundlage*〉 *sind* （*alle/sämtlich/vollständig*） *erfüllt/gegeben/zu bejahen.* 〈请求权基础〉的前提要件（所有/全部/完全）满足/存在/得以确认。

---

[1] 此后也不宜作过多论述；关于辅助论证的难点请参见边码418。

真正的结论：

- ⟨Anspruchsteller⟩ hat daher (k) einen Anspruch auf ⟨Anspruchsziel⟩ aus/nach/gemäß ⟨Anspruchsgrundlage⟩ gegen ⟨Anspruchsgegner⟩. 因此⟨请求权人⟩（不）享有根据/依据/基于⟨请求权基础⟩向⟨请求权相对人⟩要求⟨请求权目标⟩的请求权。

- ⟨Anspruchsteller⟩ kann also (nicht) von ⟨Anspruchsgegner⟩ ⟨Anspruchsziel⟩ aus ⟨Anspruchsgrundlage⟩ gegen ⟨Anspruchsgegner⟩. 因此⟨请求权人⟩（不）可以根据⟨请求权基础⟩向⟨请求权相对人⟩要求⟨请求权目标⟩。

- ⟨Anspruchsgegner⟩ ist ⟨Anspruchsteller⟩ mithin (nicht) nach ⟨Anspruchsgrundlage⟩ zu/r ⟨Anspruchsziel⟩ verpflichtet. 因此⟨请求权相对人⟩根据⟨请求权基础⟩（不）负有向⟨请求权人⟩实现⟨请求权目标⟩的义务。

- ⟨Anspruchsgegner⟩ muss ⟨Anspruchsteller⟩ folglich (nicht) ⟨Anspruchsgegenstand⟩ zahlen/leisten/herausgeben/übereignen. 因此⟨请求权相对人⟩必须向⟨请求权人⟩支付/履行/交出/转移⟨请求权标的物⟩。

- ⟨Anspruchsteller⟩ steht deshalb ein Anspruch aus ⟨Anspruchsgrundlage⟩ zu. 因此⟨请求权人⟩根据⟨请求权基础⟩享有请求权。

- ⟨Anspruchsteller⟩ verlangt/fordert/beansprucht deswegen zu Recht/zu Unrecht ⟨Anspruchsziel⟩ von ⟨Anspruchsgegner⟩. 因此⟨请求权人⟩有权/无权向⟨请求权相对人⟩要求/请求/主张⟨请求权目标⟩。

- ⟨Anspruchsgegner⟩ haftet ⟨Anspruchsteller⟩ für ⟨Anspruchsziel⟩/muss gegenüber ⟨Anpruchsteller⟩ für ⟨Anspruchsziel⟩ einstehen. ⟨请求权相对人⟩向⟨请求权人⟩负有⟨请求权目的⟩的义务/必须向⟨请求权人⟩实现⟨请求权目标⟩。

- ⟨Anpruchsteller⟩ kann also auf ⟨begehrtes Verhalten⟩ durch ⟨Anspruchsgegner⟩/seitens des ⟨Anspruchsgegner⟩ bestehen. 因此⟨请求权人⟩可以向⟨请求权相对人⟩要求⟨所请求的行为⟩。

如果请求权**被否定**：
除上文所列举的否定形式的例子之外：

- *Der/Ein Anspruch des 〈Anspruchsteller〉 scheitert an/am 〈verneintes Tatbestandsmerkmal〉.* 〈请求权人〉的请求权因〈否定构成要件〉而被排除。
- *Mangels 〈verneintes Tatbestandsmerkmal〉 entfällt der Anspruch aus 〈Anspruchsgrundlage〉.* 由于缺少〈否定构成要件〉基于〈请求权基础〉的请求权无法成立。
- *Ein... 〈z. B. Bereicherung〉 ausgleich findet also nicht statt.* 不发生……（例如不当得利）补偿。
- *Der von 〈Anspruchsteller〉 erhobene/geltend gemachte/behauptete Anspruch lässt sich nicht auf 〈Anspruchsgrundlage〉 stützen/ist nicht aus 〈Anspruchsgrundlage〉 gerechtfertigt.* 〈请求权人〉所主张/要求/提出的请求权将无法得到〈请求权基础〉的支持/〈请求权基础〉并不是其正当性的依据。
- *Für einen... 〈z. B. deliktischen Anspruch〉 des 〈Anspruchsteller〉 fehlt es an/am/an der 〈verneintes Tatbestandsmerkmal〉/fehlt 〈verneintes Tatbestandsmerkmal〉/sowohl an... als auch an/am...* 〈请求权人〉的……（例如侵权损害赔偿）因缺少/既缺少……又缺少〈否定构成要件〉而无法成立。
- *Der Tatbestand des 〈Norm〉/Eine Haftung des 〈Anspruchsgegner〉 nach 〈Anspruchsgrundlage〉/den Normen über... scheidet demnach aus.* 因此〈法律规范〉的要件/〈请求权相对人〉基于〈请求权基础〉的责任/关于……的法律规范被排除。

如果请求权部分得以确认，可以作如下表达：

- *Der von 〈Anspruchsteller〉 geltend gemachte/behauptete Anspruch ist also/usw. (in Höhe von...) begründet/besteht nur in Höhe von... /, soweit...* 因此〈请求权人〉所主张/要求的请求权只有在……范围内被确认/存在。
- *Der Anspruch des 〈Anspruchsteller〉 ist (in Höhe von.../hinsichtlich/bezüglich des Gegenstands...) (aus 〈Anspruchsgrundlage〉) begründet/gerechtfertigt/gegeben.* 〈请求权人〉的请求权（基于〈请求权基础〉）（在……

范围内/鉴于/与……相关的范围）是合理的/得以确认/存在。

- Im Übrigen steht ihm… entgegen.〈请求权人〉并不享有……的其余部分。

保险起见，读者在适用最后一种表达时应当再考虑一下，将不同的情形分开讨论是否更加恰当。

138　　使用视觉上明显的**标题**突出一个请求权基础的结果通常情况下是比较恰当的。但是就某构成要件的（阶段性）结果而言，尤其在笔试中，我们只需在前后论述之间加一个空白行即可。

139　**四、 将鉴定模式转换为判决模式**

掌握鉴定模式之后读者下一步需要做的是逐步将其转换为判决模式。很多学生常常颠倒这两个步骤。如果读者还不能确定自己是否已经掌握鉴定模式，请返回本书的前面部分重新学习。

在任何一个案例分析过程中都存在需要适用经典的鉴定模式的问题。考试内容的一部分在于测试考生能否据法律规范处理案件事实，即对某案件事实作出判断的依据是什么。但是很多时候鉴定模式既不必要也未被要求。在这种情况下鉴定模式的使用常常使阅卷人异常恼火。因为鉴定模式有时候显得非常啰嗦，这不但会花费考生更多的答题时间，也会消耗阅卷人批改的耐心——尤其是当所处理的问题是明显毫无疑问的时候。

140　**附加说明**：什么是毫无疑问的问题，我们很难给出一个一般性的定义。[1]

基本原则：如果采用鉴定模式听起来有点荒谬并且有点夸张，读者就应该避免使用鉴定模式。

举例：在《德国民法典》第 985 条之下进行涵摄时对《德国民法典》第 90 条意义上物（Sache）的概念进行绕口且繁琐的涵摄，《德国民法典》第 929 条中动产（bewegliche Sache）的概念或者《德国刑法典》第 211 条及以下人（Mensch）的概念。实际上对这些概念进行涵摄

---

〔1〕 关于该内容参见本书边码 227 及以下。

并没有错，但是看起来显得考生比较稚嫩。或者：如果 D 的企业中有超过 10 人以上的员工，那么《解雇保护法》适用于上述案件事实，即《解雇保护法》第 23 条第 1 款第 2 句。D 的企业中有 8 个工人和 5 个职员。现在需要检索的是，8 个和 5 个的总数是否超过 10 个。……在结论中可以确认，《解雇保护法》第 23 条第 1 款第 2 句与《解雇保护法》第 1 条对于针对 A 所作出的解雇的适用并不矛盾。

案件事实中的信息越多以致形成一个问题循环，出题人越是期待考生可以在内容上进行结构化的分析，即：鉴定模式！

有些时候我们也可以将问题作简短总结。也就是说，如果结果的判断很明显并不取决于某个问题的判断，那么对该问题的详细论述则是对于重点问题的误解，或者该论述至少是不合适的。

举例：在某案件中存在合理怀疑，即某意思表示可能由于形式瑕疵而无效（《德国民法典》第 311b 条第 1 款第 1 句，第 518 条第 1 款，第 766 条第 1 句，分别在第 125 条第 1 句意义上），但是很明显该形式瑕疵已经因所订立合同的履行而被修正（《德国民法典》第 311b 条第 1 款第 2 句，第 518 条第 2 款，第 766 条第 3 句），既然如此就无需阐释与形式无效相关的理论和论据，或者最多只需作简短阐述。

- *Ob die Erklärung formnichtig im Sinne des 〈Norm〉 war, kann dahinstehen/offen bleiben/auf sich berufen；jedenfalls ist ein solcher Mangel durch... geregelt,〈Norm Abs. 2/S. 2〉.* 该表示是否是〈法律规范〉意义上的形式无效，可以不予确认/不加讨论；无论如何该瑕疵已经通过……而被修正，〈法律规范第 2 款/第 2 句〉。

- *Unter 〈Gesichtpunkt/en〉 spricht einiges für die Nichtigkeit der Erklärung；da aber durch... eine Heilung dieses Fehlers eingetreten ist, kommt es darauf im Einzelnen nicht mehr an.* 根据〈观点〉有些人认为该表示无效；但是因为……该瑕疵已经被修正，因此具体结果不再受其影响。

- *Wegen... kann die (umstrittene) Frage nach... hier unbeantwortet bleiben/（vorläufig/einstweilen/zunächst/noch）offen bleiben.* 由于……这个关于……的（争议）问题可以不用回答/（暂时/首先/暂且）搁置不论。

- Der Frage nach... braucht/muss hier nicht weiter nachgegangen werden/Die Frage... kann hier auf sich berufen, da... 关于……的问题无需/不必继续讨论，因为……

- Auf... braucht hier nicht eingegangen zu werden, weil... 本案中无需对……进行讨论，因为……

142 答案的书写形式应当与问题的重要性相对应。读者应当尽可能通过答案的篇幅和表达显明案件事实中哪些问题是读者认为具有讨论必要的。

学术研究型的鉴定模式可以对某些重点和疑点问题予以保留，但是在判决模式中少有或甚至完全不存在疑点问题。

如果读者学会下文的表达方式，还具有额外的优势，即案例分析对于读者来说变得更加容易，即在考试中以较短的时间、在家庭作业中以较短的篇幅完成任务。读者可以通过第二章第 2 部分[1]的案例来练习。

142a 首先提醒读者注意：对鉴定进行简化存在以下难点，即不仅要对语言形式进行大幅度缩减，而且要对内容进行精简。因此读者必须注意不要在简化过程中删掉主要内容。

举例：例如 Die Erklärung des A ist dem B zugegangen（A 的表示已经到达 B）这个句子的表达非常糟糕，因为其不包含任何论证过程。如果读者在考试中希望得到"到达（zugegangen）"这一关键词的分数，确实可以这么表达。但是更好的做法是将其表述得更加详细一点，同时也应展现真正的涵摄过程：Die Erklärung des A ist B spätestens zugegangen, als B seinen Anrufbeantworter abgehört hat; mit der Kenntnisnahme von der Nachricht ist das Angebot wirksam geworden（A 的意思表示最晚当 B 听取其电话留言时到达 B；该要约已经因 B 对留言的知悉而生效）。Ein Angebot hat A im Ladengeschäft des B gemacht（A 已经在 B 的店铺内作出一个要约），该表达实际上已经非常简单。我们也可以多加一些文字，例如 Ein Angebot hat A im Ladengeschäft des B abgegeben, indem sie erklärte, den PC aus dem Schaufenster gegen 700 EUR kaufen zu wollen（A 已经在 B 的店铺内作出一个要约，即其表示愿意以 700 欧元的价格购买橱窗中展

---

[1] 边码40 及以下。

示的电脑)。C und T haben eine Einigung über die wesentlichen Bestandteile eines Kaufvertrags gemacht（C 和 T 已经就买卖合同成立的根本要素达成一致)。这句话只是纯粹的断言。如果我们为这句话补充上论证过程,虽然句子会变长,但是其所包含的内容也会更加完整：C und T haben sich über die vertragswesentlichen Bestandteile eines Kaufvertrags, nämlich Kaufpreis und Kaufsache, geeinigt, indem sie über den PC und dessen Preis (700 EUR) sprachen［通过对电脑及其价格（700 欧元）的商谈,C 和 T 已经就买卖合同成立的根本要素,即买卖价款和标的物达成一致］。

涵摄过程可以简洁,但是应当尽可能做到有理有据。如果只是与案件事实毫无联系的纯粹的论断,阅卷人肯定不会给分。

举例：R und S haben über das Internet einen Kaufvertrag geschlossen（R 和 S 已经在网上签订一个合同)。为什么不稍微增加句子的长度而使内容表述更加清楚呢？R und S haben, jeweils im Internet, einander Erklärungen abgegeben, aus denen hervorging, dass R die Kamera von S zum Preis von 800 EUR erwerben wollte, und so einen Kaufvertrag geschlossen（R 和 S 已经在网上给出各自的表示,根据表示的内容,R 愿意以 800 欧元的价格购买 S 的照相机,双方是否因此而订立一个买卖合同)？

如果简化鉴定的过程将导致错误或者使原义发生改变的话,那么这样的简化是失败的。

举例：Verrichtunggehilfe ist derjenige, der mit Wissen und Wollen des Geschäftsherrn in dessen Umfeld tätig ist. C und D sind Angestellte des B und damit Verrichtungsgehilfen（事务辅助人[1]是指为了雇佣人的意识和意愿在雇佣人的事务范围内行为的人。C 和 D 是 B 的雇员,因此 C 和 D 是事务辅助人)。这句话在很多方面都会使人产生误解。在最好的情况下,阅卷人会判定事务辅助人的定义不确切,在最糟糕的情况下,阅卷人会判定该定义错误。从统计学上看,该涵摄可能是正确的,但是并不符合逻辑。为什么不采用下列定义：Verrichtungshilfe ist, wer abhängig von den

---

[1]《德国民法典》第 831 条。

Weistungen des Geschäftsherrn in dessen Aufgabenkreis tätig ist. C und D sind als Angestellte des B dessen arbeitsvertraglichem Weisungsrecht (§ 315 BGB) unterworfen und haben wie angeordnet im Hotel des B die Zimmer gereinigt [事务辅助人是指根据雇佣人的指示而在雇佣人的事务领域内行为。C 和 D 作为 B 的雇员服从 B 劳动合同法上的指示权（《德国民法典》第 315 条），其是否根据指示已经清扫 B 所有的酒店内的房间]？

（一）简化形式的鉴定模式

学术研究型鉴定模式完整的三段论很容易给人造成冗长的印象。然而，只需通过几个简单的变化就可以减少这样的印象。此外，经过简化的鉴定模式也不至于使阅卷人过快地因刻板的表述、句子和段落而感到无聊。

1. 总结

通过对论述进行阶段性总结可以使阅卷人顺利地从一个要件过渡到另一个要件。

举例：A kann gegen B einen Anspruch auf Übereignung und Übergabe des Automobils haben. Voraussetzung hierfür ist nach § 433 II BGB das Vorliegen eines wirksamen Kaufvertrags（A 可以享有要求 B 交付汽车并转移汽车所有权的请求权。根据《德国民法典》第 433 条第 2 款，其前提要件是存在一个有效的买卖合同）可以总结为 Voraussetzung für einen Anspruch des A gegen B auf Übereignung des Autos ist nach § 433 II BGB ein wirksamer Kaufvertrags[1][2]，（根据《德国民法典》第 433 条第 2 款，A

---

〔1〕 关于该简化技术的其他例子读者可以在练习案例中找到，参见本书边码 40 及以下。
〔2〕 鉴于下列常犯的错误，读者在简化鉴定过程中应当注意：如果我们要为《德国民法典》第 280 条第 1 款设立大前提（应当表述为：Zunächst muss zwischen den Parteien ein Schuldverhältnis bestehen〈首先必须在当事人之间存在一个债务关系〉，为了能够继续进行涵摄 Ein solches kann in einem Werkvertrag nach §§ 631 ff. BGB liegen〈这样的债务关系可以存在于《德国民法典》第 631 条及以下各条意义上的承揽合同中〉），我们不能将其简化为 Voraussetzung für einen Schadensersatzanspruch nach § 280 I BGB ist ein Werkvertrag nach §§ 631 ff. BGB（根据《德国民法典》第 280 条第 1 款的损害赔偿请求权的前提要件是《德国民法典》第 631 条及以下各条意义上的承揽合同），并且也不能 Dazu muss ein Werkvertrag geschlossen sein（因此必须存在一个承揽合同）继续检索。这两个句子都有一个错误，即只有当一个承揽合同成立时才能产生债务关系。在考试中也许偶尔会发生这样的情况——但在家庭作业中是完全不会出现的。

要求 B 交付汽车并转移其所有权的前提要件是一个有效的买卖合同）。但是这样的总结同样存在风险，即原文所蕴含的思维过程将不复存在。

举例：Der Kaufvertrag kommt durch zwei übereinstimmende Willenserklärungen, Angebot des Käufers und Annahme des Verkäufers, zustande（买卖合同基于两个一致的意思表示，即出卖人的要约以及买受人的承诺，而成立。）——其中插入语部分的信息在法律中并不存在，该插入语本身是错误的，并且可能需要将目光在案件事实与法律规范之间迅速地来回游走才能确定（因为在具体的案件事实中，要约实际上是由买受人给出的）。作为大前提该句子的表述是错误的，因为对于一个买卖合同而言，要约是由买受人给出还是出卖人给出并没有差别。

- *Für einen Anspruch aus ⟨Norm⟩ bedarf es zunächst einer/s ⟨Tatbestndsmerkmal⟩.* 根据⟨法律规范⟩的请求权首先需要⟨构成要件⟩。
- *Ein Anspruch setzt voraus, dass ⟨Tatbestandsmerkmal⟩.* 某⟨请求权⟩以⟨构成要件⟩为前提。

（x11-x12）

这是一个被广泛使用的技术。但通常情况下只需不作其他改变的起始句之间加一个分号或者冒号即可，以在视觉上促进阅读的流畅性。

- *Liegt also ein ⟨Tatbestandsmerkmal⟩ vor, kommt es nunmehr darauf/ ist zu prüfen/ist zweifelhaft, ob ⟨nächstes Tatbestandsmerkmal⟩ gegeben ist.* 既然某⟨构成要件⟩存在，那么……现在取决于/需要检索/仍有疑问的是，⟨下一个构成要件⟩是否存在。
- *Ist danach ⟨Sachverhaltsinformation⟩ ein/e ⟨Tatbestandsmerkmal⟩, darf kein ⟨negative Voraussetzung⟩ gegeben sein.* 如果⟨案件事实信息⟩是⟨构成要件⟩，那么不允许存在⟨否定要件⟩。

（123-221）

- *Der/Die hierfür erforderliche ⟨Tatbestandsmerkmal⟩ ist anzunehmen, wenn/falls/soweit/sofern ⟨Definition⟩.* 如果/假如/只要⟨定义⟩，那么此处所要求的⟨构成要件⟩应该得到确认。

（x21-x22）

- Der/Die erforderliche ⟨Tatbestandsmerkmal⟩ liegt mit/in Gestalt/Form von ⟨Sachverhaltsinformation⟩ vor/ist in ⟨Sachverhaltsinformation⟩ zu sehen/erblicken. 所要求的 ⟨构成要件⟩ 以 ⟨案件事实信息⟩ 的形式/方式存在/存在于 ⟨案件事实信息⟩ 中。

- Mit/Wegen/Durch ⟨Sachverhaltsinformation⟩ ist die Frist des ⟨Norm⟩/das... —Erfordernis gewahrt. 根据/鉴于/通过 ⟨案件事实信息⟩,⟨法律规范⟩ 规定的期限/……—要求得到遵守。

(x21-x23)

- Der ⟨Anspruchsziel—⟩ Begehren des ⟨Anspruchsteller⟩ ist nach ⟨Anspruchsgrundlage⟩ begründet, wenn ⟨Voraussetzung (en)⟩. 如果 ⟨前提要件⟩,根据 ⟨请求权基础⟩ ⟨请求权人⟩ ⟨请求权目标—⟩ 的请求成立。

(x12-x21)

- Ob ein ⟨Tatbestandsmerkmal⟩ vorliegt, hängt davon ab, dass/ob ein/e ⟨Teilmerkmal⟩ gegeben ist. ⟨构成要件⟩ 是否存在取决于 ⟨部分要件⟩ 是否存在。

(x21-131)

- Ob (darüber hinaus) den ⟨Anspruchsteller⟩ ein Anspruch aus ⟨Anspruchsgrundlage⟩ zusteht, hängt von ⟨Voraussetzung (en)⟩ ab. (此外) ⟨请求权人⟩ 是否享有基于 ⟨请求权基础⟩ 的请求权取决于 ⟨前提要件⟩。

(211-212)

- Für den von ⟨Anspruchsteller⟩ geltend gemachten ⟨Anspruchsziel⟩ Anspruch/Um einen... bejahen zu können, /Damit ⟨Anspruchsteller⟩ einen ⟨Anspruchszid⟩ Anspruch geltend machen kann, kommt es zunächst darauf an, ob/dass ⟨1. Tatbestandsmerkmal⟩. ⟨请求权人⟩ 所主张的 ⟨请求权目标⟩ 的 ⟨请求权⟩/为了使……得以确认,首先取决于 ⟨第一个构成要件⟩/⟨第一个构成要件⟩ 是否存在。

(111-121)

如果根据案件事实某一个要件毫无疑问是可以确认的,读者可以在讨论下一个要件时采用插入语的形式将该要件成立的结论纳入涵摄过程之中。

举例:Die Erfüllung eines Kaufvertrags—eines gegenseitigen Vertrags im

Sinne der §§ 320 ff. BGB—muss unmöglich geworden sein. —Die—durch Zerstörung des verkauften Fahrrads eingetretene—Unmöglichkeit muss eine nachträgliche sein. —〈Täter〉muss das Buch, eine für ihm fremde bewegliche Sache, weggenommen haben（买卖合同的履行——《德国民法典》第320条及以下各条意义上的双务合同——必须已经成为不可能。履行不能——通过所卖出自行车的损毁——必须是事后才发生的。—〈被告〉必须已经将这本书，不属于被告的动产，拿走）。

（22z-321）

在比较简单的练习作业中通常只有一个规范前提需要讨论；因此读者可以对**结论作出总结**，因为阅卷人已经注意到，只要这唯一的争议问题得到解决就可以对整个案件事实作出判断。

- *Ein 〈Untermerkmal〉 liegt also vor, so dass 〈Teilmerkmal〉 gegeben ist; der Tatbestand des/r Anspruchsgrundlage ist daher erfüllt.* 因为〈子要件〉存在，所以〈部分要件〉成立，因此〈请求权基础〉得到满足。

（x43-x33-x23）

2. 省略

如果一个大前提不包含任何实质性内容而只是对于涵摄（xy2）的预告，这样的大前提是可以省略的。

举例：Dies ist zu prüfen（这是需要检索的），等等[1]。

读者对第一个要件进行定义就足以表明读者已经着手涵摄[2]。

在处理比较常用并且构成要件并不复杂的法律规范时也可以省略大前提，尤其是当大前提只是对法律规范进行改写的情况下。

举例：例如读者在《德国民法典》第929条第1句之下进行涵摄时，可以不提"交付并转移所有权"这一前提要件；读者可以直接在（阶段性）结论中确认两者都存在，即《德国民法典》第929条第1句

---

〔1〕关于多余的预告在本书边码388中也有论及。
〔2〕在关于练习案例的处理建议中（本书边码39及以下），这些句子因教学法的原因而存在。但是读者对案例进行分析时最好不要写出来。

的要求得到满足。

读者当然也可以省略**不言自明的内容**（Selbstverständliches）[1]。根据经验，不单单只有初学者觉得这很难：大部分情况下我们都将论证的完整性和缜密性视为优秀的法学品质。此外，随手可得的检索及结构模板中"一点接一点"的模式常常导致我们对案件事实作过度的处理。针对这个问题并不存在可普遍适用的规则；请读者尝试将自己置于阅卷人的视角进行思考。

举例：在"人"这个要件之下进行涵摄或者就可诉性进行长篇累牍的论述（后者在民法案例分析中基本不会涉及或者最多只需作简短讨论）。

但是，最后还有一个定义问题，即什么才是不言自明的内容。我们常常是在对这个问题作错误判断的过程中不断积累经验。

3. 专注于重点问题

建议读者将一系列没有疑问的构成要件总结于一个句子之中，或将表述的篇幅进行缩减，将精力集中于具有讨论必要性的要件上。

- *Die Voraussetzungen des/r ⟨Anspruchsgrundlage⟩ sind erfüllt/hat ⟨z. B. Anspruchsgegner⟩ erfüllt, indem er... Fraglich/Ungewiss/Zweifelhaft/Problematisch ist allenfalls/allein/lediglich/einzig/ausschließlich/nur, ob...* ⟨请求权基础⟩的前提要件已经满足/已经由⟨请求权相对人⟩通过……而满足。然而/唯一的/还有疑问的是/尚未确定的是，是否……

- *Gründe/Anhaltspunkte für ein/e/n (eventuelle/s/n)... sind nicht ersichtlich/erkennbar.* 在案件事实中关于（可能）的……的理由/线索并不明显。

- *... scheitert bereits an... Im Übrigen/Jedenfalls/Abgesehen/Unabhänig davon fehlt es an/m... /würde der Anspruch (auch) an... scheitern...* ……已经因……而被排除。此外/无论如何/除此之外请求权（也）因/缺少……而无法成立。

---

[1] 例如基本法是否依然有效等问题。但是法院有时候——很无奈——必须对这种问题进行讨论，例如 AG Duisburg NJW 2006, 3577 f.

- *Zwar..., aber...* 尽管……，但是……
- *Sowohl ist... als auch hat...* 不但……而且……
- *Weder wurde... noch besteht... Ebenso/Auch ist kein...* 既不存在……也不存在……。同样/此外也没有……
- *Für ein/e... ist nichts ersichtlich/fehlt es an Anhaltspunkten/Hinweisen.* 关于……的线索/提示不明显/不存在。
- *Fraglich ist in erster Linie, ob... Zweifelhaft ist dies, weil...* 首要问题是，是否……？但这个问题并不明确，因为……
- *Da ⟨erstes unproblematisches Merkmal⟩ und ⟨zweites unproblematisches Merkmal⟩, ist der Anpruch begründet, wenn/sofern ⟨problematisches Merkmal⟩.* 由于⟨第一个没有疑问的要件⟩和⟨第二个没有疑问的要件⟩，如果/只要⟨有疑问的要件⟩存在，那么请求权成立。
- *Dass ⟨unproblematisches Merkmal⟩ vorliegt, wird man im Hinblick auf... bejahen können. Jedoch...* ⟨没有有疑问的要件⟩存在，那么我们就可能对……予以确认。但是……
- *Während ⟨unproblematisches Merkmal⟩ erfüllt ist, kann ⟨problematisches Merkaml⟩ nicht ohne weiteres angenommen werden.* 虽然⟨没有疑问的要件⟩存在，但不能直接就⟨有疑问的要件⟩作出确认。
- *Möglich erscheint—da ein ⟨alternatives Tatbestandsmerkmal⟩ ausscheidet/nicht erkennbar ist—nur ein ⟨alternatives Tatbestandsmerkmal⟩.* 可能存在的只有一个⟨选择性构成要件⟩，因为在案件事实中不存在/看不出另一个⟨选择性构成要件⟩。

举例：A und B haben einen wirksamen Kaufvertrag geschlossen, indem sie sich am 29.4.2001 fernmündlich über den vorher besichtigten Gebrauchtwagen und den endgültigen Preis von 4.200 EUR einigten（A 和 B 于 2001 年 4 月 29 日通过电话对其先前所看的二手车以及双方协商的最终价格⟨4 200 欧元⟩予以确认，据此 A 和 B 已经订立一个有效的买卖合同）。

—Ein Vertrag ist zwischen A und A geschlossen worden, als beide erklärten, die Wohnung im 2. Obergeschoss des Hauses... solle für 820 EUR monatlich an B vermietet werden（A 和 B 都表示，A 将……房屋的二楼以 820 欧元

每月的价格出租给 B，即在 A 和 B 之间已经成立一个合同）。

148 　　如果表述得更详细一点，则看起来是这样的：

• Der/Die/Das hierzu erforderliche/notwendige 〈erstes unproblematisches Merkmal〉 wäre in... zu sehen/erblicken. Als 〈zweites unproblematisches Merkmal〉 käme... in Frage/Betracht. Das von 〈Norm〉 verlangte 〈drittes unproblematisches Merkmal〉 läge dann in... Jedoch ist... nicht ohne weiteres ein/e 〈problematisches Merkmal〉. Im Gegenteil wird regelmäßig angenommen,... könne wegen... kein 〈problematisches Merkmal〉 sein..../Für... ist die Eigenschaft als 〈problematisches Merkmal〉 kaum/schwerlich anzunehmen. 此处所要求的/必要的 〈第一个没有疑问的要件〉可以在……中找到/看到。〈第二个没有疑问的要件〉可以考虑……。〈法律规范〉所要求的 〈第三个没有疑问的要件〉存在于……。但是……并不一定就是 〈有疑问的要件〉。相反，通常情况下可以认为，……可能因……而不是 〈有疑问的要件〉。……基本上不能/很难成为 〈有疑问的要件〉的要素。

149 　　如果逻辑上的第一个要件的存在还不能确定，但是第二个以及之后要件的缺失是很明确的，那么读者可以改变检索的顺序或作如下处理。

• Selbst wenn man die... —eigenschaft des/r... annähme/annehmen wollte 〈 ggf. Fußnote：Dagegen mit beachtlichen Einwänden...〉, scheitert... an... 即使我们想要确认……的……—特征〈如有必要插入脚注：与此相反存在明显的异议〉，……因……而被排除。

• Zweifelhaft ist bereits... Jedenfalls kann aber 〈Sachverhaltsinformation〉 nicht unter 〈Tatbestandsmerkmal〉 gefasst werden. 虽然……存有疑问。但是无论如何 〈案件事实信息〉都不属于 〈构成要件〉。

150 （二）判决模式

在判决模式中，法院判决中所采纳的法律后果已经得到论证。结果写在前面，之后才是对该结果的论证过程。为得出结果而进行摸索的过程以及思考过程所走过的弯路并不会在判决中显示出来——但这并不会减损判决的说服力。在学术研究的鉴定中我们也会使用判决模式，为了表明哪些思考过程可以视为没有疑问（这意味着，对于那些思考步骤我们可以合理期待同行的共识）。这并不是为了说服在法律争议中处于劣势地位的当事人，而是为了确定重点问题并将需要探讨和无需探讨的问题区分开来。

此处选择某判决论证[1]的摘录作为纯粹判决模式的**例子**：

"由于该行为已经满足《德国民法典》第 823 条第 1 款的构成要件，因此很明显无需再对此进行论证。并且该行为很明确具有违法性；对于被告而言并不存在违法阻却事由。……另外毫无疑问的是，被告通过其行为故意损害原告的身体健康。同样没有疑问的是本案中出现的损害结果，即原告被打断两颗牙，是包含在被告人的故意之内的。因为对于一个 13 岁的学生而言这是非常明显的，其必须可以预见到并且至少放任损害结果，即如果被告人以他所实施行为的方式将受害人按在路灯上殴打其脸部，可能导致受害人牙齿的部分或者多个牙齿断裂。最后，根据《德国民法典》第 828 条第 2 款被告人具有责任能力的事实也是毫无疑问的。案件事实中的信息既没有对被告人责任能力欠缺予以说明，也没有任何线索表明被告人在 1992 年 5 月 12 日实施其不法行为时缺乏辨认其责任所必需的判断能力。"

如果读者自己想要以判决模式来表述，可以参考以下表达[2]：

- *Ein Anspruch aus ⟨Anspruchsgrundlage⟩ steht ⟨Anspruchsteller⟩ gegen ⟨Anspruchsgegner⟩ nicht zu. ⟨Anspruchsgegner⟩ hat bei der Beschädigung des Automobils nicht schuldhaft gehandelt. Er hat die im Verkehr mit… erforderliche Sorgfalt nicht außer Acht gelassen…* ⟨请求权人⟩向⟨请求权相对人⟩并不享有基于⟨请求权基础⟩的请求权。⟨请求权相对人⟩造成汽车损害时并没有过错。他已经尽到处理……时必要的注意义务……

---

[1] OLG Koblenz NJW-RR 1996, 1307（1308）——在语言表达上并没有丰富的替换，但是文风是非常典型的。请读者自己判断，重复使用"明显的""明确的""毫无疑问的"以及类似的套话是否会使论证更加具有说服力；相关内容参见本书边码 359。然而并不是所有的判决都有很好的判决模式——因为法官并不需要以此再次通过国家司法考试。

[2] 如果读者想要进一步掌握判决模式，可以参考预备法官的培训资料，例如 *Knöringer*, §6 I 2.; *Anders/Gehle*, Rn. 230 ff.; *Oberheim*, §9 Rn. 3, §10 Rn 38 f. m. w. N.; *Sattelmacher/Sirp/Schschke*, Rn 547 f.; 另外值得一读的还有 *Danger* JA 2005, 523 ff.

更加简短的表达:

- Ein Anspruch aus ⟨Anspruchsgrundlage⟩ scheitert bereits am/an der fehlenden (z. B. Verschulden des B). Für ein/e/n (z. B. Fahrlässigkeitsvorwurf) fehlt es an Anhaltspunkten/Hinweisen. 基于⟨请求权基础⟩的请求权已经因欠缺（例如 B 的过错）而被排除。本案中缺少关于（例如过失谴责）的线索/提示。

- Wegen ⟨Norm⟩ kommt es auf ⟨Umstand⟩ nicht an. 根据⟨法律规范⟩……并不取决于⟨具体情形⟩。

使用纯粹的判决模式至少对于初学者而言是有风险的；因为在案例分析中初学者的首要任务是表明其已经掌握鉴定模式。此外读者也可以不使用更加冗长的表达而只是对判决模式予以微调。

举例：Ein Anspruch aus §823 I BGB ist zu verneinen, da keine Rechtsgutsverletzung ersichtlich ist（基于《德国民法典》第 823 条第 1 款的请求权应当被否定，因为本案中不存在法益的损害）可以调整为 Ein Anspruch aus §823 I BGB ist im/mit Blick auf die fehlende Rechtsgutsverletzung zu verneinen（基于《德国民法典》第 823 条第 1 款的请求权，由于缺少法益损害而被否定）或者 Angesichts/Wegen der fehlenden Rechtsgutsverletzung kommt ein Anspruch aus §823 I BGB nicht in Betracht（由于/鉴于法益损害的欠缺，基于《德国民法典》第 823 条第 1 款的请求权不存在）。或者 A hat eine eigene Willenserklärung abgegeben, indem er die schriftliche Bestellung selbst unterschrieb（A 已经给出一个自己的意思表示，即通过其亲自在书面订单上签字的行为）可以调整为 Indem er die schriftliche Bestellung selbst unterschrieb, hat A eine eigene Willenserklärung abgegeben（A 通过亲自在书面订单上签字已经给出一个意思表示）。

在上述例子中，论证过程总是在结果之前出现，即使论证过程非常简短。

这一经过调整的判决模式的一般表达方式为：

- Wegen ⟨Grund⟩ gilt ⟨Ergebnis⟩. 由于⟨原因⟩得出⟨结果⟩。

有些时候我们可以将"da（因为）"替换成"nachdem（因此）"——则

判决模式看起来将不会那么突兀。[1]

读者如果有意将结果置于论证过程之前，为了看起来不那么突兀，可以在两者之间加一个冒号。

- ⟨Tatbestandsmerkmal⟩ liegt vor：⟨1. Teilmerkmal⟩ ist gegeben, ⟨2. Teilmerkmal⟩。⟨构成要件⟩存在：⟨第一个部分要件⟩存在，⟨第二个部分要件⟩也存在。

如果考生使用粗糙的判决模式，阅卷人很可能因此而持不同的观点；所以读者最好完全不要使用诸如"da、weil、denn 以及 nämlich"（意为"因为""由于""等等"）等词。这并不是说我们必须避免所有的**原因从句**。在描述性的句子中使用这些原因从句是完全没有问题的。

举例：A brach die Verhandlungen ab, weil er mit dem von B geforderten Preis nicht einverstanden war（A 中断商务洽谈，因为他不同意 B 所提出的价格要求）。

但是这些原因从句不适用于鉴定中对于推导过程的总结。

如果我们想要进一步——通常情况下是没有必要的——展示或者说明与对于最终判决而言不必要的知识点，即我们对于请求权结构的另外一种理解，可以使用下列表述继续鉴定[2]：

- Auf die Frage, ob... /nach dem/der... kommt es daher nicht an. 因此……并不取决于……问题。
- Eine (nähere) Prüfung des/r ⟨problematisches Merkmal⟩ erübrigt sich daher/, da... 因此对于⟨有疑问的要件⟩的（进一步）检索成为不必要/，因为……
- Eine Abgrenzung des/r... zum/r... /eine vertragstypologische Einordnung der Vereinbarung... erübrigt sich an dieser Steller/hier, da ⟨Norm⟩ auf beide/s abwendbar ist. 此处对于……和……进行区分是没有必

---

[1] 但是需要注意的是：后此谬误（post hoc）和因果谬误（propter hoc）（举个例子：卡肺囊虫繁殖之后产生的疾病和因为卡肺囊虫繁殖而产生的疾病）这两者并不相同。如果将时间上的结果和因果关系等同，常常会导致思维逻辑上的错误。

[2] 这种搁置问题不予讨论的技术我们可以从法院判决中学习。

要的，因为〈法律规范〉对于两者而言都是适用的。

- *Ob..., kann daher dahingestellt/offen/unentscheiden/unbeantwortet bleiben/dahinstehen/auf sich beruhen/ist somit ihne Belang/für... unschädlich. Nicht: Es kann dahinstehen bleiben, ob...* 关于是否……的问题，可以不予讨论/予以搁置/不作判断/不予回答/无关紧要/对于……并无影响。注意不要表达为：本案中可以搁置不论的问题是，是否……

- *Unabhänig von.../Gleichgültig/Einerlei, ob..., ist jedenfalls...* 与……无关的/无关紧要的是，是否……，无论如何都是……

- *Zum gleichen Ergebnis führt es, wenn...* 即使……，也将导致同样的结果。

- *Zu einem anderen/abweichenden Ergebnis gelangt man nur, wenn... Dies scheitert indessen an...* 只有……，才能得出其他/另外的结果。因此……因……而被排除。

- *Eine Untersuchung/nähere Betrachtung der... eigenschaft des... ist wegen... nicht nötig.* 鉴于……，对于……的……特征的讨论/进一步探讨已经没有必要。

同样，读者也可以先简要提及争议问题然后再以下述表达继续鉴定：

- *Der Streit braucht nicht entschieden zu werden, wenn.../Einer Entscheidung bedarf es nicht, wenn... So liegt es hier.* 无需对该争议作出判断，如果……/本案不需要对该争议作出判断，如果……本案恰好属于这种情形。

然而对此作进一步论述是多余的；但是无论如何作一个脚注还是允许的，在脚注中将开头部分的论述以及中途由于判断途径改变而不再必要的信息根据脚注的类型（通说：……〈文献；判例〉；其他观点：……〈文献；判例〉；……中最新的流行观点）展现出来。但是，请读者不要在脚注中论及内容上对立的观点。如果所讨论的内容具有重要性，则应该将其置于正文中。同样，如果读者不加任何评注绕过脚注中所提到的其他观点，这在学术上并不是无可指责的，如果该其他观点没有相应的论据作为支持，读者应当对此予以反驳。脚注中应当只出现完全例外的内容，即这些内容在整个思维过程中是不可缺少的，但是把它置于正文当中又显得过于突兀。

基本原则：如果读者在否定判断之后进行大篇幅论证，这将导致阅卷人的疑惑。

举例：(判断)……并不会导致……发生任何改变(详细的论证)。

如此一来，整个案例分析的观点就显得不够明确；请读者尽量避免使用没有经过优化的判决模式。

(三) 其他简化可能性

由于家庭作业篇幅的限制以及考试时间的有限性，简化语言对于读者的论述而言是非常重要的。与上文的表达建议相比，下列表达技术能够提供更大的节约可能性：

(1) 撇开逻辑上所要求的顺序，读者可以从有疑问的要件着手。这种处理方式只适用于所检索的请求权在结论中将被否定的情形，否则之后还是需要对其他要件进行检索。

(2) 参考 (Verweise)：有些时候我们不但可以直接援引鉴定中其他部分(但仅限于上文) 的论述，也可以根据意思进行摘引。但是这种做法存在一定的风险，即对阅卷人在上下文之间来回转换的能力提出过于苛刻的要求。在这样的情形中建议读者再花费一个句子解释一下，为什么可以将之前部分的论述转用于当前所要讨论的问题之中，以及如何转用。

五、标准情形

下文是一些可适用于本书所筛选出来的——在练习作业中经常出现——标准案情的表达。再次提醒：请读者不断完善并补充这些表达方式。

这里所说的选择是指对某些特别重要的论证模式的主观选择。[1]掌握分析这些情形最简便的途径是，读者尝试自己对类似情形进行总结，例如善意取得的相关问题或者法律行为的撤销或者效力维持之减缩 (geltungserhalt-

---

[1] 这里所说的选择并不是完全列举，而只是对读者的一种提议，即读者自己对重要的以及与考试相关领域中的法律题材进行类似的分析。这不但适用于具体的法律概念 (例如撤销)，也适用于具有论证必要性的情形 (例如论点间的争议)，同样也适用于与内容相关的结构问题 (例如连带之债)。

ende Reduktion)。

158 （一）对于争议问题和疑点的判断——"观点争论"

很多时候一个问题之所以成为问题，是因为不同人对其持有不同观点，即其具有争议。在家庭作业或者考试中[1]读者对于这些争议问题最好的处理方法是持通说或者至少曾经是通说的观点。

注意：

法学学习的一般程序是，将常见的争议问题及其争论所处的状态熟记于心，并且在一定程度上能够毫不费力地将其复述出来。正因为这个习惯，在练习作业中读者很容易陷于一种冲动，即不假思索地将所熟记的内容全部写出来，即使练习题目并没有要求回答这个问题。请读者控制这种冲动！

注意：

并不是所有的作业都有必要对争议问题进行讨论。有些作业的难点也可能在于其篇幅或者不同寻常的提问方式。又或者存在于一个不知名的法律问题中，对于该问题尚未出现分歧的文献观点。因此即使读者在答题时没有提到"观点争议"[2]，也无需因此感到不安。

159 关于**语言使用：**我们通常将本说明所针对的对象称为 Streit/Kontroverse/Auseinandersetzung/Problem（atik）（意为：争议/分歧/争论/问题），Meinungsstreit/Theorienstreit（意为：观点争议/理论争议）[3]，这样的称谓并不理想。请读者尝试将后者转换为复数形式，并随后立即忘掉。[4]

160 对争议问题进行描述和判断时，读者不能盲目地照搬上文所提到的鉴定模式的表述风格。相反：这样的做法通常看起来是不灵活的甚至是僵硬的。

---

[1] 关于典型的考试中观点争议所充当的角色请参见边码 167b。

[2] 但是读者也不要因此忽视这个事实，即大部分练习作业都会涉及争议问题，因为这样才能使学生学习学术研究的方法。

[3] 此外，这里所说的理论通常情况下并不是科学理论意义上的理论，而是法律观点（我们偶尔可以通过"根据……说得出的结果是……"来提及）。详细请参见 Bydlinski Grundzüge，48 ff。如果我们在案例分析时就任何一个细小的法学基础问题都要构建整个理论大厦，那么在计算《德国民法典》第 249 条及以下各条中的损害赔偿金时，我们将不称之为"差额理论"或者"差额假定"，而应当更加质朴地称之为"差额方法"。

[4] 常见的复数形式 Streits 肯定无法在 Duden 中找到。Duden 所建议的复述形式 Streite 明显更加恰当，但是很少被使用。最好的表达方式或许是 Streitigkeiten 或者 Streitfragen。

- *Zu prüfen ist, ob der Abgrenzungs-, der Eingrenzungs-, oder der Ausgrenzungstheorie zu folgen ist. Für die Ausgrenzungstheorie könnte sprechen, dass... Das wäre der Fall, wenn... Im Ergebnis ist festzustellen, dass die Ausgrenzungstheorie die meiste Zustimmung verdient. Ihr ist daher zu folgen.*

需要检索的是，是否应当适用区分说、限定说还是排除说。支持排除说的论据有……。如果……，本案恰好属于这种情形。最后可以得出结论，即排除说最具说服力。因此本案应当适用排除说。

更好的表达是：

- *Es ist daher zu entscheiden, welches Kriterium für die Abgrenzung von... und... Verwendung finden soll. Für die wohl herrschende Ansicht, die auf... abstellt, spricht jedenfalls... Allerdings...* 因此需要作出判断的是，区分……和……应当适用哪个判断标准。……无论如何都支持以……为依据的通说观点。但是……

但是，对争议问题作更加深入讨论时，为了更好地引导阅卷人，建议读者在论述过程中时不时提示该论述所要导向的真正目的。

1. 表达

请读者一开始就注意起来，不要仅仅因为自己对争议问题感兴趣或者了解该问题的相关理论就对其进行详细论述。[1]相反，读者必须总是尽可能明确地表明对该争议问题的讨论是判断所处理的案件事实的必要步骤。其中最简单的做法是从法条文本着手对争议问题的论述。[2]

读者可以采用不同的方法呈现争议问题。[3]首先请读者考虑一下，读者愿意并且可以花费多少时间和空间用来阐释某一个争议问题。如果读者希望或者必须简短地论述争议问题，可以参考下列表达方式：

- *Ob... ist, ist zweifelhaft/fraglich. Zwar ⟨Argument (e) pro⟩, aber ⟨Argument (e) contra⟩. Daher wird... als... zu behandeln sein...* ……是

---

[1] *Pieroth-Hartmann* Einführung Rn. 18 ff. 提出的建议。
[2] 值得一读的有 *Lemke* JA 2002, 509 ff.; *Pieper/Stenmans* AL 2011, 276 ff.
[3] 相关内容参见例如：*Kerbein* JuS 2002, 353（354 f. m. w. N.）；*Wieduwilt* JuS 2010, 288（291）；*Czerny/Frieling* JuS 2012, 877（882 f.）；非常值得一读的有 *Puppe* Schule, 157 ff., 该书指出在宣传与抄袭之间合理展现争议问题的困难所在，同时也（160 ff.）阐释了如何解决这个难题。

否是……，是有疑问的/是不确定的。尽管〈肯定论据〉，但是〈否定论据〉。因此……将被作为……来处理。

162　如果不考虑篇幅限制，几乎都可以采用 Einerseits... —Andererseits... —Im Ergebnis... （一方面……——另一方面……——结论……）这个公式对争议问题进行论述。

举例：在刑法中比较典型的情形或许是：Die rein objektive Theorie （Fußnote：Vertreten in erster Linie von Schwarz, Belegstelle） stellt auf... ab. Der rein subjektiven Theorie （Fußnote：in ihrer klassischen Entfaltung nachzulesen bei Weiß, Belegstelle） zufolge... Zustimmung verdient die （heute ganz herrschende） gemischt-objektiv-subjektiv/modifizierte 〈was-auch-immer〉 Theorie （Fußnote：Hauptsächlich vertreten von Grau, Belegstelle）, die die Vorzüge der beiden vorgenannten Ansätze vereint und ihre jeweiligen Schwächen weitgehend ausgleicht. Danach ist... （纯粹客观说〈脚注：该说最重要的代表人物是 Schwarz，出处〉以……作为依据。根据纯粹主观说〈脚注：该说的经典形式请参见 Weiß 的著作，出处〉……。本案所应当采用的是〈目前最主要的通说〉主客观混合说/改良说〈脚注：该说最重要的代表人物是 Grau，出处〉，该说结合了上述两种理论的优势同时在很大程度上避免了其弱点。因此……）。

163　关于**结构（Aufbau）**：本文所选择使用的顺序并不具有强制性，但其通常具有合目性。对争议问题作大篇幅论述时最清晰的表达顺序是：首先**描述问题**，然后对该问题的**争论状态进行概述**，最后根据**自己的观点**对该问题**作出判断**。下文所收集的一些表达正是以这个顺序为导向。但是使用该表达顺序存在一个缺点，即最后必须提出自己的观点。而这通常是非常困难的，因为大部分争议问题在理论依据方面都已经得到充分研究，因而如果读者在考试当下需要一个新观点，通常情况下是没有办法找到的。当然，如果读者在表述其他观点的同时就抛出自己的观点，也是完全没有问题的。但至少必须是诚实的。即读者无论如何不能为了避开这个难题而盗取他人的观点并据为己用。读者想要领会的争议其范围越是广泛，就越不应该依照 Argumente pro—Argumente contra—begründete Entscheidung für eine der Ansichten（就某一观点通过——正面论据——反面论据所得出结论）这种模式来论证。对争议问题进行大篇幅论述时，建议读者针对各重点分别进行论证[1]，这样既能够使论证更具说服力，也能够针对各重点问题形成独立的论证过程。这样一个论证过程便使读者能够将论证与反论证之间的多次往返结合起来阐述。

在处理作业中的主要问题时，建议读者作如下预备，即下笔之前将不同的论据进行归类：哪些论据是可以独立存在的，哪些论据单独存在时说服力较弱或者意义不大，只有与其他论据结合时才具有说服力，哪些是相反的论据？如果针对某一争议问题存在 3 种观点且每种观点有 20 个论据，那么根据归类首先能够得到一个比较混乱的草稿，但尽管如此读者只要再厘清一下思路就可以使其变得清晰明了，即可以从哪些论据着手处理，哪些论据是不合适的。论据的归类工作本来就属于案例分析的组成部分，并且这一工作之后是有回报的。因为读者顺带还可以了解哪些论据是足够重要的，即其足以单独作为论据而得出一个结论。[2]

(1) 引论

读者首先应当将所讨论的**问题**（**Frage**）尽可能地表达清楚。这一方面便于阅卷人理解，为什么随后的论述是必要的。另一方面也使读者能够更好地将精力集中于所要讨论的问题之上：问题表述得越明确，就越容易区分究竟是答案，还是缺乏针对性的文字堆砌。如果读者在预备或者确立所需讨论的问题时多花一些精力，那么整个论述过程就有可能更加简洁并且更加切题。因此，大部分情况下这样的准备工作是值得的。[3]

读者应当在思考过程中作出判断：即该问题是疑点问题、争议问题还是（大部分情况下是）两者皆是？

如果某一个问题看起来是**有疑问的**（**problematisch**），但是学术界很少或者完全没有针对该问题作过相应的讨论，读者可以通过下列表达着手讨论：

• *Wie die Frage nach... zu beantworten ist, ist unsicher. /Die Antwort auf die Frage nach... bedarf näherer Überleung.* 关于……的问题应该如何回

---

〔1〕 相关内容在本书边码 168 也有论及。
〔2〕 尽管如此读者也不应该忽略其他论据，而是将其置于次要位置。
〔3〕 事实证明在很多情况下，在相应的位置存在不止一个问题。这就需要同时考虑结构问题。

答，还无法确定。/关于……的问题的答案需要进一步思考。
- … ist nicht gesetzlich geregelt/geht aus ⟨Norm⟩ nicht hervor/lässt sich dem Gesetz (ohne weiteres) entnehmen... 法律并未对……作出规定/无法根据⟨法律规范⟩对……作出判断/法律无法（直接）适用于……

既然如此，读者就无需通过列举文献和司法实践中的不同观点来继续论述，而是尝试对该问题及其可能的结果进行概述：
- Man könnte meinen/erwarten/davon ausgehen, dass... Dann wäre... Daraus ergäbe sich... 我们可以认为/期待/得出……。那么应该是……。……从中可以得出的结论是……
- Zum genau gegenteiligen Ergebnis gelangt man indes, wenn... 如果……，就可以得出完全相反的结果。
- Weiter ist zu erwägen/erscheint erwägenswert/bedenkenswert, ob... 除此之外需要衡量的是/需要思考的是，是否……
- Man kann auch zu ⟨Ergebnis⟩ kommen, wenn man... als entscheidend betrachtet/in den Mittelpunkt stellt/maßgebliche/zentrale Bedeutung zuspricht. 如果将……视为决定性因素/作为核心内容/赋予……决定性意义，也可以得出⟨结果⟩。
- Mit... könnte/n gemeint sein. Dies legt jedenfalls die allgemeinsprachliche Verwendnung/Bedeutung des Begriffs nahe... ……的含义可能是……。这至少符合该概念的一般语意/含义。
- Wegen ⟨Gesichtspunkt⟩ kommen nur... und... in Betracht, während... ausscheiden muss. 根据⟨观点⟩只有……和……在考虑范围之内，而……必须被排除在外。

但是一般情况下，疑点问题同时也是争议问题。[1]

---

[1] 强调这一问题的请参见 Bydlinski Grundzüge, 19: "在法学理论中，基本上所有问题都有争议；但是很多情况下这些争议是毫无道理的。"——法学总是给人以创造性的印象。大概有 62.76% 的界定问题都发展出"客观说""主观说"以及"主客观综合说"，其中"主客观综合说"通常是"当时的通说"。对于初学者而言，综合理论通常造成混乱的感觉。但是我们已经习惯这样的现象。但对于有一定基础的学生而言，这确实是一个真正的机会：如果读者遇到一个有争议的问题，而针对该问题至今为止尚未形成综合理论，那么读者就已经为自己的法学博士论文找到了丰富的研究对象。但是，如果读者已经拥有一个更好的论题，那么祝贺你！请继续研究自己的论题。

补充说明：读者如何识别争议问题？

在考试中读者脑子里所掌握的文献知识以及判例将提示读者争议问题所在。对争议问题所持有的不同法学观点进行简要概述可以给读者提供一定的帮助。在完成家庭作业的过程中，读者通过系统研习（反复练习并不断完善）几乎能遇到所有的争议问题。如果读者就所需要适用的法律规范参考教科书或者法律注释等文献，相关文献会以 " *streitig*（有争议的）"、" *anderer Ansicht aber*（其他观点）" 等关键词来提示争议问题。[1]

读者可以使用下列表达引入争议问题的讨论：

- *Die Frage nach/Der... —charakter des/r... ist（heftig/seit langem/seit Neustem）umstritten/wird unterschiedlich/verschieden/uneinheitlich beantwortet/ist（jüngst）unterschiedlich beantwortet/kontrovers beurteilt worden（bei ausgetragenen Streitfragen）. Während das Schrifttum（überwiegend/mehrheitlich/größtenteils）/die Mehrzahl/Mehrheit/überwiegende Zahl der in der Literatur vertretenen Stimmen der Auffassung zuneigt,..., steht/stellt（e）sich die（instanzgerichtliche/höchstrichterliche）Rechtsprechung/der Großteil der Rechtsprechung auf dem/den Standpunkt,...* 关于……的问题/关于……的……—特征（激烈的/长久以来/最近开始）有争议/具有不同/不统一/有分歧的答案/被作出相互对立的判断（适用于已经解决的争议问题）。学术界（主要的/大部分的/多数的）/多数人/半数以上/文献中绝大多数人持有的观点是……，而（初级法院的/最高法院的）判决/大部分判决所支持的观点是……

- *Über... herrscht Streit.* 关于……存在争议。

- *Zur Problematik des/r... hat sich ein ganzes Spektrum unterschiedlicher Meinungen gebildet/werden zwei konträre/zahlreiche in den Einzelheiten（erheblich/sehr stark/deutlich/hochgradig）divergierende Ansichten/Positionen vertreten, die sich jedoch, soweit die vorliegend interessierende Abgrenzungen zwischen... und... betroffen ist, zu drei Lagern/Gruppen zusam-*

---

[1] 但是需要注意的是，在最简短的教科书和实用性注释中这些提示很容易被省略，因为这些文献通常只专注于高等法院判决中的观点。因此读者在完成第一轮练习时应当随即参考 *Brox/Walker* 和 *Palandt* 等比较深入的文献并进行第二轮和第三轮完善。

menfassen lassen. 关于……的问题已经形成很多种不同的观点/存在两种相互分歧/在细节方面存在（显著/很大/明显/高度）分歧的观点/立场，但是只需要将上述……和……进行区分，就可以将这些不同的观点概括为三个部分/类型。

- Hinsichtlich der Frage, ob... /wie... zu behandeln ist/sei, haben sich zwei/drei/hundert Ansichten/Meinungen gebildet/werden im Schrifttum zwei Theorien/Modelle/Ansätze angeboten/vertreten. 关于如何处理……的问题已经形成两种/三种/上百种观点/看法/在学术界已经提出两种理论/模式。

- Unter welchen Voraussetzungen/Bedingungen/Umständen..., wird (in Rechtsprechung und Lehre) nicht ganz einheitlich/uneinheitlich gesehen/beurteilt/beantwortet... ……的前提/条件/情形（在理论和实践中）的回答/判断并不完全统一/不一致。

- Unbestritten ist aber (nunmehr/inzwischen/mitterweile)... 然而（目前/期间）没有争议的是……

如果某一问题是**有争议的**（**umstritten**），**但在具体的案件事实中是没有疑问的**，在这种情况下读者最好只作简短概述而无需展开论述。[1]

- Auf die umstrittene Frage nach der... —eigenschaft des/r... ⟨Fußnote mit Belegstellen⟩ kommt es hier wegen... nicht an. 由于……，关于……（带出处的脚注）的……—特性的争议问题对本案并没有决定性影响。

举例：该合同是否根据《德国民法典》第242条或者第133条，第157条或基于第328条的类推适用属于附保护第三人效力的合同，这个问题可以搁置不论，因为不管其是否附有保护第三人的效力，其前提要件和法律后果是一致的。

读者可以完全省略对某个问题的讨论以表明其不具有重要性。但是，如果案件事实明确指出这个问题——例如通过当事人的法律观点，那么读者至

---

[1] 相关内容请参见本书边码154。

少应该简要概括其争论状态。

请读者避免使用过于空洞的引导语。 167a

　　举例：Das könnte im gegebenen Fall problematisch sein（在所给出的案情中这个问题可能是有疑问的）这个表达不但看起来刻板，而且不好。Im gegebenen Fall（在所给出的案情中）显得累赘，如果使用 *hier*（本案）一词至少会比较简洁。另外虚拟式的使用也非常不恰当：要么是有疑问的——否则我们就不会提到这个问题，要么就是没有疑问的——那么我们就忽略这个问题。如果读者经过大篇幅论述之后得出结论：Es ist nicht problematisch, ein Streitentscheid ist nicht erforderlich（这个问题是没有疑问的，对于该争议问题作出判断是不必要的），其结果会导致重点混淆，读者只是在不必要的场合展现所学的知识而已。

这对于阅卷人而言其结果是，比较幸运的话会使其感到无聊，比较不幸的话甚至会使其感到恼怒。

在笔试当中"观点争议"的地位远没有其所被认为的那样重要。如果 167b
读者就争议问题进行详尽论述，作学术研究式的讨论并据此作出判断，这通常会导致错误判断重点问题。我们应当以 Die... Theorie stellt auf... ab（……理论根据……得出）的表述方式限制对争议问题的论述。最后，读者在笔试过程中也没有这些理论的出处可供参考。比较恰当的做法是，始终将争议问题作为法律规范的解释[1]问题来处理并且作更加一般化的表述：Ein stark auf subjektive Gesichtspunkte abstellender Standpunkt wird hier... Dagegen wird eine objektivierende Sichtweise eher...（根据主观说本案将是…… 相反，根据客观说则是……）。

（2）争议状态的描述——论据的描述 168

读者可以使用不同的方式描述争议状态；本文列举的是几种最常用的表达方式[2]：

---

　　[1] 相关内容请参见本书边码215及以下；这种处理方式有以下优势，即即使是最挑剔的阅卷人也不能责难读者没有以法律规范为导向。

　　[2] 虽然从法院判决中很少能够学到有关鉴定模式的知识，但如果涉及如何阐释争议问题，判例是非常有帮助的。请读者参阅例如 BGH NJW 2005, 1713 sub Ⅱ. 2. a——该判决的表述是比较理想的，简洁且优秀。

第三部分　语言的组织　　129

模式1：一种观点——另一种观点——自己的观点（**惯用的**表达方式）

模式2：原始通说的论据——其他观点——反对原始通说的论据——新论据——新反对论据——以及迄今为止的其他论据——自己的观点（**历史的表达方式**）

模式3：列举对争议问题所持有的不同观点——第一个观点的肯定与否定论据——第二个观点的肯定与否定论据——以及其他观点的肯定与否定论据——自己的观点（**以问题为导向**的表达方式）。

读者在分析案例时应该选用哪一种表达方式〔1〕，这一方面取决于哪种表达方式最适合于所要判断的问题——对于比较复杂的问题通常选用第三种模式，另一方面取决于可用于答题的空间；如果空间有限最好选用第一种模式。〔2〕

有时候程式化的论述是具有优势的，因为阅卷人可以看到结构清晰且理论依据突出的答卷。但是程式化表达的风险远大于其所带来的好处。即只要可能，读者就应该尝试自己组织争议问题的表达方式。

举例：有些人会建议读者将某观点最有说服力的论据"保留下来"，并用于论证自己的观点〔3〕，这不仅仅是僵硬的程式化，而且把经验丰富的阅卷人当做傻子。如果读者提出相应的论据但不说明其出处（这种情况很常见），实际上完全属于抄袭行为。因此读者在享受这些节约论证成本的建议的同时必须非常小心，否则将付出沉重的代价。

如果读者为了给阅卷人了解论证内容提供一个引导，因而为一个理论起一个**名称**（例如当作标题使用），读者应该使用〈观点的主要内容〉理论而不是采用〈观点持有人〉的观点来命名。诸如"肯定的/否定的观点"这一类命名方式基本上没有什么区分力。如果读者想要采用这种命名方式，那么

---

〔1〕为使阅卷人不至于感到太无聊，需要讨论的问题越是复杂，就越有必要认真考虑所选用的表达方式。此外考虑一下论据的介绍顺序也是值得一做的工作；叙述的说服力常常取决于我们的表达能力（参见例如：Hägg Kunst, 59；Herrmann/Hoppmann/Stölzgen/Taraman Schlüsselkompetenz）。

〔2〕但是读者在适用这种方法时需要注意，不能简单地通过保留其他观点的论据用于论证自己观点，从而使"自己的观点"看起来更加具有说服力；关于这方面的常见错误请参见 Christensen/Pötters JA 2010, 566, 577.

〔3〕例如 Mix Schreiben, 132.

请注意，必须把与某观点相关的内容直接写在该观点的前面。在大纲中这种标题总会给人造成混乱的印象。

在引入不同观点的时候可以先提及数量上占优势的观点： 169
- *Häufigste/Gebräuchlichste/Gängige Begründung, Herrschende/ Überwiegende Meinung usw.* 最常用的/最常见的/最流行的观点，通说的/大多数人的观点，等等。

或者是先提质量上占优势的观点：
- *Wesentliches/Wichtigstes Argument/Entscheidender/Zentraler Gesichtspunkt usw.* 主要的/最重要的观点/决定性的/占主导地位的观点，等等。

如果读者赞成更具有说服力的少数派观点，那么基于裁判目的可以在阐述大多数人持有的观点时就提出反对意见。

最简单的情形是存在**两种观点**（**zwei Meinungen**）： 170
- *In der Frage der/s... stehen sich zwei Ansichten gegenüber.* 关于……的问题存在两个相互对立的观点。
- *Eine Ansicht/Meinung/Auffassung will... als... behandeln/verstehen/... unter (den Begriff des/r)... fassen/ziehen/subsumieren.* 其中一个观点/论点/看法将……理解为/视为……
- 〈*Ansicht*〉 *beschränkt... auf...* 〈观点〉将……限制在……之内。
- *Nach nahezu/beinahe/fast einheiliger/unwidersprochener Meinung...* 根据类似的/差不多的/几乎一致的/并不矛盾的观点……
- *Vom Standpunkt der Vertreter der... —theorie aus...* 根据……理论的代表人物的观点……
- *Im Gegensatz dazu stellt die Lehre vom/n... auf... ab.* 相反，……的学说以……为依据。
- *Die/Eine andere Ansicht/Die Gegenmeinung/Die gegenteilige Ansicht geht von folgender Erwägung/Überlegung/Grundlage aus:...* 另一个观点/相反观点的理论依据是下列考量/原理：……
- *Die Gegenmeinung beanstandet/moniert/wendet ein/entgegnet/erwidert...* 相反观点批判/提出异议/反对/反驳……
- *Dagegen/Demgegenüber wird eingewandt/behauptet/geltend gemacht,*

dass... 与此相反/与此相对……认为/提出/主张：……（间接引用——虚拟式！）

- Rechtsprechung (und ⟨Teile der⟩ Literatur) stehen demgegenüber auf dem Standpunkt,... Hiernach ist... 司法实践（以及部分文献）持相反观点，即……。根据该观点……

- Die Gegenmeinung stellt auf... ab/arbeitet/operiert mit dem (so genannten)... —begriff, demzufolge... 相反观点是根据……得出的/采用/使用（所谓的）……—概念得出，根据该观点……

- Die Gegenansicht legt an... strenge Maßstäbe an/knüpft die Annahme einer/s an enge/eng gefasste Voraussetzungen/lässt für... ausreichen/genügen. 相反观点要求……严格的标准/具有严格的前提条件/认为……应该满足……

- Die Kritiker dieses Ansatzes wollen die Unterscheidung zwischen... und... einsetzen/verwenden/heranziehen, um... 为了……，该观点的反对者认为应该区分……和……

- Diese Auffassung ist auf Kritik/Widerspruch/(starken) Widerstand gestoßen. 该观点遭到指责/批评/（强烈）反对。

- Einerseits wird/wurde hierzu die Ansicht vertreten, dass... Andererseits... 关于这个问题一部分人持有的观点是……。另一部分人认为……

- Während es nach ⟨Ansicht 1⟩ auf ⟨Kriterium 1⟩ ankommen soll, ist nach ⟨Ansicht 2⟩ ⟨Kriterium 2⟩ maßgeblich. ⟨观点 1⟩的依据是⟨判断标准 1⟩，而⟨观点 2⟩的依据是⟨判断标准 2⟩。

实践中常常会出现第三种观点，通常被称为**折中观点**（**vermittelnde Meinung**）：

- Eine vermittelnde Meinung will... 折中说认为……

- Dem wird von einer dritten Ansicht vorgeworfen/entgegengehalten/vorgehalten,... 该观点遭到第三种观点的批评/反对/指责，……

- Anknüpfend an die/Ausgehend von der... —theorie stellt eine weitere Ansicht darauf ab, ob... 根据……理论/从……理论出发的另一个观点取决于，是否……

- Eine jüngere Ansicht schlägt... vor/legt... zugrunde/verwendet ein en streng an... orientieren... —begriff. 新近的观点建议……/以……为基础/使用严格以……为导向的……—概念。
- Daneben tritt noch eine dritte Meinung, die... 此外还出现了第三种观点，即……
- Eine modifizierte Meinung des... —begriffs schlägt ⟨Autor⟩ vor/hat ⟨Autor⟩ vorgeschlagen. ⟨学者⟩就……—概念提出经过修正的观点。
- Eine dritte Position geht davon aus, dass... 第三种观点认为……

有些时候针对一个问题会存在**众多的观点**（zahlreiche Ansichten）。在这种情况下读者应该对观点进行分类。

举例：从实用性角度出发读者可以打破局限，将练习作业中所有针对"交易基础丧失"的观点进行概述。[1]

- Manche ⟨Autoren⟩ wollen mit z. T unterschiedlichen Argumenten den Anwendungsbereich des/r ⟨Norm (en)⟩ auf... ausdehnen/erweitern/beschränken. 有些⟨学者⟩在一定范围内持有不同的论点，认为⟨法律规范⟩的适用范围应该扩展至……/限制在……范围内。
- Mit im Einzelnen voneinander abweichenden begründungen wollen A, B und C... 通过对细节的不同论证，A，B和C认为……
- Ein großer/bedeutender/gewichtiger/nennenswerter/zumehmender usw. Teil/Der überwiegende/größte Teil der Lehre/des Schrifttums nimmt an/geht davon aus, dass... 大部分/绝大部分/越来越多的学说/著作认为……
- Zum gleichen Ergebnis kommen die/zahlreiche/etliche/die meisten Vertreter der... —theorie, die... 大部分/一些/很大一部分……—理论持有人的观点将得出同样的结论，即……
- Letztgenannter/Erstgenannter Ansatz... lässt... genügen/ausreichen. Dagegen verlangt... das Vorliegen einer/s... 最后所述的观点/第

---

[1] 请参阅 Palandt/*Heinrichs* BGB, 60. Auflage 2001, § 242 BGB Rn. 113 m. w. N. 以及 § 313 BGB 的评注。

一个观点需要满足……条件。相反……要求存在……
- 〈Autor〉will auf... abstellen. 〈学者〉认为应当以……为依据。
- Dies wird heute nur noch von 〈Autor〉/nicht mehr vertreten. 如今只有〈学者〉/已经没有人赞成该观点。
- Es findet sich auch (noch vereinzelt/gelegentlich) die Ansicht,... （偶尔还）会出现其他观点，即……
- Zum Teil wird vertreten/vorgetragen/argumentiert,... 有一部分观点认为/主张……
- Vereinzelt wird die Ansicht verfochten, dass... 偶尔也有支持该观点的学者，其认为……
- Gelegentlich heißt es (auch),... 有时候（也）称之为……
- 〈Autor〉versucht, das/dieses Problem durch Abstellen auf 〈Kriterium〉zu lösen/zu umgehen/zu vermeiden. 〈学者〉尝试根据〈判断标准〉解决/绕开/避免该问题。
- 〈Ansicht〉greift auf 〈Kriterium〉zurück, wodurch... 〈观点〉是以〈判断标准〉为依据，根据该判断标准……
- Eine andere Wertung/Ein Ausgleich findet sich bei 〈Autor〉, der/die auf... abstellen. 〈学者〉持有另外的判断/观点，该观点是以……为依据的。
- Einen Mittelweg zwischen... und... beschreiten/gehen 〈Autoren〉, indem sie... 〈学者〉通过……得出……和……之间的折中途径。
- Eine Ansicht lehnt... ganz/generell/überhaupt ab. Begründet wird dies mit... 该观点完全/彻底否定……。其论据为……
- 〈Autor〉geht von einer anderen Unterscheidung/Einteilung aus:... 〈学者〉根据其他差别/区分得出……
- Zur/zu dessen Begründung wird meist/oft/regelmäßig/häufig/immer wieder/üblicherweise/im Allgemeinen/gewöhnlich/gemeinhin/überwiegend/durchgängig das... —prinzip/der Grundsatz des/r... herangezogen/genannt. 对于……的论证通常/一般/常常/总是/普遍/主要/完全采用……—原则/……原理。
- Die gängigen Begründungen rekurrieren/greifen zurück auf... /zi

ehen... heran... 通常以……作为论证的依据。
- *Hierfür beruft sich〈Autor〉auf...*〈学者〉依据……得出该观点。
- *Zur Begründung zieht〈Autor〉... heran.*〈学者〉以……论证该观点。
- *Man kann sich auch auf den Standpunkt stellen/auf dem Standpunkt stehen,...* 我们也可以持……观点。
- *Eine Minderheitsmeinung innerhalb der... —lehre charakterisiert/beschreibt/definiert... als...* ……—学说的少数派观点将……视为/定义为……
- *Die/Eine enge/restriktive/weite/extensive/exzessive/erweiternde/großzügigere Auslegung des... —begriffs wird im Schrifttum unter Hinweis auf... gefordert/abgelehnt.* 在文献中对……—概念的狭义/限制性/广义/扩张性解释因……而获得支持/被否定。
- *Der/Das〈Gericht〉ist dieser Auffassung in seinem Urteil von〈Datum〉〈Fundstelle in Fußnote〉(nicht) gefolgt/entgegengetreten/hat sich... (nicht) angeschlossen.*〈法院〉在其〈日期〉〈在脚注中写明出处〉的判决中（没有）采用/否定该观点/（不）赞成该观点。
- *Von einem... Standpunkt aus...* 根据……观点可以得出……
- *Teils wird befürwortet,... Auf der gleichen Linie liegt...* ……在一定程度上得到支持。……也是一样。
- *Im Schrifttum wird darüber hinaus erörtert/diskutiert/erwogen, ob... /vorgeschlagen,... zu...* 在文献中还对……进行讨论/衡量，是否……/提出建议，……
- *Ein Teil der Literatur deutet/versteht/interpretiert... als... deuten/verstehen/interpretieren/auffassen/verstehen wissen.* 部分文献将……解释为/理解为……
- *〈Autor〉sieht nur diejenigen Fällen als tatbestandlich im Sinne des〈Norm〉an, in denen...*〈学者〉仅仅将……视为〈法律规范〉意义上的事实。
- *Folgerichtig/Konsequent verlangt〈Ansicht〉für〈Tatbestandsmerk*

mal⟩⟨Voraussetzungen⟩.⟨观点⟩始终/一贯要求⟨构成要件⟩⟨前提条件⟩。

- Die Gegner dieses Ansatzes vertreten/wenden ein,... 该观点的反对者认为/提出异议,……
- Einer weiteren Ansicht zufolge ist... als... einzustufen/zu beurteilen/bezeichnen/behandeln. 根据另一个观点……应当理解为/归类为/判定为/称之为……
- ⟨Autor⟩sucht die Lösung im...⟨学者⟩在……中寻找答案。
- Zum gleichen/zu einem ähnlichen Ergebnis gelangt man, wenn... 如果……,我们能够得到同样的/类似的结果。

173 读者在介绍他人观点时最好采用间接引用的方式——其前提是读者并不赞成所复述的观点。

174 一个反复出现的问题：我们是否应该提出并讨论**现今已无人再支持的观点**。对于这个问题并不存在明确的答案。日趋流行的做法是简要介绍，或者完全省略；通常情况下司法实践或者文献放弃这些观点是有充分理由的。[1] 其判断标准为：多少年以前已经不再有人如此论证。但是，如果读者恰好赞成这样的观点，那就另当别论。

举例：在笔试中读者可以省略通过社会典型行为订立合同的学说以及由联邦最高法院所采用的事实合同的结构。例如在家庭作业中，某合同是因登上有轨电车而成立的，那么基于完整性考虑可以进行简单论述，例如"由于决定性的表示行为导致确定的法律后果，但是鉴于未成年人保护的原因如果再讨论因社会典型行为而订立合同的学说（脚注：由 Haupt 创立，最后一次是在 Larenz BGB AT 7. Auflage 1989, §23 II. 中提及）以及由联邦最高法院所采用的事实合同的结构（脚注：BGHZ 23, 177 FF., BGH NJW 1965, 387 就已经放弃该结构）已是没有必要"。

是否可以将一个**争议问题**完全视为**没有定论**，或者通过法律规定而得以

---

[1] 例如法律的明确规定使争议问题已经得到解决。如果忽略了这种情况总是有点遗憾的。

解决,关于这类问题读者最好完全省略或者只作简短论述。[1]因为这类问题应该在其他地方讨论。

- Mit... hat der Gesetzgeber seit... im Wortlaut des ⟨Norm⟩ klargestellt, dass es auf... nicht ankommen soll; damit bedarf die bis dahin streitige Frage... keiner Entscheidung/Erörterung mehr[2]. 自⋯⋯以来立法者已经通过⋯⋯在⟨法律规范⟩的条款里明确规定,⋯⋯不再取决于⋯⋯;因此无需就之前的争议问题⋯⋯作出判断/进行讨论。

如果至少还有一部分问题尚未解决,那么读者可以通过以下表达来引入问题部分的讨论:

- Auszugehen ist von... Darüber besteht (weitgehend) Einigkeit./Übereinstimmung besteht jedenfalls insoweit, als... 需要讨论的问题在于⋯⋯就该问题(在很大程度上)存在一致观点。/至少在如下范围内具有一致性,即⋯⋯

只有在家庭作业中才需要指出所介绍观点的**出处**。在笔试中使用脚注会对成绩产生负面的影响。

请读者无论如何不要将脚注直接加在涵摄的句子之后(所谓的"**具体出处**"),因为司法判决和文献并未对所研习的具体案件事实作任何评论。

举例:V 说该汽车并未发生过任何交通事故,因此这属于《德国民法典》第 434 条第 1 款第 1 项意义上的经约定性质〈脚注:Palandt/Bearbeiter, Rn. 3 zu §434〉。

这看起来似乎无关紧要,但常常被视为严重的错误。

就一个观点的**通说地位**(**Mehrheitsstatus**)进行说明对整个讨论而言并

---

[1] 如果在考试中出现这个问题可能会使人感到非常恼怒。因为考试委员会并不可能定期将所有的考试主题更新至最新状态,因此有可能发生的状况是,读者所拿到的考试题目已经过时。因此读者必须要求一份新的试题。读者无论如何不能为了尽快完成任务而忽视此期间法律的更新。

[2] 这样的表达本身也是没有必要的。但是例如在考试家庭作业中,读者作为答题者设想一下,该考题是为特定时间点所设计并作为模板,即便在该问题仍有争议的情况下。但是,比较遗憾的是这种情况并不少见。

没有理论依据方面的价值[1]；其最多可以表明，读者认为有必要以最详细的方式反驳大多数人所持有的观点。如果读者仍然想要以"通说"来称呼某一个观点，请注意以下几点：

- Nach unwidersprochener Ansicht（根据并不相互矛盾的观点）不能使用 a. A. allerdings...（然而其他观点……）的脚注。
- 针对 allgemeine/allgemein anerkannte Ansicht（一般性的/普遍认可的观点）也不需要或最多一到两个且最好是过时的反对意见。在脚注中读者可以这样写 stellvertretend nur/z. B. /für viele/zuletzt...〈jüngste Stimme〉,〈frühester Verterter〉; dagegen soweit erkennbar nur〈Autor〉（具有代表性的只有/例如/最后是…〈最新观点〉,〈观点创始人〉；迄今为止已知的反对者只有〈学者〉）。
- 对于 herrschende Meinung（通说）也必须具体说明其依据（通常是文献和司法实践），单一的依据并不足够，尤其是当读者为相反观点提供10个文献出处时[2]。
- 使用（wohl）überwiegende Ansicht（〈可能的〉大多数的观点）时应当同时介绍其他观点；而这些其他观点不只是在脚注中提及，也应该在正文中——即使只有很短的——表示对大多数观点的异议；这同样适用于"通说"——否则应该使用 allgemeine Meinung（一般性观点）。
- 在数量上不相上下的观点：Eine（verbreitete/vielfach vertretene）Meinung... Die Gegenmeinung...（一个〈流行的/很多人赞成的〉观点……相反的观点……）或 Nach der ersten hierzu vertretenen Ansicht... Eine andere Ansicht... Die dritte Position...（观点之一……另外一个观点……第三个观点……）。

我们可以通过以下表达来表现时间上的发展变化：根据期间/目前/现

---

[1] 类似的情况例如不加评注地使用通说的观点，尤其在笔试中即使是最常用的出处"根据司法判决"也是没有意义的，因为读者没有办法在笔试中作脚注。因为这样的出处并不能代替司法实践对这个案件事实作如此判断的论证过程。

[2] 例外情况下读者也可以在脚注中这样写：Stellvertretend〈akueller Rspr. -Beleg〉und〈aktueller und repräsentativ ausgewählter Beleg aus dem Schrifttum〉（具有代表性的〈最新的司法判决出处〉和〈文献中筛选出来的最新且具有代表性的出处〉），如果所讨论的问题对于所需作出判断的案件事实并不产生影响。

在/当前/直到不久之前/新近的通说/持续的/一直以来的司法判决/根据日趋流行的观点，等等。

通常情况下读者有非常多**出处**（**Belegstellen**）可供使用。请读者注意在脚注中[1]不要列举过多的出处。

- **司法判决**（**Rechtsprechung**）：读者应该尽可能引用最早的，论证最好的（通常情况下也是最为人所熟知的）以及最新的判决。如果该判决被公布于多种载体之中，请读者注意所引用出处是否易于获得。

- **文献**（**Schrifttum**）：请读者尽可能注意时间顺序；在脚注中读者也可以根据教科书、法律评注、专刊以及论文的顺序安排。此外，如果读者针对次要问题引注很多专刊，尤其是执教论文等，这是令人非常难以置信的：读者可以在短时间内阅读并理解这些文献中的内容，但是阅卷人并不总是相信。

读者要小心**盲引**（**blindzitaten**）！答题人对教科书、法律评注以及论文引注的错误率远远高于我们所想象的。虽然有些时候只是书写错误。如果读者也犯这样的错误，无论如何是让人感到不快的。因此请读者核对一下参照他人引注所做的引注。请读者细想一下：一般情况下阅卷人只有抽样检查的时间和耐心。如果在抽查过程中发现 7 个脚注中有 3 个脚注的出处是错误的，阅卷人极有可能花更多时间仔细审阅读者的答卷。[2]

- 分辨盲引的典型线索之一就是各个脚注之间的引用格式不统一（例如各脚注分别用"MüKo""MünchKomm"以及"MK"来表示"Münchener Kommentar zum BGB"（《慕尼黑民法评注》），以"Rn.""Rz.""Rdnr.""Rdnr.""RdNr.""Rdn.""RN.""Ziff."来表示"Randnummer"（边码），"Hrsg.""Hg."表示"Herausgeber"（出版人）。因此读者应该使用内部的缩写表或者使用参考文献目录中所要求的引注格式使所有的引注格式保持统一。[3]

---

[1] 关于脚注的要求请参见本书边码 531 及以下。

[2] 这里纯粹只是策略上的考量，并没有指明（包括没有被指出的）盲引对读者的学术自尊心产生怎样的影响。对于盲引的草率性进行富有教益的论述请参见 *Schnapp* Friedrich Schmitthenner—Ahnherr des besonderen Gewaltverhältnisse?, in: liber amicorum Hans-Uwe Erichsen, 231, 232 ff.

[3] 我们可以借助文档编辑工具的"查找和替换"或者"自动更正"功能。另外一种可能是：在参考文献中将引注方式作为一个书签，然后在脚注中使用该书签并参阅书签所指向的内容。或者使用出处管理软件（例如"citavi""Endnote""Bibliographix"）。

- 如果在同一个脚注中或者在相邻脚注中就同一个判决使用不同的出处［例如交替使用联邦最高法院公报（BGHZ）、新法学周刊（NJW）和企业顾问（BB）］，这看起来是相当不专业的。这也将不可避免地给阅卷人造成这样的印象，即读者并没有花费精力来考察相关的判决是否属于同一个判决系列或者仅仅是一个单独的判决，只是被公布于不同的载体而已。尽管不断调整匹配引注格式会花费很多精力，但是借助某些专业期刊[1]索引中的（按字母顺序）检索表就可以节省很多时间和精力。

180　**出处的密度（Dichte der Belege）**：读者所需列举的出处的数量取决于所讨论的问题。一个全新的并且在司法判例以及文献中鲜有讨论的问题并不像一个经典的、但是至今为止仍有争议的问题那样有那么多个脚注。

基本原则：每页脚注少于3个显得不太够，每页脚注多于5个则显得有点浮夸。如果所有的脚注都只包含一个出处，将给人不认真的感觉。[2]

在读者所作的答卷中，脚注的分布不可能是均匀的。对于疑点问题的讨论可能每一个句子之后都有一个脚注，而对没有争议部分的论述可能只有很少（通常情况下比较短）甚至完全没有脚注。然而通过脚注的数量，阅卷人也很容易了解，哪些问题是读者认为重要的。

181　**2. 对于案件事实的暂时适用**

（1）与结果相关的阐释

只有当不同观点会导致读者所处理的案件事实出现不同的结果，才需要对一个争议问题进行讨论并作出判断。[3][4]对于案件事实的暂时适用常常被读者所忽视，但却是非常重要的。针对争议问题进行长篇大论，然而最后

---

〔1〕 比较好用的有 *Schütz/Möller* Fundstellenverzeichnis Veröffentlichte Entscheidungen deutscher Gerichte 1980—1997。

〔2〕 反过来，在练习作业中很少需要包含3行以上出处的脚注；详细内容请参见本书边码243a。总的来说读者不能忽视的是，随着时间的推移阅卷人的期待越来越高，因为文字处理技术的发展以及网上数据库的出现使得出处的寻找在很大程度上得以简化。

〔3〕 这条规则不仅适用于这里所讨论的**争议问题**（Streitfrage），而且也适用于法学家所热衷的学术上的**界分问题**（Abgrenzungsfrage）。在检索例如《德国民法典》第823条第1款中的侵权损害赔偿请求权时，如果读者花费很多精力用以正确论证 T 行为时主观上具有过失还是故意——除极少数例外情况外，其法律后果是一样的——那些工作都是多余的。

〔4〕 如果要在两个或以上的概念之下进行涵摄，而这些概念之间存在相互包含关系，这样的涵摄也是没有必要的；相关内容请参见 *Puppe*, Schule, 58。

得出的结论是，不同的观点对于所需鉴定的案情而言结果都是一样的，那么这样的论述并不能使读者加分。恰恰相反：这些多余的论述会成为负面评价的原因。

- *Nach dieser Ansicht/Argumentationslinie/Von diesem Standpunkt aus/ Aus dem Blickwinkeln der... —theorie... /Danach käme/kommt vorliegend 〈Möglichkeit 1〉 in Betracht.* 根据这个观点/论证思路/从这个角度出发/根据……——理论会出现……/前述〈第一种可能性〉。

- *In Anwendung/Angewendet auf den Sachverhalt/Für 〈Anspruchsteller/-sgegner〉 bedeutet dies, dass 〈Möglichkeit 2〉.* 参照案件事实，这对于〈请求权人／—相对人〉意味着〈第二种可能性〉。

- *Der/Die... wäre danach (ohne weiteres) ein/e 〈Möglichkeit 3〉.* 因此……可能（毫无疑问）是〈第三种可能性〉。

- *Folgt man der letztgenannten Ansicht/der Rechtsprechung, (so)...* 根据上述最后一个观点/司法判决，（那么）……

- *Bei Zugrundelegung des ersten Abgrenzungskriteriums...* 依据第一个界分标准……

- *Die Anwendung der... —hypothese/... —theorie usw. führt zu/r/m...* 对于……—假定/……—理论的适用将导致……结果。

- *In Fällen wie dem zu entscheidenden/vorliegenden ist danach... anzunehmen.* 针对例如所需作出判断的/上文所描述的案情可以得出……

- *Das führt zu...* 这将导致……

- *Das würde bedeuten/dazu führen, dass...* 这可能导致/意味着……

- *Nimmt man... an, so ist diesem Ansatz zu folgen.* 如果我们认可……，那么就应该采纳这一观点。

- *Hält man 〈Kriterium〉 für maßgeblich/Verlangt man dagegen mit der... —ansicht..., so...* 如果我们认为〈判断标准〉具有决定性作用/相反如果我们采纳……观点，那么……

- *Zum gleichen Ergebnis kommt die... —theorie/man bei Anwendung des... —kriteriums.* 根据……—理论/适用……—判断标准我们得出同样的结论。

- *Auch die... —ansicht führt hier nicht zu anderen/abweichenden Resultaten.* 即使是⋯⋯——观点也不会使本案导致不同的结果/相反的结果：⋯⋯
- *Mit der... —formel des ⟨Gesichts⟩ gelangt man zum selben/gleichen Ergebnis.* 适用〈法院〉的⋯⋯——规则也会得出同样的结果。
- *Da..., kommt die... —theorie in Fällen/Fallkonstellationen wie dem/der vorliegenden zum geleichen Resultat.* 因为⋯⋯，在类似于上文所描述的案情中适用⋯⋯——理论会得出同样的结论。
- *Nichts anderes ergibt sich aus... /, legt man... zugrunde/stellt man auf... ab.* 根据⋯⋯/以⋯⋯为依据并不会得出不同的结果。

同时比较恰当的做法是，通过语言表明此处所说的结果并不是最终的结果。

在此之后，同时也为自我检查之用，应该使用下列表达：

- *Da die dargestellten Meinungen für den vorliegenden Sachverhalt zu verschiedenen Ergebnissen gelangen, ist der Streit zu entscheiden/bedarf die Kontroverse einer Stellungnahme/Entscheidung.* 由于这些不同观点会导致上述案件事实产生不同的结果，因此需要就该争议问题作出判断/选择一个观点。
- *Für... kommt es demnach darauf an, ob der... oder... zu folgen ist...* ⋯⋯的结果取决于采用⋯⋯和⋯⋯中的哪一个观点。
- *Das Ergebnis zu/r... /Die Entscheidung des/r... hängt also davon ab, welcher der genannten/dargestellten/beschriebenen Ansicht zu folgen ist/ man folgt/man sich anschließt.* 因此⋯⋯的结果/对于⋯⋯的判断取决于采纳/赞成上文所描述的/列举的/提到的哪一个观点。
- *Bei Zugrundelegung des... —kriterium ist also... zu verneinen, während anderenfalls...* 根据⋯⋯——判断标准应该否定⋯⋯，然而与此相反⋯⋯
- *Da..., kommen die genannten Auffassungen zu unterschiedlichen Ergebnissen.* 因为⋯⋯，所提及的观点会导致不同的结果。
- *Streitentscheidende/Fallentscheidende Bedeutung hat also die Frage nach...* 对于争议/案情具有决定性意义的是关于⋯⋯的问题。

然而在高年级学生的作业中以及在考试中，如果读者机械地重复下列句子 Die zum Problem vertretenen Ansichten kommen zu verschiedenen Ergebnissen, so dass der Streit zu entscheiden ist（对于该问题的不同观点将导致案件事实产生不同的结果，因此需要就该争议问题作出判断），将会耗费过多时间。因此，对于比较简单的问题读者无需在讨论过程中额外说明，就留由阅卷人自行观察。

但是，如果读者就这一问题得出一个让人很意外的结果，即所有相关的理论都会使案件事实产生相同的结果，那么读者可以并且必须在很大程度上节省叙述和讨论的篇幅。读者可以作一个比较简短的总结。

举例：Folglich handelt es sich bei... nach sämtlichen dargestellten Meinungen/Ansichten/Abgrenzungskriterien/Theorien/Standpunkten um...; eine Entscheidung des Meinungsstreits ist daher nicht geboten（上述所有关于……问题的观点/界分标准/理论/立场最终都属于……；因此无需就观点争议作出判断）。

如果读者已经在争议问题上花费两个星期的时间，最终发现是这样的结果，这确实让人有点难以接受，但是生活就是这样。不是说失败乃成功之母嘛。

（2）重新纳入案件事实情节

对争议状态进行详细论述之后读者可以通过以下表达重新纳入必要的案件事实情节：

- *Der/Die... hängt also von... ab.* 因此……取决于……
- *Ob nun...（als... anzusehen）ist, bestimmt sich nach...* ……是否属于……（可以视为……），取决于……
- *Damit ist/erweist sich die Antwort auf die Frage nach... als vorgreiflich für die... —eingenschaft des...* 因此……/关于……问题的答案是……的……—性质的前提。

注意：使用下列表达

- *Für den vorliegenden Sachverhalt bedeutet das, dass... /Im hier in* teressierenden Zusammenhang folgt daraus, dass...[1]这对于上述案件事实意味着……/对于本案中的问题可以得出结论,即……

如果读者不必要地提醒阅卷人注意,自己为争议问题的处理花费很多精力。与其如此,还不如在括号中或者破折号之间以插入语的方式将案件事实中重要的信息标示出来。

举例:Nach der Ansicht der Rechtsprechung kann der Geschädigte—hier:A—vom Schädiger—hier:B—nur unter der Voraussetzung unmittelbar Ersatz verlangen, dass.... (根据司法判决的观点,受害人——本案中:A——只有在满足前提要件时才可以向行为人——本案中:B——要求直接赔偿,即……)或者 Das Verhalten des T—das Unterlassen der Sicherung der Baustelle—müsste ihm zudem nach einer wertenden Betrachtung zurechenbar sein. (此外 T 必须对于其行为——为建筑工地采取安全措施的不作为——具有可归责性)。

3. 自己的立场

读者自己的立场是必不可少的。即使读者赞成多数人所持有的观点,也必须就自己为什么采纳这一观点进行论证。在此过程中请读者不要以第一人称单数形式表述。[2]表述自己的观点,就好像这个观点具有强制性一样,即其不仅仅对于读者,而是对任何人而言都是正确并具有说服力的观点。此外也不会有任何人对此见怪,即使读者支持任意一个有道理的观点。因为读者所作的是学术研究,因此成绩的好差并不取决于读者所持有的观点是否属于通说,而是取决于其具有说服力的论证。保险起见:越少人持有的观点,越容易论证,并且也越需要进行多方面的论证——这意味着:在时间很紧张尤其是在笔试当中或许最简单的方法就是支持通说观点。

为了避免误解:读者无需自己创造出一个全新的观点,而仅仅需要表明一个自己支持的观点。[3]首先,在练习作业的时间范围内通常情况下无法完成这样的任务——而且这对于读者来说也是一种苛求,即要求读者在很多长

---

[1] BGHZ 53, 369 (379).
[2] 关于鉴定中使用第一人称单数的相关内容,请参见本书边码394。
[3] 其实很遗憾!

时间研究这个问题的教授和实务专家之外即时创造出一种迄今为止尚未被他人表达过的观点。但是尽管如此，读者还是应当在答案中表明已经形成自己的观点。即读者必须表明，为什么对于自己而言这个观点或者其他观点看起来更加具有说服力。

在大篇幅讨论问题的过程中所使用的标题是否必须称为"*Eigene Meinung*（自己的观点）"，这个问题并没有定论，尤其是当读者毫无保留地赞成一个目前已经存在的观点时。最好还是使用更加简洁明了的标题"*Stellungnahme*（立场）"，或许（有争议）"*Würdigung*（倾向）"或者——也并不是很恰当——"*Fazit*（结论）"。有些时候可以使用"*vorzugswürdiger Ansatz*（优先倾向的观点）"或者"*Streitentscheidung*（争议判断）"。"*Würdigung*（倾向）"是比较常用的表达方式，但是也并不完全准确：事实上我们并不能将论点彼此对立起来进行比较衡量[1]。

188

补充说明：如何找到自己的观点？

大体上存在两种可能性。我们就一个法律问题进行一定的研究并且在参阅相关文献和司法判决之后，通常——意外地发现——在最后会形成一个自己的观点。但是，如果我们没有这样的直觉或者直接对这个问题不感兴趣的话[2]，那就需要借助辅助工具。通常情况下针对不同观点的论据作出一份表格式的概览会对此提供一定帮助。如果我们仔细地将这些论据放到表格中就很容易发现某一个观点的优势以及缺陷所在。如果我们在内容上并没有自己的偏好，那么最后就选择相反论据最少的那个观点。

188a

（1）论据的处理（aufarbeiten）

当读者开始向阅卷人展示一些论据时，必须为其提供一定的引导，使阅卷人不至于自行研究所讨论的问题并且可能得出一个不同的观点。读者至少要说服阅卷人，自己为什么会得出这样的结论。因此读者应当将之前所描述的论据进行分类并进行衡量。

189

① 论据的排除

法学论证非常典型的方法之一就是区分两种不同的论据，即因与问题相

190

---

[1] 关于比较衡量的错误形式在本书边码 208 中也有论及。
[2] 这并不是一个很糟糕的现象。没有人可以对任何法律问题都感兴趣。

关而讨论的论据以及这些与问题无关但由于某些原因而一开始就被包含在内的论据。在练习作业中如果案件事实已经表明当事人的法律观点或者根据案件事实的设计某些具体的论据可以被直接排除。

- *Keine Rolle kann/darf es spielen, dass...* ……对本案不产生影响。
- *Unberücksichtigt/Außer Betracht/Ansatz muss der Einwand/der Hinweis auf... bleiben,...* 无需考虑的是/可以忽略的是/某观点因关于……的提示/异议而保留，……
- *Unbeachtlich ist...* 无需考虑的是……
- *Das Argument der Gegenmeinung,..., geht fehl/ist unzutreffend.* 相反观点的论据，……，缺失/是不恰当的。
- *Kein nennenswertes Gewicht/Kein/e oder allenfalls geringes Gewicht/ marginale/untergeordnete Bedeutung kann/darf dem Umstand/Einwand zukommen/wird man der Erwägung zuzumessen haben, dass...* 某情形/异议并不值得一提/没有或者基本没有意义的/是次要的。
- *⟨Argument⟩ ist daher nicht in die Betrachtung/Erörterung/ Abwägung/weiteren Überlegungen/Prüfung des/r... mit einzubeziehen/einzustellen.* 因此并不需要考虑/讨论/衡量/进一步考虑/检索⟨论据⟩。
- *Auf... kann es nicht ankommen. Damit entfällt der gewichtigste Einwand gegen... Letztendlich bleibt nur noch das auf... gestützte Argument. Zur Begründung... kann dies angesichts des erheblichen Gewichts insbesondere des dargestellten... —arguments nicht ausreichen. Im Ergebnis wird man also... zustimmen (müssen), zumal allein dies eine angemessene Entscheidung/Lösung von... ermöglichen...* ……并不会取决于……。因此无需考虑针对……的最重要的异议。最后只剩建立在……基础上的论据。鉴于所描述的……—论据的重要性……并不足以论证……。因此应当（必须）在结果中支持……，因为仅凭……就可以得出关于……的合理判断/解决方案。

比较简单的方法——并且可以预见是具有说服力的——就是将非真正论据从具有衡量价值的论据中剔除出去。

一个论证的一般形式是这样的[1]：

论点—论据—出处（Behauptung—Begründung—Beleg）

不加评注地摘录通说观点并不是真正的论证；在论点和出处之间缺乏论据。如果出处缺失也会削弱论证的说服力——至少从学术上来看是这样的。[2]

如果我们可以指出相反观点中的明显错误，这对于论证的说服力而言是非常有利的：

- ⟨Gegenansicht⟩ beschränkt sich hier auf reine/schlichte/einfache Behauptungen, ohne diese (näher/auch nur ansatzweise) zu begründen. Eine Widerlegung ist daher weder möglich noch nötig. ⟨相反观点⟩只是纯粹的断言，并没有（进一步/同时）予以论证。因此反驳⟨相反观点⟩既不可能也无必要。

- Für ⟨Behauptung⟩ fehlt es jedoch an einem/jeglichem Beleg. Der Ansatz bleibt somit (recht/etwas) spekulativ/ist nicht/nur schwer nachvollziehbar. 然而⟨观点⟩缺乏出处。因此该观点是没有依据的/不具有说服力的。

但是读者在严厉批判某观点时必须保持谨慎的态度；因为不合理的批判很容易导致反批判：

- Mit dem Verweis auf... lässt sich ⟨Ansatz⟩ nicht belegen/begründen/ Sofern sich ⟨Autor⟩ auf ⟨Autor/Ansatz⟩ beruft, liegt dem ein Missverständnis... zugrunde：war für ⟨Fälle wie den vorliegenden⟩ nicht gedacht；vielmehr sollte/n damit... erklärt/bewältigt werden. Von ⟨vorliegendem Sachverhalt⟩ unterscheiden sich diese schon insofern erheblich/wesentlich, als... 在援引……时并没有就⟨观点⟩写明出处/予以论证。⟨学者⟩在援引⟨学者/观点⟩时存在一个误解……；⟨观点⟩对于⟨上述案情⟩并不适用；因此需要解释/解决……问题。⟨上述案情⟩在这一方面存在很大/本质上的区别，即……

- Ob sich ⟨Autor⟩ für ⟨Behauptung⟩ auf ⟨Quelle⟩ berufen kann, muss

---

[1] 详细内容请参见 Herrmann/Hoppmann/Stölzgen/Taraman Schlüsselkomptenz, 40 ff.
[2] 如果一个挑剔的阅卷人必须自己搜索出处，那么从学术角度来看会损害论证的说服力和完整性。

bezweifelt werden...〈学者〉是否可以以〈出处〉作为其〈观点〉的依据是存有疑问的……

② 论据的负面评价

如果我们已经将一部分论据因其不必要性而予以排除，也可以将剩下的某些论据列入"虽然与所讨论的问题相关但缺乏说服力"的范畴。

- Sofern/Soweit/Wenn hiergegen... eingewandt/geltend gemacht/vorgebracht wird, kann dies schon deswegen/insoweit nicht (recht/ganz) überzeugen, weil/als... 只要/如果针对……提出异议/主张，该观点仅仅由于/在此范围内（相当/完全）而没有说服力，因为/即……

- 〈Standpunkt〉übersieht...〈观点〉忽略了……

- Was〈Argument〉betrifft/anbelangt/angeht, so verfehlt dieser Einwand (schon deswegen) das in Frage stehende Problem, weil...〈论据〉所论及的/涉及的/包含的内容并不能反驳所讨论的问题，因为……

- Dieses Argument verliert indes (sen) dadurch (erheblich/deutlich/sehr stark/spürbar/merklich) an Durchschlagstark/Überzeugungskraft, dass...由于……该论据将（在很大程度上/明显/显而易见地）减损其说服力。

- Weiter relativiert sich die Überzeugungskraft des... —Arguments dadurch, dass... ……—论据因……而进一步减损其说服力。

- Auch die Berufung/das Abstellen auf... führt/hilft (hier) nicht weiter/geht ins Leere/erlangt im vorliegenden Sachverhalt keine Bedeutung:...同样，对于……的援引并没有更进一步的意义/是徒然的/对于前述案件事实而言并没有意义：……

- Zwar ist der... —ansicht zuzugeben, dass... Jedoch ist allein mit... noch nichts gewonnen. Wirklich problematisch sind nicht〈Fälle〉, sondern〈Fälle〉. 虽然……—观点是应当认可的，但是仅仅以……并不足以论证该观点。真正的问题并不在于〈情形〉，而在于〈情形〉。

- Nicht tragfähig ist/als wenig tragfähig erweist sich bei näherer Betrachtung... Das erhellt bereits/ergibt sich/folgt schon aus... 通过对……的进一步观察表明，……并不具有说服力/少有说服力。这是根据/依据/从……就可以得出的结论。

- ⟨Kriterium⟩ erlaubt/ermöglicht keine klare/eindeutige/sichere/definitive/nachvollziehbare Abgrenzung/Bestimmung des... —inhalts/Beurteilung des/r... ⟨判断标准⟩并不能就……—内容的确定/对于……的判断/区分提供一个明确的/清楚的/确定的/具有说服力的依据。
- Bei näherem Hinsehen/genauerer Betrachtung erweist sich ⟨Argument⟩ als wenig/nicht stichhaltig:...; ⟨Argument⟩ sticht nicht: ……通过进一步观察/更加确切的了解可以得知⟨论据⟩并不能令人信服：……；⟨论据⟩不具有说服力：……
- Die Bedeutung/das Gewicht dieses Einwands ist allerdings insofern zweifelhaft/fraglich, als... Auch die Vertreter der... müssen einräumen, dass... 然而该异议的意义/分量是有疑问的/值得商榷的，即……。同时……的支持者也必须考虑到，……
- ... kann... nicht bewältigen... ……并不能解决……
- ... sieht sich dem Einwand ausgesetzt,... ……看起来可以阻却异议，……
- Man wird (auch) nicht sagen können, dass... 我们（也）可能无法得出这样的结论，即……
- Der von... zur Begründung angeführte Schluss von... auf... ist nicht logisch zwingend, sondern allenfalls für den statistischen Normalfall überzeugend. 用以论证……的结论并不具有逻辑上的必然性，而只是对统计学上的一般情况具有说服力。

请读者无论如何要避免**傲慢的**以及**自作聪明的**批判或者赞同：
- Dieser Ansatz führt zu schier unerträglichen Ergebnissen. 根据该观点必然得出没有说服力的结论。
- Gänzlich verfehlt/abwegig ist es, mit der h. M. auf... abzustellen. 根据通说以……为依据是完全错误的/不合理的。
- Richtig ist an der Auffassung Medicus' nur, dass... 只有梅迪库斯的观点才是唯一正确的观点，即……
- Das BVerfG wird sich diese Einsicht zu Herzen nehmen müssen. 联邦宪法法院必须认真考虑该观点。

- **Der BGH geht insoweit in nicht zu beanstandender Weise vor.** 在此范围内联邦最高法院以一种令人无法苟同的方式处理该问题。

有些时候大法官的判决看起来似乎是难以理解或者是错误的，但其实质性的论证过程还是值得研究的。请读者思考一下：作出这些判决的法官是专职人员，他们具有很好的法学素养——并且不受任何他人指示的约束。这并不能保证判决结果的正确性，但是至少其专业性是可以肯定的。所以读者在批判时应该客观并使用恰当的措辞。[1]模仿劣质的律师书状的文风是不合适的。[2]

- **Völlig neben der Sache liegt auch ⟨Argument⟩.** 完全不着边际的还有⟨论据⟩。

因此，对于所谓的非常不恰当的论证，最好的处理方式是仅限于引起阅卷人的注意。

某些句子听起来完全像是出自权威学者的著作，

> **举例**：Wieso... soll, ist nicht einzusehen. 为何是……应当是……，该观点令人无法苟同的。[3]

作为第二学期的学生使用这样的表达会显得过于装腔作势。

将他人的观点评价为"脱离实际的、与实际不符的指责"等，从很多方面来看都是很不合理的：年轻人如果在文章中作出这样的评价总会显得有点自负和自作聪明。[4]这样的评价是主观臆断的结果——读者最好能够为自己的判断提供理由而不只是一个纯粹没有说服力的结果（并且因过多使用这类评价而导致阅卷人产生怀疑……）。给他人观点贴上这类标签通常是不合

---

〔1〕 也就是说，如果读者自己觉得他人对于其考试答案的某些批评是不合适的，那么读者也不允许对他人的论证提出这样的批评。为什么这样的规则很重要呢？读者在之后的律师职业生涯之中就可以了解：因为律师之间总是常常遇到（至少两次……！）。并且并不是每次自己都是处于辩论的优势地位。那么至少要保持辩论语气中肯、温和。

〔2〕 首先要避免的是完全攻击性的批判方式；例如 Wolfgang, *Thierse das Urteil des LAGBerlin-Brandenburg* NJ 2009, 256—*emmely als barbarisches Urteil von asozialer Qualität*（www.berlinonline. de/berliner-zeitung/archiv/. bin/dump. fcgi/2009/0226/belin/0091/index. html），虽然政治上是正确的，但也不会因此降低客观论证的要求。关于 *Emmely* 的终审判决请参见 BAG DB 2010，2395 ff.；相关内容还有例如 Ritter DB 2011，175ff.

〔3〕 BGH, NJW 2003, 2314 (2316).

〔4〕 相关内容请另外参见本书边码 358。

适的：法律争议问题有时候是与实际生活脱离的（请读者试想一下物权法中的抽象原则就能够明白）。

如果我们在分析他人观点时写道：Daran mag wahr/zutreffend sein, dass...（该观点可能是正确的/恰当的，即……），这听起来是完全没有必要的故做仁慈。这句话一般情况下所要表达的是 Wahr/Zutreffend ist zwar..., aber...（尽管该观点是正确的/恰当的，但是……）即使读者仍然要对该观点提出异议，即相应的事实是正确的，听起来也不会显得过分谦虚：Unterstellt man, dass... zutrifft, bleiben gleichwohl erhebliche Bedenken:...（假设……是正确的，但仍有必要对其作深入探讨：……）。

同样，把一个观点或者结论称为 Formaljuristisch（richtig）（形式法学〈正确〉），这在法学中并不罕见：很多情况下法学论述说服力来自于其形式上的优先地位。[1]

将他人的观点尽可能地以具有说服力且恰当的方式表达出来——为了随后对其进行批判，这完全是专业涵养以及表达方式礼节的要求。[2]

在一个致力于客观性和科学性的讨论中，读者有时候可以通过一些提示对论点作一定程度的安排，即以利益为导向安排论点。但是读者应当谨慎使用这样的提示：因为这样的提示很容易陷于对他人含糊不清的批判。如果读者使用这样的提示，通常会让人怀疑读者在实质内容上没有可以发表的见解。我们必须足够明智并且礼貌，即将批判限制于**观点本身**而不是针对持有该观点的**人**[3]。最后，请读者试想一下，当他人在批改自己的作业时我们是否也有同样的期待。简而言之：批判的说服力来自于其客观性。

- Der Ansicht des BGH kann aus den dargestellten/genannten Gründen nicht gefolgt werden/... ist... nicht zu folgen/beizupflichten. Zustimmung

---

〔1〕作为法学批判"形式法学"是很常用的。但是，当我们使用这一概念时必须同时思考，即自身是否优先掌握内容合理性的相关知识——因为恰好可以针对形式正确性与内容合理性之间的统一对某观点进行批判。

〔2〕对这方面内容作简短但很有启发性的评论请参见 Puppe JuS 1998, 287 f.

〔3〕人与人总会再次相遇。即使读者已经成为阅卷秘书或者已经升职为法官，谦虚地批判总会比粗鲁的耳光更富有成效。如果我们认为某观点是"错误的"，那么就写"脱离实际的"，如果我们认为是"没有意义的"，那么就写"没有必要作进一步探讨"。持这样观点的人无论如何都只能失望而归，因为他并没有使读者信服其观点——读者也就没有必要再对其作额外的批判。

verdient/erheischt dagegen der Ansatz des OLG Düsseldorf... BGH 的观点并不能根据所阐述/提出的理由而推导出来/……并不能根据……而得出/而成立。相反，杜塞尔多夫地方法院的观点应该得到支持/被赞成。

- Dieser Ansatz kann jedoch nicht überzeugen/überzeugt/verfängt nicht/vermag nicht zu überzeigen. 然而该观点并不具有说服力/并不适用。

读者（或许）也可以在脚注中指出其他观点的不当之处。

- Bedenklich/Schwer nachvollziehbar/Fragwürdig/Ohne nähere Begründung BAGE 22, 554, 557... 使人产生怀疑的/难有说服力的/有疑问的/没有进一步论证的 BAGE 22, 554, 557……

③ 论据的反向利用

有时候读者可以使用相反观点的论据证明自己的观点；这种做法在某些情形中具有很强的说服力。

- Gerade bei/wegen... 正是由于/因为……

- Soweit... auf... abstellt, kann dies das Ergebnis nicht tragen. Im Gegenteil... Eben/Genau/Insbesondere... ist es, der/die/das... 倘若……以……为依据，并不能得出该结果。相反……。同样/恰好/尤其……是……

- Bei näherem Hinsehen/genauerer Betrachtung/Überlegung spricht ⟨Argument⟩ vielmehr für... 通过进一步观察/更加确切的研究/考虑，⟨论据⟩其实更加支持……

- Tatsächlich liegen die Dinge aber umgekehrt:... 事实上该论据恰好支持相反的观点：……

④ 论据的让步

读者可以将比较有力的论据用来论证所要否定的观点，用以加强论证的合理性和客观性的印象。

- Der Gegenmeinung ist zuzugestehen/zuzugeben/zu konzedieren/einzuräumen, dass... 关于相反观点应承认……

- Nicht zu bestreiten/von der Hand zu weisen/Richtig/Zutreffend ist... 没有争议的/很明显的/正确的是……

- Zwar ⟨ist Ausgangspunkt der abzulehnenden Ansicht richtig gewählt⟩, aber... 尽管⟨否定观点的出发点是正确的⟩，但是……

如果读者将支持否定观点的一个小论据视为可以信服的，而在同一个句子中用一个大论据作为自己观点的支撑，可以采用下列表达：

- Wenn auch/Auch wenn/Obwohl/Obschon/Obgleich 〈Gegenargument〉 kaum zu widerlegen ist, ist doch 〈eigenes Argument〉 gewichtiger. 尽管/虽然/即使〈相反论据〉几乎无法反驳，但是〈自己的论据〉无疑更胜一筹。
- 〈Zugestandenes Argument〉. Trotzdem/Dessen ungeachtet/Gleichwohl/Nichtsdestoweniger... 〈让予的论据〉。尽管如此/虽然/即使/尽管……
- Selbst/Sogar/Auch wenn man..., so bleibt doch... 甚至/连/即使……，然而……
- Mag bei... noch einiges dafür sprechen,..., so ist in den Fällen der/s kaum noch ein Grund ersichtlich,... 尽管还有个别论据支持……，……，因此在……情况下几乎没有理由再考虑……
- Zwar ist 〈Autor〉 zuzustimmen, wenn er... Aber... 虽然〈学者〉应该被赞成，如果……。但是……
- Dieser Einwand ist zwar an sich plausibel/nachvollziehbar, betrifft jedoch Fälle der vorliegenden Art (gerade) nicht. 虽然该异议本身是具有说服力的，但是（恰好）并不适用于本案中的情形。
- 〈Teilaussage〉 ist zwar richtig/korrekt/stichhaltig. Damit ist jedoch für 〈Problem〉 noch nichts/nur wenig gewonnen. oder: Hinter... muss 〈Umstand/Tatsache〉 in seiner/ihrer Bedeutung jedoch zurücktreten. 虽然〈部分观点〉是正确的/对的/有道理的。但是这对于〈所讨论的问题〉并没有意义/很少有意义。或者：……不能理解为〈情形/事实〉本身的含义。或者：然而这并不会使……发生任何改变。
- 〈Umstand〉 allein rechtfertigt es noch nicht, von... abzuweichen/abzugehen. 单是〈情形〉并不足以使……产生变化/偏离。

举例：Dass 〈Standpunkt〉 die Interessen des 〈Gläubigers〉 nicht im gleichen Maß berücksichtigt wie die des 〈Schuldners〉, ist richtig. Dies findet seinen Grund darin, dass die Interessen des 〈Gläubigers〉 nicht ebenso schutzwürdig sind wie...: 〈Begründung〉（〈观点〉没有对〈债权人〉的

利益采取与〈债务人〉同等程度的保护，这一做法是正确的。其理由在于，〈债务人〉利益的需受保护性要比〈债权人〉的利益强……；〈论证〉）。

198　⑤ **论据的评价和归类**

如果在案例分析过程中读者发现支持反对观点的论据占据大多数，那么鉴于这些论据的质量以及客观性，读者并不能直接将其评价为无关紧要的；此外，这些论据还有很强的攻击性，读者也不能对其不加评论，而任由其支持反对观点。读者必须对其进行**批判**。批判可以从很多方面着手：（默示）的前提要件/出发点/前提/观点/指责，（直接的/间接的）结果/结论/后果/"副作用"以及——在一定程度上论据本身的质量——结论并不具有说服力/无法令人信服的/不具有可操作的，……和……之间的联系并不明显，等等。

199　**前提要件（Voraussetzungen）**

- Die Vertreter/Anhänger/Verfechter der... theorie verkennen die zentrale Bedeutung, die dem... —prinzip in unserer (Zivil-) Rechtsordnung zukommt... ……理论的持有人/赞成者/主张者认可该核心含义，该核心含义属于（民法—）法律体系中的……—原则。

- 〈Ansicht〉 beruht/basiert/fußt auf 〈Annahme〉. 〈Annahme〉 ist mit... nicht verträglich/zu vereinbaren/in Übereinstimmung/Einklang zu bringen/... steht nicht in Einklang mit... 〈观点〉是以〈假设〉为前提/建立在〈假设〉基础上。〈假设〉与……并不协调/一致/相符。

- 〈Annahme〉/〈Ergebnis〉 steht im Widerspruch zu/widerspricht/verträgt sich nicht mit... 〈假设〉/〈结果〉相互矛盾/并不协调/……与……是相悖的。

- ... geht von einem falschen/untauglichen/unzutreffenden/nicht einschlägigen Ausgangspunkt/Ansatz aus... ……的出发点/基础是错误的/不相关的/不恰当的/不适宜的。

- Empirisch betrachtet ist 〈Annahme〉 äußerst zweifelhaft/schlichtweg falsch/ganz unhaltbar. 根据经验〈假设〉是值得质疑的/完全错误的/站不住脚的（如果这样的批判越是严厉语气越是尖锐，那么之后的论证——包括相

应的出处——就越是不容置疑)。

结论

- *Dies/Das/Ein solches Vorgehen läuft darauf hinaus,.../führt zu.../zieht...nach sich/bringt...Mit sich/zwingt zu.../hat...zur Konsequenz/Das führt (aber) zu Schwierigkeiten/Unstimmigkeiten bei...⟨z. B. der Abgrenzung von...und...⟩/bringt Schwierigkeiten bei...mit sich.* 采纳该观点的结果是……/将会导致……。这会导致……的困难/不一致〈例如：在区分……和……时会出现……困难〉。

- *Folgt man dieser Auffassung so...* 根据该观点可以得出……

- *Kaum hinnehmbar ist...(Folge) als zwangsläufige Folge des Abstellens auf...(Kriterium).* 将……（结果）作为根据……（标准）得出的强制性结果，这是不能被认可的。

- *Nur bei/durch Abstellen auf...lässt sich...sachgerecht/systemkonform entscheiden.* 只有根据/依据……观点才能就……作出客观的/统一的判断。

- *Mit dem Ansatz der h. M. lassen sich jedoch ⟨Problem⟩ nicht angemessen lösen/ist...nicht (überzeugend) erklärbar.* 然而根据通说观点并不能使〈问题〉得到恰当解决/并不能对……作出清楚的（有说服力的）解释。

- *Bei wirtschaftlicher Betrachtungsweise bedarf dieses Ergebnis jedoch einer Korrektur.* 从法经济学的角度观察，这个结论需要修正。

- *Damit ist das Folgeproblem...aufgeworfen. Im Schrifttum wird dazu ausgeführt,...* 因此结论问题被抛出……。关于该问题文献的论述是，……

- *...bevorzugt einseitig/berücksichtigt nicht (hinreichend) die Interessen des/r.../trägt den Intersssen des/r nicht Rechnung....* ……给予单方面的特权/并没有（充分）考虑到……的利益。

- *Dadurch wird das Risiko/die Gefahr/werden die Folge einer/s...dem...auferlegt/aufgebürdet/zugewiesen/fällt/fallen...zu Last. Die Gefahr des/r hat dann ausschließlich...zu tragen.* 据此风险/危险/……的结果将由……承担/负担/将转移给/分配给……。该风险将完全由……承担。

- *Allerdings wird 〈Ergebnis einer Ansicht〉 kaum/nicht ohne weiteres mit... 〈z. B. Erfordernissen/dem Postulat der Rechtssicherheit〉 zu vereinbaren sein.* 然而〈某观点的结果〉并不能/不能完全与……〈例如：法权利确定性要求/需求〉相统一。

- *Dagegen entspricht 〈Ergebnis〉 der Anforderung/dem Prinzip/dem Erfordernis*[1]*/... steht... in Übereinstimmung mit...* 但是〈结论〉与请求/原则/要求相符/……与……相一致……

- *Denkt man aber diesen Ansatz (konsequent/folgerichtig) weiter/zu Ende, so 〈katastrophale Folge〉.* 但是如果（坚持/一贯）继续采用该观点，那么〈糟糕的结果〉。

- *Auf 〈vergleichbaren Sachverhalt〉 angewandt, muss diese Kriterium zu 〈unerwünschten Ergebnis〉 führen.* 将该判断标准适用于〈类似的案件事实〉，将会导致〈非如所愿的结果〉。

- *〈Ergebnis〉 würde 〈Prinzip/Erfordernis/anerkannte Aussage〉 zuwiderlaufen/widersprechen/in Frage stellen/läuft zuwider/verletzt/ist mit... nicht in Übereinstimmung zu bringen.* 〈结果〉可能与〈原则/要求/被认可的说法〉相矛盾/导致问题/对立/背道而驰/相悖/不一致。

- *... bringt eine schwer erträglicherheit mit sich. Das lässt sich vermeiden, indem man auf... abstellt...* ……将导致严重的权利不确定性。如果采用……观点就可以避免这个问题。

- *... widerspricht dem Gebot des/r...* ……违反……要求。

- *... hat den Vorteil/Vorzug, dass...* ……具有……优势/优先性。

- *Durch... wird 〈Prinzip〉 (unnötig/ohne Not) ausgehöhlt.* 通过……将会（不必要/没有必要）违反〈原则〉。

自我论证

- *Die... —ansicht/verkennt/übersieht/berücksichtigt/beachtet nicht hinreichend/ausreichend/genügend/hinlänglich... Darüber hinaus leidet sie*

---

[1] 如果原则是有效的，那么对于原则的援引是可以成立的。但有些时候我们需要额外花费一些精力来论证原则的有效性以及/或者其相关性。

daran, dass... /unter einem (inneren) Widerspruch:... ⋯⋯—观点没有完全/足够/充分认清/考虑到/注意到⋯⋯。此外该观点还有一个缺点，即⋯⋯/存在（内部）矛盾：⋯⋯

- *Es wird jedoch nicht recht deutlich, warum/aus welchen Gründen ⟨Annahme⟩ Anlass geben soll, ⟨Behauptung⟩ anzunehmen.* 然而该观点并没有解释清楚，为什么/基于哪些原因应该采纳⟨主张⟩。

- *Eine solche Argumentation unterläuft/umgeht/⟨Zweck der Regelung⟩/⟨Prinzip⟩.* 这样的论证与⟨规范的目的⟩/⟨原则⟩相违背/相悖。

- *⟨Argument⟩ verstößt gegen/verletzt das Prinzip/Gebot/Postulat des/ r.../lässt... außer Acht/steht nicht in Übereinstimmung mit/stimmt nicht überein mit...* ⟨论据⟩违反⋯⋯原则/要求/规定/没有考虑到⋯⋯/与⋯⋯不一致/不统一。

- *Stellenweise ist die Begründung (in sich) widersprüchlich/unstimmig: (die Berufung auf) ⟨Argument 1⟩ schließt (die gleichzeitige Berufung/den Verweis auf) ⟨Argument 2⟩ aus.* 在某些方面该论证（自身）是相互矛盾的/不一致；对于⟨论据1⟩的援引将同时排除⟨论据2⟩的适用。

- *⟨Argument⟩/Die...—konstruktion wirkt/ist lebensfremd/ unnatürlich/gekünstelt/lebensfern/wirklichkeitsfern.* ⟨论据⟩/⋯⋯—构造与实际不符/脱离实际的/不正常的/不切实际的。请注意：哪些法学构造是切合实际的？

- *Ein solches Vorgehen ist jedoch insofern bedenklich/problematisch/ muss aber insofern auf Bedenken/Einwände treffen/stoßen, als...* 但是这一处理方式在一定程度上是有疑问的/令人怀疑的/需要进一步思考/有异议的，即⋯⋯。

- *⟨Kriterium⟩ erzwingt bei... (eine) unnötig gekünstelte Konstruktion (en). Der begriffliche Aufwand zur Begründung eines... ist überflüssig, wenn man auf... abstellt.* 在⋯⋯中适用⟨判断标准⟩将导致不必要的复杂结构。如果以⋯⋯为依据，将在论证⋯⋯时消耗多余的精力。

- *Der Vergleich mit.../Der Verweis auf... ist unzulässig/irreführend/ vordergründig.* 与⋯⋯相比较/对于⋯⋯的援引是不允许的/错误的/肤浅的。

- Die Gegenmeinung setzt sich nicht mit 〈Argument〉 auseinander/ setzt... und... unzulässigerweise gleich/vereinfacht/verkürzt unzulässig das Problem:... 〈论据〉并没有清楚解释反对观点/反对观点以不被允许的方式将……与……予以等同/进行简化/将问题做不被允许的缩略：……

- Das von... vorgeschlagene Kriterium ist unklar/unscharf/undeutlich/ führt bei der praktischen Anwendung zu Unsicherheiten: Wann ein/e... vorliegen soll, lässt sich anhand der Frage nach... nicht mit der nötigen Eindeutigkeit/nicht eindeutig genug stimmen. 由……所提出的判断标准是不明确的/模糊的/不清楚的/在实际适用中将导致不确定性：如果应当存在……，鉴于……的问题将会缺乏必要的确定性/将无法作出足够明确的判断。

- Die Gegenansicht muss (ohne Not) eine Ausnahme vom... —Erfodernis/-Grundsatz/—Prinzip machen/stellt die Geltung des... —prinzips in Frage, was bei Zugrundelegung des... —kriteriums vermeidbar wäre. 相反观点必须作为（没有必要）……—要求/—基本原则/—原则的例外而存在/将涉及……—原则有效性的问题，而适用……—判断标准就可以避免该问题。

- Die Ableitung eines... ist indessen auch ohne Rückgriff auf... möglich, so dass 〈Standpunkt〉 vorzuziehen ist, weil er sich den gegen... gerichteten Angriffen/Einwänden nicht ausgesetzt sieht. 然而……也可以在不考虑……的情况下推导出来，因此应该优先适用〈观点〉，因为该观点并不会受到关于……的异议/责难。

此外还有一些不适用于本部分的表达。

支持自己观点的论据

- Diese (Ansicht) lässt sich auch auf... stützen/kann auch auf... gestützt werden/findet eine zusätzliche/weitere Bestätigung/Stütze in... / Das... —argument lässt sich zusätzlich mit... untermauern. 该（观点）也可以以……作为依据/基础/还存在另一个/额外的论据/……—论据为……提供了额外的有力论证。

- Für... streitet/spricht 〈z. B. gesetzliche Vermutung/Erfahrungstatsache usw〉. 支持/赞成……的有〈例如法律推定/经验事实等〉。

- Mit... wird zudem... 〈z. B. Erfordernissen der Rechtssicherheit〉 hinlänglich Rechnung getragen/Genüge getan/genügt. 适用……观点还能充分兼顾/满足……〈例如法的安定性要求〉。

• Dies müssen auch die Verterter der... —ansicht zugestehen/Auch die Vertreter der... —ansicht sehen sich veranlasst/gezwungen/genötigt,... zuzugestehen/einzuräumen. 这是……——观点的持有人也必须承认的/这也促使/迫使……——观点的持有人承认/认可……

• Den Einwänden/Bedenken der Gegenansicht kann Rechnung getragen werden/Die Einwände können entkräftet werden, indem/wenn... 反对观点提出的异议/怀疑已被考虑在内/反对观点提出的异议将被反驳/排除，如果/通过……

• Der dagegen erhobene auf... gestützte Einwand/Vorwurf des/r... greift nicht durch, Die (se) Bedenken/Einwände lassen sich ausräumen/sind nicht überzeugend/durchgreifend;... Letztendlich verbleibt für die/zugunsten der... —ansicht nur noch... 基于……而对……提出的异议/责难并不具有说服力，即……/这些怀疑/异议将被排除/是不具有说服力的；……。最后赞成/有利于……——观点的论据就只剩下……

• Nur auf diesem Weg lässt sich... erreichen/lassen sich... berücksichtigen/kann dem Umstand Rechnung getragen werden, dass... 只有通过这种方式才能达到……/才能考虑到……/才能顾及……

• Spätestens bei... müssen die Vertreter der... —theorie inkonsistenzen/Widersprüche/Unstimmigkeiten/Einschränkungen/Ausnahmen in Kauf nehmen/hinnehmen. Stellt man dagegen konsequent auf das... —kriterium ab, lassen sich diese ohne weiteres vermeiden. Gerade hier liegt einer der hauptsächlichen dogmatischen Vorteile der... —theorie. 最后……——理论的持有人还必须容忍/接受关于……的矛盾/不一致/不确定性/限制/例外。相反，如果坚持采用……——判断标准，就可以直接避免这些问题。这恰好是……——理论主要的教义学优势之一。

• Im Mittelpunkt/Zentrum der Kritik steht dabei 〈Gesichtspunkt〉. Gerade dieser hat für den vorliegenden Sachverhalt keine Bedeutung. 尽管〈观点〉涉及判断标准的核心/中心内容。但该观点恰好不适用于上述案件

事实。

- An ⟨Standpunkt⟩ ist daher trotz teilweise einsichtiger Gegenargumente/Einwände (aus ⟨Gründen⟩) festzuhalten. 即使存在一定程度上合理的反对论据/异议（基于⟨理由⟩），仍应坚持适用⟨观点⟩。
- Wie sich aus ⟨Norm⟩ ergibt/ableiten/entnehmen lässt, .../Wegen der Regelung in ⟨Norm⟩ muss... 正如根据⟨法律规范⟩所得出/推导出/推断出，……/根据⟨法律规范⟩的规定必须……
- Schon ⟨Argument⟩ deutet/weist darauf hin/legt nahe, dass... 单凭⟨论据⟩就已经表明/指出/导致……
- Dies gilt umso mehr, als... 当……，更应当适用本观点。
- Das Abstellen auf... hat zudem den Vorzug/Vorteil, dass... 采用……观点还有……优势/好处。
- Nicht erst ⟨Argument⟩, sondern schon ⟨Argument⟩ zwingt zu... 无需⟨论据⟩，只要⟨论据⟩就可以导致……
- Mit... ist darauf hinzuweisen, dass... 根据……可以得出……
- ⟨Favorisierter Ansatz⟩ erweist sich damit als sachnäher/problemadäquater als ⟨abgelehnter Ansatz⟩. 据此⟨所倾向的观点⟩显得比⟨所拒绝的观点⟩与所讨论的问题更具有相关性/恰当性。

203 反驳反对观点的论据：

- Indessen erweckt diese Konstruktion... Bedenken. 然而该构造使人产生……的怀疑。
- Hiergegen ist einzuwenden, dass... 应该对此提出异议，即……
- Zu bedenken ist allerdings/jedoch/aber... 然而/但是/可是值得商榷的是……
- Für... fehlt es an einem einleuchtenden/überzeugenden/plausiblen/zwingenden Grund/Anlass. 但是关于……缺少一个明确的/有说服力的/合理的/具有强制力的理由/原因。
- Schon (z. B. die Regelung in ⟨Norm⟩)... zeigt, dass es nicht maßgeblich auf... ankommen kann. 仅……（例如⟨法律规范⟩中的规定）就已经表明，……并非最终取决于……

- Den Stimmen im Schrifttum, die... wollen/fordern, ist vorzuhalten/ entgegenzuhalten/vorzuwerfen/entgegenzusetzen/zu erwidern/entgegnen,... Sie übersehen/ignorieren/blenden... aus/räumen... zu geringes Gewicht ein. 文献中关于应当/要求……的观点是需要商榷的/是有异议的/需要批判的/反对的/反驳的，因为……忽略/忽视/没有考虑到……/没有充分顾及……

- Ebenso falsch/verfehlt/unangemessen/unstimmig/unpassend ist es, wenn zur Begründung auf... verwiesen wird. 即使以……作为论证的依据，结果同样是错误的/不正确的/不合适的。

- Genauso wenig verfängt/überzeugt〈Argument〉/kann... überzeugen. 〈论据〉也没有说服力/无法使人信服。

- Eine augenfällige/offensichtliche/erkennbare Schwäche/Unstimmigkeit dieser Argumentation liegt in... 该论据在……方面存在一个明显的/显而易见的弱点/矛盾。

- Wenig ergiebig/ertragreich ist die Berufung auf... 以……作为论据是鲜有成效的/没有说服力的。

- Dem steht jedoch... entgegen/, dass... 但是该论据违反……

- Wieso..., ist nicht ersichtlich/erkennbar/zu rechtfertigen/plausibel zu erklären/zu begründen. 为什么……，并没有相应的线索/不具有正当性/无法作出合理解释/无法论证的。

- Der von〈Autor〉vertretene Standpunkt leidet darunter, dass nicht deutlich zwischen... und... unterschieden wird. 〈学者〉所持有的观点存在一个问题，即其没有明确区分……与……

- Die Gegenmeinung trennt nicht... und... Anders als... ist aber... 反对观点没有就……与……进行区分。本案涉及的并不是……而是……

- Das von... vorgeschlagene Abgrenzungskriterium/Unterscheidungskriterium ist kaum/nicht/nur schwer (lich) praktikabel; Feststellungen über... werden sich nicht oder nur mit erheblichem Aufwand treffen lassen. 由……提出的界分标准/区分标准很少有/没有可操作性；无法对……作出判断/只有花费很大代价才能就……作出判断。

- *Für... fehlt es an einem nachvollziehbaren Maßstab.* ……缺乏一个可操作的标准。
- *⟨Umstand⟩ / ⟨Folge⟩ hat das Gesetz bewusst in Kauf genommen. (Beleg!)* 法律有意识地容忍⟨情形⟩/⟨结果⟩（出处！）。
- *Damit ist das Hauptargument/der Haupteinwand der Gegner einer/s... gegenstandslos. Zugleich entfallen auf... gestützte Bedenken.* 因此主要论据/……反对者的主要异议是站不住脚的。同时还出现基于……的疑问。
- *Es ist nicht/kaum/schwer (lich) einzusehen/einsichtig, warum...* 该论据不能/几乎不能/难以令人信服/理解，因为……（注意：不要长篇大论）。
- *⟨Ansicht⟩ / ⟨Argument⟩ überzeugt nur auf den ersten Blick/dem ersten Anschein nach; bei näherem Hinsehen/näherer Überlegung stellt sich heraus, dass...* ⟨观点⟩/⟨论据⟩乍看之下具有说服力/看起来似乎有说服力；但是深入分析/进一步思考之后可以发现，……
- *In besonderem/verstärktem Maß spricht gegen diese Auffassung, dass...* ……在很大程度上/强烈反驳该观点。
- *Die Überzeugungskraft des... —arguments wird durch die dagegen vorgebrachten Einwände nicht beeinträchtigt/geschmälert.* 针对该……——论据所提出的异议并不会影响/减弱该观点的说服力。
- *Nur geringe/zweitrangige/mindere Bedeutung ist dem Einwand... beizumessen...* 对于……而言该异议仅有很少的/次要的意义……
- *Auch die Gegenansicht kommt nicht umhin,... zuzugestehen/diesem Einwand Rechnung zu tragen, indem...* 反对观点也无法被人认可……/通过……而承认该异议。
- *Die Gegenmeinung stellt zu hohe Anforderungen an...* 反对观点对……提出过高的要求。
- *Damit ist diese Ansicht abzulehnen.* 因此应当否定该观点。
- *⟨Argument⟩ liegt fern/ist fern liegend, liegt neben der Sache, verfehlt das eigentliche/ (Haupt-) Problem.* ⟨论据⟩与真正的/（主要）问题之间缺乏内在联系。

- Mit den Argumenten/Überlegungen/Erwägungen der... lassen sich also die (oben referierten) Bedenken nicht (ganz/völlig/abschließend/überzeugend) entkräften. 对……的论据/考虑/衡量并不能使（上文提及的）疑问得以（完全/彻底/最终/使人信服的）解决。
- Die an ⟨Standpunkt⟩ geübte Kritik geht zu weit/greift zu kurz/geht fehl/trifft nicht das eigentlich Problem：... 对于⟨观点⟩的批判过于苛刻/过于简短/有失偏颇/没有切中问题本身：……

两个方向都适用的表达：

- Zu Recht/Unrecht/Zutreffend/Überzeugend weist... auf... hin. …… 表明……是合理的/不合理的/正确的/有说服力。
- Neben den genannten Argumenten spricht dafür/dagegen insbesondere/immerhin,... 除了所列举的论据外……尤其/总是赞成/反对该观点。
- Für/Gegen... spricht auch folgende Überlegung/Erwägung：... 赞成/反对……的还有下列考虑/衡量：……
- Anders als bei.../im Unterschied/Gegensatz zu.../Abweichend/In Abweichung von.../Demgegenüber... 不同于……/与……不同/与此相对/相反……
- Allein dieser Umstand kann/darf noch nichts an... ändern. Tritt jedoch... hinzu, so wird die Erforderlichkeit einer abweichenden Beurteilung deutlich. 单凭该情形还不会/不能导致……产生变化。但是如果考虑……就必须作出一个不同的判断。
- Es wird weitgehend/allgemein verkannt, dass.... ……在很大程度上/被一般性地认可。
- Schon aus dem Begriff des/r... geht hervor/ergibt sich/muss folgen, dass... 仅仅从……的概念就可以得出结论/推断出来/导致……
- Nahe liegend ist es/Daher bietet es sich an/verbietet es sich, auf... abzustellen. 可想而知/因此应当/不允许以……为依据。
- Von ⟨z. B. Verfassungs⟩ wegen ist... geboten. 考虑到⟨例如宪法⟩，……是被禁止的。
- Eine andere Bewertung kann durch das Hinzutreten von ⟨Umstand⟩

gerechtfertigt/geboten sein. 考虑到〈情形〉，其他判断是合理的/禁止的。

205 如果读者想要逐个呈现论据，为了尽可能使结果显得有说服力和不可避免性，可以使用以下表达来引导：

在两个论据的情况下 Zum Einem...; zum Enderen... （其中一个论据是……；另一个论据是……）或者在很多论据的情况下 Zunächst/Zuerst... Weiter (hin)... Darüber hinaus... Zuletzt... Bestätigt wird dieses Ergebnis zudem durch... Dazu kommt/Hinzu tritt die Überlegung, dass... Überdies..., zumal... Auch ist zu bedenken... Im Übrigen... Selbst wenn man... Nicht zuletzt... Unabhängig davon... Daneben... Außerdem... Um so mehr muss dies gelten, wenn/weil... Schon/Allein/Bereits... für sich genommen... Jedenfalls... Vor allem... Ergänzend/Verstärkend... Schließlich... Entscheidend... Ferner... Nicht zuletzt... Zuletzt... （首先……其次……再次……最后……）。

206 **对判例的处理**

如果读者所要否定的观点是以联邦最高法院的判例为依据，那么读者可以尝试通过下列问题来质疑该论据的说服力：

——其是否与本案中的问题具有相关性？

——其引注是否正确？

——其论证是否具有说服力？[1]

• 根据作为论证依据的判例〈法院，出处，或者在脚注中注明〉无法得出该结论：首先，该判决在当时的文献中受到了激烈的批判并且这在司法实践中也是个案。其次，之后的判决〈法院〉中有很多都明示和暗示地偏离该判例所提出的原则。最后，〈判例〉作出之后该问题还必须由上级法院作出裁判才能生效。

• 此外该判例所针对的案件事实明显属于特例：……该判例还必须考虑到这一特殊情形。将其普遍适用于……/适用于所有……情形是值得商榷的。

• 在所引用的案例中完全找不到与……相关的线索。

---

[1] 关于案例评论的问题请参见：*Hattenbauer* Kritik；*Bekemann* FS Geiger, 299（311ff.）；*Schneider/Schapp* Logik, 272 ff.；*Sauthoff* GreifRecht 2007, 77 ff.；*Bündenbender* JA 2013, 161 ff.

- 即使不将〈判例〉理解为非普遍性的个案判决，该判例所裁判的案件事实与本案存在很大的区别：一方面……，另一方面……。此外……。因此不能将该判例中的论据适用于……之外的情形……
- 此外〈法院〉明确将待裁判的……问题搁置不论；通过进一步观察可以看出尽管判决主文指向〈错误的方向〉，但是从判决理由可以得出，〈法院〉并不愿意就该〈问题〉表明立场。
- 〈法院〉在该判决中所考虑的事实情况在本案中并不存在/已经发生改变：……

读者当然也可以优先采用其他法学文献中类似的表达。

（2）逐步趋向结论

针对问题的观点所采用的标题越具有描述性，自己的判断就越应当明确。

- *Maßgeblich/Ausschlaggebend/Entscheidend erscheint/ist…* 决定性的/起决定作用的/重要的是……
- *Abzustellen ist (nicht) auf…* 应当作为依据的（不）是……
- *Entscheidendes Gewicht muss… zukommen/beigemessen werden/wird man der Überlegung zumessen müssen,…* 具有决定性的因素在于……/应当重点考虑的是……/必须将重点放在……之上。
- *Zustimmung verdient… /Zuzustimmen ist…* 值得认可的是……/应当赞成的是……
- *Zu folgen ist der (so genannten)… theorie.* 应当遵循的是（所谓的）……理论。
- *Richtigerweise kommt es auf… an.* 以……为依据是合理的。
- *Im Ergebnis muss… —kriterium/…theorie Anwendung finden.* 在结论中必须适用……——判断标准/……理论。
- *Mit Recht stellt daher… in den Mittelpunkt der Betrachtung.* 因此将……作为思考的核心是正确的。
- *Der Vorzug verdient… /〈Ansicht〉 ist aus den genannten Gründen der Vorzug zu geben/vorzuziehen…* ……具有优先性/基于上述理由应当赋予〈观点〉以优先性。

- Mit/Zu Recht weist ⟨Autor⟩ die... —ansicht darauf hin, dass... ⟨学者⟩ 通过……——观点正确地指出。
- Es ist demnach der Auffassung zu folgen, die... 因此应当采纳……观点。
- Aus... folgt (notwendig) /ergibt sich (zwingend), dass... 根据……（必然）得出/（不可避免地）导致……
- Die besseren/überwiegenden/schwerer wiegenden Gründe sprechen dafür/dagegen,... 支持/反对……的更有说服力的/更重要的/更有分量的理由是……
- Überzeugender ist...[1] 更有说服力的是……

读者应当避免使用下列表达：
- Eine summarische Würdigung der dargestellten Argumente ergibt... 总结所给出的论据可以得出……
- Aus alledem folgt, dass... 无论如何可以得出……
- Bei einer Gesamtbetrachtung der bisherigen Überlegungen erscheint... am überzeugendsten. 总而言之，在现有的观点中……是最具说服力的。

这些表达过于笼统。读者必须分析，哪些论据在内容上具有说服力——以及哪些论据是没有说服力的。

请读者尽可能不要仅以数量上的优势例如 Die Mehrzahl der Gründe...（大多数理由是……）作为论证理由，并且无论如何不要使用 Danach sprechen mehr Argumente für ⟨Ansicht⟩（因此大多数论据支持⟨观点⟩）的表达。这些表达听起来会让人觉得读者并没有针对问题进行思考和权衡，而只是在数数。而且这样的处理方式也会忽视某种可能性，即有些理由在清点过程中是不能作数的，因为其之前就已经被推翻了。因此必须将其表达为 Die besseren/stärkeren Argumente sprechen für...（更加恰当的/更加有说服力的理由是支持……观点的）。同样，该表达也不能未经任何论证而直接使用。

---

〔1〕再一次提醒读者注意"论据"和"观点/看法/立场"之间存在语言使用上的区别："论据论证（或者不能论证）""赞成（或者不赞成）观点"。但是"观点不能用于论证"。

然而对于论据的真正权衡实际上是无法实现的，因为法学上的论据并不存在一个衡量的标准。其必然存在一个理性上无法继续论证的自由裁量剩余空间。不管读者愿意强调该剩余空间还是更愿意尝试回避该剩余空间，这只是一个态度问题。作为一个与辩论相适宜的（diskurstauglich）论证最好还是避开这些问题。[1]

如果读者的论证局限于抛出一个观点且随后只是表示"应当赞同该观点"。[2]那么阅卷人就会提出"为什么？"；如果常常出现这种所谓的"论证"，将导致成绩上的负面评价。

读者所赞同的观点可以这样表达：

• *Nach der hier bevorzugten/vertretenen/favorisierten/zugrundegelegten Ansicht... —theorie... /dem daher vorzugswürdigen... ansatz...* 根据优先适用的/具有代表性的/所倾向的/作为基础的观点/……——理论……/首选的观点……

（3）涵摄

读者在将案件事实信息纳入法律规范的构成要件的过程中应当注意，涵摄结论尽可能不要偏离暂时适用被称为具有相关性的"理论"的结果。可以参照上文[3]所提到的一些表达方式。

（4）如果观点争议仅仅涉及类似的案件事实

争议问题判断中的典型问题：如果争议的（主要/唯一）原因在于与本案不同的情形中[4]，应当如何处理？在这些情形中读者将被迫针对与本案事实无关或者很少有关系的论据进行讨论。这对于阅卷人而言也是非常费劲的，因为他必须一直提出问题，为什么对法律问题所作出的长篇大论并不是针对待判断的情形。专门针对这一问题的解决方案或许并不存在。但是读者

---

[1] 读者最晚应当在担任见习法官时掌握，各方面都成熟的判决不得再含有任何的疑点。
[2] 经常出现的错误。BGH［例如：MDR 2008, 134 (135): 最后一个观点是正确的］允许这样做。但是读者最好避免这样的做法。
[3] 参见本书边码127及以下。
[4] 这里指的并不是因争议问题不会对结果的判断产生任何影响而无需对争议作出判断的情形（关于这种情形的详细内容请参见本书边码181）。相反，这里所指的情形是，争议问题恰好与结果相关，但是所涉及的论据是以其他案件事实而不是以本案中需要作出裁判的案件事实为基础发展而来的。

至少应当尽可能避免在与具体案件事实无关的问题上花费过多的篇幅和精力。如果读者想要向阅卷人详细介绍这些棘手的情形——比较推荐的做法是，将自己的论据视为可指责的和可反驳的，可以尝试通过以下表达使论证过程显得更加直接且具有针对性：

- Die richtige Abgrenzung des… zum… ist bisher in Rechtsprechung und Schrifttum nur/ausschließlich/hauptsächlich für… —Konstellationen/… —Fälle erörtert worden. Dagegen sind durch… gekennzeichnete/charakterisierte Fälle nicht in den Fokus des wissenschaftlichen Interesses geraten und soweit ersichtlich auch noch nicht gerichtlich entschieden worden. Das zugrunde liegende rechtliche Problem ist indes identisch/unterscheidet sich allenfalls in Nuancen. Dass… (Unterschiede im Tatsächlichen), ändert nichts an den sich aus… (rechtlichen Gesichtspunkten) ergebenden Bedenken hinsichtlich… (streitentscheidende Frage). Für die Entscheidung über… (Sachverhaltspproblem) kann und muss daher auf die zu… (Parallelproblem) entwickelten Argumentationslinien zurückgegriffen werden. 迄今为止的司法判决以及文献关于……与……之间正确的界分只有/仅仅/主要是针对……—情形/……—情况进行讨论。相反，被称为……/具有……特征的案情并不是学术讨论的焦点问题，并且迄今为止法院也没有对其作出判决。然而作为基础的法律问题是相同的/其差别最多也只存在于一些无关紧要的方面。……（案件事实上的差别）并不会对基于……（法律观点）而产生的关于……（争议判断问题）的怀疑产生任何影响。因此就……（案件事实问题）作出判断可以/必须适用依据……（类似问题）发展而来的论证原理。

如果读者还有其他的论据可用，也可以稍微减少对主要论据的描述：

- Außerdem erlaubt nur die… —theorie eine angemessene/sach-/interssengerechte/gesetzeskonforme/vernünftige Entscheidung. /weniger schöu: Lösung der… —fälle 此外只有根据……理论才能得出恰当的/与事实相符的/符合法律的/合理的判断/比较逊色的表达：……——案情的答案。

- Für das… —kriterium spricht zudem, dass sich damit ⟨Sachverhalt⟩ ohne zusätzlichen Begründungsaufwand lösen/entscheiden lassen. 支持……——判断标准的另一个理由是，即根据该判断标准无需额外的论证就可以解决

〈案件事实〉/对〈案件事实〉作出判断。

- *Eine weitere Schwäche des... —Kriterium besteht in... Exemplarisch/Beispielhaft hierfür sind Situationen/Konstellationen, in denen...*
……—判断标准的另一个弱点在于……在本案中例如……情形/情况。

(5) 论述模式的选择

正如上文已经提到的，读者也可以以阐述自己观点开始论述（根据恰当的/正确的/具有说服力的/合理论证的观点……），然后再介绍反对观点（尽管存在反对观点，即……），然后再反驳反对观点（基于……就可以判定该论据没有说服力/最后所提出的异议没有考虑到……），并且最后再一次确认自己的观点的最恰当性（相比之下，本案所采纳的观点具有以下优势，即……）。该论述模式在处理比较简单的问题时具有较大的优势，因为其比较简短。但是该模式已经非常接近判决模式。再次提醒读者注意，只对与判断结果相关的内容进行讨论。

(6) 提示

下文的建议对于读者而言应该有所助益，即如何在疑点问题和争议问题中形成自己的论证并将其展现出来。在紧急情况下——例如在法院的法律争议中——一个优秀的论证明显有更高的要求，即以修辞学以及法律修辞学[1]对相关问题进行深入研究。

举例：应该如何安排论据对于阅卷人来说才具有最大的说服力，这是读者必须学习和不断练习的技能。其中比较推荐的一种做法是以有力的论据开始并结束论证，将比较弱的论据置于中间位置来阐述。[2]一般情况下这种论据安排是比较有成效的，但是我们常常必须作另外一种安排，否则可能会不必要地割裂论据之间的关联性。

如果我们将法学论证作为一般论证的特殊形式而深入研究，就能不断找到特殊规则。

---

[1] 相关内容请参见例如 Gast juristische Rhetorik, Haft juristische Rhetorik, Alexy Theorie, Walter Rhetorikschule.

[2] Möllers Arbeitstechnik, Rn. 279 f.

举例：法政治学和法律比较学上[1]的论据的说服力总是比文法或者体系上的论据弱——因为前者涉及的是尚未存在的或者在本法域内并未生效的规则。

并且读者需要注意的是，有说服力的谈论和有说服力的书面表达所适用的标准是不同的。

(二) 对于法律规范相关性的质疑

一个请求权基础是否可以适用于本案案件事实中，很多时候这个问题是值得深思的。一般情况下比较恰当的做法是，开始涵摄之前将该问题置于具体的构成要件之下进行讨论并作出判断。如果对可适用性问题进行讨论会花费比较大的篇幅，那么最好给它设置一个独立的标题（例如"委托法律规范的可适用性"或者其他标题）。

基本原则：在涵摄之前进行可适用性论证。

这里的可适用性论证不但包含统一法律体系中的**竞合问题**（**Konkurrenzfragen**）（"所有人—占有人—关系条款（EBV）[2]是否会排除不当得利相关条款的适用？"），而且也包括**国际私法**（**IPR**）的问题以及新旧法律规范包括**过渡条款**[3]之间的冲突，以及欧盟法与国内法之间的冲突[4]。

此外，关于请求权基础的相关性问题我们可以通过讨论其第一个——不成文的——构成要件是否成立来处理。如果结论是肯定的，那么该请求权基础就是适用的。我们也可以——在对两个以上竞合的请求权其中之一开始检索之前——提出疑问，即其中一个请求权基础是否与其他请求权基础同时具有可适用性。

- *Zunächst ist fraglich, ob (neben den Regeln des... —rechts)〈Anspruchs grundlage〉Anwendung findet/anwendbar/einschlägig ist. Dies wäre/ist nicht der Fall, wenn die Regeln/Regelungen/Normen/Vorschriften des/r*

---

[1] 关于法律比较上的解释请参见 *Madjarov* GreifRecht 2013, 97 ff.
[2] 译者注：EBV 是 Eigentümer-Besitzer-Verhältnis 的缩写。
[3] 但是就学术界所广泛讨论的国际私法问题以及过渡条款无需进行可适用性论证或者只需要简单提及并在专门的选修课上进行研究。
[4] 相关内容请参见例如 *Schöbener* JA 2011, 885 ff.

〈Norm〉 insofern abschließend wären/sind. 首先有疑问的是，（在……法律规范之外）〈请求权基础〉是否可以适用/具有可适用性/相关性。如果〈法律规范〉的规则/规定/规范/条款在这方面是具有决定性的，那么该请求权基础不具有可适用性。

- Wären beide anwendbar, führte dies zu dem widersprüchlichen Ergebnis, dass... 如果两者都具有可适用性，这将导致相互矛盾的结果，即……
- Gegen die Anwendbarkeit von 〈Norm〉 auf Fälle wie den vorliegenden werden verschiedentlich Bedenken erhoben. 否定〈法律规范〉对于类似本案案情的可适用性存在不同的理由。
- Bezweifelt wird allerdings bereits die Anwendbarkeit der Vorschriften über... 然而关于……的条款的可适用性就已经存有疑问。
- ..., falls 〈Norm〉 anwendbar und dessen Tatbestand erfüllt ist. 如果〈法律规范〉具有可适用性并且其要件得到满足，那么……
- Indessen erübrigt sich ein näheres Eingehen auf..., falls 〈Norm〉 zur Anwendung kommt. 如果〈法律规范〉可以适用，则可以省去对……的进一步探讨。
- 〈Norm/en〉〈法律规范〉与〈法律规范〉具有优先性/特殊性。因此根据特别法优于一般法的原则（lex specialis derogat legi generali）〈法律规范〉必须让步。
- 〈Norm〉 schließt die 〈Anwendung〉 / 〈Anwendbarkeit〉 von 〈Norm〉 aus. 〈法律规范〉排除〈法律规范〉的〈适用〉/〈可适用性〉。

结论：

- Für (die Anwendung des/r) 〈Norm〉 ist kein Raum. 〈法律规范〉不具有可适用性。
- 〈Norm〉 verdrängt 〈Norm〉. 〈法律规范〉排除〈法律规范〉的适用。
- 〈Norm〉 und 〈Norm〉 sind nebeneinander anwendbar/schließen einander nicht aus. 〈法律规范〉与〈法律规范〉同时具有可适用性/并不相互排斥。
- 〈Norm〉 ist nachrangig (subsidiär) gegenüber 〈Norm〉. 〈法律规范〉

较〈法律规范〉处于后顺位（辅助地位）。

将法律规范的可适用性论证放在第一个标题之后会使整体行文更加美观。因此，读者在选择标题的时候就应当提前预计结果，也同时避免将内容上重要的段落悬于文章整体之外。实践中常常因为这个问题而导致许多阅卷人错误理解考生的鉴定，因为任何一个思考步骤都应该针对一个请求权作出。

举例：如果在一个债法相关的案件事实中请求权基础的选择存在疑问，因为很难确定该案件事实涉及的问题属于损害赔偿代替履行，还是履行之外的损害赔偿或者恰好就该归属问题存在争议，那么就应该对此进行讨论，但并不是随意发挥的讨论，而是在"真正的"请求权之内进行讨论。

即使读者并不是就请求权规范的相关性，而是针对相对权规范的相关性进行讨论，同样可以这样处理。

基于事实理由读者也可以不遵行上文所建议的基本原则。

举例：在讨论《德国民法典》第447条第1款作为第326条第1款的例外时，读者可以在着手讨论之前就指出，《德国民法典》第474条第2款适用于消费品买卖因而不适用《德国民法典》第447条第1款的规定。当然，读者也可以先讨论第447条第1款的规定随后再将第474条第2款作为例外情况进行讨论。如果时间充裕，读者也可以通过对《德国民法典》第447条第1款进行简洁的涵摄而获得相应的分数。

（三） 法律及法律行为的解释

法律解释（Auslegung von Gesetzen）[1]是法律科学争论的典型对象。

---

[1] 法律行为解释的问题与法律解释（相关内容请参见 Schimmel JA 1988, 979 ff.; Schimmel JA 2001, 339 ff. 以及各自所援引的其他文献）是具有可比性的（尽管并不是完全一样；详细内容请参见 Schwintowski, 100）。因此下文所提及的很多关于法律解释的表达建议可以同样适用于法律行为解释。尽管法律行为解释所使用的方法与法律解释的方法并不一样，但却具有相似性。关于解释的例子请参见 Gergen AL 2009, 219 ff.; 关于解释的典型错误值得一读的有 Christensen/Pötters JA 2010, 566 ff.

对具体的案件事实作出正确判断的不同观点通常与相关法律规范的正确解释相关。因此鉴于表述形式的问题读者可以先了解上文关于观点争议的内容[1]。

解释应该达到怎样的目标以及如何达到解释目标，这是法学方法论一直以来的研究课题。关于法律解释的争议，例如法律解释首先应当探求法律本身的意志（客观说）还是立法者的意志（主观说）。[2]

然而，与法律解释相关的争议问题一般不会作为练习作业中的问题而需要讨论，基本上只需要直接作出判断即可。但在法学理论以及方法论领域的作业中却有所不同：因为在该领域中法教义学问题常常被作为典型的方法论问题而需要作出判断。

读者应当先描述问题，即说明随后就解释问题进行讨论对于**判断案件事实的意义**：

- 〈Rechtsfolge〉 tritt nur ein, wenn 〈Norm〉 einschlägig ist. 只有当〈法律规范〉适用时才会出现〈法律后果〉。

- Damit steht aber noch nicht fest, dass..., da 〈Norm〉/〈Erklärung〉 auslegungsbedürftig ist. 因此还不能作出判断，即……，因为需要对〈法律规范〉/〈表示〉进行解释。

- ob 〈Norm〉 auf 〈vorliegenden Sachverhalt〉 angewandt werden kann, ist unklar/dem Gesetz nicht eindeutig zu entnehmen/erörterungsbedürftig/bedarf näherer Betrachtung. 〈法律规范〉是否可以适用于〈本案〉尚无定论/法律并没有作出明确规定/还有讨论的必要性/还需进一步讨论。

- Ob 〈Sachverhaltsinformation〉 〈Tatbestandsmerkmal〉 unterfällt, hängt davon ab, ob das... —erfordernis weit ausgelegt werden kann/auf Situationen von... zu erstrecken/auszudehnen ist. 〈案件事实信息〉是否属于〈构成要件〉取决于，……—要求是否可以作广义解释/是否可以延伸/扩展至……—的情形。

- Danach kommt es für... auf... an. 因此……取决于……

---

［1］ 参见本书边码158及以下。
［2］ 本文只提出问题，而不能对其进行讨论或者给出答案；比较简短的参考材料有 Steinrötter AL 2011, 411 ff.

217　随后读者可以简短地指出，这是有关**解释的问题**（Auslegungsproblem）。

- *Das entscheidet sich danach, wie ⟨Norm⟩ auszulegen ist.* 这取决于如何解释〈法律规范〉。

- *Diese Frage ist im Weg der Auslegung (bei rechtsgeschäftlichen Erklärungen: nach § §133, 157 BGB) zu klären.* 这个问题需要通过解释的方式（对法律行为的解释：依据《德国民法典》第133条、第157条）进行解释。

- *Das Gesetz trifft zu dieser Frage keine/keine eindeutige Aussage, so dass ⟨Norm⟩ einer Präzisierung bedarf; diese erfolgt im Auslegungsweg/durch Auslegung.* 法律对于这个问题并没有明确的规定，因此需要对〈法律规范〉进行明确化；而明确化需要通过法律解释的方式来实现。

- *⟨Bestimmung⟩ kann zunächst als... zu verstehen sein. Daneben kommt ein/e ⟨abweichender Begriffsinhalt⟩ in Betracht. Zuletzt kann man auch an... denken. Welche Bedeutung maßgeblich ist, muss durch Auslegung ermittelt werden.* 〈规定〉（最好写明规定的具体文字表达）首先可以理解为……。此外还存在一个〈不同的概念内容〉。最后也可以解释为……。必须通过解释才能确定哪一个含义才是正确的。

218　比较推荐的做法是，根据经典的法律解释方法（Canones der Auslegung）构建论据表达。尽管不同的方法论，老师对其称谓以及分类有所不同，但是在论述中将其细分为**文本、规定之间的相互关系、法律规范的历史、法律规范的目的**（即文义解释、体系解释、历史解释以及目的解释）始终是通用的，并且确保对于阅卷人而言具有较高的识别性，即使阅卷人本身并未就方法论的最新论点有广泛的研究。

该**论述顺序**很常用；另外以文义解释作为开始有其合理性并且也是非常流行的做法。因为法律和合同条款都是以语言进行表达，因此首先选择同样的方式——即文本——来解释这些条款是非常合理的。[1]

---

[1] 同样从宪法的角度来看，基于法治国原则的考虑，首先应当从法律规范的文本本身着手，但这并没有（例如在刑法和税法中）强制性地标明解释可能性的界限。

文义解释 (Grammatische Auslegung)[1]

- Ausgangspunkt (je) der Auslegung ist der Wortlaut der Bestimmung. Das Gesetz nennt einerseits..., andererseits finden sich auch... in die Regelung miteinbezogen. (任何一个) 解释的出发点在于确定文本的含义。该法律一方面规定……，另外一方面也包含……的含义。

- Einen (ersten) Anhaltspunkt gibt (bereits) die Formulierung des Gesetzes, die sich auf... beschränkt. Hätte der Gesetzgeber auch ⟨Sachverhalt⟩ erfasst sehen wollen, hätte er (leicht/ohne weiteres) von ⟨andere Formulierung⟩ sprechen können. Dies hat der in ⟨andere Norm/en⟩ auch getan. Daher liegt der Schluss nahe, die Einbeziehung von... in den Anwendungsbereich von ⟨Norm⟩ sei nicht gewollt. 其中一个 (第一个) 出发点 (已经) 在于法律本身的表述，其限于……的范围内。如果立法者的本意是将 ⟨案件事实⟩ 也纳入该法律规定的范围内，那么他将 (直接) 使用 ⟨其他表述⟩。立法者在 ⟨其他法律规范⟩ 之中也使用同样的方法。因此可以得出结论，将……纳入 ⟨法律规范⟩ 的适用范围并非立法者的意思。

- ⟨Norm⟩/Das Gesetz spricht von/nennt/lautet/verlangt... ⟨法律规范⟩/法律规定了/提出/的内容是/要求……

- Der Begriff des/r... wird/Die Begriffe... und... werden vom/im Gesetz nicht bestimmt/erklärt/definiert/näher präzisiert/erläutert. Im juristischen/allgemeinen Sprachgebrauch versteht man unter... üblichweise... Nicht erfasst ist dagegen...; diese wird mit... bezeichnet. 法律没有对……的概念/……和……的概念作明确规定/定义/解释/进一步说明/诠释。在法律/一般语言使用中通常将……理解为……。相反，并不包含……在内；该概念通常被称为……

- In ⟨Norm/en⟩ ist von ⟨Begriff⟩ nicht ausdrücklich/explizit/expressis verbis/dem Wortlaut nach nicht die Rede. ⟨法律规范⟩ 并没有对 ⟨概念⟩ 作出清楚的/详细的/明确的 (expressis verbis) 规定/根据表述并不包含 ⟨概

---

[1] 因为在解释问题中论证的展开在很大程度上取决于论据的内容，因此下文的表达建议仅以一个大概的论证方向标示那些在具体情形下有必要作较大改动的情况。

念〉。

- Eine unmittelbare Aussage zu... ist〈Norm/en〉nicht zu entnehmen/ lässt sich aus〈Norm〉nicht gewinnen/kann aus des/r〈Norm〉nicht genommen/entnommen werden.〈法律规范〉并未对……作直接规定/……无法根据〈法律规范〉得出/……无法从〈法律规范〉中推导出来。
- Der Wortlaut des/r〈Norm〉ist unklar/unscharf/nicht eindeutig/uneindeutig/mehrdeutig/nur scheinbar eindeutig.〈法律规范〉的表述并不清楚/不明确/不确切/有歧义/只在表面上看来是明确的。
- Mangels eines juristischen oder anderweitig fachsprachlichen Begriffs der/s... ist auf den allgemeinen Sprachgebrauch abzustellen... bedeutet danach soviel wie... 在缺乏法学或者其他专业语言对……概念进行定义时应该根据一般语言用法来理解……。因此……与……的含义相同。
- Unzulässig ist es, zur Ausfüllung des Begriffs der/s... die Bestimmung des〈Norm〉heranzuziehen. Zwar verwendet das Gesetz dort den gleichen/ einen ähnlichen Terminus, doch... 依据〈法律规范〉的规定来确定……的概念是不允许的。虽然法律使用与之相同的/类似的术语,但是……

我们通常会得出下列结论

- Die grammatikalische Auslegung/Auslegung nach dem Wortlaut führt nicht zur Klärung des... begriffs. 文义解释/根据法律文本所作的解释无法确定……概念的含义。

即使我们得出的结果并非如此,也不应该就此中断解释,因为针对其他论据时完全有可能出现相反的结果。

体系解释（Systematische Auslegung）[1]

- Der Regelungszusammenhang/Die Stellung der Norm im Abschnitt des 〈Gesetzes〉über... lässt darauf schließen, dass... 法律规定之间的联系/法律规范的位置处于〈法律〉关于……的章节中,据此可以作出判断,……
- Die Vorschrift des/Formulierung des〈Norm〉wäre kaum verständlich/ sinnlos, wenn (nicht)... 如果（不是）……,则〈法律规范〉的条款/表述

---

[1] 值得一读的有 Puppe Schule, 66 ff. 结合刑法案例。

将无法理解/没有意义。

- Aus den 〈Norm〉 umgebenden Regelungen ist zu entnehmen, dass sich der Anwendungsbereich von 〈Norm〉 nur auf..., nicht aber auf... erstrecken soll. Andernfalls wäre nicht erklärbar/verständlich, warum... 根据〈法律规范〉前后的规定可以推断，〈法律规范〉的适用范围仅限于……，而不应该延伸至……。否则将无法解释/理解，为什么……

- Einer Übertragung der in 〈Norm〉 getroffenen Wertung auf 〈vorliegende Sachverhalt〉 steht entgegen, dass die Vorschrift vom Gesetzgeber in einen anderen Regelungszusammenhang gestellt worden ist. Hätten auch 〈Fälle von...〉 nach diesem Kriterium entschieden werden sollen, hätte die Norm in 〈den allgemeinen Teil des Gesetzes/den Anschnitt über...〉 gestellt werden müssen. Es fehlt auch an einem Verweis auf 〈Norm〉, So dass... 立法者将该条款置于其他法律规定的体系之中，因此不能将〈法律规范〉所提及的价值判断转用于〈本案的案件事实〉。如果〈……的案情〉也应该依据该判断标准作出判断，那么该法律规范就必须存在于〈法律的总则部分/关于……的章节中〉。同样也不存在对〈法律规范〉的准用，因此……

- Eine Regelung/Begriffsbestimmung kann sich aber aus 〈Norm〉 ergeben. Auf diese nimmt 〈auszulegende Regelung〉 anerkanntermaßen Bezug. 从〈法律规范〉可以推导出规定/概念的定义。而〈需要解释的规定〉可以直接参考该规定/概念的定义。

- Versteht man... als..., so steht dies insbesondere im Einklang mit der Regelung in... Umgekehrt widerspräche... der Regelung in... 如果将……理解为……，则其与存在于……中的规定相一致。相反，……与……中的规定相矛盾。

- Eine Harmonisierung der in... und... getroffenen Regelungen ist (nur) möglich, wenn man... als... auslegt. Auf diese Weise ist/wäre dem Postulat der Widerspruchsfreiheit der Rechtsordnung genügt, ohne dass dies zugleich zu Unzulänglichkeiten bei... führte. 只有将……解释为……时，存在于……和……中所出现的规定之间才可能是协调的。只有通过这种方式才能满足法律规定不自相矛盾的要求，同时也不会导致……不恰当。

- Nur eine Lesart, der zufolge..., vermeidet einen Widerspruch zu Wortlaut und Sinn des〈Norm〉. 只有根据……解释才能避免〈法律规范〉文本与含义之间的矛盾。
- Will man〈Norm〉so umfassen verstehen, bleibt für〈andere Norm〉kein eigenständiger Anwendungsbereich; da davon auszugehen ist, dass der Gesetzgeber keine überflüssigen/redundanten Vorschriften erlässt, spricht dies gegen ein Verständnis als... 如果我们对〈法律规范〉作如此宽泛的理解，那么〈其他法律规范〉将没有独立的适用空间；因为立法者不会颁布多余的/重复的法律条款，因此不能将〈法律规范〉理解为……
- Die von... vorgeschlagene Auslegung des〈Norm〉würde eine auffällige Lücke〈z. B. Rechtsgüterschutz des Deliktsrechts〉übriglassen; eine solche kann angesichts... schwerlich gewollt sein. 由……所建议的〈法律规范〉的解释存在一个明显的漏洞〈例如侵权责任法中的法益保护〉；根据……，这样的漏洞是不允许存在的。

体系解释的作用常常比我们想象的更大。如果读者习惯于观察法律规范的标题[1]，同一法律规范中不同概念之间的相互关系，一个法律条款与下一个以及下下一个法律条款同样也包括上一个法律条款之间的关系，相关法律的章节标题以及构造原理（是否存在总论?）以及其与其他具有类似规范内容的法律之间的关系，总是能够为某一解释或者其他解释找到值得考虑或者具有说服力的论据。

以"法律体系统一性"作为关键词展示的体系论据并非完全没有问题。该规则是否应该适用以及在怎样的范围内适用是存在争议的。通常情况下立法者自身甚至无法实现概念的统一使用。

举例：《德国商法典》第 343 条与第 48 条中的 Handelsgeschäft 一词含义并不相同，一个是指"法律行为"，另一个是指"商事主体"；类似的还有"Schuldverhältnis"，其有时候是指"请求权"（例如在《德国民法典》第 362 条中），有时指请求权束（Anspruchsbündel）。

---

[1] 只要其属于官方标题，例如《德国民法典》的官方标题是 2002 年之后才有的。但是读者在解释时不应该参考法学专业出版社的非官方的标题。

但有时候却一点也不复杂。

举例：在不同的法律当中偶尔会出现文字表述一致的条款，例如刑法和民法中关于紧急避险的条款。有些情况下一部法律中所使用的术语将被定义于另一部法律之中（或者至少由司法判决和法学研究所广泛讨论），例如《德国民法典》第 830 条第 2 款中的"教唆"，司法实践和学术界都一致认为可以援引《德国刑法典》第 26 条中关于教唆的定义。

历史解释（Historische Auslegung）[1]

- Die historische Auslegung/Das historische Argument ist/bleibt (insoweit) unergiebig: Der Gesetzgeber des ⟨Gesetz⟩ hat das Problem nicht gesehen/nicht sehen können. 历史解释/历史论据（在此范围内）并没有实质性意义：⟨法律规范⟩的立法者并没有/不可能注意到这个问题。

- Aus den Materialien/Motiven/Protokollen/Beratungen des Reichstags/Bundestags zum ⟨Gesetz⟩/zur Änderung des ⟨Gesetzes⟩ ergibt sich nur/geht hervor, dass... /lässt sich immerhin entnehmen/schließen, dass es Intention/Absicht/Wille/Ziel/Plan des Gesetzgebers war,... 根据帝国议院/联邦议院关于⟨法律规范⟩/修改⟨法律规范⟩的材料/动议/记录/咨询只能得出/推断出，即……/可以得出结论，立法者的目的/动机/意愿/目标/计划是……

- Bestätigt/Untermauert/Unterstützt wird dieses Ergebnis durch die Erkenntnisse der historischen Auslegung:... 通过历史解释层面的理解可以确认/论证/支持该结论：……

- Der Gesetzgeber hatte in erster Linie Frage des/r... im Blick. Mit ⟨vorliegender Frage⟩ hat er sich nur am Rand/beiläufig befasst. Den Protokollen der Beratungen lässt sich insofern immerhin entnehmen, dass an... nicht gedacht war. 立法者主要就……问题作了规定。对于⟨本案中的问题⟩立法者只是附带/顺便提及。根据立法咨询的会议记录可以得出结论，即该法律规范

---

〔1〕 笔试中只在极其例外的情况下才会以历史解释作为考点，因此阅卷人也不会期待考生能够作出历史解释相关的答案。但是，如果在家庭作业中法律规范的含义取决于历史论据，那么读者应该静下心来参阅相关的法律材料。关于历史解释比较好的例子请参见 Madaus JuS 2000, L 25 ff.；联邦最高法院在解释《德国民法典》时甚至追溯到立法的会议记录，相关内容可以参见例如 NJW 2008, 1157 (1158 Rn. 13)。

并不涉及……

- Dem Erlass des ⟨Norm⟩ lag folgende tatsächliche Situation/Entwicklung zugrunde:... ⟨法律规范⟩的颁布是以下列事实情形/发展为基础的:……
- Eine Präzisierung erfährt der Inhalt des ⟨Norm⟩, wenn man ihn mit der Vorgängerbestimmung des... —gesetzes vergleicht: Dort war lediglich/weitergehend/nur allgemein von... die Rede. Aus der engeren Fassung in ⟨Norm⟩ kann man schließen/entnehmen, dass ⟨Fälle⟩ nicht mehr erfasst sein sollten. / Der enge Anwendungsbereich der Vorschrift wurde allgemein als unbefriedigend empfunden. (Belege!) Der Gesetzgeber hat sich jedoch mit dieser Kritik nicht auseinandergesetzt. / Der Gesetzgeber hat darauf reagiert, indem er... 如果将⟨法律规范⟩与……—法律的先前规定进行比较，就可以使其内容精确化:在先前的规定中仅仅/在很大程度上/只是一般性地提及……。根据⟨法律规范⟩的狭义版本可以得出结论/认为，该法律规范不应该再包含⟨情形⟩。/法律条款狭小的适用范围通常被认为是不恰当的（出处！）。然而立法者并没有就该判断标准作出规定。/立法者通过……对此作出反应。
- Von der im Gesetzgebungsverfahren vorgeschlagenen Gestaltung als... /Formulierung „…" hat der Gesetzgeber Anstand genommen. Daraus kann man schließen, dass... 立法者并没有采纳立法过程中所建议的……形式/"……"表述。据此可以得出结论，即……
- Bezieht man indessen... in die Betrachtung mit ein, so ergibt sich... /erscheint das bisherige Ergebinis zunehmend zweifelhaft. 但是，如果将……纳入考虑范围，将产生……结果/现有结论将更加有疑问。
- Der Gesetzgeber ging noch von einer anderen Konzeption/einem anderen Verständnis des/r... aus. Aus diesem Blickwinkel war eine Regelung des... nicht erforderlich. Die Bedeutung, die mittlerweile... zugemessen wird, war einerzeit noch gering. 立法者还从……的另一个方案/另一种理解出发，从这个角度来看关于……的规定是没有必要的。在当时，对……作出规定意义甚微。
- Die Entwicklung nach Inkrafttreten des ⟨Norm⟩ ging zunächst dahin, dass Rechtsprechung und Rechtslehre übereinstimmend einen weiten...

—begriff zugrunde legten. Unter dem Eindruck des/r... ändert sich dies seit... zunehmend, so dass heute der... —begriff ganz überwiegend eng verstanden wird. Zentrale Überlegung/Hauptsächlicher Anlass hierfür ist...〈法律规范〉生效之后的发展首先体现在，司法实践和法学理论一致以广义的……—概念作为基础进行理解。但是，自……以来在……的影响之下这样的理解已经不断发生改变，以至于今日对……概念应该作非常狭义的理解。其主要理由/首要原因在于……

读者在使用最后一个表达时需要注意，不能只是依次复述一遍司法判决的发展过程，而应当着重论述那些导致司法判决发展变化的论据和考量。

读者所掌握的历史论据越多，就越应该在概念上将历史解释（historische Auslegung）与起源解释（genetische Auslegung）进行区分。其中起源解释是以某法律制定过程为研究对象，而历史解释是指法律或者法律概念的历史根源。[1]

目的解释[2]

在法律适用中可能出现并有必要对其进行讨论的首要问题是，如何以让人信服的方法确定法律规范的目的。这里所说的目的解释仅仅是指通过法律适用者自己自由确定的法律规范本身客观的规范目的，而不包含从历史角度出发的主观目的解释（即立法者制定规范时所欲实现的规范目的）。读者是否通过有说服力的论证反对或者支持目的解释，只是个人喜好问题。如果读者希望在方法论方面得到足够的分数，那就应该注意以简明易懂并且可批判的方式对此进行论证。即使读者的答案不被阅卷人所支持，但必须至少确保自己表述的内容适于被他人进行批判性的研究。即自己的判断评论应当保持开放并且以尽可能易于理解的方式引入论述。

- Eine Auslegung als/im Sinne der... theorie ist vom Zweck der Norm/des... rechts nicht gedeckt. 法律规范的目的/……法律的目的并不涵盖……理论意义上的解释。

- Entscheidende Bedeutung kommt der Auslegung nach dem Normzweck

---

〔1〕 关于民法问题值得推荐的是对《德国民法典》所作的历史—批判性的法律评注——只要该法律评注是已经出版的。

〔2〕 相关内容请参见例如 Leenen Jura 2000, 248 ff.

zu. 对于规范目的的解释具有决定性意义。

- *Die ratio des... verlangt (gebieterisch)...* 基于……原因要求（权威性的）……

- *Zweck/Ziel/Sinn/Aufgabe des/r gesetzlichen/vertraglichen Regelung/des...—rechts/des 〈Rechtsinstituts〉 ist es,... zu gewährleisten/zu verhindern/sicherzustellen/zu verbürgen/zu ermöglichen. Deutlich/Klarer als 〈im vorliegenden Zusammenhang〉 kommt dies in 〈Norm/en〉 zum Ausdruck, die... erkennbar/anerkanntermaßen... bezwecken. Will man dieses Ziel nicht aus den Augen verlieren/konterkarieren, so kommt nur eine Auslegung in Frage, die... Umgekehrt scheiden alle Interpretationsansätze aus, denen zufolge...* ……—法律/〈法律制度〉中法律规定的目的/意义/任务在于……，保障/防止/确保/预防/促使……。该目的在〈法律规范〉非常明显，……很明显/众所周知是以……为规范目的。如果不想忽视/违背该目的，该规范只有一种解释的可能性，即……。相反，所有的解释方式都将被排除，根据这些解释方法……

- *Wie sich aus... ergibt, hat der Gesetzgeber/haben die Vertragesparteien eine Regelung der...—frage/des...—problems/eine Verteilung des...—risikos dahingehend beabsichtigt/gewollt/angestrebt, dass...* 正如根据……可以得出的结论，立法者/合同当事人就……——问题/关于……的问题/……——风险的分担作出如下规定，即……

- *Die 〈oben gekennzeichnete Begriffsbestimmung〉 steht im Widerspruch zu.../lässt sich mit... nicht/nur schwerlich vereinbaren.* 〈上文对于概念含义的确定〉与……存在矛盾/与……不/很难一致。

- *Nur eine 〈Auslegung〉 wird der Schutzfunktion des... gerecht.* 只有〈解释〉才能确保……的保护功能得以实现。

- *Die 〈Auslegung〉 bleibt insofern weit hinter dem Möglichen zurück. Schon die 〈Auslegung〉 kommt dem Ziel eines/r deutlich näher.* 该〈解释〉在此范围内基本上是没有可能性的。〈解释〉就已经非常接近……的目的。

- *Eine resktriktive Auslegung des...—Begriffs wird dem nicht gerecht/verfehlt...* 对于……——概念进行限缩解释是不合理/错误的……

- 〈Auslegung〉führt zu... /würde/müsste zu... führen.〈解释〉将/可能导致……
- Bei〈Auslegung〉verbliebe für〈Norm〉kein/kaum je ein nennenswerter Anwendungsbereich. Es ist jedoch nicht davon auszugehen, dass der Gesetzgeber eine Vorschrift geschafft hat, für die erkennbar keine Anwendungsmöglichkeit/kein Bedarf besteht. 在〈解释〉的情况下,〈法律规范〉没有/几乎没有值得一提的适用空间。但是,不能因此得出下列结论,即立法者所制定的这个条款很明显没有适用的可能性/没有存在的必要。
- 〈Auslegung〉stößt zudem auf erhebliche/kaum überwindbare Schwierigkeit bei der praktischen Anwendung: Wie...(verlässlich)zu ermitteln sein soll, ist nicht ersichtlich. Auch ist eine Grenzziehung zwischen... und... dann kaum in vorhersehbarer Weise möglich. 此外,〈解释〉在实际操作中存在很大的/几乎无法逾越的困难:无法(以让人信服的方式)确定……的含义。同时,几乎也不可能用前述方法界分……与……之间的区别。
- Der Schutzzweck der Vorschriften über... ist aber angesichts... nur zu erreichen, wenn... 然而,由于……,关于……条款的保护目的只有满足下列条件时才能实现,即……

如果需要解释的不是法律,而是法律行为,读者还可以使用下列表达:
- Der von G mit dem Vertrag verfolgte wirtschaftliche Zweck——nämlich... — lässt sich auf wenigstens drei Arten erreichen: Durch..., mit Vereinbarung einer... sowie mittels... Aus dem Ziel des G ist damit die rechtliche Einordnung des Geschäfts noch nicht ohne weiteres abzuleiten. Für... kann aber... sprechen... G通过合同所欲达到的经济目的——即……——至少可以通过3种方式实现:通过……,就……达成协议以及借助于……。因此从G的目的并不能直接推导出该交易的法律类型。赞成……的论据有……

合宪性解释[1] 223

合宪性解释可以看作体系解释的形式之一,因为借助该解释方法可以通

---

[1] 相关内容请参见例如 Lüdemann JuS 2004, 27 ff.

过回归另一个法律——更高位阶的法律——来确定某一法律规范的内容。我们也可以称之为目的解释，因为所有普通法律都服务于宪法目的，都是以实现基本法的价值为使命。至少上文所提及的绝大部分表达建议也是可以适用于合宪性解释的。

- *Ob 〈Auslegungsmöglichkeit〉 mit 〈Verfassungsnorm〉 vereinbar ist, ist indessen zweifelhaft. Bedenken ergeben sich insbesondere daraus, dass...* 然而，〈解释可能性〉是否与〈宪法规范〉相一致是值得商榷的。该法律规范违宪的原因主要来自于……

- *Ein Verstoß gegen höherrangiges Recht kann sich hier aus 〈Wertungswiderspruch zu Verfassungsnorm〉 ergeben.* 该法律规范可能因〈与宪法存在价值冲突〉而违反更高位阶的法律。

- *Im Ergebnis ist festzuhalten, dass 〈Auslegungsmöglichkeit〉 als einzige Verständnis des 〈Norm〉 nicht gegen 〈höherrängig Norm, z. B. den Gleichheitssatz〉 verstößt.* 在结论中我们可以确认，〈解释可能性〉作为〈法律规范〉的唯一理解并不会违反〈更高位阶的法律规范，例如平等原则〉。

读者也可以用类似的方法处理**合欧盟法的解释**（**europarechtskonformen Auslegung**）[1]要求；两者都属于法律体系的论据，在这些论据中相关法律条款的位阶显得尤为重要。在解释中常常出现欧盟指令的间接第三人效力问题。[2]

结果

不同的解释方法常常会导致互相冲突的结果。就该冲突作出最终判断是法律适用者的任务。

其中最典型的应该是体系解释与目的解释之间的冲突：

- *Die Einheit der Rechtsordnung verlangt...*（*nach einem einheitli*

---

[1] 关于欧盟法的解释问题请参见 *Schröder* JuS 2004, 180 ff；关于民法中合欧盟指令的解释请参见 *Pfeiffer* StudZR 2004, 172ff.；*Riesenbuber/Domröse* RIW 2005, 47 ff.；v. *Westtpfalen* AnwBl 2008, 1 (4 ff.)；*Heiderhoff* ZJS 2008, 25 (29)；*Kroll-Ludwigs/Ludwigs* ZJS 2009, 7 ff.，123 ff.；司法判例：BGH NJW 2005, 418 ff.；BGH NJW 2009, 427 ff.；最迟在 2002 年的债法现代化之后合欧盟指令的解释就成为《德国民法典》的一部分。作为学生读者不应该忽视相关的方法论问题。

[2] 例如 BGHZ 179, 27 ff. ——源头。

chen... —begriff).法律体系[1]的统一性要求……（统一的……—概念）。

- Der Zweck des... —Gesetzes lässt dies nicht zu, da... 根据……——法律的目的这是不允许的，因为……

更加常见的问题是根据文义解释得出的结果与根据目的解释得出的结果不一致。在多大范围内超越文义本身的解释是允许的，是法学方法论（以及法哲学）研究的问题。但是，读者需要警惕的是，不要笼统地将目的解释——似乎是最具有说服力的解释——作为最重要的解释方式。

读者还必须注意避免另一个常见的但毫无实质内容的论证方式，即对于**本质**（Wesen）的援引，例如某一法律概念[2]的本质——使用这种论证方法存在很大的风险，即该论证只是表面的解释或者陷于循环解释。即读者在使用本质论据时至少要作详细说明或者解释。

读者的表述越是表明其在中途改变观点，越是需要明确强调**解释的结果**（Ergebnis der Auslegung）：

- Nach... kann mit 〈Begriff〉 nur... gemeint sein. 根据……〈概念〉的含义只可能是……
- ... spricht viel dafür, 〈Begriff〉 als... zu verstehen... ……在很大程度上说明〈概念〉可以理解为……
- Dieses Ergebnis ist gerechtfertigt im Blick auf... 基于……该结果是合理的。
- Der Anwendungsbereich des 〈Norm〉 erstreckt sich danach auch/nicht auf 〈vorliegende Situation〉. 因此〈法律规范〉的适用范围也可以/不能延伸至〈本案的情形〉。

---

[1] 这个概念并不是毫无疑义的。在一个如此区分的法律体系中（正如我们的法律体系一样），确保法律体系统一性究竟是否有意义这个问题本身就存在争议。在大量法律规定的材料和规定目的中虽然存在明显的矛盾，但也是具有很大意义的。

[2] 尽管联邦最高法院在其自然法时期乐于使用这种论证方式（例如 BGHZ 7, 223 [227]）；但是时至今日这种方法被认为是不可靠的 [但是并没有完全消失，例如 LG Baden-Baden NJW 2003, 3714; BGHZ 174, 255 Rn. 16; *Stacke* NJW 1991, 875 (876, 877); BGH VIZ 2004, 492]。还有 OLG Karlsruhe NJW 1992, 1329：扩音器的迅猛发展与摇滚乐的本质相适应——甚至是没有争议的。

- ⟨*Begriff*⟩ muss daher im zuletzt gekennzeichneten Sinne verstanden werden. 因此〈概念〉应当理解为最后所提及的含义。

(四) 补充说明: 合理的重点安排

227 最迟在国家考试中,阅卷人将期待读者不仅仅能够分析案件事实中的问题,而且能够合理辨别各问题之间重要性的区别。[1]这并不容易。但是读者可以通过不断练习掌握这项技能。

如果读者自己整理一个分类表,将案件事实中问题分为五个等级[2]并与事先构建的表达模板相结合,这对于完成法学鉴定是非常有帮助的。这里所说的分类表可以参考下列范例:

228 **1. 没有疑问(!)明确的问题**

如果案件事实中的一条信息是如此显而易见,以至于我们怀疑是否有必要在论述中提及,如果我们不想完全忽略这样的信息,那么我们就将其与另一个同类型的信息总结于一个确定性的句子中。

举例: E 的汽车是可以移动的,因此属于《德国民法典》第 90 条意义上的动产。读者既可以在答卷中写上上述表达,也可以将其省略。

在此之后读者可以通过一个引导性的句子提及相关的构成要件,紧接着罗列规范的所有其他要件,而不进行涵摄。

举例: 交付自行车所有权应当适用《德国民法典》第 929 条及以下各条的规定(关于动产所有权的转移)/具有相关性。

229 如果考虑到阅卷人的期待必须完整论述一个要件时,则以一个独立的句子来表述该信息。

举例: A 通过立即作出关于撤销交易的意思表示使《德国民法典》第 121 条规定的撤销期限得以满足。

---

[1] 该能力在读者以后的法学生涯中也尤为重要。但是,在一份律师文书中仅仅是错误判断重点问题还不至于导致败诉。但是在考试中这将成为判断得分与否的标准。

[2] 实际上中间的过渡是非常自然流畅的。当然读者也可以将其区分为七个或者更多等级。

但是读者无需对其进行论证；在家庭作业中无需在脚注中标明出处。如果读者认为有必要标明出处，至少应当尽量避免适用标准文献中的出处标注方式，例如简易教科书（例如 Brox/Walter 这一类型），最好只给出一个出处，并在可能的情况下加入一个备注：stellvertretend〈Fundstelle〉m. w. N.（具有代表性的〈出处〉以及其他）。

读者无需使用鉴定模式，因为鉴定模式需要耗费过多的篇幅并且也会使人觉得，读者缺乏正确辨识重点问题的能力。

2. "稍加思考"可以确定的问题

如果某些问题经过简单思考就可以确定其是没有疑问的，则可以参照上述情形的表达方法。但是读者不能完全忽略这些问题，因为读者对该问题所作的几乎所有的思考都有可能引起法律同行们（以及阅卷人）的兴趣。阅卷人对于其感兴趣的内容希望读者至少有所提及。或许读者在思考过程中遗漏了关于该问题的一个重要细节，而该细节是读者必须（至少是概括性）提及的。因此相比之下，阅卷人批评读者的论述过于简单要比批评读者完全没有论及相关问题要好得多。

举例：意思表示的到达并不取决于相对人是否实际了解其内容。具有决定性意义的是相对人是否具备这样的可能性，即以可期待的方式了解意思表示的内容（在脚注中注明出处）。因此该意思表示并不因 M 没有实际阅读解雇通知书而无效。

上述例子主要是针对那些学术上已经完全研究清楚，但是仍然在诉讼中或者在法律咨询中由当事人所提出的争议问题。尽管这些问题都已经得到系统研究，但是在鉴定中读者仍然应当简单提及。[1]

这些争议问题也包括似是而非的问题（Scheinproblem）以及特定类型的学术问题。

似是而非的问题（Scheinproblem）是指那些乍看之下具有相关性，但是实际上发现其只是非常接近正确的论证途径而已。[2]

---

〔1〕尽管法学鉴定的主要受众是专业同行；但是所介绍的（包括非专业的）观点越多，就越应当考虑到非法学专业人士受众的需要。

〔2〕这些问题包括现今不再有争议的问题以及案件事实随着时间推移而产生的问题。

举例：B 所作的担保表示涵盖 R 与 S 之间所订立租赁合同的所有债务。这些债务的具体内容目前还无法预见，因此鉴于确定性原则很容易让答题人产生怀疑。然而《德国民法典》第 765 条第 2 款的规定对此不具有可适用性，尽管该条款也允许将来的附条件的主债务作为担保标的。

如果有足够的空间可用于论述，对于似是而非的问题读者至少应该简要提及。阅卷人很有可能也对此问题有所思考，或者在简单分析后甚至认为是具有相关性的。

举例：Dass..., stört wegen... nicht/ändert im Blick auf... nichts（……并不会导致……发生改变）。或者 Auf... kommt es wegen... nicht an（由于……，该问题并不取决于……）。或者 Man könnte meinen, dass... Wegen... stellt sich diese Frage allerdings hier nicht（可以认为……。由于……，这个问题并不是由……所决定）。

233 **学术问题（Akademische Probleme）** 不仅仅是指法律实践已经具备可操作性的解决方案，而学术界仍继续争论的问题，也包括其结论已经确定，但是得出该结论的途径仍然存有争议的问题。大学里练习鉴定的答卷人允许并且应当将后者作为已经最终确定的问题进行处理——但不能忽视这些问题。

举例：Ob man... mit... oder mit... — was wegen... vorzugswürdig erscheint begründet, macht für... keinen Unterschied/ist wegen/im Blick auf... einerlei/ohne Bedeutung. Der Streit zwischen... und... bedarf deshalb hier keiner Entscheidung/Die Frage nach... kann daher hier offen bleiben（我们是否通过……或者……——从……来看具有优先性——来论证……，对于……而言并无差异/鉴于……并没有意义。因此无须就……与……之间的争论作出判断/因此关于……的问题可以搁置不论）。

从职业培训的角度来看第一种问题可能是更重要的。

举例：Während über... weitgehend Einigkeit herrscht, ist streitig, woraus sich dies ergibt. Die zutreffende Begründung dürfte in... liegen, weil...（关于……的问题已经在很大程度上达成一致，然而得出该结

论的依据仍然存有争议。正确的论证可能在于……，因为……）（在脚注中注明争论状态以及不同的观点）。

3. 具有策略上明确答案的小问题

我们常常会遇到一些可以从任何一个角度进行判断的小问题，但是鉴于论述结构的协调性以及为了有利于问题的分析而只能将其判断为特定的含义。像这种情况应当将其定义为一个问题并顺势作出判断。

举例：通过……提出/抛出一个（争议）问题，即如何/为什么……。其答案/解决方法一方面可以是，……〈总结于一个句子中〉。另一方面可以在……〈同样是简短的概括〉中寻找答案。/应该选择〈答案1〉还是〈答案2〉是存在争议的/答案是有分歧的。/观点之一认为针对〈关键词〉的问题应该选择〈答案1〉。但是，相反观点认为应该通过〈答案2〉来解决/说明该问题。〈答案1的简单论证〉。〈答案2的简单论证〉。鉴于〈论据〉，……看起来更具有说服力，〈结论〉。

阅卷人必须能够从读者的答卷中看出存在不同的观点。即读者至少应当提及这些观点。这些观点需要标明出处，而且最好给出多个出处。应当引注的是司法判例和专门的文献，至少是具备一定规模（umfänglicher）的教科书和法律评注，并且尽可能同时引注论文、专刊、纪念文集中的文章，等等。[1]

因为练习作业通常是针对特定类型的问题所设计的，因此在练习中所涉及类型的问题基本上都可以根据各自的通说观点作出判断。只有在极其个别的例外情况下才必须选择少数人的观点。

4. 小问题以及中等问题

练习题和考试题常常是由小问题和中等问题的集合所组成的。这些问题有司法判例和学术研究的基础，即其逐渐形成一贯的司法判例并在文献中逐渐形成主要观点（通说），从而使我们在处理问题时可以迎合大多数人所持有的观点。但是读者不能忘记，这个问题仍然是一个问题。即读者不能将这个问题描述得好像一切都已经很清楚了，而应当首先以结果仍然未知的口吻

---

[1] 具体内容请参见边码531及以下。

说明内容上的难点所在,这样我们在跟随他人早已走过的路径前,就已将阅卷人带到所要讨论的问题之前。[1]

举例:通过……提出/抛出一个(争议)问题,即如何/为什么……。关于这个问题一方面的观点是〈答案1〉。支持该答案的主要是〈论据〉。但是〈对于通说的异议=反对观点〉。因此在〈另外的异议,例如法律确定性/私法自治/禁止类推〉方面存在分歧。因此,最终并不是由于〈论据〉而选择最后所提及的/(完全)占主导地位的/通说观点/〈答案2〉的观点/而否定/反对〈答案1〉。

237 如果读者对正确结论已经胸有成竹,那就很容易草率地对题目作简单思考后过快地对中等问题作出判断。

举例:T在行为时主观上具有过失。

读者常常花费过少的精力以及篇幅来论证这一结论是如何得出的。

举例:T没有尽到交易所要求的注意义务,因此其行为时主观上具有《德国民法典》第276条意义上的过失。

而不需要再次将论证过程一步步展现给阅卷人。

举例:虽然T不该受到责难,因为他……。尽管在……中可以存在因违反具体情形所要求的注意义务而存在过失。如果……,就必须……或者至少应当注意……,以及在出现危险征兆时保证……。T因没有进一步考虑到……而不作为。正是该不作为导致注意义务的违反,尤其对于T来说其没有……领域的专业知识,因而无法预见到其行为的危险性。相反,鉴于……损害的可能性是完全显而易见的。对于一个……——就如T所处的身份——而言必须具备这样的意识。如果他没有意识到这样的危险,就能够证明其不作为具有可归责性,即其对于在具体情形中所负有的以及交易所期待的作为义务的违反。因此T行为时主观上具有《德国民法典》第276条意义上的过失。

---

[1] 同样,如果我们支持先前已经存在的观点或者通说,也不能简单地从教科书上摘抄一段;而是应该如此表述,就好像读者是在具体案例的分析过程中推导出来这样的观点。

5. 大问题

因为学生们对大问题存在（也称为"复杂的问题"或者直接称为"问题"）不必要的恐惧，因而更喜欢将其称为"观点争议"。并不是在所有的考试中都会出现大问题，但大多数情况下是会出现的。出题人会将这类问题作为考试问题用以测试学生的学习成果，即其是否掌握在具体案件争议中对学术问题进行讨论的能力。

大问题要求——尤其在家庭作业中[1]——读者进行多方面的分析以及在数量和质量上明确的重点构建。对某一问题的论述在鉴定中所占的篇幅基本上应当与其（相对的）重要性相匹配。同样，分析的深度以及法学论证的程度也应该如此。所谓问题的重要性首先是指其对于读者的讨论过程及结果的影响，其次是指该问题对于学术讨论以及法律实践的意义[2]。

读者可以有选择地省略标准问题中的出处，否则脚注部分就会过于繁复。但是读者应当将相关问题的当前状态展现出来，即引注最新的判例以及新近出版的文献。读者不能直接复制相关主题的旧论文中的脚注。从比较旧的判例和学术文章中读者应当选择首次讨论该问题或者对其进行特别深入探讨的出处。选择的判断标准之一就是，哪些出处在其他文献中被引用的概率特别高。

对于大问题我们很少能够一步接一步流畅地进行讨论。大多数情况下需要一个外部结构。思考该结构的步骤体现在段落和标题中。其中后者使阅卷人能够事先粗略地了解答卷人的整个思维过程。

在笔试中有可能出现这种情况，即读者虽然将某一问题定义为核心问题（读者甚至可能知道，相应的问题是存有争议的），但却缺乏论据。即如果读者——大部分情况如此——不熟悉问题以及相关的判断建议，那么读者必须模拟争论过程。如果读者所了解的类似情形越多（读者在虚构分歧时可作为对照的情形），这个过程就越容易。如果读者了解法学争议问题的典型连结点，那么这个过程对于读者而言就更为简单。备注：熟知争议内容总是让

---

[1] 在考试中出现大问题的概率远比学生们所认为的要少得多。
[2] 在完全时新的问题中还无法就前者作出判断，但是关于后者的问题都是可以判断的。

我们在答题过程中受益匪浅。

举例：是否应当根据法律条款的目的作出与其文义不同的扩大或者限制解释，这个问题可以是非常抽象的，但也可以是更加具体的，例如善意取得保护与所有权人保护（或者未成年人保护）之间的矛盾。

此外，很多（如果不是所有）法学争议问题还存在一些共同点，这些共同点可以帮助读者即时推导出一些论据。几乎针对所有的问题都存在两种观点，其中一种是更偏向于或者完全从客观角度进行观察，另一种观点是以主观要素为依据。关于法律规范解释问题存在形式解释说和实质解释说、以文本为依据的解释、以含义为依据解释、确定性解释、目的保护解释。如果读者常常思考下列问题，对于规范解释是有所帮助的，即哪些是常规哪些是例外，哪些是原则哪些是个案。如果读者不断练习，很快就会对此产生一种辨识能力，即掌握如何辨别和构建问题。

在公法中读者常常可以找到关于一个问题讨论必要性的提示，因为当事人会主动提出来[1]。

举例：A 认为，行政行为当然不得直接介入其对于……的请求权。（此处存在信赖保护/溯及力的问题。）

依据公式进行讨论总是没错的：

举例：A 异议的依据是……原则。但是否定该判断的是/然而对其予以反驳的是，根据……原则，……

6. 解题指南

读者应当将各个问题分别列入分类表中的某一个层次。这当然只是大概的分类，因为实际上缺乏可用于判断问题强度的可靠标准。正确辨识重点问题才是真正的难点所在。对此读者需要运气和对于问题的辨识能力。其中后者随着时间的流逝会不断增长。作为该辨识能力的替代，即为了照顾到初学

---

[1] 在这一点上，学术考试就像法官对法律争议最后草拟判决一样：即使法官认为当事人的观点是错误的或者不准确的，他也一定会在判决中简要提及，因为这些观点构成争议的一部分。

者尚未获得这样的辨识能力，这里提供几个临时性的判断标准：

对一个问题的**第一感觉**可以作为假设用以判断在鉴定中应该留出多大的空间用以论述这个问题。如果某一问题的结论一开始就已经清楚，那么其无论如何不太可能是重点问题。如果一个问题给人的第一感觉是经典的法学争议问题，那么有可能是重点所在。但是这个判断标准只在一定程度上具有可靠性——例外正好证明规律的存在。

通过对考试题目的**深入分析**读者很快就会发现，哪些是法学文献里的争议问题，哪些是当前的争议问题。

如果法律人以及非法学专业人士的第一感觉都认为某一问题是没有疑问的，那么就是没有疑问的。在很大程度上存有疑问的问题是指那些法学专业人员经过一定思考也无法作出明确回答的问题，对于这类问题读者可以立即想到不同的结果以及很多相应的论据。对于非法学专业人士通常只需使其能够理解问题的描述，而无需深入至问题的"答案"以及相应的论据。

如果案件事实中使用了**法学专业术语**，那么通常情况下这一部分已经经过预先涵摄。因此针对这一部分内容无须详细论述，只需要进行简短但明确的复述。但是有些时候却恰恰相反："误言无害真意。"请读者不要盲目相信所有的法学专业术语[1]！

如果案件事实已经引用**当事人的法律意见**，那么即使读者不赞成这些观点也要学会对其进行分析。

7. 如何标示问题所在

如果读者想要通过答案的外在形式就向阅卷人表明案件事实的重点所在，一方面可以简单地通过控制讨论篇幅来实现：阅卷人通过观察论述结构就可以了解，即重点问题的讨论篇幅也会相对较长。另外一种可能性——其价值常常被低估——在于出处引注的复杂程度。简单的问题通常只需要在一个脚注中引用一两个简易教科书或者简短的法律评注作为出处，如果可能的话再加上一个新近的高级法院的判决，然而对于稍微大一点的问题应当根据其观点的多样性以及与结果的相关性使用多个脚注，在这些脚注中引注的出

243a

---

[1] 在案件事实中专业正确使用法学概念的标志是，如果许多术语以相互关联的方式使用 [即例如：论及"出售（Verkauf）"和"取得（Erwerb）/所有权转移（Übereignung）"]。

处有范围广泛的教科书、工具书、深入的法律评注以及多个法院判决，对于大问题而言就需要使用数量众多的脚注对每一个具体的方面作全面的引证。

举例：就一个民法总则中的小问题我们通常从文献中选择一本初学者教科书（Rüthers/Stadler, Brox/Walter, Köhler, Schack, Faust, Bitter, Wertenbruch）作为引注，对于一个中等问题选择内容更加丰富的教科书（Pawlowski, Medicus, Bork, Larenz/Wolf），而对于大问题我们同时需要引注非常大部头的教科书（Flume）以及年代久远的教科书［Enneccerus（/Nipperdey），v. Tuhr］。上述规则也可以类推适用于法律评注的引注，最初或许可以选择"Jauernig"，最后可以引注"Staudinger"。但是司法判例的引注就不是如此明确。对于小问题我们也应该尽可能引用高级法院的判决（即在民法领域通常引用联邦最高法院的判决，偶尔也引用联邦宪法法院的判决，甚至欧洲法院的相关判决）[1]；问题的深入程度可以通过所引注的判决的数量以及对下级法院判断的恰当选择来表现。

243b **8. 可能的重点——出现判断分歧时的处理方法**

在练习作业中总是会出现这样的问题，即读者作为答题人看到一种判断可能性，其本身看起来并不矛盾，但在具体案件事实中却表现出问题。解决方法之一：简短地**呈现所掌握的知识**（Wissen präsentieren）。如果读者采用这种方法，则不能作复杂的论述。

举例：针对案件事实有必要讨论之前产生的请求权是否被排除，因为合同所约定的给付已经成为不可能（《德国民法典》第 275 条第 1 款），读者在课堂上所学到的履行不能的概念包括客观不能与主观不能、自始不能与嗣后不能、可归责于债务人的事由导致的履行不能和不可归责于债务人的原因导致的履行不能。读者很愿意将这些概念的相关知识都展现出来，因为读者猜测阅卷人会针对每一个具体概念的论述分别给分[2]。读者很快就确定本案所涉及的是嗣后主观且不可归责于债务人的原因所导致的履行不能。如果读者希望向阅卷人展示所有这些信息，则不应该这样表述："本案可能涉及嗣后履行不能。所谓嗣后履行不能

---

[1] 关于脚注的分类请参见本书边码 567 及以下。
[2] 这样的猜测也可能是错误的……

是指……本案中的情形是……因此本案中的不可能属于嗣后履行不能。此外本案中的履行不能还可能是一个主观履行不能。主观不能必须满足……本案中的情形恰好满足该要求即：……再次T可能对于该履行不能具有可归责性……"尽管这样的表达看起来非常学术，但是仔细一看，其实不然。上述关于履行不能各种类之间的区别对于《德国民法典》第275条第1款的法律后果几乎不产生任何影响。如果读者花很大的篇幅论述这些内容几乎不可避免地会得到这样的批注，即"为什么要论述这些内容？"如果读者想要用简短的文字表达上述内容，则可以不进行学术研究式的涵摄，但是必须同时表达自己的观点。首先基于完整性考虑，读者必须对案件事实中的履行不能作类似于下文的简要判断："根据买卖合同，T有义务向S交付自行车并转移自行车的所有权（《德国民法典》第433条第1款）。但是自从D通过盗窃将T的自行车占为己有之后，交付占有（《德国民法典》第854条第1款）以及转移所有权（《德国民法典》第929条第1句）对于T而言都已经不再可能。因此属于《德国民法典》第275条第1款意义上的给付不能。"之后再补充说明——尽可能集中于简短的结论——"由于D有可能完成给付，因此其属于主观不能，该履行不能是在合同订立之后才发生的，因为盗窃发生在T和S通话之后。因此T想要免于承担给付义务，尽管他对于履行不能的出现具有可归责性。"另外一种可能性是表达一个"外观——异议"："尽管D还能够完成T所负担的给付义务"并随后将其否定，"但是根据《德国民法典》第275条第1款的规定，主观不能已经足以排除给付义务，即本案恰好属于这种情形，在本案中虽然不是所有人，但是至少债务人已经置身于给付义务之外。"这对于法学专业人士而言虽然属于确证的法教义学的存在，但是对于非法律人而言具有解释的必要性。如果我们能用一个句子对此简洁地作出解释，这是比较令人满意的。

（五）法律规范的法律后果

即使读者已经完成请求权规范的构成要件的检索，也并不一定最终完成涵摄工作。如果案件事实中的问题部分或者全部存在于法律后果层面[1]，

---

[1] 这种情形常常出现于损害赔偿法、不当得利法或者合同解除等作为重点的考题中。

那么在结构中应当注意区分请求权理由和请求权数额或者请求权范围。在责任构成之下进行检索之后，读者应当得出一个下列类型的阶段性结论：

- Dem Grund nach/Grundsätzlich besteht ein Anspruch des ⟨Anspruchstellers⟩ gegen ⟨Anspruchsgegner⟩. 原则上本案中存在一个⟨请求权人⟩针对⟨请求权相对人⟩的请求权。

为了能够继续论述：

- In welchem Umfang/In welcher Höhe/Ob allerdings ⟨Anspruchsteller⟩ Schadenersatz in der geltend gemachten Höhe/für sämtliche eingetragenen Schäden/Erstattung z. B. aller gezogenen Nutzungen/Rückgabe auch der Früchte verlangen kann, ist fraglich. 在什么范围内/在什么数额内/⟨请求权人⟩是否可以主张其所要求的数额/就产生的所有损害/补偿例如所有取得的用益/同时归还孳息，这是存有疑问的。

表述于一个句子中：

- liegt somit der Tatbestand des… Anspruchs vor, so ergibt sich die Rechtsfolge aus… (z. B. §§249 ff. BGB). 如果……请求权的构成要件存在，就可以根据……（例如《德国民法典》第 249 条及以下各条）推导出法律后果。

然后在结论中写道：

- Ein Anspruch des ⟨Anspruchstellers⟩ besteht (nur) in Höhe von ⟨Betrag⟩/richtet sich nur auf den Ersatz von ⟨bejahte Schadensposition (en)⟩. ⟨请求权人⟩的请求权额度（仅仅）为⟨金额⟩/只能针对⟨被确认的损害情形⟩的补偿。或者 Also kann ⟨Anspruchsteller⟩ lediglich/ausschließlich ⟨berechtigter Teil der Forderung⟩ verlangen. 即⟨请求权人⟩仅仅/只能要求⟨债权中合理的部分⟩。

245 在法律后果层面读者同样必须一个要件接着一个要件进行涵摄。法律预先设置了构成要件层面和法律后果层面之间的区别，例如在不当得利法中责任构成要件（《德国民法典》第 812 条、第 816 条）和责任范围的确定（《德国民法典》第 818 条及以下各条）被分别规定于不同的条文中。

246 如果读者并没有在标题和大前提中选定其中一个法律后果——比较推荐的做法——，就必须说明法律后果存在不同的选择可能性，

举例：K 可以主张《德国民法典》第 437 条中的权利。

并且如有必要再给出一个建议，

举例：对于 K 而言最有利的做法是根据差额方法来计算损害。

只要案件事实中存在这样的提示，尤其是当案件中问题表达为："K 问道，他可以怎样做？"即使读者选择经济上更具有吸引力的法律后果，也不属于对案件事实的过渡延伸。

举例：债权人因债务人给付不能而以高于市场价的价格购买标的物："解除合同是正确的做法。"或者也可以是："K 决定解除合同，因为他可以据此节省 D 所提供的更加优惠的价格之间的差价。"

如果案件中的问题并没有给出特别的提示，并且案件事实中不存在一些可以据以优先选择某一个法律后果的信息，读者最好作一个简短的总结：

- 〈Anspruchsteller〉 kann also von 〈Anspruchsgegner〉 nach seiner Wahl/wahlweise/alternativ (entweder) Schadenersatz wegen Nichterfüllung oder Erfüllung der Verbindlichkeit verlangen, §179 I BGB. 因此〈请求权人〉可以根据其选择要么向〈请求权相对人〉要求因不履行而产生的损害赔偿，要么要求其履行债务,《德国民法典》第 179 条第 1 款。

- 〈Anspruchsteller〉 hat gegen 〈Anspruchsgegner 1〉 und 〈Anspruchsgegner 2〉 als Gesamtschuldner einen Anspruch auf〈Anspruchsziel〉. Er kann daher wahlweise auch einen der beiden auf〈Leistung, z. B. Zahlung des vollen Betrags〉in Anspruch nehmen. 〈请求权人〉享有将〈请求权相对人 1〉和〈请求权相对人 2〉作为连带债务人主张〈请求权目的〉的请求权。因此〈请求权人〉也可以选择其中之一要求〈履行，例如全额支付〉。

在这些情形中需要花费更多的时间和空间讨论权利人是否以及如何行使其选择权。

边码 248—322 关于劳动法和刑法部分的内容请参阅 beck-shop（http: // www. beck-shop. de）的 *Schimmel*, Juristische Klausuren und Hausarbeiten richtig formulieren。

第四部分 解 题 提 示

如果读者到目前为止一直都在认真地阅读本书内容，肯定对法学鉴定的作用方式以及语言表达已经拥有一个非常明确的概念。接下来一章的内容将帮助读者在法学鉴定中，在实际运用这些知识的过程中避免不必要的错误。即总结读者在解答练习作业和考试题过程中应当注意的问题。本章内容与前面部分的内容是相互独立的，即使读者没有阅读前面几章也可以读懂并运用本章的内容。本章将要帮助读者避免的错误分为**初学者和高年级学生**会遇到的错误。读者首先可以看到的是一系列常见的**法律鉴定中的错误**（边码323以下），紧接其后的是解题建议（边码450及以下），在不考虑具体错误的情况下参照这些解题建议将有可能提高读者成功的几率。

第一章

错误以及错误的避免

下列规则中的一部分具有基础性意义[1]，而另一部分是关于细节问题的注意事项[2]。这些规则基本上都是非强制性的；这里使用"规则"一词已经表明，在有疑问的情形下最好遵循**规则**，而非有可能出现的**例外**。由于初学者无法一开始就理解这些规则的内容和含义，因此本文将随时举例[3]并且为这些例子配有简短说明。这些规则对大学时期法学鉴定中的典型错误和重点问题进行研究，即从大学直到第一次国家司法考试期间通常会出现的考题以及相应的评分标准。

实际上其中很多规则只是习惯问题，违反这些规则也不会导致真正的错误。但尽管如此，也几乎没有直接反对遵循这些习惯的理由[4]。

1. 鉴于在**笔试**中常常存在答题时间上的压力，所以某些建议只在家庭作业中才真正适用。但是其中有一些规则仍值得我们学习并掌握，为了在笔试中不至于完全不知所措。然而，在考试以及家庭作业中，内容上的正确判断要比精炼的语言表达更加重要。读者只有对法律论证已经有透彻的思考之后才需要考虑语言表达上的技巧。

2. 在**家庭作业**中适用另一套标准：阅卷人知道读者有充分的时间对答案的文字表达进行精细的修改。如果读者认为这是没有必要的，对于读者而言是很不利的。

---

[1] 尤其请读者注意关于如何正确使用德语的建议，请参见本书边码 324 及以下。

[2] 例如正确书写法学专业术语"必要条件（condicio sine qua non）"的提示，参见本书边码 368。关于"预先"占有改定和"预先"指示交付的界分，请参见 Liebs JZ 1972 751。

[3] 很多例子是真实存在的。其中从学生练习作业中选取的例子，本文并不详细说明其出处。只要是从法学专业期刊中的文章以及法院判决中选取的例子，都会在脚注中注明出处。

[4] 当然读者也可以赞成歌德（Goeth）（Faust I , Z 550 f.）的观点："即使没有语言表达上的技巧也能使人理解并表达正确的含义（es trägt Verstand und rechter Sinn mit weinig Kunst sich selber vor）。"但是法学教育和法学实践工作所要求的当然要比"没有技巧"更多。

3. 很多问题存在多个答案。这意味着，读者可以这样做也可以那样做。"这样或者那样"的意思不是"这样和那样"。如果读者已经选择其中一种形式或者另一种形式，那就应该在全文保持同一种形式，即**统一性**（Einheitlichkeit）原则。

4. **免责声明**（Haftungsausschluss）：可能出现的错误的数量或许是无法穷尽的。但是本文只能给出有限数量的规避错误提示。如果关于法学语言适用的规则不是来自于法律或者类似的官方来源，而是一定程度上取决于出题人的喜好，而且后者还会随着时间不断变化，那么问题就会变得更加复杂。

简而言之，下列规则都非常重要，但并**不完全**。本文所提到的都是最常见的错误类型。[1][2]

5. 解题说明

（1）即使读者目前没有练习作业要写，也请从头到尾仔细阅读一遍下列提示。其中一部分提示总是值得读者留意的。

（2）如果读者正在撰写练习作业，请再次阅读全部提示。当读者即将完成家庭作业时，可以根据这些提示检查常见错误。

（3）请读者随时补充类似的规则和错误，尤其是读者自己在语言使用时所犯的错误。任何对于本书内容的盲目崇拜都是没有益处的。因此请读者将自己的认识标记在书边上并将自己不认同的意见划出来。只有通过读者自己的标注，本书才可以被称为真正有用的解题工具书。

6. 关于**出处**（Quellen）：——很遗憾，关于这些规则并不存在完整、可

---

〔1〕"错误教学"如果要实现其目的，则必须以实践经验为基础。意思是指，其不能以理论上可能出现的错误，而应该是根据经验常常出现的错误为研究对象。（相关内容请参见例如：Edenfeld JA 1999, 196 ff.）这也意味着，错误教学不可能真正系统化，而只能尽可能系统化。因此对于读者而言并不能直接使用辅助工具搜索特定内容——因此推荐读者速读。尽管本文后面部分的内容是完全有条理的；但是读者如果要搜索特定内容的解释，最好利用书末附录中的关键词目录。如果读者觉得本章的篇幅太长，则请以 *Henne* http://web.uni-frankfort.de/fb01/henne/downloads/hausarbeiten.pdf 或者 *Tetting/Mann*, 169 ff. 作为参考。

〔2〕这里所说的错误教学的难点在于，并不是所有学生都会犯所有可能的错误，而是每个学生都有自己会犯的错误。因此每个读者都会在下文中看到很多对于自己来说没有实际指导意义的提示。这有可能使读者产生过于自信的自我认知或者感到无聊甚至产生怀疑，即花钱购买本书是否多余。但是读者们也可以继续阅读直到最后一点，到最后读者会发现"这种感觉是错误的"。如果读者没有犯过本文作为例子所列举的某些常见错误，那也是值得欣慰的：因为本文中几乎所有例子都是作者多次见到的。

靠的汇编。除了自身在撰写和批改家庭作业及笔试过程中所积累的经验之外，下文所列举的例子是以参考很多"范本（Kochbücher）"为基础的。[1]

最好的提示往往出现在我们意料之外的位置。[2] 因此这一总结的目的在于使读者免于需要另行阅读很多其他参考书。

如果读者更善于从具体的例子，而不是抽象的规则本身来学习，那么建议读者阅读一些**原始案例分析作业（Originalarbeit）**并牢记他人在解题过程中所犯的错误。很多法学专业领域存在家庭作业和笔试汇编可供参考。法学教育期刊中的鉴定范例并不一定适用于这一目的。有些范例乍看之下是针对学生的学习要求所作，但实际上常常并不是很合适。[3]

7. 说明：读者可以利用下文的清单来完成流线型的论述。这乍听上去好像又给人一种投机主义的感觉——但实际上并非如此。从形式角度来看，流线型的表达并不会显得不体面，而且恰恰相反。本文的解题说明并不涉及读者答题内容上的见解。

8. 法律条文本身也可以成为恰当的语言适用**指导**。但有些法律条款的表达却显得有些累赘。

举例：《德国民法典》第 645 条第 1 款结尾中使用的是 in Gemäßheit des 而不是 gemäß（根据），第 930 条和第 868 条中使用的是 vermöge dessen 而不是 durch das（通过），第 825 条中使用的是 Frauensperson 而不是 Frau（女性），第 411 条中使用的是 Militärperson 而不是 Soldat（士兵），第 407 条第 1 款和第 504 条使用的是 in Ansehung der 而不是 betreffend die

---

〔1〕尤其值得推荐的是：*Diederichsen/Wagner* BGB—Klausur—zu Recht einer der „Klassiker"; 但是 *Diederichsen* 的观点总是非常严格，好像任何一个小错误都是不可原谅的; *Gramm*（Hrsg.）Fehlerlehre—Schwerpunktbildung im Öffentlichen Recht; 非常值得推荐的考试参考书有 *Brau* Zivilrechtsfall—die mehrfache Lektüre des Theoretischen Teils（第 3—64 页）; 相对简易的参考书有 *Wörlen/Schindler* Anleitung; 其他还有 *Knödler* JuS 2000, L 65 ff.; *Dühn* JA 2000, 765 ff.; *Lemke* JA 2001, 325 ff.; *Möllers* JuS 2001 L 65 ff.; *Standop/Meyer* Form, Anhang Ⅱ（217 ff.）。

〔2〕例如关于法学研究者的文风规范请参见 *Eckert/Hattenbauer* 75 Klausuren, 205 ff.（也可以查阅 www. uni-potsdam. de/u/ls_ rechtsgeschichte/lehre/stilregeln. php），以及 *Trevor-Ropers* Zehn Gebote—Anweisungen zum deutlichen Schreiben im Vorwort zu *Fezer* Klausurenkurs. 另外值得一读的还有 *Müller* JuS 1996, L 49 ff.; *Gross* JA 1995, 83 f.; *Schmucke* JA 2001, 911 f.; *Hattenhauer* Kritik, 132 ff.; *Forstmoser/Ogorek* Juristisches Arbeiten, 15 ff.

〔3〕例如 *Habermeier* JuS 1994, L 76 ff.：" 确定的，明确的，理所当然的责任，直接满足的，完全合理的，另外还表明……，等等，详细内容请参见本书边码 359。"

（关于），第 147 条第 1 款使用的是 mittels Fernsprechers 而不是 telefonisch（通过电话的），第 254 条中使用的是 Beschädigter 而不是 Geschädigter（受害人），第 782 条使用的是 Beobachtung 而不是 Beachtung（遵守）或者 Einhaltung，第 1986 条中使用的是 ausantworten 和 Ausantwortung 而不是 übergeben（交付）和 Übergabe，第 616 条第 1 句和第 354 条使用的是 wird nicht verlustig 而不是 verliert nicht（不丧失），第 149 条第 1 句使用的是 dergestalt 而不是 so（因此），以及诸如第 249 条第 1 句、第 812 条、第 818 条中使用的第三格。

在参照这些法律条文的语言表达时我们要保持谨慎——《德国民法典》毕竟已经有一百多年的历史。[1] 即使在处理只有 65 年历史的《德国基本法》时我们也应该保持谨慎态度。

举例：《德国基本法》第 6 条第 2 款第 1 句：Pflege und Erziehung der Kinder sind das natürliche Recht der Eltern und die zuvörderst ihnen obliegende Pflicht（抚养和教育子女是父母的自然权利，也是父母承担的首要义务）。

很遗憾，有些时候法律条文中的语言表达恰好具有误导性。

举例：《德国民法典》第 474 条的标题是"消费品买卖（Verbrauchsgüterkauf）"，但实际上该条款规定的并不是消费品的买卖，而是以企业之外的消费者作为买受人的买卖（《德国民法典》第 474 条如此定义）。

判例也可以作为参考的范例；但在判例中有时也会存在一些过时的用法。

举例：Dies im Sinne gelebter Toleranz einzuüben und zu praktizieren, ist eine wichtige Aufgabe der öffentlichen Schule[2]（教导并践行实际意义上的宽容是公立学校的重要任务之一）。

---

[1] 但是有时候恰恰相反，法律文本所使用的语言表达要比其解释者更加现代：《德国民法典》写道"Eigentumserwerb an beweglichen Sachen（动产所有权取得）"（例如第 929 条第 1 句），而时至今日 Baur/Baur/Stürner 的物权法教科书仍将其称为"Farniserwerb"。以及 Celle 的高级法院将"Kopf"称为"Haupt"（NJW 2005, 3647）。

[2] BverfG FamRZ 2006, 1094 ff., Rn. 18.

9. 因为我们不可能知道所有的不当表达,并且前面的汇编也只能作为例子,所以推荐读者购置并经常使用其他人撰写的**标准文献**(Standardliteratur)[1]。

10. 下文的提示是按照——典型法学的——从一般到特殊的顺序归类方式。读者首先(边码 324 及以下和边码 340 及以下)看到的是那些总要(!)牢记于心的建议[2],然后(边码 357 及以下)是关于谈论和书写法学相关内容时应该注意的规则,紧接其后(边码 384 及以下)的是那些只在法学练习和考试中具有重要意义的规则。

324 一、正确的德语

鉴定应该以优秀的德语写成,至少也应该是正字法和语法上正确的德

---

[1] 作为查阅工具主要有 Duden-Bände 1(Rechtsschreibung, 25. Auflage 2009), Duden-Bände 4(Grammatik, 7. Auflage 2005), Duden-Bände 5(Fremdwörterbuch, 9. Auflage 2007)以及 Duden-Bände 9(Richtiges und gutes Deutsch, 6. Auflage 2007);用于阅读和学习的参考材料例如 *Reiners* Stilkunst(或者至少是其 Stilfibel)——从 *Reiners* 的很多例子中我们可以注意到其曾受过法学教育(以及其对于法学文风的提示,第 155 页及以下各页)。值得推荐的还有 *Schneider* 的书,最后:Deutsch!(同样非常有用,尤其是 *Schneider* 有很多这方面的书:Deutschfür Profis, Deutsch für Kenner。另外需要对 *Reiners* 和 *Schneider* 作进一步说明:这些书并不是关于文风的教材。尽管这些书通常比教科书更多致力于法学语言的表达(文风错误属于思维错误——*Hans Hattenhauer*),但也只能涉及最严重的错误;比较深入的有 *Schnapp* Stilfibel;*Schmuck* Deutsch(主要针对律师);*Walter* Stilkunde(简要概括参见 Jura 2006, 344 ff. = www.skriptorama.de/uber-den-juristischen-stil 以及 *Walter* Rhetorikschule, 252 ff.);*Fricke* Stil;*Jahn* JuS-Magazin 3/2008, 6 ff.;*Wieduwilt* JuS 2010, 288 ff.;*Dichtl* Deutsch(非常令人鼓舞,我们若能仔细阅读其中的例子,也可以在相邻学科中避免很多错误),或者 *Hoffmann* Deutsch;*Hoffmann* Besser schreiben。文风的精练也可以通过研习拉德布鲁赫的作品来领会。在法学语言流畅方面值得一读的最主要还有 *Heinscheind* 清楚明确的小词典 Dummdeutsch;类似的有 *Zimmer* Wortlupe;作为补充的还有 *Gleiss* Unwörtbuch;*Weigel* Leiden;*Kaebhlbrandt* Deutsch;*Krämer/Kaehlbrandt* Ganzjahrestomate;明确针对"法律事务"的请参见 *Grunau* Spiegel(或许也可以买旧书!);类似的有 *Gesellschaft für deutsche Sprache* 出版的 Fingerzeige für die Gesetzes—und die Amtssprache,以及 *Berger* Schreiben;其他可以作为参考的有 *Bundesverwaltungsamt* Handbuch Bürgernahe Verwaltungssprache(出版信息:第 2 版,Köln 2004)www.bva.bund.de/cln_047/nn_372236/SharedDocs/Publikationen/Verwaltungsmodernisierung/Buergernahe_Verwaltungssprache_BBB, templateId = raw, property = publicatonFile.pdf/Buergernahe_Verwaltungssprache_BBB.pdf 以及 *Stadt Bochunm*(Hrsg.)die Tipps zum einfachen Schreiben。

[2] 此处涉及一系列对所有学术文章都有指导意义的建议,不仅仅是针对法学专业的文章;相关内容请参见 *Kühtz*, Wissenschaftlich formulieren。

语。这是无须多说的。但是经验告诉我们的却是相反的景象。

● 在考试中，正字规则错误、标点使用错误、语法错误以及打字错误或许都还可以被原谅，甚至是多种错误同时出现，但至少所表达的内容是清楚的。但是很遗憾，有些作业的水准连这些要求都无法满足.[1] 应该批评的并不是犯错误，而是不去改正错误。在极端情况下过多的错误将导致负面评价。[2]

（1）传统上[3]das 和 dass 之间的区分是容易犯错的地方（规则：我们可以交替使用 dieses、jenes、welches、然后用 das，而不是总是用 dass）。

举例：... immer das Gefühl, das man stört... ——应该用 das 还是 dass？；ein Leistungsstörungsrecht, dass ihnen im Falle der Nichterfüllung...[4] ——应该用 das 还是 dass？Die Befürchtung, die Anwesenheit des Klägers in dem Hotel könne zu Beschwerden anderer Gäste oder gar dazu führen, das diese ihren Hotelaufenthalt vorzeitig beenden oder von einem neuerlichen Aufenthalt Abstand nehmen werden, vermag bereits deshalb ein Hausverbot nicht zu tra-

---

〔1〕 一个无数人都会犯的错误："……并写了一份电报，在电报中他接受该要约。"这在考试中是不允许出现的。因此：通过高级中学毕业考试（Abitur）并不足够；我们必须不断证明我们的德语水平（值得一读的有 Derleder NJW 2005, 2834 [2835]，我们已经达到中级水平）。换句话说：读者成功的可能性与其语言等级直接相关。当然还有其他因素。语言能力的不足我们还可以在成年以后继续补足。相应的课程根据提供者，目标对象和要求分别叫做 Konstruktion und Interpretation komplexer alphanumerischer Zeichenketten 或者 Deutsch in Wort und Schrift Ⅱ，例如在法兰克福高等专科学校提供完全契合的课程 Deutsch für Studium。——此处再举一个（从实体法方面来看非常好）笔试中的例子："因此 G 和 A 之间必须成立一个《德国民法典》第 433 条意义上有效的买卖合同并且产生一个请求权。这以 G 和 A 双方当事人之间有效的买卖合同为前提。"在阅卷过程中考官或许会忽略这样的错误（认为这是紧张导致的……），但是在求职材料中如果存在这样的错误——读者将完全被排除在筛选程序之外（关于建立和结束劳动关系中的德语能力请参见 Herbert/Oberrath DB 2009, 2434 ff.；Herbert/Oberrath DB 2010, 391 ff.）。很幸运有些工作领域几乎对法律写作没有任何要求；因此在 2006 年的时候在法兰克福有个银行抢劫犯因以下这段文字被认定既遂："Bank überfal, sofort Gelt oder Schisen, kein Schpas (taz v. 30. 3. 2007, 14)。"这很好。同时这也不会是一个巧合，即在一系列关于学习和实践中的法律写作的指南中存在完全由德语老师所著的关于时间顺序、虚拟式以及句子结构的章节（Salzer in: Busch/Konrath SchreibGuide Jus, 139 ff.）。

〔2〕 VGH BW NJW 1988, 2633 ff.

〔3〕 并且很明显在很久以前就存在这样的问题：还在实习（Referendar- und Assessorexamen）时期，这两个词的使用就常常被混淆。事后查阅请参见 Hoffmann Besser schreiben, 217。

〔4〕 Gregor MDR 2006, 1084 (1085).

gen, weils es auch insoweit jedenfalls an hinreichend konkreten Anhaltspunkten für eine solche Annahme fehlt[1]。

326　（2）错误的或者是多余的标点符号也会在很大程度上造成阅卷人理解困难。[2] 有些标点[3]错误甚至会改变一句话的含义。

举例：Die Perle in der Auster beschäftigt im darauf folgenden Jahr 1906 noch dem Kieler Gelehrten, Professor Schloßmann（在1906年之后还有基尔的学者，Schloßmann教授，研究"贝壳里的珍珠"这个课题)[4]。Der brave Mann denkt an sich selbst zuletzt（那个勇敢的人最后才考虑自己）还是 Der brave Mann denkt an sich, selbst zuletzt（勇敢的人只考虑自己，然后才是别人)[5]；Nazis töten sofort!（纳粹杀人毫不犹豫!）还是Nazis töten, sofort!（杀死纳粹，立即!)[6]；Es regnet, Jungs（Halleluja!）（下雨啦，孩子们〈哈利路亚!〉）还是Es regnet Jungs（Halleluja!）（下男孩雨啦〈哈利路亚!〉)[7]；非常形象的例子还有：A meint, B habe eine strafbare Handlung begangen（A认为，B实施了应受刑法处罚

---

[1] BGH NJW 2012, 1725 Rn. 17.
[2] 如果哪位读者不相信，可以试一下大声阅读 Joyce Unysses 的最后一章（由 Wollenschläger 所翻译）——或者是 Gacia Marquez Der Herbst des Patriarchen 的最后一章。
[3] 读者可以在例如 Dulden Bd. 1, §§71 ff. 中找到最新的标点符号使用规则；此处仅点评一个近来出现率极高的错误：我们常常在朗读的间歇使用逗号调整气息或者在书写的间歇使用逗号以便进一步思考（Mit dem Anbeten seiner Fahrräder, könnte man ein Angebot annehmen——同样在 sowohl 和 als auch 之间以及 entweder 和 oder 之间都是没有逗号的），然而官方的规则是没有规定使用逗号。如果有读者使用逗号，可能会获得歌德的认可，但是 Dulden 将会否定。相关内容请参见 Sick Das gefühlte Komma, Sick Dativ Folge 2, 50 ff.
[4] 在 Fahl Jura 第19页中，这段文字是有逗号的；但是听起来好像在整个基尔只有一个学者，即 Schloßmann 教授——有可能，但并不一定。我认为这里应该是没有逗号的。
[5] 席勒（Schiller）（《威廉泰尔》第一幕第一场第139行〈根据1905年出版的16册组成的一百周年纪念版本〉Wilhelm Tell, 1. Aufzug, 1. Szene, Zeile 139，在 Reclams Universal 的图书馆可以获取）是怎样写的？他想要表达的是什么意思？更多内容请参见 Schneider Deutsch!, 120 f.
[6] 匿名的涂鸦艺术家（Hauswand Jordanstraße 8，法兰克福大学附近）是怎样写的？他想要表达的是什么？这是否是一个祈使句？是一个祈使句的缘由？还是两者皆有？法学思维方式：不同的标点符号适用是否会导致该表述有道德甚至是刑事法律评价上的区别？——另外涂鸦也基本上无法进行引注；但其具有出处，例如 Schmude Freiheit。
[7] Schaffer 和 Jabara 在其英语原著中是怎样写的？其要表达的是什么？具体内容请参见 www.songfacts.com/detail.php? id=2299.

的行为）还是 A, meint B, habe eine strafbare Handlung begangen（B 认为 A 实施了应受刑法处罚的行为）。Du mich auch?（我也是吗？）和 Du mich auch!（我也是！）之间的区别是非常明显的。

同样，改变逗号的位置也会导致类似的结果。

举例：Der Brief muss zugestellt werden. Heute, nicht morgen!（那封信必须被寄到。今天，而不是明天！）或者 Der Brief muss zugestellt werden. Heute nicht, morgen!（那封信必须被寄到。不是今天，而是明天！）

另外，以逗号表示比较关系也属于比较常见的错误。[1]

举例：Für sie sollten die gleichen strengen erwachsenenpädagogischen Kriterien gelten, wie furalle modernen Seminarformen[2]（对于他们同样应当适用严格的成人教育的标准，就如同所有现代教育模式所适用的标准一样）。Muss das Gespräch eines Sohnes mit seiner Mutter weniger geschützt werden, als das Gespräch mit dem Steuerberater?[3]（儿子与母亲之间谈话的需受保护性，要比与税务咨询师之间的谈话更弱吗）?

同样，使用不正确的双引号也会导致混乱。

举例：Polizeipräsidenten fordern: Heroin vom Staat[4]（警察局局长宣告：国家的海洛因），还是 Polizeipräsidenten fordern Heroin vom Staat（警察局局长向国家索取海洛因）。

由连字符所导致的愈加常见的错误[5]

举例：BGH Thesen[6]; Verfahren aus US Sicht[7]; Havard

---

[1] 其他数量众多的例子请参见 OLG Stuttgart MW 1985, 349 ff.; *Becker/Schäfer* JA 2006, 597 ff.; *Hörndler* MDR 2008, 184 (188).
[2] *Wellensiek/Strittmatter-Haubold* Riesenburger, in: *Vec* u. a. Campus-Knigge, 169 f.
[3] *Hirsch* in: *Huster/Rudolph* Rechtsstaat, 164, 177.
[4] Spiegel-Titel Nr. 5/1997, taz v. 16. 6. 1988, 1.
[5] 译者注：这里所指的错误是指应当使用连字符而没有使用连字符。
[6] Bishof/Junghauer/Podlech-Trappmann-*Bishof* RVG § 22 Rn. 18.
[7] *Bolthausen* MDR 2006, 1081, 1083.

Professoren[1]；Diplpm Juristen[2]；BGH Richter[3]；im zwei Tag Takt[4]；Werden Sie EBS Jurist！；Das Stauffenberg Attentat[5]；der Guttenberg Skandal；Die Bourne Identität；同样非常容易出错的还有Bundesdaten Schutzgesetz。

可能是普遍存在的英语借词[6]的一种形式，因此基本上也是可以被谅解的——但是见多了也确实恼人。[7]

如果读者已经完成高中毕业考试，那么对于读者而言标点符号的使用固然是一个无聊的话题，然而其在考试日常中却有着料想不到的区分可能性。[8]

（3）另外，虽然与**断字**（**Getrenntschreibung**）相关的错误只是偶尔才会出现，但其也会导致所表达的含义发生改变。

举例：A begann mit B ein Gespräch, in dem er ihn fragte, ob...（A与B开始谈话，在该谈话中A问B，是否……）与 A begann mit B ein Gespräch, indem er ihn fragte, ob...（A与B开始谈话，通过该谈话A问B，是否……）这两者所表达的含义并不完全相同；Die Klage ist zulässig（该诉讼具有可诉性）与 Die Klage ist zu lässig（该诉讼非常简单）表达的是不同的情况；Bei den Tätern kam es auf Geld nicht an（对于案犯而言金钱并不重要）和 Beiden Tätern kam es auf Geld nicht an（这两个案犯的罪行不取决于金钱）对同一案件事实中的不同方面予以强调，类似的还有 ein ernst zu nehmendes Problem（需要严肃对待的问题）和 ein ernst

---

[1] *Möllers* Juristische Arbeitstechnik, Rn. 429；*Binswanger* Wettbewerbe, 137.
[2] *Millgramm/Grafmüller* MDR 2008, 1139.
[3] *Puppe* Schule, 60.
[4] *Bublitz* ZJS 2010, 306, 308.
[5] 电影《Operation Walküre》的副标题，2008（英名：Valkyrie）。
[6] 关于英语借词请同时参见边码369，关于连字符请参见边码515。
[7] 然而也存在相反的趋势，例如：Access-Blocking（*Schnabel* JZ 2009, 996 ff. 关于预防儿童色情的网络屏蔽）；该词在美语原版中采用的是小写字母并且是分开书写的。Ad-hoc 和 ex-ante Perspektive 也都是错误的；既不是所有的词都以连字符连接（Ex-ante-Perspektive），也不是将连字符置于固定的拉丁语表达与其后的单词之间（Ex ante-Perspektive）。
[8] 作为考官，我们只在极其例外的情况下才能看到一篇没有任何标点错误的答卷。不仅在笔试中如此，在家庭作业中也是如此。这很遗憾。

zune-hmendes Problem（不断加剧的问题）。

另外，因**大小写**（**Groß- und Kleinschreibung**）不同所导致的错误也只是偶尔才出现，其同样会导致所表达含义的差别。

举例： Die mitreißende（颤抖的）Mitreisende（驴友）berichtete von den tauben（聋的）Tauben（鸽子们），die vereinsamt（孤单地）im Vereinsamt（聚乐部办公室）saßen, und kaufte eine runde（圆的）Pizza für alle und eine Runde（圈）Pizza für alle。我们如果说到 demokratischen Republik Kongo（民主的刚果共和国）和 Demokratischen Republik Kongo（刚果民主共和国），这两者之间是否有区别？

尽管如此，尽可能使读者的期望避免落空也是作者义不容辞的事。

（4）虽然大部分正字法规则上的书写错误确实属于错误，但在练习中并无大碍。读者需要注意的是影响阅读且**有害文章真意的打字错误**。

举例： Das Gesetz findet auch auf neue Kreditarten Anwendung（该法也适用于新的贷款类型）不同于 Das Gesetz findet auch auf neue Kreditkarten Anwendung（该法也适用于新的信用卡）——类似的 Das Vorgehen des T ist nicht zu missbilligen（T 的措施不该受到指责）与 Das Vergehen des T ist nicht zu missbilligen（T 的违法行为不该受到指责），Verhandlungen mit dem Vermieter（与出租人之间的协商）不同于 Verhandlung mit dem Vormieter（与前房客之间的协商）。选择自己的 Enkel（孙子）还是 Onkel（叔叔）作为继承人是有天壤之别的。同样，以 Der Schutz von Diskriminierungen（对歧视的保护）代替 Der Schutz vor Diskriminierungen（反歧视保护），以 Anne hat Markus zuerst ins Herz und dann in die Arme geschossen（安娜先是打中马库斯的心脏然后再射击其手臂）代替 Anne hat Markus zuerst ins Herz und dann in die Arme geschlossen[1]（安娜先是爱上了马库斯然后再拥抱他。），都是存在问题的。Nachtbar（夜晚的酒吧）代替 Nachbar（邻居），Verbrecher（罪犯）代替 Verbraucher（消费

---

〔1〕 *Beck* ZRP 1999, 85（89）: Schussbemerkung 代替 Schlussbemerkung（后记）以及 *Gildeggen/Lorinser/Tybusseck* NJOZ 2011, 1353（1357）: Im Verbogenen 代替 Im Verborgenen（隐居）。

者），Reispreis（大米价格）代替 Reisepreis（旅行费用），Akte（文件）代替 Aktie（股份），Anlage（设备）代替 Anklage（控告），unstrittig（没有争议的）代替 umstritten（尚无定论的），Gehhilfen（行动辅助工具，例如拐杖等）代替 Gehilfen（帮凶，助手），Anwaltschaft（律师）代替 Anwartschaft（候补资格，补缺希望），bestehende Vorurteile zementieren（消除存在的偏见）代替 dementieren（否认存在的偏见），Kries nationalen Denkens（Kries[1]民族思维）代替 Krise rationalen Denkens（对于危机的理性思考）。请读者无论如何要清楚区分 uniformierten Beamten（穿制服的官员）和 uninformierten Beamten（未被告知信息的官员），nicht ehrlichen Kinder（不诚实的孩子）和 nicht ehelichen Kinder（非婚生子女），Katarern（卡塔尔人）和 Katharern（卡特里派教徒），täglichen Beleidigungen（每天的侮辱）和 tätlichen Beleidigungen（身体上的侮辱），greisfreien[2] Städten 和 kreisfreien Städten（不属县管辖的城市），belasteten Verwaltungsakten（沉重的行政行为）和 belastenden Verwaltungsakten（负担性行政行为）以及 Wiederkäufer（§457 I BGB）（买回人）和 Wiederkäuer（反刍动物）。另外，alle Rechnung begleicht（报销所有的账单）和 nur alte Rechnung begleicht（只报销已有账单）也是有差别的。

如果读者要表达的是 A hat also keinen Anspruch gegen B aus §823 I BGB（因此 A 对 B 不享有《德国民法典》第 823 条第 1 款规定的请求权），请千万不要写成 A hat also einen Anspruch gegen B aus §823 I BGB（因此 A 对 B 享有《德国民法典》第 823 条第 1 款规定的请求权）[3]。这只会使阅卷人陷于错误判断。另外遗漏或者多余的 nicht（表示否定，意为："不，没有"）

---

[1] 译者注：Kries 是一个姓氏。
[2] 译者注：德语中并没有这个词。
[3] 这个问题在 Die BRD（Bundesrepublik Deutschland）ist ein Einwanderungsland（德意志联邦共和国是一个移民国家）与 Die BRD（Bundesrepublik Deutschland）ist kein Einwanderungsland（德意志联邦共和国不是一个移民国家）中显得尤为明显。关于易于使人误解的否定形式请同时参见本书边码332。

也会导致错误。[1]

司法裁判的德语表达不是 Rechtssprechung[2]（其反义词应该是什么？），而是 Rechtsprechung[3]（其反义词是什么？），然而与此不同的是下列词汇，即 Rechtsstreit（法律争议）、Rechtsschutz（法律保护）、Rechtssicherheit（法律确定性）、存有疑问的是 Schadenersatz（Duden）/Schadensersatz（BGB）[4][5]一词，又不同于上述规则的是 Einkommensteuer（所得税）和 Schenkungsteuer（赠予税）。

读者可以在很大程度上通过文本编辑软件[6]的拼写检查功能查找并改正打字错误。然而这样的检查程序并不能使读者免除自己再通读一遍文稿的责任。[7]

如果读者请他人代为输入作业内容，尤其需要彻底校阅一遍所输入的内容是否正确，因为打字社的打字员并不熟悉所有的法学专业术语。尤其是参考文献目录以及脚注中的专有名词。[8]

举例：Hettinger 和 Tettinger，Larenz 和 Lorenz

只在少数例外情况下**断字错误**会导致所表达内容的含义发生变化。

举例：请读者总是注意下列区别：

G wurde von einem herabstürzenden Baum-

---

[1] 例如 LG Köln NJW 1995，1621（1622），第三段的结尾部分；BGHZ 65，325（340，倒数第二句）。

[2] 译者注：两者的区别在于词中的 s，正确的写法是没有 s。在德语中很多词都是由多个单词复合而成，而在词与词之间是否需要以 s 作为连接是一个复杂的问题。一般原则为：-keit，-heit，-ung，-tät，-tion 等阴性词尾后应当加 s 进行连接。但是有原则必有例外！

[3] 例如 Horst NJW 2003，2720（2721）；Wobst GreifRecht 2009，41（46）；Gottwald DB 2012，1270（1274）。

[4] 译者注：该词义为损害赔偿。杜登词典使用的是不加 s 的 Schadenersatz，《德国民法典》使用的是加 s 的 Schadensersatz。

[5] 关于 Werksvertrag（承揽合同）请参见本书边码 371。

[6] 相关内容在本书边码 421 中也有论及。为避免检查程序偶尔出现差错导致前面的一切工作归于无效，因此读者应当随时保存最新状态的文本。

[7] 读者能否清楚解释责任与义务之间的区别？

[8] 在这种情况下，只有当读者不断将所有可能错误的专有名词纳入用户词典并严格注意无错误的内容，拼写检查功能才能发挥功效。这样做可以使读者花费更少的时间就能够了解被提示的名词存在错误——或者是首次出现的错误。

ast verletzt（G 被一根跌落的树枝砸伤）以及 G wurde von einem herabstürzenden Baumast verletzt（G 被一根倒塌的电线杆砸伤）

读者还有可能犯下列错误

Das ist nur ein Politik-ersatz（这仅仅只是一个政治交替）以及

Das ist nur ein Politiker-satz（这仅仅只是政治家的话语）

以及非常可笑的 bein-halten、Drucker-zeugnissen、Euro-parat、Waldecke、Ruma-roma、Voran-kündigung[1]，等等。读者计算机中的文本编辑软件的断字功能是否能够正确处理诸如 Arbeitsamt（劳动部门）、Transport（运输）、Nachtruhe（睡眠，安睡）、Staubecken（贮水，水库）、Windeseile（风）、Schweinelende（猪里脊）、Eileiter（输卵管，喇叭管）以及 Baumangel（建筑瑕疵）这些词，读者需要尝试之后才能了解。必要情况下读者必须在最后检查时注意这一方面可能存在的问题并手动调整。如果读者的文本编辑软件的拼写检查功能无法发现 zeitweilig 存在问题，那么 zweiteilig 很有可能也是有问题的[2]。

- 动词时态（**Tempus**）

有些时候正确使用过去式将起到关键作用。

举例：T muss Vertretungsmacht haben（T 必须具备代理权）所表达的含义远不如 T muss Vertretungsmacht gehabt haben[3]（T 当时必须具备代理权）清楚。第二种表达清楚表明，将一个意思表示归责于被代理人的前提要件并不是代理权一直延续到现在，而是代理人在给出意思表示的当下具有代理权。

---

〔1〕 Vorankündigung 是没有必要的，使用 Ankündigung 即可，详细内容请参见边码 347。

〔2〕 但是这样一套运算系统也很难正确运作。它该从何了解我们会对 Nachteile 和 Nachtruhe 做不同的断字处理？类似的还有 Die Gas-träume dürfen nur zu Kurz-wecken betreten werden（客房只允许用于医疗目的的使用）。译者注：Gas-träume 应该断为 Gast-räume，意为客房；Kurz-wecken 应该断为 Kur-zwecken，意为医疗目的。

〔3〕 译者注：gehabt 是 haben 的过去式，意为行为时具有代理权。

案件事实所描绘的一般都是过去所发生的事情。如果读者要在鉴定中复述案件事实的内容，应当使用过去时或者**完成时**（**Perfekt**）。大部分情况下完成时是最恰当的。对于案件问题的回答

举例：Was kann A tun?（A 可以采取什么措施？）——Hat B einen Anspruch?（B 是否享有请求权？）——Wie ist die Rechtslage?（法律状态如何？）

应当使用现在时（**Präsens**）

举例：A kann kündigen.（A 可以解除合同）——B hat keinen Anspruch.（B 不享有请求权）——Die Rechtslage ist kompliziert.（法律状态非常复杂）。

这一规则不但适用于结论，同时也适用于据以推导出结论的鉴定过程。所询问的是对当前法律状态的描述。[1]

总而言之：以现在时表达法律适用；以过去时描述案件事实。

举例：A hat später als vereinbart geleistet und ist so in Verzug geraten. Daher hat B einen Anspruch auf Schadenersatz wegen der ihm entstandenen Mehrkosten（A 因迟于约定期限履行而陷于迟延。因此 B 享有要求因此而产生的额外费用的损害赔偿请求权）。

- 名词的位格（**Kasus**）

熟知德语名词变格规则的阅卷人肯定非常了解某些特定的错误。

举例：Für den Student hat dies zur Folge, dass...[2] —... dem Doktorand die Möglichkeit bieten...[3]

非常容易出现错误的位格是第二格（**Genitiv**）[4]

举例：Die Kündigung des A 该表述并不清楚：其所要表达的是 Die

---

[1] 但在读者的职业生涯中适用的是不一样的规则；在学业过程中只有少数任务是需要读者调查案件先前的法律状态。
[2] *Weber* ZRP 1997, 315.
[3] *Huff* JuS 1991, 214.
[4] 第二格是属格，表示所有/物主关系，类似英文中的...of...

Kündigung des A gegenüber B（A 向 B 发出的解除通知）还是 Die von B dem A ausgesprochene Kündigung（B 向 A 发出的解除通知）？只有当雇主和雇员或者出租人和承租人相互发出解除通知时，才无需处理第二格的问题或者只有在极端情况下才需要适用 Kündigungserklärung（解雇通知）一词。

然而，法庭语言是德语，而不是诸如黑森语：anderst, besser als wie 或者南德的第二格（Wegen dem/Trotz dem bessern Argument...）因此读者应当避免使用口语化的表达。

读者若能够正确使用第二格，这是值得赞赏的[1]；但也请读者不要过分追求。

举例：... der Wert des Gutachtens zur Frage der Möglichkeit der Fortsetzung der Tätigkeit des Klägers ist zweifelhaft...；Die Vorstellung, dass der klinische Stab die vollständige Kontrolle über „kontingente" Interaktionsfolgen gewinnen muss, stellt eine radikale Abkehr von ursprünglichen Ideal einer emazipierenden Sozialtherapie dar, für die „(d)er Verzicht auf die Präskription eines inhaltlich bestimmten Therapiezieles"—unter Einschluss der Antizipation der Möglichkeit eines Scheiterns der therapeutischen Beziehung unter den Bedingungen der Personenautonomie[2]—charakteristisch war[3]。

请读者细数一下上述表达中第二格的数量。

另外，以 der Kaufpreiszahlungsanspruch des Buches（该书的价款支付请求权）代替 der Anspruch auf Kaufpreiszahlung wegen des Buches（因该书而产生的价款支付请求权）的表达不但很不美观，甚至像是错误的。读者最迟必须在检查过程中剔除这些不专业的表达。

最后，第四格也是错误率非常高的位格，其原因很可能在于粗糙的口语

---

[1] 非常有助益的提示请参见 Wieduwilt 的概览：虚拟式和第二格，可以从 www.juratexter.de 获取 PDF 版本。

[2] Bung KJ 2009, 292 (298)；如果读者大声朗读一遍这个句子就会发现，这个句子还有名词堆叠（相关内容请参见边码 375）以及外来词等问题需要改进，并摒弃那些陈旧的表达（darstellen）（相关内容请参见边码 382）——同时还有学术写作规范的问题……

[3] 译者注：这两个例子都使用过多的第二格，其中下划线部分都是第二格的表达形式。

表达对书面语言的渗透。

举例：A hat also ein/ kein Anspruch gegen B auf Mietzinszahlung. （A 不/享有要求 B 支付租金利息的请求权。）

- 因名词词性（**Genus**）[1] 所导致的错误仅是少数情况。但也存在几个特别常见的错误。

举例：乍看之下 Anerkenntnis（意为"承认书"，例如《德国民法典》第 371 条）是阴性名词，但实际上是中性的（类似于 Erfordernis）：das（Schuld-）Anerkenntnis（〈债务—〉承认书）。

- 请读者在书写、尤其是在修改文稿过程中注意**句子结构**（**Satzbau**）。注意：不加思考地接受文本编辑软件的建议，结果将会导致极大的混乱。

举例：Eine Anfechtungsmöglichkeit ist in der Insolvenzordnung nicht ausdrücklich vorgesehen（《破产法》中并没有明确规定撤销可能性）和 Anfechtungsmöglichkeit ist in der Insolvenzordnung ausdrücklich nicht vorgesehen（《破产法》中很明确没有规定撤销可能性）这两者之间存在极大的区别，是导致含义发生改变的区别。类似的还有 Der Beweis des Gegenteils ist nicht eindeutig erbracht（相对人并没有清楚地呈现其证据）和 Der Beweis des Gegenteils ist eindeutig nicht erbracht（很明确，相对人没有提供其证据）以及 Vertrauen Sie nicht nur dem Staat（请您不但相信您的国家）和 Vertrauen Sie nur nicht dem Staat（请您就是不要相信您的国家）。Ein Recht zum Besitz des Käufers 的表达易于使人产生误解，更好的表达为：ein Recht des Käufers zum Besitz（买受人取得占有的权利）。

如果句子的结尾与开头不相匹配，这将令阅卷人非常生气。

举例：Die Arbeit der unterschiedlichsten Behörden, seien es Polizei oder Militär oder umwelt- oder Entwicklungshilfeeinrichtungen, alle müssen lernen, „zusammenhängend" und „ganzheitlich" zu denken[2]. —Auch das Ermuti-

---

[1] 德语中名词分三性，阴性（f./die）、阳性（m./der）和中性（n./das）。
[2] *Lange* in: *Huster/Rudolph* (Hrsg.): Rechtsstaat, 64, 70.

gen der Mitarbeiter auf solchen Schulungen, dass zum Beispiel rechtswidrige Anweisungen des Vorgesetzten nicht ausgeführt werden dürfen oder sie sich bei moralisch bedenklichen Anweisungen an die Geschäftsführung oder die Rechtsabteilung wenden könnten, müssen den Teilnehmern vermittelt werden. ——In Frage käme ein Verstoß gegen Art. 3 GG, §611a BGB, dem Diskriminierungsverbot einer Schwanger.[1]（任何职业中的工作，不管是警察还是军队还是环境与发展促进组织，都必须学习"关联性"以及"整体性"的思维模式。——另外，鼓励员工参与这一方面的培训，例如必须教导参与者不允许执行法律所禁止的违法性指示或者在接到违背道德的指示时可以向董事会或者法务部门求助。——这可能违反《德国基本法》第3条以及《德国民法典》第611a条关于孕妇歧视的规定）。

如果读者在完成作业之后没有全面检查一遍，即使是简短并且清晰的句子也很容易因修改而变得难以理解。

举例：Diese Umstände hat der Kläger selbst zu beweisen, welcher er nicht führen konnte und infolgedessen die Klage abgewiesen wurde.（原告必须自行证明这一情况，但由于其无法证明因而败诉。）这句话只有内容上是可理解的，但是语法上却是有问题的。

另外，由于一个句子或者段落的位置被移动而导致的思维衔接出现问题的情况也并不少见。停顿之后的句子通常以 folglich（因此）或者 Außerdem（此外）引入，但是阅卷人却无法找到与结论相对应的原因或者第二个结论之前的第一个论据。

即使是语法上正确的句子也可能含义不明。

举例：Seiner Meinung hat sich die Kommission mit ihrem salomonischen Schiedsspruch aus der Affäre gezogen, dies sei doch ganz offensichtlich ein Fall von jüdisch verfolgtem Raubgut[2]（他的观点是委员会引自所罗门王

---

[1]《德国民法典》第611a条包含一个禁止性别歧视的规定；其中并没有论及对于孕妇的歧视。

[2] *Adorjan FASZ v.* 6.7.2008, 23. 赃物是否可以被追究？如果赃物与迫害犹太人有关是否就被称为"*jüdisch verfolgt*"？还是说这一句子所表达的是犹太人就是赃物本身？

的箴言书,这很明显属于犹太追踪的赃物之一)。

• 事实上自相矛盾的修饰(**reitende artilleriekaserne**)是不允许再犯的错误——但是实践中这样的错误还是反复出现。

举例:正确的表达:negative Zukunftsprognose 和 öffentliches Baurecht,存有疑问的是:weiterverarbeitende Gewerbezweige, soziale Netzwerkseite[1], informationelles Trennungsprinzip[2] 和 gälisches Fußballspiel[3],错误的表达有:rasche Auffassungsgabe, fließende Englischkenntnisse, afrikanische Rufnummernblöcke[4], wissenschaftliche Assistentenstelle, weibliche Genitalverstümmelung, künstliche Intelligenzforschung, Leipziger Straßenfest[5], mündlicher Prüfungsterminplan[6] 以及 erotisches Massagestudio[7],法学语言同样也存在很多这样的错误:kurzer Zeitablauf[8], immaterieller Schadenersatz[9], angemessene Fristsetzung, 以 auch fremde Geschäftsbesorgung 代替 Besorgung eines auch fremden Geschäfts, einstweiliges Verfügungsverfahren[10], negative Feststellungsklage, bewegliches Sachenrecht[11], außerordentliches Kündigungsrecht[12], arbeitsvertragliche Pflichtverletzung[13], mittelbares Drittwirkungstheorem[14], geistige Eigentumsrechte, parlamentarische Souveränitätsdogma, gewerblicher Rechtsschutz 以

---

[1] 对 social network site 的糟糕翻译。
[2] BVerfG BGBl. 2013 I 1270 Ls. 2 以及 Rn. 123, 202 f.
[3] *Thomas* FAZ v. 18. 6. 2010, 35.
[4] OLG München NJW 2004, 78.
[5] 除非我们所说的是莱比锡的街头艺术节。
[6] 该表达存在双重错误:即使删去 plan 一词,mündlich 一词所修饰的是 Prüfung,而不是 Termin。
[7] AG Wiesbaden ZMR 2011, 843 f. Rn. 4 u. ö.
[8] 例如 BGH NJW 2002, 669 (670); LG Gießen MDR 2003, 1041 (1042)。
[9] 这是完全错误的,因为物质补偿恰好是非物质补偿的反义词。
[10] 尽管有一些疑虑,但该表述仍属于这一方面的错误。这里所要表达的并不是暂时性的程序;程序是确定性的,只是程序结束后的指令是暂时性的。我们仔细想想可以发现,Internationales Privatrecht 也是很糟糕的译法。
[11] 如果读者在自己老师的讲稿中发现这样的表达,是否有一种想打人的冲动?
[12] 《德国民法典》第 489 条的官方标题即是如此。
[13] BAG NJW 2004, 1547 (Ls.)。
[14] *Fischer-Lescano/Maurer* NJW 2006, 1393 (1394)。

及 gewerbliches Mietrecht。但是，如果这一类型的错误构造已经成为习惯用法，即其已经具备官方认可的属性（例如 Bürgerliches Gesetzbuch，意为德国民法典），我们就可以使用。此外，连字符并不是具有说服力的解决方法：Barrierefreie Informationstechnik-Verordnung 这样的概念只在极小的程度上有助于理解[1]。如果我们要表达的是 Prüfung der Bonität des Kunden（客户信用审查），则不能表达为 Bonitätsprüfung des Kunden，类似的，如果我们想要表达的是 Kosten der Bewirtung Dritter（托管的第三方费用），则不能表达为 Bewirtungskosten Dritter。

读者需要特别注意的是错误的表达可能导致的内容上的差异。

举例：starker Raucher 指的是吸很多烟的人——还是指一个强壮的人，而这个人吸烟？aktiver Sterbehelfer 指的是热衷于安乐死的人还是指从事主动安乐死事务的人？

334　**知识测验**：Vorraussetzung für einen Anspruch aus §325 I ist das ein entgeltlicher Vertrag zustande gekommen ist.——这句话在内容上是完全正确的[2]；但是在语言上却存在不少错误。请读者细数一下总共有几处错误；如果读者所找到的错误少于四个[3]：请继续找！

举例：常见的错误还有：Interress（Interesse），pottentiell（potenziell），orginal（original），Internas（Internet），Konsenz（Konsens），Priviligierung（Privilegierung），seperat（Separat），Dilletantismus（Dilletantismus）[4]，Subsumption[5]/Konsumption，subsummieren（subsumieren）[6]，Reperatur（Reparatur），Apell，Aquise（Akuise），Sequestor（Sequenzer），

---

[1] 官方表述为：Verordnung zur Schaffung barrierefreier Informationstechnik nach dem Behindertengleichstellungsgesetz（BGBl. 2002 I 2654 ff.）.
[2] 更确切地说：曾经是正确的，因为《德国民法典》第325条还包含一个请求权基础。但是在2007年债法改革之后就是另外一番景象了。
[3] 译者注：原文用 fier vinden，作者想要表达的应该是 vier finden，其故意写成 fier vinden，这也属于错误之一。
[4] *Schramm* JA 2007, 581（582），很遗憾作者竟然还将该错误的拼写标注在脚注中。
[5] 虽然不是错误，但已经非常罕见。
[6] 相关内容请参见 *Heuer* Summieren und subsumieren, in ders. Deutsch unter der Lupe, 222.

Ergebniss（Ergebnis）、Standart（Standard）、wiederrufen、widerrum（wiederrum）、fechtet an、vorsetzlich（vorsätzlich）、Maschiene（Maschine）、Komitee、Progrom（Programm），等等。这些小小的错误都会削减阅卷人对于重要内容的关注。[1]

如果对于读者而言德语不是自己的母语，这也不能成为阅卷人应当包容这些错误的理由。请读者在完成作业之后找人帮忙修改。[2] 如果读者作为非德语母语考生想要借此获得额外的福利，那么读者应当表明自己的身份——最好在答卷的封面上做上记号[3]。

为避免误解：上文所论及的提示并不是关于掌握德语正字法的细节之处，

举例：Stofffrosch 这个词我们应该使用几个 f？为什么？那么 Schifffahrt[4] 呢？Seeelefant 需要几个 e？

而只是帮助读者避免那些直接冲向阅卷人眼睛的错误。
请读者遵守日常以及专业语言关于词义的规则。

举例：请读者区分 kurzfristig 和 kurzzeitig，letztlich 和 letzthin。在日常语言实践中 streitig 和 umstritten 是作为同义词使用的，但是在法学中 streitig 用来修饰事实，而 umstritten 则用来修饰法律问题。

补充说明：阅读困难作为免责事由？
读者很容易以一句"但是我是一个阅读困难症患者，昨天——今天——

---

〔1〕 这一类错误也会出现在有编辑审校的专业期刊中，例如 *Ladiges* GreifRecht 91 Fn. 9, 99. 中的 Rechtssprechung 和 Vorraussetzung。

〔2〕 这是阅卷人的最低期待。如果读者在德语国家学习德国法，最好自己能够掌握良好的德语。至少应当认识一个（!）能够帮您排除错误的人。否则读者只能自己承担所有的不利后果。

〔3〕 强烈反对该建议的请参见 *Schnapp* Stilfibel, 31 ff. ——这是应当认可的：保险起见，读者应当学好德语。这非常困难，但却是可能的。请读者细想一下：或许在大学里老师还能够对您糟糕的德语睁一只眼闭一只眼；但是在读者的法学职业生涯中，糟糕的德语迟早都会成为障碍。请读者阅读本书边码 355 中的例子，这些表达肯定都来自非德语母语的考生。如果律师所撰写的文书是这个样子，客户是否还愿意支付律师费呢？想象一下，考生为了取得考试成绩，但是在答卷中却反映出现类似于"Damit hat V ein Anspruch gegen B aus §816 I BGB"的表达，读者如果作为阅卷人也会感到恼怒吧？

〔4〕 Schifffahrt 一词对于法学而言可能并不重要；但是理解 Schifffahrt 的读者也能正确书写 Falllösung 和 Stofffülle 等法学词汇。

明天！"来逃避这部分所提出来的批评。由于近来阅读困难症患者的数量要比过敏人群更甚，因此这些人无论如何都属于一个庞大的群体。尽管这个论据不成立：读者最终还是不会让外科医生割掉自己的盲肠，即使医生很明显是因手抖而受牵连。如果对方无法确定读者是否会将所要表达的 Bahnkrise 写作 Bankkriese（或者将 Parkuhr 写为 Parcours，将 Pendant 写作 Ponton，将 Antragsdelikt 写为 Anthraxdelikt，将 trashig 写为 tres chic——或者读者想要表达 Schampus，而实际上写为 Schampoos)[1]，读者很难期待被聘请作为律师代理法律上的事务。阅读困难症只是一个声明，而不是免责事由。[2]

338　补充说明：正字法改革作为免责事由？

正字法改革以及因此而导致的新正字法规则（entweder war es bis vor kurzem richtig oder es ist jetzt richtig oder jedenfalls bald…）也已经逐渐不再是读者为自己辩解的理由。请读者忽略：新的正字法[3]应当适用于学校老师、学生、管理人员，等等。对于大学生、律师、出版社、FAZ 等并不适用[4]。

339　补充说明：正字法检查软件的缺陷作为免责事由？

将许多形式上的不足归结于审校软件本身的缺陷，这是最令人遗憾的解释（但是我在自己的新电脑上安装了 7.12.b 版本的软件用来查找错误）。这一类辅助工具离——即使是人工——智能还非常远，是非常有限的[5]。

---

[1] 关于特殊问题请参见 Bordo（Bordeaux 还是 Parto?）bei Flugbuchung durch eine Sächsin AG Stuttgart- Bad Cannstatt 12 C 3263/11，BeckRS 2012，17508。

[2] 然而作为阅读困难症患者读者享有很多法律上和社会福利上的优势，例如在国家司法考试中可以延长答题时间（相关内容 Hess VGH NJW 2006，1608 f.）以及法庭指定辩护人的权利（LG Hildesheim NJW 2008，454）。

[3] 1988 年 8 月 1 日实施，最后于 2004 年和 2006 年进行改革。在两次改革之后最新版的 Duden 或者 Wahrig 也将不可避免地进行修订。读者可以通过 www.duden.bifab.de 获取。关于正字法改革值得一读的有 *Kranz* Schifffahrt。了解改革中法学处理方法的最新状态请参见 OVG Lüneburg NJW 2005, 3590 ff. mit Anm. *Kopke* 3538; *Gärditz* NJW 2005, 3531 ff.

[4] 如果读者想要根据改革后的正字法来写作，但又不耗费更多的精力来理解这些规则，可以打开文本编辑软件将正字法设置为自动即可。另外本书也已经由出版社根据最新的正字法作相应的调整。

[5] 相关内容请参见本书边码421。但是在下列情况中这一类辅助工具还是能够发挥基本作用的：即读者的作业中满是任何标准的正字法检查工具都能发现的错误，这将使阅卷人感到非常恼怒。

二、易读的德语

不是所有语言上正确的表达都是美的[1]或者是令人享受的。如果有谁恰好要写一些和法律练习鉴定一样无聊的东西,那么他就要写得易读一些。

- **整句**(**vollständigen Sätzen**)的写作应该自然而然地只需要短句。一句德语的主句包含主语、谓语和通常情况下的宾语[2]。最先提到的两个部分是不可缺少的。

举例:怎样保持如下句子中所蕴含的观点? Anders derjenigen, der, indem er eine damit in gewissen Zusammenhang stehende Berufstätigkeit ausübt und sich dafür dem Publikum anbietet, eine Verantwortung dafür übernimmt, dass da, wo von seinen Diensten Gebrauch gemacht wird, ein

---

[1] 对于美的鉴赏大部分都取决于个人的鉴赏能力。培育自身的鉴赏能力是很有价值的。任何时候人们都可以发现,尽管用 Brief eingeschmissen(把信扔入信箱)代替 Brief eingeworfen(把信投入信箱)在实质上是正确的,但是在为法律鉴定的选词方面却立足于错误的风格层面。[此外类似的还有用 auf den AB quatschen(在电话答录机上闲聊)代替 auf den Anrufbeantworter sprechen(在电话答录机上讲话),用 kapputmachen(弄坏)代替 beschädigen/zerstören(损坏、毁坏)或者用 hauen(揍)代替 schlagen(打), Bosch JA 2009, 392, 393;有时是很小的部分:用 andersrum(相反)代替 andersherum(正好相反),译者注:在德语表达中 andersrum 属于口语表达,andersherum 属于书面表达。] 请读者避免在不是口语表达的情况下使用口语,或尽量少地在书面表达中使用口语用法。[尽管 BGH 也使用 Namenskau im Internet 这一表达(NJW 2008, 3714)]。几个值得一读的例子和提示请参见 Schnapp Jura 2006, 583, 584 f. 提升语感的最好方法是:阅读。基本原则:在书面德语中更多地使用 öffnen 而不是 aufmachen, also 而不是 sprich, 情愿使用 Arbeitslosengeld Ⅱ beziehen 而不是 Hartz Ⅳ kriegen. (Hartz Ⅳ似乎和 BAföG 一样成功:最初 Hartz Ⅳ是一部法律的称谓,但是其已逐渐演化为几乎只剩以该法律为基础的金钱……)。使用万能动词 machen 代替各个特殊的表达是懒于思考的表现;立法者同样在《德国民法典》第284 条中用 Aufwendungen … getätigt(完成支出)代替 Aufwendungen … gemacht(做成支出)。Eine ganze andere Linie fährt das OLG Frankfurt…(法兰克福高级法院作出了完全不同的选择……)这一书面表达显得有些粗野。

[2] 请读者读例如 Art. 31 GG., 短于 3 个词的表达[例如 Hieran fehlt es(本案不具备), OLG Düsseldorf MDR 2007, 836]是很少见的。举个例子:Dies genügt(这足够了)(BGH NJW 2000, 2894)和 Eigentum verpflichtet(所有权义务)(Art. 14 Ⅱ 1GG)。当然最后这个表达显然是令人印象深刻的,短句单独很少这么表达:我们可以尝试将法律规范的文字表达与对《德国基本法》第 14 条的常见评注进行比较。

geordneter Verlauf der Dinge gewährleistet ist[1]（与之不同的，他通过从事一份与之有一定联系的工作并向公众承担责任，即在接受其服务的那些地方，向其保证事情的进程都是有序的）。

只有在极少数特殊情况下我们才能冒此风险。不完整的句子应该被明确地作为修辞手法来使用，例如为了简明扼要地阐述思想，而不是由于疏忽。

举例：近来在学生的作业中总会出现的，且越来越受欢迎的句子如：Womit gezeigt wäre, dass der h. M. rechtlich und tatsächlich sehr angreifbar ist（正如其所展示的那样，通说观点在法律上和事实上都非常容易受到指责）。这不是一个整句，因为这句话缺少主语。这是一个通过之前的逗号隔开的完整的从句。（类似的还有 Denn eine Regelung, der zufolge...）在口语报告中，如果在从句前插入一个间歇，该间歇不能以句号的形式出现在文本表达中。

341
- **过长的句子**会加大阅读的难度，并且也会导致不正确的思维结构。

在法学的练习鉴定和托马斯曼的作品之间存在着许多重要的区别：例如前者必须要考虑到某一些读者，这些读者可能被另一些差劲的论文弄得精神烦躁因此不再对错误持宽容的态度，或者因为熬夜工作而无法再很好地集中精神。

最理想的状态就是尽可能只以一个主句和一个从句来构建思想过程。作为练习，请读者改写下列句子，这样可以使读者更好地熟悉这个规则。

举例：Für die Auffassung der älteren Rechtsprechung würde es sprechen, wenn es eine Rechtsvorschrift gäbe, die eine ausdrückliche Regelung der Freigabe vorschreibt, da sonst die Entscheidung, ob eine Verpflichtung, die sich aus der Rechtsnatur des Vortrags ergibt, ausdrücklich geregeltwird, gemäß dem Grundsatz der Vertragsfreiheit bei den Vertragsparteien liegt（如果存在一个明确规定授权规则的法律条款，就应该支持旧判决中的观点，否则根据合同的法律性质，是否明确规定一项义务取决于合同当事人之间的合同自由原则）。

---

[1] RGZ 102, 372 (375)；正确：该句缺少谓语。

虽然没有固定的界限，但是通常情况下一句话长于5行就存在使人误解的可能性。

几个简单的**例子**[1]：

Soweit sich ein Vertragspartner als Bereicherungsgläubiger die erlangte Gegenleistung als Bereicherung entgegenhalten lassen muss, hat er demnach gegenüber dem Vertragspartner den Anspruch auf die Herausgabe seiner Leistung als auf seine Kosten von dem Vertragspartner erlangte ungerechtfertigte Bereicherung nur mit der Maßgabe, dass er diesem zugleich die Bereicherung, die ihm—dem Kläger—auf Grund der erlangten Gegenleistung zuzurechnen ist, als Zug um Zug—Leistung anbietet[2]（只要合同一方当事人作为受益债权人其所获得的对待给付必须被抗辩为受益，那么其向另一方合同当事人只能在下列范围内要求对方当事人返还所获得的作为不当得利的给付，即其向对方当事人——原告——基于获得对待给付而负有的，作为同时提供履行的给付）。

In diesem Rahmen kommt nicht nur der Frage Bedeutung zu, ob und gegebenenfalls mit welcher Wahrscheinlichkeit auch ohne das konkrete Schadensereignis wegen der psychischen Ausgangssituation beim Verletzten eine entsprechende neurotische Entwicklung mit vergleichbaren beeinträchtigenden Auswirkungen früher oder später zum Tragen gekommen wäre; es ist vielmehr auch das Risiko in die Betrachtung mit einzubeziehen, das durch eventuelle unbewusste Begehrensvorstellung, wie sie—was sich in der Neurose offenbar hat—in der psychischen Struktur des Geschädigten angelegt waren, für die zukünftige berufliche Situation des Verletzten bestanden hat[3]（在此框架内不但要重视下列问题，即是否以及在多大程度上即使没有具体损害后果，但因受害人的原始精神状态，也可能导致或早或晚出现与相应的神经变化具有可比性的损害后果；此外更需考虑到下列

---

[1] 请读者阅读缩写建议 *Müller* NJW 2003, 638.
[2] *Flume* JZ 2002, 321 (322).
[3] BGH VersR 1998, 201 (203).

风险,即该风险是通过可能的无意识的臆想,像是——这在神经机能病症中是很明显的——被编入受害人的心理结构中,而存在于受损害者未来的工作情景中)。

Fraglich ist jedoch, ob sie hierdurch das ihr entgegengebrachte Vertrauen der X-Bank in dem Maße enttäuscht haben könnte, welches ihre Kündigung rechtsfertigen könnte, zumal diese Frage grundsätzlich unzulässig ist, da sie eine Benachteiligung wegen der Geschlechts i. S. d. § 611a BGB darstellt und deshalb gegen das dort genannte Diskriminierungsverbot verstößt, gleichgültig, ob sich nur Männer oder Frauen—wie hier—um den Arbeitsplatz bewerben[1] (然而问题在于,她是否因此在一定程度上损害X—银行对她的信任,这使得银行对她的解雇行为可能具有正当性,由于该问题原则上是不允许的,因为其属于《德国民法典》第611a条意义上的性别歧视,因而违反该条款所提及禁止歧视原则,不论是否只有男性或者只有女性——正如本案中的情形——才可以申请该职位)。

Unter diesen Umständen stellt es eine mit den Artt. 43 und 48 EG grundsätzlich nicht vereinbare Beschränkung der Niederlassungsfreiheit dar, wenn eine Mitgliedsstaat sich unter anderem deshalb weigert, die Rechtsfähigkeit einer Gesellschaft, die nach dem Recht eines anderen Mitgliedsstaats gegründet worden ist und dort ihren satzungsmäßigen Sitz hat, anzuerkennen, wie die Ge- sellschaft im Anschluss an den Erwerb sämtlicher

---

[1] 这句话来自一份练习作业——虽然很紧凑,但是读起来依旧非常费劲。比较好的表达方式是将不同的思考步骤以各自独立的短句来表达:Ob dieses Verhalten eine Kündigung rechtfertigt, ist fraglich. Hierzu muss B das ihr entgegengebrachte Vertrauen in hohem Maße enttäuscht haben. Das ist zweifelhaft, schon weil die falsche beantwortete Frage unzulässig gewesen sein kann. Die Frage nach der Schwangerschaft kann nur Frauen betreffen und ist daher eine Benachteiligung wegen des Geschlechts im Sinne von § 611a BGB. Also verstößt sie gegen das dort normierte Diskriminierungsverbot. Selbst wenn sich nur Frauen um die Stelle bewerben, knüpft die Frage an eine geschlechtsspezifische Eigenschaft an. Sie benachteiligt die Adressatin geschlechtsbedingt. Deswegen ist sie unzulässig. (解雇行为是否合法,是存有疑问的。若要使解雇行为具有合法性,B必须在很高程度上违反银行对她的信任。这是有疑问的,仅仅由于B错误回答的问题本身就可能是不允许的。与怀孕相关的问题只有女性才会涉及,因此属于《德国民法典》第611a条意义上的性别歧视。因而该问题违反该条款所规定的禁止歧视原则。即使只有女性求职者申请该职位,该问题也与性别相关的特征挂钩。其将使问题的对象因性别原因而受到歧视。)

Geschäftsanteile durch in seinem Hoheitsgebiet wohnende eigene Staatsangehörige[1], ihren tatsächlichen Verwaltungssitz in sein Hoheitsgebiet verlegt haben soll, mit der Folge, dass die Gesellschaft im Aufnahmemitgliedsstaat nicht zu dem Zweck parteifähig ist, ihre Ansprüche aus einem Vertrag geltend zu machen, es sei denn, dass sie sich nach dem Recht dieses Aufnahmestaats neu gründet[2](本案中的情形属于违反《欧共体条约》第43条和第48条关于开业自由规定的限制，如果一个成员国因此拒绝承认依据其他成员国法律设立且在设立国拥有合章程规定的住所地的企业的权利能力，其结果正如在其领土范围内居住的本国公民购买该企业的所有股份之后，其本应将企业的实际管理机构所在地迁至接收国领土内并未迁移，结果就是，该企业在接收成员国不具有符合其经营目的的当事人资格，用以主张基于合同而产生的请求权，除非其依据接收国的法律重新设立）。

实用的判断标准：多于25个词的句子就是过长的句子。[3] 我们无法朗读的句子，也不应将其写出来。如果尝试两遍还无法朗读的句子，那就绝对不要写出来。或许可以作为一个基本原则：请读者在写作的时候参考下列标准，即一个同声翻译是否还有机会将所述内容翻译出来。[4]

---

〔1〕 逗号错误是引自 NJW。

〔2〕 EuGH NJW 2002, 3614 (3616 Rn. 82) —BGHZ 154, 158 (188 f.) 几乎原封不动地搬用这一表达（除去逗号错误）。

〔3〕 Das Handbuch der Rechtsförmlichkeit（联邦司法部出版：www.bmj.de/rechtsfoermlichkeit/allg/inhalt.htm), Rn. 78 ff., 建议每个句子最多不超过22个词，*Berger* Schreiben, 4, 31 建议12到18个词，*Baumert* Professionell texten, 58, 认为最好是10—15个词之间，*Mix* Schreiben, 75, 建议6到15个词。最后一个建议对于我们而言确实是一个挑战。请读者尝试一下！读者可以翻看本书的前言并数一下每个句子所包含词汇的数量。现在立即马上！其他参考文献还有 *Müller* Arbeitstechnik, Rn. 363.

〔4〕 下面这句话是否能够满足上述规则，EuGH v. 16. 6. 2011—Rs. C-65/09 und 87/09 = NJW 2011, 2269 ff., Ls.: Art. 3 Ⅱ und Ⅲ der Richtlinie 1999/44/EG des Europäischen Parlaments und des Rates vom 25. 5. 1999 zu bestimmen Aspekten des Verbrauchsgüterkaufs und der Garantie für Verbrauchsgüter ist dahin auszulegen, dass, wenn der vertragsgemäße Zustand eines vertragswidrigen Verbrauchsguts, das vor Auftreten des Mangels vom Verbraucher gutgläubig gemäß seiner Art und seinem Verwendungszweck eingebaut wurde, durch Ersatzlieferung hergestellt wird, der Verkäufer verpflichtet ist, entweder selbst den Ausbau dieses Verbrauchsguts aus der Sache, in die es eingebaut wurde, vorzunehmen und das als Ersatz gelieferte Verbrauchsgut in diese Sache einzubauen, oder die Kosten zu tragen, die für diesen Ausbau und den Einbau des als Ersatz gelieferten Verbrauchsguts notwendig sind.

请读者尝试从观点表述者的角度举一个例子。

举例：简短的表达有《德国基本法》第 1 条第 1 款第 1 句、第 2 条第 2 款第 2 句、第 3 条第 1 款、第 3 条第 2 款第 1 句、第 14 条第 2 款第 1 句、第 22 条、第 23 条、第 31 条、第 102 条。

在专业语言写成的文稿中——法律鉴定或者纯粹的法学研究——以简短的语句书写并不十分容易。尽管如此还是请读者努力践行。[1] 请读者以一个句号代替每两个分号中的一个。主句之间 92.3% 的逗号都可以通过句号来代替。

但是当"短句"和"准确表达"这两个要求发生冲突时,应当优先选择后者:没有人必须因简化语言而承受所表达内容发生扭曲或者语言粗俗的后果。[2]

纯粹简短的句子还足以确保其具有可理解性。[3]

举例：Die materielle Rechtsanlage ist die tatsächliche（实体法律状况是实际状况）。Zu prüfen ist folglich, wer tatsächlich das Recht erworben hat（因此需要检索的是,谁实际上获得该权利）。Dazu kommt es maßgeblich auf die tatsächliche Rechtslage an. Inhaber des tatsächlichen Rechts könnte K sein（这主要取决于实际法律状况。实际权利的所有人可能是 K）。Tatsächlich war K eingetragen（实际上 K 是登记的权利人）。Möglicherweise ist allerdings auf weitere materielle Gründe abzustellen（然而这可能取决于其他实体法上的理由）。——这些句子听起来已经被一再简化,至少是朝这个方向努力的。尽管如此还是比上文提到的层层套叠的从句更好。

---

[1] 正如 Uwe *Wesel* 在其文章中所展现的,如何在不严重损害准确性的前提下保持句子的易于理解性——并且通过简短的句子来写作。如果读者有时候觉得 *Wesel* 过于简短的句子已经显得有点不自然,那么可以将 *Sofsky* Verteidigung 或者 *Hassemer* Strafe 作为参照。或者翻阅一篇期刊文章,在这篇文章中没有出现任何一个超出其必要长度的句子:*von Schlieffen* JA 2013, 1 ff.；类似的还有 *Klamser* JA 2013, 206 ff.；关于这一论题有益的建议请参见 *Schnapp* Jura 2004, 22 ff.

[2] 请读者阅读几篇语言简单的文章——为了作出判断,或许我们真的没有必要过分苛求语言的简朴性。

[3] 若有读者希望进一步了解这方面内容,请参见 *Langer/Schulz von Thun/Tausch*。

有些时候简短的句子只是简短而已，在其他方面都显得不尽如人意。

举例：Der Hauptteil beinhaltet die schrittweise und eingehende Erarbeitung des Themas（其主要内容包含对该论题逐步深入的探究）。Seine Problematik wird entwickelt und einer Lösung zugeführt[1]（他的问题得到研究并最终获得了一个解决方案）。

而且有些时候使用长句子是不可避免的，例如在列举的情况下。

举例：Lassen sich präventive Ziele nicht erreichen oder lässt sich nicht verlässlich zeigen, dass sie erreicht werden, oder erweist sich, dass die Kollateralschäden in einem unerträglichen Missverhältnis zu den präventiven Wirkungen stehen, dann ist es mit der präventiven Rechtfertigung des staatlichen Strafens vorbei, dann sind die präventiven Konzeptionen als Lügen oder Irrtümer entlarvt, dann darf sich niemand mehr auf sie berufen; sie sind dann zusammengebrochen.[2]（如果刑罚的预防目的已无法实现或者表明其实现已经不太可能，或者证明预防功能将导致不可容忍程度上的附带损害，那么国家刑罚的预防正当性用尽，那么刑罚的预防功能的立法意旨将被作为谎言或者错误而被揭穿，因而任何人不得再继续援引；据此预防目的失灵），这个句子的表达就非常好。

在一般长度的句子中 **Schachtelsätze**（多级套句）本身要求更多的注意力。

举例：Die Möglichkeit einer Rechtsfindung praeter oder contra verba legis ist heute—abgesehen von den Rechtsbereichen, in denen ausnahmsweise ein Analogieverbot zu beachten ist—allgemein anerkannt, weil das Gesetz, wie heute, in einer rasant beschleunigten Gesellschaft, nicht mehr ernstlich bestrit-

---

〔1〕 *Kohler-Gehrig* Diplomarbeiten, 28. 这个句子虽然能够被直接理解——但读者难道不觉得有点不够流畅吗？无论如何我们都应当避免使用 Beinhalten（包含），我们可以通过 Problem 简化 Problematik，被动式以及 zuführen 听起来有点官腔，另外 sein 所指代的又是什么（从语法上来看应当是 Haupteil，但实际上想要表达的是 Thema），这些内容只能在反复阅读之后才能清楚理解——简而言之：句子是简短，但并无法令人满意。

〔2〕 *Hassemer* Strafe, 86.

ten werden kann, an allen Ecken und Enden lückenhaft ist（除违反法律规定之外，今天法律续造的可能性——例外情况下需要注意适用禁止类推原则的法律领域除外——是被普遍认可的，因为法律，就像今天的法律一样，在一个高速发展的社会中，已经经不起严格推敲，因为在每一个边角地带都充满着漏洞）。—Wer auf der Autobahn im Bereich von Vorsortierräumen, die durch Aufstellen von fahrstreifengliedernden Vorfahrtweisen eingerichtet sind, auf der durch eine breite Leitlinie abgetrennten Rechtsabbiegespur an den auf den für den Geradeausverkehr bestimmten Fahrbahnen befindlichen Fahrzeugkolonnen rechts vorbeifährt, ohne nach rechts abbiegen zu wollen, und anschließend nach links in eine Fahrzeuglücke einschert, überholt verbotswidrig rechts[1]（他在高速公路上的预先分道区，该区域通过设置车道划分优先行驶区域，从通过一条宽标线划分右拐标识的、车流量满载的直行车道的右侧超车，但无意右拐，随后向左插入一个空位，并违规右向超车）。

如果一个句子不但篇幅长，而且是从句套从句，就会存在一个风险，即阅卷人要经过反复多遍阅读才能理解其含义，这对于答题人而言是不利的。

举例：Im Einklang mit einer ständigen Rechtsprechung, nach der sich der Gerichtshof in Anweisung des der Rechtsordnung der Gemeinschaft innewohnenden allgemeinen Grundsatzes der Rechtssicherheit mit Rücksicht auf die schwerwiegenden Störungen, zu denen sein Urteil bei gutgläubig begründeten Rechtsverhältnissen für die Vergangenheit führen könnte, ausnahmsweise dazu veranlasst sehen kann, die Möglichkeit für die Betroffenen zu beschränken, sich auf eine von ihm ausgelegte Bestimmung zu berufen, um diese Rechtsverhältnis in Frage zu stellen, hat der Gerichtshof die Vornahme einer solchen Beschränkung von der Prüfung des Vorliegens zweier grundlegender Kriterien abhängig gemacht, nämlich des guten Glaubens der Betroffenen und

---

[1] OLG Düsseldorf NZV 1990, 281.

des erheblichen finanziellen Risikos（in diesem Sinn Urteil von 28. September 1994 in der Rechts sache C-128/93, Fisscher, Slg. 1994, Ⅰ-4583, Randnr. 18）[1].

句子中间出现关系从句将导致多级套叠。读者最好避免这样的情况。如果无法避免，使其尽量简短。[2]

举例：如果我们考虑到遗忘逗号的可能性，就能马上理解为什么关系从句可能比较难读。考试实践中的一个例子：Gemäß §701 Ⅰ BGB hat ein Gastwirt der gewerbsmäßig Fremde zur Beherbergung aufnimmt den Schaden der durch die Beschädigung von Sachen entsteht die ein im Betrieb dieses Gewerbes aufgenommen Gast eingebracht hat zu ersetzen（根据《德国民法典》第701条第1款的规定，营利性地接待他人住宿的旅店主人必须赔偿因在从事这一营业中所接待的客人携入物损坏而发生的损害）。

- 过多的插入语很容易使人产生这样的印象，即作者以口头表达的方式写作。有些括号可以完全删除（有或者没有实质内容，这些内容并不是毫无理由地被视为不重要而置于括号中）或者——更加易于阅读——以破折号代替。请读者宁愿构建两个简短清楚的句子而不是一个冗长但混乱的句子，因为一个插入语——不管其是以括号还是以破折号将文章内容分割开来——将打断（在大部分情况下）阅卷人的思维过程。

举例：Die Schwierigkeit potenzieren sich, wenn der „Dritte" den Leistungsgegenstand aus eigenem Vermögen in das Vermögen des Empfängers der

---

[1] EuGH NJW 2002, 281, 283—Heininger（sub 52）；简化建议：Das Gericht sieht die Schwierigkeiten, die aus einer uneingeschränkten Rückwirkung seiner Urteil erwachsen können. Einer solchen Rückwirkung kann der im Recht der Gemeinschaft angelegte Grundsatz der Rechtssicherheit entgegenstehen. Eine Ausnahme von Grundsatz der uneingeschränkten Rückwirkung hat das Gericht in ständiger Rechtsprechung unter zwei Voraussetzungen zugelassen. Es sind dies zum einen der gute Glaube der Betroffenen und zum anderen deren erhebliches finanzielles Risiko（Belegstelle）. （法院看到无限制地溯及其先前判决将导致的难题。如此溯及及先例将可能违反共同体法律所认可的法律确定性基本原则。在一贯的司法实践中法院在满足两个前提条件的情况下允许无限溯及基本原则存在例外。其中之一是当事人善意，另外一个前提是存在重大经济风险）。——从一个句子分解成四个句子，只需62个词就可以表达原本99个词的内容。

[2] Berger Schreiben, 32, 建议一个关系从句的句长不要超过10个单词。

Leistung (der gleichzeitig Gläubiger ist, aber regelmäßig nicht gegenüber dem Erbringer der Leistung) übermittelt und durch diesen Vorgang (gegenüber dem Schuldner des Leistungsempfängers) auch einen eigenen Leistungszweck verfolgt (Erfüllung einer eigenen Schuld im Deckungsverhältnis)〔如果"第三人"将来自于自己财产的给付标的物转变为给付接受人的财产〈其同时作为债权人,但一般情况下并不直接面对给付执行人〉并通过这一过程(相对于给付接受人的债权人)同时实现自己的给付目的〈履行种类之债中自己的债务〉〕[1]——这个句子包含很高的思维密集度。然而我们需要阅读几遍才能正确理解呢?

345
- 堆砌填补词(**Häufung von Füllwörtern**)(例如语气助词 durchaus, ja,以及一定程度上的 teils)[2] 将明显损害文章的易读性。

另外还有多余的 dann。

举例:Diese Verpflichtung besteht auch dann, wenn...[3] (如果……,该义务也存在);类似的:Das ist deswegen/deshalb nicht der Fall, weil... (因此本案不属于这种情况,因为……)以及条件从句中典型的法学 so (因此/所以)。

请读者尤其注意表达的**明确性和简洁性**(**Klarheit und Kürze**)。

举例:我们以 Im Völkerrecht (在国际法中) 代替 Auf dem Gebiet/Im Bereich des Völkerrechts,以 umfassen (包括) 或者 enthalten 代替夸张的 beinhalten[4],以 Problem (问题) 代替 Problematik,以 programmieren (制定计划) 代替 vorprogrammieren[5],以 prüfen (检查) 代替 überprüfen。另

---

〔1〕 *Koppensteiner/Kramer* Beschreibung, 24;值得阅读的还有 *Vogel* Juristische Methodik, passim。极多插入语的还有例如 BGHZ 152, 137。
〔2〕 相关内容请参见 *Schnapp* Jura 2003, 60, 603 f.;进一步列请参见 *Berger* Schreiber, 40 f.
〔3〕 例如《德国民法典》第 305 条第 2 款、第 812 条第 1 款第 2 句,《德国刑法典》第 13 条;BGHZ 152, 137(概要及理由)。
〔4〕 很遗憾这一用法也经常出现在高级法院的判决中,例如 BGH NJW 2007, 2912 Ls. 以及 Rn. 9;BGH NJW 2005, 56 Ls. 1;BAG NJW 2005, 3595 Ls. 2.
〔5〕 正面的例子例如 *Tondorf* DB 2010, 956 (957):Anwendungsprobleme sind daher im Ansatz vorprogrammiert。

外 potenzielle Möglichkeit（潜在的可能性）、kriminellen Delikte（犯罪行为）、zeitliche Befristung（时间期限）以及类似的表达都可以简化[1]。另外作为套话的 nach Sinn und Zweck（根据其意义和目的）一般情况下只需以 nach dem Zweck（根据其目的）代替[2]（类似的有 Art 代替 Art und Weise），durch aktive Tun 通常只需以 durch Tun（通过作为）代替，zwingend erforderlich 通常只需以 erforderlich（必要的）代替。Die Beantwortung der Frage, ob..., ist umstritten 只需以 Ob..., ist umstritten（是否……，存有争议）代替。没有任何实际意义的填补词 im Rahmen der...（在……框架内），ein gewisses...（一定程度的……），ein entsprechender（相应的）等基本上都可以直接删除。在少数情况下才真正必不可少的是 so genannte/r[3]（所谓的）。

基本原则：如果读者已经删除 1/3 具有多余嫌疑的词汇，仍然还有充足的多余词汇。因此：简化！简化！再简化[4]！并总是考虑到阅卷人的感受。

请读者务必为自己，同时也是为阅卷人省去不必要且臃肿的政客性语言和官方宣言性语言。

举例：Singuläres Phänomen 替换为 Ausnahme（例外）或者 Einzelfall（个案）；Räumlichkeit, Örtlichkeit, Persönlichkeit, Feierlichkeit, Ländereien 替换为 Raum（空间）、Orte（地点）、Personen（人）、Feiern（庆祝）、Land

---

[1] 关于 drohenden Gefahr 请参见本书边码 364 的例子。

[2] 顺便提一个小忠告：在考试中讨论某一条款的 Sinn und Zweck 几乎总是非常危险的，如果所讨论的内容与该条款的适用范围以及/或者解释的明确解读不符。如果读者的讨论与该条款的一般释义被隔断开来——这是常常发生的，则该讨论无论如何都是多余的，是没有条理且混乱的。

[3] 一般情况下 so genannte/r/s 也完全不包含任何实质性内容。但是其在例如下列表达 Das so genannte Signaturgesetz bezweckt...（所谓数字签名法的目的在于……）时是有其意义的，因为该名称并不是由立法者所命名的，而是由致力于使其成为惯用称谓的法学专业领域所命名。此外，在 die so genannten christlichen Gewerkschaften...（所谓的基督教性质的工会……）这一表达中，so genannten 的使用也是恰当的，因为抗衡大型矿业联合公司以建立公平竞争为主要职责的工会是否可以主张基督教属性，这是值得商榷的——仅仅考虑到低收入职业的社会后续费用就足以产生怀疑。

[4] 重要的阅读建议：Hattenhauer, 149—163. Hattenhauer 在其书中以 BGHZ 49, 167 ff. 为例表明该如何以更简短且同时更明了的方式写作。

（地区）——所有这些表达的替换都不是基于内容上的必要性，而只是为了避免在文风上造成令人感到不快的印象[1]。An und für sich 可以简化为 eigentlich（实际上）或者 an sich，而且一般情况下是可以完全省略的。Erwartungshaltung 通常只需以 Erwartung（期待）来表达。在比较理想的情况下这些表达只会使文章显得臃肿，但很多时候也会导致表意不明的结果[2]。

347 如果时间允许，请读者逐字逐句通读作业全文，以检查某些具体的词是否多余。其中上述简单的填充词可以借助文本编辑软件的查找指令来实现。

举例：oder aber 通常只需 oder（或者）即可，anders geartet 只需 anders（不同的），so dass folglich 只需 so dass（以至于）。语气强化词 ja 通常用于口语当中而不是书面语中（即 Eben hier liegt das Problem 而不是 Hier liegt ja gerade das Problem）。

最后进一步是简化音节。

举例：通常情况下 keinerlei[3] 只需以 kein（e）表达，ist fern liegend 只需以 liegt fern（相去甚远）表达，Thematik 几乎都可以以 Thema（课题）表达，Anrecht 通常只需以 Recht（权利）表达，verbleiben 一般情况下可以以 bleiben（保持）代替，absichern 几乎总是可以以 sichern（确保）表达，aufkündigen、aufzeigen 和 auffinden 几乎总是只需以 kündigen（解雇）、zeigen（表明）和 finden（找到）来表达，ausdrucken 一般可以通过 drucken（表达）代替，ausgestalten 以 gestalten（组织、安排）代替，abzielen 以 zielen（针对、目的在于）代替，abändern 以 ändern（改变）[4] 代替，gänzlich 通过 ganz（完全）代替，inhaltsleer 一

---

[1] 关于以 Begrifflichkeiten 代替 Begriffe（概念）的阐述请同时参见 Zimmer Wortlupe, 27 f., 164 f.；但是有些词也存在明显的含义区别：Ursache（原因）和 Ursächlichkeit（因果关系）的含义并不相同。

[2] 例如 www.zeit.de/online/2009/04/neusprech-schaeuble-lexikon；内容更加广泛的有 Biermann/Hasse Sprachlügen.

[3] 有很多例子例如 BGHZ 131, 136。

[4] 很遗憾《德国民事诉讼法》第 323 条并非如此。有意思的还有《德国刑法典》第 27 条，该条在标题中使用 Beihilfe 一词，而在法律条文文本中使用的却是 Hilfe。

般可以通过 leer（空的）代替，sicherlich 以 sicher（确定的）代替，dadurch 只需以 indem（通过）代替，Anzahl 以 Zahl（数字）代替，Unkosten 以 Kosten（费用）或者 Auslagen 代替，den Vertrag abschließen 总是以 den Vertrag schließen（订立合同）代替[1]，等等[2]。在此过程中读者也可以排除错误的用词，例如 Mithilfe、Vorbedingung、Voranmeldung 以及 Vorwarnung，而代之以 Hilfe（帮助）、Bedingung（条件）、Anmeldung（登记）以及 Warnung（警告）。更严格一点来说，应当以 gelöst 代替 losgelöst。

- **列举（Aufzählung）** ——例如本书中带有项目符号的列举形式——在鉴定中并不常见。请读者只在列举有助于文章条理清晰时才采用列举的表达模式。 348

举例：在涉及损害赔偿法律问题时，在大前提中列举不同的损害项目，并在之后分别对这些项目单独进行讨论，在此情况下使用列举或许是有所助益的。

如果列举的功能只在于使读者免予书写完整的句子，请不要使用列举。

- 读者最好将文章中的直接问句（Direkte Frage）改写为陈述句。 349

举例：Ist danach nun ein Vertrag zustande gekommen?（是否已经成立一个合同?）改写为 Zu fragen ist nun/Es kommt also darauf an/Folglich/Zweifelhaft/Problematisch/Entscheidend ist, ob ein Vertrag zustande gekommen ist（大意为："有疑问的是/决定性的问题在于，是否成立了一个合

---

[1] 更多关于多余前缀音节的例子请参见 Hirsch Die alte Dame abkassieren, in: ders. Deutsch, 99f.; ders. Grundprinzip mit Vorbedingung, in: ders. Mehr Deutsch, 163 f.; Sick Bitte verbringen Sie mich zum Flughafen!, in: ders. Dativ Folge 3, 117 ff.; BVerfGE 715, 118, Rn. 135: Der Gedanke, der Einzelne sei im Interesse des Staatsganzen notfalls verpflichtet, sein Leben aufzuopfern, wenn es nur auf diese Weise möglich ist, das rechtlich verfasste Gemeinwesen vor Angriffen zu bewahren, die auf dessen Zusammenbruch und Zerstörung abzielen (…), führt ebenfalls zu keinen anderen Ergebnis. ——前缀音节（aufopfern, abziehen）真的能够使论证更加明了吗?

[2] 掌握以保持文章原义的方式简化文章的能力非常重要，读者最晚在学业结束时就能意识到：在第二次国家司法考试中考生必须做一个短讲，在该短讲中读者必须将内容广泛的法院文件在 12 分钟内（最长时间：15 分钟），根据案件事实和法律判断向考官展示。如果读者曾经尝试过这样的短讲，就能明白简短与分数息息相关。

同")。

在标题中读者应当谨慎使用问句,最好——如果确实必要——只有当某要件在结论中将被否定时才使用问句。

基本原则:在法律鉴定中不要出现感叹号且基本上不要出现问号。

- 非必要的一般化或者限制(unnötige Verallgemeinerungen oder Einschränkungen)与客观论证不能兼容。一般化很容易导致错误的结论,尽管该结论对于具体的案件事实而言是正确的。

相反,不必要的限制和局限化

举例:insoweit[1](在此范围内)

表明作者对于自己观点的正确性并不是很确信。

阅卷人几乎总是能够看到与之前所阐明的观点在内容上不相符,即过宽或者过窄的论述。

举例:如果读者想要表达的是 Eine Vollmacht i. S. v. §167 BGB hatte B für das in Frage stehende Geschäft nicht(就所涉事务 B 并没有《德国民法典》第 167 条意义上的代理权),那么 Eine Bevollmächtigung wurde nach §167 BGB nicht erklärt(并未根据《德国民法典》第 167 条进行委托授权)的表述过于宽泛。其中前者还存在下列可能性,即 B 尽管被授权,但是并不是针对待判断的法律行为。

- 请读者努力做到**精确表达**(**präzisen Ausdruck**)。这虽然很难,但也并非不可能。这将使读者自己以及阅卷人都更容易捕捉读者的思维要点。就法律问题进行沟通就已经足够费劲,如果读者针对法律问题的表达是不确切的,将不必要地增加沟通的难度。

举例:在练习作业中常常会看到 Verschulden(过错),而实际上要表达的是 Vertretenmüssen(负责)。如果读者不清楚两者之间的区别,

---

[1] 近来越来越多地被用作看起来简单有效的托词;正是由于其——大部分情况下——被笼统且频繁地使用,阅卷人可能会因此感到不快而在页边空白处作如下批注:inwieweit denn nicht?(在什么范围内不是这样呢?)。

请查阅《德国民法典》第 276 条及以下各条[1][2]。——如果读者想要表达的是 Unternehmen（公司）或者 Gesellschaft（企业），那就不应该使用 Firma（公司、商号）（定义于《德国商法典》第 17 条）；在日常用语中这样的表达非常常见[3]。此外，我们也应该区分 Unternehmen（公司）和 Betrieb（企业）[4]，并且 Unternehmenskauf 并不等同于 Handelskauf。——根据法律的体系结构（《德国民法典》第 142 条第 1 款）可以看出被撤销的并非 Verträge（合同），而是合同据以成立的具体的 Willenserklärung（意思表示）[5]。读者需要区分的还有（恰好由于概念的相似性）Scheingefahr（主观危险）和 Anscheinsgefahr（表面风险）、Handeln in fremdem Namen（以他人名义行为）和 Handeln unter fremdem Namen（借用他人名义行为），Sofortvollzug（即时执行）（《黑森州公共安全与秩序法》第 47 条第 2 款）和 sofortige Vollziehung（立即执行）（《行政法院法规》第 80 条第 2 款第 4 项，其正确的称谓应当是 sofortige Vollziehbarkeit）以及 unmittelbare Ausführung（直接执行）（《黑森州公共安全与秩序法》第 8 条），Klageerwiderung（答辩状）和 Widerklage（反诉），höherer Dienst（最高职位）和 gehobener Dienst（高等职务），Gegenbeweis（反面证据）和 Beweis des Gegenteils（对方当事人的证据），

---

〔1〕 同样不易区分的还有 Schuld（过错）和 Haftung（责任），另外后者也常常在不同含义上被使用；相关内容请参见 *Larenz* Schuldrecht Allgemeiner Teil，§ 2 Ⅳ。但是最迟在公司法中读者必须理解两者的区别，否则读者可能面临这样的风险，即错误地将只规定责任的（例如《德国民法典》第 128 条）规范理解为请求权规范。

〔2〕 读者务必要避免的是并不少见的表达混乱。A muss die Pflichtverletzung zu verschulden haben（A 必须就义务的违反存在过错）是错误的。正确的表达是 A muss die Pflichtverletzung zu vertreten haben und A muss die Pflichtverletzung verschuldet haben（A 必须对于义务的违反负责并且负有过错）。

〔3〕 即使是法院和律师也并不总是完全准确地使用这两个词，例如 BAG NJW 2003, 2473; BGH NJW 2004, 2301; 2008, 843; *Minoggio* Firmenverteidigung; 如果 Firma 和 Unternehmen/Handelsgeschäft 的含义相同，就不再需要《德国商法典》第 22 条及以下各条的规定。我们可以期待法律工作者准确掌握概念。因此请读者在专业讨论中不要使用 Firmenhandy，如果读者想要表达的是 arbeitgebereigene Mobiltelefon（雇主电话）。如果出现在律政题材的美剧中或许还能接受，但是在德语法律鉴定中最好不要出现这样的表达。

〔4〕 另外还有在社会法中很常见的错误，即混淆机构本身与其所有人；关于同一类型的混淆，即混淆 Krankenhaus（医院）和 Krankenhausträger（医院所有人）以及 Apotheke（药房）和 Apotheker（药剂师），请参见 *Schnapp* GesR 2010, 475 ff.; ders. JZ 2010, 562 ff.

〔5〕 但其效果是极其相似的；相关内容请参见 *Brox/Walker* BGB AT, Rn. 439。

Fahrerlaubnis（行驶证）和 Führerschein（驾驶执照），standrechtlich（紧急状态法）和 standesrechtlich（职业伦理法），等等。——读者应当区分的还有 Aufrechnung mit 和 Aufrechnung gegen。《德国民法典》第 393 条对其作出明确的阐释：由债务人提出的、针对侵权之债（加害人）的抵销称为 Aufrechnung gegen die deliktische Forderung，这是不允许的，由债权人（受损害人）提出的抵销称为 Aufrechnung mit der deliktischen Forderung，这是没有问题的。gegen 所指向的是提出抵销要求一方所拥有的债权，mit 所指向的是接收抵销要求一方的债权。——Nach § 276 BGB handelte N fahrlässig, da er seine Sorgfaltspflicht gegenüber den Kühen außer Acht ließ（根据《德国民法典》第 276 条的规定，N 行为时具有过失，因为其并未对奶牛尽到必要的注意义务），练习作业的答题人误认为，奶牛并不是注意义务的债权人，而其邻居才是真正的债权人，N 有义务保护其财产不受奶牛的损害[1]。——对不法性的非难是针对一个行为，而不是由该行为所导致的状态[2]。因此我们不能说 Der Tod des O war rechtwidrig（O 的死亡是违法的），而是 Das Verhalten des T——das zu schnelle Fahren auf der Gegenfahrbahn——war rechtwidrig（T 的行为——在逆行道上超速行驶——是违法的）。如果读者所要表达的是一个月（=30 天，《德国民法典》第 191 条，也可以参见《德国民法典》第 188 条第 2 款、第 3 款），请不要表达为 vier Wochen（=28 天）。——Klage（诉讼）和 Klageschrift（诉状）并不是相同的概念，这从《民事诉讼法》第 253 条第 1 款就可以看出来；另外 anhängig（诉讼悬而未决的）和 rechtshängig（悬而未决的）也不同。总的来说，法律知识将在很大程度上帮助读者作出准确的法学表达：如果读者不了解 fortgeschrittenen elektronischen Signatur（先进的电子签名）和 qualifizierten elektronischen Signatur（合格的电子签名）之间的区别，只需查阅《电子签名

---

[1] 即使在博士论文中也还会出现这种情况：Nach der aktuellen Rechtslage kann die BNetzA gem. § 67 Abs. 1 TKG gegen eine rechtswidrig genutzte Rufnummer vorgehen.（Bonnekoh, 165）（根据当前的法律状况，BNetzA 可以依据《电信法》第 67 条第 1 款的规定对非法使用的号码采取措施）——BNetzA 可以对谁采取措施？

[2] Deutsch Deliktsrecht, Rn. 81 a. E.

法》第 2 条即可。

除此之外还有一个难点问题,其来源于德语语言本身,即在不考虑法学语言特性的情况下也存在:Vergrößerung um das Doppelte(增加两倍)并不等同于 Vergrößerung auf das Doppelte(增加到两倍),dasselbe(同一)与 das Gleiche(同样)并不是同义词,scheinbar(表面上)并不等同于 anscheinend(看来、似乎),zeitgleich(同步的)并不等同于 gleichzeitig(同时)[1],beerben(继承)并不意味着 jemanden als Erben bestimmen(将某人确定为继承人),而是 das Erbe eines anderen erhalten(获得他人的遗产),gesittet(有教养的)与 sittlich(合乎道德)有重叠之处,但并非完全契合,等等。

如果读者以 Mit anderen Worten[2]:.../Das heißt:... oder soll heißen:...(大意为:"换句话说:……/这意味着:……")作为引导对一个句子或者一段话进行改写,表明读者不能确切理解自己所写的内容或者认为阅卷人理解能力愚钝。如果练习作业的答题人只是简单地抄写某些内容而实际上并未真正理解这些内容,大部分情况下是很容易被阅卷人识破的。阅卷人可以从不精确的表达中看出来。不经理解而纯粹抄写的内容对于阅卷人而言依旧是难以理解的,因为其与上下文内容之间的联系不够明确。

本文一再强调语言表达的明确性,但说起来简单做起来难。此外几乎没有人能够真正解释或者原意解释,什么是所谓语言的明确性。

举例:2003 erwarb B das bis dahin von A gemietete Hausgrundstück.——该表达中不明确之处是,B 从 A 处获得的土地,是 A 之前租给 B 的土地,还是第三人租给 A 的土地。[3]

法律人对于原因和结果的混淆是非常敏感的。

举例:bedingen(以……为条件)一词的受欢迎程度就是其中一个表现。A bedingt B(A 以 B 为前提)可以表达为 A setzt B voraus,也可以表达为 A bewirkt B[4]。因此读者最好避免使用 bedingen。Aller-

---

[1] BGH NJW 2008, 3710 (Ls.).
[2] 此外不美观而且非常空洞无物的还有在类似情况下惯用的缩略语 m. a. W.
[3] 针对 von 这一难点问题作形象生动的阐释请参见 *Hirsch* Deutsch kommt gut, 12 ff.
[4] *Heuer* Bedingt, in: ders. Darf man so sagen?. 92 f.

dings wurde ein Spam-Mailer in den USA, bekannt als "Buffalo Spammer", aufgrund einer Mitteilung der Frankfurter Allgemeinen zu sieben Jahren Haft verurteilt（然而在美国一个被称为"Buffalo Spammer"的垃圾邮件发送者，根据《法兰克福汇报》的报道被判处 7 年以下有期徒刑）。——该表达中所主张的因果关系不正确（aufgrund 应当以 zufolge 或者 laut 来代替）。

354
- 如果读者认为上文最后提到的几个提示不具有参考意义，请读者想一想：简单并且准确的表达方式对于读者而言是一个**竞争优势**（**Wettbewerbsvorteil**），因为，如果读者以易于理解的方式写作，一个一般聪明的受众也能够理解读者所写的内容。而且即使是在法学练习作业中也不能否定上述规则的适用，因为有人认为法学练习作业一般只以非常聪明的人为受众，对于这些受众我们可以提出更多的挑战。这其实是对普通大学入职条件的误解。非常优秀的教授很可能不会或者只会粗略地浏览一下读者的文章或者只在偶然情况下才会亲自阅卷。读者的文章首先是由助教，一部分由教职人员批阅。并非所有这些人都是天才。考虑到读者自己的作业可能得到 ausreichend（及格）或者 mangelhaft（不及格）两种相去甚远的评价，请读者总是考虑到阅卷人中也存在才智一般的人。在此基础上读者如果仍然取得一个比较差的成绩，基本上是由其他原因所导致。

355
- **无法理解的内容**（**Unverständliches**）
请读者不要高估阅卷人的才智、专注能力、理解能力以及善意。

举例：Im gegebenen Fall kann man höchstens von einer Mitquasikausalität sprechen（本案中我们最多可以将其称为共同准因果关系）。——Die Auslegung eines Begriffs dient zur Vermittlung des Sinnes eines Textes, der eine Problematik beinhaltet, die verstanden werden muss um mit diesem Text, hier ist es der Inhalt eines Gesetzes（对于一个概念的解释有助于文本含义的理解，要理解该文本必须理解其所涉及的问题，本案中的文本是指法律的内容）。——Es lassen sich auch in der objektiven Theorie, wie in der subjektiven, Anwendungsprobleme im Ergebnis finden, die hier eine Unberücksichtigung befürworten würden（如同主观说一样，客观说结

论中也会出现同样的适用问题，这在本案中有可能导致一个漏洞）。——其所要表达的可能是 Auch die objektive Theorie begegnet Bedenken（客观说同样会招致质疑）。R hat also einen Gewinnverlust gemacht（因此 R 导致了可得利益的损失）。只有当阅卷人怀有善意时才能理解这句话的含义。——其所要表达的是 Entgangener Gewinn（所失利益）。Das bestandene Arbeitsverhältnis...——所要表达的是以前存在，但期间已经被解除的劳动关系。Die Rechtsfolge des Verzugs ist der Verzugsschaden——所要表达的可能是 Die Rechtsfolge des Verzugs ist die Verpflichtung zum Ersatz des Verzugsschadens（迟延的法律后果是承担损害赔偿义务）。

一般情况下答题人没有表达清楚的内容将被阅卷人所忽略。这就意味着：读者将承担表达不清所导致的不利后果。因此请读者在完成鉴定之后进行校对，如果有可能也请非法学专业者审校一遍。

举例：A sagt, B sei mit seinem Pkw in einem Zug am Lkw des C vorbeigefahren（A 说，B 驾驶其汽车瞬间超过了 C 的货车）这句话并非无法理解，但其含义也并不十分明确。

读者自己大声朗读或者请别人朗读已完成的作业，这样做常常会有所帮助。[1]

- **代词（Pronomina）** 的使用常常导致动词无法正确指向特定的主语。

举例：易于产生误解的人称代词（Personalpronomina）：Nachdem Presseberichte über solche Verschwendungen öffentliche Proteste nach sich zogen, wurden sie abgeschafft。——这个句子中被消除的是什么：新闻报道、消失的税金还是公开抗议？A sagt B, er sei zur Abzahlung verpflichtet。——本句并没表达清楚，是 A 自己负有义务还是 B 应当支付？Denn der Zugang einer Willenserklärung erfolgt jedenfalls nicht mehr am selben Tag, wenn er nach Schluss der Geschäftszeiten in den Briefkasten eines Betriebs

---

[1] 为此所花费的时间并不是浪费。大部分情况下读者可以在此过程中发现篇幅过长的句子、语法错误、标点符号使用不合理等问题。

eingeworfen wird[1]。本句中 er 所指代的是谁？

举例：易于产生误解的关系代词（Relativpronomen）[2]：Der Sohn des S, der zwischenzeitlich 500 EUR an G gezahlt hat, hat gegenüber G die Aufrechnung erklärt. ——谁支付了 500 欧元：S 还是他的儿子？

举例：易于产生误解的物主代词（Possessivpronomen）：Im Fokus von Compliance steht hingegen die Sicherstellung der Einhaltung derjenigen Rechtsnormen, die Strafen, Geldbußen, Haftungsansprüche oder andere Rechtsnachteile nicht nur für Mitarbeiter, sondern gerade auch für das Unternehmen und deren Organe nach sich ziehen[3]。——谁的组织机构？

在这些例子中所存在的疑问至少能够依据上下文之间的联系得到清楚的答案；但是读者最好改变句子结构。

三、几个法学特性

除此之外法学专业语言对其书写者还提出了额外的要求。法律专业语言在使用过程中也存在典型的错误，这些错误是读者作业的阅卷人所非常熟悉的。下文所提的大部分建议并不只是以法律人为对象。但对于法律人而言，某些语言失误显得尤为严重。

读者应当花费一些精力避免 **Trivialitäten**、**Banalitäten** 以及 **Plattitüden**[4]。

举例：Damit geht das Gesetz in seiner Intention davon aus, dass mögliche Konfliktsituationen, die aus der Abtretung von Forderung entstehen, gelöst werden müssen（因此法律的目的在于，因抵销债权所产生的可能冲突必须被消除）或者 Problematisch ist in der vorliegenden Konstellation, dass eine komplizierte Rechtslage gegeben ist（本案的问题在于存在一个复

---

〔1〕 BGH NJW 2008, 843 (Rn. 9).
〔2〕 关于正确使用关系代词请参见 *Weller* JuS 2003, 515 Fn. 5。可用于练习的材料请参见 *Kühtz* Wissenschaftlich formulieren, 50 ff.
〔3〕 *Pape* Corporate Compliance, 25。本句中的名词比例也是不可忽视的：35 个词中占有 12 个名词。
〔4〕 译者注：这三个词为近义词，意为"老生常谈""陈词滥调""套话""空话"。

杂的法律状态)。——针对这些表述阅卷人只会毫不留情地在页边空白写上类似于wer hätte das gedacht？（谁这么想过？）的批语。所谓的套话和空话是指那些完全正确，但无需表达出来的语言。按照这一理解，这些表达就类似于下列句子 Die Lebens- und Arbeitsbedingungen waren hart（生活和劳动条件都很艰难）出现在国家社会主义政权之下关于强迫劳动的文章中[1]。

如果读者完全盲目地依从鉴定模板，就会出现空话和套话。[2]

举例：一个优秀的鉴定必须清楚表明每一个句子与前面句子之间的逻辑关系，这一要求应当尽可能不要沦为类似于 Der Anspruch besteht, wenn alle seine Voraussetzungen vorliegen（如果所有的前提要件存在，那么请求权存在）这样空洞的套话。尽管这个句子毫无疑问是正确的——但是其所包含的内容真的是每一个阅卷人都知道的。这同样适用于近来很流行的表达 A kann gegen B einen Anspruch auf... haben. Dazu muss der Anspruch zunächst entstehen sein（A 可以向 B 要求……的请求权。首先该请求权必须产生）。

而且这些句子常常是在完全不自觉的情况下写出来的。

举例：Die Stellvertretung wird in §§164 ff. BGB geregelt（代理规定于《德国民法典》第 164 条及以下各条中）。这是没有错的。但是在鉴定中以下列表达推进思维过程会好得多，即 Die Erklärung des B kann A nach den Regeln über die Stellvertretung（§§164 ff. BGB）zugerechnet werden [B 的表示可以根据代理规则（《德国民法典》第 164 条及以下各条）而归属于 A]。——对于下列句子 Fraglich ist, wie es sich vorliegend verhält（问题在于如何处理本案中的情形）阅卷人只会干巴巴地写上 Das ist immer die Frage...（这一直都是个问题……）。他有权这么做。这一表达没有任何实质内容因此可以直接省略。

---

[1] *Frauendorf* ZRP 1999, 1 (2) ——文中套话和委婉语（相关内容请参见边码362）交替使用，因为在强迫劳动之下的生活和劳动条件常常是极为恶劣的。

[2] 至迟在高年级作业以及考试中读者将不再因此得到赞许。

358
- 倚老卖老，自以为是以及好为人师的见解。

    举例：Bekanntermaßen/Bekanntlich... （意为：众所周知的/无人不知的……）（更好的表达方式为：Wie sich aus〈Norm〉ergibt,...）[1]；Richtig ist daran, dass... （在这一方面是正确的，即……）（更好的表达方式为：Das trifft nur teilweise zu...）[2]。

    很容易让阅卷人产生答题人专业知识薄弱的感觉。如果答题人的见解与实际不符，许多阅卷人甚至无法忍受如此自负的答题态度。法律人——除教师之外——确实属于自负的群体。读者无需继续强化这一形象。
    考试作业根本不是读者吹嘘自己知识的场合[3]。

    举例：如果考题明确要求考生对一个问题进行讨论并作出恰当的判断，此时读者应当慎重考虑是否以 In der Praxis... （在实践中……）引入讨论并在4行之内完成这一问题的论述，仅仅因为读者就该问题请教过自己之前实习的律所里的律师，而其对该问题完全不感兴趣[4]

359
- **强调性质的表达**（**Bekräftigende Formulierung**）表现出答题人对自己所表述内容的不确信[5]。

    举例：unzweifelhaft, außer Zweifel, zweifelsfrei, zweifellos, zweifels- ohne offensichtlich, evident, definitiv, unproblematisch, problemlos, eindeutig, unzweideutig, erkennbar, unbestreitbar, natürlich, gewiss, ohne weiteres, sicher（lich）, selbstverständlich, mit Sicherheit, keinesfalls, unter allen/keinen Umständen, es versteht sich von selbst, fraglos, es bedarf

---

[1] 译者注：意为"正如根据〈规范〉所得出的，即……"
[2] 译者注：意为"该观点只在一定程度上是正确的……"
[3] 但这并不是说读者不可以比考官知道更多——只是读者不应表现得过于夸张。
[4] 所有"在实践中……"——论证是值得商榷的，因为读者在撰写大学鉴定时并不是处于实践工作中。此外有些阅卷人也并不熟悉法律实践。建议读者总是为自己的论述提供出处，即从何得知实践中是如何处理各个问题的。大部分情况下这都不是读者自己的亲身经历，而是来自于法学文献或者司法实践。
[5] 这个问题再怎么提醒都不为过；深入探讨该问题的文献例如 *Schnapp* Jura 2006, 583 (584)。由于法律人在口头谈论当中也会经常出现下述概念，请读者刻意避免使用这些概念，否则将不自主地将其带入到书面表达中。

keiner Frage, es steht außer Frage, es liegt auf der Hand, es ist klar, es braucht nicht näher begründet zu werden, es kann keine Rede / nicht die Rede davon sein /niemand wird bestreiten wollen, dass sowie Wendungen der Art Die Forderungen des K sind völlig/total/gänzlich/komplett/vollständig abwegig und absurd, Das kann dem B auf keinen Fall zugemutet werden, Dass das nicht zutrifft, liegt auf der Hand[1]。

读者完全（！）可以避免给人造成如此不确信的印象。只有当阅卷人完全不可能持有其他观点的时候读者才能够使用上述表达。这样的情况是极少的——大概在102页的文章中才会出现一次。然而尽管如此，以简洁的表述表达相应的句子总是明智的做法。

举例：Es gab keine Einigung und somit keine Übergabe（不存在合意并且因此没有交付）；Hier geht es um eine Streitigkeit zwischen P und B, folglich ist der Rechtsweg unproblematisch eröffnet（本案是关于P与B之间的争议，因此法律途径毫无疑问已经开启）。在这两个句子中无法看出somit和folglich所表达的逻辑关系[2]；使用unproblematisch（毫无疑问的）不会使该句所表达的含义发生任何改变。有经验的阅卷人一眼就能看出这些问题[3]。

如果这些强调性质的表达本身包含错误的内容，就显得尤其糟糕。

---

[1] OLG Düsseldorf NJW-RR 1996, 1112；有些判决（例如OLG München NJW 2006, 3079）以及很多（很糟糕！）律师文书在语言适用方面也缺乏自我怀疑，因而并不适合作为读者参考的范例。

[2] 译者注：这两个词的含义为"因此"，表因果关系。

[3] 当无法实现逻辑推导时，法院同样也会使用强调性质的表达方式（例如 BGH NJW 2005, 2852 [2853 sub Ⅱ]）：Es besteht kein vernünftiger Zweifel daran, dass dem Beklagten ein Zuchtfehler nicht vorzuwerfen ist. Der Beklagte betreibt die Hundezucht seit mehr als 30 Jahren, hat damit zahlreiche nationale und internationale Auszeichnungen gewonnen und verkauft jedes Jahr etwa 50 Welpan in- und Ausland. Er ist im Deutschen Teckelculb als seriöser Züchter anerkannt und war selbst als Zuchtwart tätig. Daraus ergibt sich, dass der Beklagte die Hundezucht mit der erforderlichen Sachkunde und Professionalität betreibt［大意为："本案中不存在被告不应因饲养不当而受责难的合理怀疑（即其应当受到责难）。被告于30多年前开始从事狗的饲养工作，因此赢得很多国内及国际上的相关声誉，并且每一年在国内外出售大约50Welpan（一种药物）。他在德国Teckel俱乐部被认可为可靠的饲养员并且亲身从事饲养员工作。因此可以得出，被告应当以必要的专业知识以及专业技能来饲养"］。但实际上是没有必要的。

举例：Da A das Fahrrad nicht mehr hatte, konnte er es naturgemäß auch nicht mehr verkaufen（因为 A 已经不再拥有自行车，其自然无法再出售该自行车）。这个句子实际上是错误的，因为 A 还是可以有效出售该自行车，只是已经无法转移其所有权。

即使读者将一个问题描述为 eindeutig（明确的），本来明确的或者不明确的问题也不会因此变得明确甚至不会更加明确一点。因此鉴于节约空间考虑，读者也可以将这一修饰词删去。

类似的还有 unstreitig（没有争议的）。这是一个专业术语，其正确的用法用于修饰法律问题，而不是事实问题。

举例：Dass A und B einen Kaufvertrag geschlossen haben, ist unstreitig（A 与 B 之间签订了一份买卖合同，这是毫无疑问的），该表达的专业语言使用是正确的，但在学术鉴定中这样的表达是不恰当的。因为在学术鉴定中并不是对程序真实进行确立和论证，而是进行涵摄。因此读者最好将其表达为 Gegen die Wirksamkeit des am 6. 6. 2011 mündlich unter Anwesenden zwischen A und B geschlossenen Kaufvertrags über den Pkw bestehen keine Bedenken（本案中不存在质疑 A 与 B 于 2011 年 6 月 6 日双方在场的情况下就该汽车口头订立的买卖合同效力的情形）。

包含 vermutlich（可能的）和 wahrscheinlich（可能的）的句子会使读者的推导过程中的逻辑关系有可指摘。[1]

举例：A hat das Angebot des wahrscheinlich auch angenommen（A 也可能接受其要约）。

这样的句子不允许出现在一个鉴定中——因为不论最后的结果如何，阅卷人将无法信任该结论。

同样还有 wohl、eigentlich、relativ、verhältnismäßig、mehr oder wenig、an und für sich、ziemlich、einigermaßen、sozusagen、quasi、gewissermaßen 等词，另外 insofern/insoweit 以及 entsprechend/r/s 在一定程度上也是如此，读者应

---

[1] 关于推定以及与推定相关的词汇及其使用请参见本书边码 425。

当谨慎使用，因为这些词会传递不确定性或者只是作为填补词因而是多余的[1]。上述规则也适用于 Wird anzuwenden sein；这一表达只需简化为 anzuwenden（应当适用）即可——或者直接使用简单的陈述而不需要任何相对化的修饰。

举例：Das ist zu verneinen（这一点应该予以否定）的表达要比 Dies wäre hier wohl eher zu verneinen（在本案中这一点更有可能应该被否定）更好。

- 即使是读者感到确信的内容，也没有必要特意以充满自信的口吻予以强调。

举例：wirklich plausibel und allein dem tatsächlichen Geschehen sachadäquat ist...[2]（极易理解并且完全符合事实的是……）——这一语言是教授和实践者通过长年累月的经历而逐渐调整而成的，很少有学生可以超越。

读者绝对不能以 **Evidenzbehauptungen**（纯粹的断言）代替内容上的涵摄。但这在考试和作业中是一再出现的问题。

举例：Dass dieser Kaufvertrag wie jeder gültige Rechtsvertrag zwei übereinstimmende Willenserklärungen voraussetzt und diese auch im vorliegenden Fall ohne größere Bedenken vorliegen, ist aus dem Sachverhalt ersichtlich（正如所有生效的法律合同一样，本买卖合同也是以两个一致的意思表示为前提，这在本案中并不存在明显的疑问，这从案件事实可以明确看出）通过这些表述答题人已将答题任务交还给阅卷人。这是不允许出现的。[3] Laut Sachverhalt ist ein Kaufvertrag geschlossen worden（根据案件

---

〔1〕 相关内容请同时参见 *Schnapp* Jura, 583 (585)。
〔2〕 *Gernhuber* Die Erfüllung und ihre Surrogat, 2. Aufl. 1994, 209。对于清楚表达总是非常有益的是 *Tröndle*，例如 realitäts- und rechtsfremd und in den Konsequenzen absurd...（Tröndle Kommentar zum StGB, 49 Aufl. 1999, §185 Rn. 19）；学生应当表达地更加谦虚谨慎。
〔3〕 这同样是一个非常常见的错误，在考试中由于时间紧迫尤其容易出现。这样的错误会使读者丢失不少分数。因此请读者学会以契合事实的方式进行简洁的涵摄——这将有助于获取分数并可以避免不必要地惹怒阅卷人。

事实已经成立一个买卖合同），这一表达只在案件事实明确使用 Kaufvertrag（买卖合同）一词并且很明显是在法律技术意义上使用时（就是说作为涵摄的预备步骤）才允许采用。尽管如此读者还是应当将 Laut Sachverhalt[1]（根据案件事实）这样不精确的用词删去。

362 ● 法律语言的魅力一定程度上来自于其本身的单调乏味[2]——说得好听一点就是客观性，其与生动形象的表达之间显得格格不入。

举例：Das ist eine himmelschreiende Ungerechtigkeit[3]（这是极大的不公平）。

尽管法律科学也会使用形象生动的表达。

举例：schwebende Unwirksamkeit（效力待定）以及——请读者注意腾空而起！—fliegende Gerichtsstand[4]（"飞跃管辖"）[5]，关于犯罪的刑法理论中的 Werkzeug（工具），涉及优先原则时随处可见的 juristische Sekunde（法律时刻），社团法、股份公司法以及国家法中的 Organ[6]（组织机构），商事登记公信力中的 Rosinentheorie[7]（葡萄干理论），《刑事诉讼法》第274条中的 Rügeverkümmerung[8]（上诉权萎缩），租赁法中关于装修的 Abwälzung（转嫁）；有限责任公司法中的 Durchgriff（揭开面纱）；联邦议会选举规则里的 Immunität（《德国基本法》第46

---

[1] 详细内容请参见本书边码384。
[2] 请参见 *Radbruch* Rechtsphilosophie，§14（S. 202）。
[3] 译者注：作者意指 himmelschreiende 一词的使用不符合法律语言客观性的要求。
[4] 相关内容请参见 Köhler/Bornkamm/*Köhler* Wettbewerbsrecht, UWG §14 Rn. 15.
[5] 译者注：所谓"飞跃管辖"是指在新闻侵权（媒体、网络等）中原告可以选择获知印刷品的地点作为管辖地，也就是说其实际上可以选择法管辖法院（参见维基百科：https：//de.wikipedia.org/wiki/Gerichtsstand）。
[6] Organ（基本含义为器官）一词有时候会导致错误的联想，如果读者错误地将其用于自然人而不是法人，例如 BGH NJW 1980, 223：Rechtsfehlerfrei gelangt das BerGer. (Berufungsgericht) auch zu der Überzeugung, für die Organe des Bekl. habe die Besorgnis nahegelegen, daß die Zuschauer während des Essens versuchen würden, sich von der Menge abzusetzen und in das Gelände der Kl. Einzudringen, und daß sie dabei eine Gefahr für das Eigentum der Klägerin bilden konnten（另外上诉法院对下列事实作出有说服力的论证，被告的组织机构导致观众的担忧，即观众在用餐过程中可能试图避开人群并因此闯入原告的土地，因此可能导致对原告所有物造成损害的危险）。
[7] Röhricht/Graf v. Westphalen/*Ammon* HGB §15 Rn. 21.
[8] BVerfG JZ 2009, 675 ff.

条第 2 款); 以客观的接收者视角 Empfängerhorizont (《德国民法典》第 133 条、第 157 条) 解释意思表示;《竞争法》中的 Mondpreis[1] (月亮价格, 指任意抬价后骤降的价格, 以造成廉价的印象) 和 Schleuderpreis (倾销价格) [其他如此形象的概念还有例如《反不正当竞争法》第 3 条第 3 款附录中的 schwarze Liste (黑名单) 以及 Schleichwerbung (植入广告)[2]]; 另外公司法中的 goldene Aktie (黄金股)、goldene Fallschirm (可能来源于美语) 以及犯罪未遂中犯罪人的 goldene Brücke[3] (台阶) 也是非常形象的, 刑法中的 Wechselreiterei (以通融汇票的方式交换和出卖汇票, 常用以骗钱), 以及 Erpressung (敲诈勒索) 和 Rechtsbeugung (故意枉法),《德国刑法典》第 339 条——是对 Rechtsbruch (违法) 的加强 (不存在于法律中), 程序法中的 Nachschieben von Gründen (理由之追补)。

甚至立法者也会偶尔使用这类形象的概念。

举例: stille Gesellschaft (静止公司) (《德国商法典》第 230 条及以下各条),《德国商法典》第 290 条中的 Mutterunternehmen (母公司) 和 Tochterunternehmen (子公司),《民事诉讼法》第 320 条第 1 款中的 Dunkelheiten (不清楚),《联邦宪法法院法》第 90 条第 2 款中的 Erschöpfung des Rechtswegs (用尽法律途径) (类似的还有著作权法中的 Erschöpfungsgrundsatz[4]), 在刑法和民法中使用 Rücktritt (解除) 并没有那么形象, 而《德国刑法典》第 339 条中的 Rechtsbeugung (故意枉法) 又是非常形象生动的表达。

但是, 如果读者想要使用比喻或类似概念时, 应当注意避免超过某一形象本身的含义。

---

[1] BVerfG MDR 2004, 696 f. —Mondpreis?
[2] 例如 OLG Hamburg ZUM-RD 2000, 168 ff., Rn. 17; OLG Karsruhe WRP 2011, 1335 ff., Rn. 25.
[3] RGSt 53, 62 (70) 参照 Feuerbach。
[4] 译者注: 意为"知识产权权利用尽原则", 是指当知识产权所有人或其他经知识产权所有人同意出售拥有知识产权的产品时, 知识产权便视为用尽。

举例：不恰当的比喻（**Katachresen**）[1]：Folgende Beispiele mögen aber einen Hinweis geben, in welchen Bahnen der Anwendungsbereich dieses Rechts üblicherweise verläuft[2][3]。——另外，法律条文本身有时也会使用不恰当的比喻，例如《德国民法典》第188条第2款和第191条中的 Zeitraum（时间段），其实际上必须称为 Zeitspanne（时间间隔），如果立法者想要表达的是时间轴上时间点。——Rechtsbeugung begeht... der Amtswalter, der sich bewusst in schwerwiegender Weise vom Gesetz entfernt...[4]（政治领袖从事……枉法行为，即其有意严重违反法律……）。Die Auseinandersetzung um ein Pro oder Contra der Tätigkeit der Suizidhilfeorganisationen ist gespickt mit der Berufung auf das verfassungsmäßig garantierte Recht auf Leben und dem staatlichen Auftrag des Lebensschutzes und dem ebenfalls verfassungsrechtlich verankerten Selbstbestimmungsrecht bzw. dem Recht auf Entscheidungsfreiheit des Einzelnen[5]（对安乐死协助机构的工作进行正反面分析的过程充满了宪法所保障的生命权，以及国家保护生命的职责与同样由宪法所确认的自决权和个人决定自由之间的冲突）。——一项分析过程是否可以仅由一个论据来充满？如果可以：充满一词本身的含义难道不是两个以上的元素才能满足吗？

最形象生动的比喻很容易包含读者的主观评价因素，而该主观因素恰好是读者希望避免的。

---

[1] 富有教益的文献请参见 *Gärtner* Man spricht Deutsch, 例如114 ff.；*Kühtz* Wissenschaftlich formulieren, 31 ff.

[2] *Ahrens* Zurückbehaltungsrechte, Rn. 175 a. E.

[3] 大意为"然而下列例子或许能够为理解本法的一般适用范围提供一些参考"，作者将本法的适用范围喻为其可行驶的轨道。

[4] BGHSt 38, 381, 383.

[5] *Gottwald* Regulierung, 43；ebd. 250：Ruf man sich nämlich die Wirkung etwaiger Strafverfahren oder gar Verurteilungen ins Auge, wird der Gesellschaft damit verdeutlicht, dass die (Bei-) Hilfe zur Selbsttötung ein strafwürdiges Verhalten und somit Gegenstand der Strafverfolgung ist ［如果我们关注可能的刑事诉讼甚至是刑法非难的效果（作者将其喻为"让效果进入眼睛"），就能因此向社会表明，协助自杀是应受刑罚非难的行为，因而是应当追究刑事责任的对象］。怎样才能让效果进入眼睛？

举例：Mietnomade（拖欠房租者）是一个逐渐被广泛使用的概念[1]；但是哪一个租户愿意被如此称呼，只是因为他没有按时支付前两个月的房租？

有些人并不喜欢来自于斗争、战争以及军队的比喻。

举例：刑法中的 Warnschussarrest。[2]（警告性拘留）

修辞学上的概念，读者最好谨慎选择并且只作辅助之用，否则很容易给人造成这样的印象，即答题人更加注重答题形式而不是内容。**委婉语（Euphemismus）**就是如此。

举例：以 Ableben 代替 Tod（死亡），以 finaler Rettungsschuss 代替 gezielter Todesschuss（营救射杀）[3]，以 Teilerfolg 代替 Flop（部分既遂）；以 Information 代替 Werbung（信息）；在练习作业中使用 Schwangerschaftsabbruch 代替 Unterbruch der Schwangerschaft[4]（堕胎）——针对堕胎我们还能想到什么可用以替代的词？另外 Luftsicherheitsgesetz（航空安全法规）或许应当被称为 Flugzeugabschussgesetz；但是无论如何这些无害的称谓也无法阻止任何一个多事之人在通读该法律之后因第 14 条第 3 款的规定 [基于确定性原因该条文中直白的表达 unmittelbare Einwirkung mit Waffengewalt（武装力量的直接作用）或许是不可避免的] 向联邦宪法法院提出其想法——剩下的是法制史的问题。[5]

有时候一个修辞学概念会使一个客观的法律问题描述变得更加复杂，而

---

[1] 读者只需要在图书馆稍作检索，很快就可以发现有多少法学著作的标题中使用了 Mietnomade 这个词。

[2] 译者注：对青少年犯罪法院判处缓刑的，法官认为缓刑不足以警戒罪犯其行为的不法性，因而可以辅之以最高期限为 4 周的拘留。

[3] 译者注：是指为了挽救被害人的生命或者使其免受重大的身体伤害，警察在不得已时可以射杀行为人。

[4] 这样使用的例子如 BGHZ 7, 198 (199)；反对这些没有意义的替换 Heuer Schwangerschaftsabbruch, in. ders. Darf man so sagen?, 113 f.；另外还有许多例子请参见 Hirsch Deutsch kommt gut, 155 ff.

[5] 尤其是 BVerfGE 115, 118 ff.

不是更加简单。[1] 读者是否以引号标示比喻部分的内容并以此提示阅卷人，属于个人喜好问题——Duden 并没有提出这样的要求。

举例：Am 21. 12. 2002 befuhr ein Versicherungsnehmer der Beklagten (...) als "Geisterfahrer" die Autobahn entgegen der vorgeschriebenen Fahrtrichtung.[2]

另外，读者也不能将鉴定写成诗歌（**Poetische**），因为这将导致不必要的篇幅浪费。读者所写的不是诗歌，而是专业报告。

举例：在法律语言中只需使用 wörtlich（字面的）即可；wortwörtlich 并不包含更多信息。

然而这在其他法律文化中却有所不同。

举例：在联邦最高法院的判决中我们不会期待出现类似这样的句子，即 the mills of justice grind slowly, but they grind exceedingly fine[3]（正义的磨坊磨得很慢，但磨得很好）。

363
- 但是从另一方面讲，法律语言所要求的朴实且客观的措辞风格也不能过度，避免其在表达高度抽象的概念时——通常情况下是孱弱的——沦为过去几个世纪中公文语言的样式。

举例：Zufolge und nach näherer Maßgabe des §8a I 1 StVG gilt die Halterhaftung auch gegenüber dem Insassen des Fahrzeugs, wenn...[4]（根据《道路交通法》第 8a 条第 1 款第 1 句的规定，车主责任同样适用于

---

[1] 这些出自于专业说谎者和粉饰者（政治家、广告商、企业顾问等）语言的委婉语以及有意的错误比喻对法律语言的侵入程度比读者想象的要严重得多。只有在极其例外的情况下，委婉语才能够更好地传达表达人所要表达的内容：如果读者使用 Wertstoff 代替 Müll，前者传递了与内容相关的信息。委婉语无论如何不能用于讽刺挖苦，例如政治家有时候会做的那样，例如 Margot Honecker：不是 Schießbefehl（射击命令），而是 Waffengebrauchsbestimmungen（武器使用规定）（对 Eric Friedler 所作的采访，由 ARD 于 2012 年 4 月 2 日播出）——（节选请参见 www.spiegel.de/kultur/tv/0, 1518, 825187, 00.html）；详细内容请参见 Biermann/Hasse Sprachlügen.

[2] BGH NJW 2007, 2764 (2765 f., Rn. 2 以及 14, 16).

[3] U.S. Court of Appeals. v. 19.11.2008, Az. 08-1136（Vineberg v. Bissonette），KUR 2008, 158 (162)；其德语翻译大概为：Die Mühlen der Justiz mahlen langsam, aber äußerst fein.

[4] BGHZ 114, 348 (350).

车上的乘客，如果……）；Auch aggressive Marketingmethoden vermögen an dieser Rechtslage nichts zu ändern[1]（即使是具有攻击性的市场手段也不会使本案的法律状况发生任何改变）。

法律语言以及管理语言所衍生出来的某些非常难以理解的魅力并不是读者需要首要掌握的。[2]

举例：以 Lichtzeichensignalanlage 代替 Ampel（交通灯），以 Fahrtrichtungswechselanzeiger 代替 Blinker（转向灯），以 einliefern 代替 bringen（运送）（例如将人员送往医院），以 verbringen 代替 bringen（带到）（例如将影响市容市貌的无家可归者带到市郊），以 beschulen 代替 unterrichten（上课），Maßnahmen durchführen（实施措施），erfolgen（既遂，完成），erstellen（制定，完成），wohnhaft（定居的），等等。

不知从何时开始读者就会无缘无故地陷于表意不清或表达过于抽象的境况中。这样的表达通常存在有待改进的地方[3]。

举例：在涵摄过程中不可避免总是以… liegt also vor / ist daher gegeben（因此本案中存在……）表达结果。但是请读者避免 Ein Erfüllungsgehilfe/eine oHG[4] liegt also vor（因此存在履行辅助人/无限责任公司）这样的表述。读者最好将其表达为 E ist mithin Erfüllungshilfe des P/eine oHG ist also entstanden（因此 E 是 P 的履行辅助人/因此一家无限责任公司已经成立）。尤其在表达抽象概念时，使用 vorliegen 一词常常会显得有点奇怪：读者将无法再想象 Ein Schuldverhältnis liegt damit vor（因此存在一个债务关系）以及 Also liegt hinreichende Bestimmtheit vor（因此具备足够的确定性）——为什么不表达为 Ein Schuldverhältnis

---

〔1〕 Geiger NJW 2007, 3030 (3031). 即使读者直接以 können 代替古朴的 vermögen，也根本无须因此感到愧疚。

〔2〕 关于管理语言——以及我们如何使其易于被接受——*Gesellschaft für deutsche Sprach* (Hrsg.) Fingerzeige; *Berger* Schreiben; 对（当前）历史感兴趣的读者可以进一步参考深入的文献 *Korn* Sprache; *Sternberger/Storz/Süskind* Wörterbuch; *Klemperer* LTI; *Schlosser* Sprache。

〔3〕 如果读者想要改掉这样的语言习惯，可以参见 *Glavinic* Kameramöder (passim)；该书常常以警察审讯笔录中笨拙的笔法作为比喻。富有教益的文献还有 *Claßen/Reins* Deutsch, 264 ff.

〔4〕 译者注：全称为 "offene Handelsgesellschaft"。

ist gegeben(存在一个债务关系)或者 Ein Schuldverhältnis liegt im Mietvertrag(债务关系存在于租赁合同中)？Ein entgegenstehender Wille des G liegt vor(存在 G 的相对意思)和 Weiter muss eine Verletzungshandlung vorliegen(此外还必须存在一个损害行为)以及 äquivalente Kausalität liegt vor(必须存在相当因果关系)这几个表达看起来非常糟糕。[1]

首次处理法律语言的人会注意到其具有一定程度的抽象性。这一点我们可以在之后慢慢学习。因此没有必要过于注重抽象性。

举例：如果将某一设施称为 Spielplätze（游乐场）：Die Verkehrspflicht ist hier dem besonderen Risiko der Benutzung durch junge Personen anzupassen[2]（本案中的社会生活安全注意义务必须与年轻人使用该设施的特殊风险相符合），如果我们使用 Kindern（儿童）一词也不会在很大程度上损害其确定性（并且同时排除法人）。[3]

法律语言不但应当服务于其专业的准确性，而且应当尽可能易于非法学专业者理解。为了实现这一目标读者可以从细节做起。

举例：Eine Regelung über... ist nicht existent（不存在关于……的规定）可以表达为更加简朴的 Eine Regelung zu... gibt es nicht/fehlt。

但是，有时候即使做很大的努力也无法改善专业语言造作的表达方式。

举例：Bei einem Schlag auf das Gesäß handelt es sich um einen Eingriff in die körperliche Intimsphäre, der objektiv als sexuell bestimmt i. S. v. §3 Ⅳ AGG anzusehen ist[4]（拍打臀部属于侵犯身体隐私的行为，在客观上应当视为《一般平等待遇法》第 3 条第 3 款意义上的以性为目的）。这个句子听起来有点奇怪——但已经无法再作进一步改善。

---

[1] 与此同时立法者也对 vorliegen 有特殊的偏好；在《一般平等待遇法》第 3 条第 1 款和第 2 款的概念确定中是以 liegt vor 来定义非常抽象的概念——这确实很糟糕。
[2] Deutsch/Ahrens Deliktsrecht, Rn. 269.
[3] 请读者牢记随后参见边码 365 中关于外来词使用的内容。
[4] BAG DB 2011, 2609 Rn. 33.

- 语言上的疏漏（Sprachliche Nachlässigkeiten）不仅仅具有象征意义。根据上文内容[1]，读者必须尽力使自己的文章看起来具备起码的语言品质。读者努力的结果至少应当符合《德国民法典》第243条第1款的标准。[2]

举例：我们不 löst（解决）案例，而是 entscheidet（对其作出判断）。Lösung（答案）让人听起来好像只存在唯一的答案。下列表述在大多数情况下是不正确的：这恰好非数学问题也不是刑事案件。此外也不存在被放置为相同或者类似情况的案件（gleich oder ähnlich gelagerten Fälle）（顺便提一下：案件事实更好的表达方式为：Sachverhalt）；其还应被放置在哪里呢？我们最多可以说这些案件事实是类似的，或者存在类似的案件事实（sein/liegen）。我们不是 zahlt（支付）账单和债权，而是 begleicht（清偿）账单和债权。

如果读者对自己正确使用**专业表达**（Fachausdrücken）的能力感到不确信，则不能盲目作出决定[3]：Rechtsgeltung（法律效力）是由法律所要求的，而 gültig 在专业语言中很少使用；Trennungsgebot（分离原则）（宪法）所要求的与 Trennungsprinzip（区分原则）（民法）所要求的不同；Verschuldensprinzip（过错原则）（债法）区别于 Verschuldungsprinzip（债务原则）（预算法），Haftungsbedingungen（责任条款）（民法）不同于 Haftbedingungen（监禁条件）（刑事执行法），standesrechtlich（户籍法的）不同于 standrechtlich（紧急状态法的），Ermahnung（雇主对雇员不当行为的提醒，通常不包含

---

[1] 边码1及以下。

[2] 读者的考官常常会注重好的文笔，并将其作为读者分数的组成部分并且这样的做法也是允许的 [OVG NRW NVwZ 1995, 800; VGH BW VBlBW 1988, 262 f.; BVerwGE 92, 132 (135 Rn. 20)]。那么类似于下列这些笨拙的句子应该如何处理 Dazu muss B eine eigene Willenserklärung gemacht haben?（为此B必须亲自作出一个意思表示）——针对这一问题即使是教授也无法总是给出好的参考，Simon myops 2 (2008), 49 ff. 做了简洁明了的阐释；关于写出好文章所付出努力的界限请参见 Limbach ZRP 2010, 61 f.

[3] 下列例子阐明了一项重要的原则：专业语言是专业表达不可或缺的前提。如果读者愿意，正如本书所建议的那样，仅在有限范围内使用法律拉丁语、法律被动态以及法律名词，那么读者必须对自己以及阅卷人的法律专业术语知识具有期待可能性。在必要的情况下读者可以对法律专业术语进行解释和翻译，但前提是必须正确使用。鉴于正确使用法律专业术语存在难度，因而也无法强求作为初学者的读者。在最糟糕的情况下读者也可以从错误中学习并掌握专业术语。关于在科学文章中使用恰当的语言的几个深入建议请参见 Croebner Wissenschaftssprache, S. 69 ff.

解雇威胁）（劳动法）不同于 Abmahnung（警告，程度较前者更深，包含解雇威胁）（劳动法，民法）不同于 Mahnung（催告）（民法），Delinquent（犯罪者）（刑法）与 Derelinquent（抛弃所有权者）（物权法，警察法）并不一定非得是同一个人，类似的还有 Besitzer（占有人）（物权法）与 Beisitzer（陪审员）（程序法）。请读者同时注意 Nießbrauch（使用权）（民法）与 Missbrauch（滥用）（几乎无处不在）之间的细微差别，Kollision（冲突）（道路交通，国际私法）与 Kollusion（串供，销赃）（几乎到处都有）[1]，Schuldverhältnis（债务关系）与 Schulverhältnis（学校关系）之间的区别。另外产品（Versicherung，保险）与供应商（Versicherer[2]，保险人）也常常被混淆，有些时候犯罪分子（Krimineller）与追究其责任的刑事警察（Kriminaler）也会被搞混。如果读者混淆 Geschäftsführungsbefugnis（董事会权能）与 Vertretungsmacht[3]（代理权）这两个词的含义，这是非常严重的错误。危险并不是 droht（威胁），而是 besteht（存在）——因为危险本身就已经包含对于受保护利益造成损害的威胁。并不是所有的 Gläubiger（债权人）都是 Gläubiger（信徒）——并且当读者说到 Regalen（办公用品）与 Regalien（国王权利）（法制史），这两者之间也是存在区别的。

正确使用专业名词一方面是实现与同行顺利交流的重要前提，另外一方面也是向非专业人士展现自己专业性的途径。

举例：如果读者写的是 Ein rechtskräftiger Kaufvertrag kommt unter zwei Bedingungen zustande（一个具有法律效力的买卖合同需满足两个条件才能成立），而不是 Ein wirksamer Kaufvertrag kommt unter zwei Voraussetzungen zustande（一个生效买卖合同需满足两个前提要件才能成立），

---

[1] 下列句子中哪一个字母是错误的：Wenn Angehörige des Klerus bei Rechtsstreitigkeiten mit Dritten obendrein mit ihren Oberen kollidierten, dann wurde die Beweislage für den Aussenstehenden, der gegen das Kloster einen Rechtsanspruch geltend machte, vollends hoffnungslos?（Roland Moeder, Inzidente Gesetzesprüfung im Vereinigten Königsreich, 2002, 113）。Aussenstehenden → Außenstehenden？

[2] 例如 BGH NJW 2003, 2018；BGH NZBau 2005, 287. Versicherung 有时候表达的是其他含义，读者也可以从 eidesstattlichen Versicherung（代替宣誓而作的保证）看出来。

[3] 在公司法中董事会职能是指在（内部）关系中针对股东法律上所允许行为的范围；代理权是指在（外部）关系中针对公司以外的第三人法律上可以为一定行为的权能。

我们或许还能理解。但是这一表达包含不必要的不精确性。Bedingung（条件）是一个专业术语（terminus technicus）（《德国民法典》第158条），因此在表达其他含义时应当以 Voraussetzung（前提要件）或者其他类似的词来替换；rechtskräftig（具有法律效力的）是用来形容判决的；rechtswirksam 是用来形容法律行为的[1]；glaubhaft（可信的）是用来形容证词的，glaubwürdig（值得信赖的）是用来形容证人的。另外，lebenslänglicher Freiheitsstrafe（字面含义为"终身自由刑"，其实就是无期徒刑）是很常见但不专业的表达方式，法律在《德国刑法典》第211条中所使用的是 lebenslanger（终身的）。

即使对于非法律概念而言，表达的精确性也是非常重要的。

举例：如果读者在论述瑕疵保障问题时混淆 Laufleistung（行驶功率）和 Tachometerstand（里程数）（实际上想要使用的是：Kilometerzählerstand），将会对读者自己以及阅卷人在理解上造成不必要的困难。当然下列观点 Der Tachometerstand ist eine wichtige Eigenschaft des Kfz（里程数是机动车的一项重要指标）也是能够得到论证的。但是论证 Die Laufleistung ist eine wichtige Eigenschaft des Kfz（行驶功率是机动车的一项重要指标）要容易得多。

适用于读者的法学表达能力也适用于一般的表达能力：虽然没有读者期待的出色的文风，但是至少要让他人看到自己为尽量避免糟糕文风已经付出了努力。类似于 Der §817 S. 2 BGB ist… anwendbar[2],… wird von keinem Paragraphen[3] im BGB erfasst（《德国民法典》第817条第2句可以适用于……，……在《德国民法典》中并无相应规定）这一类型的表达（**Formulierungen**）看起来有点突兀。我们一般不会使用 Paragraphen 一词，尤其不会使用其全拼形式，但会使用其变形。

---

[1] 以-s 为连接的词有：rechtswirksam 和 rechtskräftig，但是 rechtlos 和 rechtmäßig，Anspruchsteller 并没有以-s 作为连接，但 Anspruchsgegner（相关内容请参见本书边码328）又有-s，相反 Antragsteller 又无-s，Interessensabwägung 或许是错的［例如 Dittmann/Reichhardt JA 2011, 173 (174)］。在第一学期结束后读者必须掌握这些词汇的正确写法。

[2] BGHZ 39, 87；类似的还有例如 §16 S. 1 VerlG。

[3] 正字法改革生效之后同样的还有：Paragrafen。

举例：在二格中可以将其表达为 Der Anwendungsbereich des §280 I BGB ist weit.

可适用的变形形式有 Bestimmung, Norm, Vorschrift, Regelung, Regel, 等等[1]。这些变形形式后面可以接的动词为 schreiben vor, normieren, ordnen an, bewirken, sehen vor, regeln, erlauben, gestatten, verbieten, gebieten, erforden, verlangen, setzen voraus, legen/setzen fest, enthalten Erfordernisse, sind einschlägig/(un) anwendbar, greifen ein/Platz, finden Anwendung, knüpfen (Rechtsfolgen) an, erfassen, kommen zum Tragen/zur Anwendung, können herangezogen werden, erwähnen, passen auf/für Fälle, verweisen auf, bringen zum Ausdruck, beschränken, beziehen sich auf, stellen klar, erklären für anwendbar, heben hervor, gehen aus von, lassen zu, ermöglichen…[2]

§823 I BGB geht/schlägt durch/trifft zu（《德国民法典》第823条第1款是适用的）和 §821 I Alt. 1 BGB zieht/greift nicht（《德国民法典》第821条第1款第1种变形对此没有规定）这两个句子的表达并不好。下列表达不但令人毛骨悚然，而且是错误的：§211 StGB sieht einen Mord vor/verlangt einen Mord[3]（《德国刑法典》第211条规定了谋杀/要求谋杀）。In diesem Fall tritt §14 in Kraft（在本案中第14条生效）这一表达听起来非常不专业。§14本来就已经生效；其要表达的是 §14 ist einschlägig/anzuwenden（第14条是相关的条款/应当适用第14条）。类似的还有包含 laut 〈Norm〉（根据〈法律规范〉）的表达，例如 Laut Strafgesetzbuch §224 ist die Beschneidung eine vorsätzliche Körperverletzung[4]（根据《德国刑法典》第224条的规定割礼属于故意伤害的行为）。——《德国刑法典》第224条有关于割礼的规定吗？没有。或许其所欲表达的是：Die Beschneidung lässt sich unter den Tatbestand

---

〔1〕译者注：这些词的意思皆为名词形式的"规定""规则""规范"，等等。

〔2〕译者注：这些动词的基本含义为"规定""要求""禁止""可适用于"，等等，主要是表达某法律规范的内容。

〔3〕应该将其表达为：该条款 verbietet（禁止）谋杀。而根据《德国刑法典》第211条的应受刑法惩罚性以谋杀为前提。读者可以从中看出来，刑法条款包含主要和次要两方面的命令式。其中之一是针对法官（惩罚罪犯），另一方面是针对所有人（不要犯罪）。

〔4〕Kelek Chaos, 135.

der gefährlichen Körperverletzung（§224 I StGB）fassen und geschieht regelmäßig vorsätzlich［割礼属于危险的人身伤害（《德国刑法典》第 224 条第 1 款）的构成并且通常主观心态都是故意的］。不理想的表达还有 Daher gilt §2, §221 trifft zu（因此适用第 2 条，第 221 条是适用的）。In §398 BGB ist geregelt…（在第 398 条中规定……）要比 Im §398 BGB ist geregelt…[1] 更好。

产生语言上疏漏的原因也可能在于读者以口头表达的方式书写。

举例：如果我们想要表达的是 absichtlich（故意的，有意的），在书面表达中不会使用 extra，而在口头表达中这样的用法基本上是没有问题的。口头表达不断渗透书面表达的例子还有 zwischen 80 bis 100 km/h（代替 von 80 bis 100 或者 zwischen 80 und 100）[2]。在口头表达中 Gegen B läuft ein Ermittlungsverfahren（对 B 进行侦查）这样的表述还没有太大问题，但在书面表达中我们最好写成 ein Ermittlungsverfahren anhängig（正在进行侦查程序）。

- 请读者不要过多使用**外来词**（**Fremdwörtern**）[3]。

举例[4]：Einerseits ist der Geldanspruch nur als ultimum remedium anzusehen, auf das der Verletzte nur insoweit rekurrieren kann, als...[5]（一方面金钱请求权只是作为终级救济，受害人只有在……范围内才能诉诸金钱救济）。Als Konstrukt der zweiseitigen Direktion impliziert das Weisungsrecht nämlich unweigerlich, dass einschlägige Tarifvertrags- und Betriebsnormen als Regulativ akzeptiert werden[6]（作为双向协议意味着命令权是不可避免的，即接受相应的集体合同以及企业规章作为行为规范）。Die rich-

---

［1］但例如《民事诉讼法》第 595 条第 2 款使用的是这一表达。
［2］例如 Schwintowski Methodenlehre, 130.
［3］《德国民法典》的立法者需要应付 2% 的生词，Mertin ZRP 2004, 266.——如果读者在奥地利学习，或许可以忽略下文中的提示。
［4］值得一读的还有 Herdegen JZ 2004, 873 ff. Fischer-Lescano/Maurer NJW 2006, 1393 ff.
［5］Kötz/Wagner Deliktsrecht, Rn. 642.
［6］Popp BB 1997, 1790 (1791).

terliche Fallentscheidung hat primär retrospektiven Charakter: Der Richter entscheidet ex post streitige Sachverhalte[1]（法院判例具有优先的可追溯性：法官对过去具有争议的案件事实作出裁判）。Das Modell systematisch-deduktiver Entscheidungsbegründung i. S. des juristischen Syllogismus versagt hier weitgehend; an dessen Stelle tritt induktiv-heuristische Abwägung von Lösungsgesichtspunkten rechtlicher und außerrechtlicher Provenienz, wobei die Interessen aller involvierten Betroffenen abzuwägen sind[2]（本案在很大程度上不适用法学三段论意义上的模式，即演绎裁判论证模型；而需要通过对法律以及非法律解决方案进行归纳，即启发式的权衡比较，并在此过程中对所有相关人员的利益进行衡量）。In der Sprache der „Neuen Formel" bewirkt die Kongruenz von Differenzierungsgrund（die unterschiedliche ethisch moralische Evaluation zweier Persönlichkeitsmerkmale）und Differenzierungsziel（die Durchsetzung einer vorherrschenden ethisch-moralischen Bewertung eben dieser Persönlichkeitsmerkmale）die Unmöglichkeit der geforderten funktionalen Inbezugsetzung beider Punkte zueinander, was wiederum die Unzulässigkeit der Differenzierung impliziert[3][在"新规则"语境下，区分原因（对两个不同人格要件作不同的伦理道德评价）和区分目的（对同样的人格要件作伦理道德评价之后执行其中占优势地位的要件）的同一性将导致所要求的功能性相互连接无法实现，而该结果反过来表明区分本身是不允许的]。Danach muss er die bereits vorliegenden Teilergebnisse möglichst gut miteinander verbringen und durch die kompensatorisch-suppletive Addition ihrer Stärken zugleich ihre gravierenden partiellen Schwächen summarisch minimieren[4]（他必须使已经存在的部分结果尽可能合适地相互叠加，并通过补偿性—互补叠加的方法将其优势和弱点进行叠加，以使其在总量上达到最小化）。

---

[1] *Langenfeld* JuS 1998, 33.
[2] *Kramer* Methodenlehre, 205.
[3] *Risse* Schutz, 162.
[4] *Köbler* Etymologisches Rechtswörterbuch, S. V.

几乎在所有的法律职业中从业人员都必须就法律问题与他人进行沟通，这些人并没有接受过法学教育（有些人——更有甚者——甚至没有通过高中毕业考试）。请读者尝试以德语进行这样的谈话。[1] 为什么不以 Zusammenhang（上下文的联系）代替 Kontext？哪个非法学专业的人知道 synallagmatischer Vertrag（双务合同）的含义呢？

如果某个词并不是所有的法学专业者都能理解，因为其只出现在部分科目中，

举例：近来非常流行的融资手段 mazzanine-kapital（**夹层资本**）。

读者至少对其作必要的解释。

最糟糕的情况是给阅卷人留下这样的印象，即这些外来词的含义是显而易见的。

另外，外来词的使用根本没有带来认知上的帮助。

举例：为了证明保证合同是以主债务存在为前提，读者真的必须使用 Akzessorietät（从属性）一词吗？实际上这一点完全可以从《德国民法典》第 765 条第 1 款中推断出来——不是吗？

错误或者不恰当使用外来词使受教育阶层蒙羞的程度要比使用正确的非外来词更甚。

举例：Der Vorsatz ist im Tatbestandsmerkmal Arglist intendiert[2]。Dieses Recht auf informelle Selbstbestimmung ist mit den Belangen des Vermieters abzuwägen[3]。300 Anwohner mussten evakuiert werden[4]。一个官方的公

---

[1] 如果读者使用 Naturalrestitution（实物赔偿）而不是 Wiederherstellung der beschädigten Sache（修复损坏物品）（或者用最通俗的 Reparatur，意为"修理"），当然也可以向其未受法学教育的相对人解释这个问题。偶尔听来还挺不错。但是同时存在对方无法理解的风险。而且谁又能立马说出 Devolutiveffekt（移审效果）的含义呢？

[2] 这个句子想要表达的可能是：Arglist bedeutet soviel wie Vorsatz（恶意等同于故意）。

[3] *Bub/Treier/Bub* Hdb der Geschäfts- und Wohnraummiete II Rn. 669；其所想要表达的是 informationelle Selbstbestimmung（信息自主）。

[4] Evakuieren 的含义为 entleeren（清空）。相关内容还有 *Sick* Unglück mit Tonen, schwere Verwüstungen, in ders. Dativ, 135, 137.

告只能由官方或者当局，而不是通过一个企业或者私人来发布。并不存在第 2 种或者第 3 种可能性（Alternative）——为什么不存在？[1]请读者区分 kollaborieren（合作、协作）和 kollabieren（虚脱），pauschalieren（总算、总计）和 pauschalisieren（概括化、一般化），Intension（意图、打算）和 Intention（目的、意图）。如果有读者不知道 konkludent 或者 konkludend[2]的意思，就请直接使用 schlüssig（结论性的）——而且以 Vorsorge（预防措施）代替 Profilaxe[3]也是非常好的。

但是读者不应当矫枉过正，将所有的 Problem（问题、困难）替换为 Schwierigkeit（难点、困难），将所有的 Kommentar（评注、注解）替换为 Erläuterungsbuch（解释、阐释）[4]。另外，如果我们使用 relativ 而不是 verhältnismäßig 也不会给他人造成什么困扰。[5]在少数几个表达中，使用德语改写反而不好。

举例：如果读者只有 Förmelei 可供选择，则可以保留 Formalismus（形式主义）。如果读者为表达 Präjudiz 只能想到 Vor-Urteil 一词，那还不如直接使用——鉴于 Vorurteil（偏见、成见）——Präjudiz（判例、先例）。读者倾向于使用 alter und neuer Gläubiger（原债权人和新债权人）还是 Zedent（转让债权者）und Zessionar（债权受让人）也是个人喜好问题[6]，只要避免写成 Altgläubiger 和 Neugläubiger，因为这两个词在公司法中另有含义。

我们也可以偶尔使用 abschließend（决定性的）来称呼 enumerativ，以简单得多的 begründen（论证）代替 konstituieren，将 primär（首要）替换为 in

---

〔1〕就某一可能性还存在另外一种可能性的情况称为 Alternative（拉丁语 alter = der eine, der andere，意为"一个、另一个"）。如果存在超过两个的可能性，则不称之为 Alternativen，而是 Varianten 或者 Fällen。

〔2〕AG Köln NJW 2006，1600.

〔3〕*Walter* Rhetorikschule，84.

〔4〕例如 BGH NJW 1992，3237 Ls. 2.

〔5〕在法律专业语言中 relativ 还有另外一层含义，例如用于区分相对权（relatives Recht）和绝对权（absolutes Recht）。

〔6〕相反，以 Abtretung（转让）或者 Anspruchsübergang（权利转让）替换 Zession（转让、让予）也是完全没有问题的。

erster Linie，以 ohne Vorsatz（非故意）代替 undolos，以 am Rand（边缘的）代替 peripher，以 belanglos（不重要的）代替 irrelevant，以 belaufen auf（共计）代替 valutieren mit，以 Rechtsprechung（司法判决）代替 Judikatur（以及 Judikat Urteil 或者 Entscheidung），以 Geschichte（历史）代替 Historie，以 nachrangig（次要的）代替 subsidiär，以 folgerichtig（结果）代替 konsequent（erweise），以 Gerichtsstandsvereinbarung（延期）代替 Prorogation，以 eigener Art（特殊的、自成一类的）代替 sui generis，以 kopfteilig（按比例）代替 pro rata，以 zeitanteilig（分期付款）代替 pro rata temporis，以 kriminell（犯罪的）代替 verbrecherisch，以 aufschiebende Wirkung（中止效果）代替 Suspensiveffekt，以 im vorliegenden Fall（本案中）代替 in casu 或者直接用 hier，另外以 zeitliche Staffelung（时间段）代替 temporale Staffelung 也很好。

在外来词和过于粗陋的词之间作出折中选择的建议：请读者直接以 Belohnung und Bestrafung（奖励与惩罚）来表达 Zuckerbrot und Peitsche（胡萝卜和大棒）或者 positive und negative Sanktionierung。

请读者只使用自己了解其德语含义的外来词[1]，

举例：Idiosynkrasie，perhorreszieren，ephemer，Dichotomie，Prävarikation[2]

读者可以毫无困难地将其念出来，

举例：Makrokriminalität，Reziprozitätsprinzip，Authentizität，Plausibilitätskriterienselektionsmechanismen，Praktikabilitätsprobleme，Institutionalisierungstendenzen，Rehabilitationsinteresse，Inkomptenzkompensationskomptenz[3]

读者可以将其与念法相似的词予以区分。

---

〔1〕 实际上该规则不只适用于外来词。如果读者不能区别 unbeschadet（相关内容请参见 Wolff JZ 2012, 35 ff.）和 unbeschädigt，请查询 Duden。请读者注意一下有多少律师不理解 mittelständisch（中型的）的含义：尽管其所里的工作人员可能不足 12 个（因此属于小型企业），但他会宣称其所在所为中型所，只是因为其曾经代理过中型企业的业务。

〔2〕 读者能否立即说出 optisch 和 visuell 之间的区别。如果可以，请改变自己的语言习惯。

〔3〕 这一概念来源于 Marquard Inkomptenzkompensationskomptenz, in ders. Abschied von Prinzipiellen, 23 ff.

举例[1]：effektiv（有效的）区别于 effizient（有效率的），real（真实的）区分于 reell（诚实的），empathisch（同理心的）区别于 emphatisch（强调的），dezidiert（牢固的）区分于 dediziert（专注的），Katheter（导管）区分于 Katheder（讲台）。

以及那些读者无需停顿就可以变格以及变位的词。

举例：如果读者必须将 Dilemma，Index，Bonus，Alumni，Campus，Mafiosi，Prokura，Paparazzi，Graffiti，Sinti und Roma 或者 Taliban 转变为复数形式……?[2]

基本原则：将外来词的使用量降到最低。[3]

上文所述规则同样适用于**拉丁语法律谚语和法律词目**（lateinische Rechtssprich- und -stichwörter）[4]。

举例：合同的效力是 inter partes（在当事人之间生效），而不是 inter patres。不同于一般实践，其正确的说法是 condicio sine qua non（必要条件）[5]。以 eigenübliche Sorgfalt（尽对待己物同等的注意）代替 diligentia quam in suis[6]（rebus adhibere solet）虽然不会更好，但更加简短。Adäquität[7] 是将 Adäquanz（相当因果关系）和 Antiquität（古董）所作的不恰当混合。Parantelsystem[8] 与误写的蜘蛛并没有什么关系，而实际上应该是 Parentelsystem（血统继承制度）。

如果读者不能确定 de profundis（来自深渊的呐喊）与 pro defunctis（安魂），habesa corpus（人身保护令）与 habemus papam（教皇）以及 Anatozis-

---

[1] 更多例子请参见 *Kühtz* Wissenschaftlich formulieren, 18 f.
[2] 有时即使是非常简单的德语词汇，其复数形式变化也很难：Kaufmann 传统上的复数形式是 Kaufleute（尽管 Kaufmänner 实际上也没有错）。
[3] 再说一遍：将……限制在最小范围内。——另外：minimieren（将……减少到最低程度）与 reduzieren（减少）的含义并不相同。
[4] *Maier-Reimer* JZ 2003, 944 f. 也建议谨慎使用。
[5] 相关内容请参见 *Molsberger/Kettgen* JA 2/2010, Ⅶ f.
[6] 译者注：意为"尽对待己物同等的注意"。
[7] BGHZ 57, 25 (29)（但在南德的某些地域或许是非常见的）。
[8] *Mörschner* Erbrecht, 20 以及其他。

mus（复利）与 Anachronismus（史实的年代错误）之间的区别[1]，可以查词典。[2]

在行文中过于频繁地使用拉丁语：

举例：以 sedes materiae ist〈Norm〉代替 einschlägig ist〈Norm〉（相关的〈规范〉是）；以... ist nicht expressis verbis geregelt 代替... ist nicht ausdrücklich geregelt（并未对……作明确规定），以... ist Usus 代替... ist gängig/üblich/gebräuchlich（……是常见的）；以 bona-fide-Erwerb 代替 gutgläubiger Erwerb（善意取得）。

很容易给人造成倚老卖老——自以为是的印象。[3] 如果读者只是偶尔使用 fiat iustitia pereat mundus[4]或者 res ipsa loquitur[5]，时不时说出 dies interpellat pro homine[6]，iura vigilantibus[7]，solvendi causa[8]或者 fur semper in mora[9]，并且在恰当的位置使用 summum ius summa iniuria[10]或者 Roma

---

[1] 对了，这些例子中哪一个不是拉丁语，而是希腊语？

[2] *Lieberwirth* Latein im Recht；*Liebs* Lateinische Rechtsregeln und Rechtssprichwörter；*Filip/Fröschl/Mader* Latein in der Rechtssprache；*Benke/Meissel* Juristenlatien；*Bruß* Lateinische Rechtsbegriffe；*Adomeit*（"Civis Romanus"）Latein für Jurastudenten。如果读者看到 Traditionsprinzip 时想到的不是转移动产所有权时的交付要求，而是基社盟（CSU）的党纲，推荐读者阅读 *Meyer* Juristische Fremdwörter, Fachausdrücke und Übersetzungen，*Creifelds/Weber* Rechtswörterbuch 以及 *Köbler* Juristisches Wörterbuch；*Alpmann* Brockhaus Studienlexikon Recht；*Avenarius* Kleines Rechtswörterbuch（已经不再使用）；*Tilch*（Hrsg.）Deutsches Recht-Lexikon；仅作为专有之计：www. rechtswoerterbuch. de 和 www. jur-abc-de/cms/index. php? id =130 除拉丁语法律谚语之外还有一些德语法律谚语；*Schmidt-Wiegand*（Hrsg.）Deutsche Rechtsregeln und Rechtssprichwörter。上述每一本书都包含之后 11 个学期够用的法律谚语。因此：阅读——并且省着用。推荐熟读的文章有 *Schnapp* Jura 2010, 97 ff.；*ders.* Jura 2012, 16 ff.

[3] 有些时候读者就是想要给人留下这样的印象。一个律师如果在帮助其委托人在损害赔偿诉讼中不但赢得 damnum emergens（直接损害），而且还获得 lucrum cessans（所失利益，即消极损害），当然会继续推荐给其他人（即使并不理解）。一个学生如果想给阅卷人留下印象，最好采用其他方法。

[4] 大意为：即使天崩，也坚持正义！表示公道自在人心的信仰。

[5] 意思为：事实自证。

[6] 其译文请参见《德国民法典》第 286 条第 2 款第 1 项。

[7] 意思为：法律帮助勤勉人。

[8] 大意为：以终止债权债务关系为目的。

[9] 意思为：归还所盗之物不能阻止盗窃成立，请参见 Paland/*Heinrich* §286 Rn. 25。

[10] 或许可以翻译为：法之极——恶之极。来源于 Cicero De officiis I, 33（= www. theöatinlibrary. com/cicero/off1. shtml33）。

locuta causa finita[1]——但请不要出现 ad nauseam（诉诸反复）和 ad libitum（随意的）。Dolo agit qui petit quod statim redditurus est（恶意主张其必须立马归还的权利）读者不应当向阅卷人或者听众保留这一表达。读者可以借此向教授表明，自己也属于其小小的共同体，即不只是默默享受人文主义教育的成果，而且愿意携手共同造福人类。无论如何读者最后必须脱离学术小人物的角色[2]。如果读者不能在论据上说服对手，那读者自己的论述至少是空洞的，读者最好以 Quod erat demonstrandum（证明完毕）这样顺利论证的形式作为结尾。这样做看起来总是——probatum est（可行的）。

基本原则：在完成作业过程中完全不使用拉丁语法律谚语也是可以的。[3]（通常情况下读者可以将例如 mutatis mutandis[4]直接删掉。）否则：要么学习拉丁语，要么放弃拉丁语。Diligentia non nocet（谨慎总是没错的）。偶尔也可以直接以 widersprüchlichen Verhalten（相互矛盾的行为）代替绕口的 venire contra factum proprium（前后行为矛盾）。在 20 页的内容中插入的法律谚语不要超过 1 个。

如果读者能够立即说出女性无权代理人（《德国民法典》第 177 条，第 179 条）是否被称为 falsa procuratrix（无代理权的女性代理人），notwendige Bedingung（必要条件）的复数形式为 conditiones sine quibus non[5]以及 Tempus（速度）的复述形式为 Tempi[6]，in dubio pro reo（遇有疑义，作有利于

---

[1] 意思为：上有谕，则论毕。

[2] 另一个同样被知识分子所保有的习惯是，以 rei vindicatio 或者 Vindikationsanspruch 来称呼《德国民法典》第 985 条中的返还原物请求权（类似于在不当得利法中使用拉丁语概念；根据经验尤其让人印象深刻的是使用 candictio causa data causa non secuta，意为：因对价落空要求返还财产的诉讼）。如果读者不从论证层面实际追溯罗马法的内容，那这些拉丁语法律谚语的使用并没有带来实质内容上的益处。

[3] 只有极少数表述没有贴切的译文，例如 obiter dictum（法官的附带意见），tu quoque（"你也一样"式的反驳），lege artis（依照常规）和 non liquet（不明确的）（区别于 non licet，意为：不合法的，不允许的）。

[4] 译者注：意为"作必要的修正"。

[5] 例如 BGHZ 2, 138 (139)。**作为练习**：actio pro socio（合并之诉）的复数是 actio pro socii，actiones pro socio 还是 actiones pro socii？

[6] 例如 OLG Frankfurt am Main NJW 2010, 780.

被告的解释）的反义词实际上是 in dubio contra reo[1]（遇有疑义，作不利于被告的解释），抄袭 Martial（马提亚尔）实际上被称为 plariggarius[2]，notwendige Bestandteile des Rechtsgeschäfts（法律行为的必要要素）的单数形式是 essentiale negotii[3]，这说明读者还记得足够多从拉丁语课中学到的知识[4]。如果读者正确地将拉丁语语法上的词性翻译成德语，那就应该写成 die lex specialis，而不是 das；在拉丁语中 lex 是阴性的。

如果读者能够流利地说出 commodum ex negotiatione（因交易所获得的利益），解释其内容上的含义并找到其在《德国民法典》中相应的条款，读者也可以使用这一表达——每个学期一次足矣[5]。这一规则也同样适用于所有无需经过思考或者额外查询的外来词，例如 aberratio ictus（打击错误）的重音位置在哪里，以及对于 in bonam partem[6] 的类推适用是什么。如果读者能在 3 句话之内区分 numerus clausus（限额的）和 actus contrarius（相反合意），就可以不经翻译使用这两个概念。

另外一种特别糟糕的表达形式是使用拉丁语缩写。

举例：Hier kann es sich aber um eine alic[7] gehandelt haben（但是本

---

[1] 例如 Meyer-Mews NJW，916 ff. 关于所谓的 in dubio pro consumatore 原则请参见 Riesenhuber JZ 2005，829 以及针对其观点的回复 Rösler JZ 2006，400 ff. 和 Tonner 402 ff.，关于错误的拉丁语请参见 Adomeit Jz 2006，557。愚蠢是没有尽头的：Flechsig/Biele 在其载于 ZRP 2008，115 中的文章中尽管作了一个非常不错的引用 Cicero-Zitat（对西塞罗一书的引用），但很遗憾错误地写成 Unbegrenzte Auslegung pro autore。其作者名叫 auctor，这我们可以在任何 Stowasser 中查询到，在特殊情况下也可以通过在线拉丁语词典查询（例如 www.auxilium-online.net/wb/formenanalyse.php）。

[2] 例如 Möllers Juristische Arbeitstechnik Fn. 530。

[3] Status 和 Modus 的复数分别是什么？corpus delicti 呢？如果这对于读者而言并不算什么挑战，那么读者可以尝试一下阅读 BGH VersR 1998，601 ff.（即使不出于此目的，该判决也是值得一读的）的判决事实。另外 Textsammlung Verfassungs- und Verwaltungsgesetze 正确的复数形式是什么：是 Sartorii，Sartoria，Sartoriusse，Sartorien，还是根本就不存在？

[4] 其他例子请参考 www.lto.de/de/html/inhalt/249/s/。

[5] 上述所有内容都可以毫无限制地翻译成古希腊语。但是在法律语言中很少会这样做，因为古希腊语与拉丁语的关系类似于法语和英语的关系。在某些场合下使用一次 Synallagma（牵连性），偶尔使用一次 Telos（目的）或者 Topos（普通概念）——这就足够了。如果读者能够区分 Synopse（大纲，概要）和 Synapse（神经元的神经线连接）并对其进行解释，那读者就可以使用来源于古希腊语的外来词。

[6] 来自于 Puppe Schule，101。

[7] 译者注：全称为 "actio libera in causa"，意为 "原因自由行为"。

案中可能存在一个原因自由行为）。——没有任何人想看到这种教练式的德语；如果有人必须要阅读这样的德语，他会在页边空白写上 who the f*** is alic？（谁是他**爱丽丝？）。经典拉丁语中并不包含类似于 cic 和 CV 这样的缩略语。如果某一拉丁语缩写并非确实非常普遍，读者至少应当将其纳入缩略语目录——但是读者也可以完全放弃这样的拉丁语表达。

即使是拉丁语法律规则的缩写也会导致非业内人士无法理解读者的思路。

举例：Darin liegt ein schwerer Verstoß gegen den Nemo-tenetur-Grundsatz（本案中存在对"禁止强迫自证其罪原则"的严重违反）。如果读者所掌握的拉丁语知识还足够理解 nemo tenrtur se ipsm accusare[1] 这一全称，那么只有当读者已经了解这一原则时才能使用其缩写。否则读者只是想借此显示自己的专业性，而不是努力去理解这些拉丁语表达的含义。

- 使用英语（Anglizismen）以及英式俗语（englische Einsprengling）通常并不会使文章看起来更加优雅，反而是给人不伦不类的感觉[2]。

没有人必须证明自己有一年的时间 out of area（不在本国），尤其是在美国[3]学习。这在今天是不言自明的事情并且——如果真的有必要——可以通过在名片上补充海外高校名称并附上所获得学位，即可表明：John R. Ewing, LL. M. (University of Texas, Dallas)[4]。如果读者不断使用 leading

---

〔1〕 大意为："任何人不得被强迫自证其罪"（刑事诉讼法）。

〔2〕 就过多使用英语问题的精辟概述请参见 *Schneider*, Speak German!，书中还包括一个关于如何改变这一习惯的小建议是 S. 66.；值得一读的还有 *Krämer* Modern Talking，该书介绍了这些无聊的文字把戏拆毁文章的程度，类似的还有 *Melzer/Sieg* Come in and burn out。另外有用的英式英语索引请参见 www.vds-ev.de/index.

〔3〕 表述为 the States.

〔4〕 关于其对职业前景的影响请参见 *Korte* btA, in：Vec u. a. Campus-Knigge, 40 f.；但是时至今日，如果读者有三个姓——并全部进行缩写：H. L. A. Hart.，或许还能真正获得一些社会地位上的加分。如果读者非要显示自己的英语/德语交际能力，请读者尝试一些其正具有独创性的内容：在邮件抬头处使用双语的保密提示。这些内容读者可以从任何一个还可以的律师邮件中复制。但是，如果读者的邮件不包含这些提示，收件人将会感谢读者，尤其是在打印邮件实际上只是一份非常简短的协议时，因为成千上万的提示很容易造成纸张浪费。

cases（典型案例），dissenting opinions（反对意见）[1]，law in action（行动中的法律），judicial self-restraint（法官自我限制原则），soft law（软法），asset deals（资产交易），labeling approach（标签理论）以及类似的英语法律术语，尤其是在错误的位置使用正确的术语，这看起来非常可笑。从根本上讲，错误的英语会让人很难堪。

举例：在阅卷过程中总会看到令人不悦的 think global act local！（放眼全球，落实行动！）；fair trail[2] 不同于 fair trial；publish or parish[3] 也并非完全正确。另外读者在使用 due dilligence 的时候也要想想 diligence 到底需要多少个 l。只有当语法和正字法各个方面都正确之后才能考虑内容上的问题：如果有读者想要展示自己如何精通英语，那就不应当统一以 Urheberrecht 代替 Copyright。这两个概念——在所有近义词中——蕴含着不同的含义。

即使是看起来神秘的英文缩写（IPO，PoS，PPP，USP，faq[4]，B2C[5]，Expat，等等）在今天也只会给人留下老土的印象。为什么我们应当使用 goodwill Geschäfts- oder Firmenwert（《德国商法典》第 266 条第 2 款 A 第 1 项第 3 句），Button Schaltfläche（《德国商法典》第 312g 条第 2 款第 2 句）或者 cold call unverlangter Werbeanruf？

但是，另一方面也请读者不要尝试对英语表达作勉强的德语化转换；Leasing- Verträge（租赁合同）及 Factoring-Verträge（保理合同）这样的称谓已经逐渐得到普遍认可。此外还有一小部分英语单词找不到对应的德语词汇。

举例：以 unverlangter elektronischer Werbemüll 代替 spam 和以 in direk-

---

[1] 代替 abweichende Meinung 或者 Sondervotum，类似的请参见 Steiner/Gerhardt, ZRP 2007, 245 f.
[2] Miche/von der Seipen Der Schriftsatz des Anwalts im Zivilprozess, 5. Aufl. 2000, 37.
[3] Fahl ZRP 2012, 7.
[4] faq 到底应该怎么念？这是完全没有必要的，因为我们也可以写成 oft gefragt。
[5] 例如 Berger ZGS 2004, 329 ff.；典型的还有 Hansen ZGS 2006, 14 ff 的标题：AGB-Inhaltskontrolle von Geschäftsbedingungen im B2C-eCommerce。F2F, R2P 以及 R2D 的含义是什么？这些缩略语对于外行理解文章内容又有什么帮助呢？

ter Verbindung mit der Datenverarbeitungsanlage arbeitend 代替 online[1]是否足够准确？更加明显的例子是 gender mainstreaming——或许只是因为没有人知道其确切含义。[2]并且我们应该如何恰当翻译 early adopter, Double-opt-in-Verfahren[3]或者 indider 这些概念，至今没有定论。那 gentlemen's agreement 呢？

如果某一个英语表达所指代的概念是英语世界所创造的，也是类似的情况。

举例：我们或许可以以某种方式对 Just-in-time-Klauseln und Verträge（即时条款和即时合同）进行翻译（并且对其进行法律归类，例如纳入固定交易的范畴时必须再使用其他明确的概念）。但这种做法并不普遍，并且 just in time 不同于 mobbing 和 stalking（这两个概念的使用随处可见）：非我所创，而是他处（即日本）。

即使是简短的表达也可以成为一个论据。

举例：如果可以将 skimming 翻译为 das "Abschöpfen" von Daten aus einer Bank- oder Kreditkarte durch Auslesen und Kopieren des Inhalts des auf der Karte enthaltenen Magnetstreifens, um die Informationen anschließend auf einen Kartenrohling zu übertragen und diesen um der Folge gemeinsam mit der ebenfalls ausspionierten persönlichen Identifikationsnummer（PIN）für Geldabhebungen im Ausland zu missbrauchen（以读取和复制卡上磁条中的内容"抹去"银行卡或者信用卡上的信息，为随后将信息转移至其他载体中并结合偷窥所得的个人密码（PIN）滥用在境外取款的功能)[4]，那么使用简短的英语表达将非常有利于文章的易读性。

---

〔1〕德国联邦最高法院也会使用 Online 一词［例如 BGH NJW 2005, 53 (55)］，而在 BGH JZ 2005, 94 ff. 全篇中的 unerbetene E-mail-Werbung 都以 spam 来表示。联邦劳动法院在 NJW 2006, 540 中几乎毫无例外地以 Surfen 表达 Internetnutzung——并且这听来起来丝毫不会有突兀的感觉。

〔2〕可以作为参考的恰当翻译建议请参见 http://de.wikipedia.org/w/index.php?title=Gender_Mianstrsming&oldid=67425359，此外还有 geschlechtersensibele Folgenabschätzung。

〔3〕例如 BGH NJW 2011, 2657 Ls. 3 u. ö.

〔4〕*Seidl/Fuchs* HRRS 2011, 265 ff；更加简短的定义请参见 BGH NStZ 2011, 154.

是否需要出于保险起见而在 Wiederverkauf 之后补充（"Resale"）[1]，才能理解 Wiederverkauf（转卖）的含义，以及 Personalvermittler（中介）是否真的属于 headhunter（猎头）[2] 以及 Endhersteller 是否必定是 OEC 或者必须被称为 assembler[3]，这都是不确定的。Dual use[4]（两用）一词如此具有军事色彩，以至于在中性的消费者概念（《德国民法典》第13条）中很少读出这一层含义。Hausunterricht（在家自学）是否只有被称为 Homeschooling[5] 才能成为适合写博士论文的论题，这是不言自明的。我们只能无力地观望，Bewerberdatenrecherche in sozialen Netzwerken（在社交网络中调查申请者的信息）对于 pre-employment screening（就业前筛选）而言是不是一个机会。

当英语和拉丁语表达同时出现时，

举例：forum shopping（当事人选择法院），„Kick back"-quo vadis?[6]（"灰色收入"—你往何处去?），pro bono round table[7]（无偿服务协议），Exzellenzcluster（精英研究集群）；lawfirm legibus solutus[8]（律所不受法律约束）。

并不会让读者的作业显得双倍优秀，大部分情况下其实是双重的不必要。

另外，**伪英语**（**Pseudo-Anglizismen**）[9] 的使用频率也很高。

---

[1] BVerwG NVwZ 2004, 878 ff.
[2] 例如 *Wulf* NJW 2004, 2424 f.；*Reichold* JZ 2005, 259 f.；然而 BGH JZ 2005, 255ff. 使用的都是 *Personalberater*；根据他们所提供的服务 low peformer（低能者）（*Hunold* BB 2003, 2345；*Friemel/Walk* NJW 2005, 3669；*Tschöpe* BB 2006, 213 ff.）；比较内敛的有 *Singer/Schiffer* JA 2006, 833）将一开始就被排除在外，即绩效低下的劳动者（这一概念看起来得到了普遍认可，例如 *Hunold* NJW 2008, 3022 f.）。中介更愿意介绍 high potentials（高潜力者）（其又因下列事实而突出，即其他可以全部以德语来表达……）。
[3] *Wältermann/Kluth* ZGS 2006, 296.
[4] 例如 OLG Celle ZGS 2004, 474；*Palandt/Heinrichs* §13 Rn. 4.
[5] 例如 *Fischer-Lescano* KJ 2008, 166, 167.
[6] *Rößler* NJW 2008, 554. 就该问题的答案可以在 *Kluge* Kickbacks, Die Zivilrechtliche Aufklärungspflicht nach Umsetzung der Finanzmarktrichtlinie, Baden-Baden 2013 中找到。类似的还有 *Günther* Bad Banks; Die Bewältigung systemischer Finanzkrisen durch Errichtung staatlicher Abwicklungsanstalten, Baden-Baden 2012.
[7] *Bälz/Moelle/Zeidler* NJW 2008, 3383.
[8] *Krüper* JZ, 655 ff.
[9] 译者注：在德语语言中使用英语的表达方式。

举例：在英语语言地区没有人会使用并理解 Handy[1]一词，如果其想要表达的是 mobile phone 或者 cell（ular）phone[2]。如果读者愿意，可以使用 einmal mehr（再次）——但是实际上应该称为 wiederum 或者 erneut[3]。另外 Patchwork-Familie（继亲）的英语叫法是 blended family 或者 step family。

然而德语已经在很大程度上被英语渗透[4]。

举例：政府委员会 Deutscher Corporate Governance Kodex（德国公司

---

[1] 该表达在法院语言（例如 OLG Hamburg NJW 1997, 3452, AG Berlin-Mitte NJW 2005, 442）以及法学学术语言（例如 *Hufnagel* NJW 2006, 3665 ff. passim; *Weber* ZJS 2009, 563 ff.）中已经比较常见；但是 BGH NJW 2003, 2034 ff., MDR 2006, 98；OLG Brandenburg NJW 2004, 451；OLG Bamberg NJW 2006, 3732 ff.；OLG Köln NJW 2008, 3368 ff.；OLG Stuttgart NJW 2008, 3369 f. 以及《道路交通法规》第 23 条第 1a 款的立法者坚持使用 Mobiltelefon [但 Handy 一词被用于汽车上的 Hanydvorrichtung（车载手机系统）中并借助 Bluetooth 通过一个 Eraset 或者 Headset 进行连接，OLG Stuttgart NJW 2008, 3369 f.]。尽管 *Schneider* 是英语怀疑论者，但其仍为 Handy 辩护（Speak German!, 50）——难道是弃车保帅？如果读者放弃使用 Handy 一词也可以同时避免其复数形式问题，即其应当采用 BlackBerries（变-y 为-ies）还是 Babys（直接加-s）的复数变化形式。同样以 Powerseller（难道我们不会不自觉地想到能源供应公司，从这些能源公司我们可以 powershoppen?）代替 gewerblicher Verkäufer 商业卖家（例如 Westphalen ZGS 2004, 129, AG Bad Kissingen NJW 2006, 783；谨慎使用 Handy 一词的例如 AG Radolfzell NJW 2004, 3342；OLG Koblenz K&R 2006, 48；LG Mainz NJW 2006, 783），也是非常多的。英语表达不但渗透到法院语言中，同时也渗透到官方语言中，例如 OVG NRW 2005, 2246 f.（Showroom）。

[2] 另外 mobbing 和 cutter 也存在类似的问题。值得了解的或许还有，public viewing 在美国是表示在公开场合将死者放入灵柩。然而其在英语中的含义是：昨天还很酷，但是今天就已经倒霉并且明天已经没有可能。如果读者根据美语的做法省略连字符（e Bay Auktion, ZGS 2005, 359, EU Verordnung, E-Commerce Richtlinie, 等等），这或许表明读者内心确实是一个美国人——并且很明显读者已经很久没有查阅 Duden（请查阅：Duden 官方正字法规则第 40 条以及以下各条）。

[3] 直到 1969 年 *Süskind* 还将 einmal mehr 视为套用英语的表达形式（我持有反对该观点的一些理由，83）——因此我们很容易搞混。sinn machen（to make sense）和 sicherstellen（to make sure）这两个表达应该无需再提请读者注意，首先 sicherstellen 还含有刑事诉讼法上的意义（《刑事诉讼法》第 111b 条及以下各条），并且在 1984 年 Talking Heads（传声头像，是一支美国新浪潮乐队）就已经提出要求：stop making sense。另外糟糕的 sinn machen（但是 *Hirsch* Deutsch kommt gut, 65 f. 仍接受这一表达）当然也会出现在精致考究的文章中，例如 *Hassemer* ZPR 2007, 213, 217 f.

[4] 这里给出一个建议，即什么时候读者应当顺从他人错误的做法：如果一个错误的概念像 Trojaner（特洛伊木马）一样被普遍接受（这是 Trojanisches Pferd 这一概念的含义在一定程度上被反向解释，且是非常糟糕的），那么读者就没有必要坚守其正统写法。即从我个人的观点来看：直接使用 Handy。但是以 Plagiatssoftware 代替 Plagiaterkennungssoftware 仍有可能遭到非议。这里也存在一个含义校准的问题。

治理规约）如此自称[1]——没有翻译的意愿，没有连字符，并且将 Kondex 换成 Code 也只是时间问题而已（其目前仍在 Bundesanzeiger 上公布，但是不久之后联邦公报肯定会被更名为 Bundes Anzeiger 或者 BundesAnzeiger[2]，继而被称为 Federal Reporter；至少到目前为止，联邦法律公报已经公布了名为 Common Procurement Vocabulary[3] 的内容）。——以 Job-Center[4] 来称呼劳动局是否正确或许可以不去讨论，反正劳动局基本上也没有什么职位可以介绍给求职者。就 Enforcement-Verfahren[5] 这一表达而言已经不会有人再去寻找一个相应的德语词汇，类似的还有 De-Mail[6]。

尤其让人感到遗憾的是那些必须经过查询才能了解其正确含义的英语表达。

举例：读者是否能够当即说出 fogging[7] 的含义，我们能够怎样改写 off-gogging[8] 以及该如何理解 squeeze out[9]？

首先读者自己可以持有一定态度，即无需将所有可能的内容都翻译成

---

〔1〕 类似的有 www.corporate-governance-code.de.，对于 coporate governance 的可译性表示怀疑的有例如 Posner in Spinnen/Posner KlarsichtHüllen, 19 ff.。与此相应，目前很多期刊文章也开始使用诸如 Whistleblowing—ein integraler Bestandteil effektiver Corporate Governance（*Brandt/Hoppler* BB 2005, 2623 ff.）或者 Vendor Loan, Rückbeteiligung und Ern-Out als aktuelle Finanzierungsalternativen bei Buy-Outs（*v. Braunschweig* DB 2010, 713 ff.）之类的标题，另外有期刊本身就命名为 Corporate Compliance Zeitschrift（CCZ）或者 *Risk*, Fraund & Compliance（ZRFC）。有专题研究采用 Haftungsrechtliche Risiken beim cash pooling im faktischen GmbH-Konzern（*Bröring* 2009）这一类型的标题。

〔2〕 有书籍已经采用 AutoKaufRecht（*Himmelreich/Andreae/Teigelack* 4. Auflage 2011）或者 Europäische MenschenRechtsKonvention（*Frowein/Peukert* 3. Auflage 2009）作为标题；并不比上述标题好多少的 CyberLaw—Lehrbuch zum Internetrecht（*Boehme-Neßler* 2001）。那 BGB 和 ZPO 的全写又是怎样的呢？

〔3〕 译者注：意为"通用采购术语"。

〔4〕 BVerfGE 119, 331 ff. Rn. 26 u. ö. zu § Ⅰ a a. F. SGB Ⅲ.

〔5〕 例如 OLG Frankfurt DB 2010, 2274；*Hein* DB 2010, 2265 ff.

〔6〕 参见《关于规范德邮服务和变更其他规范法》，BT-Drs. 17/3630.

〔7〕 如果有读者想到 *Nebel das Grauens*，也并不完全错误；具体细节请参见例如 BGH NJW 2006, 1061；NJW 2008, 2432 f.

〔8〕 将德国境内的工作程序外包给其他国家完成，类似的例如 *Gaul/Mückl* DB 2011, 2318.

〔9〕 将少数股东从资合公司中排除出去（或者是强制性排除），类似的有 §§ 327 a ff. AktG；BGH NJW 2007, 300 ff.

英语。

举例：某一考试中的案件事实写道，A 把自己所有的某网络拍卖平台的账号信息告诉 B；非常多的考生在答卷时写道，一个 user 将其在 eBay 上的 account 告诉他人。Nutzer（用户）和 Konto（账号）这两个词在案件事实中确实有所涉及——但 eBay 一词是案件事实完全没有提到的。[1]

但是，与拉丁语和外来词的处理方式一样，下列规则也适用于英语：如果不存在恰当的德语词汇，读者应当在没有恶意的情况下使用英语词汇。

举例：我们无法为 whistle-blower 找到一个非常恰当的翻译［最佳选择：Hinweisgeber（告密者），但是这一译法是相当乏味的］——难道不是吗？label 有时可以翻译为 Marke（商标），但有时也不能这么翻译。我们可以对 Churning 作出解释，但是很难找到一个对应的德语词汇。另外，能否为刑法概念 hospitality 找到合适的德语翻译，依旧尚无定论。读者能够就 waterboarding，equal pay[2] 的翻译提供一些建议或者对 screenshot[3] 有一个好的建议？而 heatballs[4] 这一名称的巧妙之处主要在于其英语含义。

如果立法者使用英语表达，那么读者也可以在法律适用中使用该英语表达。

举例：在《道路交通和准许通行条例》第 23 条中使用了 Oldtimer 一词，并在《交通工具准许通行条例》第 2 条第 22 项中对其作出定义。

---

［1］这听起来似乎是无关紧要——但是经验告诉我们，在接下来的步骤中考生会将自己非常熟悉的 eBay-AGB 纳入案件事实之中——并出现对案例分析而言极其不正常的结果（关于案件事实的解释请参见本书边码 427 及以下）。
［2］自 BAGE 110, 79 ff. Rn. 47 起。
［3］BGH VersR 2012, 66 ff., Rn. 18.
［4］VG Aachen, ZUR 2011, 547；OVG NRW GewArch 2012, 253 ff.

下列规则适用于英语、拉丁语、专业语言以及几乎所有难以理解的概念[1]：读者大学练习鉴定的阅卷人很可能能够理解读者所有自我表现的内容（阅卷人是否给人这样的印象，这是另外一个问题）。尽管如此，读者还是应当要求自己尽可能以易于理解的方式论述法律问题。如果读者论述的重点涉及一个只能以英语或者拉丁语表达的概念，那么读者可以——完全根据法律的类型——插入一个补充定义[2]，将其翻译置于该定义之前或者之后[3]。

举例：Die Beteiligten haben einen Vertrag über verschiedene Dienstleistung auf dem Gebiet der Telekommunikation（im Folgenden：I dunno what kinda contract）geschlossen（当事人签订了一份在通讯领域关于不同服务的合同〈下文称为：I dunno what kinda contract〉）。

在一个概念之后对其作出定义[4]或者将其定义置于双引号中。对于阅卷人而言这样的安排看起来要舒服得多。

举例：...weil die Schuldnerin sich——schlagwortartig——als "Start-up-Unternehmen" bezeichnet...[5]——so kann man zeigen, dass der Begriff nicht als juristischer Fachterminus verwendet wird（……由于债务人——标语式地——被称为"创业公司"……——因此我们可以指出，这一概念并

---

[1] 经验表明，这样的概念几乎只出现在英语中。法语将被远远地排除在这一行列之外（偶尔在欧盟法中出现一个 effet utile 和 acquis communautaire，或者在国际私法中偶尔会出现一个 ordre public 以及警察法中有时会出现一个 agent provocateur）；关于在法律谈论中合理使用法语表达的例子请参见 *Schllink/Popp Selbs Justiz*, 40 f.；如果我们花足够长的时间去查找，至少也能找到一两个法语引用，例如 *Montesquieu* 中的 bouche de la loi。但是抛开专业表述不论：多一点语言知识并不会有任何坏处。jour fix 和 jour fixe 哪一个表达是正确的？其复数形式又是怎样的？

[2] 例如 BGH JZ 2004, 1124 IN Ls. a）中关于 dialers 这一概念；类似的还有 BGH 2006, 1736 中的 cash pool 以及 BGH NJW 2006, 2630 in Ls. 1 和 Rn. 22 ff. 中的 disclaimer（使用这一概念也是非常有必要的），BVerG（Fn. 505）中的 resale 和 BVerfG NJW 2008, 3556（Rn. 1 u. ö.）中的 off-label-use（实际上是否应当称为 off-label use?）。

[3] 如本书边码 73 的 singularia nin sunt extendenda.

[4] 如本书边码 567 的 obiter dictum.

[5] BGH NJW 2006, 1594（Rn. 14）. *Flashmob* 在 BAG NZA 2009, 1357 ff. 中是否对其作出恰当的翻译？其中后者在 FAZ v. 29. 12. 2009 的第 1 页中将其翻译为 Blitzmeute，在第 9 页中翻译为 Blitzaktion——而在背景介绍中使用的是 Blitzkrieg。比较有意思的还有 *Neumann* NVwZ 2011, 1171 的提议：Blitzpöbel.

未被当作法律专业术语使用)。

此外我们也可以走在前面,即使用那些将来有可能成为专业术语,但到目前为止还在前进路上的概念。

举例:Schrottimmobilien(不动产的口语表达形式)所表达的是一个一定程度上易于理解,但法律或者判例法尚未对其作出定义的概念。

● 在一份法律鉴定中应当允许他人对读者正确使用**法律专业语言**[1]作出合理期待。

(1) 法学专业术语(Juristische Fachtermini)

法学专业语言中所出现的很多概念也会出现在日常用语中。如果读者以法学专业人员为受众群体撰写一篇文章,阅卷人将首先从正确使用专业语言的角度理解。除此之外读者都应当予以注明,例如通过引号[2]。

举例:在日常用语当中 klagen(控告、抱怨、起诉)的含义与 jammern(诉苦、哀求)基本相同,但是在法律专业语言中的表达却是 Klage erheben。一般情况下 Damit ist bewiesen, dass...(据此可以证明……)的含义是 Damit liegt ein wichtiger Hinweis/Beleg dafür vor, dass..., 但在法律语言中其含义为 Es ist zur Überzeugung des Gerichts festgestellt, dass... (为使法院确信可以认为,即……)。同样 unter Beweis stellen(证明)在日常语言中也常常被误用,即将其作为 beweisen 使用。然而其在专业领域中的含义为 mit einem Beweisangebot versehen(举证)。Kontrahenten 的一般含义为 Gegner(反对者),但是在专业语言中的含义为 Vertragspartner(合同相对人)。Pflicht(义务)和 Obliegenheit(责任)这两个词在日常用语中几乎没有差别,但是在法律专业语言中却有所不同(即使也存在类似之处)。在日常用语中我们一般不区分 Diebstahl(盗窃)和

---

[1] 这一错误只会发生在完全使用专业语言的人身上。但这样的习惯是值得赞许的。"破产"的专业表达是 Insolvenz,而不是 Pleite。
[2] 在鉴定中使用过多的引号会使阅卷人眼花缭乱并且给其留下这样的印象,即读者对于自己所使用的专业术语不确信。但是,如果读者想要用引号标示例如 Ehrenmord(婚姻杀手)或者 no go area(禁区)等非法学(并且在伦理上不被接受的)概念,即使通篇使用引号也是没有问题的。

Raub（抢劫）——但是在刑法鉴定中是不允许将两者混淆的。非常容易出错的还有 grundsätzlich，其在日常用语中的含义为 ausnahmslos（毫无例外的），但在专业语言中却表示 regelmäßig[1]（一般情况下）（因此还存在例外情况）。在专业语言上 Abtretung（转让）仅限于请求权，而在日常用语中也可用于所有权。Konzern（康采恩）在日常用语中通常是指 große Unternehmen（大公司），在法律语言中是指 Unternehmensgruppe（企业集团）（详细内容请参见《股份公司法》第 18 条及以下各条）。在日常用语中 Unterhalten 是指 entertainen（招待），但在法学中其代表 Unterhalt leisten（赡养）。

一般而言：专业语言无需特别强调指出。

举例：不是 Es muss sich aber nach §994 I BGB um "notwendige Verwendung" handeln 或者 Es muss sich aber nach §994 I BGB um Notwendige Verwendung[2] handeln，而是 Es muss sich aber nach §994 I BGB um notwendige Verwendung[3] handeln（然而根据《德国民法典》第 994 条第 1 款其必须属于必要的使用）。

阅卷人对于读者正确使用概念的期待从读者最初所学的概念就已经存在。

举例：Das Angebot des V war deshalb nur eine invitatio ad offerendum（因此 V 的要约只是一个要约邀请）——这一表达是自相矛盾的，因为要约是具有约束力的，而要约邀请没有约束力。因此正确的表达是 Ausstellen der Ware im Schaufenster des V war trotz des Preisschilds nur eine invitatio ad offerendum（即使有价位牌，V 在橱窗中展示商品的行为也只是一个要约邀请）。

---

[1] *Schnapp* Stilfibel, 103; *Mix* Schreiben, 65。Ausnahmslos 则以 generell 来表达。
[2] 形容词只有在例外的固定语言和专有名词中才使用大写。例如 Deutsche Welle 和 Große Koalition 中形容词是大写，但是在 haftungsbegründende Kausalität，rechtmäßiges Alternativverhalten 和 primäre Leistungspflicht 中都是小写。
[3] 形容词只有在例外的固定语言和专有名词中才使用大写。例如 Deutsche Welle 和 Große Koalition 中形容词是大写，但是在 haftungsbegründende Kausalität，rechtmäßiges Alternativverhalten 和 primäre Leistungspflicht 中都是小写。

有时候某些概念在日常用语中的含义受到其他科学的影响。

举例：一般情况下我们将 Leistung 理解为 Arbeit pro Zeit（效率）（类似于物理学中的含义），而其在不当得利法中（《德国民法典》第 812 条第 1 款第 1 种情形）的含义为 bewusste und gewollte Mehrung fremden Vermögens（明知且有意获得他人财产）。

读者需要特别小心的是在日常语言中基本被当作同义词使用，而在专业语言中却代表不同含义的概念。

举例：在日常用语中我们通常不清楚区分 Eigentum（所有权）和 Besitz（占有）——但在法学中这样的用法却非常危险。不同于普遍的非专业语言使用习惯，Mord（谋杀）和 Totschlag（杀人）的含义虽然类似，但是并不相同。在法学语言中，如果某物[1]（例如买卖合同中的买卖标的物，根据《德国民法典》第 433 条第 1 款）是首次可以被要求交付（在这种情形下我们称之为 Übereignung und Übergabe 或者也可以使用 Lieferung[2]），我们不会使用 Herausgabe 一词。最后 diskriminieren（简称：dissen）（歧视）在日常用语中被作为 ungerecht behandeln（不公平对待）的同义词使用——但是在法律语言中这样的用法不够精确。

有些词汇在日常用语中被作为贬义词使用，但是在法律语言中却是中性的专业词汇。

举例：Kartell（详情请参见反不正当竞争法，尽管卡特尔原则上被视为危险的行为，但在一定程度上也是允许的）。

一知半解地使用伪法学概念也是非常危险的。

举例：Kausaler Schaden 这样的表达就是学生和助教一知半解错误使用伪法律概念的典型例子。[3] 损害当然不是原因（还不是什么？），而违法行为才是损害的原因。Kausaler Schaden 这一表述将两者颠倒过

---

[1] 很遗憾法律语言毫无顾忌地将 Herausgabe 用于人身上，尤其是儿童，例如《德国民法典》第 1632 条第 1 款。同样很敏感的还有劳务派遣法中的 Leiharbeitnehmer（派遣劳工）。
[2] 译者注：这几个词的中文含义皆为"交付"。
[3] 在个别判决中也能找到这样的用法，例如 OLG Oldenburg MDR 2011, 1100。

来，因而毫无疑问是错误的。[1]

有时候专业语言区别于不精确的日常用语的原因仅仅在于说话时发音不够精确。

举例：不是 Werksvertrag，而是 Werkvertrag（承揽合同）；不是 Gesellschaftervertrag，而是 Gesellschaftsvertrag（章程）；不是 Lizens 和 lizensieren，而是 Lizenz（许可证）和 lizenzieren（许可）。Die Sache wurde zurückgewicsen（这个东西已经被退回）不同于 Die Sache wurde zurückverwiesen（该案已经被驳回）。

（2）其他学科的专业术语（Fachterminologie anderer Wissenschaften）
如果一个词在其他专业领域的含义不同于其在法学中的含义，

举例：在经济学中 Prozesskosten[2] 这一概念的含义不同于其在法学中的含义；在矿业领域中 Auflassung[3] 的含义区别于其在民法领域中的含义。

通常就有必要对其进行解释。如果一个概念存在法学和其他专业语言的竞合——只要根据上下文联系无法确认其含义——那么法学文章中一般是指其作为法学概念时的含义。

举例：Beweis（证据）在法学中的含义并不完全相同于其在数学或者逻辑学中的含义。但是仅在很少情况下才需要对其进行解释说明。

并不是所有法律人都愿意接受所有相关学科；甚至有一些人将社会学德语

举例：verorten（定位）[4]，immunisieren（使免疫），aufladen（承担，充值），等等。

---

[1] 近来总是在练习作业中看到：haftungsbegründete Kausalität，而不是 haftungsbegründende Kausalität（责任产生的因果关系）。必须是这样吗？
[2] 译者注：在法学中的含义为"诉讼费用"，在经济学中的含义为"流程成本"。
[3] 译者注：在法学中的含义为"让予，转让"，在矿业领域的含义为"运输工具"。
[4] 在 *Krämer/Kaehlbrandt* Ganzjahrestomate，边码 227 中被称为 Feuilletondeutsch（文艺德语）。这也不错。

372

以及社会教育德语

举例：Das müssen wir aber mal hinterfragen. ——Find' ich echt gut, dass wir diese komplex gesellschaftspolitische Thematik jetzt kontrovers diskutiert haben. Ey. ——In der Literatur angedacht wurde...[1]（而不是 Im Schrifttum ist erwogen worden...）

视为含糊不清或者令人不快的德语。

另外将经济学语言用于法学中也会导致误解。

举例：Verträge kommen durch Angebot und Nachfrage zustande. ——这句话并非完全错误，但是从合同成立的法律规定的角度（《德国民法典》第 145 条及以下各条）来看也并非完全正确。

来源于信息技术和计算机日常的概念

举例：Dieser Standpunkt ist nicht kompatibel mit der Rechtsprechung des BGH zum...（该观点与最高法院裁判中关于……的观点不兼容）。

也应当谨慎使用；有时也会导致语体失当。

Prozess（没有 Friedensprozess 就没有 Lernprozess 和 Kriegsverbrecherprozess，没有 Entscheidung 就没有 Entscheidungsfindungsprozess——以及没有 Spaghetti 就没有 Bolognaprozess）一词由于被滥用或许无法（再）将其纳入任何科学领域。在法律语言中 Prozess 一词的含义是相当明确的。

372a **（3）选择正确的语言等级（Wahl der richtigen Sprachebene）**

读者从初学者练习作业开始就必须努力注意概念的精确性，避免假法学性质的习惯用语。

举例：Der Vertrag läuft auf B und seine Frau E（该合同是与 B 和其妻子 E 订立的？）尽管我们可以大概理解这句话所要表达的意思。但是在法学中我们将其表达为 Vertragspartner auf Mieterseite sind B und seine Frau E（承租方的合同当事人为 B 及其妻子 E）。无论如何这一比喻都不是

---

［1］译者注：大意为"但是关于这个问题我们必须再询问一下。——我感到非常高兴，我们现在就这个复杂的社会政治课题进行了激烈的讨论。文献中的观点是……"

很恰当。

另外一方面，专业语言并不是专业行话。正如其他职业共同体一样，法律人也会创造先前不存在的词汇——并且这些词汇只适合于职业共同体成员之间的沟通。请读者至少避免这些词汇中不恰当的那部分。

举例：verfristet[1]代替 verspätet（意为"迟到、延误"）或者 verjährt（意为"超过时效"）或者 verfallen（意为"取消、废止"）（一般法律时长），ausgebührt（律师时长）。

除了第一学期语言外，还存在一系列来自于法学（学生）行话的表达，本文将在其他部分对这些行话提出告诫。

举例：这些行话主要包括 abwegig Rn. 193；beinhalten Rn. 345；bekanntlich Rn. 358；darstellen Rn. 382；der A die B Rn. 404；eigene Meinung Rn. 188；eigentlich Rn. 360；eindeutig Rn. 359；Fälle lösen und lagern Rn. 364；grundsätzlich Rn. 371；Hier Rn. 388；Ich Rn. 394, 186 ff.；in der Praxis Rn. 358；kausaler Schaden Rn. 371；längst überfällig Rn. 378；laut Sachverhalt Rn. 384；Mittelmeinung Rn. 430；offensichtlich Rn. 359；Sondermeinung Rn. 430；unstreitig Rn. 359；vorliegen Rn. 363；Wir Rn. 394；Zu prüfen ist Rn. 439.

专业行话的另一种变形是 **Erstsemestersprache**（第一学期语言）。如果其对于应对日常生活有所帮助，我们可以暂时将其用于口头交谈；但是不会将其用于书面表达。

举例：在书面表达中我们不会将 Generalklauseln（一般条款）称为 Gummiparagraphen（橡皮条款）。只有当我们在食堂与其他专业的朋友一起吃午餐时想要向他们解释为什么有时候笔试那么难，使用 Gummiparagraphen 才（！）是恰当的。

请读者避免使用来自于日常用语的俚语。

---

[1] verfristet 是可有可无的，而 entfristet 的情况却很少。否则我们应当如何正确称呼期限终止？

举例：新闻工作者和网络撰稿人基本已经习惯性地将 Informationen 缩写为 Info（信息、消息）；Gemisch 或者 Mixtur 常常被写成 Mix（混合）。在法学鉴定中请读者尝试使用更加严谨的表达。有些时候这只是很小的区别：在口头表达中我们可以使用 geschockt（使震惊），但是在书面语中我们情愿选择 schockiert。以 einwerfen（异议）代替 einschmeißen[1]以及以 jemandem etwas anhängen（对某人进行非难）代替 jemandem etwas vorwerfen，读者想要表达的含义将更加明确。

373 ● 某些陈词滥调、空话和套话（**Leerformeln und Floskeln**）会反复出现在教科书、法律评注以及法院的裁判中。

举例：... muss unter Abwägung aller Umstände des Einzelfalls entschieden werden. Welche Anforderungen an... zu stellen sind, ist im Einzelfall nach Treu und Glauben unter Berücksichtigung der betrieblichen und örtlichen Verhältnisse sowie der Verkehrssitte zu bestimmen（必须经过对所有具体情形的斟酌权衡才能对……作出判断。应当对……提出什么样的要求，在具体情况下应当根据诚实信用原则并考虑特定的企业及地区状况以及交易习惯来确定）。

鉴于法律中数量众多的一般条款，需作出价值判断的构成要件、裁量性规范以及规范性要件，这样的现象就不足为奇。然而尽管如此，在练习作业中读者还是应当尽可能少用这些缺乏实质性内容的表达。而读者应当更多地将精力用在涵摄上——意思是指具体化、辨析、精简。立法者可以以一般条款的名义作为正当理由，但是读者不可以——读者恰好应当将所谓的一般条款具体化，即读者不能让阅卷人因自己不断重复毫无内容的陈词滥调而感到

---

〔1〕Ihr „au" und „doof" kennzeichnen sie sozial（另外一个版本 "Ihr , jau ' und , Quatsch '"）这一名句存在什么地方请读者谷歌一下！——随着时间流逝我们慢慢地就会找到一种感觉，即如果我们想要表达的是 dem B etwas vorwerfen，我们可以写成 dem B etwas anhängen，以及我们必须"承担"成本时应当使用 stemmen 还是 tragen。我们会这样写 S und T wussten, was sie taten（S 和 T 知道自己的作为），而不是 S und T wussten, was sie gemacht haben。——在法院的判决中偶尔也会发现这些日常用语中的疏忽〔例如 ArbG Berlin 55 Ca 2426/12（juris 以及 BeckRS 2012, 74185），Rn. 42 关于在将萨克森州红绿联盟立法者将《一般平等待遇法》作为社会教育计划的勇气（Traute）〕。

无聊。

- 借助被动式可以实现不从写作主体的角度而从被书写主体的角度进行思考。[1]

举例：Es wird auch die Ansicht vertreten,...（另外一个观点是……）

从这一方面来看，被动式也具有正面作用；但是请读者不要过度夸大其作用[2]。或者：

举例：Ein Teil des Schrifttums steht auf dem Standpunkt, dass...（部分文献持如下观点，即……）

我们可以尝试以 Es ist davon auszugehen, dass...（可以认为……）代替 Es kann davon ausgegangen werden, dass...，以 Wenn der Antragsteller einen Bevollmächtigten bestellt hat,...（如果请求人委任了代理人，……）代替 Wenn ein Bevollmächtigter durch den Antragsteller bestellt wurde,...（如果一个代理人通过请求人被委任），被动式听起来完全就是官方德语的腔调。

用于练习的例子：Es muss von der Unterstellung ausgegangen werden, dass die Überweisungen, wegen denen [sic!] die Strafe gegen die Klägerin verhängt worden, von dem Konto der Klägerin bei der Beklagten ausgeführt worden sind[3]（我们必须从假设出发，即被告从原告的账户实施转账行为，正是由于这些转账而使原告遭受处罚）。

- 名词化（Substantivitis）（名词语体）是法学语言的典型通病[4]；其

---

[1] 此外我们也可以通过被动式有意将行为主体置于第二顺位；这里选取 2003 年 8 月 18 日的两则新闻报道作为例子：Im Irak ist ein Kameramann der Nachrichtenagentur Reuters erschossen worden. Er wollte vor einem Gefängnis filmen, als die tödlichen Schüsse fielen. US-Soldaten hatten ihn offenbar für einen Attentäter gehalten（一位路透社的摄影师在伊拉克被枪杀，该摄影师被枪射击时正准备在一所监狱前拍摄。美国士兵很明显将其作为敌人对待）。(ZDF) 以及 Im Irak haben US-Soldaten einen Kameramann der britischen Nachrichtenagentur Reuters erschossen（美国士兵在伊拉克枪杀了一位英国路透社的摄影师）。(Sat 1) 两则新闻都引自 taz v. 21. 8. 2003, 13。

[2] 详细内容请参见 Schnapp Jura 2004, 526 ff.

[3] BGHZ 23, 222 (226).

[4] Berg Übungen, 198 将对于名词化的过分追求形象地比喻为 Krebsübel der Juristensprache（法学语言的恶习）。关于名词语体值得一读的有 Schnapp Jura 2003, 173 ff.

将不可避免地继续蔓延[1]。

举例：Zur Sicherung des Anspruchs auf Einräumung oder Aufhebung eines Rechts an einem Grundstück oder an einem das Grundstück belastenden Rechte oder auf Änderung des Inhalts oder des Ranges eines solchen Rechts kann eine Vormerkung in das Grundbuch eingetragen werden[2]（为保全旨在授予或者废止土地上的权利或者对土地设定负担的权利上的权利的请求权，或旨在变更此种权利的内容或者顺位的请求权，可以在土地登记簿上进行预告登记）。Die Auflassung des Kaufgrundstücks steht der Abtretung des Anspruchs des Käufers auf Eigentumsverschaffung und der diesen Anspruch sichernden Vormerkung an einen Dritten nicht entgegen[3]（买卖土地的转让并不影响买受人转让其要求取得所有权的请求权以及旨在保全该请求权而针对第三人作出的预告登记）。Im Verhältnis zum Geschäftsherrn ist aber die Ausübung der Aufsicht die Ausführung der Verrichtung, zu der der Ausführende bestellt ist[4]（相较于本人，监督事务执行本身就是执行事务，而本人正是为执行该事务而雇佣履行辅助人）。Zur Abklärung dieser Risiken und zur Gewinnung einer hinreichenden Tatsachengrundlage für die Beurteilung der Chance und Einschränkungen einer zu prognostizierenden Berufslaufbahn des Geschädigten bedarf der Tatrichter der Einholung sachverständigen Rates;...[5]（为阐明该风险并获得用于评估受害人未来就业机会与局限性的充分事实基础，事实审主管机构需要征询鉴定机构的鉴定意见；……）——每个句子1/3以上的词汇都是名词。

即使是简短的句子，

---

[1] 原因之一在于法律研究人员总是需要不断与判决概要和论文标题打交道，这些判决和论文的作者都在尽力为所探讨的问题提炼关键词（！）（例如 Henle/Bruckner Zur Wirkung qualifizierter Rangrücktrittserklärungen auf das Innenverhältnis der Gesellschafter in der Insolvenz der Gesellschaft, ZIP 2003, 1738 ff.）。
[2] 《德国民法典》第 883 条第 1 款第 1 句。
[3] BGH NJW 1994, 2947, 第 1 条概要。
[4] BGHZ 11, 151 (153)。
[5] BGH MDR 1998, 157 (158)。

举例：Streit besteht über die Auslegung des Begriffs der Beschädigung einer Sache（关于物之损害概念的解释存在争议）。

单个词汇，

举例：Gesellschaftergeschäftsführer（股东企业负责人），Elektrizitätsversorgungsunternehmen（电力公司），Infrastruktursicherungsauftrag（基础设施保障任务），Beratungshilfeberechtigungsschein（法律援助证书），Gerichtsvollzieherverteilerstelle（法院执行人分配处），Sachmangelgewährleistungsvorschriften（因物之瑕疵产生返还请求权条款），Zeugengebührenverzichtserklärung（证人作证费用放弃声明），Schwangerschaftskonfliktberatungsstelle（非意愿怀孕咨询处），Ermittlungsaktenversendungspauschale（调档寄送概览），Prozesskostenhilfebewilligungsentscheidung（诉讼费用减免决定），Einzugsermächtigungslastschriftverfahren（收款权直接计入借方），Urkundenvorbehaltsteilanerkenntnisurteil（证书保留部分确认判决）

以及名称

举例：Terrorismusbekämpfungsergänzungsgesetz[1]（反恐怖主义补充法），Finanzmarktstabilisierungsfortentwicklungsgesetz[2]（金融市场稳定化持续发展法），Rinderkennzeichnung- und Rinderfleischetikettierungsüberwachungsaufgabenübertragungsgesetz[3]（饲养牛标记和牛肉标记监管工作授权法），Schulverwaltungsorganisationsreformgesetz（学校管理组织改革法），Verkehrswegeplanungsbeschleunigungsgesetz[4]（交通路线规划加速法），EWG-Richtlinie zur Verwirklichung des Grundsatzes der Gleichbehandlung von Männern und Frauen hinsichtlich des Zugangs zu Beschäftigungsverhältnissen, zur Berufsbildung und zum beruflichen Aufstieg sowie in Bezug auf die

---

[1] BGBl. 2007 I 2 ff. ——难道读者不希望重新回归类似于 Kontaktsperregesetz（类似的有 §§ 31 ff. EGGVG）这样的名称吗？相关的精辟阐释请参见 *Prantl* Terrorist, 144 ff.
[2] BGBl. 2009 I 1980.
[3] Anwalts Report 11/99, 30.
[4] BGBl. 1991 I 2174 ff.

Arbeitsbedingungen[1]（关于实现在就业机会、职业培训和升职以及工作条件方面男女平等基本原则的欧洲经济共同体指令），Gesetz zur Neuregelung des Verbots der Vereinbarung von Erfolgshonoraren[2]（关于修订禁止律师协议法），Gesetz zur Beschleunigung des Wirtschaftswachstums[3]（经济增长加速法），Gesetz zur Behebung der Not von Volk und Reich[4]（解决人民和国家痛苦的法例），Gesetz zur Sicherung der Einheit von Partei und Staat[5]（党国合一保障法）。

名词的堆砌可能会导致阅卷人视觉疲劳。

尤其是以-ung, -kung, -hung, -heit 和-keit 结尾的名词会显得比较笨拙。

举例：Soweit die Infizierheit des Kuchens und dessen Kausalität für den geltend gemachten Schaden... bestritten worden waren,...[6]（只要蛋糕被污染的事实以及其与所主张损害……之间的因果关系存在争议，……）-Der Arbeitgeber hat das Recht zur Stellung solcher Fragen（雇主有权提出这些问题）。—Der Arbeitnehmer hat das Recht zur wahrheitswidrigen Beantwortung der Frage（雇员有权不实回答该问题）。—Der Vermieter ist zur Zurverfügungstellung der Mietsache verpflichtet（出租人有义务提供租赁物）。—Die Respektierung der Zweckbindung des Gesellschaftsvermögen zur vorrangigen Befriedigung der Gesellschaftsgläubiger während der Lebensdauer der GmbH ist unabdingbare Voraussetzung für die Inspruchnahme des Haf

---

[1] 即 76/207/EGW 号指令的全称，在法律工作者口中通常被称为 Antidiskriminierungsrichtlinie（反歧视指令）。

[2] v. 12. 6. 2008, BGBl. I 1000.

[3] 在该法生效之前（到 1. 1. 2010, BGBl. 2009 I 3950 为止）就被压缩为 Wachstumsbeschleunigungsgesetz，并被亲切地缩写为 WachstumsBeschlG 或 WaBeschG.。在罗马俱乐部（Club of Rome）（Meadows Grenzen）报道 40 年之后仍有这样标题的法律被颁布，这是另外一回事。在此之前不久立法者颁布了 Risikobegrenzungsgesetz（风险控制法）（全称为 Gesetz zur Begrenzung der mit Finanzinvestitionen verbundenen Risiken, BGBl. 2008 I 1666 ff.）。

[4] v. 24. 3. 1933 RGBl. 2008 I 141.

[5] v. 1. 12. 1933 RGBl. 2008 I 1016.

[6] OLG Frankfurt am Main NJW 1995, 2498. ——但是存有疑问的是，其所要表达的是 Kuchens 的原因还是指 Infizierheit 的原因。

tungsprivilegs des §13 II GmbH[1]（尊重有限责任公司存续期间优先满足公司债权人债权的公司财产目的是主张《有限责任公司法》第13条第2款责任限制的必要条件）；Eine mühevoll wirkende Sprachübung ist die Erlernung des Gutachtenstils[2]（学会鉴定模式是一个艰难的语言训练过程）。——以 Verpflichtung 代替 Pflicht（责任），in Ermangelung 代替 mangels（有瑕疵的）。

但有时候这些名词化表达是无法替代的。

举例：Verweisung 不同于 Verweis。即使两个词的含义经常出现重叠（例如 Platzverweis〈勒令退场〉），在法学语境中我们还是应当将 Verweis 用于刑罚，而将 Verweisung 用于 Springe im Text（des Gesetzes, des Gutachtens）an eine andere Stelle（参见文章中的其他位置）的指令。

如果读者必须将动词进行名词化处理，请读者至少不要将 wegschaffen（清除，消除）构建成 Wegschaffung[3]，而应当是 das Wegschaffen, der Abtransport 或者在极端情况下也可以使用 die Entfernung；zitieren（引用）的名词并不是 unter Zitierung von，而是 unter Wiedergabe von 或者 unter Berufung auf；宁愿使用 ersatzfähig（能替代的）而不是 ersatzungsfähig[4]，宁愿使用 Einreichen 而不是 die Einreichung[5]。niederschlagen（击打，击毙）既不应该变化成 Niederschlagung，也不应该变成 Niederschlag, Niederschlagen 或者 Niedergeschlagenheit[6]，只有在真正的极端情况下才能将 wegfallen 转化为 in Wegfall geraten。如果读者放弃连续不断的名词化处理还可以避免产生下列疑问，即 ordnungsgemäß（法律上的、有秩序的）应当转化为 Ordnungsgemäßheit 或是更好的 Ordnungsmäßigkeit。abfallen（落下、逃离）是否必须转化为 Ab-

376

---

[1] BGH JZ 2002, 1047—Ls. a) S. 1.
[2] *Hoffmann* Fallbearbeitung, 9.
[3] 例如 Bub/Treier-v. Martius, III Rn. 874.
[4] 这两个表达都不是很好，但是"ersetzbare（可补偿的）损害"这一说法并未得到普遍认可；关于 zitierfähig 请参见本书边码519。
[5] 很遗憾《刑事诉讼法》第170条第1款就使用了该表达。
[6] 刑法鉴定的大前提最好表述为 Indem A den B niederschlug, kann er sich... strafbar gemacht haben（A 可能因击打 B 的行为而应受刑罚处罚）。——请读者考察其他表达可能性！

fall，entziehen（吊销、撤销、停止）是否总是应当转化为 Entziehung（例如驾驶执照），还是也可以转化为 Entzug（例如酒）？同时读者也可以避免错误的

举例：akzessorisch（附属的）的名词形式是 Akzessorietät（而不是 Akzessorität）；应该是 Vorbehaltseigentum 而不是 Eigentumsvorbehalt。

以及易被误解的

举例：... ist doch der Anfangsverdacht einer Sachbeschädigung durch den Auftrag eines Graffito gegeben[1]（……在墙面上涂鸦的行为只是故意损害财产的初始嫌疑）。— Die Aufgabe des Naturrechts als Prüfungsmaßstab（——本句要表达的是以自然法作为标准还是以自然法的功能作为标准？）。

名词化。

- 请读者注意虚拟式错误（**Fehler auf Konjunktiv**）。[2]

举例：Der Beklagte meint, er habe die Leistung vertragsgemäß erbracht（被告认为，他已经按照合同约定的方式履行合同），但是 Die Beklagten meinen, sie hätten die Leistung vertragsgemäß erbracht（被告们认为，其已经按照合同约定的方式履行合同），因为从 haben 这个词无法看出其所欲表达的是虚拟式还是直陈式。

在 Fraglich/Problematisch könnte jedoch/indessen sein, ob...（然而问题有可能在于，是否……）这一表达中没有必要使用虚拟式，只需简单地表达为 Fraglich ist/kann sein, ob...（问题在于，是否……）即可。

- 在使用 **Steigerungsformen**（**比较级**）时需要在多个方面提醒读者注意。

---

〔1〕 *Brandt/Mittag* KJ 2005, 177 (181). 这一表达只能通过上下文联系才能理解，即 Der Auftrag（任务）所代表的含义应该是 Das Auftragen（涂、抹），而不是 der Auftrag zum Aufsprühen（完成喷绘的任务）。

〔2〕 关于虚拟式错误的提示在本页边码 55 已经提及。

(1) 使用过于频繁

并不是所有的 zweifelhaft（有疑问的）都是 sehr/extrem/äußerst/hochgradig（大意为"极端的/极其的/完全的/绝对的"），有些只是简单的 zweifelhaft 而已；并不是所有的 aufwendig（破费的、代价大的）都是 enorm/immens（大意为"极大的/巨大的"），有些只是（sehr/recht）aufwendig 而已。并不是所有的费用都是 exorbitant（过高的），有些只是 hoch（高）。即使给付 schon fällig（已经到了该支付的时候），也可能出现迟延，而不必非得 längst überfällig（逾期已久）。

在报纸上读者所看到的当然不仅仅只是下划线粗体且大写的标题。持续过分夸大[1]的表达方式要么在愚弄阅卷人，要么向其表明，读者自己不愿意或者无法确定重点所在。优秀的专业文章通常完全不使用修饰性**形容词**（**Adjektive**）[2]。

在法学鉴定中除了引用原文之外很少会用到 **Ausrufezeichen**（**感叹号**）[3]。否则感叹号也不会有 Kraftausdruck der Zeichensetzung 的别名。

(2) 错误的比较级

举例：相比较于 optimalst, einzigst, in keinster Weise, sämtlichst, bestbezahltest, näherliegender, 还不如使用 optimal/bestens, einzig, in keiner Weise/nicht, sämtlich, bestbezahlt, näher liegend/naheliegender。——同样很糟糕的是 Richtiger erscheint es, auf... abzustellen（以……为依据，似乎更加正确）。在错误中并不存在更加正确的错误。[4]

(3) 不恰当的比较

在快速书写过程中书写人总会因疏忽而一再出现不恰当的比较。

---

[1] Grefe Tischvorlage, in v. Berenberg/Kustermann (Hrsg.) Längst fällig, 73 ff. ——在夸张方面具有相似性的还有 Das ist logisch（这是符合逻辑的）。其所欲表达的通常只是 Das ist plausibel（这是可以理解的）。请读者注意这种情况。

[2] 相关内容请参见 Schnapp Jura 2006, 583 (584); Mix Schreiben, 71.

[3] 连续使用感叹号给人所造成的困扰可以参阅 Vogel, 其在好几处文章中都有论及。Birken AL 2009, 291 ff. 反对法治国腐朽的论述必须以许多感叹号来增强其说服力吗？关于问号请参见本书边码 349。

[4] 实际上这——不正确的比较级可能完全被阅卷人所忽略（最后在法学中区分正确与错误也是非常难的）——但是从语言上来看这样的表达总归不尽如人意。

举例：Die bis jetzt aufgetretene Verzögerung ist mehr als geringfügig 我们只能根据与上下文之间的联系才能理解该表达。其可以表述为 Die Verzögerung ist winzig（意为"迟延非常轻微"）（这是该表达所欲表达的本意）或者 Die Verzögerung ist mittlerweile erheblich（意为"当时迟延很严重"）（这是在独立文章中首先能够想到的表达）。

381 • 读者很容易高估自己的文笔。当我们集中精力书写内容时，很快就会出现不断重复的表达。鉴于各具体书写人有各自的主观爱好，针对**个人最喜爱的文字和用法的堆砌**（Häufungen individueller Lieblingswörter und—wendungen）[1]，本文只提出如下建议：审校全文，如果已经存在这样的嫌疑，使用文件编辑软件[2]计算一下，每一页是否出现两个以上相应的词汇。

如果涉及专业概念（termini technici），重复将无法避免。这里所说的专业概念是指涉及特定内容，且我们无法通过改写而避开的概念。

382 • 在可能的情况下请读者尽可能避免特定的**语言灾难**（**sprachliche Katastrophen**），例如

mäßig（合适的、恰当的）的复合词；还能够忍受的是 unmäßig，非常令人不快的有例如 quellenmäßig, mengenmäßig（那么 quantitativ 呢?），vertragsmäßig（以 vertraglich 代替），haftungsmäßig（以 hinsichtlich der Haftung 代替），tatbildmäßig 和类似的复合词[3]，

im Bereich von/des（bei/in 更好）[4]（在……领域内），

带有 machen 的复合词常常显得不够优雅甚至是笨拙的 [vereinbaren（约定）代替 ausmachen, verdeutlichen（阐释、说明）代替 deutlich ma-

---

[1] 两个例子：Ahrens Zivilrechtliche Zurückbehaltungsrechte, 2003：如果该文稿中没有多余的 hier, insoweit, sog.，其篇幅可以缩减为原来的 3/4；在书评 Pawlowski JZ 2005, 190 中很少有一页中出现的 Darstellung 和 darstellen 少于 20。

[2] 如果读者想要更加彻底地分析自己的文章，那就需要一个专门的软件，例如 AntConc。

[3] 相应的有 Gesellschaft für deutsche Sprache（Hrsg.）Fingerzeige, 56；Hirsch Hierseitig formgerecht, in: ders. Deutsch für Besserwisser, 73 f.；Sick Die maßlose Verarbeitung des Mäßigen, in: ders. Dativ Folge 2, 132 ff.；优秀的范例：BGH NJW 2003, 3192 f. Ls. a)：Die kumulative formularmäßige Überbürdung der turnusmäßigen Schönheitsreparatur- und Endrenovierungspflicht auf den Mieter ist wegen unangemessener Benachteiligung unwirksam.

[4] VGH BW NJW 2004, 89 f. 中的例子。

chen〕，

不必要地创造新词，例如 zumindestens（更好的表达为：mindestens 或者 zumindest），nichtsdestotrotz[1]［更好的表达为：des（sen）ungeachtet〕，等等。

请读者用 sein 替代连续出现的 darstellen[2]，即 Das ist ein Problem（这是一个问题）代替 Das stellt eine Problematik dar。

• 读者语言中**不自觉的玩笑**（**unfreiwillig Komik**[3]）会使阅卷人觉得有趣；但阅卷人是否将其作为衡量读者论证质量的标准，并不确定。大量的措辞玩笑很少会使读者真正得到好的分数。

举例：Es handelt sich zweifelfrei um das verunfallte und geflüchtete Fahrzeug[4]（这无疑属于肇事并逃逸的交通工具）。—Zu prüfen ist noch die Verjährung, da fünf Jahre ein langer Zeitraum sind（需要检索的还有诉讼时效，因为5年是比较长的时间段）。—Ein Irrtum ist dann, wenn der eine nicht das bekommt, was er will und der andere ihm das aber gibt（所谓错误是指，一方所给的并不是另一方想要的）。—Nach Ansicht der h. M. und des BAG ist die Schwangerschaft nur ein vorübergehender Zustand（根据联邦劳动法院的通说，怀孕只是暂时性状态）。—Die Erklärung des T wäre rechtzeitig, wenn sie bei V am 35. 1 eingegangen ist（如果T的表示于1月35日到达V，就是及时的）。—B hat nach §932 BGB gutgläubig ein nichtberechtigtes Bild erworben（B因善意而取得一幅无权处分的画）。—Die Willenserklärung ist nach der Empfängnis auszulegen, §§133, 157

---

〔1〕 确切来源不详，不但 Kurt *Tucholsky* 而且 Heinz *Erhardt* 都用过该词，也常常被称为是学生的玩笑（例如 *Hirsch* Deutsch kommt gut, 126）。

〔2〕 例如 BGH NJW 2006, 2918; 3494; NJW-RR 2006, 1157; OLG Frankfurt am Main NJW 2007, 2494。

〔3〕 *Weber* Jura 2004, 672 ff.；如果读者热衷于措辞玩笑或者从中吸取过教训，请读者尝试阅读 *Ahrens* Der Geschädigte, ders Der Unfallort, ders Der Angeklagte, ders. Der Polizist 以及 *Fings* Der Sachverhalt（以及几年前由 dtv 出版社 *Wittich* 所著的系列）。

〔4〕 除 verunfallten Fahrzeug（对此已经毫无办法，例如 BGH NJW 2009, 1663, 1664 Rn. 11）之外，近来 verunfallte Kind 也逐渐流行，例如 OLG Karlsruhe NJW 2005, 3158 Ls. 1，在 OLG Jena MDR 2006, 514 中将其名词化为 Die Verunfallte——真的有必要这么做吗？

BGB[1]（意思表示应当根据受孕来解释，根据《德国民法典》第133条、第157条）。——Aus §535 BGB ergibt sich der ungeschriebene Grundsatz, der in §541 BGB niedergelegt ist, dass der Mieter mit der Mietsache vorsichtig umzugehen hat[2]（根据《德国民法典》第535条可以得出不成文的基本原则，该原则被《德国民法典》第541条所确认，即承租人应当小心使用租赁物）。——Die Tatbestandsmäßigkeit injiziert die Rechtswidrigkeit（构成要件该当性包含了违法性）。——Die Gattungsschuld ist so zur Stückschuld kritisiert worden（种类之债因此被具体化为特定之债）。如果读者在表达"将股东排除（ausscheiden）出公司时"使用"Ausscheidung"，这将使阅卷人感到惊讶。[3]

请读者只在经过深思熟虑之后才使用有意识的（freiwillig）幽默表达并注意控制其数量[4]。阅卷人并不期待这些语言表达上的幽默感，并且他也不会惦记这种玩笑。另外并不是所有人都有相同的笑点。上述规则同样适用于 **Ironie**（讽刺）和 **Spott**（讽刺）。

举例：Mann muss nicht die Frage stellen, welches Rauschmittel hier kollektiv verabreicht worden ist, um diesen Wärme- und Geborgenheitswunsch zu artikulieren[5]（为表明保暖以及安全愿望，我们不必提出这样的问题，即哪些要求是需要被同时满足的）。

---

[1] 所要表达的为 nach dem (objektivvierten) Empfängerhorizont。

[2] 要么是不成文的要么是法律所规定的；另外其所要表达的不应该是《德国民法典》第541条，而是第241条第2款。

[3] 这并不是虚构的，而是在一次考试中有将近10%的考生真的这样表达。

[4] 可能的判断标准：法律争议的一方当事人难道还能忍受读者挤眉弄眼的评论，而不认为作为法官的读者持有偏见吗？笔者认为处理得比较得当的例子例如 OLG Köln NJW 2005, 1666（双方当事人就一件特别易脏的沙发套产生争议，该判决值得一读）：Wäre die Beklagte dieser Verpflichtung nachgekommen, spricht alles dafür, dass der Kläger dann von dem Kauf dieser Möbel Abstand genommen hätte, schon um nicht jeden Gast vor dem Angebot, doch Platz zu nehmen, nach der Beschaffenheit, der Qualität und womöglich auch noch dem Ursprung der von ihm getragenen Kleidungsstücke befragen zu müssen（若被告已经做出提醒，即要求原告在购买该家具之前与之保持一定距离，这同时也是为了避免每一个顾客在购买之前都坐上去体验，以了解其性能、质量以及必要情况下查看其所披戴的外罩的原产地，则被告已尽到其注意义务）。

[5] Rieble DB 2011, 356 (358) 关于 DJT 的一个决定，该决定支持一般劳动关系的社会价值。在这种情况下讽刺已经逐渐成为一种挑衅。

作为修辞手段：少量使用或者完全放弃。讽刺性的评论总是蕴含着对于个人知识优越性的宣称，这在客观的法律鉴定中是没有必要的。有时候这种做法已经接近糟糕的自以为是的心态。并且一个人所使用的讽刺越多，就越容易陷于主观臆断之中。

举例：Allerdings könnte A Glück haben. Sie könnte sich auf §241 a I BGB berufen（然而 A 本可以很幸运。因为他本可以诉诸《德国民法典》第 241a 条第 1 款的规定）。

有些时候法学阅卷人已经认为其不恰当。在不确定的情形下请读者总是选择客观且不加修饰的表达方式。[1]

法律、判决、税务报告以及几乎所有官方文件都不会使用幽默。讽刺甚至可能被认为是具有攻击性的。因此对于法律语言而言这两者都是非常陌生的，除法律科学中偶尔出现的例外之外。[2]

四、法学鉴定中的几个特点

相比较于法学专业语言的风格，练习和考试鉴定中的习惯用法还呈现出其独特之处。

- 明确**提及案件事实**

    举例：Laut Sachverhalt（根据案件事实）/Dem SV nach/zufolge…（根据/依据案件事实……）/Wie der Sachverhalt nahe legt, handelte es sich um…（正如案件事实所述，本案是关于……）/In unserem Fall（在本案中）/Im vorliegenden Fall…（在本案中……）/Im zur Beurteilung

---

[1] 在该例子中存在很大的疑问，即 A 是否只有好运的帮忙——如果其可以诉诸《德国民法典》第 241a 条第 1 款，其后必然蕴含一个立法者的价值判断，这并不能完全以好运来描述。比较客观的表达方式可以是 A muss trotzdem keinen Schadensersatz für verschwundene Buch leisten, wenn sie sich auf §241 a I BGB berufen kann（尽管如此 A 也不必为消失的书籍负损害赔偿责任，如果他可以诉诸《德国民法典》第 241a 条第 1 款的规定）。

[2] 如果法院为了使判决书显得更加生动有趣而以韵文的形式撰写，这将明显地背离上述原则（例如 AG Höxter NJW 1996, 1162; ArbG Detmold NJW 2008, 782）；更多例子请参见 Schroeter Justitia。关于法律中的幽默请参见 Schröder Jura 2005, 314 ff.

stehenden Fall…（在待裁判案件中……）/Aus dem Sachverhalt ergibt sich, dass…（从案件事实可以得出……）以及相反的情况 mangels dahingehender Hinweise im Sachverhalt（案件事实中缺乏相关事实的提示），等等。

是没有必要的，因而可以省略。所分析的案件事实只是对于生活真实的推测。在实际信息方面，除案件事实之外已经没有其他信息来源[1]。

举例：B hat... 的表达要比 Aus dem Sachverhalt ergibt sich, dass B… 根据案件事实可以得出，即 B……更加简短并且恰当。

如果读者发现自己的作业中每 4 个句子中都会有 Laut Sachverhalt 作为开头的表达，就请读者编辑一个自动更正条目：将 Laut Sachverhalt 替换为 nix（无，意为删除上述表达）。

类似的，这一规则也适用于**解题提示**（**Bearbeitungsvermerk**），即不需要将该提示以 laut Bearbeitungsvermerk（根据解题提示）纳入鉴定。

385 • **尽可能减少对案件事实的引用**。一般情况下阅卷人会将案件事实置于办公桌上以供查阅；读者最好将答卷的空间用于阐述实质性内容。

例外：为了对案件事实进行解释而摘录其中一段关键性文字，这是有必要的。——在案件事实非常复杂而且冗长的家庭作业中，而且阅卷人只需批阅几份关于该问题的答卷时，如果在这种情况下读者能够以简短（!）且不突兀的方式提醒阅卷人案件事实中的某些细节，这对于阅卷人而言是一种辅助。

386 如果读者要**引用法律规范中的内容**，而某构成要件只需用一个词来表达，且该词也具备法学领域之外的日常用语含义，在这种情况下读者不能将其置于引号当中（例如 H muss „vorsätzlich" gehandelt haben〈H 必须"故意"为之〉）。只需表达为：〈法律规范〉意义上的〈构成要件〉。

387 • 为了对所给出案件事实之外的情形进行分析，读者会避免使用 Im gegebenen Fall…, Im vorliegenden Fall…, Hier…（意为"本案中"）等表达，该做法是不可行的。在鉴定中讨论未被提及的案件事实变形是不恰当

---

[1] 关于推测和经验知识请参见本书边码 425；关于案件事实解释请参见本书边码 426。

的。如果读者认为有必要，也可以例外地在页边空白处对争议问题进行讨论，并论证案件事实中未出现的其他论据。

读者通常只有在事后重新阅读答卷时才能发现其实没有多少时间可以浪费在不断重复 Im vorliegenden Fall（在本案中）上。

但是，读者也可以偶尔使用这一类表达，即为了将抽象的讨论与具体的案件事实再度联系起来。

举例：Grundsätzlich kommen für die Nacherfüllung wegen Fehlern der Kaufsache die Lieferung einer mangelfreien Sache und die Beseitigung des Mangels（also：Reparatur）in Frage，§439 I BGB. Hier wird eine Reparatur ausscheiden, weil..., so dass...（原则上因标的物瑕疵而导致的事后补充履行可以是交付无瑕疵的物或者消除瑕疵（即修复），根据《德国民法典》第439条第1款。本案中修复可能性已经被排除，因为……，所以……）

或者随便表明案件分析中特定事实存在与否的疑问。

举例：Im Allgemeinen gelingt es zwar dem Schuldner,... Hier fehlt aber insofern jeglicher Anhaltspunkt, so dass davon auszugehen ist,...（尽管一般情况下债务人可以……但是本案中缺乏任何相关提示，因此可以得出结论……）。

- **Zu prüfen ist, ob…（需要检索的是……）以及类似的表达**

尽量避免甚至完全不使用这一类表达是有充分理由的。一方面这些表达如此常见，以至于经验丰富的阅卷人早已对其感到厌倦。[1] 另一方面也表明读者是一个宣言者。[2] 读者无需多此一举专门说明随后所要讨论的内容，也可以很好地进行论述。读者根本无需以 Zu hinterfragen ist（需要讨论的是）代替 Zu prüfen ist（需要检索的是）。[3] 而且读者如果使用 Zu prüfen wäre（需要检索的可能是）必然会得到这样的旁注：Unter welchen Voraussetzungen

---

〔1〕请读者询问一下刚刚批阅过180份高年级学生民法考卷的阅卷秘书关于德语语言表达多样性的问题。

〔2〕这里所说的 Eliza *Doolittle* 在 My fair Lady 中已经说过：Tu's doch！

〔3〕译者注：实际上这两种表达并没有实质性的区别。

wäre denn zu prüfen?[1]（可能在哪些前提要件之下进行检索?）

直接作出**宣告**

举例：Es wir nun... geprüft; Zu zeigen ist nun, dass/warum/ob... "只需要检索…"和"需要说明的是……/为什么……/是否……"以及 Abzugrenzen ist zunächst der Werkvertrag vom Dienstvertrag... "首先需要区分承揽合同和劳务合同……"

如果可以就请读者不要使用这一类表达。鉴定的思路推进应当是不言自明的，无需另行解释。如果实在有必要，请读者最好使用 Für... kommt es also darauf an, ob... /Im Folgenden ist daher zu untersuchen, ob... （……取决于是否……/随后需要讨论的是，是否……）。如果读者的作业主线需要思维上的衔接，请读者尝试使用 Das hängt davon ab, ob…（这取决于，是否……）。该表达虽然不是很有创见，但是将其插入衔接部位会有明显的改善效果。

请读者不要宣告任何不准备在鉴定中讨论的内容。

举例：Nicht zu erörtern ist daher, ob…（因此无需讨论的是，是否……）

这是完全没有必要卖弄自己的知识。[2] 在论文以及有些家庭作业中读者可以使用一个关键词帮助阅卷人继续思考。在考试中存在答题时间和答题空间的压力。读者也可以作更加简洁的处理，如果读者必须如此精打细算，即针对特定的案件事实阅卷人只需阅读唯一（但是内容丰富）的文稿。在这种情况下，在恰当的位置插入一个导入性的句子用以预先架构整个表述过程，是比较合适的。

举例：A kann gegen B Ansprüche auf Erstattung des Kaufpreises（dazu sogleich Ⅰ.）und auf Lieferung der Ware（dazu unten Ⅱ.）haben.（A 可以享有要求 B 返还价款〈第一种情况〉或者寄送货物〈第二种情况〉的请求权）。

---

〔1〕关于糟糕的虚拟式请参见本书边码 55、边码 377。
〔2〕具体内容请参见辅助鉴定部分，参见本书边码 418 及以下。

这些引导性句子应当保持简短。这些句子还有额外的好处，即可以在两个标题之间插入，如果没有这些过渡性句子，两部分内容之间将缺乏过渡。

避免**不必要的命令式和要求**（**unnötige Imperative und Aufforderungen**）

举例：Zu beachten ist, dass…（需要注意的是……）如果随后所表达的内容是无需注意的，那根本就是没有必要的。此外，如果主句中存在多余的命令式，读者可以通过将其移至从句来稀释命令式的密度。Zu denken ist dabei insbesondere an...（针对这个问题尤其需要考虑……），如果读者想要限制阅卷人的思维，这会使敏感的阅卷人感到生气。

为了向阅卷人**梳理**（**moderieren**）冗长且复杂的案例材料，使用长句子也是合理的。

举例：Als sehr viel problematischer als diese Feststellung erweist sich indes die Antwort auf die Frage, ob es sich bei... um... handelt（虽然较现有判断而言还存在很多的问题，但这表明问题的答案在于，……是否属于……）阅卷人自己也可以意识到这一点，因为这一类型的句子之后常常不可避免地连接着较长的论述。典型的：Schwieriger ist die Feststellung, wer der Eigentümer ist（难点问题在于判断谁是所有权人）。一般情况下阅卷人对于答题人所认为的难点并不感兴趣。尽管如此，阅卷人还是希望答题人通过充分的涵摄阐释并论证这些难点问题。另一个问题在于提问方式不精确。对于鉴定而言其关注的不是一般性的谁是所有权人，而是是否存在一个特定的人（即请求权人）成为所有权人或者仍是所有权人。比较好的表达方式为：Darüber hinaus muss E Eigentümer sein（此外，E 必须是所有权人）。该表达虽然听起来比较一般，但是更具有目标导向性。Da nun... und... geklärt sind, können wir uns der Frage zuwenden, ob...（由于现在……和……都已得到解决，我们可以判断下列问题，即是否……）。在口头表达中上述句子是非常有用的总结和过渡，但是用在书面表达中因其属于套话而显得多余。

因此，在使用这一类过渡性表达时读者应当目测其恰当性。

- 关于**缩略语**的使用：

(1)法学——**技术**缩略语

举例：WE 代表 Willenserklärung（意思表示），KV 代表 Kaufvertrag（买卖合同），Dsl 代表 Drittschadensliquidation（第三人损害清算），NKK 代表 Normenkontrollklage（司法审查）以及类似的缩略语。

经常出现在课堂黑板上以及读者最喜爱的老师的讲稿中，但是请读者不要在自己的作业中使用缩略语。读者自创的缩略语尤其容易导致错误。

举例：TAO 代表 Teilungsanordnung（分配规则），quafaK 代表 qualifizierter faktischer Konzern（合格的事实型康采恩），HaeG 代表 Handeln auf eigene Gefahr（行为责任自负），r. i. p. 代表 reformatio in peius（上诉不加刑），Ev. A. 代表 Eventualaufrechnung（假定之抵销抗辩），nsbB 代表 nicht so berechtigter Besitzer（无权占有人）。

另外，不建议读者模仿在法学文献中看到的令人费解的部分缩略语。并不是从 Palandt 所习得的知识就必定是最优秀的。

但是在考试时间压力之下读者也是可以违背这一规则的（GoA，TOA，EBV 写起来当然要比 Geschäftsführung ohne Auftrag, Täter-Opfer-Ausgleich 以及 Eigentümer-Besitzer-Verhältnis 更快），但是在家庭作业[1]中请不要这么做。此外读者偶尔也会写出含义不明的缩略语

举例：EBV-Verhältnis, ABM-Maßnahme, HIV-Virus, TOEFL-Test, ISBN-Nummer, LCD-Display, IT-Technologie

如果一个缩略语存在不同含义，读者在使用时应当注意其含义的明确性。

举例：EV 既可以代表 Eigentumsvorbehalt（所有权保留）也可以代表 einstweilige Verfügung（暂时处分），也可以代表 Eidesstattliche Versicherung（代替宣誓的保证），也可以代表 Eingetragener Verein（经登记的社团）；GBR 既可以代表 Gesellschaft bürgerlichen Rechts（民事合伙）也

---

〔1〕在家庭作业写作过程中建议输入一个自动检查条目，以节省之后重复输入该词条的时间。

可以代表 Gesamtbetriebsrat（总企业委员会）；EG 既可以代表 Europäische Gemeinschaft（欧洲共体）也可以代表 Vertrag zur Gründung der Europäischen Gemeinschaft（欧洲共同体条约），也可以代表 Einführungsgesetz（实施法），也可以代表 eingetragene Genossenschaft（经登记的社团）[1]；VA 既可以代表 Verwaltungsakt（行政行为）也可以代表 Versorgungsausgleich（年金权利分配）。

虽然通过联系上下文可以得出所适用缩略语的正确含义——但是所有这些动作都会消耗阅卷人的注意力，对于读者而言比较理想的状态是阅卷人能够将这些注意力集中于鉴定的实质内容上。

举例：读者最好做到让阅卷人完全不需要为此费神，FN 是否代表 FußNote（脚注）——请读者直接写 Fn 即可（很遗憾下列缩略语也很常见：RL 代表 Richtlinie）。另外请读者尝试找出 LL. M corp. restruc[2] 或者 HRRDN[3][4] 的含义。

（2）法律法规、法院、专业期刊和裁判汇编的缩略语很常见，因而无需载入缩略语目录中（但是很少适用的法律法规

举例：POsG 代表 Pflegequalitätssicherungsgesetz（照护品质保障法），SozSichAbkÄndAbk2ZAbkTURG 代表 Gesetz zu dem Zusatzabkommen von 2. November 1984 zum Abkommen vom 30. April 1964 zwischen der Bundesrepublik Deutschland und der Republik Türkei über Soziale Sicherheit und zur Vereinbarung von 2. November 1984 zur Durchführung des Abkommens von 11. Dezember 1986（关于对 1964 年 4 月 30 日德意志联邦共和国与土耳其共和国就社会保障问题的条约于 1984 年 11 月 2 日所作的补充条约以及为实施 1986 年条约于 1984 年 11 月 2 日达成的协定法），另外 G10 代

---

[1] 虽然同一缩写所代表的不同概念使用不同的大小写——但是读者在阅读过程中难道可分辨出来吗？

[2] 译者注：全称是 Der Legum Magister in Unternehmensrestrukturierung, 意为"公司重组法学硕士"。

[3] 请参见 Gergen AL 2009, 255 (257)。

[4] 译者注：全称为 Heilige Römische Reich Deutscher Nation，意为"德意志民族神圣罗马帝国"。

表 Gesetz zur Beschränkung des Berief-, Post- und Fernmeldegeheimnisses（关于限制通信、邮递以及通讯秘密法）。

以及同一缩略语同时存在不同含义的情形作为例外）。请读者注意词性。

举例：das HSOG, das EGZPO, das UFITA 以及 das AcP, 而不是 dis HSOG, dis EGZPO, dis UFITA 以及 dis AcP[1]

如果作业所涉及的主要内容集中于某一部特定的法律，为了节省答题空间读者可以在开头部分通过一个脚注说明：§§/Artt.[2] StGB/BGB/GG, 下文中不再写明相关法律的具体名称。

缩略语应当进行正确的变格。

举例：Die Rechtsprechung des BGH…（联邦最高法院的判决）以及 Die Entstehung des BGB…（《德国民法典》的产生）在缩略语之后不加二格-s (Genitiv-s)（BGHs）。AGB（一般交易条款）的复数形式并不是 AGBs, 而是 AGB 或者 AGBen.[3] 如果读者以德语缩略语 NRO（Nichtregierungsorganisation）代替英语缩略语 NGO, 也必须同时构建其德语复数形式：NROen, 而不是 NROs。

不同于法兰克福评论，在法律语言中缩略语 BVG 并不常用，因为我们无法辨别其到底代表 BVerfG 还是 BVerwG。只有在例外情况下才会在缩略语之后加一个一点[4]（例如：DVBL. 不同于 DÖV, MDR, AcP 等）。

请读者不要使用 S/-S 来表示 Schönke/Schröder 或者 Sattelmacher/Sirp, 因

---

[1] Der AStA, 不是 die AStA [Allgemeiner Studentenausschuss（大学）学生总会]。Die Asta 是指演员 Nielsen。Die CIA [Central Intelligence Agency（美国）中央情报局], 而 der BND (Bundesnachrichtendienst 德国联邦情报局)。URL 应该使用 die, das 还是 der? 对动词进行变形时读者必须知道相应的名词是单数还是复数：Die USA haben begonnen, 而不是 Die USA hat begonnen。

[2] Artt. 是 Art. 的复数形式，就像 §§ 是 § 的复数形式。类似的还有 ff. 与 f. ——但是这里所说的 f 是指 folgende; fortfolgende 虽然很常用，但并没有多大意义。另外我们可以在 §§32ff. 这一表达中，在 32 和 ff. 之间插入一个空格键。

[3] 这一表达实际上是错误的，但是类似构造以及为表明复数非常实用的还有 GmbHen 和 AGen。

[4] 在法学文章中基于节省空间之目的常常将缩略语之后的点省去（以 dh 代替 d. h.）。这是允许的。这种做法也已经成为一习惯。

为这会使人产生不快的联想，即时至今日仍有很多人会对 SS（党卫队）产生的不快联想。

（3）其他缩略语

举例：d. h., z. B., vgl., i. V. m., sog., mind.

是不言自明的，因而也无需纳入缩略语目录中。这类缩略语并不适合于句首。频繁使用缩略语会影响阅读的流畅性。[1]

另外也可以使用案件事实中所涉及人物姓名的缩略语（M 代替 Meier）。如果读者已经使用缩略语，那该缩略语必须能够真正起到精简的效果。

举例：以 Stck 代替 Stück，以 Beschl.代替 Beschluss，以 anal 代替 analog 有什么实质意义吗？（最后一个甚至还容易使人误解）

在练习作业中使用缩略语目录似乎显得有点夸张。只要读者所写的作业并不是关于非常偏僻的法律部门[2]并且只需要使用常见的缩略语，实际上可以省略缩略语目录[3]（除非练习的指导老师明确要求）。读者最好直接参考一份现成的置于目录之后并以 Abkürzung（缩略语）为标题的缩略语目录（文本："所使用的缩略语参考……"或者"除另有说明外，下文的缩略语请参考……中的建议"）。如果读者想要设置一份自己的缩略语目录，并不存在任何反对理由[4]——但是自己设置的缩略语目录必须完整并且不存在任何错误解释。

---

[1] 如果读者不相信，可以找一本 *Palandt* 并流畅地阅读……很多情况下都会避开缩略语；因此除 bspw.（例如）之外读者还可以使用 etwas。

[2] 对于某些读者而言，租赁法就已经算是比较偏僻的领域。这是无可否认的。读者是否能够立即说出 II. BV 所代表的含义？如果不能，那么设置一份缩略语目录或许是一个不错的想法。

[3] *Kirchner/Pannier* Abkürzungsverzeichnis der Rechtssprache（内容最丰富并且最广为流传的缩略语目录，平装书第 2 版 1993 年，但已经不再是最时新的版本）或者 NJW 的缩略语目录或者 *Palandt* 或者 *Meyer* 的缩略语目录；非专业性缩略语：*Steinhauer* Duden：Das Wörterbuch der Abkürzungen, 5. Auflage 2005. 如果读者想要在网络中搜索缩略语可查询 www. recht-in. de/abkuerzungen、www. de. wikipedia. org/wiki/Abkürzungen/Gesetze_ und_ Recht 或者 www. juristisch-abkuerzungen. de。法院的代号请读者通过 *Meyer* 或者 www. de. wikipedia. org/wiki/Registerzeichen 来查询。

[4] 缩略语目录还有以下好处，即其可以帮助使用外语的读者理解。但是在法学鉴定中一般没有这一方面的作用。但是在学术发表中基于礼貌原因，也是值得考虑的——不是吗？

举例：如果读者要解释 NJW，必须将其称为 Neue Juristische Wochenschrift（新法学周刊），尽管从正字法正确的角度来看，juristische 中的 j 必须小写。但是这属于专有名词——同样的还有 Deutscher Corporate Governance Kodex[1]（德国公司治理规则）。PC 不是对 Personalcomputer 的缩写而是对 Personal Computer（个人计算机）的缩写（英语：personal computer）。EG 所代表的不是 Europäischer Gemeinschaftsvertrag，而是 Vertrag zur Gründung der Europäischen Gemeinschaft[2]（关于设立欧洲共同体的条约）。

除此之外都会不必要地给人留下不专业的印象。请读者不要忘记根据首字母排序。

如果某些缩略语存在混淆可能性，使用缩略语目录就有一定的意义。

举例：Zeitschrift für Lebensrecht（生存权期刊）以及 Zeitschrift für das gesamte Lebensmittelrecht（公共食品法期刊）的缩略语都是 ZLR（有些时候 Zins- und Lizenzrichtlinie 2003/49/EG 的缩略语也是如此）。虽然大部分情况下根据具体语境可以清楚判断某缩略语所代表的含义——但读者还是小心为妙。KuR 和 K&R 所代表的是 Kommunikation und Recht，Kunst und Recht 还是 Kirche und Recht，我们可能无法立即作出判断。另外有些来源于其他科学领域的缩写深入渗透到日常语言中，以至于其在法学语言中被进一步作简短阐释，例如医学以及法学中的 EEG（Elektroenzephalogramm，意为"脑电图"）。

在毕业论文以及主题论文中使用缩略语目录一般而言是比较合适的，而且也经常为考试规范所要求。正是在跨专业的论题中常常会出现一些法律人在其职业生涯中不必熟记的缩略语。

读者可以将外语缩略语进行翻译以帮助阅卷人的理解。

举例：OEM 代表 Endprodukthersteller（Original Equipment Manufac-

---

〔1〕 相关内容请同时参见本书边码370。
〔2〕 在缩略语目录中一贯的处理方法是写明法律以及条约的官方名称，即使官方名称比法学行话所使用的名称更长且更不具有可操作性。然而 Europäischer Gemeinschaftsvertrag 这一表达无论如何都不理想，因为存在 reitenden Artilleriekaserne 自相矛盾的问题。

ture)。

类似于外语专业术语的表述,读者也可以在文章中使用类似的方法引入缩略语[1],即第一次使用的时候将相应概念写全并随后在括号中添加说明:(im Folgenden:Abk.[2])。

举例:2001 erschütterten die Terroranschläge des 11. September (im Folgenden:Abk.) die Welt (2001 年 9 月 11 日的恐怖袭击〈下文 9/11〉震惊了世界)。

被缩写的文本篇幅越长,就越应当将其纳入缩略语目录当中。

- **第一人称单数**

举例:Ich bin jedoch der Ansicht, dass Karthago zerstört werden muss. Nach meiner Auffassung/meines Erachtens liegen die Dinge hier aber grundlegend anders(大意为:我的观点是必须摧毁迦太基[3]。我的观点/我认为问题根本不在于此)。

以及在特定情形下的第三人称单数

举例:Die Verfasserin kann dem so nicht zustimmen(作者无法赞成这一点)。

以及第一人称复数

举例:Aber wir haben es hier mit einem Sonderfall zu tun:...(但是我们必须将这种情况作为特例来处理:……)

是不常见的。确切地说:根据习惯在大部分法学著作中不会将这些人称用于书面表达[4]。虽然读者非常优秀,但至少在大学期间还不属于法学大

---

[1] 相关内容请参见本书边码 370。
[2] 译者注:意为"下文使用缩写"。
[3] 译者注:迦太基是一个坐落于非洲北海岸的城市(今突尼斯东北部),与罗马隔海相望。
[4] 并且那些公认的法学大家们也很少使用第一人称(例如 *Hassemer* ZRP 2007, 213 ff.; *Zuck* NJW 2008, 479 ff.,第一人称主要用于对占绝对主导地位的通说观点表示异议(例如 *Kornblum* NJW 2006, 2888, 2889)。谨慎使用第一人称的原因请参见 *Groebner* Wissenschaftssprache, 102 ff.

家。因此请读者尽量避免使用第一人称单数形式。读者最早可以在博士论文中使用第一人称单数形式。在前言中：我感谢我父母……

读者可以用 man 代替或者改写为被动式。

举例：man wird demnach der... —theorie zu folgen haben, der zufolge... /... Folglich ist davon auszugehen, dass... /kann... zugrunde gelegt werden.

然而这一规则也会受到诟病[1]，因其会使人产生这样的印象，即作者在语言表达上将自己的主观法律观点隐藏于表面上的客观真实之后。尽管如此，读者仍然应当暂时重视这一规则——一方面基于机会主义的考虑，另一方面鉴于客观真实[2]更高的论证要求。

读者必须将自己的观点视为客观正确的观点来表达；随后读者应当给出具有说服力的理由。但是读者应当将个人置身其外。类似于 Ich persönlich bin der subjektiven Meinung, dass... （我个人持有主观说……）这样的表达听起来非常不确信并且不具有决断性。

补充说明：请读者务必避免**情感性套话**（**Betroffenheitsfloskeln**）[3]；个人的法律感觉[4]在法学论证过程中几乎没有合适的位置。如果非得留有一席之地，读者或许可以采取下列措施：

---

[1] *Haft* Einführung, 416.

[2] 最后，这一规则也有助于判决书书写的准备工作。判决书不能表现出法官的疑虑，恰恰相反，其应当撰写具有说服力的判决书，以至于涉案当事人能够接受。

[3] 在法学教育期间的练习作业中读者应当注意避免例如... wie es überhaupt dem natürlichen Gerechtigkeitsgefühl widerspricht, dass... （……正如其完全违背了自然的正义感，即……）这一类措辞，尽管其拟定过程也非常谨慎。对于一方或者另一方当事人情感上的偏向是非常不合适的，因为一个法律争议的双方当事人期待的是一位中立的法官。其他例子请参见 OLG Frankfurt am Main NJW 1999, 2447 f.；AG Berlin-Mitte NJW 2008, 529 (530) 也是很明显的：... wird die Argumentation völlig irrational... schlicht willkürlich... （……论证是完全不合理的……简直就是恣意的……）

[4] 在考试中这样的法律感觉——如果读者在 8 个学期的法学学习之后还剩 1 个学期——对于读者而言既是朋友也是敌人。很少会有考官设置这样的考题，即读者根据其法律感觉在两分钟内就可以作出判断并且只需要几个法律条文即可对其作出论证。在考试中这是绝对不够的。法律感觉在下列考试情形中是非常危险的，即表面上不公正的结果仅以案件问题无法检索所有能够想到的请求权关系而得出，这种情形在考试中并不少见（例如基于考试时间上的压力）。在这种情况下将在无需讨论的请求权关系中进行权利平衡。如果读者作为答题人不能清楚认识到这一点，就很容易陷于错误，即曲解考试内容真正涉及的请求权。

Diese Regel gilt jedoch nicht ausnahmslos（然而该规则的适用并不是毫无例外）；nach §242 BGB ist bei eklatanten Gerechtigkeitsverstößen... möglich（根据《德国民法典》第242条的规定在明显违背公平时……是可能的）。

但是读者需要注意：在法学练习作业中以《德国民法典》第242条作为判断依据的情况非常少[1]（不同于劳动法）。表面上适用该条款的必要性几乎总是意味着读者忽略了一些东西。但是读者还是有必要稍微了解一下适用《德国民法典》第242条的案例集合（债务关系中从义务的基础，dolo agit-Einrede[2]，权利失效等）。

在考试中将所得出的结论笼统地定性为不公正，这样的结论通常并没有什么意义，甚至毫无用处。读者可以尝试对 Das kann nicht im Interesse der Privatrechtsordnung liegen（这与私法规则不符）更加精确地表达为 Eine solche nach dem Wortlaut der Vorschriften über... und... naheliegende Verzahnung der Regelungsmaterie wirkt widersprüchlich und würde häufig zu Ergebnissen führen, die mit dem Sinn des... kaum vereinbar wären（……法律条款的文本与对……的规则进一步解读之间存在矛盾，这将导致其与……的含义不一致）。这样的表达看起来更加具有技术性，但与高大上的公平性方案相比同时也更加符合法学的内敛性，如果所涉及的问题是日常琐事，则只需以普通论据来论证即可。

请读者避免**在正文中提及姓名**（**Namensnennungen im laufenden Text**）。带有姓名的出处属于脚注的内容。如果所阐述的观点仅有一个的代表人物，则允许读者在正文中提出。另外，法院也可以在行文中提及，而不论读者是否可以将其改写为 Die Rechtsprechung（司法裁判）[3]。但是不能让人产生这样的印象，即读者只是罗列关于某问题的观点，但本身没有就该问题进行思考。

在鉴定中 **Vorbemerkung**（前言）、**Schlussbetrachtung**（结论）以及类

---

[1] *Schneider/Schnapp* Logik, 8 也建议内敛。
[2] 译者注：意为"恶意抗辩"。
[3] 详细内容请参见本书边码567。

似的结构基本上是不需要的。[1] 请读者设想一下前言部分应该包含什么内容，一般而言，我们会在前言中首次提及某个问题，然后在结论中回归该问题。另外，鉴定结束之后的附言（**Nebenbemerkung**）（例如在此意义上：Ich habe gesehen, dass das hier erzielte Ergebnis ungerecht ist. Nach geltendem Recht kann aber nicht anders entschieden werden; alles andere ist Aufgabe des Gesetzgebers[2].）同样也不常见。如果读者想要表达这样的内容，请在脚注中标明，即读者——除下列知名学者〈……〉之外——也持有该观点，即本案中还存在规则需求。

397
- 如果读者需要**对题目进行解释**，可能会**例外地**需要前言。但是，如果在对于涵摄而言重要的位置对案件事实进行解释，通常情况下会更加合适。读者或许也可以在脚注中完成这一步骤。

虽然大部分答题任务的处理需要很多文献以及对这些文献的评判整理，即哪些属于与问题相关的内容，哪些不是。然而读者无需在鉴定中对此过程作详细解释。但是偶尔为之又是恰到好处，即问题范围并不是很窄因而很明确，

举例：Kann A von B die Rückzahlung des Kaufpreises verlangen?（A 是否可以要求 B 返还价款?）

也不是很宽泛因而（不是所有，但是大部分情况下如此）涉及内容很广，

举例：Wie ist das Rechtslage?（法律状况如何?）

而是"中等精确"，

举例：A will... und erklärt... Wird er mit... Erfolg haben? /Wie ist die Rechtslage?（A 希望……并且作出表示……。他是否能够实现……/法律状况如何?）

---

[1] 这一点不同于学校报告以及研讨课作业中的报告。法律鉴定是以事物的内在逻辑结构来说理；最好不要在结构上添加具有解释必要性的其他选择。

[2] 译者注：意为"我认为本案所得出的结论是不公正的。但是根据现行法律不能作出其他判断；剩下的都是立法者的任务"。

在这种情况下有必要在正式着手以鉴定模式进行案例分析之前对请求权人的诉求（Begehr）作必要的预备。在一个恰当的标题之下通过几个句子对鉴定进行简单介绍，以使阅卷人对鉴定所研究的内容以及论述顺序有一个概观。这样做的出发点主要在于请求权人的经济利益。这样的引导应当以尽可能简短（并同时尽可能有说服力）的方式作出，为避免使人产生冗长和臃肿的感觉。

- 在鉴定中同样也不建议使用**前言**（**Vorwort**），并且在专题报告中最好将其称为**引言**（**Einführung**）。在练习作业中使用类似于 Meinen Eltern 或者 Für Elise 之类的**致谢**（**Widmungen**）是绝对的禁忌。为什么读者总是想要感谢父母或者 Elise——请不要将这些事情告诉阅卷人。在法学练习鉴定中使用**座右铭**（**Motto**）（例如 Ich weiß, dass ich nichts weiß[1]）是很罕见的，至少是没有必要的。 **398**

- 如果根据具体情景并非确实需要一个**补充说明**（**Exkurs**），那就请读者避免使用补充说明。在鉴定模式的推导过程中出现一个补充说明表明读者的鉴定结构缺乏深思熟虑。如果读者已经采用补充说明，那么尽量保持其简短：zur Geschichte des Bestimmtheitsgebots（补充说明：关于确定性要求的历史）。尤其需要注意的是潜在的补充说明（verdeckte Exkurs）（模板：Der Elefant—Der Elefant hat an der Vorderseite eine wurmfötmige Nase, den so genannten Rüssel. Der Wurm...）。在书面作业中这种形式的知识呈现是非常受限的。另外，Zu... ist anzumerken, dass... （关于……需要注意到……）也表明读者的表达欠缺深思熟虑。 **399**

- 与补充说明存在类似问题的是 **ergänzenden Ausführungen**（**补充阐释**），这在练习作业中常常出现并且被认为是有助于判断结果的得出。 **400**

    举例：题目涉及解除可能性，如果只问及损害赔偿请求权，那么读者讨论返还已经完成的交付就是多余的。

在作业中作额外的补充阐释对于初学者而言存在很大的诱因。读者很容易陷于忧虑，即担心鉴定因其不完整性而无法得到合理评分。然而阅卷人一

---

[1] 译者注：字面含义为"我知道，我什么都不知道"，属于苏格拉底悖论。

般情况下非常清楚考题所问及与未问及的问题。读者可以更加合理地分配答题空间。

401 ● 参见（Verweise）

（1）向下参引

在鉴定中要绝对避免。实现理解所必需的信息有时候是不允许迟到的

举例：Wie noch/im Folgenden zu zeigen/begründen/beweisen sein wird,...（请参见下文的论述/论证，……）

或者可能是完全不得迟延出现的，而必须存在于复述的位置或者之前已呈现的内容中。请读者不必为自己以及阅卷人作任何内容预告。

举例：本案中原告对于事故发生存在过错将对案情的判断产生怎样的影响，这部分内容将在下文第5点中论述[1]。

402 **（2）向上参引**

在考题或作业存在案件事实变形时，向上参引通常是必要的并且也是允许的，但是过于频繁的参引将使人产生鉴定结构不合理的感觉。如果在鉴定中需要重复使用某一概念，实际上没有必要每次都重新逐字逐句誊写一遍并配上内容庞杂的脚注。只需向上参引即可。如果上一次给出相关定义距离当前位置才几段之隔，允许读者认为阅卷人仍能记得该定义。请读者设想一下：阅读的速度要比书写更快；读者在两三页之前所写的内容，对于注意力集中的阅卷人而言仍具有现时性。[2] 如果是对连续多个问题进行参引，通常只需要一个设置一个参引。为不影响阅读的流畅性，读者最好在脚注中给出大纲项目或者页码。[3]

举例：Wie bereits (oben) ⟨Fn⟩ festgestellt/dargestellt/dargetan/gezeigt/geprüft/ausgeführt/nachgewiesen/gesagt, ist... /handelt es sich

---

〔1〕 BGHZ 57, 137 (143).

〔2〕 因此尽可能不要出现对上一段内容的参照，尤其不要使用 wie soeben ausgeführt...（正如上文所述……）这一表达。

〔3〕 在这一方面文本编辑软件的交叉引用功能是非常实用的（在 MS Word 中请使用"插入选项"）。通过该功能可以建立动态参引，在打印定稿时该动态参引可以自动生成最新的大纲编号以及页码。

bei... um... für... gilt das oben〈Verweis〉Gesagte (entsprechend). Hinsichtlich... wird auf... Bezug genommen. Auch insoweit liegen die Voraussetzungen... vor. Problematisch ist... Wie sich aus den obigen Ergebnissen/ Ausführungen zu... /den bereits genannten/ausgeführten/erwähnten/wiedergegebenen/erörterten Argumenten ergibt,... ist aus denselben Gründen/den gleichen Erwägungen wie... abzulehnen. （正如上文〈脚注〉所述/所讨论/所阐释，……是/属于……。……同样适用上文〈参引〉所述（参照适用）关于……应当参见……。在这方面同样也存在……构成要件。存有疑问的是……。正如根据上文关于……的结论/讨论/论述可以得出，应当基于与……同样的理由/相同的衡量而否定……）

如果紧接着直接上文所论述的内容：Gleiches gilt für... （这同样也适用于……）。

然而类似于（s. o.[1]）这一类型的不精确参引在某种程度上是不礼貌的，因为阅卷人首先必须查找考生所指向的具体位置。

（3）读者可以适用下列表达 Wieder (um) /Ähnlich/Wie/Gleichermaßen/ Ebenso wie oben〈Verweis auf Seiten oder am besten auf Gliederungsnummer〉stellt sich die Frage/kommt es (für...) darauf an, ob... （类似/同样/正如上文〈参引的页码或者最好是大纲编码〉）提示首次参引。

（4）重复参引可使用下列表达 ebenfalls/auch/wiederum/abermals/gleichfalls/desgleichen/erneut/neuerlich/auch hier/nochmals （同样的/再次……），等等。

以冠词 der 或者 die 来修饰人

举例：Der Schmidt/der A kann gegen den[2] Schulz/den B einen Anspruch haben.

是几个世纪前的遗物，那时法律关系参与者仍为争取主体资格而斗争。比较好的表达为：Schmidt/ A kann gegen Schulz/ B einen Anspruch haben。但

---

[1] 译者注：全称为 siehe oben，意为"参见上文"。
[2] 译者注：den 为 der 的四格形式。

是 T ist Vertreter des V。Die C-GmbH klagt gegen die F-oHG。

405
- 重复法律（Wiederholungen des Gesetzes）几乎总是多余的。通过添加一个脚注（Vgl. §276 BGB/So auch §904 BGB）抄写或者改写法律文本，这种做法一般而言是没有必要并且是错误的。

举例：Nach § 107 BGB bracht der Minderjährige für eine Willenserklärung, durch die er nicht nur einen rechtlichen Vorteil erlangt, die Zustimmung seiner Eltern[1]。§ 433 II BGB besagt, dass der Käufer zu Kaufpreiszahlung verpflichtet ist.

Iura novit curia[2]：批改人应当或者至少能够认识法律。另外誊写法律条文不但浪费时间和空间[3]，而且也是不礼貌的，因为读者据此向阅卷人传达了错误的法律知识。

例外：如果所涉及的法律条文确实非常生僻或者是关于过去已久的法制历史，那么确实有必要在脚注或者附录中给出法条原文，并尽可能标明官方出处。这样就可以省去阅卷人不必要的查找过程。该规则同样也适用于技术性条文以及类似的条文。[4]

如果法律规范的文本对于文章而言具有决定性作用，可以将该规范予以引用；但是读者最好只复述其中不可或缺的要素，并同时将其置于引号当中。如果任何一种方式的改写都会导致法律规范失去原有的准确性，同样也可以适用上述规则。

---

〔1〕常见的错误。——通过这个例子同时也可以看出来，改写法律条文常常会有损其准确性，而其结果很有可能是导致涵摄错误。在上述例子中或许可以表达为：Der beschränkt Geschäftsfähige（《德国民法典》第106条的情形，《德国民法典》第107条并不适用于所有未成年人），braucht die Einwilligung（否则该意思表示根据《德国民法典》第108条属于效力未定的意思表示），seines gesetzlichen Vertreters（从统计学角度看通常为父母）。

〔2〕译者注：意为"the court knows the law/das Recht kennt der Gerichtshof"。

〔3〕这一浪费导致在非常多的考试中（以及不在少数的家庭作业）出现重点不明确的问题。这将不必要地造成成绩受损。如果读者有复述法律条文的倾向，请务必要克制。如果读者同时出现复述法律条文与复述案件事实的问题，这将对考试成绩产生极大的危险，因为实质性的法学能力涵摄，即将案件事实纳入法律规范中的过程已经被不断的重复所替代。

〔4〕通常情况下德国标准化协会标准（DIN-Normen）只有通过付费才能从出版社获取。因为该规则并不是来自于国家性（必须公开的）机构，因此将其文字表述置于文章或者附录中通常情况下是比较合适的。

与法律相类似，读者也应当将准法律文件视为众所周知的或者至少是可以获取的，因此，只有在例外情况下才有必要引用原文。

举例：《德国公司治理规则》（Deutsche Corporate Governance Kodex）被公布于联邦法律公报中。[1]

如果读者想通过改写法律规范获得一个便于涵摄的大前提，必须注意在改写过程中不能赋予法律条款错误的含义。

举例：读者不允许犯这样的错误，即"根据《德国民法典》第147条第1款当场发出的要约视为立即承诺"。这样必将导致错误的结果。如果读者不能确定，就参阅法律条文。

在脚注中以现行有效的法律作为出处必将被定为错误。但是下列脚注是不会受到责难的，例如 So aber noch §28 des Gesetzes über... vom... (RGBl. yyy)，außer Kraft gesetzt durch Gesetz vom... (BGBl. I, yyy) 或者 So §322 des Entwurfs der Kommission zur Reform des Schuldrechts (BGB-KE).

此外，多翻看一下法律条文本身通常是很有益处的，因为通过阅读法律本身，读者可以省去从规范目的推导出重要论据的过程。关键词：看一眼法律本身可以省去很多废话。聪明的法学家会继续阅读——至少到该规范的结尾并且同时阅读该条款之后的几个条款[2]，并且总是阅读下一款。一般情况下下一个句子或者下一款是关于例外情形的规定，其内容对于涵摄而言是非常有帮助的。

举例：有些时候读者会有一种直觉，即原则之后必有例外，例如《德国民法典》第518条；有时候并不能很直观地看出来，例如《德国民法典》第179条第1款。

教科书式的论述在学生的作业中是很常见的，但这在阅卷人面前是很危险的。请读者审查作业中每一个（！）句子，看看是否都是涵摄所不可或

---

[1] 并且很容易在以下网址中查询（同样包括先前的版本）：www.corporate-governance-code-de/ger/kodex/index.html.

[2] 请读者不要忽略：前面的条款。有些时候例外出现在原则之前，例如《德国民法典》第149条包含第150条的一个例外。

缺的。

尽管掌握一系列定义，即熟记其含义，尤其对于考试目的而言是有必要的。但是，如果读者仅仅默写所掌握的定义而并未在其下进行涵摄——或者仅以笼统且对于答题没有帮助的 Dies ist hier der Fall（本案就是这种情况）作为涵摄，这是毫无意义的。

举例：Nach §243 II BGB beschränkt sich das Schuldverhältnis auf die einzelne Sache, wenn der Schuldner alles zur Leistung Erforderliche getan hat.（根据《德国民法典》第243条第2款，如果债务人已经实施为交付标的物所必需的一切行为，则标的物限于某一特定物。）至此为止都没有任何问题。Diesen Schritt der Umwandlung einer Gattungsschuld in eine Stückschuld nennt man Konkretisierung.（我们将这一种类之债转化为特定之债的过程称为特定化。）但是这句话就显得很教科书式（即使内容上并没有错）。

请读者以阅卷人的眼光阅读一遍自己完成的作业。针对哪些内容阅卷人可能会在页边空白处写上"Fallrelevanz?（是否与本案相关?）"或者"Warum kommt es darauf an?（为何取决于此?）"[1] 这一类评语，而这部分内容读者必须特别仔细地修改。

举例：在讨论一个12岁未成年人所为法律行为的效力时简要复述《德国民法典》第110条的内容，这通常是恰当的，因为这有助于形成和谐的涵摄。但是在复述法律本身内容之外再加上 Diese Regelung nennt man den Taschengeldparagraphen（我们称之为零花钱条款）就是多余的。在这一表述之下读者根本无法进行涵摄。

无论花费何等代价都要展现自己所学到的知识，在考试中这种诱惑是非常大的。而当读者刚刚有一段成功经历，即认为自己终于理解文献或者司法裁判中艰涩难懂的论述时，这样的诱惑就显得尤其大。但是阅卷人对此毫无兴趣——因此：请读者精简！

请读者无论如何不要**原封不动抄写教科书的内容**。这些时间和空间读者

---

[1] 这是最常见的两种批注。

都可以用在更加有意义的事情上。[1] 如果读者没有标明引用的出处（抄袭）将会使阅卷人更加气愤。[2] 尽管在有些情况下，例如为了描述争论状态，读者可以并且必须复述相近的，甚至是相同的词用以描述他人对于该问题的观点。但这只是作为读者抛出自己观点的准备工作。

基本原则：读者的任务并不是根据所给出的案例对法律规则进行解释，而是根据法律规则对所给出的案件事实作出具有说服力的判断。

只有在例外情况下才有必要使用例如 In einem anderen Urteil hatte der BGH zu entscheiden, ob... Es ging dabei um die Frage,... （在另外一个判决中联邦最高法院必须作出判断，是否……。其所涉及的问题是……）这样的表述。这是法学专业期刊文章所使用的措辞，其作者对最新的司法发展进行分析。在鉴定中读者的首要任务是抓住主要问题——但是不要失去和案件本身的联系。读者在复述内容宽泛的理论争议时应当尽可能缜密，因为这样读者才能够以尽可能学术的大前提来表明，为什么所有这一切都是有讨论必要的。

有时候法官也会陷于教科书式的文风。

举例：... Auf der Grundlage der vorstehenden Erwägungen ist davon auszugehen, dass...[3]——这类表达表明法官在法律鉴定中表述过于抽象而必须更多与案件事实联系起来。

与教科书风格相关的另一个常见问题是**针对没有疑问的构成要件大量堆砌定义**。读者何时应当对一个不再存有疑问的要件进行定义，何时不需要？这一问题每一个阅卷人的答案都是不一样的。[4]

基本原则：初学者如果在作业中就是否写定义这一问题没有把握（！），

---

[1] 在极端例外的情况下原文引用教科书、法律评注、论文等文献也是恰当的：文献作者对于该问题的表述非常精辟，以至于读者无法对其进行改写，否则将有损原文表述的独创性，在这种情况下读者允许并且应当进行原文引用——将引文置于引号中并标明出处。

[2] 如果读者作为阅卷人也会感到好像被愚弄，如果考卷的答题人花费 12 行的篇幅来复述判决书中的内容并且同时抄上显示判决风格的用语 Nach ständiger Rechtsprechung des Senats（根据合议庭一贯的裁判），这会令人非常生气。

[3] OLG Köln NJW 2006, 2272.

[4] 在某种程度上这是无法令人满意的。但是在专业交流的"严格"规则之外也存在"温和"的规则。

写上定义要比省略定义更加合适。出题人有时候希望从读者的作业中看到某些特定的定义。因此，如果在《德国刑法典》第 242 条之下进行涵摄时涉及的对象为一个钱包，那么再次对 bewegliche Sache（动产）进行定义是比较恰当的做法。

但是，如果对于一个要件所作的定义要比概念本身更加难以适用，那就请读者避免定义。

举例：有些教科书对意思表示所作的定义对于鉴定而言显得过于繁杂：eine private Willensäußerung, die auf die Erziehung einer Rechtsfolge gerichtet ist（意思表示是指以产生特定法律后果为目的的私人意思表达）[1]——因为单就"私人"一词在日常民法鉴定中就需要进行复杂的讨论。

仅仅是句子的一小部分也会使读者的论证陷入不必要的教科书风格。

举例：Grundsätzlich kommt ein Kaufvertrag—wie jeder schuldrechtliche Vertrag—durch Angebot und Annahme zustande（原则上一个买卖合同——就如所有债务合同一样——是通过要约和承诺成立的）。为什么要使用这一插入语？在教学讲解过程中为使听讲者能够将其与现有知识联系起来。但是在考试中没有任何用处。因此：删除！

409 如果读者在阅读自己的作业时遇到诸如 Wendet man diese Grundsätze auf den vorliegenden Sachverhalt an, so ergibt sich folgendes:...[2]（将该原则适用于本案的案件事实可以得出以下结论：……）或者 Bei Berücksichtigung dieser Grundsätze ist...[3]（在考虑到该原则的情况下……）这一类表达，就有必要对其进行修改。这些表达表明上一部分内容很少涉及具体的案件事实，而是对动产善意取得原则作非常抽象的论述。

---

[1] *Brox/Walker* BGB AT, Rn. 82；类似的 *Rüthers/Stadler* BGB AT, §17 Rn. 1, *Schack* BGB AT, Rn. 178.

[2] BGHZ 11, 151 (155)；类似的例如 BGHZ 90, 69 (77 和 84)。在练习作业中读者应当使涵摄与理论上争议问题的讨论之间的衔接不要显得过于机械。相比较于 Das bedeutet auf den konkreten Fall bezogen, dass... （这在具体案件中意味着……），还不如表达为 Für A bedeutet dies/würde das bedeuten, dass er... （这对于 A 而言意味着……）。

[3] BGH NJW 2002, 2232 (2233).

接在 Anders lägen die Dinge, wenn... （如果……，则本案将作出不同判断。）之后所作的论述几乎总是被评判为多此一举。读者在鉴定中应当对所给出的案件事实进行讨论，而不能同时对许多自己杜撰出来的案情变形进行讨论。如果在例外情况下确实需要如此，否则将难以清楚表达读者的想法，读者或许可以将这一思考过程挪到脚注中表达。

类似于 Das Wesen der Grundschuld/Die Rechtsnatur der Bürgschaft （土地债务的本质/担保的法律本质）这类标题表明其具有修改必要性。[1] 在法律鉴定中必须修改；在论题作业中这类标题并无大碍。 410

如果所需讨论的问题是关于担保物所有权转移（Sicherungsübereignung）的效力，而读者若对其含义以及起源进行讨论则将混淆重点问题。[2]

在法律鉴定中不合适的表达还有诸如 Dabei ist... von Bedeutung （在本案中……具有重要意义）这类没有实质内容的空话。一般情况下这类表达属于教科书风格的表达，即其不针对任何具体的案件事实，而只是对某一问题进行抽象的讨论。[3] 在鉴定中读者应当更加确切地表明各论据的含义（Für... ist... wegen... von erheblicher Bedeutung）或者至少应当具备确定性（Dabei ist von ausschlaggebender Bedeutung, ob... oder...）。 411

若考生以 Abzugrenzen ist zunächst... gegenüber... （首先需要区分的是……和……）引入论述，同样过于理论化。首选的做法是以案件事实为导向的论述，例如可以以 Da die Parteien den Vertrag nicht (oder nur laienhaft) bezeichnet haben, kann es sich ebenso wie um einen... auch um einen... handeln （因为双方当事人并未明确提及合同一词，因此其即可能是……也有可能是……），Für die Einordnung kommt es auf... (meist: den Parteiwillen) an （其归类取决于……），Das wichtigste Abgrenzungskriterium ist... （最主要的区分标准是……）等表达开始论述。 412

例如 Es ist zwischen Innen- und Außenvollmacht zu unterscheiden （需要就内部授权和外部授权进行区分），从这样的句子中我们可以看出教科书式的系

---

[1] 关于本质的论证 Rn. 225.
[2] 请读者再次阅读本书边码 399 "补充说明" 所述的内容。
[3] 另外读者的阅卷人还倾向于将这一类表达视为空洞无物的套话；相关内容请同时参见本书边码 357。

统性论述。在鉴定中这样的表达应当尽可能少出现。我们并无需向阅卷人阐释内部授权和外部授权在法律上被如何区别对待，而是假定其为已知并在鉴定中同时讨论内部授权和外部授权——如果存在这样的必要性。

413
- 对于**之前法律状态**（**frühere Rechtslage**）的论述

    举例：在……——法生效之前对该问题可以作如下判断：……；1996年以前联邦劳动法院一贯的做法是，……

正如其在教科书以及论文中所出现的那样，我们应当将其限制在必要的范围内并且审查其对于现行有效法律的论证是否具有重要的意义。其作用之一体现在对所适用法律规范进行历史解释。有些时候只有在了解之前法律状态的情况下才能理解某个特定的论据。

一般而言并不会在练习作业中，而是在研讨课作业中才会要求对未来法律状态（**künftige Rechtslage**）进行探讨。但是在解释现有法律规范时可以根据其目的对即将生效的新规范进行讨论。[1] 这同样适用于立法者明知其与新版本不同的先前法律版本。

414
学生练习作业存在的另一个常见问题体现在**盲目崇拜模板**（**Schema-Fetischismus**）。对于结构模板（正如许多在学习辅助材料和教科书中所找到的质量参差不齐的模板）的盲目使用是难以杜绝的，甚至已经逐渐成为一种趋势。其日趋流行的原因可能在于考生持续性的紧张、重点内容的遗忘以及学生和老师为找到唯一正确模板而花费过多的精力。使用这一类模板存在以下风险：即模板的使用者会倾向于对模板中的每一个要点进行详细论述[2]——即使只需要一个句子，但也必须（究竟为什么?）包含一个独立的标题。很多时候就会导致重点内容论述过少，而对没有疑问的内容论述过宽的问题。

---

〔1〕但是存在的问题是（究竟为什么?），现有法律规范的解释很少能满足尚未颁布或者尚未生效的法律规范的内容。举例：BGH 避免在 NJW 2013, 220 ff. 中提及修改法律的提案（www.bmj.de/SharedDocs/Download/DE/pdfs/RefE_ Umsetzung_ Verbraucherrechterrichtlinie. pdf?_ _ blog = publicationFile），即使其解释结果与所计划的法律修改相一致。同样，在该判决的评论中也将未来法律状态作为辅助性论据，而不是决定性论据（例如 *Looschelders* JA 2013, 149 ff. ; *S. Lorenz* NJW 2013, 207〔209〕）。

〔2〕如果读者在自己的鉴定中看到堆砌的标题，在这些标题之下的内容是仅需一个句子便能得出的结论，那么读者或许也存在过分使用模板的情况。

除错误安排重点之外,在考试中固执地参照模板而导致的时间不足问题同样非常危险。

举例:近来在民法鉴定中出现日趋常见的句子 Dazu muss der Anspruch zunächst entstanden sein(首先必须产生请求权),这并没有错。但其几乎没有任何实质内容,只会消耗过多的时间和精力。Weiterhin sind keine Gründe ersichtlich, die diesem Kaufvertrag entgegenstehen(此外并不存在任何与合同成立相悖的理由)看起来非常机械。并且基本上没有实质内容。在这样的表达中根本看不出其与具体案件事实之间的联系(然而在否定性陈述中也并不是很简单)。

此外,模板也并非总是完整的(还应该是怎样的?),并且有个别要素是不必要的。请读者像使用拐杖一样来使用模板:即抱着尽快脱离拐杖的目的。[1]

此外,过分注重模板还会导致学生思考角度产生变化。即其越来越少着眼于案件事实,而越来越多着眼于完成模板中的各个要点,这一般情况下并不是立法者所预想的,而是教科书作者或者老师的做法。其结果就是练习作业中出现越来越多类似于 Folglich ist auch dieser Prüfungspunkt erfüllt(因此这一检索要点也得以满足)而不是 Damit besteht eine dem B zurechenbar Ursachenbeziehung zwischen seinem Verhalten und dem bei A eingetretenen Schaden(因此 B 的行为与 A 的损害之间存在可归责于 B 的因果关系)的表述。

请读者观察以下模板可以在多大程度上承载法律。在读者的鉴定中法律是不可忽视的。所有其他都是合目的性规则,在必要情况下是可以不加考虑的。

当读者理解一个要件的含义时,读者也可以很容易注意到这个要件,因而最后模板也就不再必要。[2]

举例:在学习表见代理的构成要件(表见代理和容忍代理)过程

---

〔1〕 关于使用模板的益处与弊端以及如何正确使用模板请参见 *Puppe Schule*, 181 ff.
〔2〕 基本原则:具备完整请求权的长模板(长达 3 页半的整个警察法)很容易使熟记模板的使用者思维僵化;比较简短的模板(在意思表示撤销中我们总是检索:撤销理由——撤销表示——撤销期限)的危险性较小并且根据经验也可以更加灵活且与案件事实相结合进行适用。

中读者可以从 Brox/Walker[1]的著作中找到以下构成要件① 没有代理权，② 权利外观，③ 可归责性，④ 第三人对于权利外观的信赖。然而在鉴定中我们当然不会再完全照搬第一个要件，而是首先讨论代理人是否被明示或者默示授予代理权，如果案件事实中不是这种情况，然后再讨论代理人的表示是否至少基于表见代理权而可归责于被代理人。作为其前提要件我们只需再讨论②—④的构成要件。所有其他内容都存在惹怒阅卷人的风险。

415 拟定一份与问题相适应的大纲也是读者所需要完成的任务之一。而这样的大纲几乎不可能直接照搬一本名为 Wie subsumiere ich richtig?（《我应当如何涵摄？》）的参考书中的模板。读者在教学期刊中所找到的鉴定范例也只是作为范例而已。[2] 即使是原作品，读者可以在某些高校团体[3]的汇编中查阅并复印这些作品，但也无法照搬原文内容。这些范例几乎总是与读者所需分析的问题擦肩而过，且阅卷人只会对此抱以嗤笑。

如果读者在构建鉴定结构过程中经过长时间思考仍无法对某些想法作出编排，而这些想法对于案件事实以及思路完整性而言都是必要的，在这种情况下读者可以参照模板进行架构，即借助于 Zu überlegen ist nun, ob etwas Anderes gelten kann/sich an diesem Ergebnis/hieran/daran etwas ändert, weil 〈Umstand〉/〈unbequeme Idee〉（当前需要考虑的是，是否出现其他结果，因为〈情形〉）等表达得出一个中间结论，然后继续完成鉴定。

如果读者不知道自己的思维过程是否会出现某些错误，可以通过 Man könnte daran denken,...（我们可以考虑……），Zu denken ist (allenfalls)/wäre an...（需要考虑的是……），... ist zumindest in Erwägung/Betracht zu ziehen（至少应当考虑……），Man könnte annehmen/vermuten,...（我们可以认为/猜测，……）/Bei näherer Überlegung/Prüfung bestätigt sich diese An-

---

[1] *Brox/Walker* BGB AT, Rn. 563 ff.；进一步深入请参见 *Kneisel* JA 2010, 337 ff.
[2] 如果读者依然想要寻找类似论题的鉴定范例，一般可以在教科书和学习参考书中找到，除此之外还有 *Niederle* 以及每年更新的 *Tholl* Fundus，最后还有 *Essen* 2008.
[3] 并且越来越多出现在网络上，例如 www. hausarbeiten. de、www. rewi. hu-berlin. de/stud/fsj/Hausarbeit/Hausarbeiten。Frankfurter Giraffen 总数超过 3000 多份的大规模分类汇编请参见 http://giraffen-uni-frankfurt. de.

nahme/Vermutung/dieser Verdacht jedoch nicht:...（通过进一步思考/讨论可以确定，该猜测/疑问是不成立的），Dies wird zu verneinen sein, weil...（这一点应当被否定，因为……）（——判决模式！）来表明自己对某个问题存有疑问。

一般情况下对各具体要件进行讨论并不存在强制性的顺序要求；但尽管如此我们总是先讨论逻辑上具有优先顺序的要件。[1]   416

举例：一个合同是否属于双务合同，我们只有在了解其内容之后才能作出判断。——比较恰当的顺序是，我们首先判断结果的出现（在侵权责任法、刑法中），然后再讨论哪些行为导致相应结果的出现，并随后论述因果关系以及可归责性等问题（相当因果关系、必然因果关系、可归责性问题）。

很多时候遵照法律规范所给出的顺序也有助于对问题的分析。

在阅读上文内容之后读者便不会因没有在本书中找到任何鉴定结构模板而感到惊讶。[2]

在讨论**原则——例外——关系**（**Regel-Ausnahme-Verhältnissen**）时，   417
读者在讨论例外情形之前最好先简要判断原则情形不存在。[3]

举例：读者首先判断不存在被代理人自己的意思表示，然后再检索代理人是否作出一个具有可归责性的意思表示：Da K selbst gegenüber V keine Erklärung abgegeben hat, kann er vertraglich nur zu... verpflichtet sein, wenn dies durch eine Erklärung des S bewirkt worden ist. Ob das anzunehmen ist, bestimmt sich nach §§164 ff. BGB...（由于 K 自己并未针对 V 作出意思表示，因此只有当 S 表示的法律后果归属于 K 时，K 才需要对……负有合同上的义务。本案是否属于这种情形，需要根据《德国民法典》第164条及以下各条作出判断）。我们首先讨论合同当事人自

---

〔1〕 相关内容请同时参见本书边码434。

〔2〕 总是值得推荐的有：Minas Anspruchsgrundlage（很遗憾，没有债法改革之后的新版本）。

〔3〕 这对于法学鉴定而言是非常常用的处理方法，该方法读者可以从法学教学期刊中不计其数的鉴定范例中学到，例如 von Koppenfels JuS 2002, 569（570）关于债权人迟延的讨论。

己的过错（《德国民法典》第276条），然后再讨论履行辅助人的具有可归责性的过错（《德国民法典》第278条、第276条）。

像这样同时讨论原则和例外尽管会导致鉴定中某处句子过长。但却迎合阅卷人的期待，因为大部分情况下阅卷人对问题都有系统化的了解。因此在这种情况下允许读者实现本该避免的知识表现欲，否则还是应当保持其谦卑的态度。这同时也是基于考试策略的考虑：通常情况下对于原则的讨论可以得到1分——而对例外进行讨论可以得到另外3分。

418
- 辅助鉴定（Hilfsgutachten）——只在民法作业中——很少有使用的必要性。[1] 辅助鉴定只会使阅卷人产生这样的印象，即读者对于自己所得出的结论或者论证过程并不是很确信。尽管对于读者而言就另一个阻碍自己论证思路的问题进行辅助性分析的诱惑很大：但还是请读者保留这一问题。另外，如果作业本身已经很好，读者没有必要再去证明自己还看到另外一个重点问题并且对其作出恰当的判断。相反，读者永远无法知道自己是否会因为辅助鉴定中的错误而失分。如果读者确实关注某一个问题，因而考虑引入辅助鉴定（典型的引入语：Folgt man der oben vertretenen/hier zugrundegelegten Auffassung nicht, so...），请读者思考一下，能否直接在上文作出不同的判断。

例外：如果题目本身明确提出针对某特定案情的辅助鉴定要求[2]，则另当别论。

在模拟考中读者常常取得与正式考试中一样的成绩。在考试中所使用的表达不能自相矛盾。

举例：这样的矛盾在下列表达中是显而易见的，Der Anspruch ist also erloschen. Er ist zudem nicht durchsetzbar（该请求权已被排除。此外其不具有可执行性）。如果读者非要如此论证——原则上是允许的——则必须另作表述：Der Anspruch ist also erloschen. Bestünde er noch, wäre er

---

〔1〕 但是，就公法作业而言，在教育期刊中有一部分并不适用这一原则，相反另一部分则明确提出相应要求。

〔2〕 然而在某些联邦州经常会对题目问题作类似于下文的补充说明：Soweit ein Eingehen auf alle berührten Rechtsfragen nicht erforderlich erscheint, sind diese in einem Hilfsgutachten zu erörtern.（如果对某问题的探讨不是任何相关法律问题所必需的，请在辅助鉴定中进行讨论。）

jedenfalls nicht durchsetzbar wegen...（该请求权已经被排除。即使其仍然存在，也因……而不具有可执行性。）

读者无需就"是否需要辅助鉴定"这一问题作学术上的讨论。一般情况下只需考虑两点：用于辅助鉴定的空间将无法再用于正式鉴定。以及：在错综复杂的案件事实中会出现两个或以上的辅助鉴定，但这在学术练习中属于极少数的例外情况。

类似的但并不完全相同的问题是**辅助论证（Hilfsargumenten）**。在讨论争议问题时常常会出现这种情况，即借助一个有说服力的论据读者可以从不同角度论证并得到同一个结果。如果在该论据"之后"根据事实逻辑顺序还存在其他论据，严格来说读者无需再提出并讨论这些其他论据。尽管如此，读者还是应当作相反处理，因为在法学鉴定的范畴内，其应当向受众呈现所有重要的思想过程。另外，在分析比较重要的问题时多呈现一些论据，这从应试策略上来看也具有一定意义。因为只有这样考官才可能针对这些论据给分。

418a

但是，鉴于笔试中紧迫的时间以及家庭作业中有限的空间，读者尽可能简洁、紧凑、精致地展开第二以及第三个论证。虽然这样的论证让人觉得不那么学术，但是其作为有限资源的折中以及重点安排的标识几乎总是必要的。

如果一个案件事实明显是以论证特定核心问题为目的，然而读者的分析过程无法达到该特定目的，因为在案件事实中无法找到相应的构成要件信息。这时读者应当

419

（1）首先再次思考该案件事实是否真的着眼于读者所认为的核心论题；有些时候一个意料之外的简单结果也有可能是正确的。

（2）要么中断鉴定并在可能的情况下着手辅助鉴定。

（3）要么不再纠结于这一要件。如果题目本身明确指向特定主题，则那些次要的问题都被假定为不存在疑问。读者可以简要提及，以便重新回归真正的主题。

下列判断标准对于读者而言可能有所帮助：鉴定越早中断，表明出题人本意如此的可能性越大。

- 在家庭作业中经常援引开设练习课的高校老师的相关文章，这既无

420

必要也不合适。其理由如下:

(1) 这些练习课老师非常了解自己的观点,最多也只是想了解一下从学生角度将如何阐释其观点。

(2) 这些练习课老师一眼就能看出答题人的错误以及对其观点所存在的误解。

(3) 很多时候并非由练习课老师亲自批改作业,而是由其同事来批改;这样的阿谀奉承根本无法达到目的。此外并非所有的阅卷秘书都会与练习课老师持有相同观点。

(4) 很少有人会如此自负,以至于其对未引用其作品的答题人感到不快。

相反,读者在答题过程中翻阅一下出题人的法律评注和教科书也是有一定帮助的。[1] 在翻阅过程中也可能会发生这样的情况,即读者自己对于出题人在这些文献中提出来用于分析的主题已经有所研究。在折中情况下,出题人所期待的就是答题人能够就其针对相关问题的观点作简要分析。

然而有些时候这种投机取巧的行为又是完全合理的:如果读者清楚地看到出题人设置案件事实的目的旨在讨论某特定问题——这种情况是很常见的,请读者无须在其他问题上浪费时间。尽管对于读者而言或许其他问题看起来更加具有讨论的意义。

421
- 特定形式的**计算机——表现欲**(PC—Exhibitionismus)并不值得读者模仿。在完成家庭作业和练习课作业的过程中使用计算机具有一系列的优势。虽然这些优势是显而易见的,但同时也很容易看出一些特殊的风险[2]:

(1) 如果读者真的使用文本编辑软件的所有排版功能,这将非常令人遗憾。一份好的作业并不需要如此;而一份糟糕的作业将不可避免地使人产生这样的印象,即读者并不是在处理法学相关的内容而是在把玩计算机游戏。请读者无论如何不要将多色打印的作业递交到阅卷人面前。另外图表、

---

〔1〕 除了法律评注和教科书,读者更应当常常翻阅出题人在新近法学期刊中发表的论文或者类似的文献。

〔2〕 非常值得深思 Gelernter FASZ v. 28.2.2010, S. 23 sub 4.;文本编辑软件可能会导致的结果是使读者写得更多,而不是写得更好。

示意图、波浪线以及类似的元素在法学作业中也不常用，因为没有必要。[1]读者可以假定自己的阅卷人已经习惯于没有图表的作业（"Bleiwürsten"），并且即使读者在很大程度上偏离阅卷人的这一期待也并不会因此得到更多的重视。[2]

（2）请读者不要完全信任自动断字以及正字法拼写检查功能。读者可以在多大程度上信赖这些工具，请参见拼写检查。[3]

举例：如果读者在拼写 freundlich（友善的）的时候漏写一个 r（即 Feundlich），MS Word 拼写检查首先建议的是 feindlich（敌对的，敌意的）（但之后也会建议 freundlich）。提请读者注意——请读者不要在深夜之后开始检查工作。如果输入错误位于词首，拼写检查功能就特别容易出现误导的情况，例如 elastisches Beispiel 而不是 plastisches Beispiel。并且拼写检查功能的词汇量有限：Sandaale（玉筋鱼科）并不存在于词库中——因此会建议 Sandale（凉鞋）。

很多错误是拼写检查功能所无法发现的，因为其无法找到错误所在。

举例：如果读者写 wahr（真实的）的时候漏写一个 h，而此时系统无法辨别错误。读者想的是 Modifikation（更改、修改）还是 Kodifikation（编撰），Beschuss（射击）还是 Beschluss（结论、决议），Diebstahl der Kaffeekasse（盗窃咖啡馆收银台）还是 der Kaffeetasse（盗窃咖啡杯），Ehering（婚戒）还是 Hering（鲱鱼），Nivellierung（平整、弄平）还是 Novellierung（修订、修改），nichtiger（无效的）（或者：richtiger）umweltrechtlicher Gesetze（环境法），stattliche（可观的）还是 staatliche Einkünfte（国有收入），revolvierende Sicherheiten（循环担保）还

---

[1] 对于以可视化代替论证的怀疑参考 *Puppe* Schule, 151 f.

[2] 通常情况下法学论证是以白纸黑字的形式呈现出来。很长一段时间以来法律科学的传播也同样是以这种方式进行的——请读者翻阅一本经典并且著名的法学教科书。然而现代教科书（更加常见：讲稿）上那些视觉上的辅助措施并不属于考试答卷的内容。读者不应该模仿某些高级学习材料中愚蠢的怪癖，否则读者可能会在所有的提示之前加上"*Hinweis*"（提示）一词。如果读者已经开始做这样的事情，也可能在所有脚注前标上"*Fußnote*"（脚注）并且将所有的标题称为"*Überschrift*"（标题）。读者的阅卷人当然不会那么愚蠢。

[3] 法学专业词汇以及缩略语包含在 Duden Korrektor Jura 中，而其与 MS Office——产品捆绑在一起。

是 revolvierende Sicherung（循环保险）、Vereinigung（统一）、Vereidigung（宣誓）还是 Verteidigung（防守），reklamieren（索赔、投诉）、deklamieren（朗诵）还是 deklarieren（声明、申报），Zeitschrift（报纸）还是 Zweitschrift（抄本、副本），Bestätigung（证明文件）还是 Betätigung（活动、操作），Gegenwert（对价）还是 Gegenwart（当前），Patient（病人）还是 Patent（专利），Rektor（校长）还是 Reaktor（反应堆），schön war's（这很好）还是 schön wär's（这本来可以很好），gescheiter（聪慧的）还是 gescheiterter Rechtskandidat（失败的候选人），Notar（公证员）还是 Notarzt（急救医生），Hausarzt（家庭医生）还是 Hautarzt（皮肤科医生），Gestank（臭气、臭味）还是 Gastank（煤气罐），Instanzgericht（初级法院）还是 Instantgericht（熟菜），Gericht（法院、一道菜）、Gedicht（诗歌）、Gesicht（脸、面孔）、Gewicht（重量）还是 geeicht（被校准的、被测定的），Konsens（共识）还是 Nonsens（无稽之谈），Autorennen（赛车）还是 Autorinnen（女性作家），Ausnahme（例外）（《德国民法典》第 148 条及以下各条）还是 Abnahme（接收、验收）（《德国民法典》第 640 条及以下），dinglicher（物权上的）还是 dringlicher Anspruch（紧急的请求权），Verlobung（婚约、订婚）、Verlosung（彩券、抽奖）还是 Verlesung（朗读、宣读），Nomade（游牧民族）还是 Monade（单倍体、单元）还是 Monate（月），系统并不知道——因此其不会指出所存在的错误。因此为能够辨别一个简单的错误，系统必须从文字的含义以及其与内容之间的相互联系进行分析[1]。

特别需要注意的是读者另有所指的词汇。

举例：zunähst 代替 zunächst, beeide 代替 beide, Zecke 代替 Zwecke, leiht 代替 leicht, unterminieren 代替 umterminieren, Moderduft 代替 Modeduft[2], Gewebe 代替 Gewerbe, verseucht 代替 versucht, Erfolge 代替 Erbfolge, strickt 代替 strikt, Betübung 代替 Betäubung, Nachteule 代替

---

〔1〕 关于这类系统的局限性请参见 *Zimmer* Grammatik, in: ders. Deutsch, 252 ff.
〔2〕 例如 *Gehlen* Mashup, 37: Postmoderne Denker。

Nachteile，Uroma 代替 Aroma

在出现专有名词时用户词典具有很大的局限性，尤其体现在专有名词的缩略语上。

举例：REWE 和 RWE，Aldi 和 Audi

拼写检查功能不能准确辨别单独的外语引用（不同于比较长的外语段落）本身的错误，因此读者必须在"语言设置"（Sprache festlegen）[1]功能中对其进行标识，以使拼写检查能够根据正确的词库执行工作。

（3）不经过语法分析不能判断断字是否正确，例如 Mietende 应该断在 t 之前（Der/die Mietende）还是之后（Das Mietende）。

（4）教授、助理、科研人员以及阅卷人员与读者一样熟悉这些操作可能性，例如根据不同篇幅的文章采用不同的字体、灵活的行间距、比例字体[2]，等等。最明智的做法是，读者将时间用于恰当简洁的内容上，而不是不惜任何代价压缩内容为使其符合给定的篇幅限制。这确实是需要注意的。

（5）为了实践本文所给出的提示，读者可以在恰当的时候使用计算机。例如请读者输入一列最常见的错词以及读者自己作业的内容，在拼写检查功能的辅助之下再通读一遍基本完成的家庭作业。[3] 读者可以数一下自己文章中 jedochs 的数量，即通过将 jedoch 替换 jedochs。如果太多，请读者以其近义词来代替或者在某些位置直接删除。对于读者想要完全避免的词汇，请读者设置一个"自动更正条目"。

举例：以 Mobiltelefon（手机）代替 Handy，以 Frage（问题）代替 Fragstellung，以 hier（本案）代替 laut Sachverhalt 以及 im vorliegenden Fall，删去 entsprechend/e/r（相应的），nach hM（根据通说），so genannte/r/s

---

[1] MS Word 中在"其他语言"中设置。

[2] 相关内容同时参见本书边码329。总而言之，比较好的文本编辑软件中断字功能已经得到了显著的改善。读者已经可以大体上对其产生信任。然而对于篇幅比较长的文章而言偶尔还会出现系统障碍。因此在断字之前请读者保存文章内容。

[3] 关于这一方法富有启发性的内容请参见 *Krämer/Rohrlich* Haus- und Examensarbeiten mit Word，72 ff.

(所谓的),es ist so(事情是这样的),dass...,sinnvoll sein(可能是恰当的)或者以 Sinn ergeben(有意义的)代替 Sinn machen,等等。

读者可以将指导文献[1]中关于家庭作业外在表达形式所归纳的提示转换为一个模板并在之后的作业中反复适用。这类模板在网络上也能找到。[2]

(6)在家庭作业中使用 EDV(电子数据处理)必须自担风险。没有人,确切地说司法考试委员会并不会仅仅因读者计算机突然发生故障而延长考试时间。迄今为止数据载体还不能代替纸质打印版本而被接受,[3]即使读者能够证明自己的打印机已经无法工作。因此读者必须采取措施尽可能避免电子数据处理——意外的发生。因此请读者重视下列有关预防数据意外丢失的基本安全措施的一些提示。[4]

(7)请读者打开自动保存功能并将保存的时间间隔设置为 5 或者 10 分钟;不然的话读者必须养成定期保存的习惯。读者应当每天更新备份介质。

(8)请读者编写一个批处理文件,通过这一文件所有重要的信息在处理完毕之后将自动保存在转换介质中(例如 USB-Stick)(U 盘)。

(9)在磁盘故障的情况下有必要将操作系统以及文本编辑软件在较长时间内的工作状态予以保存。

(10)偶尔读者也应当将文章打印出来。这一做法有两个好处:第一,打印出来的稿件可作为最终的检查之用。第二,即使所有的数据都已经丢失,读者至少还可以根据打印稿重新输入文字或者通过扫描来拯救"最后打印"状态的文本内容。

---

[1] 例如 *Fahse/Hansen* Übung, 7 ff.
[2] 例如 www. jura. uni-duesseldorf. de/lehre/studium/ha, www. jura. uni-bielefeld. de/Studium/Wordvorlagen. htm, www. uni-koeln. de/jur. fak/hauptsem/www _ ha/ha/anleitung. html, http: //fachschaft. de/wordpress/wp-content/uploads/hausarbeitenvorlage. dot; www. wordbuch. de/s _ dl. html, http: //lawww. de/Library/havorlage/vorlage. doc, www. cfmueller-campus. de/pieroth/hausarbeit 以及 http: //v. hdm. stuttgart. de/~ riekert/theses/thesis-arial11. doc(所有的都是关于 MS Word);适用于 Lotus Word Pro 的例如 http. stud. uni-hamburg. de/user/jw/jura/vorlage/vorlage. htm,适用于 Star Office(以及 MS Word)例如 http. fu-berlin. de/defo/fb/buecher. htmlhausarbeiten;对于 Word Perfect 的提示请参见 www. spona. de/wordperf/wpprofis. htm 以及 Spona JuS 1996, 367 ff.;如果有读者想要适用 LaTex,请从 www. jurawiki. de/LaTeX 开始。
[3] 而是一般也会同时要求提交数据载体。
[4] 关于数据安全问题的进一步论述请参见 *Hofer* Jura 2006, 794 ff. 及其续篇。

(11) 尤其是在有上交期限的作业中读者应当预先准备好额外的打印机色带或者墨盒以及一叠打印纸。在上交作业前夕是没有打印店会开门的。如果整个 EDV 无法继续运作，在这个时候读者最好知道哪个朋友可以帮助自己修复计算机。

计算机并不是万能的。尽管很多判决汇编、专业期刊以及数据库都不断被存储在 CD-ROM 中并且可以在网上访问，但是读者作为初学者不应该放弃参考纸质的法律评注、判决汇编以及期刊。另外，在数据库中如何提出正确的问题也是一门艺术；请读者不要临时抱佛脚，在真正需要使用的时候才开始练习。否则这将消耗过多的时间——而使用这些媒介的目的恰好是为了节约时间。

请读者仔细思考一下，是否真的有必要论及著名理论模型（**Anschluss an große Theoriemodelle**）。虽然在鉴定中引入社会——，经济——或者国家科学理论

举例：法经济学分析，刑罚理论的诱惑很大，其中最主要原因是这些理论与知识论相关联[1]，另外读者也可以据此向阅卷人展现自己对于法学边缘内容也有所了解。但这样的做法同样存在风险：通常情况下一个简短的关键词并不足以使阅卷人回想起已有的知识。与此相反，其需要很长的附加说明。

举例：请读者尝试一下在刑法考试鉴定中对近来非常流行的、因神经生物学可证明的无行为自由的行为进行归责的合理性问题进行讨论——而不得大幅度超过篇幅限制！

---

[1] 法经济学论证的优秀范例请参见 *Wehrt/Mohr* Jura 1995, 536，比较有意思的还有 *Gregor* JA 2005, 820 ff. *Schlösser* Jura, 2008, 81 ff.；*Hartmann* ZJS 2010, 633 ff.（法经济学观察视角的持有人或许主要致力于经济学分析与法学论证之间的关联性，类似的还有 *Schäfer/Ott* Lehrbuch der ökonomischen Analyse des Zivilrechts；*Towfigh/Petersen* Ökonomische Methoden；*Weigel* Rechtsökonomik；*Richter/Furubotn* Neue Institutionenökonomik；值得阅读的还有判决汇编 *Kötz/Schäfer* Judex oeconomicus）；进一步深入的文献有 *Mathis* Effizienz statt Gerechtigkeit?；*Eidenmüller* Effizienz als Rechtsprinzip；对于论述理论的概观请参阅 *Volkmann* JuS 1997, 976 ff.；关于系统理论请参见 *Smid* JuS 1986, 513 ff.；*Vesting* Jura 2001, 299 ff.；关于法的经济学观察请参见 *Burow* JuS 1993, 9 ff.；*Steinmetzler* JA 1998, 335 ff.；*Heyers* AL 2010, 56 ff.；关于女权的法学理论请参见 *Lembke* Jura 2005, 236 ff. 以及所有其他。

如果有读者通过经济学的模型和术语（例如 Principal-Agent-Modell）描述合同订立过程中的信息不对等，通常可以一语中的；但是针对一个争议问题最终必须以法学概念作出判断，因此读者必须总是以一定的方法将经济学概念"倒译"回法学概念。

另外还存在一个风险，即读者以不必要的相邻学科中晦涩难懂的语言来阐释通过简单的法教义学即可清楚阐释的小问题。然而在恰当的案例分析中这一类型的论述一般而言是不被认可的。因此读者应当只呈现对于问题本身而言为必要的内容。[1]

  举例：如果读者需要就一个案件事实作出判断，而该案件事实所涉及的是相互冲突的担保权（**kollidierende Sicherungsrechte**）并且该担保权据以产生的合同可能因《德国民法典》第138条而无效，尽管在这种情况下读者可以尝试以 *Rawls*，*Habermas* 或者 *Luhmann* 的视角来描述和判断这个问题。[2] 但是这种做法不但困难，需要花费很多时间精力（如果是对法哲学没有兴趣的第八学期的学生来批改读者的作业，或许显得有点苛刻），而且是没有必要的。读者也可以通过对联邦最高法院的相关判决进行分析，在必要情况下对这些判决进行批判然后以传统的法学论证方式对该问题作出判断。并且后者也是推荐的处理方法。

在论证**过失可非难性**（**Fahrlässigkeitsvorwurfs**）时，读者完全可以在一定程度上借鉴法经济学的分析方法。读者可以使用诸如 cheapest cost avoider 和 cheapest cost insurer 等词汇，[3] 并将避免损害的代价和损害额度与损害发生可能性之间的乘积进行对比。[4] 但是为了从这一方法中获得真正有用的结论，读者还需要例如损害发生可能性等具体的数字。但是读者作为答题

---

  [1] 这——当然——不是为了将隔离法学与其相邻科学进行辩护。而只是一个简单的提示，即读者可以在其他场合展现自己的跨专业知识，而不是在一份衡量考试成绩的法学鉴定中。请读者考虑一下自己的博士论文。

  [2] 相关内容请参见例如 *Soergel/Hefermehl* § 138 Rn. 175。

  [3] 使人印象深刻的常常还有 homo oeconomicus，在使用之前读者应当先了解其正确的变格，因此如果其所修饰的是女性或者儿童，则不能写为 homo oeconomici（如果读者不信，可以谷歌一下；详细内容请参见本书边码468）或者 homi oeconomici（如果读者不信，请翻阅 *Schmalz* No economy, 167）。

  [4] 相关内容请参见 *Schäfer/Otto* Lehrbuch, 169 ff.

人几乎无法获得这些信息（在保险经济中有所不同）。即读者必须自己估算。然而，只有在那些通过传统的法学思维方式也能在一定程度上作出清楚判断的情形中才能作有说服力的计算。因此在上述情形中法经济学分析方法只能是作为一种标志，即读者的思维方法也可以拓展至法经济学分析方法——或者刚好没有[1]。

无论如何读者在处理可用的法学论证途径与不寻常的理论介入之间的连接处时必须非常小心谨慎[2]。

• 读者应当**正确引用法律规范**，这一要求是不言自明的。请读者尽早养成习惯，尽可能准确地引用法律规范[3]。这将促使读者作出判断自己所要适用的是哪一个法律条款。根据法律中法律规范的等级可以分别依据§／Art.[4]（条），Abs.（款），Satz（句），Halbsatz（半句），Nr./Ziff.（项），1. Alternative/Fall（第一种变形／情形），am Ende（最后），1./2. Begehungsweise（行为模式），5. Spiegelstrich（=tir.）（项目），Buchst./lit. c（字母）来引用。

请读者在具体位置之间键入空格。[5]

举例：§23 I 1 Alt. 2. Fall 3 Hs. 1a. E.

如果一个条款包含两种以上的情形，读者不应该使用 Alternativen，而应当使用 Varianten 或者 Fällen。如果读者所论及的法律规范版本已经不再生效，那么比较恰当的做法是指出其生效时间（in der ab... geltenden Fassung）或者出处（in der Fassung der Verkündigung v...., BGBl. I, xxx）。

在连续引用同一部法律的情况下，读者可以在首次引用时添加一个脚注并作出例如§§ ohne Gesetzesbezeichnung sind solche des BGB（§§之后未标明

---

[1] 虽然法经济学视角对于过失概念的分析只能确认我们通过法学分析已知的结论，然而在其他方面却可以得到新的判断，纯粹从法学视角很难清楚表达有效违约理论，但是从法经济学角度来看就简单明了。

[2] 当然也存在这样的情况，即我们可以从哲学（并非：法哲学）中学到一些法律适用方面的知识；相关内容请参见 Tiedemann JA 2012, 8 ff.

[3] 详细内容请参见 Schmidt JuS 2003, 649 (653 f.).

[4] 读者在引用法律规范的过程中使用Ⅳ还是 Abs. 4 来表示第4款，这是个人喜好问题，取决于个人的书写习惯。但是：无论如何请保持全文统一。

[5] 除 a-Paragraphen（是指带字母的条款例如第312a 条、第312b 条等）外，否则将很难区分§312f 和§§ 312 f.

具体法律名称的条文均属于《德国民法典》的条款）而避免重复书写所引用法律的名称。

424
- 读者最好不要以问句作为**标题**（除非该问题的结论是否定的且这一结果应当在标题中表明）表述，且标题应当统一以大写字母作为开头并应尽量简短。[1] 为了便于定位，标题的长度应当少于一行，无论如何不能超过两行，并且上级标题应当通过增大间距以区分于下级标题，并且无论如何应当与上一段内容进行明显区分。[2] 比简短更重要的是标题的表现力。

举例：读者与其使用 Mitverschuldenseinwand，§254 BGB（共同过错抗辩，《德国民法典》第 254 条），还不如使用 Minderung der Anspruchshöhe wegen mitwirkender Verursachung durch O nach §254 I 2 BGB（根据《德国民法典》第 254 条第 1 款第 2 句的规定 O 由于其共同过错将导致请求权额度降低），因为后者更加精确且信息更加丰富。

在标题中给出随后所要检索的法律规范，这将有助于阅卷人把握鉴定的整体内容。

请读者最好不要写出例如 Anwendung auf den vorliegenden Sachverhalt（适用于上述案件事实）、Vorbemerkung（前言）、Rechtslage（法律状态）、Subsumtion（涵摄）、Fallanalyse（案情分析）等标题，同样也不要使用 Eigene Meinung/Würdigung（个人观点）等标题，另外我们并不会将 Gesamtergebnis（总结论）称为 Lösung（答案）。

在考试中读者应当节约使用标题，但是请读者尽可能在每一个请求权或者犯罪构成以及所有结论之前写上一个标题。

如果读者的标题并不仅仅是重复法律文本的内容，一般情况下应当是易于理解、富有说服力且令人满意的。

举例：相比较于 1. Etwas erlangt、2. durch Leistung、3. Ohne rechtlichen Grund 这三个标题，1. Gegenstand der Bereicherung、2. Leistung des 〈Leistenden〉、3. Fehlen eines Rechtsgrunds 更加出色——但是需要说明

---

〔1〕关于标题表达的建议值得一读的文献有 *Slapnicar* in: *Engel/Slapnicar* Diplomarbeit, 152, 170 f.

〔2〕基于统一性以及简便性考虑读者最好在模板中为每一级标题设置特定的间距。标题的字号越大，就应当在标题与内容之间留出越大的空间。

的是，即使是比较逊色的标题也没有错。

简短的标题是比较受欢迎的——但没有内容的简短也是没有意义的。

举例：如果读者使用 1. Anwendbarkeit 作为标题，则必须相信阅卷人能够根据上一级标题推断出该词的含义；如果读者宁愿选择 1. Anwendbarkeit der AGB-Vorschrift 作为标题，读者看起来没有经历过因标题饶舌而被批评的教训。

如果读者所使用的标题是一个完整的句子，则应当在结尾处加上一个句号。[1]

如果可以，请读者避免使用推测（**Unterstellungen**）。

425

举例：通常情况下由谁给出要约与承诺对于合同的成立并没有任何影响。即使在事先磋商且共同签字的合同证书中，这个问题也是完全无法确认的。这类案件事实解释推测都应该避免，因为其对于涵摄而言是不必要的。[2] 在无权代理中被代理人直接拒绝还是保持沉默对于法律后果不产生任何影响，即对于被代理人而言不产生合同上的约束力；如果某案件的法律后果恰好取决于此，那么读者完全没有必要假设存在拒绝行为。——如果读者所处理的案件涉及分期付款买卖，从统计学的角度看双方约定所有权保留的可能性很大；但是这可能使读者的判断完全偏离出题人所预计的方向——因而是错误的。——另外，在涉及形成权的案件中也应当尽量避免推测。[3]

正是这些不必要的推测常常会误导阅卷人。在使用推测之前，请读者考虑一下，该案件事实是否可以通过其他没有推测的论证作出判断。

---

〔1〕在考试中鉴于时间原因有时候直接在请求权检索的大前提上作出标题记号（例如下划线、编号，等等）也是可以理解的，但是在家庭作业中读者应当遵循习惯做法：例如标题为 II. Anspruch des A gegen B auf Zahlung von Schadenersatz nach §280 I BGB（A 要求 B 根据《德国民法典》第 280 条第 1 款的规定支付损害赔偿的请求权），随之而来的大前提为 A kann daneben gegen B einen Anspruch auf Zahlung von 200 als Schadenersatz wegen des zerstörten Fahrrads nach §280 I BGB haben（A 享有要求 B 因损坏自行车而根据《德国民法典》第 280 条第 1 款的规定支付金额为 200 欧损害赔偿的请求权）。

〔2〕相关内容请参见上文的案例 2（参见本书边码 41）。

〔3〕相关内容请参见本书边码 447。

举例：主张主债务支付请求权的保证人援引先诉抗辩权（《德国民法典》第771条），根据案件事实该先诉抗辩权并未被排除，读者当然可以假设该抗辩权因合同而被排除：Zudem ist es übliche Bankenpraxis, über eine selbstschuldnerische Haftung des Bürgen nach §773 I Nr. 1 BGB zu einem Ausschluss der Einrede der Vorausklage zu kommen（另外根据一般的银行实务做法，根据《德国民法典》第773条第1款第1项的规定，保证人作为自我债务人作出保证的将导致先诉抗辩权的排除）。但是，如果案件中所涉及的保证人属于商人（《德国商法典》第1条及以下各条）的商事行为（《德国商法典》第343条第1款），保证人的先诉抗辩权因法律规定而被排除（《德国商法典》第349条第1句）。

然而，如果读者在案例分析过程中引入**经验知识**（**Erfahrungswissen**），这并不属于推测。如果读者适用自然法则，则毫无疑问不属于推测。因此读者可以认为，即使案件事实本身没有提及相关内容，但其就如重力作用一样是一直存在的。然而，如果两个事件之间没有必然的逻辑联系，而只能——所谓的——在统计学上或者凭经验进行论证，在这种情况是否属于自然法则是值得商榷的。

举例：在德国境内大部分信件在通过邮局寄出之后一般一到两天可以到达收件人。——并不是 Alle Jungs sind doof（意为"所有男孩都是愚蠢的"，请读者询问一个9岁的男孩），而是 Viele Jungs sind doof（意为"许多男孩是愚蠢的"，请读者问一个15岁的男孩）。

最后，读者当然可以借助假设或者推测。如果不存在其他可以选择的途径，也请读者尝试为自己的主张（Regelmäßig führt... zu...）提供证据和出处。[1] 有些时候这些所谓确定的经验知识突然就被证明为只是一个都市传说[2]。

否则存在两种对策：

---

[1] 例如每年出版统计年刊的联邦统计局就是统计学上很好的证据来源（www.destatis.de）。

[2] 如果有读者不信，读者只需阅读一下 *Krämer/Trenkler* Lexikon der populären Irrtümer（数量众多的新版本以及续集）。

- 读者可以使用例如 regelmäßig, typischerweise, im Allgemeinen, üblicherweise, normalerweise, gewöhnlich 等词汇来**连接**（Kaschieren）推测的使用，但是读者应当尽量避免。另外读者也可以通过简单地列举观点，但这些观点不得比具体案情中的情形更易证伪。（有说服力，内容丰富因而更易受到指摘）。如果读者能够同时为观点提供出处，该方法能够产生最强的说服力。

类似于... ist zu unterstellen（可以推测……）以及其简单的改写，读者最好都能够避免。代替上述表达我们应当使用... ist anzunehmen/kann angenommen/davon ausgegangen werden/ist der Sachverhalt dahingehend auszulegen, dass... Von/Vom Vorliegen... ist auszugehen/kann ausgehen werden, Vermutlich/mutmaßlich...（可以认为……/从案件事实中可以得出……/大概……）等表达或者相反，使用……kann nicht ohne weiteres/ohne ausdrückliche Hinweise davon ausgegangen werden, dass... Ob..., ist... nicht hinreichend/ausreichend/hinlänglich sicher zu klären. Für... gibt der Sachverhalt nichts her（不能直接得出……/在没有明显提示的情况下不能得出……/……并不十分确定/案件事实并未给出关于……的信息）。

请读者尽量不要依靠**生活经验**。年仅 22 岁的练习作业作者通常也不具备如此丰富的生活经验。此外，这总是让人听起来像是最后一根救命稻草——另外也会给人留下倚老卖老的印象。再说阅卷人的经验也常常与答题人的不一样。[1]

基本原则（很遗憾存在很多例外）：案件事实未提及的信息，也是对其作出判断所不必要的。对于案例分析越是重要的信息，出题人越是不会有意隐瞒。

属于假设的还有**未提及的主题**（**Nicht-Thematisieren**）。这听起来要比其本身更危险。有些时候读者完全没有必要提到自己的推测。

举例：案件事实中没有关于行为主体年龄和行为能力的信息，读者

---

〔1〕因此读者也不能将自己对案件事实的解释称为 lebensnahe Auslegung（接近生活的解释），尽管这样做的诱惑确实很大。这样做也会招致非难——即所有其他视角都是脱离实际的——谁又愿意被如此批评呢？

可以假设其为成年且不受行为能力限制的人。这是统计学以及法律上的常态；如果偏离这一常态，案件事实中将会给出相应的提示。在这种情形下读者无需在鉴定中为当事人行为能力浪费笔墨。

427
- 确认（**Offenlegen**）

如果读者确实认为案件事实中存在漏洞，请读者首先对其作出明确说明。

举例：Ob... (oder…) der Fall ist, lässt sich nicht mit der nötigen Eindeutigkeit sagen/dem Sachverhalt nicht entnehmen. (……是否属于……情形，本案的案件事实并没有作明确说明。)

随后读者应当明确地采用假设。

举例：Im Folgenden ist daher mit Blick auf〔如果就某一特定的解释不仅仅存在统计学上的论据，请读者引入这些论据，例如 Ein solches widersprüchliches/interessenwidriges Verhalten des H kann nicht (ohne weiteres) unterstellt werden〕davon auszugehen, dass/wird angenommen, dass... 等等。Ein Indiz/Anhaltspunkt/Hinweis hierfür/für eine solche Annahme ist... Es soll (hier) daher angenommen werden, dass... Zwar ist auch... vorstellbar. Angesichts... ist dies jedoch wenig wahrscheinlich. Daher wird im Folgenden davon ausgegangen,... Auch wenn/Obwohl/Wiewohl die Einzelheiten... nicht bekannt sind, lässt sich aus dem Zusammenhang schließen,... Zudem deutet... darauf hin, dass... Jedenfalls liegt... nahe, weil...〔1〕

有些推测是完全不需要事先进行论证的。

举例：Vom ursprünglichen Eigentum des L am Fahrrad ist auszugehen (应当从L对于自行车享有原始所有权的角度出发)。这一推测要么符

---

〔1〕译者注：大意为"下文中鉴于……不能得出……。""本案中关于……的标志/连结点/提示在于……，因此可以得出……。""尽管……也是有可能的。但是鉴于……其他可能性很小。因此在本案中可以认为……。""尽管/即使关于……的细节并不明显，但是可以从相互联系中推断出……。""另外……表明……。至少……是可想而知的，因为……。"

合考官的意思，要么不是。如果不是，对于案件的分析也可能是一个棘手的过程。如果是，则无需再诉诸《德国民法典》第1006条第1款第1句的法律思想。甚至 Mangels andere Hinweise...（由于缺乏其他提示……）这一引导语通常也是多余的。

其他的推定或许是出题人已经预见的，因而会顺其自然地接受。

举例：[问题：在达成送付协议的邮寄交易中，种类之债经特定化（《德国民法典》第243条第2款）而转化为特定之债之后《德国民法典》第275条第1款意义上之不可能的出现，前提要件为，债务人将买卖标的物交予可靠并且恰当的运送人。[1]] 如果案件事实只包含下列信息，即 V 将运送事宜委托给包裹邮递服务人 T，作为答题人读者可以认为 T 属于恰当且合格的承运人。所有与之出入的地方出题人都会通过相反信息在案件事实中予以说明。Es ist anzunehmen, dass T als Transportunternehmen grundsätzlich verlässlich ist（可以认为，T 作为运输公司原则上是可靠的）。如果读者想要更加详细地表达自己的观点，另外在案件事实中至少存在一个疑点，那么读者可以通过下列表达进一步论述：Daran ändert sich nichts dadurch, dass der Angestellte A der T hier einen Verkehrsunfall mit verursacht/das Paket des V unterschlagen etc. hat. Zum einen war das vorher nicht absehbar, zum anderen würde ein vereinzeltes solches Geschehnis auch für die Zukunft die Verlässlichkeit der T nicht in Frage stellen.（T 的员工 A 造成交通事故/V 的包裹被损毁等事实并不会导致相反的判断结果。一方面这些事故是无法事先预见的，另一方面这样的个案事件对于 T 未来的可靠性应该也没有影响。）

如果读者如此处理存有疑问的案件事实信息，即读者首先通过一个有说服力的论据并选择对于自己而言可信的解释并将其作为鉴定的基础，对于阅卷人而言是非常具有说服力的。随后读者可以采取一个辅助检索，但应当保持其简洁明了——为避免让人产生负面印象，即认为读者不能信服自己所作的解释。

---

[1] Palandt/Heinrich §243 Rn. 5.

举例：Geht man von... aus—was mit Blick auf die Sachverhaltsschilderung vorstellbar erscheint—, gelangt man wegen〈Argument〉zu einem ganz ähnlichen Ergebnis. （如果从……角度来看——从案件事实的描述来看似乎是可能的——鉴于〈论据〉可以得出一个完全相同的结论。）

如果辅助论证能够在法律/事实层面不抛出任何问题，这是最佳状态。

读者也可以尝试给阅卷人制造一点小麻烦，即将其思维引入需要推测的情形中。

举例：Will man nicht... unterstellen—wofür es an allen Anhaltspunkt fehlt—ist der rechtlichen Bewertung... zugrunde zu legen（如果不假定……——而在案件事实中就该点缺乏任何连结点——则法律判断是以……为基础）。

在之后的论述中读者最好不要强调推测的适用。

举例：Wie oben unterstellt/angenommen（正如上文所推测的/认为的），等等。

因为上文的推测可能存在错误……

针对出题人没有考虑到最后一个细节的案件事实，读者最好通过一个笼统的假定解决这一问题。

举例：当构成店主责任的所有要件都得到肯定之后读者注意到《德国民法典》第703条第1句所规定的因旅客未履行不迟延（！）通知的义务而导致的消灭构成；案件事实中没有关于旅客向店主作出损害通知的信息。读者要么判定请求权被排除（通过 Für eine—unverzüglich erforderliche—Anzeige des Schadens liegen keine Hinweise vor, so dass der Anspruch nach §703 S.1BGB erloschen ist[1]），或者用以下表达进行拯救 Zwar ist nicht ganz eindeutig, ob B gegenüber A den Diebstahl des Koffers unverzüglich angezeigt hat; da er aber Schadenersatz verlangt, darf die Anzeige des Schadens angenommen werden. Dass diese unverzüglich i. S. v.

---

〔1〕译者注：大意为"本案中不存在对于损害——毫不迟延的——通知的相关信息，因此《德国民法典》第703条第1句意义上的请求权被排除"。

§ 121 BGB erfolgte, liegt mangels Hinweisen zu einer zeitlichen Verzögerung nahe（尽管案件事实中并未明确指出 B 是否毫不迟延地就箱子被偷一事通知 A；但因 B 向 A 请求损害赔偿，所以可以认为存在损害通知。同时损害通知必须是以《德国民法典》第 121 条意义上毫不迟延的方式作出，本案中并不包含任何关于时间上迟延的提示）。如果两个方向的信息都非常少，请读者选择通常情形而不是例外情形作为判断基础。

只要可能，读者就应当将以推测为基础的论述限制在较小范围内。

举例：读者在鉴定中得出结论，即 A 针对 B 不享有根据《德国民法典》第 280 条、第 283 条因买卖标的物所有权转移不可能而享有的损害赔偿请求权，因为 B 未有效阻止计划转移所有权前夕发生的盗窃。如果题目只问及损害赔偿，则答题到此结束。如果读者想要表明如何判断才是合理的，请读者接上一句话：Geht man davon aus, dass B als gewerblich Handelnder gegen das Risiko solcher Diebstähle versichert ist, so hat A nach § 285 I BGB Anspruch auf Auszahlung der Versicherungssumme（如果 B 作为专业的经营者已经为这一类盗窃风险投保，因此 A 享有《德国民法典》第 285 条第 1 款规定的请求支付保险金的请求权）。如果读者简单明了地表述假设的内容，这不但耗时少而且有机会获得额外的分数。

补充说明：案件事实的处理

一般情况下读者应当非常小心且极其谨慎地处理案件事实——最好就像对待一个生鸡蛋一样。然而在之后的法律实践中却并非如此：读者作为当事人的代理人（以及部分作为法官）可以对案件事实产生影响。但是作为学生，读者所应当遵循的规则是 Don't mess with the Sachverhalt（不要触及案件事实）。或者说得更通俗一点 don't fix it if it isn't broken（如果没有损坏就不要修理）。如果读者所分析的是与题目中所需鉴定的案件事实存在细微或者很大不同的案件事实，这将导致阅卷人面临一个道义上的难题。即其必须作出决定，是否将读者的作业全篇或者部分判定为不得分（偏题）或是是否花费精力为读者所提出的案件事实提供一个可选择的答案。如果读者能够严格按照题目所给出的案件事实进行鉴定，则可以省去由此导致的麻烦和风险。

如果读者在经过深入思考之后仍然无法理解案件事实的确切含义，就请询问出题人应当如何理解案件事实。这样的情况偶尔也是会发生的，即使是非常有名的教授也可能在学生询问之后才意识到其所设置的案件事实可能存在歧义。但是首先自己思考——然后再去询问！

在考试中通常应当快速完成案件事实的处理：时间紧迫。在家庭作业中这一步骤可能会花费非常多的精力。请读者想象一下：在大学之外情况并没有那么糟糕，因为读者可以在必要的情况下获得相关的补充信息。然而在学术研究领域练习如何处理案件事实是有必要的，因为对一段简短的文字作合理且基本符合真实的解释是一门后天习得的技能。

举例：如果读者在案件事实解释中以自己的意愿主导思维过程，可能因此承担不利的后果。如果案件事实中出现 Klausel im Mietvertrag（租赁合同中的条款）这几个字，那么对于本案案情的判断必然取决于其文字表述，因此有必要对相应规定进行解释。[1] 但是读者不能在案件事实信息没有任何提示的情况下将那些被称为 Klausel（条款）的假定为 AGB-Klausel（一般交易条款）——仅仅因为读者曾经因对一般交易条款的阐述获取分数。因此而出现的多余（以及最糟糕的情况下出现内容上错误）论述常常长达好几页。相应的不利后果并不单单体现在主观分（B-Note）受损上。

428
● 读者可以将缺乏确切信息的问题搁置不论，就如我们在范例以及判例中所看到的那样，但只在例外情况下才推荐这样做。这种处理方法虽然体现了答题人的诚实，但通常不符合出题人的意愿。请读者首先尝试以法律推定、举证责任、案件事实解释或者推测等途径完成所有问题。

429
● 处理**案件事实漏洞**的另一种方法是纯粹列举法律所规定的要求而不对其进行涵摄。

举例：Ein Anhörungsverfahren im Sinne des §28 I VwVfG muss stattgefunden haben（必须举行《行政程序法》第 28 条第 1 款中的听证程序）或者 Erforderlich ist ein Strafantrag,〈Norm〉（必须有人提起刑事诉讼，〈法律规范〉）。

---

[1] 相关内容请参见本书边码 443。

如果读者不想采用任何形式的推测，那上述处理方法是一个不错的可能性，即至少向阅卷人表明自己知道相应的法律要求。

- 不经深入论证而直接采用通说观点（Nach h. M. /überwiegender Ansicht）是投机主义且缺乏思考的表现：一个观点获得多数支持的状态并不会增加其正确性的证明力。[1]

如果读者并不知道待判断问题的通说内容是什么，读者不应该杜撰一个所谓的通说；因为阅卷人比读者更加了解或者至少可以查阅相关领域的学说。

这是一个非常普遍的错误，即读者将各通说的内容以及表达作一些改变，以至于读者必须自己论证，为什么要选择这个或者那个结果。

另外：M. M. 并不是 Mindermeinung[2]——其所指的并不是少有的具有说服力的观点——而是 Meinung einer Minderheit（少数人的观点）。请读者顺便解释一下两者的区别。如果读者使用 Sondermeinung（特别观点）一词则向阅卷人表明自己无法将该观点与其他观点联系起来。将 Mittelmeinung 称为 vermittelnde Meinung 或许更好。偶尔看到的不太好的称谓还有 herrschende Literatur——其所要表达的可能是 im Schrifttum überwiegende Ansicht（文献中的主要观点）。请读者尽可能避免 Einige Vertreter in der Literatur wollen...[3]（文献中的个别代表人物认为……），宁可使用 Einzelne Stimme im Schrifttum wollen...（文献中个别观点认为……），或者在极端情况下使用 Einer teilweise vertretenen Ansicht zufolge...（根据部分人所持有的观点……）。

- **连续对照先例**也是读者应当谨慎使用的论证技巧之一。读者应当先涵摄，然后再对照先例。德国法律体系并不像安格鲁美利坚法律体系那样以

---

［1］ 富有教导意义的文献：*Wesel* hM；Pilniok JuS 2009，394 ff.；*Theisen* Wissenschaftliches Arbeiten，87；*Schopenhauer* Eristische Dialektik，57 ff.；进一步深入的文献：*Althaus* Konstruktion；*Drosdeck* herrschende Meinung；比较简短的文献：*Rath* LTO v. 23. 10. 2011，www.lto. de/html/nachrichten/4625/schluss-der-debatte-mit-zwei-buchstaben-quot%3Bdas-ist-hm-und-kann-nicht-angezweifelt-werden-quot%3B/。一个形象的非法学例子：根据通说，大约从 1960 年至 2010 年莱茵河的长度为 1320 千米，而之前和之后都只有 1230 千米；事实上莱茵河一直都只有 1230 千米，通说不仅是错误的，而且很遗憾该错误是因为抄写错误而导致的；详细内容请参见 *Schrader/Uhlmann* www. sueddeutsche. de/wissen/981/507415/text/。

［2］ 很遗憾该错误极为常见，例如 *Prasse* MDR 2006，360（362），甚至 *Medicus* BGB AT，例如 Rn. 275；BGB NJW 2002，1881（1882）；BGHZ 168，1 Rn. 24；*Horn* Jura 1984，499（500）。

［3］ 我们难道不会立马想到 Tod eines Handlungsreisenden?（旅行推销员之死）。

先例为导向。如果读者手头的案件事实只能通过参照最高法院的判决来处理，还存在一个风险，即读者在持续寻找两者的共同点时会忽视或者弱化两者之间的不同点。另外，世界上不可能存在两个"相同"的案件，而只能是"类似的"或者"具有可比性的"案件。用于对比的两个案件事实是在整体上还是在特定方面相同或者具有可比性，这是一个价值判断的结果。如果其对比对于论证而言是重要的，读者至少必须向阅卷人作简单阐释，即读者为什么认为两个案件事实之间具有相似性。

另外，读者将案件事实与教科书中作为例子的案例进行对比时也应当持有内敛的态度；因为读者所应当判断的并不是教科书中的案例，而是出题人为读者设置的案例事实。此外，为了便于教学，教科书案例中的所有干扰细节都已经被剔除——然而这些细节可能正是作出正确判断的关键所在。

但是当案件事实涉及**一般条款**（Generalklauseln）的满足以及非确定性法律概念时，则可以适用完全不同的规则。既然是在学术研究和司法实践中对类似于《德国民法典》第242条的法律条款只能通过建立案例集合的方式着手处理，那么同样允许读者通过先例对比为待处理案件事实探寻一个正确的判断。

432
- **不互相矛盾的要求**（Forderung nach Widerspruchsfreiheit） 不仅仅是针对作业的外在表现形式[1]，而更主要的是针对内容本身。如果一个争议问题可以从多个不同的角度作出判断，读者不能一会这样判断一会又那样判断。如果读者朝着特定的方向对案件事实作出解释，也必须在之后的论述中坚持这一解释。

这或许很难，尤其是当读者需要耗费几周甚至几个月时间处理一个涉及面很广的案件事实时。必要时读者可以制作一份多层面法学争议问题列表以及案件事实补充即解释列表作为辅助工具，借助该列表读者可以找出并清除矛盾之处。读者为此所花费的精力是值得的，因为阅卷人对于这些矛盾之处要比答题人敏感得多。

433
- **循环论证**（Zirkelschlüsse）

  举例： Ein Sachkauf setzt einen wirksamen Sachkauf voraus（物的买卖

---

[1] 相关内容请参见本书边码323第3点。

以有效的物的买卖为前提)。——如果读者在大前提中已经采用这种形式,应当如何在结尾时得出一个符合逻辑的结论?

以及明显的错误结论（offenkundige Fehlschlüsse）。

举例：Z verfügt über einen gedruckten Kaufvertrag, daraus folgt, dass er über mindestens drei dieser Art verfügt（Z 持有一份打印版的买卖合同,根据该合同,其至少持有 3 份以上该类型的合同）。——为什么非得如此呢? Da A für B rechtsgeschäftlich tätig wird, verfügt rter auch über Stellvertretersvollmacht im Sinne des § 167 BGB（因为 A 将代理 B 从事法律行为,因此其必须同时享有《德国民法典》第 167 条意义上的代理权）。——不是的! 如果这一说法是正确的,那我们就不需要无权代理的相关规定。Da B Angestellter des A ist, tritt er auch im Namen des A auf（因为 B 是 A 的雇员,因此其也以 A 的名义活动）。——这是应然状态,但事实并不总是如此（在法学考试中甚至完全不是这样）。Laut Sacahverhalt war A bei Zeitpunkt der Bestellung in Urlaub, also kann er die Willenserklärung nicht selbst abgegeben haben（根据案件事实,A 在订货的时候正在度假,因此他并没有亲自给出意思表示）。——为什么该意思表示一定不是由他亲自给出呢? 难道没有电话、传真、电子邮件吗? 难道度假就一定意味着 A 完全与世隔绝了吗? 错误的结论有可能来自于对案件事实的错误处理,也可能因为对法律规范的错误理解：Voraussetzung für den Rücktritt ist entweder ein Sach- oder ein Rechtsmangel, §§ 434 f. BGB. Da es sich bei dem VW Golf um den Kauf einer Sache handelt, kommt nur ein Sachmangel in die Frage（解除合同的前提要件可以是物有瑕疵,或者权利瑕疵）。如果读者如此解释法律,那就意味着权利瑕疵只出现在权利买卖中,而物的瑕疵只存在于物的买卖中。A selbst war nicht anwesend und konnte daher keine eigene Willenserklärung abgeben（因为 A 当时并不在场,因此无法亲自给出意思表示）。——这一说法将使人产生错误的印象,即不在场的情况下是无法给出意思表示的。

这是人会犯的错误，即使是最优秀的人也会犯这样的错误。[1] 但不应该出现一眼就能看出来的错误。

有些错误只能在再次翻阅时才被发现。

举例：Das Ausstellung des Geräts im Schaufenster des T war nur eine Invitatio ad offerendum. Somit ging das Angebot von C aus（T 在其橱窗展出该设备的行为只是一个要约邀请。因此是由 C 发出要约）。——尽管要约由 C 发出这一结论可能是正确的。但是其无法逻辑地（因此）从展出设备的行为只是一个要约邀请这一结论推导出来。最后，T 可以在发出要约邀请之外或者之后又给出一个具有约束力的要约。尽管通过这一论证过程也可能获得正确的结果。——但是，如果读者没有遵循事物的内在逻辑，得到正确答案也只是碰巧而已。Da C aber minderjährig ist, ist sie beschränkt geschäftsfähig（但是因为 C 是未成年人，因此其属于限制行为能力人）——或许有那么一两个阅卷人会对这样的表述睁一只眼闭一只眼，如果其恰好符合待分析案件事实并且也不会导致其他错误。但是从所主张的逻辑关系层面看，这一表述是错误的：因为并不是所有的未成年人都是限制行为能力人——除此之外还有无行为能力人（《德国民法典》第 104 条第 1 项）。

因此只有反复校阅才能发现这些错误。[2] 有些内容第一眼看上去是循环的，但实际上却是正确的。

举例：Es mangelt jedoch an der mangelnden Tauglichkeit der Mietsache. Folglich liegt kein Mangel i. S. d. § 536 BGB vor（然而本案中缺乏有关租赁物合适性的瑕疵。因此不存在《德国民法典》第 536 条意义上的瑕疵）。

针对这些问题只需要作语言表达上的修改。

- 检索顺序的明显错误（**offensichtliche Fehler bei der Prüfungsreihen-**

---

[1] 深入阅读：*Schneider/Schnapp* Logik，§ 51；*Klaner* Basiswissen Logik；*Joerden* Logik im Recht。

[2] 相关内容请同时参见本书边码 469。

folge）将会导致负面评价。在一个具体的法律规范之内不同构成要件之间的顺序通常是随机的；读者可以根据个人喜好，根据法律条文中的顺序或者根据合目的性考量来处理。但是读者不能忽视一个法律规范的内在逻辑。[1]

举例：在归责条款中（代理，根据《德国民法典》第278条归责等等），如果先讨论案件事实中所涉及的是否属于代理人或者履行辅助人，然后再检索是否存在一个可以归责的意思表示或者可归责的过错行为。[2]

以正确的顺序检索多个相互之间存在竞合关系的法律规范

举例：基于合同的支付请求权，返还已履行之物的债务关系，无因管理，不当得利，侵权行为以及所有权人——占有人关系

是一门独立的科学，其理论依据涉及实体法内容，因此本书只简要提及，不作深入探讨。[3]

补充说明：正确的检索顺序[4]：

答题人以怎样的顺序呈现法律材料首先取决于对问题本身的衡量（通常情况下：实体法），其次取决于对合理性的考量（即读者可用的时间和篇幅，重点问题之所在，对于阅卷人而言哪个等级的复杂程度是可接受的?）。有时候合理性与问题相关性所要求的顺序会相互偏离。[5] 这只是例外情况，而非常态[6]。

---

[1] 相关内容在本书边码416已有所论及。

[2] 但是，如果按照逻辑顺序后顺位的构成要件（例如履行辅助人身份），很清楚是被否定的，读者可以随时偏离逻辑上恰当的顺序，以避免对逻辑上前顺位的要件（例如履行辅助人的过错）作不必要的检索。

[3] 在家庭作业中读者应当认真对待并花费功夫。但在考试中通常由于时间压力只能对竞合作非常简短的思考；但是有时候恰好因为答题人完全没有对竞合问题作任何思考，从而导致对额外不必要的请求权进行检索——因此浪费了时间才导致产生时间压力。

[4] 关于检索顺序富有见地的评论请参见 Horn Jura 1984, 499 (501)

[5] 在刑法鉴定中关于„Springen"（偏离）请参见 Hardtung JuS 1996, 610 ff., 706 ff., 807 ff.

[6] 为了能够有意识地偏离常态，我们需要对其内容有所了解，即我们必须熟记一个紧急情况下的备用方案。在刑法中来自于犯罪构成。几乎所有私法鉴定中的请求权构建都可以参照下列模板来组织：① 请求权产生，② 无需主张的抗辩/排除构成，③ 需主张的抗辩，④ 请求权转移。如果读者不牢记这一顺序，总会出错并且会得到更糟的结果。

435

- **内容上的错误**（Inhaltliche Fehler）将有损读者鉴定的品质，这是不言自明的。读者需要特别谨慎地及时排除特定类型的不必要错误。

    举例：Da L durch den Leihvertrag Besitz an dem Fahrrad erlangt hat...（因为 L 通过借用合同而取得自行车的占有……）这一表达忽略了区分原则。其必须表述为 Da L aufgrund/in Erfüllung des Leihvertrags Besitz an dem Fahrrad erlangt hat,...（因为 L 由于/在履行借用合同时取得自行车的占有……）。对这一问题更加明确的表述为 K hat durch den Kaufvertrag Eigentum an dem Automobil erlangt（K 通过买卖合同而取得该车的所有权）和 Zunächst einmal ist durch Einigung und Übergabe（§929 S. 1 BGB）ein wirksamer Kaufvertrag im Sinne des §433 BGB geschlossen worden［首先是通过转移所有权和交付（《德国民法典》第929条第1句）订立一份《德国民法典》第433条意义上的买卖合同］。即使是早已（即使是迫不得已）理解物权区分原则以及抽象原则的考生，也常常因为疏忽而导致错误。

    那些出现于文章大纲中，但并非鉴定所必要的内容错误尤其危险。

    举例：如果读者在所有权保留（《德国民法典》第449条）的案情中讨论所有权转移，原则上无须或者只需简短地就作为基础的买卖合同的效力进行讨论；如果读者要对买卖合同的效力进行讨论，就不能将其称为附延缓期限（《德国民法典》第158条第1款）而成立的买卖合同，而只能是针对转移所有权的意思表示进行讨论（《德国民法典》第929条）。

    对于有经验的阅卷人而言，语言表达的不精确性总是很扎眼且令人生气的问题，这将很容易使人产生答题人思维过程肤浅的印象。

    举例："Der Vertrag müsste unmöglich geworden sein（合同必须已经成为不可能）"这一简短的表述是不精确的。将其表达为"Die Übergabe und Übereignung des verkauften Pferds müssen unmöglich geworden sein（所出售马匹的交付以及所有权转移必须已经成为不可能）"，因为成为不可能的不是合同本身，而是基于该合同而产生的义务的履行。

- 关于**重点问题安排**（Schwerpunktsetzung）并不存在真正具有可操作性的规则。[1] 尽管如此，如果读者拥有这方面的直觉，这对于解题是非常有帮助的。这或许只能靠经验积累。[2]

举例：众所周知，将《行政法院法》第 113 条第 1 款第 4 项类推适用于提起诉讼之前已经完成的行政行为，是允许且应当的。因此在考试中读者无须就此再作论证。在家庭作业中读者只需简要论证以及插入一个或者两个脚注。重点问题无论如何都不在于此。在完成初学者练习之后读者就能了解这一点。

读者无论如何应当设法避免使阅卷人因不必要的明显错误而有理由对自己的作业提出非难。

举例：请读者不要花费几页的篇幅用于讨论本案中 T 的行为到底造成的是 O 的身体损害还是健康损害——《德国民法典》第 823 条第 1 款对这两者规定了同样的结果，因此这个问题具有学术特性。[3] 同样，对故意作广泛论述也是没有必要的，如果——正如通常情况下那样——过失行为足以导致责任成立且在具体案件中可以直接确认。在借贷合同中就合意合同理论和事实合同理论作出判断也是没有必要的，如果所借款项已经支付（对此也只需进行简要论述）。另外在撤销作为给付基础的合同时区分 condictio indebiti 和 condictio ob causam finitam（《德国民法典》第 812 条第 1 款第 1 句第 1 种情形或者第 2 种情形）因给付或者非给付原因而致人蒙受损失也是没有必要的。

将其基础规则作一般化表述：如果法律引入两种以上不同的情形，但具体法律后果没有任何区别，在这种情况下读者只需简要提及。所有多余的论述都会使人产生这样的印象，即读者没有真正理解该法律规范的含义。

---

〔1〕 有一些建议请参见本书边码 243 及以下。

〔2〕 读者可以通过两种途径获得经验：首先读者必须反复（这意味着：比考试规则所要求的更加频繁）分析练习作业。如果读者尚未起草作业内容，至少应当认真地起草大纲并在大纲中估量各具体问题的重要性。另外读者可以考虑一下怎样的语言表达形式是合适的。

〔3〕 在这类情形中进行详细论述是不合适的，甚至有些时候会被视为是错误的。请读者始终围绕对于具体案件事实的判断具有意义的争议问题来论述，以避免产生上述错误；相关内容请参见边码 181。

举例：本书边码243b所提到的不可能将导致给付义务的排除（依据《德国民法典》第275条第1款），而不论其属于自始履行不能还是事后履行不能，客观不能还是主观不能，可归责于当事人的履行不能还是不可归责于当事人的履行不能。因此，如果读者对依据《德国民法典》第275条第1款的请求权排除进行讨论，无需花费精力对这些不同之处作详细论述或者只需简要提及即可；但是，当读者讨论损害赔偿的真正请求权基础（《德国民法典》第311a条第2款第1句或者第280条、第283条）时，必须就自始履行不能和事后履行不能进行区分；如果是关于损害赔偿的前提要件（《德国民法典》第280条第1款第2句），则应当就债务人对未予给付是否负有责任进行区分。——尽管《德国民法典》第536条就租赁物瑕疵规定了两种可能性（即自始存在以及事后出现的瑕疵），如果对具体案件事实所提出的问题进行判断并不取决于两者间的区别，例如《德国民法典》第536a条第2款，读者就不应当在涵摄以及如何区分两种可能性上投入过多精力。

关于如何辨别一道题目的重点所在或许也不存在真正的规则。[1]——但至少存在几个判断的标志。

其中之一就是案件事实的阐释，即争议双方当事人就自己先前的行为所作的解释。

举例：如果根据案件事实某合同需要双方当事人履行，但是在合同履行过程中其中一方未予给付，关于该给付产生争议，在这种情况下合同的有效成立一般没有太大问题。但这也只是一个标志。因为在争论过程中对于双方当事人自身而言任何一个论据都是有理的，因此读者必须考虑到被要求给付的一方当事人会以合同未有效成立作为抗辩理由。因此读者作为答题人必须同时考虑到这一点。

437 有很多案件事实是由几个比较大的问题（大概1到3个）和一些较小的问题以及中等问题（大概3到7个）构成。读者可以利用问题列表合理安排

---

〔1〕当读者将明显的干扰信息排除在外。但是仍然请读者想象一下，在物权法的家庭作业中可能会出现合同法或者继承法的内容——如果所有的问题看起来都像是家庭法的内容，那么读者很可能错误地判断重点所在。

答题空间，即在着手分析案例之前并在必要情况下总是先列出案件事实所包含的大问题以及小问题，然后估算每个问题的论述所需花费的空间（例如3页或者20%）。这样做同样对答题时间安排有所帮助：读者计划在一周或者两周之内阐释清楚的问题，不应该花费三周以上的时间。[1]

读者的思考以及答题偏离重点问题的原因之一在于未对看起来显而易见的问题在相应的条款下进行充分的涵摄。同样，读者也不能仅仅基于请求权人的主张，即其在劳动关系中被欺负，在未经详细涵摄的情况下直接得出其享有精神损害赔偿请求权的结论。[2] 一个特定的事实行为（例如在高速公路上挤碰其他车辆）在法律上有时候，常常或者几乎总是评价为特定的类型（例如强迫），但这并不意味着其总是可以评价为这种类型因而没有必要进行涵摄。答题人应当在具体情形中作出具体的判断。如果读者在练习作业中只作笼统的涵摄，则其在理论依据方面仍属于法学门外汉的层次。

不值得推荐的做法是对不同的主体、标的物、情形、论据作粗略的概括。对于阅卷人而言这样的处理方式很容易使其产生**主体、请求权对象混乱**的印象。如果作业本身并没有明确提出要求，那么读者最好将不同的请求权人、请求权相对人、犯罪人等分开讨论。[3]

举例：这在要求多项赔偿金（针对不同标的物和损害的物质赔偿和基于不同理由的抚慰金，等等）的损害赔偿请求权中显得尤为明显。

最迟在法律后果阶段读者必须对检索进行分类。在鉴定中可以表述为 Hinsichtlich ⟨des Vorbringens⟩ ⟨des Anspruchstellers⟩ ist zu differenzieren（关于⟨请求权人⟩的⟨诉求⟩应当区分为）：Soweit damit... gemeint/davon... betroffen ist, ist... unbeachtlich/kann es darauf nicht ankommen（只要……是指……，则可以忽略……/并不取决于……）。Etwas anderes gilt jedoch

---

［1］ 关于如何处理不同大小的问题的几个建议请参见本书边码227及以下。
［2］ 值得一读的有 BAG MDR 2007, 1380 (1381)；欺负并非法律概念并且不存在请求权基础；LAG Berlin MDR 2003, 881 f.；关于其定义请参见 BAG NJW 1997, 2542。
［3］ 所以读者得知友好的法律系的事务管理委员会（系委员会）最喜欢法学学生使用的句子有 Es kommt darauf an..., Hier ist zu unterscheiden:..., Das hängt davon ab, ob..., 以及 Zu unterscheiden ist zunächst zwischen...（大意为"问题取决于……/需要区分的是……/首先要就……进行区分"），这并不是没有理由的。

für...:... （但是在……的情况下对……而言会有所不同：……）。

但是在时间极为紧迫的考试中：笼统叙述好过什么都不说。

- 请读者避免**没有实质内容的大前提**，例如 Zu prüfen ist, welche Auswirkungen... auf... hat（需要讨论的是，……对……有哪些影响）或者 Es fragt sich, welche rechtliche Folgen daraus zu ziehen sind（问题在于，可以从中得出什么法律结论）以及 Fraglich ist, wie es sich auswirkt, dass...（问题是，其如何产生……的影响）。这同时也反映出读者对作业本身的思考过程。就结论的表述而言这类大前提显然太不精确。实际上读者应当通过最常用的 Fraglich ist, ob...（问题在于，是否……）练习如何谨慎地表达。但读者必须事先或者最迟在下一个句子中明确，为什么"问题"会引起读者的注意，即需要对哪些法律后果进行讨论。只有随后紧接着 Ordnet man ihn /es/sie nämlich als... ein, so〈entscheidungsrelevante Folge〉（如果将其纳入……的范畴，则出现〈对于判断而言具有重要意义的结果〉），读者才能使用 Klärungsbedürftig ist zunächst die Rechtsnatur des/r...（首先需要对……的法律性质进行解释）这一表述。

如果读者没有找准问题所在，那就无法或者只有在碰巧的情况下才能得出正确的答案。因此读者可能没有在清楚表达大前提上花费足够的精力。如果读者想就一个问题作详细论述，就必须让对答卷感到无聊的阅卷人在再次阅读大前提的时候，立即重新意识到对该问题的论述对于结果的判断很重要。

大前提应当尽可能清楚地表明法律后果。

举例：Fraglich ist, wie es auswirkt, dass C bei Vertragsschluss erst 16 Jahre alt war（问题在于，C 在订立合同时只有 16 岁这一事实对合同效力所产生的影响）这一表达只是次优的选择。虽然精通法律的阅卷人能够预料到案情分析将如何发展——但是他无法直接了解本案中的合同是属于效力待定的合同，还是无效的合同，还是需要再额外讨论其他情况。更好且更加简洁的表达为 Der Vertrag kann aber wegen der beschränkten Geschäftsfähigkeit der C nach §108 I BGB unwirksam sein（但该合同可能因 C 根据《德国民法典》第 108 条第 1 款为限制行为能力人而无效）。同样不是很理想的表达还有 Zwar ist C bei Vertragsschluss nur beschränkt geschäftsfähig, doch führt das nicht automatisch zur Nichtigkeit des Vertrags（尽管 C 在订立合同时为限制行为能力人，但这一事实并不直接导致合同无效）。虽然该表达并没有在思维方式上作任何负面的改变，但这样的表述将会给阅卷人留下太多想象空间。——通过下列表达就可以很明显看出这个问题：Fraglich ist, welche Partei das Angebot gemacht hat（问题在于，要约是由哪一方当事人所给出的）。——阅卷人看到这样的表述之后肯定立即在页边空白处写上"为什么?"。因为对于案件事实的判断并不取决于要约由哪一方当事人给出。因此最好表达为：Ein Angebot kann von C ausgegangen sein, als diese erklärte, sie wolle den PC für 700 EURO kaufen（由于 C 表示其愿意以 700 欧元的价格购买电脑，因此 C 可能给出一个要约）。读者最好将法律后果连同其所属的法律规范一同明确指出。如果读者在处理"简单的"问题时已经养成这样的习惯，在处理复杂问题时也将因此受益。

但大前提应当同时——如果可能——明确特定法律后果与案件事实中的连结点。

举例：下列表达不够明确 Ein Angebot könnte hier durch C in der Internetauktion zu sehen sein（本案中的要约可能是由 C 在网上拍卖中给出）。而实际上应当更加切地指明人的行为：表示行为，即（至少是潜在的）意思表示。因此我们可以将其表述为 Ein Angebot kann darin liegen, dass C die Beschreibung des Pkw nebst Startpreis auf der Internetauktionsplattform eingestellt hat（要约可能存在于 C 在网络拍卖平台上除给出起始价格之外对汽车进行说明的行为）。

- 案件事实的性质要求其所包含的所有有用信息得到**全面评价**（um-fassende Auswertung）。请读者时不时再读一遍案件事实以确保所有信息都已经在鉴定中作出评价。绝大多数情况下题目中不会出现对于可能的判断而言没有任何意义的信息。只有很少的信息确实完全只有装饰的作用。[1] 如

440

---

[1] 当事人的姓名对于案件事实的判断基本上没有什么意义，其只是表现了出题人法学之外的想象力。

果读者希望至少向阅卷人提到这些信息，可以使用下列表达 ohne Belang/Bedeutung/belanglos/bedeutungslos/unmaßgeblich/unbedachtlich ist...（大意为："不重要的/没有意义的/无关紧要的是……"）或者 keine Wirkungen auf die... eigenschaft des... hat〈Umstand〉（〈情形〉对于……的……性质并不产生影响），或者 auf〈Umstand〉kommt es dabei nicht an（……并不取决于〈情形〉）（但在这些判断之后应当加上必要的论证）。

有些时候使用这些装饰只是为了使一个虚构的案件事实显得更加贴近生活真实。但这样的情况很少——尤其在考试中——并不是常态。但也确实存在。因此，谨慎阅读以及思考案件事实是非常有必要的。

括号中的内容总是很重要的——或者也可能只是对于案件事实的一个可能解释或者是值得商榷的法律上的归类。

441 案件事实中所出现的所有类型的数字都不是偶然。大部分情况下这些数字涉及期限、迟延（例如《德国民法典》第 149 条）或者诉讼时效问题（日期信息）、必要的计算（买受人请求减少价款时的价格以及价值信息，要求迟延损害赔偿时的日期以及利息信息）或者优先性问题（在物权法中，转移所有权、抵销、抵押的顺序）的提示。

在最简单的案例中**日期信息**（**Datumangaben**）的作用只是为了描述时间先后顺序，这一时间顺序也可以通过相对的时间概念来表达（3 天之后，两周之后，第二天）。这一类型的时间信息我们基本上很容易看出来，因为没有年份信息。有些时候确切的日期信息（例如 12 月 24 号、12 月 31 号、5 月 1 号等）包含对节假日或者类似节假日的提示。如果看到的日期（例如 2014 年 4 月 2 日）可能属于非固定日期的节假日，例如复活节[1]，读者应当将案件事实中的具体日期与日历进行对照以便确认。另外，一个过去的时间点可能预示着，在某事件发生当下生效的法律状态与现在不同[2]。然而鉴于因此而产生的调研成本，这样的问题一般只会出现在家庭作业中而不是

---

[1] 译者注：复活节（主复活日）是一个西方的重要节日，在每年春分月圆之后第一个星期日。

[2] 尽管在大学练习作业中这样的情况并不多见，但是也不能完全排除这样的可能性。然而根据日趋流行的做法，现今已经很少再对跨期法律问题进行检索（相关内容在本书边码 214 中已有论及）。

考试中。

在练习作业中出现复杂的**计算**（例如关于抚养费额度）是极少的例外情况。在权衡判断中也是如此，因为其结果是通过数字或者比例来表现。不同于法律实践，练习作业要求的主要是全有与全无之间的判断。 **442**

举例：非物质损害赔偿的数额（《德国民法典》第253条第2款），共同原因以及共同过错的比例（《德国民法典》第254条）[1]，等等。

对于这些问题的正确判断取决于所有相关的信息，但在大部分情况下简短的案件事实无法囊括所有这些重要信息。因此这些问题很少会成为题目的重点所在。

如果案件事实中包含**来自于合同的引文**（**Zitate aus Verträgen**），该引 **443**
文对于作出判断总是必要的。为了能够就法律问题作出判断，通常有必要对相应的合同规定进行解释（《德国民法典》第113条、第157条），有时候只需将其纳入特定法律实践以及文献中已知的条款类型。

举例：公司章程中的排除条款以及账面金额结算条款。

如果案件事实中复述了一个称为"条款"的原文内容，这就意味着有必要检索一般交易条款。

案件事实中的事实应当尽可能不要作任何延伸，而当事人的法律观点 **444**
（Rechtsstandpunkt）的阐释却是充满想象空间的。在大部分练习案件事实中，当事人的法律观点基本上不包含或者只包含极个别的解题提示。根据所发生事件的信息对其进行法律论证更多被视为答题人的任务。在此过程中读者需要注意的是不能只集中于有说服力的论据。一个鉴定之所以可以成为优秀的鉴定，是通过以待判断问题为中心搜索尽可能多的论据——然后再将具有判断相关性的较好的论据从其他论据中分离出来。在现实生活中法律争议双方

---

[1] 尽管如此还是请读者思考一下，是否提出一个比例，并据此得出一个完整的结论。一般情况下适用于《德国民法典》第254条：根据一个不成文规则该法律规范将被大多数待检索的案件事实排除在外，因此读者作为答题人通常情况下可以作出全额损害赔偿或者完全没有损害赔偿的判断。但是无论如何读者不必为一个程度很低的共同过错寻找一个连结点（尽管借助一些想象通常也能找得到）。但偶尔也存在例外：如果在案件事实中共同过错的情节直接映入眼帘（通常情况下是程度很高的共同过错），读者应当在《德国民法典》第254条之下就损害额度进行讨论。

当事人也会提出很多论据，因此法院有必要将其中不符合实际的论据予以排除并在众多具有客观性的论据之间进行权衡。

举例：此外 A 还可以援引平等原则作为依据，因为……（论述）。在结论中可以看出 A 并不能得到平等原则的支持。同样，A 也无法根据相同的理由主张……

如果案件事实中包含法律观点（并且只存在于引号中），答题人至少有所提及，即使这些观点是不正确的或者是完全不合理的。因为据此可以对一个请求权或者相对权进行讨论，否则其很可能无法被提及。此时答题人允许并且应当暂时偏离答题主线（仅阐述必要的内容）[1]。

- 案件事实应当如其所表达的那样被视为真实——其看起来可能也是被如此构建的。即读者不应该对事件的发展产生怀疑，也不应该思考所提出事实的**可证明性**（**Beweisbarkeit**）。[2]

法学练习鉴定的前提在于将案件事实所给出的信息**视为**（**als**）**真实**（**wahr**）并且**具有可证明性**（**beweisbar**）。如果作业本身没有明确提出其他要求[3]，即使案件事实中的信息看起来是极其不确定或者脱离实际的，读者也无需就举证以及举证责任问题进行讨论。[4] 读者必须知道，因为在题目中相关信息是被视为不言自明的前提。通过题目中偶尔出现的下列表述读者就能够理解这一前提 Gehen Sie von folgenden Sachverhalt aus:...（请您从下列案件事实出发：……）。

这一切都是为了实现从生活到学术教学上的简化，为了实现基本法律使用技术的学习，而无需同时处理事实调查的难题。很遗憾，很多读者直到成

---

〔1〕 这样做的根本原因还是基于法律上倾听需求的考虑：在法院的判决书中通常也会对当事人的法律观点作简单讨论，尽管法院的判决本身是以其他观点作为依据。但这样做有利于法和平性的实现。

〔2〕 因此在练习鉴定中我们常常作如下表述 Dem B ist kein Unterlassen vorzuwerfen（B 不应当受到不作为的责难），而不是 Dem B ist kein Unterlassen nachzuweisen（B 的不作为无法得到证明）。

〔3〕 在民事诉讼法练习中出现这样的问题是很有可能的。

〔4〕 对于读者而言最危险的情形是读者不断在想"S 为什么不直接……?"这些思考没有任何价值。因为 S 就是没有这样做。如果读者还是要假设其作为，即 S 这样做了，必然会导致阅卷人的恼火，因为读者根据自己一厢情愿想象出来的歪曲的案件事实进行鉴定。如果读者不信，可以试一试。

为预备法官必须分析事实调查中的难题时才真正知道要珍惜能够直接适用这一前提的时光。

- 另外还有一个关于举证责任论证的鉴定技巧：只有在缺乏内容上的论点时，才能在鉴定中就实体法律状态适用举证责任规则（Beweislastregeln）以及推定（例如《德国民法典》第280条第1款第2句、第286条第4款、第831条第1款、第611a条第3款、第1006条）。否则很容易割裂讨论思路。只有当案件事实中不存在例如可归责性这样的连结点时，读者才应该诉诸推定。

446

但是，偶尔题目也会要求答题人对举证责任规则进行论述。在民事诉讼法作业中举证责任问题甚至可能属于核心问题，但在实体法领域其仅是边缘问题。在最后提到的情形中通常只需援引一般的文献[1]对问题以及答案作简单描述即可。

- **形成权的行使**（Ausübung von Gestaltungsrechten）[2]：同样，如果案件事实中并没有表明形成权（解除、撤销等）已经得到行使，那么读者有必要在其构成要件之下进行涵摄并且——如果形成权得以确认——在结论中指明，权利人可以行使形成权，但其必须遵守相应的期限。[3] 另外需要权利人主张的**抗辩**（**Einreden**）。

447

举例：我们可以作如下表述：A kann den Kaufvertrag mit B nach §119 II BGB anfechten, wenn er die erforderliche Anfechtungserklärung gegenüber B umgehend abgibt, §121 BGB（A可以根据《德国民法典》第119条第2款的规定撤销合同，如果其立即向B作出必要的撤销表示，《德国民法典》第121条）。或者 Die Kündigung ist nur wirksam, wenn sie innerhalb der Zweiwochenfrist des §626 II BGB erklärt wird（只有当其在《德国民法典》第626条第2款规定的两周期限之内作出解除通

---

〔1〕 在民法领域中，大部分的民法法律评注在每一条具体规范的阐释之后会简要提及举证责任的问题；对于该问题的深入探讨请参见 Wieser Prozessrechtskommentar zum BGB; Baumgärtel u. a. Handbuch der Beweislast im Privatrecht.

〔2〕 相关内容请参见 Wolf JA 2006, 476 ff.

〔3〕 请注意：很多时候案件事实恰好因此不提形成权的行使，因为出题人设想的是完全不同的解题思路。

知，该解除才能生效）。或者 Die Forderung des G ist mit der Einrede der Verjährung behaftet; wenn S diese Einrede erhebt, wird G seinen Anspruch nicht durchsetzen können（G 的债权受诉讼时效抗辩的限制，如果 S 提出该抗辩，那么 G 将无法实现其请求权）。

和**选择权**（**Wahlrecht**）也适用同样的规则。

这样做有一个好处，即读者无需推测相应的表示是否已经给出。

如果题目从头到尾只问及形成权，那形成权成立基本上没有什么疑问。[1]

举例：根据问题的描述 Kann A von Vertrag mit B zurücktreten?（A 是否可以向 B 解除合同？），其所探寻的并不是一个请求权，而是为权利人提供解除权的法律规范。因此在结论中应当作出判断 A kann（nicht）zurücktreten［A（不）可以解除］——关于该权利必须行使的补充论述应当简短或者直接省略。

这样的题目是有可能出现的，虽然只是例外。

• **附加检索**（**Inzidentprüfung**）——即检索一个请求权的过程中检索另一个请求权——几乎总会使大纲变得臃肿。因此，只要省略相关内容并不会损害论述的可理解性，读者就应当尽可能避免附加检索。但有时候附加检索是不可避免的。此时阅卷人必须通读全文。

举例：在标题 Bestehen eines Gegenanspruchs（相对请求权的存在）之下讨论通过撤销而消灭一个请求权，即是否存在一个有根据的相对请求权（以及必要的情况下再次被排除）。如果在检索一个抵销请求权的过程中又需要讨论被抵销请求权是否存在，我们很容易就会用到八级大纲标题。大纲臃肿问题在下列情况下显得尤其严重，即在 Bestehen der Hauptverbindlichkeit（主债务存在）的标题之下主张保证权时必须对上述嵌套的附加检索进行讨论……

---

〔1〕 相关内容在本书边码 62 中已经论及。

- 如果在大前提中所提出的问题得到肯定回答，读者必须注意检索的完整性（**Vollständigkeit**）。这意味着对于出现所期待的法律后果而言必要的所有构成要件都已经讨论并得到确认。因此反复阅读法律本身是没有任何坏处的，即使读者认为这些法律规范早已熟记于心。

举例：《德国民法典》第 119 条第 1 款中的因果关系要求很容易被忽视。

第二章

完成练习作业的一些建议

在下文中读者可以找到一些帮助读者完成练习鉴定和考试鉴定的提示。我们可以将所需要完成的作业完全纳入一般性标准的内容[1],并以此来压缩下文的提示。本文有意识地省略这部分内容,请读者最好自己找到最适合于自己的方法。

关于读者**作业的外在形式**要求的相关内容请参考附录[2]。读者既不要高估,同时也不要低估其重要性。其中后者是更为常见的问题。过于拘泥于这些外在的表达细节也是得不偿失的。读者只需遵循教育文献中的建议即可;而且也不会因此错过什么。

- 在**开始解题之前**建议读者花两个小时去图书馆大概了解一下相应法律领域的相关文献。在此过程中读者已经可以在索引卡或者计算机中建立一个文献数据库,该数据库包含最重要的教科书和最新版本的法律评注等。这一准备工作有两个好处:其一是可以避免交作业期限到来时查阅文献的压力

---

[1] 非常系统化的参考书有 *Theisen* Arbeiten;非常有帮助的例为 *Kosman/Kling/Richarz* Hausarbeiten;另外还有(有些是一般性的)*Hugenschmidt* Studier- und Arbeitstechniken;*Klaner* Lernen;*Klaner* Hausarbeiten。但是有些建议是值得怀疑的,即这些建议是否真正有必要:例如 *Niederle* 为了增加书的厚度而将考试准备期间的饮食建议也纳入其中(第59页及以下各页)。如果读者想要尽可能了解科学的解题技术,那么可以从 *Eco* Abschlussarbeit 开始(为了理解许多规则的意义),然后是 *Theisen* Arbeiten(为了掌握解题技术的具体细节)并且使用 *Franck* Handbuch 作为查询的工具书;值得推荐的还有(因为法学专业)*Stein* Arbeit;*Möllers* Arbeitstechnik(部分节选可以参阅 www.jura.uni-augsburg.de/prof/moeller/downloads/arbeitstechnik_jur/Richtiges_Zitieren.pdf);*Tettinger/Mann* Einführung;*Haft* Einführung;*Haft/Kulow* Lernen。

[2] 参见本书边码476及以下。

("是否有人知道，这确实就是最新版本……？"[1]），另外一个好处就是该数据库的范围随着时间推移会越来越广泛并且在考试中也还可以使用。在临交卷之前读者很容易完全放弃这些费时耗力的检索（Erman 的名字是什么？[2]）。

- 如果读者在第一份家庭作业中突然遇到这个问题"图书馆我是找到了，但是书在哪里呢？"，建议读者查阅相应的专门文献[3]。读者应该学会使用和**审阅法学信息源**[4]。

452

这固然需要一些训练（和一些时间）来掌握这些能力。许多学生都在没有其他选择的时候才愿意在这方面花费精力。但是这些努力是值得的——并且在最后也是不可避免的。

- 有一些案件事实是完全或者部分根据新近的或者最近的法院判决[5]来设置的。针对这些与时俱进的案件事实值得读者通读相关判决的判决理由、相关的法律条款，等等。这些判决还不能在法律评注和教科书以及相应的装订成册的专业杂志上找到。

453

---

[1] 这些信息可以从例如图书馆目录中获取，该近期以来的书目大部分都已经作为 EDV-数据库（OPAC）的形式并且可以在网上使用，大部分甚至是在熟悉的位置。网上书目检索还有：德国国家图书馆书目（www.d-nb.de，在这个网站上除了德国的书籍之外还可以检索到很多瑞士和奥地利的书），可寄送的书籍目录（www.buchhandel.de）以及有所限制的网上书商目录（最有名的是：www.amazon.de，法学专业的有：www.beck-shop.de）；1913 年之前的、且在德国国家图书馆中不能找到的著作，如果运气好的话可以在 www.zvab.com 或者元搜索引擎 www.findmybook.de 中找到。通过德国国家图书馆（著作）以及 Kuselit 出版社的 CD（非独立出版的文献），读者可以很舒适地在网上或者网下检索与练习作业相关的大部分文献。许多专业书籍的目录和关键词索引读者可以在 www.buchkatalog.de（如果只是为了确定某一个脚注，通过该途径就可以省去在图书馆里所花费的时间）中查看。有些时候法学出版社也会在其主页提供有用的信息；如果我们想要知道所引注的 Staudiner 是什么时候出版的，那么通过 www.degruyter.de/downloads/staudinger.xls 来查找会快很多。关于网上使用专业文献的可能性和限制 *Zimmer* Bibliothek 总是值得一读的。

[2] *Walter*。该信息并不存在于出版信息中，而在于该法律评注的第一版的前言的结尾处（或者例如在德国国家图书馆的目录中）。我们必须知道……

[3] 一般性的有 *Grund/Heinen* Bibliothek；法学专业的有 *Bergmans* Informationen；*Hirte* Zugang；*Walter/Heidtmann* Literatur；以及 *Möller* JuS 2000, 1203 ff.；*Kaufmann/Keller* DRiZ 2000, 333 ff.；（不仅仅）对于第一个学期的学生必须要推荐的是 *Preis* Der Zugang zu Rechtsquellen und Literatur, www.sozrecht.de/cms/front_content.php? idcatart=228&page=273&cont=6&no=1&output=e&sid_1_1=3c7c2c7d50fe42c75733604a036d1857；关于"我在互联网上——但是我该去哪里寻找信息？"这个问题可以参考 *Wilke* Informationsführer；*Kroiß/Schuhbeck* Jura online；*Langenhan* Internet，以及 *Tiedemann* Internet。关于这个问题的概述请参见 Braun JuS 2004, 359 f.

[4] 关于该问题的简要说明可以参见 Schimmel/Weinert/Basak Themenarbeiten, Rn. 56 ff.

[5] 更加糟糕的是：悬而未决的诉讼。

但是，查询一下当年尚未装订的分册常常会有一些收获。或许联邦最高法院不久前需要作出判决的问题正是民法练习参加者现在需要判断的。[1]

读者可以通过查阅"法学期刊（JZ）的文献一览"（在封面上）以便对新近的文献以及期刊中的论文有一个概观。如果所搜索的主题是可以限制的，可以参考特定的专业期刊，例如 DB 和 AG-Report。如果读者能够使用法学数据库[2]，则应当尽量利用这些资源。关于高级法院判决的一系列每日报道中也会介绍一些新近的法学作品。如果读者不愿意使用付费的报纸，那么文献检索就会变得比较复杂。但是通常情况下在很多图书馆读者总能找到上一星期的日报。最新的专业杂志和已经完成但尚未出版的判决[3]之间的空隙可以通过网络来补足[4]。此外新近的案例也要求适用**现行有效的法律**

---

[1] 注意：一个反复出现的误解是，很多练习作业的解答者认为，如果找到题目中案件事实所依据的联邦最高法院的相关判决，那就已经胜券在握了。一个成功的解答不仅在表达方式上（鉴定模式！）与所找到的判决完全不同，而且常常对于问题讨论的深度和广度也是不同的。判决理由常常是不全面的，即请求权或者相对权或者具体的构成要件完全没有讨论（因为有些构成要件在诉讼程序中和在审级中是没有争议或者不重要的），但是在练习作业中却是必要的。即使法院对于其判决进行学术研究式的论证（例如 BGH NJW 2003, 2739 ff. 中的法律解释），但这也只是根据判决规则的论证，而不是针对鉴定规则的论证。因此找到相关的判决只是成功的一半。

[2] 今年以来主要是指 Beck online, juris, LexisNexis 和 Legios。关于数据库的概览请参见 *Kraft* Online-Datenbank; *Noack/Kremer* NJW 2006, 3313 ff. 尤其是 juris 和 Beck online 通常可以在法学专业领域的 PC-Pools 中使用。

[3] 相对于判决的公布，专业期刊的出版在时间上大约会有几个月的滞后（劳动法领域会更长一点）；有些时候明显会比较快，例如 BVerfG 1 BvR 3262/07 v. 30. 7. 2008 in NJW 2008, 2409 ff. （于 2008 年 8 月 8 日出版），EuGH Rs. C-586/10 v. 26. 1. 2012 in DB 2012, 290 ff. （于 2012 年 2 月 3 日出版）——在这几个例子中专业期刊的出版几乎不会落后于网络出版。同样比较快的还有 *Buchner/Schumacher*, Die Aschewolke aus arbeitsrechtlicher Sicht, DB 2010, 1124 ff. 出版于 2010 年 5 月 21 日，在第一次公布后的 2 个月后出版；更快的是 *Fahl* JA 2012, 161 ff., 在首次公布 6 个星期后出版。

[4] 在 1999 年之后德国联邦最高法院关于民法事务的判决可以在 BGHfree（www.rws—verlag.de/0_rws_internet/index.htm）中免费查询；所有民法和刑法判决在 2000 年之后都可以在 http://juris.bundesgerichtshof.de/cgi-bin/rechtssprechung/list.py? Gericht = bgh&Art = en&Datum = Aktuell&Sort = 12288 中找到。在 www.bundesarbeitsgericht.de 中可以找到联邦劳动法院 5 年之内的所有判决。1998 年之后联邦宪法法院的判决可以在 www.bundesverfassungsgericht.de/entscheidungen.html 中找到，联邦宪法法院判例的很多判决可以集中在 www.servat.unibe.ch/dfr_bvbaend.html 中找到。联邦最高法院判决的主要检索工具为 www.lexetius.com。欧盟法院和欧洲法院的判决可以在 http://curia.europa.eu/jurisp/cgi-bin/form.pl? lang = de = 中检索；（针对 10 年之内的判决，10 年之前的判决可以在 http://eur-lex.europa.eu/JURISIndex.do? ihmlang = de = 中检索；德语翻译在 www.recht.uni-jena.de/z02/materialien/FKVO/t2.htm），欧洲人权法院的判决可以在 www.echr.coe.int/echr 中检索。已经公布但尚未出版的判例可以从法院报道的概要中推断，这些报道基本上都可以在网上找到。

规范。在这一方面读者可以考虑使用 dtv 和 Nomos 出版社的活页出版物（Schönfelder，Sartorius，等等）；其中 Nomos 出版社的出版物并不是很贵而且非常便于使用。很重要的一点是，读者如果有任何疑问都应当查阅官方在相应法律公报上出版的法律条文[1]。

- 允许在考试和家庭作业中使用并且非常有用的**辅助工具**还有图解和时间表，当然这些图解和时间表都必须在考试中完成。案件事实中所涉及的当事人越多，对于大部分人来说就越有必要对其中的当事人和相互之间的法律关系列出一个简易的**图解型一览表**，就如上课时老师在黑板上一直所使用接替步骤的那样。如果在案件事实中出现很多关于时间的信息而且无法看一眼就能确切了解每个具体事实发生的顺序，那就需要列一个**时间表**或者**时间轴**。如果在当事人之间存在很多来回往复的意思表示而读者只需判断双方之间的合同是否成立以及合同的具体内容，在这样的情形中时间表对于解题是非常有帮助的。此外，对于多次债权让与，所有权转移或者抵押的情形中，根据优先原则判断这些程序中哪些是最先生效的，这时时间表也能起到很大的辅助作用。但是无论是草图还是时间表都只是分析考题的辅助工具；因此无须一道写在答案中。 454

- **请读者不要回避问题**。与日常生活不同，在考试和家庭作业中所适用的基本原则是乐于探讨问题。 455

其意思是指，尽管读者可以选择一条比较简单并且可以避免错误的途径；但是为了使阅卷人能够针对恰当完成争议问题的讨论而给分，读者总是选择围绕问题作广泛讨论。如果读者希望成绩高于及格线，那么在存有疑问时应该选择论证，而不是回避难点问题。

- 读者应当尽量避免表现出过强的**结果导向性的解题方式**。尽管有些时候读者根据自己的法律直觉[2]，某一结论可能就是唯一正确的结论，因而根据特定事先预判的结论来论证问题，这也是不合理的。 456

阅卷人对作业的评分更多取决于论证过程而很少以结果作为评判依据。如果读者对于结论过于自信，就会很快陷于错误的论证之中。但是，如果读

---

[1] 关于法律公报使用请参见 *Hirte* Zugang, 56 ff.；几乎所有现行有效法律的完整文本还可以在联邦司法局的官网上查找：www.gesetze-im-internet.de。

[2] 关于法律直觉和判断力请参见 *Gröschner* JZ 1987, 903 ff.

者想要猜测出题人所最期待的结论，这无论如何都是浪费时间[1]。相反，"正确的法律直觉"可以用于校正结论——但是该结论必须是通过论证技术一步步推导出来的结论[2]。

同样，读者也必须在文风上保持克制。读者应当经深入的或者简短的思考来论证某一特定结论的正确性，而不应该从合理的结论出发进行论证。

457
● 强烈推荐的做法是，在解题过程中（同样适用于笔试，尤其适用于家庭作业）时不时**回顾一遍案件事实**。案件事实中的很多信息在读第一遍的时候看起来是没有意义的、不重要的、不明确的、有歧义的、不完整的或者不一致的，只有当我们努力尝试作出一个法律上具有说服力的判断时才会发现那些信息实际上不是我们之前所认为的那样[3]。这里所说的时不时回顾案件事实是指，像钟摆一样在案件事实和法律规范之间来回摆动并同时作很多标注，为了能在交替出现的案件事实和法律规范中抓住重点并协助读者一步步作出判断，即哪些法律规范是相关的以及哪些案件事实信息是必要的[4]。

458
● 在练习作业中**法学创造**一般只是作为例外而存在。如果读者感觉某案件事实需要通过连续多次类推才能作出判断，这基本上是一个信号，表明读者已经偏离出题人所计划的论证过程。

通常情况下题目本身并不会指明解题过程中需要进行法律续造。但在初学者的练习作业中一般会标明解题过程中应当适用现行有效的法律规范。但是偶尔也会出现这样的题目，即明确指出出题意旨在于使读者通过自己的思考对最新的问题进行组织和判断。除此（受出题人所青睐）例外情况之外，稳定性优于原创性。其理由非常简单：考官所想出来的题目不是那些只有天才能够解答，而是普通人——就如我们——也能解答的题目。

---

[1] 相关内容在本书边码420中也有论及。
[2] 在考试中过于结果导向性也是比较危险的。阅卷人总是会有这样的感觉，即（合理性）目的是（法教义学的）思维过程的上一级。一个借助相关技术论证层层推导出来的结果总比一个三言两语就能说明白的结果能够得到更好的成绩，因为后者基本上只能以公序良俗作为论据。
[3] 如果读者在考试中使用不同颜色的马克笔来标注案件事实——正如通常所推荐的那样——那么在时间紧迫的考试中很容易就能发现那些没有被标注部分的信息是尚未被注意到的。
[4] 关于循环往复地扫视（Pendelblick）请参见 *Englisch Studien*, 15 ff.

● 如果**案件事实变形**的结论与基本案情的结论完全一致，那么读者必须重新思考，很可能这并非出题人所愿（除了对同一结论进行完全不同的论证之外）。同时也不推荐读者对多个案件事实变形进行总结：如果案件事实是分开的，那么答题人不应该将其结合在一起。但是，如果案件事实是结合在一起的，读者可以将其分开解答。

在思维过程中依据"如果……，将会……？"的模板来设立案情变形是典型的法学操作技术。该技术有助于我们继续思考不清楚的问题，因为我们通过构建极端的案情变形可以更好地对基本案件事实作出判断，即所需要作出判断的案件事实更接近哪一个极端。[1] 但是这一思考过程原则上并不属于鉴定的一部分。如果读者在题目之外还分析了一系列没有被问及的案情，这会使人感到不快。有些时候案情变形的构建也会成为直观的论据；读者不应忽略这样的论据，但也不应该作过多的论述。

如果读者明知某一**案件事实信息与结论的判断无关**，但是其看起来又像是需要处理的问题，读者只需顺带提及即可。

举例：根据商法公司所使用的商号是不符合规定的；但是题目的解答只取决于公司的成立，而与商号法律上的事务无关：尽管根据《德国商法典》第19条第1款的规定该公司的商号是不被允许的，但是这并不影响公司章程的有效成立。

该处理方式同样适用于案件事实已经表明的问题。

举例：担保的意思表示只以口头形式作出；但是期间担保人已经对主债务予以支付。根据《德国民法典》第766条第3句的规定形式瑕疵已经被修正，因此先前根据《德国民法典》第125条第1句和第766条第1句无效的担保合同已经因 B 的支付行为而生效。

读者可以通过一个简短的句子来表明自己已经识别一个问题并找到相应的法律规定。这样做还有一个好处，就是读者至少就这一问题持有一个观点，即使因论述过于简单而与出题人的期待不符。因此：在不确定的情况下简单提及好过完全不提。

---

[1] 相关内容请参见 Wank Auslegung, §5 Ⅳ. m. w. N.

举例：案件事实表明，B 只是"很不情愿地"签署了 A 所提供的合同文本，一般经过简单的思考就可以确定 B 的行为既不符合《德国民法典》第 116 条意义上的真意保留也不是法律约束意思的缺失，因此最终并不能排除合同的成立。如果答题人并不想完全忽略"很不情愿地"这个词，可以这样写："A 并不知道 B 的不情愿；至少在根据《德国民法典》第 133 条和第 157 条进行解释时并没有向 A 表明其对于签字的约束力表示怀疑；此外《德国民法典》第 116 条意义上的真意保留也不会对合同的成立产生任何影响——或者：股权买卖合同的公证形式要求（《有限责任公司法》第 15 条第 3 款）已因公证而满足。或者：鉴于商事登记（《德国商法典》第 53 条第 1 款）的宣示性特征，因此商事代理的成立只取决于《德国商法典》第 48 条的有效授予。"

有些信息看起来好像是已经在案件事实中表明，但是经过进一步观察却并不明确。

举例：代理权（《德国民法典》第 167 条）被内部撤销或者至少已经通过解除作为代理权基础的劳动合同（《德国民法典》第 168 条）而被解除。如果认真讨论代理权在外部关系上是否继续存在（《德国民法典》第 171 条及以下各条），读者既不能省略代理权的授予也不能忽略代理权的撤销。因此在这一类案件中读者应当按照时间顺序进行检索，以了解在该代理权上发生的所有事情。

461 请读者避免答案超过题目所要求的**篇幅限制**。出题人所给出的篇幅限制是有约束力的。

遵守篇幅限制对于其他同学而言也是公平性的要求。花 40 页要比 20 页能表达更多的内容，但是简洁的表达通常对答题人自己也是有益处的。首先，案件事实就是适合大概 20 页左右的答题篇幅。此外，阅卷人所要批阅的不只是读者一个人的卷子……[1]

---

[1] 针对篇幅限制对所有人的一个小安慰：篇幅限制不仅仅有利于形成公平的竞争条件也不仅仅是减轻阅卷人的工作量。其主要目的在于引导读者成为法学精英：将重心集中于重点问题上，在最大范围内呈现最好的论据，而不被其他论据所挤压，并且理性、合理地适用有限的法律资源。

如果答题的篇幅实际上**低于篇幅限制**（例如低于篇幅限制80%），无论如何表明读者忽视了有些需要讨论的问题。出题人的篇幅限制表明其默示的期待，即答题人大概需要花费那么多的篇幅来讨论这个问题。

- 在交作业之前请读者再逐句检查一遍家庭作业中与结论相关的文字——基本原则：大约5%—10%的内容可以**缩减**。请读者再检查一遍结尾部分，看看是否所有的问题都已经解答。对未提出的问题进行解答会导致分数降低，如果回答是错误的或者篇幅过于冗长则降分更加严重。

举例：考题中的问题是合同当事人 K 针对被代理人 V 的请求权，因此不应该讨论针对代理人 S 的请求权，尽管其作为无权代理人而以他人名义为法律行为，并且根据《德国民法典》第179条第1款的规定可能享有要求其履行或者损害赔偿的请求权。如果正确的结论"*K 不享有对 V 的请求权*"对于读者而言过于直接或者过于孤立因而看起来像是错误的，那么读者可以补充"*因此他必须根据《德国民法典》第179条第1款的规定向 S 主张。*"使用简短的句子可能会有风险——但至少不会出现最糟糕的情况，即当存在三方当事人的情况下错误检索请求权，即检索题目没有问及的请求权。——如果问题（仅仅）问到针对请求权相对人作为连带债权人的请求权，就连带债权人内部追偿问题也只需简短提及，如果案件事实提到3个当事人之间不同的行为和过错程度；在结论中可以写道："*因此 A，B 和 C 向 T 负有总额为 15 000 欧元的连带责任*"，紧接着读者可以再加上简短的补充："*关于内部追偿的问题已经履行的债务人应该根据《德国民法典》第426条的规定向其他债务人请求。*"

阅卷人的阅卷经验越丰富，就越赞赏精简的答案。精简答案本身也是对阅卷人的尊重。并且这样的尊重会在评分上被看重。

简化答案在不同的层面都是可能和必要的。一方面应当删除多余的页面、章节、句子和句子结构。[1] 另一方面读者也可以删除重复部分，即那些不包含独立意义的重复部分——如果某一内容非常重要以至于其应当重复

---

[1] 关于简化的可能性在本书边码139及以下、边码156、边码384都有所论及。

强调，那无论如何也不应该直接跟在后面。[1]

在一个成功的鉴定中每一个句子应当直接与上一个句子或者上上个句子相连接。如果在读者的鉴定中不是这样的情况，那么读者需要思考一下正确的句子顺序安排，或者考虑一下该句子的必要性。

很遗憾，简化答案并没有普遍适用的规则。最好的规则永远是读者自己对于某一部分必要性产生怀疑而予以删减。需要简化的典型情形"对于……而言具有很大/重要意义/重要性的还有……"以及"这个问题在本案中既不可能也没有问及。"因为阅卷人从这些表达中无法获得任何具体内容或者与结果判断有关的内容。因此，读者应该在下一个句子中表达这些内容或者直接予以省略。另一个切入点是"如果……，则会发生不同的结果。"接在这个句子之后的讨论常常与问题本身无关。只有当该讨论有助于阐释之前所讨论内容的不同之处时才有必要予以保留。

补充说明：解题经济学/表达的经济学

基本原则：在鉴定中需要表达的只有那些回答问题所必要的内容。（说起来比做起来更容易……）作为初学者在分析案情的时候通常需要经过很多思考，而后来才发现这些思考与所寻求的目标不符——但是它对于理清楚思路又是如此重要。这些思考过程在起草答案时要么保留要么删除。其中关于界分问题和争议问题的讨论常常是非常典型的多余论述。

但是，在鉴定中以多个论据来支持结论是应该得到支持的。这体现在鉴定的功用上：即鉴定应当为判断结论作准备（最迟在实习法官成为正式法官时应当掌握该技能）。如果读者在鉴定中能够同时兼顾到受众持有与自己不同观点的可能性，那是很有益处的。在草拟鉴定文本时应当尽量保证所得出的结论是由多个论据作为整体支持，而不是每一个单独的论据分别支持一个鉴定，即在一个鉴定之后还存在其他辅助鉴定。

通过避免不必要的长篇大论以及没有意义的**套话**可以意外地节省很多空间。

举例："这是众所周知的，即欺诈不仅可以通过积极的作为而实现，

---

[1] 相关内容在本书边码352中已有论及。这比读者想象的更为常见，另外由于读者在答案中总是使用不同的表达变形，因而没有将其作为重复的内容。

而且也可以通过不作为而实现"我们可以将这个句子表达得更加优美、简洁而且明确:"欺诈可以通过作为或者违反义务的不作为而实现。"或者"如果……,佩戴肩章的义务可能至少与所预定的旅行的要求相符〔1〕"可以表达为更易于理解的:"如果……,佩戴肩章的义务符合旅行的要求。"或者:"……的事实"通常可以用"……"来代替。通常情况下"此外"就足以表达"除此之外还需要注意的是……"的意思。上述简化规则也适用于"情况是这样的,即……"的表达——今天通过**变化用词**〔2〕简化表达的可能性已经越来越小。

在某些段落中某些片段并不是真正的涵摄,而只是对于案件事实的复述以及进一步解读,这些片段并不少见而且蕴含着很大的简化可能性。从优秀的法学工作技术角度看这样的段落不仅是错误的,而且对于阅卷人而言是枯燥无味的,因为通过阅读数量众多的其他练习作业,阅卷人对于案件事实已经非常熟悉。此外,对法律条文进行冗长的改写也是同样的道理。

简化文本的判断标准是:删除所有读者自己不理解的内容。

在一定程度上我们还需要注意很常见的形容词多余的问题。在科学语言中明显不必要的重复会使人感到困扰。

举例:我们很少读到"圆形的圆圈"和"白色的白马"这种表达。但是"对于合同而言重要的本质要素"和"限制责任的有限责任公司"是常常出现的。

而且毫无信息量的文字堆砌也会是一种干扰因素。

举例:"在这一方面是非常重要的……"——我们几乎不能解释,为什么是"非常重要"而不是"重要"(以及"重要"与"非常重要"之间的真正界限在哪里)。

---

〔1〕 AG Baden-Baden NJW 1999, 1340 f.
〔2〕 以"商人们"(Kaufleute 或者 Kaufmänner)"代替"男商人们和女商人们(Kaufmänner und Kauffrauen)"这个标准替代方法只能在很有限的政治环境下使用。如果读者恰好属于这样的环境并且将鉴定予以替换,那么可以通过变化用词来缩短大概3%的篇幅。

以及那些仅有描述功能的形容词。[1]

举例:"A 取得 B 的旧汽车。"——该汽车是否是"二手的"对于法律上的判断很可能具有重要意义,但是其"旧"还是"很旧"并不会有很大影响。

我们可以通过安排文本的结构实现视觉上具有明显效果的简化[2]:使用断字功能(Silbentrennung)大概能够节省2%的篇幅[3]。

● 选择独立完成练习作业或者和其他人组成团队共同完成作业,这都是个人喜好问题。只要每一个成员能够真正理解自己所写的内容,那么团队合作也是有意义的。四人以上的团队容易导致工作效率低下。团队合作尤其是在处理材料的过程中分工能够节省很多时间。但是我们应该注意的是,应该听从谁的建议。根据经验,读者身边存在很多糟糕的建议提供者[4]:

(1) 高年级学生

("路德的朋友现在是大学第七学期,他说,这很明确是……"——路德的朋友在法学上并没有什么天赋,只因时间的流逝而混到第七学期。即使他提出明确的判断,但其对于问题的认识还不及那些潜心研究法学两个星期的人。)

(2) 从事律师或者法官职业的父母

("克里斯朵夫的父亲是一个律师,他说,合同的违反体现在……。盖比向其母亲提问——其母亲是某高级法院的主任法官——其母亲回答说,关于这点我们首先必须……"——律师和法官的工作规则与学生不同,因此只有在例外情况下才能作为读者解题的帮助者[5]。)

---

[1] 如果在法律中某法律规范中的构成要件是以形容词来表述的("重要理由""显著妨碍"),那么在涵摄时当然也必须精确地以这些形容词作为分析对象。

[2] 通过打印技巧来缩短篇幅是不值得推荐的。

[3] 这种方法只有在文本篇幅很大时才会有显著效果。如果答案本身比较简短,只有当最后一页只有少数几行时才有效果。其中分隔区间的参数应当设置得很小。

[4] 本文的列举力求完整,但实际上是无法完全的。

[5] 除了内容上错误选择重点问题之外还存在另一个风险:即大部分情况下律师的语言风格和专业术语已经和学生有很大的差别。考官对此要比我们想象的更为敏感。因此请读者谨慎考虑,是否真的想要请律师作为自己的指导者。

(3) 研讨课的通说观点

("和我一起参加研讨课的其他 19 个人都是持这样的观点，即……"——这里适用与一般通说观点同样的规则：……成千上万只苍蝇不可能迷路——正如参加民法初学者练习的人一样。)

(4) 过于自信并且随意给出建议的人

("我的观点是，我们只能这样和这样判断这个问题。此外我完全赞同梅迪库斯和弗卢梅关于这个问题的看法……"——读者需要警惕满嘴空话的人。)

(5) 出题教席的秘书、工作人员或者阅卷人

("盖比上次在歌厅碰到……并且随口问道，我们应该如何构思……考试。"——教席的工作人员去歌厅并不是为了解答当前的家庭作业。)

(6) 二手信息

("菲力偶然间认识一个人，这个人最好的朋友恰好也在分析同样的案情。并且与她一起分析这个案情的人刚好在……教授的课上问过……"——读者愿意信任这些传闻吗?)

(7) 那些对于读者的求教完全只是安抚性回答或者过于殷勤的人

("这是非常简单的：……"——没有经过努力探究而得到的答案通常是错误的。)

(8) 一眼就看出正确答案的朋友

("很简单的案例，这里涉及的是……"——过快着手处理问题常常是风险大于机会：如果我们只是盯着最终目的很容易会中途忘记一部分问题。有些时候我们甚至解答的是错误的问题。)

(9) 在交作业前一天打电话的同学，因为他已经找到唯一正确的答案

("嘿，我完成了……!"——读者上一次是什么时候在最后期限的慌乱之中作出一个好的判断?)

- 成功的**思维过程概括**可以将作业的内容展现出来。请读者尝试组织作业的文本结构而使阅卷人易于理解答案内容。那些在思维上存在紧密联系的内容应当合在一起表达。那些联系非常紧密的思考应当在两个主句中表达，并且只通过逗号来分隔；其中关系稍远的内容可以使用分号（分号的作

465

用常常被低估）。[1] 有时候也可以使用冒号。如果距离再稍微远一点的内容可以通过句号来分隔，更远一点则可以使用句号和分段来表达[2]，再远一点的可以通过句号，分段和空白行，再远一点可以使用没有标题的项目符号（只有在特定情况下才推荐使用），再远的话就采用一个新的标题。

值得读者去做的是，根据上述标准审核一遍已经完成的答案文本并为了使阅卷人易于理解而重新组织语言：作者表达于纸上的思维过程常常并不如想象中那样清晰。

466
- 答案中需要**强调突出**的部分可以使用下划线、加粗或者斜体来表达。其中斜体是最不惹人厌的，因此应该优先使用。

有时候所有的强调都被阅卷人所强烈否定，因为阅卷人不愿被考生当作是无知的；此外，读者必须通过语言表达，而不是答案的结构来强调突出重点内容。但是从另一方面来看，并不是所有的阅卷人在阅卷过程中都一直是完全集中注意力，因而其希望看到视觉上明显的文本结构。[3] 例如读者可以将某一法律规范的构成要件以斜体的形式表达，如果读者觉得为每一个构成要件设立一个独立的标题是多余的。总而言之，读者应该尽量克制地使用强调突出的形式。

读者也可以通过句子构造实现强调突出的目的。[4]

举例："只有当……，B 的行为才具有违法性。"为了将阅卷人立即指向重点问题，我们可以将这个句子的重点放在开头："B 行为的违法性只有在……情况下才成立。"

467
- 请读者设立**中间结论**。案件事实和鉴定越是复杂并且一个标题之下的篇幅越长，对于阅卷人来说就越希望能够看到一个中间结论，尤其是由于大篇幅的理论阐述导致与其案件事实之间产生微小的脱节，尤其是当我们针对一系列论据进行赞成与反对的讨论之后（"概言之，可以确定的

---

[1] 相关内容请参见 *Schneider Deutsch!*，128 f.
[2] 因此不允许让所有句子都独立成段。这样看起来各句子之间像是毫无关联的——但这种错误现象是很常见的。
[3] 若有需要关于作业打印形式要求的详细内容请参见 *Bendix* Arbeiten，或者 *Willberg/Forssmann* Erste Hilfe；用以初步提高清晰度的请参见 *Engelbrecht* ZJS 2011，297 ff.
[4] 由 *Kühtz*：在其 Wissenschaftlich formulieren，57 f. 中推荐。

是……")。或者——出现一个思维上的转折("根据到目前为止的判断某请求权是存在的。/从表面上看 A 可以向 B 要求……",随后是对于某一个抗辩的构成要件进行涵摄,例如撤销)。

- 请读者不要忘记在作业的最后给出一个**总结论**。这同样便于读者自己对答案的合理性进行检查。在结尾的总结论中请读者再次表明所有得到肯定的请求权,或者某一行政行为具有违法性的所有理由或者犯罪行为,如有必要再提及相应的竞合请求权。

结论应当以简洁的文字表述,并且在结论中不要再次进行内容上的探讨。

如果读者在结尾部分要将层层递进的中间结论彼此连接起来,因为所有已经开启的讨论现在又要重新归结起来,读者可以避免因多个结论的堆叠而易于使人产生误解,即将其分别表示为"关于……的中间结论""关于劳动者身份的结论""最后一个结论""总结论"等而使多个结论彼此清晰地表达出来。

- 在最后的自我检查之前读者最好(并不是强制性的[1],但是推荐这样做)请两个**校对人**帮忙检查。校对人可以帮忙指出并改正易于辨别的矛盾

举例:因此合同并未成立;该合同可以撤销。

以及相应的错误。

举例:为了判断谁是所有权人,我们应该检索的是,在 A 和 B 之间以及 A 和 C 之间分别成立一个有效的买卖合同。

进行校对工作的人最好不需要解答与读者同样的题目。否则存在当局者迷的风险,即由于其身处其中而无法清楚判断他人答案中的错误。那些非法学专业的校对人可以帮忙改进答案的可读性、句子结构的可理解性以及格式错误和贯穿全文的主线的清晰度。

举例:"通过转移风险而进行风险控制的可能性只在有限范围内才

---

[1] 如果读者属于高风险一族(曾经的阅读困难者,外来移民,外来移民的子女),那么尤其需要校对人的指点。其中校对人应当尽量不属于高风险人群,至少是与读者不同类型的高风险人群。

可能[1]。"——如果我们过于频繁地调整这个句子,作为答题人的我们很容易当局者迷。但是校对人却可以一眼就看出来错误所在。

通常情况下首先应该进行专业上的校对然后由非专业人士进行其他方面的检查。对于法学专业的校对人而言很容易发生的情况就是,他将文中某一处专业术语用其他表达进行替代——但是忘记同时将相关的代词改正过来。而这一工作恰好是非法学专业的校对者所在行的。

- 读者应当为**最终审查**预留一天以上的时间。[2] 请读者使用统一的符号(例如###或者其他)表示读者在完成作业过程中在行文中所标注的说明。读者在交作业之前可以再次借助文本编辑工具来搜索这些符号;这样阅卷人在批改过程中就不会时不时在脚注中看到类似于"补充出处!"或者"此处再补充一些具有说服力的论据!"等说明。这些标注除了美好的愿望之外并不包含任何实质性内容而且会使定稿显得粗浅。

参考文献及其结构最好推迟到上交作业当天再设置。这样做有利的一方面是,只有到最后一天读者才能确定哪些文献是真正被引用的。另外一方面也存在风险,因为读者很容易错误估计所需要花费的时间。根据前期准备的不同状态完成一份参考文献大概需要花费掉一个工作日的时间(前提条件是图书馆开门[3])。当然一份恰当的目录也需要花费不少时间。只有当读者在完成作业过程中持续地为每一个标题设置格式——并使用"生成目录"功能时,才能快速完成目录设置。

只要读者确定自己的作业已经完成,请读者最后再通读一遍全文。在此过程中读者只需要注意三个问题,这三个问题是读者针对每一个(!)句子都需要考虑的:

(1)传递读者想法的句子是否已经表达得足够明确?

如果想法是不明确的,那么所表达的句子也很难明确。但是常常发生的情况是,读者虽然有清楚的想法但是无法用明确的文字表达出来。这个过程

---

[1] *Pape* Corporate Compliance, 49.
[2] 很有参考价值的建议请参见 *Schnapp* Jura 2003, 602 (606 f.);请同时参见本书边码 569 及以下的检查清单。
[3] 译者注:对于远程的人来说也可以借助于网络;相关内容参见本书脚注 725。此处脚注 725 中的 725 为原著脚注编号。

是一把双刃剑。即：读者能够想清楚的内容也可以清楚地表达出来。但这常常需要时间和精力。——这同时也是一个很大的机会，即在众多竞争者当中脱颖而出。法学初学者对其想法的表达常常过于宽泛、笼统、不够精确。对于高年级的学生来说，过于笼统的表达常常被视为初学者才会犯的低级错误。这会导致分数降低。

（2）一个句子与上一个句子之间是否可以根据鉴定逻辑合理地连接起来？

如果不是这样，那么读者必须进行修改。或者必须能够非常深入地解释，为什么这是不必要的。[1]

（3）该句子是否能够更加简洁？

简洁的句子往往更加清楚。[2]

如果读者认真思考"明确性""统一性"和"简洁性"这三个问题，常常会感到惊奇，自己的作业有这么多需要修改的地方。

- 在最后的优化过程中读者应当将精力主要放在作业的**前两页**，这是值得一试的。因为，即使在批改考卷的过程中第一印象常常也是具有决定性意义的。

尽管真正优秀的练习作业或者考试答案必须是通篇都很优秀。但是即使如此——尤其鉴于有限的时间和精力——将精力集中于开头部分是有一定意义的。不难理解，如果一份作业的开头部分很糟糕，一个老练的考官可能会感到恼火，相反，如果一份作业开头非常优秀，考官会心情愉悦。

成功开篇的一个前提条件是，将案件中的问题以易于理解的方式引导到大前提中。[3] 在第一个大前提的第一个标题之后几乎毫无例外都必须使用一个假设。

举例：因此下列表达并不好："首先提出的问题是 S 必须采用的法

---

[1] 这里举一个简单的例子："有疑问的是，请求权是否产生。为此必须成立一个买卖合同。"——不是的。这两者在逻辑上并没有必然联系。正确的表达应该是 "有疑问的是，支付价款请求权是否产生。为此必须成立一个买卖合同。"或者在标题 "A 针对 B 就支付金额为 2000 欧元的请求权"，——可想而知必须接上 "为此必须成立一个买卖合同"。

[2] 请读者再阅读一遍本书边码 463。

[3] 相关内容在本书边码 55 及以下中已有所论及。

律途径的问题",因为这个句子没有表明,为什么要提出这个问题。

在此之前还存在合理安排行文结构的问题。读者所采用的行义结构越是符合阅卷人的喜好或者越接近参考答案所采用的结构,得到好成绩的可能性就越大。但是,即使读者就结构问题进行深入思考,也无须就**结构安排进行说明**。因为一个好的结构是不言自明的。此外,阅卷人也可以参考目录并据此了解鉴定的进程。

关于成功的开篇方面,读者要注意避免**头重脚轻**(结构安排的一种,即从第一行开始就讨论一大批问题,而之后只是援引前面所讨论的相关内容)的问题。同样需要避免的是在鉴定中讨论那些明显没有问题的构成要件,一段接一段的长篇大论会耗尽阅卷人的耐心。[1]

- 值得注意的是,读者无论如何应该遵守作业的上交时间(或者更严厉一点:遵守上交**期限**[2])。

高校的老师和他们的秘书们也乐得轻松,如果有一些上交的作业不是必须批改的。迟延上交的作业他们很可能是不会评分的。因此请读者严肃对待上交期限:最后在国家考试中,作为考生唯一"敌人"的法律考试委员会,其工作人员完全没有兴趣批阅迟延上交的答案。[3]

出题人所设定的完成作业所需要的时间通常都是比较宽裕,即按时上交作业是没有问题的[4]——但重要的是:读者要着手解题而不是一再拖延。但有些时候也会存在时间紧迫的情形。如果自己没有办法亲自将作业交到教席的秘书处,那只能通过邮寄上交。所以请读者及时了解最重要的邮局分处的营业时间。营业时间最长的通常是火车站和机场的邮局。由于读者无法了解学校的邮局和收发室会如何处理自己所邮寄的作业,因此读者必须考虑将

---

〔1〕 除了这里所提及的形式上的理由之外,法律鉴定开篇的内容当然也是非常重要的;如果读者在开头就出现内容上错误的判断,那么阅卷人常常就会苛求自己所期待的答案模式。但这也不一定是很糟糕的情况——只是阅卷人必须更加专注以及对结论有更多的开放性。

〔2〕 这可能是读者第一次有机会将民法总论的知识运用于自己的实际生活当中;如果没有另行说明,上交期限应当根据《德国民法典》第187条及以下各条进行计算。

〔3〕 另外,在读者今后的律师职业生涯中这种因未遵守期限而导致令人不快的结果还是会继续发生的;请读者阅读例如《民事诉讼法》第296条及以下各条、《德国民法典》第214条第1款。

〔4〕 但是在考试中情况可能不是这样的……

作业以有回执的挂号信形式寄出——需要额外支付的费用是 3.85 欧元。

请读者不要尝试使用父母办公室的邮资机，因为使用邮资机盖戳寄送的信件通常是不被接受的。

尽管作业在教席丢失是很少发生的事情，但是为了以防万一，在交作业之前备一份复印件是比较明智的做法。

- 绝对值得推荐的是**参加作业的讨论**，通常情况下作业讨论之后会直接归还作业。读者可以在讨论中让自己所犯的错误得到第一手的解释。此外，这也有助于避免今后再犯同样的错误，如果读者希望在教席中提高自己的分数。[1] 473

一般情况下，在作业讨论中读者不仅能够得到一个参考答案，而且也会有常见错误的提示。最完美的状态就是读者不仅能够从自己的错误中，而且还能从他人所犯的但具有代表性的错误中学到东西。读者不该错过这样的机会。如果读者在讨论课前几天再花三刻钟时间好好回顾一下（通常情况下是几个星期之前的）所解答的题目本身以及自己的解题思路，那么参加讨论课的收获就会更多。

- 若要对读者的成绩作出切合实际的评判，就需要了解法学院**成绩等级**的特殊性。为了尽可能避免失望：尽管法学院的成绩等级比学校（指小学初中高中）里更加宽泛；但是——不同于学校里的评分标准——越往下成绩越差（德国学校里的成绩是数值越小越好）。对于法学学生而言传统的 "befriedigend" 代表还不错的成绩，"voll befriedigend" 代表很好的成绩。根据绝大多数给分者的理解 "sehr gut" 是作为自身水平而保留的。因此读者无须对自己的成绩感到紧张和难过（"我只得到了 14 分"）。首要规则是："达到 4 分就已经成功了。" 只有当读者已经达到这样的成绩，之后才是施展雄心抱负的时候。 474

- **对不公正成绩的异议**需要深思熟虑之后再提出。[2] 读者在拿回作业 475

---

[1] 具体内容请参见 Frenzel ZJS 2011, 327 ff.
[2] 关于撤销考试一些有用的提示和参考文献请参见 Kallert/Marschner/Schreiber/Söder, 252 ff.；绝对值得推荐的是 Gas www.weber.jura.uni-osnabrueck.de/download/Lehre/Die%20Remonstration.pdf; Fachschaft Jura der Universität Hamburg Hinweis zur Remonstration, www.elbelaw.de/hinweis-zur-remonstration.

之后对于成绩并不满意的情况是时有发生的。请读者在这个时候不要立马跑到教席并与之争论。读者应该等几天并重新考虑这件事情。其中一个很常见的误解是,将糟糕的分数不恰当地解释为一个法学学者或者一个人素质的评判标准。这是完全错误的——这仅仅是某一具体法学能力的成绩。完全没有理由将糟糕的成绩和个人联系起来。有些时候阅卷人有点过于严厉[1] 请读者自己想一想,自己的作业中可能有三四十个错误,这些错误在阅卷人看来是完全不应该出现的,这会使阅卷人感到恼火。在评分的日常生活中阅卷人虽然也竭力保持公平公正;但是读者需要明白的是阅卷人也是人。

但是,如果读者读了3遍阅卷评语(先确定其具有可读性)还是不能理解自己的作业错在哪里,那么就请读者记下那些自己不满意的评语并请求重新批阅。但也请读者不要抱太大的希望:从概率上看,获得一个更好成绩的可能性很小。[2] 但是无论如何:有些时候阅卷人真的过于随意。在这种情况下读者就应该坚持要求阅卷人向读者认真解释,为什么认为自己的作业得到很差的成绩,或者要求提高分数。

为了提高成功的可能,读者可以通过完整的德语句子并尽可能有事实依据地解释,为什么对于自己作业的批评不能说服自己。如果读者向阅卷人提出的理由是"但是霍尔格也有很多像我这样的错误却还是通过考试了",这种类型的争论基本上是不受欢迎的。这不但完全不加区分,而且会使被提及的人同样处于尴尬的境地,必须将读者的作业和其他几百个人的作业予以平衡。基于善意最好不要这样做。

如果不加任何说明只是笼统地要求阅卷人重新评分,这是完全没有意义的,而且会使阅卷人感到气愤。这样的行为不会有任何建设性的结果。

对于一个法学人而言,考虑到法律途径是义不容辞的事情,如果已经用尽其他所有办法也无法促使重新阅卷。[3] 当然,读者也可以选择在下学期

---

[1] 更确切地说,这是语气上的严厉而不是事实本身——但有些时候对于作业本身的批评也是必要的;因为也会存在比较差的作业。

[2] 即使读者有时候拥有相反的印象:读者的阅卷人会非常认真对待。但是极其特殊的情况是3分和4分的界限。因为考官非常清楚"通过"与"不通过"之间的区别。

[3] 采用异议程序和行政事实程序所具有的优势是,读者可以提前适应诉讼程序。另外在这样的程序中读者也有可能获得权利。法律途径的弊端在于费时间、耗精力、成本过高。

重新参加练习课。[1] 并且习惯这样的观念，即人无完人孰能无过。

结论　　　　　　　　　　　　　　　　　　　　　　　　　　　　**475a**

　　如果读者粗略地翻看、浏览、阅读或者甚至深入钻研本书的内容，应该在（法律适用和检索）技术层面有很大的长进，或许在实体法层面上也有一些收获。这可能成为竞争上的优势。如果读者不想失去这一优势，就不能将本书推荐给其他人。

---

　　[1]　最后还可以考虑的可能性：读者取得一个比较差的分数或者甚至没有通过考试，是因为阅卷人/老师/考官认为读者是一个非常有才华的人（但是懒惰或者不专心或者自由散漫）。或许事实上真的就是这样。

第五部分　附录：表达和学术研究的外在形式

这一部分主要对法学练习和考试表达中常常被低估的一些外在形式[1][2]进行概括和说明。

1. 下文的提示是以读者练习课的指导者没有明确提出不同要求为**保留前提**。在真正参加国家考试时，读者应当及时了解考试委员会是否对答题有明确的形式要求。[3]

2. 形式在一定程度上（比较小的程度）属于**喜好问题**。

举例：脚注是否应当以句号结尾，这是一个"信仰问题"——除非脚注包含一个语法上完整的句子（那必须在结尾有一个句号）。

---

[1] *Wörlen/Schindler* Anleitung Rn, 57 ff.；*Dietrich* Jura 1998, 142 ff.；*Jaroschek* JA 1997, 313 ff.；*Jahn* JA 2002, 491 ff.；*Garcia-Scholz* JA 2000, 956 ff.；*Rollmann* JuS 1998, 242 ff.；*Gas* Nds-VBL. 2007, 255 ff., 314 ff.；*Putzke* Arbeiten；*Mankowski*http：//www.2.jura.uni-hamburg.de/sipr/dateien_ mankowski/zitierempfelung.doc；*Möllers* www.jura.uni-augsburg-de/prof/moellers/downloads/arbeitstechnik_ jur/Richtges_ Zitieren.pdf；其中在瑞士使用的一些不一样的规则请参见 Müller ZitierGuide。

[2] 聪明的人可能并不是很喜欢在这些外在形式上浪费时间。因此本文就以简短的脚注来总结：熟练掌握这些惯例法（"协议"）是具有一定意义的，因为只有了解这些习惯才能在这个职业共同体内进行交流。请读者设想一下，假设读者是一台传真机，并需要与其他传真机进行信息交换。首先，读者必须有一些动静并另一台机器也必须有一些响应（根据CCITT 4.0或者其他类似的）——之后才能进行信息传输。或者读者是一个人并且想要在法兰克福市中心进行一个小的毒品交易。读者在真正就交易本身进行协商之前首先必须交换一些与毒品交易习惯相符的暗号，例如"*EyAlderWasGeht？*"和"*KonkretKrassKonkretWeißTu？*"。法学惯例的作用——例如关于鉴定模式或者参考文献目录的表达——是非常相似的。它不能保证读者交流的成功，但能够明显提高成功的可能性。

[3] 例如考试须知：www.jpa-wiesbaden-justiz.hessen.de/internet/jpa.nsf。

因此有必要顾及到读者自己的考官的喜好。读者可以就此问题询问一下自己的考官。有不少教授都会在自己的主页上传相应的答题要求。

478　3. 但是，在很大程度上形式是必须考虑的因素

（1）科学作品的基本标准

科学作品（或许不仅仅是这些）的一些最低要求也是法律科学学习所必须遵守的，但愿这是不言自明的。如果读者未遵守这些基本要求，任何一个阅卷人都有合理的理由表示异议。

（2）考试和练习作业的批改人的一些实际要求

（3）一些专业领域的特定习惯

如果读者在作业中不必要地增加批改人批改的困难，或者让人觉得没有必要熟练掌握专门的法学沟通形式，这都会使读者作业的成绩受到负面影响。

所有这3个判断标准与读者的鉴定或者报告在内容上的质量共同影响着考试成绩。通常情况下阅卷人不会指明这方面的评判标准也是考试成绩的影响因素，为了避免考试撤销程序所造成的麻烦——但是实际上这些标准在无形中与分数挂钩。

479　4. 但是，即使我们遵守上述所有要求也还不能保证自己的作业具有**科学性**。但注意这些要求至少可以避免最糟糕的错误。因此，下文的内容只是关于科学性的必要条件，而非充分条件。

480　5. 在**网上**[1]有一系列类似的答题指南。

这些答题指南大部分都是大学或者高等专科学校的教授或者他们的科研同事所撰写的。读者只需稍微浏览一下，很快就能发现虽然它们在细节上彼此不同，但是从大体上来看都是关于科研作品写作形式的可靠规则。

481　6. 本文所涉及的简要指南是专门针对法学专业写作的一般要求。在其他学科中一般情况下也会形成其他标准。

---

〔1〕 www. versicherungsrecht. jura-uni-koeln. de/fileadmin/institute/versicherungsrecht/Vorlesungen/Musterhausarbeit. pdf 中也有一个作为范例的家庭作业。值得推荐的还有 *Bürge* 在 http：//gauis. jura. uni-sb. de/Klausuren/Merkblatt 中的说明，这个说明读者最好在网上阅读，当然也可以打印出来阅读。此外还有 www. intrecht. euv-frankfurt-o. de/hinweis. htm；*Dreier* www. jura. uni-wuerzburg. de/lehrstuele/dreier/lehrveranstaltungen/konversatorien/。*Kraatz* LL. B 2012, 42 ff.（= www. llb-ius. de/Zeitschrift/Ausgaben/LLB-Heft_ 1-2012. pdf）。本文的列举无疑是不完全的。

因此请读者要稍微留意一下那些从兄弟姐妹那里听来的关于科学作品写作的指导原则,如果他们所学的专业是教育学或者物理学或者经济学等。

7. 只要有可能,本书都会解释**如何**处理各个具体问题,以及**为什么**这样处理是合理的。

因此不同的读者就这个问题存在两个截然不同的反应:一部分学生是先搜索答题指南,因为他第一次处理练习作业,并且不希望犯任何的错误,另一部分学生对任何不必要的限制性规则感到不快,因此根本不知道为什么要受限于这些规则。

读者愿意在这些外在形式上花费多少精力,这是读者自己的事情。从前几年开始,州法学教育法开始逐渐注意到,在国家考试中为什么要写更加简洁的作业或者甚至不再写作。在学习期间读者常常可以通过笔试来获得一门课的考核成绩。结果就是到学业结束为止,读者总共只写过很少几份简短的家庭作业。基于考试成绩最优化考虑读者常常更愿意参加笔试,而不想写过多的家庭作业。我认为这是有风险的。因为写作能力对于读者学业中的科学研究能力具有重大意义。

请读者思考一下,读者的阅卷人大概会将 18 分中的 3 分用于评估外在形式——明示或者通常情况下未予明示。该原则不但适用于初学者的作业(因为对于初学者而言,学会相关的论述标准是很重要的),而且也适用于高年级学生的作业和考试(因为候选人最迟现在就必须掌握相关的标准)。[1]

如果有读者不想完整阅读下列内容,可以通过关键词目录查询特定部分的信息。[2]

---

〔1〕 对此读者应当预计,阅卷人可能会这样处理:读者以恰当的外在形式大概可以获得的 3 分将被扣掉 1 分,如果目录不完整或者不整洁,如果作业的结构自相矛盾或者过于肤浅,将再被扣掉 1 分,另外如果脚注中存在弱点最后 1 分也将被扣除。如果读者的作业在任何外在形式上都存在瑕疵,几乎不可能有阅卷人就内容给予全部的分数。薄弱的形式常常标示着内容也是同样薄弱。

〔2〕 就这部分内容进行快速的电子检索可以在 www.beck-shop.de 中的 *Schimmel*, Juristische Klausuren und Hausarbeiten richtig formulieren 中实现。

第五部分 附录:表达和学术研究的外在形式

483 一、 家庭作业中的形式

在 21 世纪，家庭作业一般都是在**计算机**中完成[1]；打字机基本已经退出历史舞台，但读者如果要使用打字机也不存在任何反对的理由。[2]

字体大小通常是 12pt（即与一般的打字机类型相同），脚注使用 10pt 或者 9pt 的字体，但是不要太小。

字体如果过小，阅卷人持续阅读会造成其视觉疲劳。如果读者试图通过调小字体来节约空间，结果却导致批改人心情烦躁，这明显是得不偿失的。

字体类型我们选择 Arial（无衬线并强调客观性）或者 Times（据说是最受欢迎且易读的字体）。比较长的文章建议读者使用 typograph serifenschriften。读者可以在作业全文使用统一的字体——但至少标题应该设置为稍大一点的字体并加粗。这样的设置比较符合科学作品低调客观的要求。

正文和脚注有时候使用左边对齐格式，但一般情况下使用**左右对齐**的格式。

在使用左右对齐时至少应当将自动断字功能打开，但最好是在结束时手动断字。这些多余的空格将会增加文章阅读的难度。

484 请读者使用 DIN A4——打印纸[3]，并且**单面**打印。

---

[1] 如果有读者是首次操作并且没有阅读过任何从网上下载的关于形式的模板，请参见 *Nicol/Albrecht* Wissenschaftliche Arbeiten，*Hahner/Schreiber/Wilke-Thissen* Wissenschaftliche（s）Arbeiten，或者 *Krämer/Rohrlich* Haus- und Examenarbeiten（简化版本请参见 JuS 2006—2008）或者 *Müller/Schallbruch* PC-Ratgeber；*Theisen* Wissenschaftliches Arbeiten Anhang Ⅲ 也不错。如果有读者不想购买和阅读一整本书，可以尝试阅读 *Schallbruch* Jura 1996，498 f.；*Müller* Jura 1996，52 f.；*Knoop* JurPC 1999，3317 ff.；或者 http://www.krotstock.de/word。

[2] 这有可能影响到上交家庭作业时同时上交打印版和电子版的要求，其中电子版在很多专业领域可以简化对于知识产权侵权、抄袭甚至欺诈行为的审查。因此以打字机完成的作业必须尽可能不要上交扫描成 PDF 的文档。如果在例外情况下只能上交电子版的作业（例如研讨课的老师通过这种方式更便于将批改之后的报告发送给参加者），建议读者使用独立于特定编辑软件的格式，同样也包括 PDF。——打字机作为保留选项总是值得考虑的。适应计算机的读者对此有一些有趣的经验。

[3] 如果使用连续的打印纸（现今已经很少用）必须裁掉大概 1 厘米的长度才能与 A4 的文件夹相匹配。

尽管这样做有浪费纸张的嫌疑，但这是完全通行的做法并且也使批改人能够在背面写更长的评语（尽管实践中很少发生）。是否使用再生纸是个人喜好问题，但是一般情况下可以完全放心地使用。

读者不必将作业装订成册（与考试不同），但是使用**文件夹**是很常见的做法，并且也是非常有好处的——有谁会喜欢处理零零散散的纸张呢？使用一个好的文件夹，例如比较结实的文件夹，会比那些常常看到的特别软的文件夹给人留下更好的印象[1]。但无论如何读者至少应该使用一个装订条——这真的不是什么大的投入。当然从技术角度来看只要在文件左边夹一个**燕尾夹**就已经足够，但是这看起来并不让人喜欢，并且当家庭作业篇幅较大时，燕尾夹也并不总是能够满足牢固性的要求。在打印店里常常有便宜的螺旋型装订条；这种装订条在牢固性上要比质量低劣的胶粘装订可靠得多。实践中很常用并且对于批改人来说也非常实用的选择是**螺母文件夹**。

请读者**不要**将每一页单独装入透明袋。这样做虽然可以防止批改过程中作业被咖啡渍弄脏——但是即使是为了一个最小的批注，阅卷人都必须将该页从透明袋中拿出来，批注完之后再重新放回去。

如果学校的考试规则规定考试委员会将会扫描所有的答卷，那么请读者以不装订的散页形式将答卷置于一个密封的信封中再上交。

（一）封面

任何书面作业都是以**封面**作为起始页。在封面上——一般从左往右——写明作者的姓名、地址、学期数以及——通常是在右上角——上交日期。位于封面中间的是作业的题目[2]、课程名称、老师的姓名以及当前的学期数。

---

[1] 使用一个合适的文件夹使读者可以向阅卷人展示自身作为答卷人也非常重视自己的作业，这也是成本最低的方式。这并不需要以带有金色压花和书腰的黑色人造革来装订。使用一个最常见的文件夹就可以了。

[2] 所谓题目，在一般的练习作业中通常理解为简短的标题例如"民法Ⅲ：物权法（但是读者无需创造出例如'总是让人生气的狗'这种题目）"，在研讨课作业中例如"本案中是否存在正当防卫？"

读者有必要确切知道指导老师姓名的写法[1]，但实践中这个礼节上的要求却常常被忽视。如果阅卷人看到自己的姓名被写错，几乎所有的阅卷人都会感到生气。一般情况下我们使用老师的学衔，即通常情况下是"教授博士"（Prof. Dr.），并同时省略"女士"（Frau）或者"先生"（Herr）等称呼。

只要读者有时间，最好先完成封面设置——而不要在交作业前几分钟才着手处理封面。[2]

（二）作业任务

封面之后有专门一页用来打印**作业任务**或者**案件事实**，要么就是图片复印要么就是——更加美观并且在考试中通常是强制性的——誊写。[3]

在誊写过程中读者可以改正打字错误。将其转化成新的正字法也完全没有问题。另外请读者不要对案件事实做任何细小的改动，除非读者就此问题询问过教席或者考试委员会的工作人员。尤其是姓名、日期以及数字。

如果读者所写的是一份报告，请将题目置于封面上，也就无需再另行设置专门的任务页重复一遍题目。

从案件事实开始应该使用**罗马数字标示页码**。页码的位置以及格式（页眉或者页脚，居中或靠右，有或没有项目符号）都是个人喜好问题。如果读者在每一个页码之前都写上"页"（实际上对于阅卷人而言该词并没有包含任何新的信息），有些阅卷人可能会觉得这是多此一举——因此还不如删掉。

为案件事实、目录和参考文献所**设置的格式**并不是必须与正文中的行间距和页边距[4]保持一致。为了使作业看起来条理清晰，可以将左边页边距设置为 7 厘米以下并且行间距设置为 1.5 厘米以下。建议：左页边距设置为

---

[1] 读者可以从课程表、本课程的讲稿以及网络等途径查询。文本编辑软件中的拼写检查功能在这方面是不可靠的。这些专有名词总是能够在使用者词典（Benutzerwörterbuch）中查询到——如果我们借此机会同时仔细检查一遍正确的写法。

[2] 封面的模板读者可以参考 *Putzke* Arbeiten, 176 ff. 或者 *Mix* http：//utb-mehr-wissen.juni.com/moodle/utb/main/file.php? file=%2F224%FDeckblaetter.pdf.

[3] 在案例分析初期誊写案件事实可以避免之后阶段的紧张情绪，并且也有助于在脑子中对案件事实留下印象。

[4] 相关内容请参见本书边码 526。

3.5厘米，行间距设置为1.2倍行距。这样就可以使目录和参考文献易于阅读。我们最好使用两列的表格[1]来编辑参考文献，这样可以简化各条目格式的统一性和清晰性。

(三) 大纲

在任务之后[2]必须有一份大纲（Gliederung）。

我们可以使用普通的原始标题"大纲"；如果是几百页的文章我们也可以称之为"目录"（Inhaltsverzeichnis）。[3]

在大纲中花费再多的精力也是不为过的。大纲作为作业的"展示窗口"展示了该作业是否有合理并且易于理解的结构。读者可以这样认为，即阅卷人在真正开始阅读主题内容之前会先认真阅读大纲。虽然一份成功的大纲很少会赢得额外的分数，但是不好的大纲将明显拉低分数。因此如果有读者认为大纲只是作为作业中各具体段落相互之间的逻辑关系的体现，还是不够重视大纲的表现。

大纲中每一个具体的点必须是**按照一定的等级**进行排列。

在这一点上很容易犯错误——并且批改人会非常留意这方面的错误。如果我们对所有相关观点进行讨论，却没有进行系统化，这无疑会导致减分。这方面错误最基本的表现就是各具体观点的排列顺序不合理甚至是看起来比较随意。

大纲必须可以清楚展示，读者所讨论内容中各具体段落之间存在怎样的逻辑关系。

举例：如果我们将A针对B根据《德国民法典》第280条第1款的损害赔偿请求权归类到一级标题中，那么其构成要件（债务关系、义务、义务违反、可归责性，等等）就不能设置为同一级标题（2、3、4，等等），而必须处于逻辑上的下一级标题中（a)、b)、c)，等等）。

---

〔1〕 在左边一列输入作者的姓名，在右边一列输入所有其他与书目相关的信息（详细内容请参见边码498以下）。之后再根据左边一列按字母顺序进行分类就相当简单了。

〔2〕 有些时候也有人建议将参考文献设置在目录前面。这也非常好。但是并不是很常见，如果读者就不同专业书籍比较一下。

〔3〕 关于以目录代替大纲请参见 *Herold/Müller* JA 2013, 808, 810.

在每一级标题中都必须至少有**两个以上的大纲要点**（如果我们使用 a）那么必须同时使用 b））[1]。

如果某法律规范的第一个要件就被否定，上述规则的适用就会出现问题；如何避免问题：紧接着被否定的构成要件在同一级标题中添加一个中间结论。

标题应当使用**统一的格式**。要么使用完整的句子（不是必须的要求也并不会因此更加合理）或者**关键词**。

举例：读者当然可以在鉴定中像请求权检索中的大前提一样表达标题："A 可以根据……对 B 享有……的请求权。"但这样的表达并不理想。更好的表述是："A 根据……对 B 享有的……请求权"。"履行抗辩，《德国民法典》第 362 条第 1 款"要比"但是 A 的请求权可能已经因履行而消灭"更加好。

大纲中使用的正文标题不能只是表意，而必须完全**逐字复制**。大纲应该涵盖所有的标题，而不只是一部分，例如前三级标题。

请读者在全文中只使用一种类型的目录样式。

其中比较通用的两种标题编号为：

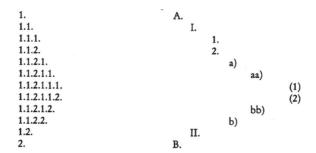

十进制式和字母数字式

其中后者比较传统并且在法学文章中使用更加普遍。前者则比较现代化并且具有以下优点，即使用这种标题编号的文章，阅卷人总是可以非常清楚

---

[1] 实践中却常常出现违反这一规则的情况。

地了解自己当前所处的位置。但是，如果大纲中有七级以上标题时使用这种标题编号也会陷于另一种混乱，出现诸如 2. 3. 17. 4. 3. 1. 7. 这一类的标题编号。

将两种大纲类型结合起来或者自己创造出其他类型的标题编号都只会造成不必要的混乱。请读者保持谨慎。

在划分章节的时候请读者注意，如果是由上往下划分时，每次只能降一级；但是由下往上时可以不遵守逐步升级的规则。[1]

举例：在上文提到的字母数字型大纲中 1. 之后必须接 a) ——只有到下一级时才允许并且需要 aa)；大纲中标题级别的跳跃是错误的并且会导致结构混乱，尤其在同一鉴定中没有任何合理理由的情况下一下子从第 2 级跳到第 4 级，一下子又跳回第 3 级。但是，如果在第 3 级之后并不需要更多的标题，那么在 b) 之后可以直接跳回到 Ⅱ.。但是，在法律鉴定中还是推荐读者在这些空当位置填上中间结论。

在每一个大纲标题之后需要有——最好是右对齐——相应文章部分的页码，以便快速查询。读者最好在每一个大纲级别与上一级之间靠右缩进大约 0.5 厘米的距离——为了使大纲看起来更加一目了然。

另外，如果读者使用标题和目录编辑功能，完成上述设置几乎是毫不费力的。如果读者能够熟练运用文本编辑软件中的大纲功能，尽管还需要花费大概 15 分钟的时间来调整，但已经节约不少时间并且也可以避免上交作业前精神紧张，因为使用该功能后将自动生成大纲并只需几秒钟的时间便可完成。

请读者注意，在大纲中不要采纳标题的所有原格式。否则大纲很快就因加粗、斜体以及过大的字体混杂在一起而杂乱无章。最好是使用统一的格式，并且大纲中各标题等级之间的区分只通过缩进（当然还有大纲中的标题编号）来标示。

不纳入大纲范围的有封面页、案件事实页以及大纲本身。但是参考文献

---

[1] 如果有读者认为从第五级直接跳回到第二级会造成文章结构不美观，那么可以通过在中间各级添加（中间）结论的方式来避免过大的跳跃性。

目录以及正文部分的标题"鉴定"可以作为例外,但并不是必须如此。

大纲的篇幅建议不要超过文章篇幅(以页计算)的 10%~15%,文章越长大纲所占的比例越小,最多不超过 3 页或者 4 页。

减小大纲篇幅的第一种方法是去掉文章中标题所使用的格式(例如字体 20 磅,加粗,1.5 倍行间距,段前段后 1.5 倍间距,等等)。

如果文章的总长度才 20 页,那么从第五级标题开始读者就应当有所怀疑,如果出现第六级标题就应该重新安排结构;如果是一篇 50 页的鉴定,出现第七级标题或许也是可以接受的。[1] 将大纲设置得过分详细是初学者常常犯的错误。但是从另一方面来看,根据经验,一份教义学作品的大纲至少应该包含三级标题。[2]

在文章的写作过程中将其进行更加细致的划分是有一定意义的。这可以使查询已有内容变得简便,也能够快速了解文章的完整性。有些时候当我们为某一部分内容寻找一个独立的标题时才会发现一些思维上的错误。但是在上交作业之前,我们应当去掉因此所设立的标题。

如果读者需要大纲和参考文献的直观材料,就请读者找一份好的法学博士论文或者执教论文作为参考。

当然教科书和法学评注也是可以作为参考的;但是这些参考文献中的目录并不一定可以作为模板。本书前面部分的目录设置的目的就是为了给读者提供一个参照。

(四) 参考文献

接在大纲之后的是一份参考文献目录(Literaturverzeichnis)。很多时候写成"Schrifttumverzeichnis"(近来也称之为"Quellenverzeichnis",如果读者所引用的一些出处是来自于网络[3])。

参考文献目录所包含的**仅仅**是那些在脚注中真正被引注的文献。

---

[1] 本书由六级标题所组成,用来组织超过 250 页的文本内容。请读者参见本书的目录部分。

[2] 在这方面科学文章——尤其是法学鉴定——区别于日常生活中的文章。因此将大纲限制在三个等级(Baumert, 85)这个建议,读者可以忽略。

[3] 相关内容请参见本书边码 522。

为了保证自己的作业能够满足这一要求（批改人会将所有其他文献视为令人不快的并且很容易被发现的滥竽充数），读者在将已完成的鉴定打印出来后必须再一次从头到尾认真检查参考文献。读者必须删除那些没有被引注的文献。

除个别例外情况[1]之外，所有在脚注中引注的文献[2]都属于参考文献的内容。

为保证这一要求得以满足（所有被遗漏的文献会给批改人造成答卷人草率了事的印象），读者在作业打印出来之后必须着眼于完整性，从头到尾再检查一遍参考文献。将那些被遗漏的参考文献补充进去。借助于文件编辑的搜索指令会使这一校准过程变得非常简单易行。如果读者建立一个数据库并将所有相关的文献收集其中，其中收集的过程就是在编辑脚注时根据需要复制过去。使用一定的技巧就可以使用"宏"来实现[3]。如果有些读者不善于宏的操作并且对文献管理软件的使用有所顾忌，那么可以使用索引系统来校准[4]。

为了使参考文献目录更加清晰，读者可以在每一条文献之间或者至少在不同首字母的文献之间留一个空白行。另外，如果将参考文献目录排入表格内，即在同一列总是出现同样的信息，就可以有助于视觉上的辨认。为此只需要一个两列的表格，其中第一列是作者姓名，第二列是所有其他必要的信息。[5]

---

[1] 相关内容请参见边码518及以下。
[2] 关于这一点在实际操作中（不仅仅是法学的）专题论著和法律评注会有一些出入，即将多次引注或被认为重要的出处纳入参考文献目录中，相反，那些只被引注过一次的文献将其所有必要的信息都在所引注的脚注中标明。但是在练习作业中坚决反对这样的做法，即使其必要的筛选机制非常推荐这样做。因此在参考文献目录结尾处使用类似于"参考文献中未列入的文献请参见相应的脚注"这一类的标示也是不推荐的。
[3] 如果我们首次建立这样的文献数据库，最简单的方法就是使用出处管理软件。
[4] 例如 AntConc（www.antlab.sci.waseda.ac.jp/spftware.html）或者 Simple Concordance Program（在www.textworld.com/scp中是免费软件）。
[5] 如果有读者不想仅仅因为参考文献目录就在文本编辑过程中使用表格功能，那么也可以使用"Tab键"，如果读者将每一行中"Tab键"的停止位置统一设置，也能达到同样的效果。

1. 基本要求[1]

哪些文献信息应当写入参考文献目录——每一个具体的条目看起来是怎样的？

基本原则：为了能够在文章中明确辨识所引注的内容并且能够在图书馆找到相应文献，阅卷人必须了解所有其所需要的信息。[2]

参考文献中具体条目的一般构造为：

作者（姓和名）；题目；版本；出版地区；出版年份。

读者必须了解的其他信息可以在随后的内容中找到。

读者应当根据**作者姓**的**字母**来排列被引注的文献。

举例[3]：

Hahn, Michael

Hähnchen, Susanne

Henne, Thomas

Dreier, Thomas/*Schulze*, Gernot Urheberrechtsgesetz, 3. Auflage, München 2008 排在 *Dreyer*, Gunda/*Kotthoff*, Jost/*Meckel*, Astrid：Kunsturhebergesetz, 2. Auflage, Heideberg 2009 前面。

---

〔1〕 即使下文中的内容比较乏味：请读者从头到尾浏览一遍。其中重要的信息已经为急切的读者做了强调突出，可以迅速检索。但是，如果读者完整阅读一遍这一部分的内容，就更加容易理解这些看起来有些奇特的规则背后所蕴含的意义。——例如关于设置参考文献目录中的条目，读者可以从 S. XⅢ 及之后部分找到。脚注中应该包含参考文献目录中的哪些信息，这一内容将在本书边码 545 及以下中阐释。

〔2〕 这一标准应当可以避免严重的不确定性；关于参考文献目录、引注技术的具体信息请参见：*Bergmann/Schröder/Sturm* Richtiges Zitieren（其简化版请参见 www. lehmanns. de/pdf/richtig-zitieren-jura-literaturverzeichnis. pdf;www. lehmanns. de/pdf/richtig-zitieren-jura-fussnoten. pdf）；*Byrd/Lehmann* Zitierfibel（*Bergmann/Sturm* NJW 2008, 742 对其作出批判性的评论）；比较简短的 *Gruber* AL 2010, 65 ff.；其中适用于奥地利的有 *Friedl/Loebenstein* Abkürzung- und Zitierregel，其节选请参见 *Busch/Konrath*（Hrsg.）SchreibGuid JuS, 183 ff.；*Keiler/Bezemek*, leg cit.；*Jahnel* Rida Zitieranleitung und Medienkunde http：//193. 33. 115. 171：8080/Zitiermaster/Index. a5w。

〔3〕 这里举的第一个例子并不是普普通通的例子：我们可以将特殊字母 ä，ö，ü 分解为 ae，oe，ue，那么其排列顺序应该为 Hähnchen-Hahn-Henne，如果我们遵循德国标准化学会标准（DIN-Norm）并且忽略特殊字母的重音，那么顺序为 Hahn-Hähnchen-Henne，某些学术软件的排序标准是将特殊字母直接排在 z 之后，那么上述例子的顺序应该为 Hahn-Henne-Hähnchen。我们可以选择自己认为更有说服力的排序方法，但是在同一篇文章中应该保持统一！

如果作者的姓氏一样，就根据名字[1]排列，同一作者的多篇文章被引用，则根据文章标题[2]排列。

正确书写姓名[3]不但是礼节的要求，而且也是为了使批改人能够准确辨别所引注的文章。

在参考文献目录中通常将姓放在前面，因为这样最便于阅卷人找到所查找的条目。

---

[1] 在参考文献中也要写出作者的**名**——这不仅仅是出于礼节：如果读者不了解作者的名，读者可以尝试在图书馆书目清单中搜索一下"*Meier*"或者"*Schmidt*"等姓氏。此外，所存在的同名同姓和学者的年代都是超过我们的想象的。如果读者可以立马作出判断，哪篇文章是 Jörn *Ipsen* 所写，哪篇文章是 Hans Peter *Ipsen* 所写，哪篇是 Hans *Hattenhauer* 所写，哪篇是 Christian *Hattenhauer* 所写，哪篇是 Dieter *Simon* 所写，哪篇是 Dietrich*Simon* 所写，哪篇是 Hermann *Dilcher* 所写，哪篇是 Gerhard *Dilcher* 所写，哪篇是 Ludwig *Raiser* 所写，哪篇是 Thomas *Raiser* 所写，哪篇是 Harry *Westermann* 所写，哪篇是 Harm Peter *Westermann* 所写，哪篇是 Manfred *Rehbinder* 所写，哪篇是 Eckard *Rehbinder* 所写，哪篇是 Michael*Walter* 所写，哪篇是 Tonio *Walter* 所写，哪篇是 Rolf-Peter *Galliess* 所写，哪篇是 Graf-Peter *Galliess* 所写，哪篇是 Christian *Galliess* 所写，哪篇是 Alex *Halfmeier* 所写，哪篇是 Claus *Halfmeier* 所写，哪篇是 Paul *Stelkens* 所写，哪篇是 Ulrich *Stelkens* 所写，哪篇是 Michael *Hassemer* 所写，哪篇是 Winfried *Hassemer* 所写，哪篇是 Günter *Schaub* 所写，哪篇是 Renate *Schaub* 所写？如果我们只是再了解一下近来的法制史发展，就必须继续在 Georg *Jellinek* 和 Walter *Jellinek* 之间进行区分。读者可以自己决定是否将第二个或者第三个名字以及中间名（相关内容请参见本书边码369）写上去（几乎没有什么区分功能，例如 Dieter *Zimmer* 和 Dieter E. *Zimmer*）。如果读者认为有必要，也可以保留。中间名只有在同名同姓的情况下才具有易于区分的功能。

[2] 根据文章标题分类可以严格按照字母来排列。另外尤其在数量众多的标题需要排列时，以标题中第一个有含义的词或者第一个名词作为排序的参照词将更加合理和清楚（例如"Der erste Mensch"是以"erste"或者"Mensch"作为参照而不是"Der"）。在一般社会科学领域流行的以出版年份作为排序标准（因此在脚注中的引注方式是"Schulz 2009c, 153 ff."）在法学领域是非常罕见的。

[3] 相关内容在本书边码486中已经论及。有些时候一些地理小知识可以帮助读者正确书写姓名：*Paland* 并不属于某个联合国家（例如 Poland），而应该写成 *Palandt* 其名字为 Otto。相反 *Münchner Kommentar* 并不是一个名字；它是根据拜仁洲的首府城市慕尼黑来命名，因而正确的写法是 *Münchener Kommentar*（不同于 *Dresdner Bank* 和瑞士的 *Basler Kommentare* 以及 *Züricher Kommentar*）。另外很常见的错误还有：以 Englisch 代替 Engisch，以 Lorenz 代替 Larenz，以 Jauering 代替 Jauernig，以 Jescheck 代替 Jescheck（即使是入行已久的法学家也会犯这样的错误，例如 Schmoeckel Suche, 473, 566），以 Hanau, Adelmaind 代替 Hanau, Peter/Adomeit, Klaus（类似的错误还有以 Wellenhofer, Wolf 代替 Wolf, Manfred/Wellenhofer, Marina），这些错误写法至少是容易使人产生误解的。请读者避免任何凭印象而使自己的作业陷于错误的情形。请读者不要对这些劝告一笑了之：不仅仅只有初学者的作业中的参考文献目录常常看起来是乱七八糟的。这无疑是会导致减分的缘由——为了使整个考试成绩不被影响，值得读者在参考文献目录中多花一些精力。

举例：*Hirsch*, Christoph 而不是 Christoph, *Hirsch*。

对于手动分类来说这样的顺序也是最简便的。如果读者使用数据库的分类功能，当然也可以将姓名的第二部分写法作为分类标准。为了能够迅速定位，我们应该将姓名的第二部分加粗。

举例：Christoph, **Hirsch**, Schuldrecht Allgemeiner Teil...

是否将参考文献目录中的教科书和著作、法律评注、论文和文集中的文章细分为各自单独的部分，这是个人喜好的问题，同时也取决于参考文献目录本身的篇幅。参考文献目录篇幅越大，就越不适合细分（同样，在参考文献目录非常少的情况下如果进行细分也会显得不协调）。[1]

如果有读者不知道应当如何对标题进行分类，可以参考法学专业文献或者**德国国家图书馆**[2]CIP—数据记录的处理方式。有些书的前面部分也包含**引注方式的建议**。如果这些建议与其他自己的处理方式并不完全冲突，就应当遵守这些规则。

2. 姓名

自然人的姓名：去掉——在参考文献目录和脚注中——**学术头衔**以及职务名称。[3]

举例：不是 RA Prof. em. Dr. Wilhelm Schulz, LLM. corp. restruc. (Univ. Heidelberg, Germany), MdB 而是 Schulz, Wilhelm；不是 Bayer. Hofrat 或者 Notar Hans Th. Soergel，而是 Soergel, Hans Theodor。不是

---

[1] 完全根据字母来排列的好处：更易于我们隐藏相关专题文献稀少的问题；另外阅卷人也可以更加迅速找到特定的标题，因为他不必考虑所引用文献所属的类型（并且无需就分类问题进行考虑，即工具书应当属于教科书还是专著或者是属于法律评注的范围内）；根据文章形式进行分类的好处：更易于阅卷人了解作业中文献使用的范围。总而言之，近年以来根据出处的类型进行划分的形式趋于流行（代替很多不进行细分的参考文献目录 Byrd/Lehmann Zitierfibel, 89）。

[2] 在书本的前面部分会有记录或者也可以从德国国家图书馆（http://portal.d-nb.de）的 OPAC 中查询。与抄写书本封面相比其优势在于，无需被那些不必要的信息（例如教科书系列如"Academia Iuris"或者法律评注系列如"Beck'sche Kurzkommentare"的商标标识）所误导而将其放到参考文献目录当中。

[3] 再强调一下本书边码 486 的劝诫：正确书写姓名至少是一个礼节问题。另外在参考文献目录和脚注中，正确书写所引注文章的作者姓名和标题将在很大程度上简化查找的过程。

Wiss. Ass. Dr. Michael Anton, LLM. (Univ. of Johannersburg), Dipl. - Jur. (Univ. des Saarlandes), 而是 Anton, Michael。[1] 不是 Browne-Wilkinson, The Rt. Hon. Lord, 而是 Browne-Wilkinson, Artbur Rupert。

这样的规则是普遍适用的并且也表明, 读者更加关注作者所持观点在内容上的说服力而不仅仅是标题本身——即论据而不是作者本身[2]。另外学术头衔对于查找书籍没有任何帮助——如果读者有兴趣不妨尝试一下……[3]

贵族头衔和其他类似的头衔属于姓名的组成部分, 因此不能省略; 但是通常情况下按字母分类时这部分头衔并不予以考虑[4]。

举例: Wolfgang Graf Vitzthum 和 Katharina Gräfin von Schlieffen 应当根据 Vitzthum Wolfgang Graf 和 Schlieffen Katharina Gräfin von 进行排列。同样也适用于 Prinzen, Ritter, Freifrauen von 以及 zu, de, ter, ten, van, 等等。[5]

同名同姓的作者有时候可能是存在亲戚关系。

举例: *Dahs*, Hans jun. 和 *Dahs*, Hans sen.

作业中时常出现的省略作者名字的行为不但是不礼貌的, 同时也会导致

---

[1] 出自 JR 2010, 415, 只有这样作者的信息 (Habilitand am Lehrstuhl für Bürgerliches Recht, Handels- und Wirtschaftsrecht, Internationales Privatrecht und Rechtsvergleichung und am Institut für Europäisches Privatrecht von Prof. Dr. Dr. h. c. mult. Michael Martinek an der Universität des Saarlandes) 才不至于有 5 行那么长, 因为这些信息被移到脚注中去了。在名片中如此庞大的信息只能这样处理: 使用特大号名片并将所有信息调整为 8 pt 字体紧凑打印。

[2] 基于同样的理由通常也将作者的学术头衔省略。

[3] 与贵族头衔不同, 学术头衔虽然也是 (大部分情况下) 通过个人努力得来的, 但是并不是名字的组成部分。

[4] 当然, 如果读者觉得国王、皇帝、王子和公爵很好并且怀疑民主到底是不是最好的国家形式, 读者也可以持相反的观点。*Theisen* Arbeiten, 111 Fn. 1. 准确地称之为贵族诱惑。

[5] 但是 *Udo* Di Fabio 应当根据 D 来排列。如果不确定就参考一下德国国家图书馆的处理方法。作为练习: 应该如何在参考文献目录中排列 Prof. Dr. *Karl* August Prinz von Sachsen Gessaphe, Prof. Dr. *Bernd* Jeand'Heur, Dr. *Nils* Otto vor dem gentschen Felde, Prof. Dr. *Indra* Spiecker gen. Döhmann, Prof. Dr. *Wolff* Heintschel von Heinegg, Karl-Theodor Maria Nikolaus Johann Jacob Philipp Franz Joseph Sylvester Freiherr von und zu Guttenberg, Prof. Dr. *Friedemann* Schulz von Thun und Dr. Paul Melot de Beauregard, LL. M. ?

混淆，因而不推荐这样做。

如果作者已经过世，通常情况下也无需做特别的标识。但有时候又比较常见，即在括号中补充说明"Begründer"或者"Begr."。

举例：*Palandt*, Otto（Begr.），Kommentar zum BGB,...

为了更加一目了然，读者可以使用大写字母（Versalien, Kapitälchen[1]）、加粗或者类似的方法来**突出姓氏**。

这样可以便于阅卷人的目光直接从脚注转移到参考文献目录，并迅速辨认出所需要查找的标题。

如果文献有多个作者，则**多个姓名**之间用分号或者斜线分隔。[2]

根据参考文献目录的格式，读者也可以简单地将多个姓名一个接一个地写出来。读者应当将所有作者的名字都写上去[3]；通常情况下不会超过两个姓名，例如在论文中。但有时候在著作中也会出现很多作者。

在法学专业文章中极少会出现笔名；最有可能出现笔名的情况是在学者间相互论战的文章中。如果这些笔名可以通过图书馆书目的简单搜索功能找出作者的真实姓名[4]或者作者的真实姓名随时间推移被揭晓的。或者随着时间推移而被揭晓。例如：Hermann *Kantorowicz* 以其笔名 *Gnaeus Flavius* 发表其文章 "Der Dampf um die Rechtswissenschaft"（Heidelberg 1906, Nachdruck Baden-Baden 2002），Theo *Rasehorn* 以 *Xaver Berra* 的笔名发表 "Im Paragraphenturm—Eine Streitschrift zur Entideologisierung der Justiz"（Neuwied 1966）。

---

〔1〕 大写字母只有一个审美上的小弊端：即含有 ß 的姓名必须改成 ss 或者在词的中间穿插小写字母。

〔2〕 如果两个姓同属于一个作者，也可以使用"-"：*Leutheusser-Schnarrenberger* 表示的是一个人，*Leutheusser/Schnarrenberger* 表示的是一个作者团队。如果我们要在不同的作者之间使用"-"必须以" = "来表示双名（例如 Müko-BGB-Mayer = Maly）。这也是可以的。

〔3〕 关于例外情况请参见本书边码 514。

〔4〕 例如 Klaus *Adomeit*（就如参考文献目录中一样）打趣地使用 *Civis Romanus* 这个笔名。如果有读者想要知道作者 *Party*, *Party*, *Prädikatsexmann* 的真实姓名（*Daniel Jurecks*），就必须借助于搜索引擎——只有在少数例外的情况下我们才能在例如 Wilfried *Eymer* Eymers Pseudonymen Lexikon—Realnamen und Pseudonyme in der deutschen Literatur, 1997 等工具书中找到法学学者的笔名。

读者应当引注真实姓名，例外情况下才使用笔名，但应该注明其为笔名。[1]

同样艺名也是很少使用的；但是如果所引用的是名言，也是有可能出现艺名的。一般情况下只需给出艺名就可以了。

举例：Bob *Dylan* 而不是 Robert Allen *Zimmermann*[2]；Bertolt *Brecht* 而不是 Berthold *Brecht*[3]

类似的我们也可以使用**罗马姓名**常用的缩写。

举例：Horaz 代替 Quintus Horatius；Justinian 代替 Flavius Petrus Sabbatius Iustinianus。

法人的名称：如果某文章（没有表明作者的姓名）是以法人名义发表的，读者引注该法人的名称而不是实际作者的姓名，

举例：VDI，SPD-Bundestagsfraktion，等等。[4]

或者也可以加上一个补充（Hrsg.）。

如果一篇文章完全没有关于作者的信息，那么该文章就没有引注的必要或者不能被引注。如果是可以引注的，要么使用"N. N."[5] 或者"不写作者信息"[6] 并将其按照字母"N""O"进行排列。

3. 书名以及其他书目信息

参考文献目录中应该使用文献的全名；但是读者可以省略文章的副标题[7]，因为副标题对于辨别文章没有任何作用反而只会使参考文献目录显得臃肿。

---

[1] 请读者尝试找出 *Falk van Helsing* 的真实姓名（尽管他的书也很少能够被引用在法学鉴定中）。

[2] 德国国家图书馆也持同样的观点。

[3] 请参见 *Prümm* LL. B. 2011, 35 Fn. 1.

[4] 但是缩写最好——不同于本文所举的例子——写成全称。因为并不是所有的阅卷人都熟悉所有机构的缩略名。

[5] 拉丁语"nomen nescio"的缩写，即"我不知道他的姓名"。

[6] 并不是：没有作者，相关内容请参见 *Theisen* Arbeiten，114。

[7] 如果副标题会导致参考文献目录过于臃肿就应当将其省略，例如：Frank *Schirrmacher*：Payback—Warum wir im Informationszeitalter gezwungen sind, zu tun, was wir nicht tun wollen, und wie wir die Kontrolle über unser Denken zurückgewinnen, 2009。

举例: *Letixerant*, Peter: Die aktienrechtliche Abhängigkeit vor dem dinglichen Erwerb einer Mehrheitsbeteiligung: eine fallgruppenorientierte Untersuchung der mitgliedschaftlichen und der nicht-, außer- und vormitgliedschaftlichen Abhängigkeit von Zielaktiengesellschaften in den verschiedenen Phasen einer Akquisition unter Einbeziehung funktionskontrollrechtlicher Sachverhalte, Frankfurt 2001; *Lüder*, Beate: Der zivilrechtliche Schutz der Persönlichkeit vor der Anfertigung manipulierter Fotographie—Zur Grenze zwischen zulässiger Bildgestaltung/Bildoptimierung und unzulässiger Manipulation, Baden-Baden 2012; *Zielasko*, Vera: Rechtliche Einordnung des eBay-Bewertungssystems—Staatlicher Rechtsschutz von Persönlichkeitsrecht innerhalb selbstorganisierter gesellschaftlicher Teilsysteme, Baden-Baden 2012.

副标题常常给阅卷人提供一个方便的附加信息，而不是决定其是否阅读相关文章的判断因素。因此，是否写上副标题是个人喜好的问题。但是在同一作业中应该保持统一。建议——同样也应该保持统一——读者使用冒号、斜线或者句号区分主标题和副标题。在标题上使用双引号既无必要也不常见。请读者务必采用德国国家图书馆的 CIP—数据记录或者书籍的扉页中的标题，而不是书籍封面上的标题，因为书籍封面上的标题很可能因广告宣传目的而采用缩略形式。[1]

如果一本书并不是第一版，应当标明其版本数。

如果是第一版就不会存在这个问题，因为即使省略版本信息也可以得出明确的结论，即其为第一版并且是迄今为止唯一的版本。即使 Nomos-Verlag 会固执地在其所出版书籍的第一版中也写上"第一版（1. Auflage）"，读者也可以完全忽略，只要市场上并未出现第二版。大部分书籍是不存在其他版本的。[2]

如果读者找到其他版本，可以将"4. Auflage"简化为"4. Aufl."或者"4. A."……

---

[1] 但是一般情况下阅卷人也不会因此而生气，如果读者将 Othmar *Jauernig* 出版的 BGB-Kommentar 简单地写作 BGB 而不是 *Bürgerliches Gesetzbuch. Mit allgemeinem Gleichbehandlungsgesetz* (Auszug)。关于使用完整标题（Palandt 大概有 7 行那么长）请参见 *Kreutz* Propädeutik, 33。

[2] 大约 85% 的书籍并没有第二版。

"unveränderter Neudruck/Nachdruck/reprint der x. Auflage"读者应当省略这些信息。因为对于阅卷人而言并没有任何区别，无论读者引用的是原始版本还是几年或者几十年之后重新印刷的版本。[1]但是阅卷人想要知道的是读者所引用的观点最早和最晚分别是什么时候提出的。

举例：如果读者引用 Ludwig *Raiser* Recht der Allgemeinen Geschäftsbedingungen，通常情况下使用的是重新印刷的版本（Bad Homburg 1961）；但是文章仍然是 Hamburg 1935 出版时的状态，这对于阅卷人来说是重要的信息。

如果一篇文章——很少出现——更容易在某作品全集中找到，那么读者应该在参考文献目录中指明，读者是根据该作品全集所做的引注，但是鉴于阅卷人对于信息的需要同样要写明其原始出版日期。

504a

举例：Radbruch, Gustav: Der Geist des englischen Rechts, Heidelberg 1964，这里根据全集第 15 卷引注：Rechtsvergleichende Schriften（hrsg. Von Heinrich Scholler），Heidelberg 1999。

如果某文章并不是以新版本的形式进行更新，而是通过**增补**（**Ergänzungslieferung**）（即活页法律评注或者其他书籍所采取的更新形式），读者应该指明增补及其状态而不是版本。

505

举例：Westphalen, *Friedrich Graf v.* (Hrsg.), Vertragsrecht und AGB-Klauselwerke, München 32. Auflage 2013, Stand April 2014（35. Erg. lfg.）

随着纸质出版向电子出版的转换，读者随时可以在网络上查找到最新状态的法律评注，因此有必要标明其编辑状态。

505a

举例：*Bamberger/Roth*, BeckOK zum BGB, Edition 26, Stand 1. 2. 2013

---

[1] 这同样也适用于**特别版本**（因纪念活动或者学术会议文集等出版的单行本）：阅卷人需要的是能按其引向原始出处的信息；读者自己能够使用的出处是哪一个，这对阅卷人而言并不重要。最后请读者不要向任何人指出自己是从复印件而不是原版中引用的。

请读者使用并引注最新版本：鉴定应当尽可能反映当前法律状态而不是20世纪80年代的法律状态。如果读者要引注旧版本，因为在旧版本中存在不同的观点，那么读者必须在脚注中指明所引注的版本（例如在标题之后使用上标标明版本数）。在参考文献目录中应该同时写上该书的新旧两个版本。

读者应该引用的是最新版本并且仍然持有相应观点的教科书或者法律评注，只有在极其例外的情况下才同时引用第一版。为了查明某作者是否还持有相应的观点，必要情况下读者必须查阅手头的旧版本书籍。如果已经无法在图书馆陈列的书籍中找到旧版本，或许储藏在书库中必须预订才能阅读。但对于反映目前法律状况的法律鉴定而言，通常情况下没有必要消耗这么多时间去查阅旧书籍。

在标明教科书、法律评注等书籍的版本时应当省略诸如"verbessert, ergänzte, erweiterte, a jour gebrachte, aktualisierte, überarbeitete"等补充说明；这是出版社的广告，参考文献目录的阅卷人对此毫无兴趣。

鉴于很多教授和他们的科研同事对最新文献了如指掌[1]，因此很有必要在完成作业之后将参考文献目录打印出来并与图书馆书目进行对比以检查其实时性。这大概会花费一个小时的时间，但确实值得这么做。如果读者在这个过程中发现自己只引用了那些非常老旧的版本，那就必须至少（！）随机抽查，参考文献的编辑者是否已经更换或者作者近年来是否已经改变其观点——这两种情况都有可能出现。

由于图书馆馆藏版本的有限以及/或者家庭作业期间对于某特定标题书籍较大的需求量，读者有时可能根本找不到任何最新版本的相关书籍[2]。如果读者参考的是旧版本的书籍，有两个可能性：在参考文献目录中隐瞒这一事实并写上最新版本（推荐）或者干脆引用旧版本并指责国家并没有将

---

〔1〕这比想象中要简单：每年12月Palandt会出版下一年的版本，每年冬季学期开始时会出版 Brox/Walker 的 BGB AT 以及 Schuldrecht AT 和 BT 等书籍。——不知什么时候我们对于这些信息就已经了然于心了。如果批改人批评读者的参考文献目录中出现旧版本的书，这并不代表批改人通过查询得知，而是根据经验得知。

〔2〕如果读者早上很早或者星期天的时候去法学教研室，常常会有意外的收获。这与学生的作息习惯可能并不是很协调——但也不是常常如此，只需要两三次即可。

最新版本放入书架，并将该指责转达阅卷人（并不是很推荐）。[1]

如果读者必须对以前的法律状况发表见解——通常出现于法教义学的练习作业和法制史研讨课作业中，就必须引用必要的旧文献。有时候读者也只需要使用旧版本的文献，为了引证某一特别出色的说法，该说法由于期间法律的改变已经无法在之后的文本中找到。

一般情况下最新版本是被视为具有决定性的，因为在最新版本的文本中包含作者最后想要表达的观点。但是，在例外情况下我们也会引用第一版，如果相关书籍是历史上的书籍（这些书籍大部分情况下是在不改变内容的情况下进行再版，并且如果选用比较新的版本容易导致阅卷人误解某观点的形成时间）。[2]

举例：Julius v. Kirchmanns (*Drei berichtigende Worte des Gesetzgebers, und ganze Bibliotheken werden Makulatur*) 针对这个很常见的引注我们当然也可以引用时下的最新版本（Dornbirn 1999）；但是从历史角度看最有说服力的是引用第一版（Berlin 1848）。

类似的，如果我们想要就赌博（Spiel）的概念进行法学上具有可操作性的解释并且首先引用一个文化人类学的定义，我们情愿引用 Johan *Huizings* Homo ludens 1938 年的第一版（deutsch 1939）而不是最新的第 19 版（2004）。因此可以给阅卷人这样的印象，即所引注的文章应当纳入哪一个历史时期。

如果有读者为了阅卷人更便于查找所引用的文章，可以在参考文献目录中同时写上最新版本和历史版本[3]（或者是在图书馆能够找到的文集而不是

---

[1] 如果读者一连几个星期也没有拿到自己想要引注的最新版本的书籍，这当然是非常令人生气的。但是这是读者自己的责任，而不是布置该作业的高校老师的责任。

[2] 极少数情况下也会出现这种情况，即我们既不引用最新版本也不引用第一版——而是引用中间的某一个版本，例如最后由作者自己所执笔的版本。但是只有存在这样的可能性时，即当所引用的观点恰好是被修改过的或者被删除的，读者才需要花费精力就新旧版本的文本进行比较。以下情况是常常出现的：如果读者所引用法学方法论里的某个观点或者明确是由 *Larenz* 所写的，那么就不要引用由 *Canaris* 重新编辑之后的版本。

[3] 同样，我们在引用非法学文献时也应当如此；如果有读者对上文所提及的 *Tucholsky* 的引用感兴趣，首先想要知道该文章最先于 1931 年出版，然后才是现今的版本是 1960 年首次出版并且之后不断再版。

首次发表[1]但图书馆没有的杂志)。因为大部分情况下不同版本的页码是不一样的,建议在参考文献目录中附加说明例如"根据 Zürich 1983 的版本"引注。

507 根据习惯,在法学参考文献目录中不写明**出版社**的**名称**。如果读者执意想要写上出版社,至少不能写错[2],

举例:以 *Giese King* 代替 *Gies king*,以 *Dunker und Humboldt* 代替 *Dunker&Humboldt*,以 *Heymann* 代替 *Heymanns* 等都是错误的。

但是无论如何请读者省略出版社的企业组织形式。

508 随着时间的推移**出版地点**已经不被视为必要信息;读者可以了解一下可能的阅卷人[3]是否还有这样的习惯,如果有的话还是应当在参考文献目录中指明出版地点[4]。

如果一个出版社在德国境内多个城市——或者世界范围内有**分公司**,那么只需指明**第一个城市**然后再使用"usw."或者"etc.",例如 Peter Lang Verlag 在美因河畔的法兰克福、柏林、伯尔尼、布鲁塞尔、纽约、牛津或者只有上帝知道的其他地方都有营业所,参考文献目录的阅卷人对此并不感兴趣。为了能够根据图书馆书目查找所引注的标题,只需要指明所列举的第一个出版地点即可。当然读者也可以将全部城市都写上,如果不觉得这样很费精力的话。

出版地点并不是作者生活或者写作的地方。如果读者从 Medicus 的 Bürgerliches Recht 中的前言得出出版地点为 Tutzing,而不是根据 CIP 数据记录得出的 Köln 等城市,这是错误的。

---

[1] 例如本文所引用的 Wesel hM,在教材上首次出版,但是 *Wesels* 关于法律解释的文集更容易在图书馆中找到。

[2] 目录中那些可以寄送的书籍(www.buchhandel.de)的出版社名称可以通过专项搜索中查询。由于近年来法学专业出版社不断相互并购,因此出版社信息的说明力已经非常有限;通常情况下这些旧的标识将作为商标(新德语:imprint)继续使用。

[3] 存在这样的阅卷人,即完全不想看到某些出版地点(例如 Norderstedt)所出版的书籍。

[4] 这也有一个实用性的优点:如果有读者引用了出版地点为维也纳或者苏黎世的著名文章,就有可能不经意间了解奥地利或者瑞士法的一些信息。这是常常发生的。同样英语文章的出版地点信息能够给阅卷人更加明确的引导,该书籍是否涉及英国法、苏格兰法、爱尔兰法、美国法还是澳大利亚法等。

在出版地点之后（中间没有逗号）是**出版年份**。出版时间不但可以让阅卷人了解读者所引用的是不是新近的文章，而且还可以看出鉴定中所讨论问题是什么时候的话题。

我们只要看一眼出版年份很容易就能知道作业所涉及的是否是长久以来一直在讨论的争议问题。

使用 1991 和 2005 要比 91 和 05 更好，并且也不容易使人产生误解。

如果读者所引用的是由很多分册所组成的著作，并且各分册的出版年份是不一样的，读者可以写上所引用的具体分册的出版年份，或者将整部著作的出版时间区间写上去。其中后者已经足以用来辨别所引用的书籍，并且也能够满足一般引注的要求，第一种做法需要花费更多的时间和篇幅，但是应当优先考虑，因为阅卷人希望能够尽可能确切地了解所引注内容的状态。[1]

举例：Münchener Kommentar zum BGB（Hrsg.：…），4 Aufl.，2001-2006；5. Aufl. 2007 ff.

如果文献中写明的出版年份是错误的，读者既可以写正确的也可以写错误的年份。其区别一般都只有 1 年，其原因在于有些时候出版社基于广告原因将年末应该出版的书籍写上下一年的出版年份。

举例：长久以来 Palandt 民法法律评注都是在每年 12 月份的时候发行新版本，但是出版社总是写上下一年作为出版年份。为了避免错误，读者可以顺着出版社的做法处理。

尚未出版的文献只在例外情况下才会被引用，因为对于阅卷人来说一般情况下是无法获得这些文献的。只在没有其他可用出处的例外情况下才允许引用这类文献。读者应当注明"im Erscheinung, angekündigt für Mai 2015"或者"erscheint demnächst"。如果读者在教席主页上找到仍作为讨论草稿的暂时性文章，那么读者情愿引用该暂时版本而不是尚未出版的最

---

[1] 这是完全合情合理的：如果读者引用了类似于 *Staudinger* 这一类型的大型法律评注，其出版时间区间是很宽泛的，这个时候关于出版年份的明确的信息就显得尤为重要。

终版本。[1]

509b 如果文献是作为**电子书**出版的，如果读者所引用的是电子版的书籍并且其与纸质版书籍并不一致，读者至少应当另行说明这一状况。这样阅卷人就知道，为了找到脚注中引用的文献应该查阅其电子版。[2]

510 如果文献中**缺少**诸如作者姓名、出版地点或者印刷年份等**信息**，我们将通过"o. V., o. O. 和 o. J."来标识。

未标明作者而出版的书籍读者必须根据字母"O"进行排列。但是在法学标准文献中这种情况极少出现。如果出现这种情况，读者总是必须先考虑该文献是否确实属于可引用的文献。[3]

如果文献中缺少作者的名字——在 20 世纪上半叶之前，尤其是在杂志中经常会省略作者的名字——读者要么通过其他途径搜索，要么就直接省略。[4] 如果读者找到作者的名字，就应该使用方括号标明通过自己所找到的补充信息。

举例：Staudiger, J［Julius］v.（Hrsg.），BGB,…

510a 即使读者并没有按照文献类型对参考文献进行分类，我们一般情况下也不会在参考文献目录中标明**文献类型**（论文、著作，等等），因为这些信息已经包含在其他书目信息之中。但是在某些小文献中可能会存在例外；例如可以在括号中标明某文献属于一封读者来信。

510b 针对外语文献来源，读者既可以适用外国法律制度的引用标准，也可以根据本地的规则引用。[5] 其中后者比较值得推荐。读者为何要将 Seiten

---

〔1〕关于这一类电子书籍的详细内容请参见：*Schimmel* LTO v. 15. 1. 2011 = www. lto. de/de/html/nachrichten/2338/phantombuecher-vorsicht-bei-elektronischen-bibliographieren/ 和 *Schimmel*LTO v. 15. 1. 2013 = www. lto. de/recht/feuilleton/f/juristische-phantomnuecher-fachliteratur-verlageautoren/。

〔2〕具体内容请参见 *Eienbröker* AL 2011, 83 ff.

〔3〕相关内容请参见本书边码 519。

〔4〕如果在名字的位置写上（没有名字）（由 *Putzke* Arbeiten, Rn. 196 f.；Gruber AL 2010, 65, 66 所推荐），这种做法是没有必要的，并且确切地说是错误的，因为作者当然有名字，即使我们不知道其名字叫什么。在 *E. Müller* 上搜索作者名字所花费的代价可能是巨大的；但是也可以找到，大型民法典法律评注人尽皆知的出版人 *J. v. Staudiger* 的名字叫做 Julius，这并不是不可能的（或许甚至是法学一般教育的问题）。

〔5〕*Mankowski* http：//2. jura. uni-hamburg. de/sipr/datein/datein-mankowski/zitierenmpfehlen. doc. 中有很多例子。

(页)称为 pages 或者 eds.？如果读者想要根据外国法律制度的引用标准进行引注，读者必须了解相应的规则[1]。

如果某文献有可用的德语翻译版[2]，读者应该引用该翻译版。

举例：*Maine*, Henry Summer：Das alte Recht, Baden-Baden 1997（翻译自：Ancient Law, London 1861）[3]

这在法学专业文献中很少发生，而主要发生在文学以及科普领域的文献中。在这种情况下读者至少应当在参考文献目录中提示原著的出版地点和出版年份。这将简化阅卷人查找文献的过程。

如果不存在翻译版，那么读者就应该在脚注和参考文献目录中引注原始文献。

举例：*Bentham*, Jeremy：The Panopticon Writings, London 1995（www.cartome.org/panopticon2.htm）

如果引注并不是针对单个词汇，读者应当对其进行翻译。我们在括号里将该翻译称为"自己的翻译"（eigene Übersetzung）或者"笔者译"（Übersetzung von Verf.）。

有些偶尔在练习作业中出现的书目信息，其并**不属于参考文献目录**：ISBN 主要是服务于交易行为。一般而言书籍的价格和页数对于辨识书籍也没有多大帮助，因此也不需要写上去。

510c

---

[1] 盎格鲁美利坚法系的引用规则例如：*The Harvard Law Review Association*（Hrsg.）The Bluebook, A Uniform System of Citation, 18. Auflage, Cambridge/Massachusette, 2005。

[2] 关于现行有效法律的外语教科书翻译是极少的，比较多的通常是关于基本法学理论、法制史和法社会学方面的内容。这个问题在法教义学的鉴定中是极少提及的（相关内容在边码422 中已有所论及）。如果我们引用的是从英文翻译过来的文献（这或许是最常见的）或许可以认为，阅卷人可能会阅读英文原著（因此在极端情况下也可以引用英文原著），但是这对于俄语、法医和西班牙语等外文是不适用的。

[3] 为了阅卷人能够更好地了解文献的信息，我们也可以同时写上翻译者的信息（Heiko Dahle）以及新的版本（本书：非常多新版本）或者该书全文的网络出处（http://en.wikisource.org/wiki/Ancient_Law）。但是因为读者所写的不可能是文献历史方面的作业，所以这些信息是不重要的。如果读者想要为"从身份到契约"（from status to contract）思想提供出处，只需要让阅卷人知道该思想第一次出版的时间——以及其在德语翻译中的位置。

4. 具体文献类型的特殊性

到目前为止本书已经阐释了 75% 关于参考文献目录中具体条目的内容；接下来部分将解释所出现问题中的另外 23%。[1]

511　**著作**

著作一般情况下都属于书籍，即针对一个主题进行论述（书目）并且通常仅由一个作者写成。

姓，名，标题，版次，出版地点，出版年份

举例：

教科书：*Katz*, Alfred: Staatsrecht, 18 Aufl. 2010

博士论文：*Mauss*, Egon: Vom Naturrecht zum Natur-Recht: Neuorientierungen des Naturrechtsdenkens vor dem Hintergrund der deutschen Verfassungsform zum Schutz der natürlichen Lebensgrundlagen, Frankfort am Main 1998

执教论文：*Hähnchen*, Susanne: Obliegenheiten und Nebenpflichten, Tübingen 2010

一般情况下无需写上书籍的**出版序列**。就辨认功能而言出版序列并无必要——并且通常也没有什么帮助。

通常情况下作为**博士论文**和**执教论文**的著作通常被称为博士论文或者执教论文（即另行标上 Diss. jur 或者 Habil）。但是阅卷人并不会因此而对这类的文献有更多好感（因为一本书并不会因其作为博士论文或者执教论文而有更加丰富的内容或者更加有智慧），因此读者也可以省略这些符号。如果这些论文并未在出版社出版，而是由私人自己打印，那么这些符号的功能只在于帮助寻找相应的书籍。在这种情况下阅卷人至少可以在博士论文所在的高校地区获得一本参考文献。[2]

512　**文集（Sammlungswerke）（不同作者的文章汇编）**要么根据标题排列要么根据出版人排列。

---

[1] 剩下的 2% 由读者根据自己的喜好决定。
[2] 因此最好将 Diss（在执教论文的情况下很少会发生找不到出版社出版的情况）只适用于自己打印的（即在打印店完成）博士论文。这样阅卷人就知道无需从其他渠道查找。

如果文集有多个出版人，只需写上前面 3 个即可。为了表示实际上不止所列举的那几个出版人，读者可以在列举之后加上 "u. a." 或者 "et al."。

文集在参考文献目录中并不是作为独立的文献，而只能将文集中被引用的具体文章作为引注的文献。[1]

举例：*Pfeiffer*, Karl-Nikolaus：Internet-Suchmaschinen und das Recht auf freie Meinungsäußerung, in Perspektiven des Geistigen Eigentums und Wettbewerbsrechts-Festschrift für Gerhard Schricker zum 70. Geburtstag, hrsgg. Von Ansgar *Ohly*, Theo Bodewig, Thomas *Dreier*, Horst-Peter *Götting* und Michael *Lehmann*, München 2005, S. 137 ff., zit.：*Pfeiffer*, in：FS Schricker[2]

① 纪念文集（**Festschrift**）

自然人（法学家、法官、政治家），机构（法院、社团、出版社）以及法律（破产法、有限责任公司法、民法典等 100 周年纪念）通常会获得纪念文集[3]或者 **libri amicorum**（朋友为其所作纪念集）/libri discipulorum（学生为其所作纪念集），

举例：Perspektiven des Geistigen Eigentum und Wettbewerbsrechts—Festschrift für Gerhard Schricker zum 70. Geburtstaghrsgg. Von Ansgar *Ohly*, Theo *Bodewig*, Thomas *Dreier*, Horst-Peter *Götting* und Michael *Lehmann*, München 2005, S. 137 ff., zit.：*Pfeiffer*, in：FS Schricker[4]

如果他们的年岁已经足够长。有些甚至会得到多册纪念文集（例如 65 岁生日纪念文集、70 岁生日纪念文集、75 岁生日纪念文集、25 周年纪念文集、50 年纪念文集等）。因此为了区分，必须写明所引用的纪念文集的出版

---

〔1〕 有些作者持不同观点并将文集作为参考文献目录的具体条目。这也是可以的。但这将不必要地增加参考文献目录的篇幅。

〔2〕 FS 的全称是 Festschrift（纪念文集），GS 的全称是 Gedächtnisschrift（纪念文集），这在法学中是很常用的。如果读者反正是要设置一份缩略表，那应当把这两者也纳入其中。

〔3〕 关于法学纪念文集作为文献形式的历史请参见 *Lahusen myops* 4 (2008), 64 ff.

〔4〕 读者偶尔会看到将两个词使用横杠进行连接的写法（FS-Schricker），这不符合逻辑，因此不推荐使用。

原因[1]。

举例：Festschrift für Karl Larenz zum 80. Geburtstag.

在参考文献目录中我们会使用完整的标题，而在脚注中使用缩写形式 FS Larenz zum 80. 就可以了。

② **纪念文集**（**Gedächtnisschrift**）

有些纪念文集因重要程度有限而称为 Gedächtnisschrift。

举例：Gedächtnisschrift für Manfred *Wolf*, hrsgg. von Jens *Dammann*, Wolfgang *Grunsky*, Thomas *Pfeiffer*, München 2011

除了名称之外，Gedächtnisschrift 与 Festschrift 在书目信息方面并没有差别。

③ **论文集**（**Aufsatzsammlungen**）

这些论文是否属于同一个作者在所不论。

举例：*Kötz*, Hein：Undogmatisches, hrsgg. von Jürgen *Basedow*, Klaus *Hopt* und Reinhard *Zimmermann* Tübingen 2005

或者——与纪念文集类似，但是没有理由——不同作者就某一比较宽泛的主题所作的论文汇编。

举例：Festgabe Zivilrechtslehrer 1934/35, hrsgg. von Walther *Hadding*, Berlin 1999；非常精致，因为采用了纪念文集的形式：Das wahre Verfassungsrecht—Zwischen Lust und Leistung—Gedächtnisschrift für Friedrich Gottlob *Nagelmann*, hrsgg. von Dieter *Umbach*, Richard *Urban* und Roland *Friz*, Baden-Baden 1984

④ **会议和研讨会文集等**（**Tagungs- und Aymposiumsammelbände**）

举例：Stalking—Rechtliche Perspektiven, Internationales Kasseler Stalking-Symposium am 11. 11. 2005, hrsgg. von Volkmar *von Pechstaedt*, Kassel 2005

---

[1] 否则只需要写上 Festschrift für〈Jubilar〉。但是读者永远无法确知以后会发生什么：在第二次世界大战之前人们都将第一次世界大战简单地称为世界大战。

如果研讨会文集中的文章并不是（大部分情形是这样的）首次发表，例如纪念文集或者大系列课程的文章。

举例：Dreier, Ralf/Sellert, Wolfgang（hrsg.）, Recht und Justiz im Dritten Reich, Frankfurt am Main 1989

而是在之前已经出版的，但是不太容易获取并且比较分散的某一作者或者团体的文章。

举例：Böckenförde, Ernst-Wolfgang/Lewald, Walter: Adolf Arndt——Gesammelte juristische Schriften, München 1976

读者应当尽量以最初出版的版本作为所引用文章的出处，只是基于礼貌而补充更易于查找的研讨会文集的出处。对于阅卷人而言比较重要的是，相应的观点什么时候在哪里被首次发表。[1]

如果文献有**专有名称**（**Eigenname**）[2]

举例：Karlsruher Kommentar zum OWiG, Münchener Kommentar zum BGB, Alternativkommentar zur ZPO, 等等

应当优先根据专有名称[3]排列。这将便于阅卷人找到相应的文献。[4]

因为这些文献通常情况下有非常多的出版人和编辑者，一一列举虽然是允许的，但却非常不实用。根据专有名称进行排列的好处是：阅卷人易于找到那些在脚注中以缩写形式出现的文献。

举例：如果我们在脚注中看到 MüKo/Emmerich, §275 Rn. 12, 在参考文献目录中应该根据 Münchener Kommentar zum BGB 来查找，而不是根据 Säcker, Franz Jürgen et al.（Hrsg.）, Münchener Kommentar... ——但是后者也是行得通的；只需要花费更多的耐心和时间。

---

[1] 相关内容在本书边码 506 中已有所论及。
[2] 根据法学惯例——但并不是强制性的——通常是城市名称。
[3] 以地名命名的法律评注和工具书有时候会存在细节方面的问题。因此我们必须区分 Berliner Kommentar zum TKG, Hrsg. Franz Jürgen Säcker, 3 Auflage, Frankfurt 2013 以及 Telekommunikationsgesetz Kommentar, Hrsg. Hans-Wolfgang Arndt, Berlin 2008（级别：Berliner Kommentare）。
[4] 或许我们没有必要做这些工作来简化阅卷人查找文献的过程，因为他知道或者应当知道所有引用的文献——但是我们永远无法确切知道事实是否真的是这样……

类似的也适用于那些仍然根据很久以前就已经过世的原作者或者出版人命名的书籍。

举例：*Palandt*, Otto：BGB Kommentar 我们依旧称其为 Palandt 而不是现今的作者（尽管这些现今的作者早就应该得这样的荣誉）。

在这种情况下我们不能从纯粹的理论出发，因为所有的专业人员基于礼节和思想逻辑都是这样操作。

出版人：姓，名（Hrsg.），标题，版次，出版地点，出版年份。

举例：*Palandt*, Otto：BGB Kommentar, 71. Aufl. 2012；*Jauernig*, Othmar：BGB, 13. Aufl. 2009

专有名词：书名，出版人：姓，名，其余同上

举例：Erfurter Kommentar zum Arbeitsrecht, hrsgg. von *Dieterichm* Thomas et al., 12. Aufl. 2012

如果所引用的是**由很多册组成的法律评注**，并不一定要写明具体引用的那一册：只要阅卷人在图书馆看到过全册作品，那么我们就可以期待阅卷人可以找到所引用的那一册。

但是有些时候我们会采用不同的操作方式并且有不同的要求。如果有读者在参考文献目录中引用超过好几年才出版完成的法律评注中的某一册，那么注明所引用单册的具体编辑状态对于阅卷人而言会更加便利。

如果读者指明具体的册数，只能是指出真正被引用的那一册。因列举 *Staudinger* 的所有单册而造成参考文献目录庞杂不堪是没有任何意义的。

列举一部法律评注的所有编辑者既没有必要也不合适。

这只会消耗不必要的篇幅。但是读者不妨尝试一次，最好选择 *Staudinger*, BGB。另外：请读者将每一条法律评注所涉及的相关法律条文写在脚注中。

但是，如果在出版机构之后同时写上编辑，

举例：*Deutscher Richterbund*（Hrsg.）/*Fölster*, Uta（Bearb.）：Handbuch der Justiz, 31. Aufl. 2012

这样的做法体现了对编辑劳动成果的尊重。因为编辑才是为文章内容本身付出辛劳的人，而不是出版人……

如果一部法律评注属于出版社自己设计的某一系列作品之一，
例如：Beck'sche Kurzkommentare
请读者省略相应的名称。[1]

在标题中读者（一般）可以适用缩写。读者没有必要每次都写上商法典全称 *Handelsgesetz*，但是，如果读者想要这么写当然也是允许的。如果读者感觉不确定，那就请选择原书的写法或者德国国家图书馆目录中的写法。

论文

姓，名，标题，杂志名，出版年份，页码

举例：*Reifner*, Udo: Die Anpassung variabler Zinssätze im Kreditverhältnis, in JZ 1995, 866 ff.[2]

在文集中（Sammelswerken）：姓，名，论文标题，in：姓，名（出版人），书名，版次，出版地点，出版年份，页码

期刊的名称无论在参考文献目录中还是在脚注中都只使用缩写。

举例：NJW, MDR, DB, 等等[3]

标明所引用论文所在期刊的册数是多余的，因为专业期刊一年中所发行的所有单册其页码都是连续的。[4] 其中副刊和特刊属于例外。其页码并不是根据正刊按照年份来编排，因此在引用时必须标明其为副刊。

举例：*Dörr*, Dieter: Vielfaltsicherung im bundesweiten Fernsehen, in:

---

[1] 尽管这一名称对于辨别文献没有任何帮助，但是读者仍然想要在参考文献目录中指明，那么一定要注意不能写错：*Beckliche Kurzkommentare* 只能表明读者不熟悉花体字（但是其与 *Schreckliche Kurzkommentare* 之间有不错的押韵……）。

[2] 我们当然也可以适用 S. 866 来代替 866。读者喜欢使用 f. 或者 ff. 还是 866—871 这样的形式来表示文本范围，这都是个人喜好的问题。为了辨别出处只需要标明所引用部分的开始页即可。在某些写作指导的文献中会指出，如果写上引用部分的结束页就可以标明读者手头真的有相应的文献。但是通过 f. 或者 ff. 或者甚至是完整的范围信息至少可以让阅卷人了解，所引用的是很短的几句话还是篇幅较大的文本并且据此决定是否对所引用文献进行深入研究。

[3] 只有在极少数情况下才需要使用双语的缩写，例如 AJP/PJA；其中使用三语的是 KritV，现在称为 KritV/CritQ/RCrit。——如果某期刊不属于法学专业领域，那么应当将其缩写放到缩写表中或者在参考文献目录中标明该期刊的全称。

[4] 作为少数例外之一的是 mypos。另外如果有读者引用某期刊以罗马数字编码的封面页中的内容，那么也必须标明册数。

AfP-Sonderheft 2007, 33 ff.

如果所引用的是印刷于期刊封面页的文章[1], 也需要标明册数, 因为每一单册的封面页都是重新编排页码的。

举例: *Thömmes*, Ottmar: Gastkommentar: was lange währt wird endlich gut? —Steuerfreiheit von Streubesitzdividenden, in: DB 2012, Heft 48, S. M 1.

另外以卷来编排的文汇期刊（archivzeitschrift）（AcP, ARSP, AöR, AVR, GA, RabelsZ, UFITA, VerwArch, WissR, ZaöRV, ZHR, ZRG, ZStW, ZVglRW, ZZP[2]）以及与期刊一样定期出版的会议文集（VVDStRL）通常需要指明**出版年份**[3]。

举例: *Hilger*, Norbert: Die verspätete Annahme, in: AcP 185 (1985), 559 ff.

类似的还有**年刊**。(年刊一般情况下和典藏期刊类似, 并且也是每年出版一期[4]。)

举例: *Schulze-Fielitz*, Helmuth, Was macht die Qualität öffentlich-rechtlicher Forschung aus?, in: JöR n. F. 50 (2012), 1 ff.

如果——正如前文所举的例子——从什么时候开始重新编排分册的编码, 那么读者可以通过加上"neue Folge"（新顺序）, 简称："n. F."来表示。

有少数期刊是根据主题进行排列, 读者应该根据专业和页码引注。

---

[1] 虽然只有很小的必要性, 但是在关于某些特别时新的主题时是完全有可能发生的。这些文章基本上并不会有学术上的深度, 但常常是对最新问题的抛砖引玉, 其中也不乏一些经典的观点。

[2] 但是与其名字所表现出来的不一样, GewArch 和 AfP 根据形式和出版频率并不属于典藏期刊。另外 ZGR 也只需要"正常"引用即可。

[3] 虽然没有必要以此作为辨认文献的依据, 但这属于习惯做法, 因为看一眼就可以了解文献的时间。

[4] 例如: ancilla juris, BLJ, Forum Historiae Iuris, ICL, GLJ, GoJIL, HFR, HRRS, JSE, KasselLaw, LL. B, LTO, MHR, NJOZ, Publicus, ReWir, ZJS, ZIS. 这是不完全列举, 因为不断有新的期刊出现。

举例：*Horst*，ZAP Fach 12，23 ff.；*Haack*，NWB Fach 18，4665，4667

对于只有在**网络上**出版的期刊[1]，读者要么标明具体出处的**链接**，或者至少给出期刊的主页。

举例：*Basak/Schimmel*，…，in：ZJS 2008，435 ff.（www.zjs-online.com/dat/artikel/2008_4_94.pdf）或者 *Basak/Schimmel*，…，in：ZJS 2008，435 ff.（可以在以下网址中查询：www.zjs-online.com）

比较理想的状态是有一个**固定的链接**（**Permanentlink**）可供使用。

举例：*Apel*，Simon：Neues zum digitalen Sound Sampling in US-amerikanischen Copyright，in：MIR 2010，Dok 48（可以在以下网址中查询：http：//medien-internet-und-recht.de/volltext.php? mir_dok_id=2147）

判决评论也应该写入参考文献目录中，尽管这些评论并没有独立的标题。

举例：*Jahn*，Joachim：Anmerkung zu BGH v. 10.2.2005，Ⅲ ZR 294/04（= WM 2005，810），in：EWiR 2005，485 f.[2]

这种情况常常出现在教育期刊中（Jus，Jura，JA，AL），这些期刊基于教学目的而对判决进行评论，以及只包含摘要的报纸发行物（例如 LMK，EWiR，WuB，SAE）。

书评的引注方式与判决评论类似。

举例：*Merkt*，Hanno：Besprechung zu Patrick *Leyens*，Information des Aufsichtsrats，Tübingen 2006，in：NJW 2007，1862

基于辨识目的并没有必要给出所评论书籍的所有书目信息，因为在评论中可以找到该书的出处信息。

作业本身所涉及的问题越是时新，就越是需要引用更多法学文献以外的

---

[1] 这种情况并不会经常发生，因为在这里很少会发表内容上有争议的评论。以实践为导向的专业期刊一般情况下对于书评卡得很紧，而以科研为导向的期刊（尤其是典藏期刊）却为其提供更多的空间。

[2] 比较推荐的做法是像本文所举的例子一样写明判决的文件号和日期（而不只是出处），因为当阅卷人看到一个平行的出处时也可以辨别出相关的判决。

文献。

引用比较可靠的报刊中（例如 Spiegel 或者 Zeit）的**新闻报道时**，读者应该标明作者的姓名、刊物名称、期号以及页码。**采访记录**[1]应该根据被采访人的姓名排列。

517 如果在参考文献目录中存在同一作者的不同文章，并且仅仅通过出处（例如期刊或者纪念文集）并不能清楚区分，那就应该在各条目之后加上**引注格式**。读者可以在引注条目之后或者下面（或者用斜体，也可以使用括号并且/或者使用更小的字体）加上引注：〈姓名〉，〈短标题〉（如果是法律评注例如：引注：*Palandt/Bearbeiter*）或者将作者姓名和短标题（为了更加便利应当选用标题的第一个名词）在视觉上进行强调突出（加粗，斜体，下划线）或者在左侧一栏中写上作者姓名和短标题，并在右侧一栏中写上完整的出处。

在使用引注格式时应当注意，阅卷人在脚注中也必须能够找到相关的信息，以至于其在参考文献目录中可以马上准确地找到所引用的文献的标题。即在按照字母顺序排列的短引中的第一个单词必须能准确引向参考文献目录中对应的条目。对于参考文献目录中只有 20 条文献的初学者作业而言，花费这些精力看起来似乎有多此一举之嫌。但是请读者试想一下，在毕业论文中所引用的文献数目将会有三位数之多。

在学生的作业中常常出现，但是实际上没有必要并且也没有意义的做法是，在使用引注格式的同时也指出，自己是根据页码和行码进行引注的。因为阅卷人无疑可以自己注意到这一点。

我们可以注意到，以"Münchener Kommentar"命名的法律评注不只是针对民法的，还有针对商法、民事诉讼法等其他法律的，类似于"Alternativkommentare"系列。

读者可能每次引注时都要重新列举一遍作者的姓名。比较便利并且也比

---

〔1〕 在法学专业期刊中偶尔也会出现采访记录，例如在 ZRP（Zeitschrift für Rechtspolitik）上的法律讨论。

较一目了然的做法是使用"derselbe"或者"dieselbe"或者"dieselben"[1]来代替,通常使用其缩写形式"ders."或者"dies."[2]。

在同一作者多部文献的情况下我们可以根据字母顺序(标题或者标题中第一个名词的首字母),也可以根据出版年份(在同一年内出版的则按照字母顺序)排列。

不属于参考文献目录的内容

① 法院判决(判决,裁定)[3]

举例:Urteil des BGH v. 3. 11. 2004, Az. XIII ZR 375/03

② 判决汇编

举例:Sammlung der Entscheidungen des Bundesgerichtshofs in Zivilsachen—BGHZ

③ **专业期刊**以及诸如此类的文献

举例:Betriebs-Berater 或者 NJW Jahrgang 1993——但是所使用的缩写必须在缩略表中标明(当然其前提是该缩写并不常用)。

④ 法律以及欧盟指令和所有这一类法律规范(DIN——规范,也包括外国的法律条款[4])

举例:Zweites Gesetz zur Änderung schadenersatzrechtlicher Vorschriften vom 19. 7. 2002, BGBl. I, 2674

---

[1] 这种形式当然只适用于同一作者的情形下,如果只是意外重名的情况下是不能使用的。因此已经退休的 Peter Kreutz(基尔大学)和年轻的民法学者 Peter Kreutz(奥格斯堡大学)并不是同一个人,所以他们两个人的文章不能使用 ders. 这种形式。

[2] 为了确定到底应该使用 ders. 还是 dies.,我们首先要确定作者的性别。如果碰到一些比较特殊的名字就难以确定。这个时候我们可以看一下文章的第一个脚注(或者是专著中的简介),在这些地方总能找到一些关于作者自身的简单介绍。如果我们手头没有相应的书籍,那么可以尝试一下德国国家图书馆关于人员的 gnd-数据库,有些时候可以找到关于性别的信息。——有时候我们也会用到 dass,例如某部门或者研究机构的出版人出版多部文献的情况下。

[3] 这部分文献需要单独设立一个判决索引,请参见本书边码552。

[4] 如果读者不能确定阅卷人能否找到相应的条文,那么读者应当在附录中给出(或者也可以例外地将其完整的文本写在鉴定的相应位置,即对其进行文义解释的位置)。

⑤ 法律汇编

举例：dtv-Ausgabe BGB, 74. Auflage；*Schönfelder*, Deutsche Gesetze, Stand Januar 2012

⑥ 以及其他例如**报纸之类**出处

举例：Pressemeldung der dpa, in：FAZ v. 30. 2. 2009, S. 109；但是比较长的，即可识别的并且有"真正"标题的文章则另当别论。

其前提是这些文献出处是众所周知的。如果不是，则必须将所使用的缩写纳入缩略表中。

纪念文集（Festschrift）、纪念文集（Gedächtnisschrift）以及类似的**文集**同样不属于参考文献目录的内容，而只是因与被引用的具体文章的作者之间的联系而被提及。

519 判断一部作品的**可引注性**（**Zitierfähigkeit**）[1] 并不存在固定的成文规则，而只是一些比较可靠的实践中的操作习惯。一般情况下案例汇编和案例分析书，

举例：*Olaf* Werner, Fälle mit Lösung für Anfänger im Bürgerlichen Recht, 12. Aufl. 2008

和案例分析指导书籍。

举例：本书

不属于引注的内容（而是阅读，参考但不予提及）。

同样不予引注的还有那些科研上分量比较轻的文献，

举例：... —leicht gemacht,... schnell erfasst 这一系列书籍；模板；下列出版社出版的书籍：Achso!, Der Fall-Fallag, Richter, Rolf Schmidt, Niederle Media——第一个基本原则：封面越是花哨，内容的可引注性越差。第二个基本原则：如果书籍的作者对其读者使用"你"来称呼（duzen）并且总是使用"alles klar?"这一类话语来取悦读者，这样的

---

[1] Zitierfähigkeit 并不是一个很恰当的词。（为什么?）但是这个词却是如此通用，以至于本书也要使用该词，主要是因为没有更好的选择。最初使用的还有 Zitierbarkeit。

书籍不具有可引注性。[1]

还有考试辅导老师的**讲稿**。

举例：最有名和受欢迎的是 Alpmann & Schmidt，Hemmer & Wüst，Abels & Langels 以及 Jura Intensiv——当然还存在一些其他的讲稿[2]。

以及读者老师的**授课讲稿**。

其中最后一项是读者的参考资料之一，但是不具有可引注性。如果读者的老师想要将其讲稿中包含的观点引入学术讨论之中，就必须将其作为论文、专著或者教科书进行出版。在此之前读者必须为自己的引用另寻一个出处。请读者无需担忧：读者的老师并不会因虚荣而期待自己的讲稿被引用。

这些都不具有可引用性，因为其内容是非学术的。[3][4]

除了上文提及的文献，即那些一定程度上从标题就可以判断其完全不具有可引注性的，还有一些文献我们可以称之为**相对不具有可引注性**。这些文献是指其作者具备学术能力并且其内容也是以专业的方式展示，但是其难度系数明显低于练习的难度系数。

举例：我们通过阅读一些法学导论文献（例如 Hans-Joachim *Musielak*，Grundkurs BGB；Gert *Brüggemeier*，Zivilrechtlicher Grundkurs；Harm-Peter *Westermann*，Grundbegriffe des BGB；Thomas *Zerres*，Bürgerliches Recht）无法找到与练习问题相关的内容；因为这些文献基于其目的所限并不会对问题进行深入探讨，在练习中读者需要参考专业的教科书。如果读者已

---

〔1〕 第三个基本原则：如果作者只写过唯一的一篇文章（即呈现在读者面前的手稿），那么他（还）不属于科研工作者，而只是帮助学生准备考试的老师。第四个基本原则：如果书籍的出版人认为某书籍如此重要，以至于其从未向德国国家图书馆申请编入其书目信息中，这样的书籍只是一次性的文献是可以忽略的，而且也是没有可引注性的。第五个基本原则：如果一本书的最新价格是10欧元以下或者甚至是8欧元以下，一般情况下这本书的重点并不在于学术。第六个基本原则：如果书籍的作者姓名和出版社的名字一样，请不要引注这本书。

〔2〕 有些讲稿期间已经在法学专业出版社中出版，例如 Juriq 在 C. F. Müller 出版。

〔3〕 因此没有必要对这一段文字教学上的意义进行评论，就像没有必要讨论一份好的讲稿所包含的论据要比一本差的教科书中的论据更加有智慧的可能性。

〔4〕 请读者也考虑下一讲稿：误言无害真意（falsa demonstratio non nocet）。Hoeren 关于网络法的讲稿（www.uni-muenster.de/Jura.itm/hoeren/materialien/Skript/Skript_ Internetrecht_ Oktober_ 2012.pdf）长达550页并包含2200个脚注，完全可以称之为教科书。将其称为"讲稿"完全是出于谦虚。

经是第三个学期但仍然引注这些"初学者教科书",那么无疑会输给竞争对手。"辅修专业文献",例如 *Führich*, *Müssig*, *Aunert-Micus/Tonner* 等,*Schade* 等的经济私法教科书也是一样。——这些教科书中有些无疑也是为主科学生所编写的,但是在家庭作业中最好还是不要引用这些文献。

有些考官会认为,特定法学家的标准的**入门级教科书**实际上是不具有可引注性的。这确实过于严格——但其理由是合理的。例如像 *Brox/Walker* 这一级别的教科书其首要目标是让学生在脑子中对法学题材形成一定的印象。因此这些文献基本上不会展示自己的观点、对其观点进行论证并与其他观点进行辩论。[1] 类似的还有在某一段时间内非常流行的**案例书**(Casebooks)。

如果我们考虑到这个问题,某些特定类型的文献就会自动退出引注文献的范围:标题中含有导论一词的教科书、Kurzkommentare 或者 Praxiskommentare 这一系列的法律评注、讲稿,等等。读者在构思鉴定结构时显得很有帮助的文献,最终都可能是过于肤浅的。因此很清楚的是:索引卡片、网络课程、课程录像等材料读者可以用于学习和复习,但是在科研报告中不要将这一类材料作为文献出处。

有些文献虽然被称为"灰色文献"(graue Literatur),即只是社团或者国家机构的打字稿而未出版,这些文献通常应当纳入参考文献目录。这些文献

举例:会议记录,国家或者非国家机构的内部文件。

主要应该在报告中而不是法教义学的鉴定中引用,主要作为统计之用的信息出处而不是作为法学问题讨论的出处。

如果读者引用这些文献,那么也应该将其纳入参考文献目录中。因为这些文献一般情况下既无法从书商那里获得也无法在图书馆获取,因此提供一些关于获取途径的提示是非常有意义的(只要这些文献的节选并没有在附录中复述或者作业中逐字引用相关内容)。

举例:*Hoeren*, Thomas: Gutachten zur Frage der Geltung des urheberrechtlicher Erschöpfungsgrundsatzes bei der Online-Übertragung von Computer-

---

[1] 因此可以理解的是,在家庭作业中首先应当引注的是专门研究该问题的文献。

programmen, vom 17. 2. 2006, abrufbar unter www. usedsoft. com/assets/law/Gutachten-Prof-Hoeren-online. Erschoepfung. pdf.

那些总是可以引注的**优先出处**（Primärquellen），即专著、教科书、法律评注等，但是不包括教育期刊和案例汇编中的案例模板。

但是，如果在这些案例分析中出现作者自己的观点，而这些观点并没有被其他人所提出，那么也可以作为引注的出处。但是根据统计，这种情况仅是例外而已。

请读者从第一个学期开始就学习使用**专业文献**（Fachliteratur）。

当然那些带颜色的口袋书也会为读者提供一些有用的（或许是当下的）信息。但是专业书籍的内容更加丰富。[1] 实践中有可能发生下列情况，即读者作为初学者认为专业文献的内容对其而言要求过高，有的读者甚至还没有学会如何在图书馆中找到相关的专业文献（因为图书馆对于初学者而言确实非常大……）。但是批改人并不会考虑这些因素。即使是可靠的大辞典[2]，其在内容上也无法达到相关专业文献的深度。利用这些辞典的优势在于，在一定程度上帮助读者对一个问题形成初步理解。但是这个过程不应该再让阅卷人注意到。但是查阅辞典本身是允许的，因为在辞典中关于某概念的解释除了专业语言的内容之外也有日常用语的解释。[3]

文献选择的第一个依据可以从课程名看出来。法理学专业的作业如果没有法学理论的经典著作作为参考就像国家法专业的作业仅以"Informationen

---

〔1〕 请读者不要嘲笑！很遗憾这并不是理所当然的。

〔2〕 *Brockhaus*, *Meyers*, *Encyclopaedia Brirannica*，所有这些也存在 CD-ROM 的格式（类似的有 Fischer Weltmanach 连同 www. weltalmanach. de/之下的网络版本）；免费并且常常出人意料的出色，并且有些时候也非常时新的百科全书是维基百科（请读者注意维基百科缺乏编辑方面的管理以及因此造成可靠性方面的缺陷；关于维基百科可用性的详细介绍请参见 *Schimmel* GS Manfred Wolfm, 725 ff.）。有些观点认为百科辞典是完全不具有可引注性的，因为百科辞典一般情况下都不会写明具体词条的作者，因此——区别于法学或者其他科学文献——没有人为词条的内容负责。这就是原因所在。如果有读者想要引注维基百科中的词条，请注明具体的链接；关于引注格式的细节问题请参见 Zosel jurPC WebDok 140/2009, Abs. 73。即使具备迅速查询的优势但不能作为出处的是：www. wirtschaftslexikon. gabler. de；www. wirtschaftslexikon24. net；www. meinrechtsportal. de；www. rechtslupe. de；www. juracracks. de；www. juralib. de；www. juraquick. de。

〔3〕 比较典型的例子是被多次引用的 Glasbausteinfall BGH LM Nr. 17（C）zu §133；相关内容请参见 *Koch/Schimmel* JA 2000, 287 ff.

zur politischen Bildung"为依据一样,是无法顺利完成的。[1]

初学者非常喜欢使用的由 *Greifelds/Weber* 主编的法律辞典基本上属于分界线;使用该辞典并不代表就有专业性,因为除此之外总是存在更加专业的文献。但是如果这本辞典能够让读者更加出色的话,那就予以引注。这本书本身已经算得上很不错。[2]

如果读者非得向阅卷人表明自己所参加的名师课程远比一般的公开课要少,那就请引注 Wolfgang *Kallwass/Peter* Abels,Privatsrecht, 21. Aufl. 2011。否则最好不要。因为这完全是给**辅修生所编辑的专业文献**。作为法学初学者最好参阅适用于经济学家的这一类型的私法教科书,因为这类教科书的作者有勇气将复杂的事务进行简单化的阐释。这一类教科书作为学习参考是没有问题的(作为紧急备用),但是不要作为引注的出处。

法条出版中的导论性文字(例如 dtv 中的导论)尽管常常由法学家执笔,但是其并不是以法学学者为首要对象,而是针对感兴趣的非法学专业人员。因此不应该引注这些导论。

同样具有界限作用的还有以(尽管也是法学专业,但是是针对"错误"的受众)**预备法官**和**律师**为受众的文献。[3] 这些书籍基本上不包含对各种观点的学术分析,而主要是作为工作指南。

在考试或者作业中使用专业文献的要求是不受限制的,只要是关于法学的问题、信息和观点,就应当选择专业文献。

如果读者的鉴定需要天体物理学或者结构力学的信息,如果可能的话也应该参阅该科学领域的专业书籍。但是实际上——至少在练习作业中——缺乏期待可能性。如果我们只有完成相关第二专业才能理解其他科学领域的专业名词,那么选择普通的信息来源也是可以理解和合理的。但是请读者尽可能总是注意出处的可靠性。如果读者手头没有科学文献可供使用,请读者至

---

[1] 这在高级中学毕业考试之后虽然仍旧值得一读,但是已经不宜再作为合适的出处。
[2] 当然也存在内容更加丰富的法律辞典。
[3] 即类似于家庭法专业律师工具书、范文汇编,等等;如果我们想要了解律师或者法官在实践中是如何处理特定问题时,这些书籍或许能提供不少帮助。但是在大学的练习作业中这些书籍一般情况下是没有什么参考价值或者只有少数情况下才有必要参考的。

少引用科普文献。[1]

关于**篇幅**：参考文献目录并不是学识的证明——在初学者的作业中出现 95 条文献，这看起来似乎有点夸张。相反，如果只有 5 条文献则明显太少，另外如果这些文献包含 Creifelds Rechtswörterbuch，一本小的基础法律评注以及 3 本陈旧的教科书。读者总归应该引注一些专业的文献。读者至少应当使用一些经典的文献。

521a

举例：在民法作业中例如 Jauernig，Palandt，Prütting/Wegen/Weinreich，Erman，Bamberger/Roth，Soergel 和 Staudinger 的 BGB-Kommentare，关于民法典的 Münchener，Rechtsgerichtsräte-，Historisch-Kritische 以及 Alternativkommentar——这里列举的就有 11 个（此外还有旧的和新的 Studienkommentar，Prozessrechtskommentar，Handkommentar，Anwaltskommentar 或许还有 juris-Kommentar zum BGB）。如果是物权法领域的作业，读者可以选用一本常见的比较有名的物权法教科书并阅读导论章以"文献"为标题的部分，查看除此之外还存在哪些教科书。据此读者可以针对某一专门问题找到并引注 30 部文献，而不包含任何论文或者判决汇编。[2]

有意**堆砌**参考文献目录的情况是经常出现的，但是从学术的角度来看这是不被认可的（显然只是作为一种伎俩）做法。最简单的例子就是：读者在整个家庭作业写作过程中只参考了三本法律评注、两本教科书和一份讲稿，之后再花一晚上的时间查找其他潜在的可以引注的法律评注和教科书，并在作业中找一个可以引用的地方，将这些文献也写入参考文献目录当中并给人造成作业参考很多文献的印象。这当然是行不通的。阅卷人只需花费几

521b

---

〔1〕 在涉及文献学的法学研讨课作业中我们基本上也不会或者只有在极端情况下才会引注 Kindlers Literaturlexikon（不同的例如 Jeck Die Anfänge der Kriminalpsychologie，详细内容请参见 http://de.vroniplag.wikia.com/wiki/Quelle：Tj/KLI.6_ 1966）或者以 Schwanitz，Bildung—Alles was man wissen muss（而是应当引注 Moeder Inzidente Gesetzesprüfung im Vereinigten Königreich）作为历史事实的引证。

〔2〕 但是，我们同样应当先列举那些与所研究的问题在学术上具有紧密联系的专门文献；有经验的阅卷人首先会快速浏览一遍前面二十几个预料中的文献标题——之后才开始仔细考察读者在查找专门文献方面所花费的精力，例如只载于不太常见的期刊中的论文、纪念文集中的文章等。

秒钟浏览一遍作业的脚注，就可以发现读者故意堆砌参考文献目录的伎俩——这会使批改人在之后的批改过程中产生不快的情绪和不信任感。[1]

522 读者应当小心并且谨慎引注**网络出处**。这些网络出处在学术上——至少——从两个方面来看是有问题的。首先，很多网络出处都是**暂时性**的（因为网址会改变或整个网页会被删除，网上的内容是很容易改变的，而打印形式的内容却能保持不变[2]），因此只有在一定范围内才能够事后审查。因此在相同内容的情况下应该**优先选用印刷文献的出处**。

基本原则：如果可能就引注印刷文献的出处；否则也可以引注网络出处。

如果相应的信息或者观点只存在于网络上，必须在脚注中注明可以追踪的出处信息。

如果作者自己不能确定阅卷人是否还能找到相应的页面，那么必须将相应的内容打印出来并附在作业的附录中（写上最后访问日期并附上网址）。在可能的情况下总是应当给出具体的网址，如果阅卷人只得到关于主页的信息，他在搜索过程中很可能出现错误。不然的话就应该在网址之后附上具体的菜单项信息，在该菜单项之下阅卷人可以找到相应的信息。网络出处必须至少与印刷文献[3]的出处一样清晰可辨，以至于阅卷人可以了解，到何时为止所搜索的信息仍存在于相应的位置。[4] 只有这样阅卷人才能事后通过网址确认读者所引注的出处。

第二个问题是关于网络文献的**可靠性**。网络上存在不计其数的垃圾信息（即错误的、差劲的、质量低劣的、不完整的信息和广告，这些只是名为信

---

[1] 举例：Schimmel LTO v. 24. 1. 2013，www. lto. de/recht/studium-referendariat/s/seminararbeit-doktorarbeit-wissenschaftliches-arbeiten-tipps/。

[2] 如果比较幸运的话类似于 wayback machine（http：//web. archiv. org/collection/web. html）的互联网档案馆还能帮上一点忙。

[3] 关于网络引注的建议请参见 *Byrd/Lehmann* Zitierfibel, 70；*Putzke* Arbeiten, Rn. 175 ff.，228 ff.；*Müller* ZitierGuide, 16 f.；*Möllers* Arbeitstechnik, Rn. 476 ff.；关于电子版文献的正确引注方式请参见 *Walther* NJW-CoR 2000, 298, 302；*Willamowsik* JurPC Web-Dok 78/2000（www. jurpc. de/aufsatz/20000078. htm）以及 *Niederhauser* Arbeit；*Bleuel* www. bleuel. com/ip-zit. pdf；www. jurawiki. de/RichtigZitieren。

[4] 最好是作为永久性网址，就如维基百科所允许的那样。

息,但实际上不包含任何有价值的内容[1])。即使缺乏编辑人员也没有什么奇怪的。很多时候网络只是一个**品质较差的出处**。[2] 有时候会直接导致错误。[3]

网络信息使用的便利性导致学生优先使用电子出处而非印刷出处,因为后者的使用使读者必须花费更多精力在图书馆查找相应的文献。这是应当提醒读者注意的。比较艰难的途径往往是正确的途径。

读者尤其应当注意的是,在网络上捕捉到的信息**无法归于任何作者名下**。[4] 如果——不同于科研文献——没有任何人作为作者为此负责,那么这样的出处基本上是没有可引注性的。但是,有些时候作者的姓名会在其他地方注明,例如在出版说明中。

由于网络常常,尤其在科研领域中越来越被作为快速媒体而使用,因此其**即时性**通常要超过印刷文献。这也就是引注出自于网络的信息的正当理由。

基本原则:读者可以有这样的认知,即一份以法学鉴定为内容的法学作业可以在完全没有网络出处的情况下完成。但是针对时新主题所做的科研报告或许就是另外一种情况。

可能的情况下也可以将**博客**(BLawgs)中所发表的内容作为引注的出处。但必须非常谨慎,因为即使是法学博客表达的也常常只是暂时性的观点,而且有时候其内容实际上只是座谈会的品质。但是另一方面读者不应该忽视,近年来受大型专业出版社之托,许多有名的法学家也开始在博客上发表文章;在这些博客中或许会出现新版法律评注中的暂时性观点。即时性使博客文章的引注具备合理的理由。

读者可以标明**网络平行出处**(Internet-Parallelfundstelle),但并不是

---

[1] 并且很多在网络上流传的阴谋论从未被提及。
[2] 具体请参见例如:*Zimmer* Bibliothek, 72 ff., 值得商榷的还有例如 *Kreutz* Propädeutik, 13 f.
[3] 例如在网络上出现一个实际上并不存在但是足以以假乱真的虚构判决,例如 EuGH v. 19. 6. 2008, Az C-550/07;该判决是由 *Brüssow* in DAV (Hrsg.) Strafverteidigung, S. 91 ff. 所讨论;相关内容请参见 *HuffFAZ* v. 10. 8. 2009, S. 28.
[4] *Schulz/Klugmann*, Rn. 220, 对于网络信息可靠性判断标准提出的四个建议:1. 作者是谁(私人还是企业还是研究机构)? 2. 内容的新旧程度——其是否被记录在案? 3. 该网页是否注重用户体验? 4. 是否存在关于出处的提示以及更进一步的信息? 关于网络出处可靠性的一些思考还可以参见 *Bergmann/Schröder/Sturm*, Rn. 137 ff.

必须。

每日出版的报刊（Tagespresse）（报纸、杂志等）具有可引注性。

如果作为媒体报道而不具备作者的话，则不应该将其纳入参考文献目录之中，而只是引注在脚注里。

举例：Pressemeldung dpa, FAZ v. 13. 10. 2005, S. 6

如果其属于出自副刊的比较长的文章，那么在标明作者和标题的前提下也属于参考文献目录。[1]

举例：Kammerer, Dietmar: Zeit der Zäune, taz v. 24. 11. 2005, S. 15 f.

但是在典型的法学鉴定中，读者最好不要使用这些文献。唯一的例外情况就是，如果所讨论的主题异常时新，以至于在那些慢慢沉淀的法学专业讨论中找不到相关文献。但是在研讨课作业中可以适用不同的规则。

523a **口头发表的观点**往往过于暂时性而无法作为文献引用的出处。但是作为该原则的例外：有些**演讲**，之后被以文字形式记录下来并予以发表，只是没有转化为论文或者其他类似的文献形式，这些言论我们可以甚至是必须引注的。

举例：*Leutheusser-Schnarrenberger*, Sabine: Berliner Rede zum Urheberrecht, 于 2010 年 6 月 14 日于 Berlin-Brandenburgischen Akademie der Wissenschaft 举办，记录在 http://carta.info/28969/dokumentation-berliner-rede-zum-urheberrecht-von-sabine-Leutheusser-Schnarrenberger/。

科研人员在会议上的演讲稿、政治家在联邦议院或者法律委员会的发言稿都会被记录在会议记录中，其目的恰好就是为了使其具有可引注性。

举例：*Hartmann* Diskussionsbeitrag, in: Ständige Deputation des Deutschen Juristentags（Hrsg.），Verhandlungen des 58. Deutschen Juristentags München 1990. Band II, München 1990, S. O 175 f.

---

[1] 但是同样是署名的长报道一般情况下只作为事实的信息来源而使用并且只出现在脚注中，而可以纳入参考文献目录的文章必须包含一定的观点，即作者在文章中对其进行分析讨论。该原则同样适用于读者来信、采访记录（偶尔也会出现在法学专业报刊中，例如 ZRP），等等。

到目前为止本书几乎已经提到所有应当引注的文献。本书未提到的文献基本上也可以根据类似的规则进行处理。另外再提两点关于——从法学的角度来看——**非法学领域的媒介**（exotische Medien）的建议：

① 流行歌曲

如果读者所引用的是与学术研究日常相去甚远的领域中的内容，例如流行音乐的歌词或者只是特别恰当的一个表达，读者要么假设阅卷人之前已经听说过（这种情况下无需注明出处），要么详细写明所引用的出处（不是 *Beatles*，而是：John *Lennon*/Paul *McCartney*）。读者可以像处理诗集中的诗歌那样处理流行歌曲的歌词。

举例：如果有读者想要引用著名的法社会学家 Mark Knopfler 的作品（then came the churches, then came the schools, then came the lawyers, then came the rules, then came the trains and the trucks with their load, and the dirty old track was the telegraph road），那么应当将其纳入参考文献目录之中：

Knopfler, *Mark*: Telegraph Road, auf: Dire Straits, Love over Gold, London 1982.

② 电影

如果有读者想要引用一句名言或者一段对话，可以以出版的电影剧本作为出处并以书籍的方式引注该电影的剧本[1]。

另外一种可能性是写明该电影特定版本的具体信息（片名、导演、出品人、年份、版本信息——例如导演的剪辑版或者扩展版），以及引用部分在电影中的开始时间点。

之后应当将电影根据片名排列在参考文献目录中，并类推适用著作的规则［作者＝导演，可能的剧本作者，片名（可能的情况下写明原语言片名以及德语片名），版本（导演剪辑版等等），国家，出品人，年份］来标明相关信息，在脚注中只需要片名、年份、时间点。

―――――――――

〔1〕 电影剧本可以在以下网站访问：www.script-o-rama.com，电影数据库：www.imdb.com。

举例：如果有读者想要引用沉默寡言的电影 Terminator（I'll be back），应当将其纳入参考文献目录中：

Carmeron, James: The Terminator (dt. Terminator), USA (Orion Pictures) 1984.

而在脚注中或者文章中则根据各自的需要标明电影性质（T-800）或者演员姓名（Arnold Schwarzenegger）。

（五）其他目录

在参考文献目录之后可能还需要设置其他目录。但是，大部分情况下这些其他目录都是非必需的。

1. 缩写表（Abkürzungsverzeichnis）

一般情况下读者也可以省略缩写表。[1] 如果作业本身要求或是根据实际情况确实需要一份缩写表，请读者将其置于大纲之后，以使其——以罗马数字标示页码——被编排在大纲的开始位置。

尽管有些缩写阅卷人并不是一眼就能认出来，

举例：ZIP 是 Zeitschrift für Wirtschaftsrecht 的缩写，只有当我们知道其以前被称为 Zeitschrift für Insolvenzpraxis，才能认出该缩写；类似的还有 AfP，曾经被称为 Archiv für Presserecht，现在被称为 Zeitschrift für Medien- und Kommunikationsrecht。

但是读者所写的缩略语其受众是专业同僚，读者可以期待其认识或者可以查询相关缩略语的含义。

基本原则：如果 1/5 以上的缩略语来自于外国法、其他科学领域或者德国法中非常偏僻的部分，值得设置一份缩写表（或者读者是否一眼就能认出 APuZ 和 KÖSDI?）

2. 图表目录（Abbildungsverzeichnis）

如果在一篇比较长的作业中出现读者自己制作的图表时，读者需要为此设置一份图表目录。但是在法学文章中这是非常少见的。

---

[1] 详细内容请参见本书边码 393。

3. 判例目录（Rechtsprechungsverzeichnis）

完成一份判例目录将会花费很多的精力。只有当作业明确提出相关要求或者读者自己想要进行这一项练习时，才有必要在这方面花费精力。类似于参考文献目录，为了让判例目录也能在视觉上达到一目了然的效果，我们也可以使用表格（这里应该使用三列的表格）。[1] 在第一列中写上法院，以法院级别作为排列依据，以高级法院作为开始，同一级别根据法院所在地首字母排列，必要的情况下可以根据管辖权区分。第二列中写上辨别该判决的相关信息：判例类型（判决，裁定），日期和文件号。第三列中写明出处。[2]

（六）鉴定/报告

对于作业的正文部分（读者可以赋予其"鉴定"的标题，但并不是必须）并没有太多规则限制。请读者在答题纸的左侧部分留出大概1/3宽度——约7厘米——的空白[3]。只有该空白行是供阅卷人书写批语的位置。[4] 右边只需留出很窄的空白即可。同样，页面的上面和下面也只需留出一小行即可。[5] 其中正文应当以1.5倍行距12pt字体书写。

一般情况下间距字体（Arial，Times等等）都是允许的。另外也可以使用 Courier——该字体便于与打字机页面之间的对比。

从正文开始以阿拉伯数字编排页码（也是在页头或者页尾）。

正文应当根据大纲的顺序来安排结构。大纲中的各点应当在大纲标题中逐字对应（并不仅仅是意思相同）地重现。

如果读者使用文件编辑软件中的"生成目录"功能，上述要求就能自动实现。

作业以答题人在最后一页亲笔**签字**而结束。

---

[1] 请参见 *Putzke* Arbeiten, Rn. 232 中的例子。

[2] 如何在多个平行出处之间进行选择请参见本书边码549。特别认真的学生会同时列举多个出处，但实际上是没有必要的。

[3] 当然，对于大部分阅卷人而言将空白留在右侧会更加具有实用性，因为他们都是惯用右手的人（*Haft/Kulow* Lernen, 70 也持同样的观点）；但是左侧留白是惯用做法，就是因为大部分作业都是左侧装订的。

[4] 有些批改人可能并不会像读者所期待的那样充分利用这个可能性，但这是另外一回事。读者可以直接问批改人，批改每一份作业可以赚多少……

[5] 但是在页头标题和正文之间留出一小段距离也是完全允许的。

如果对于读者而言相应的考试规范要求内容上的保证,即读者在没有其他人帮助等情况下独立完成作业[1],那就应该在结尾签上自己的姓名,通常情况是另外留出专门一页用于签字。

考试答卷是匿名批改的,因此不能签字。但是读者可以在完成之后标上"Ende der Bearbeitung"的记号,以示答题已经完成。

(七) 附录

如果读者作业中所引用的某些材料是阅卷人可能无法找到或者需要花费巨大代价才能找到,只有这种情况下才需要在作业中设置附录。

这些材料并不包括读者必须通过远程借阅才能阅读的文献。那些在某个图书馆或者档案库能够获取的文献,读者可以认为阅卷人同样能够获取。

但是,如果读者引用从法院获得的尚未公布的判决,应该将该判决的复印件附于作业最后作为附录。该规则也使用于那些只能从 **juris** 中获取的判例。另外,读者在网络论坛中找到的判决也视为未公布的判决。[2]

来自于网络的文献无论如何都应该将其打印出来作为附录[3],因为考虑到当阅卷人批改读者的作业时,相关的网络文献已经无法找到或者其形式已经发生改变。

无法在任何图书馆找到的**"灰色"文献**也属于附录的内容。

但是请读者注意不要使附录过于臃肿。阅卷人可能会认为,其在附录中所看到的所有文献都有必要阅读一遍。如果阅卷人在批改一份 20 页的作业的同时还需要阅读 50 页的附录,其心情是可想而知的。对于比较长的文献就只需要摘录其中重要的内容。

如果附录比较多,应当对其进行编号,以使在行文过程中能够准确定位到相应的附录中。根据附录的篇幅附上页码、附录的编号。

举例:Anhang 4:Tagungsprotokoll der Gesellschaft für... vom...

---

[1] 极力建议:该保证应当与真实情况相符。关于使用代笔人的风险和不良影响请参见 VG Köln NWVBl. 2006, 196 ff.

[2] 在网络论坛中(主要是下级法院的)判决一般是由当事人或者其代理律师放上去的;由于其来源的不稳定性,建议读者将其附在附录中。

[3] 关于其是否适于作为引注的出处请参见本书边码 522。

为了使阅卷人不至于花费很长时间来寻找相应的附录内容，读者应该将附录编号置于页面上部或者在前一页单独留出一页。

二、笔试中的格式

出于读者自身考虑，读者在笔试中也应当遵守下列最基本的形式要求：

1. 在**封面**上清楚明确地写上自己的姓名。

可以设置与家庭作业相同的封面。读者可以事先在电脑上设置好——确保姓名清晰而易于辨认（并且读者也可以节省时间）。

2. 每一页必须在左侧留出**1/3 列的空白**。读者应当给所有页面打孔、编页码，如果读者不对作业进行装订的话就应该在每一页上标上姓名。

如果读者没有留出页边空白，那就不要因为只得到一个分数而没有任何批语而感到奇怪。在所有页面标上记号只是举手之劳，但是这样一个小动作却可以省去很多麻烦，比如在作业寄送途中真的发生一些意外而使答卷纸的顺序被打乱。

3. 请读者在每一张答卷纸上都采用**单面打印**，尽可能使答卷易于阅读并且最好采用 **1.5 倍行距**（可能有些读者有必要在两行之间补充一个句子……）

4. **删除部分**应当非常**明确**，即阅卷人一眼便可以看出来某一个句子或者段落是否仍属于答案的内容。

如果读者没有清楚标明哪些内容是有效的哪些内容是被删除的，读者的考官将会陷于严重的内心斗争之中。如果读者没有明确地删掉错误部分，就有可能承担减分的风险。

5. 请读者不要忘记在鉴定完成之后签上自己的姓名。有时候也要求标上"Ende der Bearbeitung"的记号。

6. 案件事实部分只在题目有要求的时候才需要在作业中给出。

阅卷人只需要一个案件事实——而不是成百上千个。

7. 请读者将已经完成的答卷以文件夹或者装订条，至少以订书钉或者回形针装订成册。阅卷人会因此而感到欣慰。

在笔试中大纲是不需要的。读者可以省去在连续的标题和段落编号上花费的时间；大纲将花费过多的时间，并且也不是阅卷人所期待的。因此一般情况下大纲并不作为评分标准。

但是尽管如此，读者在笔试中也必须注意构建一个逻辑上协调的结构。例如参见**下文内容**就是不允许的。

530 补充说明：考试实践

一谈到"考试策略"这个话题，我们就很容易作非常学术性的讨论。[1] 其实我们大可不必这样。下文所说的几点只是作为应急措施：

1. 考试之前应该**做好准备**而不是毫无准备

其他考生也同样会这样做——不同于其他郑重的声明。而且读者基本上无法想象，如何充分的准备才能够克服考前的紧张情绪。如果读者依然一再受到考前紧张的困扰，请读者咨询自己的学业辅导员，最糟糕的情况下就去咨询心理医生。[2] 当然通过考试最主要的方法还是靠掌握知识本身，只有在此基础上才有必要谈论如何沉着应试以及考试策略。

2. 读者大概要花 **1/3** 的时间用于**思考**（一般而言，但并不是必须恰好是 1/3 的时间，有时候也会多于 1/3），剩下的时间用于书写答案。

如果读者思考的时间过少，大部分情况下是低估了题目的难度，忽略了看似简单的案件事实背后所隐藏着的难点问题。如果读者花费过多时间用于思考，将没有足够的时间来书写答案。如果两者选其一的话，后者会让阅卷人更加痛惜：考生看到所有的问题，但是几乎每一个问题都只做了初步的分析。

在 1/3 时间的思考过程中当然也允许读者书写，但是不要写太多。最好只是为答案的大纲做一些笔记。

3. **答案大纲**对大部分人书写答案会有一定帮助。

如果答案大纲写得好，读者就可以依照大纲书写答案，而无需再花时间思考和整理答案内容。在书写答案过程中就可以将精力集中于简洁的表达和明确的重点之上。

4. 不要在交卷前 10 分钟推翻自己的答案。

---

[1] 值得一读的有例如 *Kröber* JuS 2008, 289 ff.；*Weller* JuS 2003, 515 ff.；*Stöhr* MLR 2008, 78 ff.；*Beck* Jura 2012, 262 ff.；*Czerny/Frieling* JuS 2012, 877 ff.

[2] 这并不会影响名誉。另外读者并不是唯一一个受此困扰的人。

这没有任何实际意义。大部分阅卷人更倾向于有"立足点"但是结果是"错误"答卷,而不是过程乱七八糟而只有正确结论的答卷。

5. 作弊是通过考试最糟糕的策略之一。

从长远来看作弊无论如何都只有弊端没有好处。尽管在个别考试中读者或许可以通过作弊通过考试,但是读者必须考虑清楚,作弊真正欺骗的是谁。令人感到生气的是最聪明的考生总是坐在前三排之后的位置。

如果读者能够认真听取这些建议,就可以节省时间和精力用以准备考试内容,而不是让那些所谓一般化的、考试策略性的建议充斥整个大脑。请读者尝试一下!

最后:考试有挂科的可能。挂科越少越好。但偶尔还是会发生的。如果读者真的挂科了或者有挂科的可能性时,请读者调整好心态并以最好的状态去面对。即不要走出考场去吃个冰激凌并且心情舒畅无忧无虑,而是坚持到考试结束,看看从哪些方面可以让分数再提高一些。

一份被差评的作业——即使在考试中——不能就读者的能力说明任何问题。但是读者的平均成绩必须与能力相符。

三、 脚注

内容提要:为什么? 532;哪里需要? 534 ff.;哪里不需要? 539 ff.;不要在小前提之后 540;不要针对现行有效的法律 406、543a;不要在标题之后 544;句子中的位置? 544;脚注的内容是什么? 545ff.;法院判决 548ff.;官方汇编 550;论文、著作等等 545;简化标题 546;引注方式 547,名字 545;格式 554;数量及范围 570、180、243a;次级引注(Sekundärzitate)555;抄袭 562;在脚注中写文章内容? 563;脚注的协调性 564;关于出处的规则 566ff.;结尾的句号 569;a. a. O 555b;abwegig 193;ders./dies. 517;fortfolgende, ff.;ibidem 555b;mit weiteren Nachweisen 560;passim 555;stellvertretend 557;vertiefend 第 986 个脚注;vgl. 557;

531　这一部分内容涉及什么场合应该插入脚注以及脚注的形式应该是怎样的。[1]

通过专业的脚注处理以标示自身成绩的可能性是很多的。但是很遗憾，考生和阅卷人双方将同时利用这样的可能性。有经验的阅卷人只要快速浏览一遍家庭作业中的脚注就能知道该作业大概可以得几分。如果读者能够重视下文的提示，就可以避免大部分错误。[2] 从考试的经验可以看出，很多考生低估了脚注的重要性。相反，有时也存在一些高估脚注的学生。[3]

532　**（一）为什么需要脚注？**

脚注中包含文章中所涉及的他人观点或者所主张的事实的**出处**。

这也是学术文章与新闻报道之间的区别。尽管后者更容易检索，但是鉴于易读性考虑而省去了出处信息。但在学术文章中出处信息是必不可少的。

---

〔1〕 相关的参考资料还有例如 *Möllers* JuS 2002, 828 ff.；关于引注规则和技巧的简短总结请参见 *Noltensmeier/Schuhr* JA 2008, 576 (581 f.)；如果有的读者觉得下面部分内容太过无聊，也可以直接阅读一些法学期刊上的相关论文。这些文章就什么场合需要脚注以及脚注的形式如何等问题作了非常不错的阐释。但是期刊中论文的脚注也并不是很适合作为读者参考的范本，因为其脚注中的引注方式必须考虑到——不同于学术性的鉴定——论文前面部分并没有设置参考文献目录。如果有读者想要快速了解有关脚注的信息，可以参阅 *Grafton* Ursprünge.

〔2〕 初学者常常会觉得关于学术引注那些复杂的规则对于自己来说过于苛刻。对于大部分人而言如果能够在文件编辑软件中找到并学会使用插入脚注的功能，就已经感到很自豪了。但是这当然是不够的。真的是不够的。

〔3〕 同样，**高估脚注**也是比较危险的。这主要是指设置数量庞大并且篇幅很长的脚注。这一方面很容易使阅卷人产生该考生无法将精力集中于重点内容上的感觉。另一方面阅卷人也不希望作业的学术性被读者体现在脚注中。如果读者目前不是正在写博士论文，那几乎没有必要在一句话中插入3个脚注。此外也存在一些不言自明的内容，即我们没有必要再标明其出处。德国民法典的适用就是无需标明出处的，只有当国际私法作为作业重点时才有必要讨论并标明出处。学术性作为对于家庭作业写作者的要求可能存在两个方面的误区。一方面学生常常会过于注重学术性要求。因此一份家庭作业就不可避免地被写成研讨课报告，甚至是博士论文。当然，如果这样的作业并不会导致阅卷人的阅卷任务过于繁重并且也没有侵占其他重要内容的时间和空间，也许不会是什么糟糕的结果。基本原则：作业离考试越远，对于学术性（创新性）的要求就越低。最主要的——刚开始——是学术式的法律适用。这里还存在另外一个误区。即使是在有好几周答题时间的国家考试家庭作业中总是还有一些考生远远落后于最低的学术要求。我们不能仅仅因为自己的理解困难而回避任何需要讨论的问题。或者因为自己没有找到合适的论据来反驳某些观点（尽管为了拿到相应的成绩，我们必须对其进行反驳）。或者为了对特定问题进行讨论和批判需要花费两段内容，而实际情况中可用的篇幅恰好比较局限。一般原则：因为第一次国家考试中鉴定的受众多为科研人员，因此习惯于阅读学术型文章，相比较于不够学术性的答卷他们更愿意阅读过于学术性的答卷。

学术文章的阅卷人必须能够就其有所怀疑的观点找到相应的出处。作为学术文章的写作者——同样：法律鉴定——我们就像是一个侏儒站在巨人的肩膀上。阅卷人想要知道的是，我们是站在哪一位巨人的哪一边肩膀上。

因此，出处一方面是作品符合学术规范的要求。另一方面出处（大部分情况下）也是知识产权法的要求，根据《知识产权法》第51条、第63条。

脚注与参考文献目录一起构成了作品的**学术支柱**。 533

本文并不讨论什么是科学性。[1] 这本来就非常困难，因为关于法律科学是否真正属于一门科学这一问题本身就存在非常大的争议。[2]（关于这一争论本身就可以形成一系列文章。但是在一定程度上我们可以以科学的视角观察法学并依据一定的规则予以适用。这至少可以提高我们对正确结果进行理性讨论的机会。）我们可以一直尝试坚持哪些规则是法律科学研究不可退让的。

科学性至少要求**客观性**和**诚实性**。[3] 从外在形式的角度来看，我们判定文章科学性的途径是作者为所讨论问题中予以分析的观点、出处和作品提供可以追踪的证据。而这些证据可以通过脚注和参考文献目录实现。

此外，脚注还用以实现另外两个目的。其中之一是避免正文内容被一些 533a
辅助性的思考过程所挤压；但是在法学鉴定中该功能体现得并不多。

举例：在脚注中可能会出现 Nähr zum Bestimmtheitserfordernis（aussagekräftige Belegstelle aus dem Schrifttum）；但是在学术研究型的法学鉴定中只在例外情况下才有必要。

---

〔1〕请读者参阅关于学术作品的参考文献。但是读者在学业过程中真的应当花一点时间好好思考一下，学术的真正含义是什么。

〔2〕相关内容请参见：*Rüthers/Fischer* Rechtstheorie Rn. 280 ff.；*Röhl/Röhl* Allgemeine Rechtslehre, Rn. 79 ff.

〔3〕提及这一点并不是多余的。就如常常见诸报端的消息，即使是很有名的科学家也会科研成果造假［例如：2004/2005法兰克福的人类学家 Reiner Protsch（von Zieten）以及2005/2006之前被诺贝尔奖提名的韩国的克隆研究人员 Hwang WooSuk］。更多例子请参见 *Finetti/Himmelrath Sündenfall*。关于如何大规模处理他人知识产权的问题非常直观明了的参考文献有：*Lahusen* KJ 2006, 398 ff.；*Frankenburg* KJ 2007, 258 ff. （两者都是关于：*Schwintowski* Methodenlehre）；关于作弊与非作弊的追究与不追究：http://de.wikipedia.org/wiki/Hans-Peter_Schwintowski 以及 Schwintowski, www.rewi.hu-berlin.de/jura/ls/swt/_pdf/oeffentlicheErklaerung.pdf.；有意思的还有很快消失在书籍市场上的第一版 *Prütting/Wegen/Weinreich* BGB，它应当归还从 Palandt/*Sprau* BGB 中所窃取的内容；具体内容请参见 Wikipedia-Artikel 关于 *Wirth* 的内容。

另外一方面脚注也包含了可能会影响正文内容的**参考**。

举例：如果在正文中写道 wie bereits erörtert：...（正如上文所述：……）我们在"所述"（erörtert）之后插入一个脚注，阅卷人可以从该脚注中了解该讨论的具体位置，即例如 Oben S. 17 ff. 或者 Unter A. Ⅱ. 1. a）或者 Rn. 23 ff.

脚注的这一功能是以插入超链接为主要手段。请读者不要忘记：在法律鉴定中总是向上参见，只在极其例外的情况下才会参考下文的内容。[1]

534　（二）需要插入脚注的位置

所有阅卷人作为一般理性人可能会产生怀疑的内容都必须标明出处。

基本原则：不属于法律并且对自己的论证而言重要的内容都应该添加脚注。

具体而言：

535　1. 关于事实的论述

所有不属于案件事实的信息都需要注明出处。（所有案件事实所给出的信息都可以并且应当被视为是真实的。）但是读者为论证一个观点而引入的根据经验法则所判定的事实适用特别规则。[2]

众所周知的事实无需证明。

举例："Wir Menschen teilen eine Welt（我们必须分享这个世界）"（O'Neill 1997, 515）这一论断应该是不需要证明的——或者读者有另外一个世界作为备用？但是，如果我们要为此提供证明的话，就应当避免给人造成这样的印象，即这样的认识是 1997 年之后才被表达出来的。

另外常识也适用同样的规则。

举例：只有当读者需要从统计年刊中获取准确信息时，例如"大约 50% 的德国居民是女性"这一类型的论断才需要被证明。

---

〔1〕 与此不同的例如第 930 个脚注。相关内容请参见本书边码 401 及以下。
〔2〕 相关内容在本书边码 425 中已有所论及。

2. 法律规定的内容   **536**

法律规定的内容自然无需脚注作为证明，而只需要在文章中尽可能精确地写明法条来源即可。只有当涉及如何正确理解法律条款内容的观点时，才需要标明出处。

关于哪些内容必须标明出处，根据文章的受众不同可以有微小的调整空   **537** 间：很多专家就某个非常专业的问题进行专业讨论时，没有必要或者只有在极其例外的情况下才需要为一些基础性内容提供证明。但是在学术性的练习鉴定中，即使是一些简单的问题（很常见：已经理解这些问题的人）有时候也需要提供证明。一个好的鉴定应当同时考虑到对此感兴趣的非专业者。非专业者可能会提出疑问"从哪里得出该结论？"或者"该观点是谁提出来的？"的部分就需要添加一个脚注（或者一个引注的法律规范）。

> **举例**：在《德国民法典》第816条第1款第1句的构成要件之下进行涵摄时必须解释一下处分的概念。虽然其定义基本上是没有争议的，但也不是直接由法律所规定。因此读者应该在定义之后加上"处分是指直接转移权利，在权利上设置负担，改变权利内容或者废除权利的法律行为"作为内容的脚注；在这种情况下只需以一部标准法律评注作为出处即可，例如 *Palandt/Sprau*, Rn. 7 zu §816。

另外，因在思考过程转变方向从而得出其他结果时也需要插入一个脚注。正是在这样关键的位置阅卷人不但需要一个判断，而且也需要该判断的证明。

在非法定定义的情况下总是会发生这种情况。

> **举例**：违反公序良俗的行为是指违背所有一般合理的善良风俗的行为。

在那些无法根据法律规范的文本得出或者只能通过想象才能得出的构成要件中尤为常见：

> **举例**：相当因果关系只是一个原因过程，即……

读者所写的是一份关于法律争议的鉴定（练习和考试中的主要情形）   **538** 还是关于一个法律问题的研究报告（主要出现在研讨课作业中，但不限于此),阅卷人对于脚注的期待也会有所不同。法律鉴定的主要任务在于说服阅卷人。因此我们必须假设阅卷人为不以自身利益为出发点的法官,或者将阅卷人看作想要让他人不加辩驳完全赞成其观点的一般律师。因此所有用于论证自身观点并且非直接来源于法律的论述都必须插入脚注进行证明。只有这样才能避免阅卷人的疑问"为什么?在我看来不是这样的……"。这样的疑问可能会涉及多方面的论述。在大学练习作业中主要涉及法律观点(通说认为,……),但是也有可能是关于事实的(……的危险后果是众所周知的)。

尽管在研究报告中我们也会致力于**说服**受众——但是其主要的受众是另外一批人。研究报告并不是必然以专业的同行作为受众,而是尝试找出对一个法律问题的理解和对于个人而言最佳答案的认可,而该受众可能是完全没有受过法学教育,甚至是没有确切了解具体问题的人。因此读者在描述问题可能的解决思路时必须随处插入脚注——尽管也存在和读者持有同样观察视角的人。

举例:在 nach der... theorie(根据……理论)和 Die... theorie dagegen will...(相反,……理论认为……)之后总是必须插入一个脚注。

尤其需要插入脚注的位置是法律授权法律适用者进行内容判断的部分。这种情况主要发生在一般条款的情况下。

举例:如果一个行为或者法律行为被评价为《德国民法典》第826条或者第138条意义上的违反公序良俗的行为,就需要一个脚注作为证明。尽管作出判断是答题人的任务,但是就如法官一样,答题人也应当以先例为指导,在必要的情况下也可以违反先例,但是必须注明出处,以使阅卷人也可以形成自己的观点。

(三)哪些位置不需要脚注?

相反,根据逻辑或者习惯有几个位置是不允许使用脚注的。

在批改考试作业时反复出现且令人生气的是**出现在涵摄句子之后的脚注**。

举例：因为 S 可以认识到，在合同实施过程中 E 也会和 G 一样遭受危险，因此这是一个附保护第三人效力的合同（脚注标明出处）。

事实上我们无需再作任何补充说明——但是实际经验却并非如此。这些脚注不但是不专业的表现而且是错误的：出处不可能是与鉴定中所检索的具体案件事实相关的论断。尽管有些考官——至少在这个方面——可以对考生的不可教化睁一只眼闭一只眼，但是大部分考官对此依然非常敏感。因此读者必须非常小心对待。

如果有读者突然注意到自己在鉴定中也插入了这样的脚注，可以采取下列修改措施：要么将脚注中的内容做一定改变，使出处不再直接涉及句子中（在该句子的结尾插入脚注）的内容。

举例：……附保护第三人效力的合同（脚注：关于可辨识性的最新司法发展〈出处〉）。

或者将脚注移到其真正所属的位置，

举例：此外债务人必须能够认识到，合同相对人之外的第三人在合同实施过程中也会遭受到同样的危险（脚注标明出处）。因为对于 S 而言其很容易认识到，除了 G 之外，其配偶和孩子也应该会使用房屋以及其附属的交通区域，因此将 E 纳入租赁合同保护范围内的所有前提条件都已得到满足。

或者删除该脚注。

如果在表述**大前提**时就明显地纳入案件事实信息（一般情况下推荐的做法），也会出现同样的问题。

举例：另外 E 作为非合同当事人也必须遭受和 G 相同程度的合同实施的危险（脚注标明出处）。

同样的规则：如果有些读者总是想要在脚注中标明出处，那就不要提及任何关于 E、G 和 S 的信息。其中补救可能性已经在上文提到。当然，读者也可以以抽象的方式表述大前提。

举例：另外受损害者作为非合同当事人也必须遭受与合同当事人相同程度的合同实施的危险（脚注标明出处）。这对于 G 而言意味着……

542　　　　相反的错误并没有那么常见，但还是时有发生，即将**涵摄内容放置在脚注当中**。虽然确实有很多理由促使读者这样做——

　　　　　　举例：例如由于大前提非常复杂而将某构成要件之下简单的涵摄放在脚注当中（通常情况下是以"hier"或者"vorliegend"作为开头）会使整个表述显得更加恰当。

　　但事实上这一做法是错误的。脚注是用以标明出处的地方，而不是其所证明的思想内容所应该出现的位置。

543　　**重复：**如果读者在鉴定或者报告过程中需要多次使用一个已经出现过的定义（例如刑法中的故意），读者没有必要每次都插入一个篇幅很长的脚注，而可以对阅卷人的记忆力予以信任。

　　仅此读者就可以为更重要的内容节约不少空间。此外，如果读者还将重复的定义予以删除或者进行简短概括或者直接开始涵摄，就可以使文章内容更加精炼。对于文章整体而言，这将是有益的。

　　但是，如果读者对于这样的做法感到不放心，也是可以在每次使用同样定义的时候重复插入一样的脚注。如果读者为了表明自己意识到无聊的重复，也可以在脚注中写上"同上文第 x 个脚注中的出处（Nachweise wie oben Fn. x.）"。我们可以使用文本编辑软件的引用函数实现对上文脚注的动态参见，为了避免最后花费大量精力用以检查文章中的参见是否正确。[1]

543a　　**法律条文的内容**无需通过脚注注明出处。但是，如果以非法学专业人士为对象时允许并且应当适用不同的规则。但是在练习鉴定中根据习惯的一般做法是：现行有效的法律直接在正文中通过该法律条款的信息标明出处，而不是在脚注中引注。

　　一般情况下直接来源于法律的论述也无需添加脚注。

　　　　举例：根据《德国民法典》第 823 条第 1 款的规定，过错是损害赔偿责任的前提要件（脚注：*Palandt/Sprau* § 823 Rn. 40）。

　　同样，所有现行有效的法律都被预先假定为人尽皆知并且是可以获取

---

　　〔1〕但是，如果在编辑过程中恰好有一个新的脚注被插入或者鉴定中整段内容被移到其他位置上，"wie vorige Fn."这个伪动态参见也会经常出现问题。

的。但是基于礼貌原因，对于已经失效的法律我们应该通过脚注标明出处，因为这样可以避免阅卷人费时耗力地查询出处。

举例：如果有读者在回顾信息保护法领域的重要发展时提到人口普查法（Volkszählungsgesetz）1983，那就应该在脚注中给出该法的信息，即"Gesetz vom 25.3.1982, BGBl.Ⅰ, 369"——如果有读者在法制史作业中必须论及1935年9月15日颁布的被亲切地称为血液保护法中的内容，那就应当写成"Nach §2 des Gesetzes zum Schutze des deutschen Blutes und der deutschen Ehre（脚注：RGBl.Ⅰ1935, 1146）war..."。

（四）脚注的具体位置

脚注符号应当插入在文章中需要标明出处的观点之后。

一般情况下不将脚注插入在标题之后，因为标题并未包含任何观点。

如果读者每次将脚注放在段落或者章节的末尾，这对阅卷人而言几乎是没有价值的，因为其无法提供有用的信息。

但是将一个单独的脚注置于段落末尾要比在5个句子的段落中在每一个句子末尾都插入脚注更好。必要情况下读者也可以予以说明，某脚注是用于说明相关段落中所讨论观点的完整出处（Zum Ganzen：... /Zum Vorstehenden：...）[1]。

如果在一个长句子中一个脚注并不是为整个句子的陈述提供证明，而只是为了说明一个概念，那就应当将其置于相应的概念之后。阅卷人应当能够根据脚注的位置就可以清楚判断脚注所欲证明的具体内容。当一个句子存在多个脚注时，尤其需要注意这一点。

在句子结尾处应当将脚注设置在句号之前还是之后，在同一篇文章中应当保持统一——除非读者就不同做法予以说明：有些将脚注符号置于句子符号之后，当其想要就整个句子或者特定的句子成分进行说明，而仅仅针对最后一个词时就将脚注符号置于句子符号之前。

脚注本身总是应当放在**页面下部**而不是在文章的结尾处。

---

[1] 很重要的一点是，由于一个脚注无法显示其所针对的具体范围，因此很容易被指责为作弊和抄袭。

这样的设置便于阅卷人批阅,尽管有些时候页面会因此看起来比较混乱。相反,尾注在法学文章中并不常见[1](不同于科普文章和很多社会科学以及自然科学的文章)。

请读者对文本编辑软件进行一定的设置,使脚注不会根据系统偏好被纳入下一页中[2]。

(五) 脚注的具体形式

在脚注中至少为文章中的某一陈述提供一个出处。必要情况下读者必须限制出处的数量。[3]

在法学中,脚注中的信息在一定程度上可以进行标准化。尽管在具体情形下总会存在一些不同的处理方式:每一个出处需要两方面的信息:

(1) 由谁表达

举例:Flume;Scholz;BGH;BVerfG;Zivilsenat des BGH;Staudinger-Wurm

(2) 何处可以查阅

举例:JZ 1987;224,227;NJW 1995,34;BGHZ 34,212,215。[4]

一个脚注看起来应该是这样的:

独立出版的文献(**著作**,即教科书、工具书、博士论文、执教论文,等等):

作者姓,(简称),边码或者大纲编码,辅助信息:页码

举例:*Brox/Walker*, Schuldrecht AT, § 12 Rn. 34; *Sartowski*, Pflichtenkollision, 106 f. ; *Scholz*, S. 34

---

[1] 少数例外之一:*Engisch* Einführung。
[2] 在微软的 Word 中我们必须为此将文本格式中的行间距设置为一个具体的数值(例如 18 pt),而不是 1.5 倍行距;详细内容请参阅 *Krämer/Rohrlich*, 85 ff。
[3] 相关内容请参见本书边码555b。
[4] 关于这一点必须非常明确:类似于 JuS, S. 178 或者 NJW 2007, 2421 这一类脚注只会让阅卷人产生好奇心。在第一个例子中阅卷人必须在 50 余册期刊中查找相应的文献,在第二种情况下阅卷人虽然可以很快找到所引注的那一册,但是仅仅为了查询引注人是谁,他必须前往图书馆或者来到计算机前。

法律评注：法律评注的名称或者简称/编辑者，§... Rn...

或者编辑者 in：法律评注简称，Rn... zu §...,

举例：Münchener Kommentar zum BGB/*Schmidt* §104 Rn. 3 或者 MünchKommBGB/*Schmidt* §104 Rn. 3 或者 *Schmidt* in MüKoBGB，Rn. 3 zu §104[1]。

非独立出版的文献，即

专业期刊中的论文：

作者姓，期刊，年份，论文的开始页，必要情况下引用的页码。

举例：*Tiedtke/Schmitt* JZ 2004，1092（1093）。

如果期刊**只在网络上**发表，我们应当在参考文献目录或者在缩略表或者在该论文被引用的第一个脚注中提示该期刊的网址。

举例：*Basak/Schimmel* ZJS 2008，435（437）（可在 www.zjs-online.com 中查询）

看起来并不是很美观，但是给出具体链接是更加精确的做法，并且无论如何都是允许的。

举例：*Basak/Schimmel* ZJS 2008，435（437）（www.zjs-online/dat/artikel/2008_4_94.com）

文集：

作者姓，文集的简称，开始页，必要情况下的页码。

举例：*Pfeiffer*，in：FS Schricker，137（140）.

---

[1] 写明编辑者是理所当然的事情（尽管在法律评注中却恰好可以忘记或者省略；相关内容请参见 *Geck* JZ 1987，870）；如果特定的法律观点归属于某特定的个人——并且不属于某个出版团体，并且该团体在该法律问题上可能持有不同的观点——这种情况下就必须写明特定的编辑者。一再出现的忘记编辑者姓名的行为（例如 *Palandt*，Rn. 4 zu §2303）不但是不谨慎和不礼貌的，而且是错误的：因为该评注并不是由 *Palandt* 而是由 Edenhofer 所著。*Palandt* 本身只编写了 *Palandt* 中非常少的内容——并且这很少的内容在过去几十年中已经完全被其他学者重新编写；详细内容请参见 *Wrobel* KJ 1982，1 ff.；*Slapnicar* NJW 2000，1692 ff.；*Rath* www.lto.de/de/html/nachrichten/4961/vor-sechzig-jahren-starb-otto-palandt-schwarz-brauner-namenspatron-des-grauen-kommentar-ziegels/。

例外情况下也可能不是根据页码而是根据**列**来引注,读者应当标明列的信息。实践中这种情况几乎只会发生在**辞典类的文献中**。[1]

举例:Willoweit/Schlinker, Art " Vertragsstrafe ", in: Handwörterbuch zur deutschen Rechtsgeschichte, Bd. V. Sp. 858 ff.

从上述例子中读者可以看出,在脚注中并不需要完全重复参考文献目录中的所有书目信息,而只需能够根据参考文献目录辨认相应的文献即可。因此省略了例如名字[2]和版本信息[3]等内容。

之后再加上用以辨识具体引用内容在文献中的位置,即例如页码信息。

插入脚注的规则实际上是一套简单的规则——不是吗?

只有当同一作者的不同作品被同时引用并且存在混淆风险时,读者才有必要给出作品的简称(一般情况下是标题的第一个名词)。

为了将脚注与参考文献目录中相应的文献准确对应起来,文献简称必须在参考文献目录中作为引注方式予以说明(zitiert als: …)。[4]

教科书、法律评注、工具书等都有边码,因此读者不是必须按照页码引注。如果阅卷人恰好手头只有旧版本的文献,在只有页码的情况下可能无法着手查阅,而边码则总是会指向正确——即使可能内容也已经被改变——的位置。因此请读者根据边码引注。[5]

举例:Palandt/Heinrichs Rn. 4 zu §254 或者 AK-BGB/Dubischar vor §275, Rn. 12

---

[1] 辞典类的文献只有在例外情况下才必须被作为出处,因为大部分情况下都存在更加专业的文献可供使用。

[2] 但是在例外情况下,即出现易于混淆的姓名时,比较合理的做法是至少给出名字的缩写。相比较于不明确的 Schmidt 我们情愿写成 K. Schmidt 或者 Karsten Schmidt。

[3] 在这一方面也存在一个例外:如果引注一个旧版本,应该在脚注中写明版本信息(最好是紧挨着出版年份)——而最新版本则在参考文献目录中给出。

[4] 相关内容在本书边码 517 中已经论及。完全反对 zitiert als 的例见 Kreutz Propädeutik, 30。

[5] 很遗憾,边码也并不是可以完全信任的:教科书以及其他文献的很多作者或者编辑者只有在新版本中没有出现真正的新内容时才会继续保留旧版本中的边码。但是,如果对文献内容做了实质性的修补,通常情况下边码也会随之改变。作为例外可以参见本书中插入的边码 538a—h。

请读者就边码（Randnummer）一词使用统一的缩写：通常使用的缩写有 Rdnr. , Rn. , Rz. 。读者可以自己决定引注的形式为"Rn. X zu §y"还是"§y Rn. x"。

在有些教科书和工具书中每一章都是重新编排边码。在这种情况下读者必须同时写明章节和边码。

举例：*Brox/Walker SchuldR* BT, §43 Rn. 5

如果文献中没有边码，读者就根据**大纲级别**（**Gliederungsebene**）进行引注，最好随后在括号中补充说明页码。

举例：*Flume* Allgemeiner Teil Ⅱ, §16 1. d)（S. 300）

著作、论文以及所有未再版或者再版时仍保持原有页码的文献（例如大部分情况下的博士论文[1]），读者可以直接根据页码引注。

基本原则：如果文献中有边码，就使用边码，作为辅助也可以根据大纲引注，如果两者都不存在，就以页码为引注依据。

如果不同的版本中页码发生改变，我们应当在参考文献目录中写明所参考的版本。

举例：*Rüther*, Bernd：Die unbegrenzte Auslegung, Tübingen 1968, zitiert nach der 6. Auflage Tübingen 2005

页码（Seite）的缩写 S. 一般情况下都是被省略的。这将为更重要的内容留出更多的空间。

如果相继引用同一作者的不同文章，就使用 ders. 或者 dies. 这些符号代替重复的作者姓名[2]。

---

[1] 但是也存在例外：Leo *Rosenberg* 的博士论文 Die Beweislast auf der Grundlage des Bürgerlichen Gesetzbuchs und der Zivilprozessordnung, Breslau 1900 在几十年间已经被五次再版；Robert *Alexy* Theorie der juristischen Argumentation, Frankfurt am Main 1978 以及 Klaus *Mathis*, Effizienz statt Gerechtigkeit?, Berlin 2004 已经出版到第三版。这些文章在几十年间通常被作者不断改进——并且就科学上的引注事务而言大部分已经不再将其作为博士论文，而是经典著作，例如 Claus *Roxin* 的执教论文 Täterschaft und Tatherrschaft, Hamburg 1962 目前已经是第八版，Berlin 2006 以及 Theodor *Viehweg* Topik und Jurisprudenz, München 1953, 5. Auflage, München 1973。

[2] 另外有经验的批改人如果注意到读者使用 ders. , 如果文献的作者是一位女性时，就必须使用 dies. 。

举例：*Schulz*, JZ 1982, 544, 545; *ders.*, MDR 1984, 212, 217; *Meyer*, BB 2004, 2717 f.; *dies.*, DB 2008, 12, 14; *Klein/Groß*, NZM 1999, 177, 178; *dies.*, NJW 2001, 1444, 1449。

547a 虽然在法学鉴定中很少要求有出自于文艺方面的（**文学的**）**参考文献**。[1] 但是读者应当依据专业文献同样的规则进行引注。有些时候读者不需要进行真正的引注。

举例：如果有读者在法学文章中提及莱辛《智者纳旦》中的戒指寓言（Ringparabel in *Lessing* Nathan der Weise），原则上不需要标明出处。

如果相应的文献非常经典，那就只需给出一个"粗略的"引注。

举例：本书第248个脚注中关于歌德的引注就是恰到好处，因为阅卷人在几十个版本的浮士德中总能找到相应的位置。因此无需再在参考文献目录中纳入特定的歌德全集。[2]

如果某文献并不是很有名，如果可能就根据其第一版来引注。

548 **法院裁判**（判决，裁定等）：
法院，带年份的汇编或者期刊，首页，必要情况下引注的页码；

举例：BAGE 28, 255 (257 ff.); BGH NJW 2000, 144 (148); BGH LM §133 BGB Nr. 17; BAG EzA §1 KSchG Nr. 24。

恰当情况下再写上裁判的非官方名称（例如 Höllenfeuer, Lüth,

---

〔1〕只要参加法学讨论的参与者基本都是受教育阶层的成员，就可以假定所引注的大部分资料、影射以及绘画对于他们而言显然是众所周知的；因此不需要出处。现今的法学文献中作者以及受众之间越是多种族化，背景差异越大，就越需要标明出处。若有读者提到圣经中关于"看到他人眼中的芒刺和看不见自己眼中的梁木"这一场景，可以写"*Matthäus* 7, 3"（马太福音：第七章第三节）作为出处。因为今日有谁还认识圣经？或者可兰经？

〔2〕如果——只是例外情况——有必要对特定的文献进行内容上的深入分析，就不要引用比较受欢迎的阅读版本（没有评论和批注），而是应当尽量选择最新的历史——评论版本。紧急情况下读者必须咨询一下语言学家。

Holzmüller，等等）[1]。

举例：RGZ 78，239，241—Linoleumrolle；BGHZ 130，205 ff. —Feuer，Eis und Dynamit。

但是读者不能创造一个自认为合适的名称。

举例：Schweinepanik für BGHZ 115，84 或者 Schwarze Löcher für BVerfG NVwZ 2010，702 ff.

同时也不要改变或者修改法院所使用的名称。

举例：BVerfGE 93，1 ff. 一般情况下被称为"Kruzifix"。当然"Kreuz"才是正确的，因为该裁定是关于基督教的十字架，而不是Kruzifix。但是这样的说法是约定俗成的。

对于阅卷人而言一个关键词可能成为帮助记忆的标记。如果读者想要使一个裁判更易于辨别，在极端情况下也可以自己想出一个关键词。为了表明该关键词并不是普遍使用的，读者可以将其置于引号当中。

举例：»Love Parade" für BVerfG NJW 2002，2459（v. 12. 7. 2001，1 BvQ 28/01）

为了强调作出裁判的法院，读者可以将其设置为斜体或者选择使用"Versalien"字体。但是读者应当保持全文格式统一（即同样将该字体适用于作者姓名），只有这样才能真正有助于阅卷人更加快速定位相应的文献。

举例：BGH NJW 2000，144（148 f.）

对于比较长的脚注，这样的设置将有助于查找。请读者注意一下编排完善的教科书在这方面的处理方式。实现这一设置最简单的做法就是定义一个

---

[1] 在竞争法和工业所有权领域中（在联邦最高法院民一庭的判决中）这样的关键词比较常见，另外在公众人物人格权损害争议中也会使用（Caroline 1 至 Caroline 38）以及知名度稍低的公众人物（Esra），有些时候也会出现在大家都认识的名字中（例如 BGHZ 179，27 ff. —Quelle），法院有意隐瞒而匿名审理的案件（BGH a. a. O. Rn. 1：Die Beklagte betreibt ein Versandhandelsunternehmen）。少数情况下联邦最高法院自己也会为案件命名，例如 Anastasia für BGHZ 53，245；欧洲法院通常根据原告的姓名来命名。读者作为练习和考试作业的编写者应当从容不迫地遵循这些惯例。

模板。

通常情况下会以逗号将裁判法院与出处隔开。这并不是必须的，但是允许的。有些时候读者也可以将所引用的具体页码写在（一般的或者三角的括号）括号中。这也是可以的。但请读者务必保持统一。

举例：BGH, NJW 2000, 144 (148)

一般情况下读者只需要给出裁判的法院，而不需要写明裁判主体（是指作出具体裁判的判决委员会或者合议庭），即联邦最高法院（BGH）而不是联邦最高法院民三庭（Ⅲ. Zivilsenat des BGH）。如果联邦最高法院的裁判和联邦最高法院民三庭的裁判不能等同[1]，因为不同合议庭之间存在相互分歧的裁判，对于阅卷人而言裁判主体只是信息性的作用。但是这些分歧必须在正文中讨论；在脚注中只是对其作进一步的精确化。[2]

实践中**标示法院名称**存在一些不精确性。

举例：LAG Frankfurt am Main 的官方名称是 Hessisches LAG, VGH Kassel 的官方名称是 Hessischer VGH

这些都可以被接纳，因为不存在混淆的风险。但是需要注意全文保持统一的命名方式——否则就会让人产生怀疑，即文中的脚注是从不同的文献中直接复制过来的。

大多数情况下不需要标明裁判的类型（**判决，裁定**）。但是也存在一部分的例外，例如在劳动法中就常常需要标明裁判的类型。比较恰当的做法就是依据读者作业所属法律领域的习惯进行处理。

为了便于准确辨别，通常先写上文献打印的开始页码，然后再写上所引用内容所在的具体页码。如果所引用的部分非常重要，以至于其被提取出来放置在判决的开头作为其内容提要。尽管如此，读者也不应单单引注开始页中的内容提要，而总是应该引注判决理由中的段落。因为在具体的判决理由中论证的过程更加精确，其证据和案件事实关联要比内容提要更加明确。如

---

[1] 联邦最高法院合议庭是以罗马数字进行编号，因此应将其称为Ⅵ. *Zivilsenat* 而不是 6. *Zivilsenat*。

[2] 在一定程度上推荐读者以 *GS* 或者 *GmS-OGB* 来标记大合议庭（以及联邦最高法院的总合议庭）的裁判（例如 *Noltensmeier/Schuhr* JA 2008, 576, 582 mit Fn. 82）。

果所引用的内容就是存在于第一页当中，那就只引注第一页便可。[1]

如果读者就一个裁判有多个出处可以引注，可以将其全部写上——这对于阅卷人而言是比较方便的。

举例：BGHZ 159, 30 = NJW 2004, 1860 = NZG 2004, 571

如果就每一个裁判都写上所有出处，就会消耗过多精力，因为读者将自己置于压力之下。[2] 另外这也将消耗很多不必要的空间并且会使文章整体显得臃肿，而并不会使内容有更多提升。并且有时候某一个裁判存在几十个出处，而实际上读者根本不想把所有的出处都写上去。因此一个出处就已足够。关于不同出处之间的选择存在很多判断标准。

一般情况下优先[3]引注**官方汇编**[4]版本。

举例：BGHZ 111, 23, 25 优于 BGH NJW 1992, 313, 314。

除非官方汇编中收录的是缩减版的裁判，而完整版的裁判被刊印在其他载体中。这种情况下应当优先选用**最易获取**，并且裁判**内容完整**的出处。如果联邦宪法法院将其判决刊登在联邦法律公报上，我们就应该以此作为出处。

有些时候我们不得不选择专业期刊或者紧急情况下网络上出版的裁判，尽管相应的裁判是为了裁判汇编而预备的，但是相关的汇编分册还未出版。下级法院的裁判是没有官方汇编的；但通常情况下并不会产生这方面的问题，因为这些裁判无论如何都只在一个区域公布。

---

〔1〕请读者注意一下，在官方的裁判汇编中，大部分情况下内容提要和案件事实就已经占到非常大的空间，因而判决理由基本上总是在第一页之后才开始。比较细心的阅卷人了解这一情况，如果读者只写上开始页的话，阅卷人会因此认为读者并没有真正阅读该判决。

〔2〕借助于诸如 beck online 或者 juris 这一类数据库我们很容易就可以找到同一裁判的平行出处。(但是读者可以认定，不仅仅自己可以访问这些数据库，阅卷人同样也是可以的。) 对于比较旧的判决出版就只能继续采用费力的途径：查阅相应期刊的索引；最好的情况就是可以在网络上找到电子版的索引。

〔3〕但是在劳动法领域则优先选择联邦劳动法院的工具书——Arbeitsrechtliche Praxis (AP) als die BAGE，而不是联邦劳动法院的判决。

〔4〕要确定一个判决是否被官方案例汇编所收录，如果是联邦最高法院的判决，我们可以通过 www.recht.com（很遗憾并不总是随时更新）快速查询。我们常常可以发现，判决在网络公布上公布一年以后官方汇编才付梓印刷。

551   如果从官方汇编的信息可以得出所引注裁判的法院,那就省略法院的额外信息。

举例:BGHZ 34,244,247 而不是 BGH BGHZ 34,244,247。

当连续引用同一法院的多个裁判时,基于简洁性的考虑也可以省略法院名称。

举例:*BGH* NJW 1992,324,325;NJW 2004,1415,1417;BB 2007,88,89。

551a   在可能的情况下请读者选择德语版的判决。尤其是在引用**欧洲法院**（**EuGH**）[1] 的裁判时。这些裁判首先应当根据德语版汇编进行引注（Slg.），其次才是根据欧盟公报（EG-Amtsblatt）德语版中的文本引注。

552   为了以明确并且易于阅读的方式引注法院裁判,我们必须写明具体的日期、文件号以及刊印出处。[2]

举例:BGH v. 22.6.2005,Az Ⅷ ZR 281/04 = NJW 2005,2852

在某些科学作品中（主要是博士论文）以及一些专业期刊和劳动法文献中会这样引注。因为这种方式并不通用,并且也会消耗更多的空间,因此在学生的作业中并不作要求。如果读者想要这样引注,就请继续保持！读者为此付出的努力,至少在这一方面是值得的:阅卷人可以看出,读者手头真的有所引用的裁判。

通过一份**裁判索引**可以简化阅卷人查找相应的裁判的过程。但是迄今为止这很少被作为一项要求。但是,如果读者在作业过程中编制了一份索引表,也可以基于礼貌而在作业完成之后将其附上去。

553   如果一个裁判非常新,以至于尚未通过任何渠道付梓出版,那就根据**转印版本**（**Umdruck**）来引注,即以法院公布的形式（可能与在网络上获取的 PDF 版本一致）。

---

〔1〕 欧洲人权法院（EGMR）的裁判将以英语和法语作为审判语言,但一般情况下也有相应的德语翻译可供查阅。

〔2〕 以及通常情况下会写明的裁判类型（判决,裁定）,因为在同样的文件号和日期之下可能同时存在一个判决和一个裁定,例如:BGH v. 6.12.2006 Az. Ⅻ ZR 97/04（NJW 2007, 909 ff. und 912 f.）。

通过在法院、裁判日期以及文件号之后加上 unveröffentlicht 或者 "n. v." 等标记表示所引用的裁判是尚未出版的，该信息虽然不是强制性的，却是有用的。既然如此阅卷人就没有必要花费时间去查询相应的裁判。如果读者认为该裁判非常重要，那就将其附于附录当中[1]。

举例：BGH v. 22. 6. 2005，Az Ⅷ ZR 281/04（unveröffentlicht），S. 12 或者（更好）Rn. 23

近年来越来越流行的做法是根据网络上可以获取的版本引注联邦最高法院的判决。这虽然不符合传统，但也是可以接受的，因为一般情况下阅卷人也可以在网络上访问相应的判决。但推荐的做法是补充（在出处目录或者在包含这类引注的第一个脚注中）下列这段文字："Entscheidung des BGH nach dem 1. 1. 2000 sind nach der Internetfassung[2] unter Angabe der Seite—wo vorhanden—der Randnummer zitiert."

如果一个裁判只在 juris 的数据库中发表，那在引注时就写上日期和文件号并在最后补充上"（juris）"[3]。

553a

读者从裁判法院以匿名形式获得的**未公布的裁判**，应当将其复印件附上作为附录。

通常情况下裁判理由都非常长，以至于我们必须给出具体的引用位置（否则阅卷人必须阅读整个裁判，即使其只是为了查询一个被引用的句子）。

如果所引用的裁判出自于裁判汇编，只需要写明引用位置的**页码**即可，如果出自专业期刊，有时还必须另外给出具体**哪一列**。

举例：BGH NJW 2012, 296, 297 r. S. p.

这并非必需，但可以使引注更加完整。[4] 对于想要了解引用位置之外的信息的阅卷人而言，更加实用的信息是大纲编码（**Gleiderungsziffer**）。

---

〔1〕 相关内容请参见本书边码 528。

〔2〕 可查阅 http://juris.bundesgerichtshof.de/cgi-bin/rechtsprechung/list.py? Gericht = bgh&Art = en&Datum = Aktuell&Sort = 12288。

〔3〕 juris 的文档号已经被逐渐取消，因此就一个正式的引注已经不再需要该文档号。读者也可以将该裁判打印出来纳入鉴定的附录中，但是鉴于 juris 广泛的可使用性只在有要求的情况下才必须这样做。

〔4〕 但是一般情况下允许读者期待阅卷人自己在页面上找到所引注的内容。

举例：BGH NJW 2012, 296, 297 unter Ⅱ.2——a) aa)

在根据转印版本或者PDF版本进行引注时，读者应当写明边码（Randnummer）（只要存在边码[1]），否则就使用大纲编码或者页码。其中后者建议补充说明"S. x des Umdrucks"。

553b 如果读者引用外国的或者外语资料，其中引注方式应当符合本地的习惯[2]。这也省去阅卷人的麻烦，即其不必花费很多时间熟悉那些可能对其而言非常陌生的引注方式。

553c 根据这一规则，读者在设置脚注过程中所遇到的98%以上的问题应该都能得到解决。通过类推适用上述规则以及参考相关引注文献中关于引注的建议并参考他人的引注方式，剩下的问题也就可以得到解决。

554 脚注的**格式**并没有特别复杂的要求。读者最好也使用一个脚注模板。其中字体大小可以选择10pt或者9pt（不要选择更小的字体！），脚注字体最好与正文字体保持一致，页边距也同样与正文一致。如果读者文章中有很多篇幅较长的脚注，使用较小的行间距将节省一些空间。脚注之间的行间距稍微比脚注内的行间距大一点将有助于提升行文的清晰度。

在正文中脚注符号一般选择较小的字号并且设置为上标。在脚注符号之后添加括号的方式已经逐渐退出历史舞台。[3] 页脚也可以使用同样的格式。为了使脚注编码在左侧被突出以便于阅卷人进行目光定位，读者最好将脚注格式设置为悬挂缩进的格式。如果读者在文章中使用左右对齐的格式，也应该将其同时适用于脚注中（在打印前不要忘记断字）。

555 **（六）设置脚注过程中几个不好的习惯**

不好的习惯和不谨慎的做事方式常常会导致很多常见的错误。避免这些

---

[1] 欧洲法院和联邦宪法法院很久以来就开始使用边码；自从2005年开始联邦最高法院也开始使用，地方各级法院也有部分采用边码（但是比较遗憾的是并不是在所有印刷的期刊中都设置边码）。未来这将在很大程度上简化如何给出所引用内容的精确位置。尽管我们可能会因为无法给出边码信息而将整个出处省略；但是对于阅卷人而言比较实用并且有礼貌的做法是至少给出一个易于获取的出处。

[2] 该规则并非强制性。也经常会发现一些相反的做法，即根据文献各自的来源国的引注规则进行引注。

[3] 这种添加脚注的方式主要是打字机时代的产物，因为在当时的条件下设置上标是非常困难的——并且选择更小的字号也不太容易。现今我们就可以直接省略，同时也能节省空间。

错误是给阅卷人留下好印象最简单的方式。

脚注应该满足**快速查找**出处的功能。因此参见整个章节（S... ff）或者整部文献（passim 或者 S. 1 ff.）几乎没有任何意义。阅卷人根本不希望可能只是为了查找某一个支持读者论点的论述而必须阅读整本文献。

另外，如果读者的作业中出现很多这一类型的引注，这将很容易（无意的？）让人感觉读者在自我夸耀，因为这类引注总会让人产生这样的印象，即作者已经阅读并且完全理解上百部经典著作并且可以自如运用。

如果在例外情况下真的需要将一整段文字作为读者某一论述的证据[1]，那么使用"passim"当然也是没有问题的。

间接引用（Sekundärzitate） 并不推荐。

举例：如果读者想要为 "It's better to burn out then to fade away" 提供出处，请读者不要写上 Yong, Hey hey my my, 转引自 Cobain, Brief an die Nachwelt, 而是直接从 Yong 的作品中引用。[2]

为了获取真正的出处，阅卷人还必须先查找另外一本文献，这是完全没有必要的。

但是在例外情况下间接引用也是允许的，即在直接出处已经极难获得或者根本已经无法获得的情况下。在这种情况下读者应当注意，尽可能明确地标明直接出处中的位置——就好像只是从间接出处中完整誊写过来一样。

举例：Kant, Zum ewigen Frieden, S. 33 ff., zitiert nach Wilhelm, S. 225.

在这些情况下读者应当考虑是否将这些出处纳入附录中。

但这也只是例外情况。通常情况下 "A unter Verweis auf B" 这一类型的间接引用向阅卷人标明自己没有兴趣查找 A 中所参考的内容。这不但会使阅

---

[1] 但是在法律鉴定中这样的脚注并不常见，因为所涉及的观点大部分都是小而精确的，而不是大而笼统——因此几乎都可以找到能够明确标示的出处。

[2] 这已经是高年级学生的练习：如果读者想要引用摇滚歌曲，首先必须考虑其实际上是否具有可引注性（相关内容请参见本书边码519），然后再作出判断，哪些信息是辨识该歌曲所必需的（引注建议请参见本书边码523b）。墙面喷绘实在是缺乏必要的持久性，因此我们必须以挑剔的眼光来选择引用对象。

卷人感到生气，而且也是违反学术规范的：即读者必须自己查阅相关的出处。回到本源（ad fontes）。

555a　无法辨识的间接引用被称为**盲引**（**Blindzitat**）[1]。如果读者信任他人作品具备规范的学术态度因而不加求证地直接复制其引注，尽管这种做法可能会节省不少时间，但无疑是不符合学术规范的。

另外盲引也是一门艺术，并不是与生俱来的能力，是需要学习才能掌握的。如果读者的阅卷人发现读者盲引，并不会有额外的加分。

举例：借用常用法律评注 *Palandt* 中的脚注也不是那么容易的：*Palandt* 的编写者们总是只写明所引用位置的页码，而不会写明判决的开始页。因此从 *Palandt* 中抄写的引注是很容易被阅卷人识破的。

555b　在脚注中使用"a. a. O.""ibid"和"ebd"（am angegebenen Ort, ibidem 和 ebenda）这一类对上文的参见既不美观也不实用，因为在这些参见中会再次或者多次引注同样的出处。即使读者——这时最基本的！——已经加上不一样的页码或者边码，

举例：BGH a. a. O., Rn. 27

这将使阅卷人不得不另外查阅其他位置。当然，如果其所指向的位置是直接前一个脚注或者是同一个脚注之内的位置，当然也是可以接受的。令人生气的是在行文过程中这些参见与所指向的位置之间总是穿插着其他脚注。阅卷人根本不知道所参见的脚注是哪一个，这个过程对他而言简直就像是猜谜游戏。最糟糕的情况是读者删除了所指向的脚注而事后没有做任何标示，以至于本该参见的内容变成空白。为了避免这一情况的发生，读者应当检查脚注的完整性。[2]

556　请读者不要将**自己的观点**放在脚注中——除非读者在法学或者其他文献[3]中已经发表过同样的观点。如果读者不觉得不好意思的话，也是可以

---

[1] 相关内容在本书边码 179 中已经论及。
[2] 如果读者一定要用 a. a. O. 和 ebd.（或者深奥的拉丁语 loc. cit.），那就必须在边码 569 中的检查清单中加一个点：检查所有参见的协调一致。请自便。
[3] 这并不是指读者所写的初学者的民法家庭作业，而是可以在图书馆找到的印刷出版的作品。

自我引用的。[1]

尽管从原则上讲，在自己的观点之后加上诸如 so auch Flume, Medicus und Larenz; des weiteren BVerfG und BGH（其后再加上各自的出处）这一类脚注是没有问题的，但是这类表述出现在一个第四学期的学生的作业中难免看起来有些狂妄自大。

一般而言是第四个学期的学生附和 Medicus 的观点，而不是相反。[2] 即使是读者根据自己的思考得出与 Medicus 同样的结论，也是同样的结果。因为这样的观点早已存在。[3] 如果在这种情况下读者写道 so schon [作者]，则至少为相同的观点提供一个或大或小的不同论据。

但是，如果读者——就如经常发生的那样——赞成一个已经存在的观点，当然必须为该观点提供出处。即如果读者通过阅读资料发现之前已经有他人持有相同的观点，那就不能再主张该观点属于自己的观点，即使在实际意义上确实是自己研究的成果。[4]

如果所有的脚注都以 Vgl., Ähnlich auch, Dazu siehe 或者类似的表达引入，这并没有实际意义。这一类表达的信息价值是非常有限的。简而言之：纯粹是浪费时间和空间。

Vgl.（即 vergleiche!）并不是用于直接出处，而只是意义上相关的出处（阅卷人需要通过其他作品了解读者作业就某一个问题所表达的观点——这是在脚注中就需要阐明的；在这种情况下阅卷人真正应当进行观点的比较）。或者读者将其作为 vertiefend（深入的）或者 ergänzend（补充的）或者 ausführlicher（详细的）的同义词使用。

Vgl. 的含义并不是"Lies nach bei [Quelle]"（请参阅 [出处]），尽管在初学者的作业中常常在这一含义下使用[5]。另外，Vgl. 很明确也不是作

---

〔1〕 类似的观点请参见 Byrd/Lehmann Zitierfibel, 79.
〔2〕 但相反的事情当然也是有可能发生的。奇迹总是会出现。如果读者能够创造这样的奇迹，请给我写一封邮件？
〔3〕 请读者试想一下，假设读者是 R. F. Scott 并且抵达南极；但是 Amundsen 已经到过南极，这是没有任何可以另行解释的余地的。即使这同样是一个很伟大的成就。
〔4〕 类似的就如很多在哥伦布（事实上：Leif Eriksson）之后勇敢地从欧洲航海至美洲的英雄。
〔5〕 近年来 vgl. 愈加成为抄袭的标志。因此读者应当更加谨慎地使用这个词。

为 so wörtlich [Quelle][1] 或者 so ähnlich [Quelle] 使用。其真正的含义应该是 "Nähere/weitere Information bei [Quelle]"（详细内容请参见 [出处]）并且应当尽可能只在该含义下使用。

将 stellvertretend（具有代表性的）（通常也包括 statt aller/statt vieler 等等）作为修饰基本上也没有任何实际意义。读者基本上无法真正列举所有相关的出处（或者甚至无法找到所有的出处），因此比较恰当的做法是确保所列举的都是具有代表性的出处。同样的还有 z. B.，在某种程度上也只是形式化的使用。但是，如果读者在文章中想要表示的是 "主要的"（überwiegend）或者 "一致的"（einhellig）的观点并且想要为阅卷人省去很多真正需要的出处时，在这种情况下使用 stellvertretend 还是具有实际意义的。

比较敏感的阅卷人有些时候也会介意那些愚蠢的**二分词**。

举例：zustimmend Schulz MMR 2010, 434 ff. 这看起来还可以，但是实际上应该是 Zweifel äußernd Haase, NJW 2007, 662, 663，而不是 Zweifel äußert 或者至少是 zweifelnd? 鉴于有很多常用的二分词，读者需要考虑脚注中是否还需要一个动词。如果需要，那应该用哪一个动词。

558　对脚注中就某一个问题[2]的文献进行**具有代表性的筛选**，这是值得赞赏的，但却是没有必要的——除非读者真正阅读过所有引注的文献（至少阅读过相关的章节）。读者可以在教科书、法律评注以及博士论文中找到这些脚注；而这些标题也恰好适合于这类文献。

559　诸如 "Instruktiv hierzu"（相关的富有启发性的文献）或者 "lesenswert"（值得一读的文献）之类的修饰词只有在极其例外的情况下才会使用，最好就是完全不用。在练习或者考试鉴定中并没有这些**阅读推荐**存在的空间，因为这很容易让人误解为阅卷人的偏好。

但是博士论文、研讨课作业或者专业期刊中的文章又适用不同的规则，因为这些文章的读者具有了解其他知识的兴趣。尽管如此我们在使用例如

---

　　[1] 这一类型的用法是常常出现的，请参阅 http://de.vroniplag.wikia.com/wiki/Tj/028 中的例子。

　　[2] 可以使用 vertiefend 来引入⋯⋯

Näher dazu die ausgezeichnete Übersicht bei ［Quelle］（进一步的内容请参见［出处］中优秀的概要）推荐阅读时也必须非常谨慎，因为这样的措辞包含哪些才是优秀的文献。有些阅卷人会将其视为自负的表现，尤其当其出现在第三学期学生的作业中。

常用的提示 m. w. N. 含义是"mit weiteren Nachweisen"（还包含其他出处），是非常实用的。但是请读者不要滥用该提示语。其使用目的不在于将鉴定作者本该花费的精力转移至阅卷人身上。m. w. N. 最大的用处在于通过脚注标示一个"辅助"（ausgekautes）问题，但是所有当事人都清楚鉴定的重点问题并不在此。读者可以通过使用 m. w. N. 表明自己同样考虑到相对次要的问题，但是为了避免阅卷人阅读很多枯燥的出处而只给出一个或者少数几个精选（！）的出处。

如果脚注中已经包含很多出处，为了避免其过于繁复，即超过三行或者四行，则可以使用 m. w. N. 的变形"mit zahlreichen weiteren Nachweisen"（包含很多其他出处）。

只有当文献中确切的文本对于读者的论述起到关键作用时，才有必要对其进行**逐字逐句**的引用。如果读者需要对文献中某一位置的内容作类似于法律文本的解释，即属于这种情况。

但是实践中这种情况非常少见。[1] 很多法律鉴定和报告中完全不包含任何字面上的引用。读者需要考虑的是，哪些文本具备这样的权威地位，以至于读者想要或者必须对其进行解释。但是联邦最高法院的判决中含义不明确的片段是完全有可能发生的。请读者不要引用自己无法确定的他人文章中的内容，因为在这种情况下读者无法确知自己想要表达什么或者应当表达什么。（这种情况不仅仅出现在初学者的作业中，在高年级学生中也是极为常见的。）如果读者要引用原文，则该引用的内容通常应该置于正文当中，而不是在脚注中。

否则就请读者**避免原文引用**。如果一份作业主要或者完全由原文引用所组成，读者的考官基本上不会对其进行评分，因为他无法确定读者是否真正

---

[1] 在笔试中完全不会出现这种情况，因为读者并没有任何可以逐字引用的文献可供使用。即使读者想要使用能够背诵的概念也无需通过引号来强调突出。

理解所引用文本的含义。

原文引用应该用双引号标出（有时也会使用斜体字表示，但是使用双引号会更加明确）。如果所引用的文本篇幅比较长，为了便于阅卷人迅速辨认，通常使用缩进的格式，最常用的是左右缩进。原文引用必须[1]在脚注中基于知识产权原因对出处进行标注。原文引用中所省略的部分应当使用三点［...］表示[2]；有时所省略的单个词汇将通过两点［..］表示。引用内容中的错误可以通过在错误之后添加方括号［sic!］表示[3]。

举例：Aus dem Wortlaut des Art. 38 I lit. b IGH-Statut, dessen Wortlaut in der Literatur als weniger geglückt bezeichnet wird, da das Völkergewohnheitsrecht nicht als „Ausdruck" einer von einer Rechtsüberzeugen [sic!] getragenen allgemeinen Praxis betrachtet werden könne, sondern vielmehr eine solche Völkergewohnheitsrecht begründe, ergeben sich zwei Voraussetzungen, die erfüllt sein müssen, soll eine Regel völkergewohnheitsrechtlich gelten[4]。

在引用内容中出现错误是令人非常不快的。

读者自己对引用内容的强调，通常需要在脚注中通过一个提示予以说明："Hervorhebung (en) von Verfasser"（由笔者所强调），在必要的情况下也可以反过来 Hervorhebung (en) im Original（原文所强调）。

如果所引用的内容是接在自己的句子中作为从句使用，那么必须标明必要的语法上的变化（Flektion）。通常情况下也会使用方括号。

在**引用外文文献**[5]的情况下，如果将所有引用的外文及其出处置于脚注中，则应当在正文中使用该外文引文的德语翻译。这样就可以保持正文部

---

[1] 这并不是说"可以"或者"应当"或者"允许"，而是"必须"。只有在引用法律条文的情况下，如果根据文本可以清楚判断读者所引用的内容即可。在法学文章中如果将法律规范置于脚注中将被视为新手的做法。

[2] 例如本书边码150。

[3] 拉丁语称为"so"，其含义为"so falsch im Original"。

[4] Birkner JA 2007, 525.

[5] 在鉴定中最有可能出现外文引用的情况主要是涉及法律比较和国际私法的情形。在大学考试的鉴定中只有在很少的例外情况下才需要读者引用外文文献，例如读者就一个问题引用本国所不熟悉的外国案例或者教科书。

分从头到尾通过德语阅读——并且可以避免阅卷人翻译一门对其而言可能并不熟悉的外语。如果读者不能确定自己的翻译是否能够完整并且准确地表达原文的含义,那就采用相反的做法并将翻译置于脚注中。

通常情况下我们把不标明出处的引用称为**抄袭**。发现抄袭会使考官非常恼怒。是真的非常非常恼怒。[1] 避免抄袭不仅是学术态度的问题,同时也是明智的选择。[2]   562

如果一篇文章无法辨认或者无法马上辨认其作者,并不意味着其没有作者。同样读者在网络上找到的没有署名的内容也不能直接纳入自己的文章中。[3]

最好**不要将文章内容置于脚注当中**。一般情况下不应该在脚注中对正文内容进行延伸思考,   563

举例:Anders läge es, wenn...(如果……,则得出不同的结果)。

在脚注中应当只有正文所述内容的证据。[4]

例外:对出处的表达进行一定调整当然也是允许的。如果我们并不是直接不加任何评论地将出处抛给阅卷人,而是对其进行简单的阐释,例如应当

---

〔1〕 侵犯知识产权的行为不但被纳入到行政法规中,也不断被高校的法规所规范,最糟糕的情况下学生将被退学(例如§65 V HGNRW)。关于抄袭者承担刑事责任的几点建议请参见 Weber Google-Copy-Paste-Syndrom, 66 ff.
〔2〕 在互联网时代下不标明出处而使用他人智力成果明显要比以前容易很多。但是请不要低估你的考官。有些时候他们甚至是非常精通这些伎俩的。并且读者无法想象,阅卷人是通过哪些细小的线索和证据产生作弊怀疑。另外考官在科技方面也并非完全是个外星人(尽管他们当中有些人确实年纪有点大了):请读者直接看一下 www.plagiarism-finder.de 和 www.turnitin.com 等防抄袭软件以及 Weber-Wulff, http://plagiat.htw-berlin.de/html/links/aufdeckung.html 了解一下自己的阅卷人——或许——到底有多精明。如果读者所抄袭的内容可以直接通过谷歌搜索引擎就发现,那么阅卷人甚至会觉得这是在侮辱他的智商。不规范的学术作风的后果(①考试挂科、②事后撤销已授予的学位、③列入各种黑名单、④终生的污点)推荐阅读 Wechpfennig HFR 6/2012, 84 ff. = www.humboldt-forum-recht.de/media/Druckansicht/pdf/2012_06.pdf。请读者记住,即使是有同情心并且善良的教授,在这一方面也是零容忍、无耐心并且会追究到底的。关于防抄袭的技术以及可能后果的详细内容请参见 Fenetti/Himmelrath Sündenfall, 尤其是第 90 页及以后各页;关于近年来法学文章中常用的抄袭他人成果方法请参见 Derleder NJW 2007, 1112 ff.;比较实用的指南请参见 Schimmel GreifRecht 2009, 98 ff.;内容比较广泛的 Rieble Wissenschaftplagiat;最新的司法判决请参见 VG Köln NWVBl. 2012, 366 = www.justiz.nrw.de/nrwe/ovgs/vg_koeln/j2012/6_K_6097_11urteil20120322.html。
〔3〕 更主要的原因在于匿名撰写的文章并不是学术作品可靠的出处。
〔4〕 相关内容请参见本书边码 155。

如何看待该出处或者该出处在文章中所起到的作用等,这样的做法不但是恰当的而且也是必要的。

举例:So zum parallel liegenden Problem des... ausdrücklich BGH NJW 2003, 2112 f. mit zust. Anm. Schulz, 2206 f.

然而与法律鉴定不同,在研讨课作业中如果某些感兴趣的附带思考有可能影响正文思路,读者也可以在脚注中对其进行延伸讨论。当然不能在每个脚注中作这样的延伸讨论,而只能偶尔为之。[1]

某些学术文章会在每一个独立的脚注中讨论一个新的观点,这样的做法并不值得学生们效仿。读者当然可以在脚注中展现自己的思想——但是目前读者的首要任务是向阅卷人展示,自己具备集中于某一特定思维过程的能力。

564 脚注的内容必须与其所证明的正文内容相互协调。

举例:如果在正文中出现"期间的司法判决也认为……",并且该句子通过一个脚注证明(即该引文出自于脚注中所给出的出处),那么在脚注中也至少必须能够找到一个司法判决的出处,并且最好置于开头。如果在脚注中"只"引注文献,就会给阅卷人造成这样的印象,即答题人并没有参考司法判决,而只参考教科书。读者根本无法想象这样的脚注是多么常见。实在是太常见了。

565 脚注并不是堆砌法制史上那些陈旧文献的坟墓。时新的出处应当优先于旧文献适用。当然,比较旧的判决和论文也是允许引注的;如果这些旧文献论证到位并且所蕴含的信息量更大,就比新文献更应该被引注。但是,如果读者只列举陈旧的出处,就会让阅卷人产生怀疑,即读者并未亲自检索相关文献,而是直接照搬某旧文章中的参考文献。阅卷人一旦产生这样的怀疑,就会将整篇文章中的旧文献纳入抄袭的范围。

---

[1] 其中关于"成为陷阱的科学性"这一话题的补充说明有可能使正文内容受到过分的挤压;因为该补充说明包含一个大约10%学生都迫切需要的告诫,其无法完全在正文中展开,而必须转移到脚注中叙述。

(七) 优秀的脚注

如果读者能够避免上文所提及的脚注中的典型错误，离一篇成功的文章就已经迈进了一大步。如果读者能够牢记下文关于脚注规范化的建议，就能得到剩余的分数。

读者通过掌握某一种**标注出处的规范**，就可以以此表现出自己的专业性。[1] 在脚注中读者可以举出司法判决，然后再提及其他文献，其中司法判决中可以将最高法院作出的比较新的判决放在开头。这样的顺序规范可以简化如何合理安排各出处顺序的问题，并且也符合习惯做法。

优先处理司法判决出处的原因在于，法院作为国家机关要比法学教科书的作者更适于作为法律解释主体。

另外，文献中的出处一般要比法院判决就某一问题的阐释更加具体而且有深度；法院无法随心所欲就某些问题追根溯源，因为法院思维空间受到争议标的物以及当事人诉求的限制（尽管在高级法院的判决中常常可以发现法官的附带说明〈obiter dicta〉，即存在一些实际上对于判决的论证而言不必要的内容[2]）。另外下级法院用于调查研究以及论证判决的时间是有限的。

如果一份法律鉴定没有或者几乎没有参考任何司法判决，那么该鉴定就是有缺陷的。这种情况在初学者的作业中并不少见，猜想其理由可能是因为教科书、法律评注以及工具书要比判决更易于使用。[3] 但是这些文献并不属于法律渊源，因而不享有任何的国家权威性。即使某一本教科书或者手稿特别致力于探讨一个适用于涵摄并且具有较高可操作性的定义，但其仍旧不是法律渊源。

联邦最高法院的判决应当优先引注，因为其判决实际上具有最强的约束力。另外其判决一般情况下也比较长并且——不存在审级过渡之后的断档——更具有对问题的针对性。在最后一个审级中最主要的是法律问题，而

---

[1] 当然只有在每一个脚注中出现多个出处时才会涉及这个问题。如果读者的文章中没有出现任何一个这样的脚注，就说明读者为其作业所花费的精力不够。关于必要的出处范围请参见本书边码 180。

[2] 出于礼貌读者还应当指出自己所引用的属于附带说明（obiter dictum）（因为这些附带的内容与必要的判决理由相比其权威性较弱）。但是这种做法似乎渐渐成为一种趋势。

[3] 但是读者可以并且应当学会阅读判决。

在初审中更主要的是确定与争议相关的事实问题。

568 然而在**法学文献**中所适用的规则却有所不同。其中比较重要的不同之处体现在作者的**能力**上。[1]

作者是否有名以及其是否有公认的权威性并不起到决定性作用,所有作者的言论可能都是具有分量的。更重要的判断标准在于其对问题探讨的深入程度。执教论文要比博士论文更加详细,博士论文要比期刊论文更加详细,论文又较判决摘详细,判决摘又比用于教学的缩略版判决摘详细。一般情况下是这样的。法律实践工具书与高校教师的专著针对的重点内容是不一样的。读者首先应当关注的是所引用文献与所探讨具体问题的**相关性**。相关文章段落的长度以及所参考的资料常常可以作为判断相关性的依据。

另外需要考虑的还有文章的**客观性**。

尽管有学术规范作为标准,但实际上很多文章体现了与之背道而驰的自我利益。文章是否由一个未参与讨论的学者所撰写,或者一个律师其职业上是否只代表某一团体的利益,这都会产生完全不同的结果。[2](然而高校教师的观点和嗜好、企业联系以及鉴定委托、是否就职于研究机构等等也同样会导致不同的结果。)如果由参与诉讼的当事人评论争议问题的出发点,上述问题就显得尤为明显。[3]

或许我们不能期待一个第三学期的学生能够根据作者的能力以及客观性等标准分辨并且选择所引用的学术文章。但是能够直接操作的是文献的排列顺序,首先是法律评注,之后是教科书和专著,再是期刊论文和判决评论等。如果读者能够遵守这一顺序,那么之后在具体个案中就可以很容易通过一些变通强调某些具有特定意义的出处。

569 脚注的篇幅越长,就越需要考虑阅卷人的视觉感受,即通过例如斜体等

---

[1] *Möllers* Arbeitstechnik, Rn. 162.

[2] 一个博士候选人研究产品责任法律问题或者一个律师研究婴儿茶生产者的问题,这两者并不完全相同。其思维很容易转移到原子能使用的许可程序——以及一系列其他法律问题。

[3] 大部分情况下——但不总是——当事人并不会提及这种情况,就像在期刊文章或者判决评论的第一个脚注中一样。在法学文献中表达的通常并不是当事人自己,而是其诉讼代理人。然而需要思考的是 *Redeker* NJW 1983, 1034 f. 以及对其的答复 *Thieme* NJW 1983, 2015; *Ulmer* NJW 1983, 2923; *Habscheid* NJW 1999, 2230 ff.; *Hübner* ZRP 2008, 221; *Dubme* ZRP 2010, 28.

方式突出上文所提及的法院以及作者姓名。

在脚注的**末尾**是否需要**句号**，由读者自己决定，但请保持全文统一。

最好并且也是最常用的做法是以大写字母开始[1]脚注并且在末尾加上一个点（句号）。[2] 这样做有一个好处，即读者无须针对每一个脚注考虑其是否属于一个完整的句子（因为一个完整的句子必须以大写字母作为开头并在结尾处加上句号）。读者可以根据习惯简单地将所有脚注都视为一个完整的句子。

再次强调：脚注的数量和范围。由于引注必要性和脚注篇幅的适当性都是由文章本身性质所决定的，因此必须符合一定的规范。一般正规的法学练习作业每一页需要 4 到 5 个脚注。但其在文章中的分布可以是完全不均匀的。有些脚注只需要一个（通常情况下：具有代表性的）出处，其他很多脚注却要求多个出处[3]。如果读者的文章有 1/5[4] 是由脚注所构成的——这很容易就可以看出来，请读者至少不要让阅卷人看到第一眼就产生文章肤浅的印象。

如果读者就某一问题只引注一个文献中的参考资料，则该脚注的构成将传递错误的信息。阅卷人就会因此认为不存在关于该问题的司法判决。为避免阅卷人产生这一印象，读者必须在出处之后附加 m. w. N. zur jüngeren Rechtsprechung 或者多花一些精力实际引注相应的司法判决。

---

[1] 例外：如果脚注是以 "von" 等姓氏开头或者以习惯上小写的网址作为开头。
[2] 但是仅限于一个点（德语的句号）。如果脚注是以诸如 335 ff. 结尾，则不要在缩略词之后再加上句号。否则看起来不美观。
[3] 关于出处的选择和排列请参见边码 243a 中的建议。
[4] 不能多于 1/5。读者的作业看起来最好不要像本书边码 323 一样。同样也不要有太多法制史方面的探究，在这方面的研究中每 3 行正文内容需要边码 37 的脚注。这在法制史问题研究过程中是完全没有问题的，因为必须向阅卷人呈现极多的渊源资料以及其他辅助知识。

第六部分　检　查　清　单[1][2]

使用提示：

- 该清单应当——如果可能的话——**由两人以上**来完成。其目的并不是为了加快速度，而是为了更加全面。
- 从整体而言这些检查步骤的**顺序**是强制性的，但是具体细节可以变更。
- 全面检查一份 20 页左右的作业需要花费两天时间，或许更久。[3] 如果是一份准备充分并且少有补充的作业，两天时间总是有所剩余的，如果读者只有几个小时的时间，那么应当将精力集中于标有〈1〉符号的那几个步骤。如果读者还有一天时间可用，则足以完成阶段 1 和阶段 2 的检查。[4]

---

[1] 这一份清单只是一个基本模板。读者必须根据需要进行补充。没有人愿意为这一类辅助工具的完整性和正确性负责。笔者也同样不愿意。实际上笔者根本不喜欢任何检查清单。对于读者而言其完整性和可能的完美性都只是虚的。如果读者一定需要一份检查清单的话——本部分的内容就是。

类似的清单（具备经济学作业的某些特殊性）请参见 Theisen Wissenschaftliches Arbeiten, Anhang Ⅱ.

[2] 译者注：本部分 1. 2. 3. 表示步骤。

[3] 相关内容在边码 470 中已经论及。另外也取决于同时参与检查的人数多少，以及作者的专注程度和读者所能使用必要的辅助工具（例如没有网络将无法使用网络资源）以及对该辅助工具使用方法的掌握程度（对编排混乱的文章进行重新表述需要时间和文档编辑的知识）。这或许是最重要的：如果读者的作业是认真完成的，就能很快完成检查，如果读者的作业比较混乱，则需要更多的时间。

[4] 本文所建议的优先顺序是主观的，也是有弱点的。从考试作业的学术要求角度来看，这一顺序也是不可靠的：优先阶段 1 并不是代表学术上必须达到的要求，而是与花费较少时间而达到最大可能的成功相符。读者是否愿意做这一类型的表面文章，完全可以自己决定。从阅卷人的角度来看当然不仅仅是完全按照检查清单来阅卷，而是在撰写鉴定的过程中非常认真地注意每一个具体细节——因此所有这些检查清单都是多余的。

第三阶段的检查所需要花费的时间取决于读者作业的状态以及读者追求"精益求精"的程度。

- 这一清单是用于**最后检查**的辅助工具,因此其适用的前提是作业本身已经撰写完成。
- 通过阅读读者的作业,读者必须仔细钻研该清单。只有真正的赢家才能同时兼顾所有的要点。因此读者有可能必须阅读好几遍,在极端情况下需要多个读者共同探讨。这是非常累人的工作……
- 读者可以借助所给出的行码进行查阅,此处只给出关键词标示所需要注意的问题。

(一) 地域特殊性

1. 作业在格式和内容上是否符合特定的教席或者专业领域或者高校所提出的要求?[1] Rn. 4[2]

(二) 文本编辑

2. 是否遵守**整体篇幅要求**? Rn. 139, 461 ff.

2. 是否已经删除**附加说明**? Rn. 399

2. **所有题目是否都已经完成**? Rn. 449

3. 重点问题是否突出? Rn. 436

1. 结尾是否有**最后结论**? Rn. 468

2. 中间结论,在恰当、通常或者必要的位置? Rn. 467

2. 重复阅读,必要情况下可以多遍阅读并且有多个校对人同时阅读(例如名词堆砌 Rn. 375,以及过多的被动式 Rn. 374); Rn. 469

1. 所引用的法律规范是否已经尽可能**准确**?

2. 清理不必要的重复、不完整的句子(动词缺失)、语法错误(错误的复数、错误的句子结构等等)。[3] Rn. 352, 381

---

[1] 这些特定要求有些时候从题目末尾的答题要求中就可以得知,有时候也可以从机构的公告中得知,有些时候也可以从教席主页的通知中获知,有些时候也可以从考试规范中得知。如果读者无法确定,可以向教席询问。

[2] Rn. 4 表示边码 4。下同。

[3] 读者能否就此使用文本编辑软件的语法检查功能,是不确定的。该功能的识别精确性与拼写检查功能是无法相比的。但是无论如何读者必须花一点时间来设置该功能。然而拼写检查随着时间的推移已经不断得到改进。或许最好的做法是撰写作业时将其关闭而在随后的检查过程中将其开启。效率比较高的文本校对模式需要使用额外的软件,例如 Duden-Verlag 软件。

3. 句子是否足够**简洁**？Rn. 341，354

2.（Roter Faden）**主线**是否清晰？Rn. 469

1. **正字法**检查（统一：新的或者旧的正字法）——用计算机自动拼写检查一遍，再手动检查一遍。Rn. 328

1. 所有的**编辑指令**是否已经完成（优先考虑）或者从文章中删除（紧急情况下的处理方案）？Rn. 470

1. 所有**原文引用**——如果确实有必要——通过引号标示出来并写明出处信息？Rn. 561

3. 文风上的**精简**（**Feinschiff**）：删除重复的文字等等。Rn. 421

3. 改写套话和空话，删除草稿。（Rn. 146）

三、学术规范

（一）脚注

3. **脚注密度**是否恰当？Rn. 180

3. 所有需要引注的内容是否都已经标明出处？Rn. 534

2. 每一个引注是否都包含**出处和明确**[1]**的位置**？Rn. 545

3. 每一个脚注是否包含**足够的出处**，或许也包括反对观点，等等？Rn. 239

---

[1] 只要读者有点耐心也可以从互联网上找到相关的信息，而在几年前读者为了了解这些信息还必须亲自跑一趟法学教研室。如果读者发现复印材料中的页码与实际页码已经不相吻合，不能直接编造一个页码写在脚注中。但是读者可以尝试在网络上查看所引注书籍的目录或者关键词索引。德国国家图书馆已经将很多书籍的目录进行电子化处理。由于很多出版社不支持 am-azon 的"search inside"功能，因此读者必须通过 www.buchhandel.de 来查询。如果读者在上述网站找不到 PDF 文件的目录，很多时候可以在出版社首页上找到最新作品的目录，例如在 C. H. Beck 出版社的 www.beck-shop.de；Mohr Siebeck 出版社的 www.mohr.de/rechtswissenschaft.html；Erich Schmidt 出版社的 http://esv.info/homepage.html；Lutherhand und Carl Heymanns 出版社的 http://shop.wolter-kluwer.de；C. F. Müller 出版社的 www.cfmueller-verlag.de。出版社链接汇编请查阅：www.juristische-linksammlung.de/verlag.html，www.juristische-verlage.de/，www.kuselit.de/4 以及 www.juracafe.de/ressourcen/verlage/verlage.html。法学专业期刊的目录读者一方面可以通过 www.digizeitschriften.de/home/zeitschriften（比较旧的年份）另外也可以通过各出版社的主页（较新的年份）进行查询；初步预览请参见 http://de.wikipedia.org/wiki/Kategorie：Juristische_ Fachzeitschrift。

3. 删除所有用于证明**理所当然的事实**的脚注。Rn. 535

3. 删除脚注中所有**多余的内容**。Rn. 557，563

1. 所有脚注的**格式**是否统一？Rn. 554

1. 脚注中所有的**编辑指令**是否已经完成或者删除？Rn. 470

2. 专有名词的写法是否正确？Rn. 486，328

3. 所有纳入参考文献目录的文献是否被**实际引用**？Rn. 497

1. 脚注中**没有法律规范引注**。Rn. 406

1. 引注方式和缩略语的写法是否统一，是否与参考文献目录中的信息相一致。Rn. 179

2. 文章中脚注的位置是否正确？Rn. 544

(二) 参考文献目录

3. 所有在脚注中所引注的以及具备引注必要性的文献是否都已经纳入参考文献目录中？Rn. 518

3. 参考文献目录中多余部分是否已经删除？Rn. 497

2. 所有引用的内容是否都是**最新状态**？Rn. 506

3. 所有文献的**书目信息**是否**完整**？Rn. 501 ff.

3. ——如有必要——是否写明**引注格式**？Rn. 517

3. 专有名词的**写法**是否正确？Rn. 486

1. 是否遵守按字母顺序进行排序？Rn. 498

(三) 大纲

1. 只有当正文内容已经完成时才生成大纲——连同所有的页码和边码（更好的做法：当文章内容打印出来可以用以检查之后再生成大纲）

1. 文章中所有标题是否连同统一的编号原封不动地出现在大纲中？Rn. 490

1. 大纲内容是否和谐（尤其要注意的是：如果没有 a）就没有 b））？Rn. 489

2. 每个标题是否都有编码？该编码与整体是否协调？Rn. 490

2. 页码是否正确？[1] Rn. 492

1. 大纲的页码（罗马数字）是否正确？Rn. 487

1. 大纲的格式是否易于阅读（下级标题缩进，页码右对齐等等）？Rn. 492

四、格式

（一）正文

1. **页边距** Rn. 526
1. 文章中的**行间距** Rn. 526
2. 标题前后的**行间距** Rn. 424
1. **页码** Rn. 526

3. **排版上的处理**[2]：§ 和之后的空格以受保护的空格[3]来替代，将括号前半部分之后和后半部分之前的空格去掉，两个空格换成一个空格，在斜线前后以及 f. 和 ff. 之后加上一个空格，货币符号（EUR，$，DM，等等）统一置于数额之前或者之后，日期统一加上或者不加零[4]，统一或者删除缩略语，删除句号、逗号和分号之前的空格，清理多余的标点符号，删除多余的空格[5]，删除因疏忽而输入的"硬"连字符号[6]，统一法律规范的引用格式，最好将左右对齐的网址信息（例如在斜线之后）断开等等。

2. **断字**（Silbentrennung）（根据正字法检查）Rn. 463，329，421

---

〔1〕 这方面必须彻底检查一遍，因为有时候文本编辑软件也会出现错误。但是进行手动检查也并不是那么简单。

〔2〕 只有当读者对自己的文章感到满意之后才需要采取该步骤。很难说这一点是否会影响到分数。但是如果读者谨慎处理，总归会给阅卷人留下比较好的印象。并且这也很容易让自己的文章在芸芸考生中脱颖而出。

〔3〕 通常是通过 Strg + Shift + Leerzeichen 来实现。

〔4〕 如果读者注重可机读性，那么必须写作 04. 01. 2014（相关内容请参见 *Keiler/Bezemek* leg cit, Rn. 9），否则只需要写上 4. 1. 2014。——请读者注意保持月份名称适用统一的格式，要么采用完整的写法要么采用缩写。

〔5〕 所有这些都可以通过文本编辑软件的查找——替换功能迅速完成；读者可以为此写一个指令或者采用自动检查工具。

〔6〕 读者将连字断开并在必要的情况下事后手动修改；并且只使用"软"连字符号（在大部分文本编辑软件中：Strg + -）。

3. 通过孤行（Schusterjungen）和寡行（Hurenkinder）[1]来检查分页[2]，必要情况下进行手动分页，即通过"硬"分页来实现——在此过程中都是从头到尾来检查。

（二）大纲

1. 页边距 Rn. 487
1. 页码 Rn. 487

（三）参考文献目录

1. 页边距 Rn. 487
1. 页码 Rn. 487

五、上交作业之前

1. 封面是否完整？姓名是否正确等等？Rn. 486
1. 是否有装订/文件夹或者装订条？Rn. 485
1. 打印出来的作业是否清晰可读，正确排列，正确装订或者缝合？
1. 最后一页是否**签上姓名**？亲笔签名或者其他类似的由考试规则所要求的保证。
1. **电子版**，如有要求？
   2. 是否完成第二份打印件或者复印件？Rn. 472

---

[1] 译者注：孤行有两种情况，一种是指一段的第一行在一页或一栏的最后；另外一种是指一段的最后一行只有一个字，一个字的一部分，或是最后一行的字母很少，因此和下一段之间看起来会有较多的空白。寡行是指一段的最后一行在一页或一栏的开始处，和该段的其他行分开。（参见维基百科：https://zh.wikipedia.org/wiki/寡行和孤行）。
[2] 读者可以通过打开文本编辑软件的段落检查功能来避免这个问题。

参考文献目录

A

Adomeit, Klaus (*Civis* Romanus)	Latein für Jurastudenten, 5. Aufl. 2009
ders. /*Hähnchen*, Susanne	Rechtstheorie für Studenten, 6. Aufl. 2012
Adorjan, Johanna	Der Fall Embde, in: FASZ v. 6. 7. 2008, S. 23
Ahrens, Claus	Zivilrechtliche Zurückbehaltungsrechte, 2003
Ahrens, Wilfried	Der Angeklagte erschien in Bekleidung seiner Frau, 3. Aufl. 2009
ders.	Der Angeklagte trägt die Kisten des Verfahrens, München 2010
ders.	Der Geschädigte liegt dem Vorgang bei, 7. Aufl. 2010
ders.	Der Unfallort hat sich bereits entfernt, 4. Aufl. 2007
ders.	Der Polizist rettete sich durch einen Seitensprung, 2008
Albrecht, Achim	Juristisch denken und argumentieren, 2. Aufl. 2009
Alpmann, Josef et al.	Brockhaus Studienlexikon Recht, 3. Aufl. 2010
Althaus, Stefan	Die Konstruktion der herrschenden Meinung in der juristischen Kommunikation, 1994
Anders, Monika/*Gehle*, Burkhard	Das Assessorexamen im Zivilrecht, 11. Aufl. 2013
Augsberg, Steffen/ *Büßer*, Janko	Der Kurzvortrag im ersten Examen—Zivilrecht, 2. Aufl. 2011
Avenarius, Herrmann	Kleines Rechtswörterbuch, 6. Aufl. 1991

B

Baumert, Andreas	Professionell texten, 3. Aufl. 2011
Baumgärtel, Gottfried u. a.	Handbuch der Beweislast, 3. Aufl. 2009 ff.

(续表)

Baur, Fritz/Stürner, *Rolf*/Baur, Jürgen F.	Sachenrecht, 18 Aufl. 2009
Beaucamp, Guy/*Treder*, Lutz	Methoden und Technik der Rechtsanwendung, 2. Aufl. 2011
Bendix, Manuela	Wissenschaftliche Arbeiten typographisch gestalten, Berlin 2008
Benke, Nikolaus/*Meissel*, Franz-Stefan	Juristenlatein, 3. Aufl. 2010
Berg, Hans	Übungen im bürgerlichen Recht, 12 Aufl. 1976
Berg, Peter	Flotte Schreiben vom Amt—Eine Stilfibel, 2004
Bergmann, Marcus/*Schröder*, Christian/*Sturm*, Michael	Richtiges Zitieren, 2010
Bergmanns, Bernhard	Juristische Informationen—suchen, bewerten, beschaffen, aktualisieren, Aachen 2007
Berkemann, Jörg	Gesetzesbindung und Fragen einer ideologiekritischen Urteilskritik, in Leibholz, Gerhard u. a. (Hrsg.), Menschenwürde und freiheitliche Rechtsordnung—Festschrift für Willi Geiger zum 65. Geburtstag, 1974, S. 299 ff.
Biermann, Kai/*Haase*, Martin	Sprachlügen Unworte und Neusprach von „Atomruine" bis „zeitnah", Frankfurt am Main 2012
Binswanger, Mathias	Sinnlose Wettbewerbe, 2010
Bischof, Hans Helmut/*Jungbauer*, Sabine/*Podlech-Trappmann*, Bernd	RVG Kompaktkommentar, 2. Aufl. 2007
Boehme-Neßler, Volker	CyberLaw—Lehrbuch zum Internetrecht, 2001
Bonnekoh, Mareike	Voice over IP—Rechtsprobleme der Konvergenz von Internet und Telefonie, Münster 2007
Bork, Reinhard	Allgemeiner Teil des BGB, 3. Aufl. 2010
Braun, Johann	Der Zivilrechtsfall, 5 Aufl. 2012
Bringewat, Peter	Methodik der juristischen Fallbearbeitung, 2. Aufl. 2013
Bröring, Markus	Haftungsrechtliche Risiken beim cash pooling im faktischen GmbH-Konzern, Berlin 2009
Brox, Hans/*Walker*, Wolf-Dietrich	Allgemeiner Teil des BGB, 37 Aufl. 2013, zitiert: *Brox/Walker* BGB AT

(续表)

dies.	Allgemeiner Schuldrecht, 37. Aufl. 2013 zitiert: *Brox/Walker* SchuldR AT
dies.	Besonderes Schuldrecht, 37. Aufl. 2013, zitiert: *Brox/Walker* SchuldR BT
Brox, Hans/*Rüthers*, Bernd/*Henssler*, Martin	Arbeitsrecht, 18. Aufl. 2011
Bruß, Jochen	Lateinische Rechtsbegriffe, 2. Aufl. 1999
Brüssow, Rainer	Das Anwaltsprivileg des Syndikus im Wirtschaftsstrafverfahren-Erforderlichkeit einer Neubewertung nach der Entscheidung des EuGH vom 19. 6. 2008?, in: DAV (Hrsg.) Strafverteidigung im Rechtsstaat, 2009, S. 91 ff.
Bub, Wolf-Rüdiger/ *Treier*, Gerhard	Handbuch der Geschäfts- und Wohnraummiete, 3. Aufl. 1999
Bull, Hans Peter	Wie „riskant" sind Themenarbeiten? —Hilfestellungen und Tipps für Studierende, JuS 2000, 47 ff.
Bundesministerium der Justiz (Hrsg.)	Handbuch der Rechtsförmlichkeit, 3. Aufl. 2008, www. bmj. de/rechtsfoemlichkeit/allg/inhalt. htm
Bundesverwaltungsamt (Hrsg.)	Bürgernahe Verwaltungssprache, 4. Aufl. 2002, www. bva. bund. de/cln_047/nn_372236/SharedDocs/Publikatuinen/Verwaltungsmodernisierung/Buergernahe_ Verwaltungssprache_BBB, templateId = raw, property = publicationFile. pdf/Buergernahe_Verwaltungssprache_BBB. pdf
Busch, Jürgen/*Konrath*, Christoph (Hrsg.)	SchreibGuid Jus—Juristisches Schreiben für Studium und Praxis, 3. Aufl. 2011
Butzer, Hermann/ *Epping*, Volker	Arbeitstechnik im Öffentlichen Recht. Vom Sachverhalt zur Lösung-Methodik, Technik, Materialerschließung, 3. Aufl. 2006
Bydlinski, Franz/ *Bydlinski*, Peter	Grundzüge der juristischen Methodenlehre, 2. Aufl. 2012
Byrd, B. Sharon/ *Lehmann*, Matthias	Zitierfibel für Juristen, 2. Aufl. 2014
C	
Canaris, Claus-Wilhelm/ *Larenz*, Karl	Methodenlehre der Rechtswissenschaft, 3. Aufl. 1995
Claßen, Veronika/*Reins*, Armin	Deutsch für Inländer, 2007
Creifelds, Carl/*Weber*, Klaus	Rechtswörterbuch, 20. Aufl. 2011

(续表)

D	
Deppner, Thorsten/*Lehnert*, Matthias/*Rusche*, Philip/*Wapler*, Friederike	Examen ohne Repetitor, 3. Aufl. 2011
Deutsch, Erwin/*Ahrens*, Hans-Jürgen	Deliktsrecht, 5. Aufl. 2009
Dichtl, Erwin	Deutsch für Ökonomen, München 1996
Diederichsen, Uwe/ *Wagner*, Gerhard	Die BGB-Klausur, 9. Aufl. 1998
Dornseiff, Franz	Der deutsche Wortschatz nach Sachgruppen, 8. Aufl. 2004
Drosdeck, Thomas	Die herrschende Meinung—Autorität als Rechtsquelle. Funktionen einer juristischen Argumentatonsfigur, Berlin 1989
Dütz, Wilhelm/*Thüsing*, Gregor	Arbeitsrecht, 18 Aufl. 2013
E	
Eckert, Jörg/*Hattenhauer*, Christian	75 Klausuren aus dem BGB mit Lösungsskizzen, 12. Aufl. 2008
Eco, Umberto	Wie man eine wissenschaftliche Abschlussarbeit schreibt, 13 Aufl. 2010
Eidenmüller, Horst	Effizienz als Rechtsprinzip, 3. Aufl. 2005
v. Elsner, Sigrun	Studienführer Rechtswissenschaft, 3. Aufl. 1996
Engel, Stefan/*Slapnicar*, Klaus W.	Die Diplomarbeit, 3. Aufl. 2003
Englisch, Klar	Einführung in das juristische Denken, 11 Aufl. 2010
ders.	Logische Studien zur Gesetzesanwendung, 3. Aufl. 1963
F	
Fahl, Christian	Jura für Nichtjuristen, 2010
Fahse, Hermann/ *Hansen*, Uwe	Übungen für Anfänger im Zivil- und Strafrecht, 9. Aufl. 2000
Fezer, Karl-Heinz	Klausurenkurs zum BGB Allgemeiner Teil, 9. Aufl. 2013
Filip-Fröschl, Johanna/ *Mader*, Peter	Latein in der Rechtssprache, 3. Aufl. 1999
Finetti, Marco/*Himmelrath*, Martin	Der Sündenfall—Betrug und Fälschung in der deutschen Wissenschaft, 1999

(续表)

Forstmoser, Peter/ *Ogorek*, Regina/*Vogt*, Hans-Ueli	Juristisches Arbeiten, 4. Aufl. 2008
Franck, Norbert	Handbuch wissenschaftliches Arbeiten, 2004
Frenz, Walter	Öffentliches Recht—Eine nach Anspruchszielen geordnete Darstellung zur Examenvorbereitung, 6. Aufl. 2013
Fricke, Georg	Guter Stil leicht gemacht, 2001
Friedl, Gerhard/*Loebenstein*, Herbert	Abkürzungs- und Zitierregeln der österreichischen Rechtssprache und europarechtlicher Rechtsquellen, 7. Aufl. 2012
Frings, Heinz-Albert	Der Sachverhalt geht aus dem Fall nicht heraus, 1996
G	
Gärtner, Stefan	Man spricht Deutsch, 2006
Gas, Tonio	Die Remonstration gegen die Bewerbung von Klausuren und Hausarbeiten—und wie man die (nicht) schreiben sollte, abrufbar unter www.weber.jura.uni-osnabruwck.de/html/Mitarbeiter
Gast, Wolfgang	Juristische Rhetorik, 4. Aufl. 2006
von Gehlen, Dirk	Mashup—Lob der Kopie, 2011
Gernhuber, Joachim	Die Erfüllung und ihre Surrogate sowie das Erlöschen der Schuldverhältnisse aus anderen Gründen, 2. Aufl. 1994
Glavinic, Thomas	Der Kameramörder, 2001 (Taschenbuch 2003)
Gleiss, Alfred	Unwörterbuch, 3. Aufl. 1988
Grafton, Anthony	Die tragischen Unsprünge der deutschen Fußnote, 1995 (Taschenbuch 1998)
Gramm, Christoph/ *Wolff*, Heinrich Amadeus	Jura—erfolgreich studieren, 6. Aufl. 2012
Gramm, Christoph (Hrsg.)	Kleine Fehlerlehre für Juristen nach Dr. Julius Knack, 1989
Groebner, Valentin	Wissenschaftssprache. Eine Gebrauchsanleitung, Konstanz 2012
Grosch, Olaf	Studienführer Jura, 6. Aufl. 2010
Grunau, Theodor	Spiegel der Rechtssprache, 1961
Grund, Uwe/*Heinen*, Armin	Wie benutze ich eine Bibliothek?, 2. Aufl. 1996
Grunewald, Barbara	Bürgerliches Recht, 8. Aufl. 2009

(续表)

H	
ter Haar, Philip/Lutz, Carsten/Wiedenfels, Matthias	Prädikatsexamen, 3. Aufl. 2012
Haft, Fritjof	Einführung in das juristische Lernen—Unternehmen Jurastudium, 6. Aufl. 1997
ders.	Juristische Lernschule, 2010
ders. /Kulow, Arnd-Christian	Lernen mit dem Kopf—Trainieren mit dem Computer, 2007
Hägg, Göran	Die Kunst, überzeugend zu reden, 2. Aufl. 2003
Hahner, Markus/Scheide, Wolfgang/Wilke Thissen, Elisabeth	Wissenschaftliche (s) Arbeiten mit Word 2007, 2009
Hanau, Peter/Adomeit, Klaus	Arbeitsrecht, 14. Aufl. 2007
Hassemer, Winfried	Warum Strafe sein muss—ein Plädoyer, 2009
Hattenhauer, Hans	Die Kritik des Zivilurteils—eine Anleitung für Studenten, 1970
Henscheid, Eckhard	Dummdeutsch, 6. Aufl. 2009
Herberger, Maximilian/Simon, Dieter	Wissenschaftstheorie für Juristen, 1980 = http://archiv.jura.uni-saarland.de/wtheorie/
Herrmann, Markus/Hoppmann, Michael/ Stölzgen, Karsten/Taraman, Jasmin	Schlüsselkompetenz Argumentation, 2. Aufl. 2012
Herzberg, Rolf Dietrich/Ipsen, Knut/Schreiber, Klaus	Effizient studieren—Rechtswissenschaften, 1999
Heuer, Walter	Deutsch unter der Lupe, 1972
ders.	Darf man so sagen?, 1976
Himmelreich, Klaus/Andreae, Martin/Teigelack, Lenhard	AutoKaufRecht für Neu-und Gebrauchtwagen, 4 Aufl. 2011
Hirsch, Burkhard	Auf dem Weg in den Überwachungsstaat? „Es gilt dem bitteren Ende zu wahren!" In: Stefan Huster/Karsten Rudolph (Hrsg.): Vom Rechtsstaat zum Präventionsstaat, 2008, S. 164 ff.

(续表)

Hirsch, Eike Chritsian	Die alte Dame abkassieren, in: ders., Deutsch für Besserwisser, 1967, S. 99 f.
ders.	Grundprinzip mit Vorbedingung, in: ders., Mehr Deutsch für Besserwisser, 1979, S. 163 f.
ders.	Deutsch kommt gut, 2008
Hirte, Heribert	Der Zugang zu Rechtsquellen und Rechtsliteratur, 1991
Historisch-kritischer Kommentar zum BGB	(Hrsg.: Mathias Schmoeckel u. a.), 2003 ff.
Hoeren, Thomas	Internetrecht, Stand: Oktober 2012, www.uni-muenster.de/Jura.itm/hoeren/materialien/Skript/Skript_ Internetrecht_ Oktober_ 2012-pdf
Hoffmann, Monika	Deutsch fürs Studium—Grammatik und Rechtsschreibung, 2. Aufl. 2010
dies.	Besser Schreiben für Dummies, 2010
Hoffmann, Uwe	Techink der Fallbearbeitung im Wirtschaftsprivatrecht, 3 Aufl. 2010
Holzleithner, Elisabeth	Gerechtigkeit, 2009
Hromadka, Walter/*Maschmann*, Friedrich	Arbeitsrecht 1: Individualarbeitsrecht, 4. Aufl. 2008
Hugenschmidt, Crispin	Studier- und Arbeitstechniken für Juristinnen und Juristen, 2005
J	
Jahn, Joachim	Anmerkung zum BGH v. 10. 2. 2005, Ⅲ ZR 294/04 (= WM 2005, 810), EWiR 2005, 485 f.
Jauernig, Othmar (Hrsg.)	BGB, 14. Aufl. 2011
Joecks, Wolfgang	Studienkommentar StGB, 10 Aufl. 2013
Joerdan, Jan C. Fn. 811	Logik im Recht—Grundlagen und Anwendungsbeispiele, 2005
Joyce, James	Ulysses, dt. 1975
Jurecks, Daniel	Party, Party und Prädikatsexamen, 2006
JuS-Redaktion (Hrsg.)	JuS—Studienführer, 4. Aufl. 1997
K	
Kaehlbrandt, Roland	Deutsch für Eliten, 1999 (Taschenbuch 2001)

(续表)

Kallert, Rainer/Marschner, Lara/Schreiber, Frank/Söder, Stefan	Das erfolgreiche Jurastudium, 1998
Keiler, Stephan/Bezemek, Christoph	leg cit^3—Leitfaden für juristisches Zitieren, 3. Aufl. 2013
Kelek, Necla	Chaos der Kulturen, 2012
Kerschner, Ferdinand	Wissenschaftliche Arbeitstechnik und Methodenlehre für Juristen, 5. Aufl. 2006
Kirchner, Hildebert/Pannier, Dietrich	Abkürzungsverzeichnis der Rechtssprache, 7 Aufl. 2012
Klaner, Andreas	Basiswissen Logik für Jurastudenten, 2005
ders.	Richtiges Lernen für Jurastudenten und Rechtsreferendare, 4. Aufl. 2011
der.	Wie schreibe ich juristische Hausarbeiten, 3. Aufl. 2003
Klemperer, Victor	LTI, 1974 (Taschenbuch: 24 Aufl. 2010)
Klünder, Hendrik/Schultze, Mirco/Selent, Markus	Das mündliche Staatsexamen in 50 Fällen—Zivilrecht, 4. Aufl. 2012
Knöringer, Dieter	Die Assessorklausur im Zivilprozess, 14 Aufl. 2013
Koch, Hans-Joachim/Rüßmann, Helmut	Juristische Begründungslehre, 2. Aufl. 1982
Köbler, Gerhard	Die Anfängerübung mit Leistungskontrolle im bürgerlichen Recht, Strafrecht und öffentlichen Recht, 7. Aufl. 1995
ders.	Etymologisches Rechtswörterbuch, 1995
ders.	Juristisches Wörterbuch, 15. Aufl. 2012
ders.	Wie werde ich Jurist? 5. Aufl. 2007
Köhler, Helmut/Bornkamm, Joachim (Hrsg.)	Gesetz gegen den unlauteren Wettbewerb, 31. Aufl. 2013
Kohler-Gehrig, Eleonora	Diplom-, Seminar-, Bachelor-, und Masterarbeiten in den Rechtswissenschaften, 2. Aufl. 2008
Köhler, Helmut	BGB Allgemeiner Teil, 37. Aufl. 2013
Koller, Peter	Theorie des Rechts, 2. Aufl. 1997
Kopke, Wolfgang	Die Rechtschreibreform erneut vor Gericht. Anmerkung zu OVG Lüneburg v. 13. 9. 2005, 13 MC 214/05 (= NJW 2005, 3590), NJW 2005, 3538 ff.

(续表)

Koppensteiner, Hans Georg/ *Kramer*, Ernst A	Ungerechtfertigte Bereicherung, 2. Aufl. 1988
Korn, Karl	Sprache in der verwalteten Welt, 2. Aufl. 1959
Kosman, Lisa/ *Kling*, Bernd/ *Richarz*, Jürgen	Wie schreibe ich juristische Hausarbeiten, 3. Aufl. 2004
Kötz, Hein/ *Schäfer*, Hans Bernd	Judex oeconomicus, 2003
Kraft, Matthias	Juristische Online-Datenbanken—eine Einkaufshilfe, 2005
Kramer, Ernst	Juristische Methodenlehre, 3. Aufl. 2012
Krämer, Ralf/ *Rohrlich*, Michael	Haus- und Examensarbeiten mit Word, 2005
Krämer, Walter/ *Tren-kler*, Götz	Modern Talking auf deutsch, 2000 (Taschenbuch 2001)
Krämer, Walter/ *Trenkler*, Götz	Lexikon der populären Irrtümer, 1996
Krämer, Walter/ *Kaehlbrandt*, Roland	Die Ganzjahrestomate und anderes Plastikdeutsch, 2007 (Taschenbuch 2009)
Kranz, Florian	Eine Schifffahrt mit drei f-Positives zur Rechtschreibreform, 1998
Kreutz, Peter	Propädeutik Rechtswissenschaften—Kurzableitung zur Erstellung juristischer Seminararbeiten, 2011
Kröger, Detlef/ *Kuner*, Christopher	Internet für Juristen, 3. Aufl. 2001
Kroiß, Ludwig/ *Schuhbeck*, Sebastian	Jura online, 2000
Kropholler, Jan/ *von Hinden*, Michael/ *Jacoby*, Florian	Studienkommentar zum BGB, 13. Aufl. 2011
Kühl, Kristian	Strafrecht Allgemeiner Teil, 7. Aufl. 2012
Kühtz, Stefan	Wissenschaftlich formulieren—Tipps und Textbausteine für Studium und Schule, 2011
L	
Lagodny, Otto	Gesetzestext suchen, verstehen und in der Klausur anwenden, 2. Aufl. 2013
Lange, Barbara	Jurastudium erfolgreich: Planning-Lernstrategie-Zeitmanagement, 7. Aufl. 2012

(续表)

Lange, Hans-Jürgen	Der Wandel des föderalen Sicherheitsverbundes, in: Stefan *Huster/* Karsten *Rudolph* (Hrsg.): Vom Rechtsstaat zum Präventionsstaat, 2008, 64 ff.
Langenhan, Rainer	Internet für Juristen, 4. Aufl. 3003
Langer, Inghard/*Schulz* von Thun, Friedemann/ *Tausch* Reinhard	Sich verständlich ausdrücken, 9. Aufl. 2011
Larenz, Karl	Methodenlehre der Rechtswissenschaft, 6. Aufl. 1991
ders.	Schuldrecht Allgemeiner Teil, 14. Aufl. 1987
Leist, Wolfgang	Der erfolgreiche juristische Vortrag, JuS 2003, 441 ff.
Lemke, Volker	„1. Ansicht, 2. Ansicht, 3. Ansicht, Stellungnahme" —Überlegung zur Aufarbeitung von streitigen Fragen im öffentlichen Recht, JA 2002, 509 ff.
Lieb, Manfred	Arbeitsrecht, 9. Aufl. 2006
Lieberwirth, Rolf	Latein im Recht, 5. Aufl. 2007
Liebs, Detlef	Lateinische Rechtsregeln und Rechtssprichwörter, 7. Aufl. 2007
Löwisch, Manfred/ *Caspers*, Georg/*Klumpp*, Steffen	Arbeitsrecht, 9. Aufl. 2012
Lüdemann, Jörn	Die verfassungskonforme Auslegung von Gesetzen, JuS 2004, 24 ff.
M	
Marquard, Odo	Abschied vom Prinzipiellen, 1981
Mathis, Klaus	Effizienz statt Gerechtigkeit?, 3. Aufl. 2009
Meadows, Dennis L. et al.	Die Grenzen des Wachstums—Bericht des Clubs of Rome zur Lage der Menschheit, 1972
Medicus, Dieter	Allgemeiner Teil des BGB, 10. Aufl. 2010
ders. /*Petersen*, Jens	Bürgerliches Recht, 24 Aufl. 2013
Meier, Bernd-Dieter	Strafrechtliche Sanktionen, 4. Aufl. 2009
Meier, Christoph X	Der Denkweg der Juristen, 2000
Melzer, Jan/*Sieg*, Sören	Come in and burn out, München 2011
Meyer, Dieter	Juristische Fremdwörter, Fachausdrücke und Übersetzungen, 13. Aufl. 2012
Michalski, Lutz	Arbeitsrecht, 7. Aufl. 2008

(续表)

Michel, Helmut/ *von der Seipen*, Christoph	Der Schriftsatz des Anwalts im Zivilprozess, 6. Aufl. 2003
Minas, Manfred	Die Anspruchsgrundlagen des BGB—Präzisiert für Gutachten und Urteil, 1993
Minoggio, Ingo	Firmenverteidigung, 2. Aufl. 2010
Mix, Christine	Schreiben im Jurastudium: Klausur, Hausarbeit, Themenarbeit, 2011
Möllers, Thomas	Juristische Arbeitstechnik und wissenschaftliches Arbeiten, 6. Aufl. 2012
Mörschner, Lukke	Erbrecht, 2006
Müller, Friedrich/ *Christensen*, Ralph	Juristische Methodik, Bd. I, 10. Aufl. 2009
Müller, Norman/ *Schallbruch*, Martin	PC-Ratgeber für Juristen, 2. Aufl. 2002
Müller, Roger	ZitierGuide—Leitfaden zum fachgerechten Zitieren in rechtwissenschaftlichen Arbeiten, 2. Aufl. etc. 2010
Münchener Kommentar zum BGB	(Hrsg. *Rixecker*, Roland/ *Säcker*, Jürgen), 6. Aufl. 2011 ff. zitiert: MüKoBGB/*Bearbeiter*
Musielak, HansJoachim/ *Hau*, Wolfgang	Grundkurs BGB, 13. Aufl. 2013
N	
Naucke, Wolfgang	Strafrecht—eine Einführung, 10. Aufl. 2002
Neimitz, Reinhard	Die Schemata, Bd. I: Technik der Fallbearbeitung—Bürgerliches Recht, Strafrecht, Öffentliches Recht, 5. Aufl. 2006
Noicol, Natascha/ *Albrecht*, Ralf	Wissenschaftliche Arbeiten schreiben mit Word 2007, 6. Aufl. 2007
dies.	Wissenschaftliche Arbeiten schreiben mit Word 2010, 2010
Niederhauser, Jürg	Die schriftliche Arbeit, 5. Aufl. 2011
Niederle, Jan	500 Spezial-Tipps für Juristen—wie man geschickt durchs Studium und das Examen kommt, 9. Aufl. 2011
O	
Oberheim, Rainer	Zivilprozessrecht für Referendare, 10. Aufl. 2014
Ogorek, Regina	Kleine Gebrauchsanweisung für das mündliche Staatsexamen, Law Zone 2/2008, 17 ff. = www.jura.uni-frankfurt.de/ifrg1/ogorek/RO-TypFehler-LawZone.pdf

(续表)

Otto, Hansjörg	Arbeitsrecht, 4. Aufl. 2008
P	
Palandt, Otto (Begr.)	Kommentar zum Bürgerlichen Gesetzbuch, 73. Aufl. 2014, zitiert: Palandt/*Bearbeiter*
Pätzold, Juliane	Die gemeinschaftliche Adoption Minderjähriger durch eingetragene Lebenspartner, Hamburg 2006
Pape, Jonas	Corporate Compliance—Rechtspflichten zur Verwaltungssteuerung von Unternehmensangehörigen in Deutschland und den USA, Berlin 2011
Pawlowski, Hans-Martin	Methodenlehre für Juristen, 3. Aufl. 1999
ders.	Buchbesprechung zu *Larenz/Wolf*, Allgemeiner Teil des BGB, 9 Aufl. 2004, JZ 2005, 190
Pense, Uwe	Methodik der Fallbearbeitung. Juristische Klausurtechnik für Studium und Examen, 2. Aufl. 2009
Petersen, Jens	Die mündliche Prüfung im ersten juristischen Staatsexamen, Berlin-zivilrechtliche Prüfungsgespräche, 2. Aufl. 2012
Pfeiffer, Karl-Nikolaus	Internet—Suchmaschinen und das Recht auf freie Meinungsäußerung, in: Ansgar *Ohly*, Theo *Bodewig*, Thomas *Dreier*, Horst-Peter *Götting* und Michael *Lehmann* (Hrsg.): Perspektiven des Geistigen Eigentums und Wettbewerbsrecht—Festschrift für Gerhard Schricker zum 70. Geburtstag, 2005, S. 137 ff.
Pieroth, Bodo (Hrsg.)	Hausarbeit im Staatsrecht: Musterlösungen und Gestaltungsrichtlinien für das Grundstudium, 2. Aufl. 2011
Prantl, Heribert	Der Terrorist als Gesetzgeber—Wie man mit Angst Politik macht, 2008
Puppe, Ingeborg	Kleine Schule des juristischen Denkens, 2. Aufl. 2011
Putzke, Holm	Juristische Arbeiten erfolgreich schreiben—Klausuren, Hausarbeiten, Seminare, Master- und Bachelorarbeiten, 4. Aufl. 2012 = www. examinatorium. de/martin/gutinform. pdf
R	
Radbruch, Gustav	Rechtsphilosophie, 8. Aufl. 1973, hrsgg. von Erik *Wolf* und Hans-Peter *Schneider* (Studienausgabe: 2. Aufl. 2003, hrsgg. von Ralf *Dreier* und Stanley L. *Paulson*)
Reichold, Hermann	Arbeitsrecht, 4. Aufl. 2012
Reiners, Ludwig	Stilfibel-Der sichere Weg zum guten Deutsch, 27. Aufl. 2007
ders. /*Meyer*, Stephan	Stilkunst—Ein Lehrbuch deutscher Prosa, 2. Aufl. der überarbeiteten Ausgabe 2004

(续表)

Richter, Rudolf/ *Furubotn*, Eirik G.	Neue Institutionenökonomik—eine Einführung und kritische Würdigung, 4. Aufl. 2010
Rinken, Alfred	Einführung in das juristische Studium, 3. Aufl. 1996
Rieble, Volker	Das Wissenschaftsplagiat-Vom Versagen eines Systems, 2010
Rieß, Peter/ *Fisch*, Stefan/ *Strohschneider*, Peter	Prolegomena zu einer Theorie der Fußnote, 1995
Risse, Jörg	Der verfassungsrechtliche Schutz der Homosexualität, 1998
Röhl, Klaus F. / *Röhl*, Hans Christian	Allgemeiner Rechtslehre, 3. Aufl. 2008
Röhricht, Volker/ *Graf v. Westphalen*, Friedrich	HGB Kommentar, 3. Aufl. 2008
Rolfs, Christian	Studienkommentar Arbeitsrecht, 3. Aufl. 2010
Rottmann, Verena	Karriereplanung für Juristen, 2005
Rückert, Joachim/ *Seinecke*, Ralf (Hrsg.)	Methodik des Zivilrechts—Von Savigny bis Teubner, 2. Aufl. 2012
Rüthers, Bernd/ *Fischer*, Christian/ *Birk*, Axel	Rechtstheorie, 6. Aufl. 2012
Rüthers, Bernd/ *Stadler*, Astrid	BGB Allgemeiner Teil, 17. Aufl. 2011 zitiert: *Rüthers/Stadler*, BGB AT
S	
Sattelmacher, Paul/ *Sirp*, Wilhelm/ *Schuschke*, Winfried	Zivilrechtliche Arbeitstechnik im Assessorexamen: Bericht, Votum, Urteil und Aktenvortrag, 35. Aufl. 2013
Sauer, Heiko	Juristische Methodenlehre, in: Julian *Krüper* (Hrsg.), Grundlage des Rechts, 2. Aufl. 2013, 172 ff.
v. Savigny, Eike	Grundkurs im wissenschaftlichen Definieren, 5. Aufl. 1980
Schack, Haimo	BGB Allgemeiner Teil, 13. Aufl. 2011
Schäfer, Hans-Bernd/ *Ott*, Claus	Lehrbuch der ökologischen Analyse des Zivilrechts, 5. Aufl. 2012
Schapp, Jan	Methodenlehre des Zivilrechts, 1998
Schellhammer, Kurt	Schuldrecht nach Anspruchsgrundlagen, 8. Aufl. 2011
Schimmel, Roland	Zur Auslegung von Willenserklärungen, JA 1998, 979 ff.

(续表)

ders.	Wissenschaft mit Wikipedia—warum eigentlich nicht?, in: Gedächtnisschrift für Manfred Wolf, hrsgg. von Thomas *Pfeiffer*, Wolfgang *Grunsky*, Jens *Dammann*, 2011, 725 ff.
Schimmel, Roland/*Weinert*, Mirko/*Basak*, Deins	Juristische Themenarbeiten, 2. Aufl. 2011
Schlink, Bernhard/*Popp*, Walter	Selbs Justiz, 1987
Schlosser, Horst Dieter	Sprache unterem Hakenkreuz, Köln 2013
Schmalz, Dieter	Methodenlehre für das juristische Studium, 4. Aufl. 1998
Schmalz, Gisela	No economy—Wie der Gratiswahn das Internet zerstört, 2009
Schmidt-Wiegand, Ruth (Hrsg.)	Deutsche Rechtsregeln und Rechtssprichwörter, 1996 (Taschenbuch 2002)
Schmoeckel, Mathias	Auf der Suche nach der verlorenen Ordnung-2000 Jahre Recht in Europa—Eine Überblick, 2005
Schmuck, Michael	Deutsch für Juristen, 3. Aufl. 2011
ders.	Klares Deutsch statt Schwulst, JA 2001, 911 f.
Schmude, Albert A.	Freiheit für Grönland—weg mit dem Packeis!, Frankfurt 1981, 2. Aufl. 2013 i. Vb
Schnapp, Friedrich	Friedrich Schmitthenner-Ahnherr des besonderen Gewaltverhältnisses? in: *Krebs*, Walter (Hrsg.), Liber amicorum Hans-Uwe Erichsen, 2004, 231 ff.
ders.	Stilfibel für Juristen. 2004
Schneider, Egon/ *Schnapp*, Friedrich	Logik für Juristen, 7. Aufl. 2013
Schneider, Wolf	Deutsch! —Das Handbuch für attraktive Texte, 2005
ders.	Deutsch für Kenner, 1987 (Taschenbuch 2005)
ders.	Deutsch für Profis, 1982 (Taschenbuch 2001)
ders.	Speak German!, 2008 (Taschenbuch 2009)
Scholz, Peter/*Schulte*, Christian	Examen leicht gemacht—1. Und 2. Juristisches Examen erfolgreich bestehen, 2. Aufl. 2007
Schopenhauer, Arthur	Eristische Dialektik, (1831/1864) zitiert nach der Ausgabe Stuttgart 1983
Schroeter, Ulrich	Justitia und die Poesie-Juristisches in Reimen, 3. Aufl. 2010 = www. ipr2. Jura. uni-freiburg. de/pdf/misc/unsorted/Justitia. pdf

(续表)

Schulz, Martin/ *Klugmann*, Marcel	Wissensmanagement für Anwälte, 3. Aufl. 2013（angekündigt）
Schulze, Reiner/*Dörner*, Heinrich/*Ebert*, Ina et al.	Handkommentar zum BGB, 7. Aufl. 2012 zitiert: Schulze/ Dörner / Ebert/*Bearbeiter*
Schütz, Carsten/ *Möllers*, Christoph	Fundstellenverzeichnis Veröffentlichte Entscheidungen deutscher Gerichte 1980—1997, 2. Aufl. 1998
Schwacke, Peter	Juristische Methodik mit Technik der Fallbearbeitung, 5. Aufl. 2011
Schwerdtfeger, Gunther/ *Schwerdtfeger*, Angela	Öffentliches Recht in der Fallbearbeitung, 14. Aufl. 2014
Schwintowski, Hans Peter	Juristische Methodenlehre, 2005
Sick, Bastian	Der Dativ ist dem Genitiv sein Tod, 2004
ders.	Der Dativ ist dem Genitiv sein Tod—Folge 2, 2005
ders.	Der Dativ ist dem Genitiv sein Tod—Folge 3, 2006
Söllner, Alfred/*Waltermann*, Raimund	Arbeitsrecht, 16. Aufl. 2012
Soentgen, Jens	Selbstdenken! —20 Praktiken der Philosophie, 2003（Taschenbuch 2007）
Soergel, *Hans* Theodor	Kommentar zum BGB, 13. Aufl. 1999 ff.
Sofsky, Wolfgang	Verteidigung des Privaten, 2007（Taschenbuch 2009）
Spinnen, Burkhard/*Posner*, Eberhard	KlarsichtHüllen—Ein Dialog über Sprache in der modernen Wirtschaft, 2005
Spreng, Norman M. / *Dietrich*, Stefan	Srudien- und Karriere-Ratgeber für Juristen, 2006
Stadt, Bochum（Hrsg.）	Tipps zum einfachen Schreiben,（www. bochum. de/C12571A3001D 56CE/vwContentByKey/N26R27EF053HGILDE/＄FILE/einfachesschreiben. pdf）
Standop, Ewald/*Meyer*, Matthias L. G.	Die Form der wissenschaftlichen Arbeit, 18. Aufl. 2008
Steiger-Sackmann, Sabine	Legal memorandum—Leitfaden für das Verfassen eines Rechtsgutachtens, 2009
Stein, Ekkehart	Die rechtswissenschaftliche Arbeit-methodische Grundlegung und praktische Tipps, 2000
Stender-Vorwachs, Jutta	Prüfungstraining Staats- und Verwaltungsrecht, 4. Aufl. 2003

(续表)

Sternberger, Dolf/Storz, Gerhard/Süskind, Wilhelm Emabuel	Aus dem Wörterbuch des Unmenschen, 3. Aufl. 1968
Streck, Michael	Beruf AnwaltAnwältin, 2. Aufl. 2011
Streng, Franz	Strafrechtliche Sanktionen, 3. Aufl. 2012
Süskind, Wilhelm Emanuel	Dagegen hab ich was, 1969
T	
Tettinger, Peter/Mann, Thomas	Einführung in die juristische Arbeitstechnik, 4. Aufl. 2009
Theisen, Manuel	Wissenschaftliches Arbeiten-Technik, Methodik, Form. 16. Aufl. 2013
Tholl, Dirk	Fundus—Fundstellenverzeichnis für Klausuren und Hausarbeiten, 2008
Tiedemann, Paul	Internet für Juristen, 1999
Tilch, Horst (Hrsg.)	Deutsches Rechts-Lexikon, 3. Aufl. 2001 ff.
Towfigh, Emanuel/Petersen, Niels (Hrsg.)	Ökonomische Methoden im Recht—eine Einführung für Juristen, 2010
Tröndle, Herbert	Strafgesetzbuch und Nebengesetzes, 48. Aufl. 1997
Tucholsky, Kurt	Der bewachte Kriegsschauplatz, in: Gerold-Tucholsky, Mary/Raddatz, Fritz J. (Hrsg.), Gesammelte Werke, Bd. 9: 1931, 1960, S. 253 ff.
V	
Valerius, Brian	Einführung in den Gutachtenstil, 3. Aufl. 2009
Vec, Milôs u. a.	Der Campus-Knigge, 2006 (Taschenbuch 2008)
Vesting, Thomas	Rechtstheorie, 2007
Viehweg, Theodor	Topik und Jurisprudenz, 5. Aufl. 1973
Vogel, Joachim	Juristische Methodik, 1998
W	
Walter, Raimund-Ekkehard/Heidtmann, Frank	Wie finde ich juristische Literatur?, 2. Aufl. 1984
Walter, Tonio	Kleine Stilkunde für Juristen, 2. Aufl. 2009
ders.	Kleine Rhetorikschule für Juristen, 2009
Wank, Rolf	Die Auslegung von Gesetzen, 5. Aufl. 2011
Weber, Ferdinand/Morell, Renate (A. M. Textor)	Sag es treffender, 10. Aufl. 2009

(续表)

Weber, Stefan	Das Google-Copy-Paste-Syndrom—Wie Netzplagiate Ausbildung und Wissen gefährden, 2. Aufl. 2009
Wehrle, Hugo/*Eggers*, Hans	Deutscher Wortschatz, 17. Nachdruck, 1993
Weigel, Hans	Die Leiden der jungen Wörter, 10. Aufl. 1986
Weigel, Wolfgang	Rechtsökonomik, 2003
Werner, Olaf	Fälle mit Lösungen für Anfänger im Bürgerlichen Recht, 13. Aufl. 2013
Wesel, Uwe	hM, in: Kursbuch 61 (1979), 88 ff., zitiert nach dem Wiederabdruck in ders.; Aufklärungen über Recht, 6. Aufl. 1992, S. 14 ff.
Wessels, Johannes/ *Beulke*, Werner	Strafrecht Allgemeiner Teil, 42. Aufl. 2012
Wieser, Eberhard	Prozessrechtskommentar zum BGB, 2. Aufl. 2002
Wilke, Gitta	Informationsführer Jura—Juristische Recherche on- und offline, 4. Aufl. 2003
Willberg, Hans Peter/ *Forssman*, Friedrich	Erste Hilfe in Typografie, 2. Aufl. 2009
Wollenschläger, Michael	Arbeitsrecht, 3. Aufl. 2010
Wörlen, Rainer/ *Metzler-Müller*, Karin	BGB AT—Einführung in das Recht und Allgemeiner Teil, 12. Aufl. 2012
Wörlen, Rainer/*Kokemoor*, Axel	Arbeitsrecht, 11. Aufl. 2013
Wörlen, Rainer/*Schindler*, Sven	Anleitung zur Lösung von Zivilrechtsfällen, 9. Aufl. 2009
Wyss, Martin	Einführung in das juristische Arbeiten, 3. Aufl. 2008
Z	
Zimmer, Dieter E	Die Bibliothek der Zukunft, 2000 (Taschenbuch 2001)
ders.	Die Wortlupe, 2006
ders.	Deutsch und anders, 1997 (Taschenbuch 1998)
Zippelius, Reinhold	Juristische Methodenlehre, 11. Aufl. 2012
Zöllner, Wolfgang/*Loritz*, Karl-Georg/*Hergenröder*, Curt Wolfgang	Arbeitsrecht, 6. Aufl. 2008

关键词索引[1]

A		
a. a. O	（引文）出处同上	555b
Abgabefrist	提交期限	472
Abbildungsverzeichnis	图表目录	525
Abgrenzungsfragen	界分问题	181
Abgabefrist	提交期限	472
Abkürzungen	缩略语	390 ff.
—Abkürzungsverzeichnis	—缩略语目录	393，524
—deklinieren/konjugieren	—（动词）变格/变位	Fn. 602
—einheitlich gebrauchen	—统一使用	179，547
—englische	—英文的	369
—entschlüsseln	—译释	Fn. 607
—im Schrifttumsverzeichnis	—在参考文献目录中	514
—lateinische	—拉丁语的	368
Abrufdatum	—检索日期	522
Absatzkontrolle	孤行和寡行检查	Fn. 1024
Abschreiben	誊写，抄袭	530
Abstraktionsprinzip	抽象原则	435
Abwägung	权衡	208，442
abwegig	错误的，不恰当的	193
Adelstitel	贵族头衔	501
Adjektive	形容词	378
—überflüssige	—多余的	463

---

[1] 关键词索引对应原著页码及脚注编号。

(续表)

ähnliche Fälle	类似的案情	431
akademische Fragen	学术问题	233, 436, Fn. 185
akademische Grade	学术头衔	
—auf dem Deckblatt	—于封面上	486
—im laufenden Text	—于行文中	Fn. 812
—in Schrifttumsverzeichnis und Fußnoten	—于参考文献目录和脚注中	501
Aktenzeichen	文件号	551
aktuelle Auflagen	最新版本	506
aktuelle Belege	最新出处	565
aktuelle Gesetztext	现行法律文本	453
aktuelle Sachverhalt	当前案件事实	453
Allgemeinplätze	泛泛而谈	373
alte Auflage	旧版本	506
alternative Tatbestandsmerkmale	选择性构成要件	84, 94 f.
Alternativen	选择可能性	366
—im Obersatz	—于大前提中	81
Altertümlichkeit, sprachliche	古朴的，语言上	363
Altgriechisch	古希腊	Fn. 489
altkluge Bemerkungen	自恃老成的评论	358 f., 193
amtliche Entscheidungssammlung	官方判决汇编	550 f.
amtliche Überschrift	官方标题	220
Analogie	法律类推	67 ff., 458
—Begrifflichkeiten	—概念	71
Anfechtungsmöglichkeit	撤销可能性	447
Anführungsstriche	引号	386
—für scheinbare Fachtermini	—用于形式上的专业术语	371
—zur Kennzeichnung von Rechtsmeinungen	—用于标注法律观点	444
—zur Kennzeichnung von Zitaten	—用于标注引用	561
Angebersprache	火星文	346 f.

(续表)

Anglizismen	英语外来词	369
Anhang	附录	519, 528
Ankündigung	宣布,公告	146, 388, 401
Anmerkung	评论	516
anonyme Quellen	匿名来源	510, 522
Ansprüche trennen	请求权区分	438
Anspruchsgrundlage	请求权基础	24, 56, 66
Anspruchsmethode	请求权方法	62 f.
Anspruchsnormen	请求权规范	23 f.
Anspruchsziel	请求权目标	
—präzise bezeichnen	—精确表达	Fn. 77
Antworten auf nicht gestellte Fragen	针对无关问题的回答	128, 387, 400
Anwaltsschriftsätze, schlechte	律师文书,糟糕的	193, Fn. 389
Anwendbarkeitsdiskussionen	可适用性论证	214
Apparat, wissenschaftlicher	文献,科学性	496 ff., 533 ff.
Arbeitsgruppen	工作小组	464
Archivzeitschriften	文汇杂志	515
Argument	论据	
—ad rem/ad personam	—中肯的/个人观点的	193
—aufarbeiten	—修改	189 ff.
—de lege ferenda	—根据拟议法	396, 413
—der Auslegung	—解释	219 ff.
—entwickeln	—阐释	241
—Erst-recht-Argument	—进一步推论(举重以明轻,举轻以明重)	459
—Struktur	—结构	191
—tabellarisch	—表格式的	188a
—wiedergeben	—复述	168 ff.
—Art der Gerichtsentscheidung	—法院裁判类型	548

(续表)

Aufbau	结构	
Artilleriekaserne, reitende	相互矛盾的搭配	335
—Erläuterungen zum	—阐释	471
—schemata	—模板	414 ff.
Aufforderung	要求	389
aufgegebene Ansichten	已过时的观点	174
Auflagen	版本	
—ältere	—较旧的	506
Aufpumpen des Schrifttumsverzeichnis	参考文献目录臃肿	521b
Aufsätze	论文	515
Aufzählungen	列举	348
Ausbildungszeitschriften	教育杂志	Fn. 72
Ausdrucksweise	打印格式	
—blumige	—华丽的	362
—präzise	—精确的	351
—unverständlich	—难以理解的	355
ausländische Quellen	外国来源	510b
ausländische Rechtsordnungen	外国法律规范	405
Auslassungen in Zitaten	脚注遗漏	561
Auslegung	解释	215 ff.
—der Fallfrage	—本案问题	397
—des Sachverhalts	—案件事实	427 ff.
—europarechtskonforme	—合欧盟法	223
—historische	—历史的	221
—nach dem Wortlaut	—根据文义	219
—nach dem Zweck der Norm	—根据规范目的	222
—systematische	—体系的	220
—verfassungskonforme	—合宪的	223
—widerspruchsfreie	—不矛盾	432

(续表)

Ausrufezeichen	感叹号	378
aussagelose Sätze	无实际意义的句子	411
äußere Form des Gutachtens	鉴定的外在形式	476 ff.
Ausübung von Gestaltungsrechten	形成权的行使	447
Auszeichnungen im Schriftbild	醒目字体	466
AutoKorrektur-Funktion	作者检查—功能	384, 390, 421
Autorennamen	作者名字	501 f.
Autoritätsargumente	权威论据	191, 同时参见通说, 112
B		
BAG	联邦劳动法院	Fn. 733
Banalitäten	迂腐	357
Bandangabe	卷次	514
Banküberfall	抢劫银行	Fn. 258
Bauernopfer	替罪羊	
—beim Plagiat	—抄袭时	Fn. 937
—verschärftes	—强化	Fn. 984
Bearbeiter	编辑人	
—im Schrifttumsverzeichnis	—于参考文献目录中	514
—in Fußnoten	—于脚注中	545
Bearbeitungsstand	编辑状态	505a
Bearbeitungszeit	编辑时间	472
Begehren	诉愿	57, 397
Begriffe, normative	概念,规范的	40
Begründer	创立者	501
Behördensprache	官方语言	363
Beihefte	附刊,副刊	515
beinhalten	包含	345
Beispielfälle	例子	40 ff.

(续表)

Bekanntlich	众所周知的	358
bekräftigende Formulierungen	着重的表达	359
Belege	出处	
—bei Legaldefinition	—法定定义	111
—bei Quellen außerhalb des Gesetzes	—法律外的来源	112
—bei Selbstverständlichkeiten	—理所当然之事	535
—Dichte	—比重	180, 243a
—i. d. R. nicht hinter Obersatz	—原则上不在大前提之后	65
Belegstellen	出处位置	
—Auswahl der	—选择	178, 239
belletristische Literatur	文学文献	547a
Berechnungen	计算	442
Beschwerden	诉讼，投诉	475
Besprechung	评论	473 ff.
Besprechungen	讨论	
—zu Büchern	—对于书籍	516a
—zu Urteilen	—对于判决	516
Besserwissereien	智者	193, 358 f.
Betonungen	强调	466
Betroffenheitsfloskeln	表示同情的套话	394
Beweisbarkeit	可证性	445f.
Beweislastregeln	举证责任规则	446
Bezeichnung von Personen	人名	404
BGH	联邦最高法院	Fn. 733
bibliographische Informationen	书目信息	
—fehlende	—缺失	510
—im Internet recherchieren	—于网络中搜索	Fn. 725, Fn. 1016
—im Schrifttumsverzeichnis	—于参考文献目录中	497 ff.
—in Fußnoten	—于脚注中	545

(续表)

Bibliothek	图书馆	451 f.
bildhafte Sprache	生动的语言	362
Bindestrich	连字符	Fn. 326, 515
Bindung oder Heftung	装订	485
BinnenMajuskeln	内置大写字母	Fn. 3
Blähvokabeln	赘语	346 f.
Bleiwürsten	杂乱的排版	421
Blindzitate	盲引	179, 555a
—Indizien	—标志	Fn. 953, Fn. 959
Blog/BLawgs	微博/法律微博	522
Brustton der Überzeugung	充满信心的	361
Buchbesprechungen	书评	516a
BVerfG	联邦宪法法院	Fn. 733
C		
Casebooks	案例书	519
Checkliste	检查列表	571
Checklistenfetischisten	检查列表盲从者	414
Computer	计算机	421
conclusio	结论	30 ff., 127 ff.
D		
darstellen	描述	382, Fn. 578
das/dass	这/从句引导词	325
Daten im Sachverhalt	案件事实中的日期	441
Datenbanken	数据库	421, 453
Datensicherung	数据安全	421, Fn. 288, Fn. 664
de lege ferenda	拟议法	396
Deckblatt	封面	486, 529
deep links	深层链接	515, 522

(续表)

Definition	定义	98 ff.
—in Rechtsprechung und Wissenschaft	—于司法实践与学术研究中	101
—Legaldefinition	—法定定义	101
—lehrbuchhafte	—教科书式的	101
Definition des Gegenteils	相反定义	107
Definitionshaufen	定义堆叠	106
Definitionsketten	定义链	106
de-gendering	去性别化	Fn. 746
dem Grunde nach	根据该理由	Fn. 241
deskriptive Aussagen	描述性陈述	10
Deutsch als Fremdsprache	对外德语	335
Dissertationen	博士论文	511
Doktorarbeiten	博士论文	511
Dokumentvorlagen	文档模板	Fn. 668
Doppelbegründungen	双重论证	418, 463
Doppelnamen	复姓	Fn. 823
Dummschwätzer	空谈家	464
dynamische Verweisungen	动态参引	Fn. 626
E		
ebd.	出处同上	555b
eBooks	电子书	509b
EDV	电子数据处理	421
EGMR	欧洲人权法院	Fn. 773, Fn. 964
Ehrlichkeit	真诚	533
eigene Meinung	个人观点	188
eigene Stellungnahme	个人立场	163, 186 ff., 408
eigenen Standpunkt bestimmen	确定个人观点	188a
Eigenhändigkeitsvermerk	亲笔评注	527
Eigennamen	专有名词	328

(续表)

eigentlich	实际上	360
eindeutig	明确的	359
Einheit der Rechtsordnung	法律体系的一致性	99, 220
Einheitlichkeit	统一	323
—der Zitierweise	—引注方式	179
Einleitung	引言	396
Einreden	抗辩	90, 133 f., 447
Einschränkung	限制	350
Einschübe	插入语	344
Einwendung	抗辩	90, 133 f.
Eisenbahn	铁路	101
Elefanten	夸大其词	399
elektronisches Manuskript	电子版手稿	Fn. 784
emotionales Engagement	情感投入	Fn. 618
Endergebnis	最后结论	468
Endkorrektur	最后检查	470 f.
Endlospapier	连续打印纸	Fn. 785
Endnoten	文件管理系统	544
Englisch	英文	369 f.
Entscheidungen siehe: Urteile	裁判参见：判决	
Entscheidungen, unveröffentlichte	裁判，未公布	553a
Entscheidungsanmerkungen	裁判评注	516
Entscheidungsname	裁判名	548
Entscheidungsregister	裁判登记	552
Entscheidungsrelevanz	与裁判相关的	181 ff., 408, 460
Entscheidungssammlungen	裁判汇编	518
Enzyklopädien	百科全书	521
Erfahrungswissen	经验法则	425
ergänzende Ausführungen	补充论证	400

(续表)

Ergänzungslieferungen	补充寄送	505
Ergebnis	结论	128, 135 ff., 138
ergebnisoffene Obersätze	结论未知的大前提	439
Ergebnisorientierung	以结论为导向	456
Ergebnisrelevanz	与结论相关的	181 ff., 408, 462
Ergebnisse zusammenziehen	结论总结	145
Erläuterungen zum Aufbau	结构阐释	471
Erscheinungsjahr	出版年份	509
Erscheinungsort	出版地点	508
erste Person Singular	第一人称单数	186 ff., 394
Erst-Recht-Argument	进一步推论（举重以明轻，举轻以明重）	459
Erstsemestersprache	初学者语言	372b
Erstveröffentlichung	首次出版	506, 512
Erwähnen des Sachverhalts	案件事实回顾	384
et al.	以及其他人	512
EuGH	欧洲法院	551a
Euphemismus	委婉语	362
europäisches Recht	欧洲法	223
Evidenzbehauptungen	证据主张	361
ewige Verdammnis	永远的诅咒	Fn. 997
exklusive Alternativität	少数交错代数	95
Exkurse	离题	399 f.
F		
Fachausdrücke	专业表达	364
Fachbegriffe	专业概念	243, 371 f., 381
Fachjargon	专业行话	372b
Fachliteratur	专业文献	521 ff.
Fachsprache	专业语言	371 f.

(续表)

Fachzeitschriften	专业杂志	518
—Internet-	—网络	515
Fallbezug	案情引述	
—in Überschriften	—于标题中	424
Fallbezug—Hier	案情引述—本案	388
Fälle lösen und lagern	案情分析与变形	364
Fallen	案例	440
Fallgruppen	案例集合	103
Falllösungsbücher	案例分析教材	519
Fallrelevanz	与案例相关	460
Fallvarianten siehe: Sachverhaltsvarianten	案情变形请参见：案件事实变形	
falsa deminstratio non nocet	错误叙述不影响文件效力	243, Fn. 55
fehlende Informationen	缺失的信息	429
fehlende Verfasserangabe	缺失的作者信息	502a
Fehler	错误	323 ff.
—bei den Grundlagen	—于基础中	435
Fehlschlüsse	错误结论	433
Fehlzitat	错误引注	179
Feinschliff bei der Endkorrektur	最终检查时的行文精简	470 f.
Feministen	女权主义者	Fn. 3
Festschriften	纪念文集	512
Fiktionen	拟制	400, 113
Floskeln	短语	463
—nichtssagende	—无实实际意义的	373
Folgerung	结论	30 ff., 127 ff.
Formalien	礼节	
—bei Hausarbeiten	—家庭作业	483 ff.
—bei Klausuren	—笔试	529

(续表)

formaljuristisch	形式法学	193
Formatvorlagen	模板	470, Fn. 668
fortfolgende, ff.	页及以下	Fn. 602
Fragen, direkte	问题,直接的	349
Fragezeichen	问号	349
Französisch	法语	Fn. 530
Freistempler	盖邮戳机	472
fremdsprachige Quellen	外文文献来源	510b
Fremdwörter	生词	365 ff.
Fristen	期限	
—Abgabefristen	—上交期限	472
—Fristberechnung	—期限计算	441 f.
frühere Rechtslage	先前的法律状态	413, 506
Füllwörter	咒骂	345, 360
Fußnoten	脚注	65, 155, 194, 391, 406, 423, 531 ff.
—Dichte	—密度	180, Fn. 926
—Formatierung	—格式	554
—in der Klausur	—于笔试中	175
—Zahl und Umfang	—数量及范围	570
Fußnotengräber	脚注过于庞杂	155, 558, 565
G		
Gedächtnisschriften	纪念文集	512
gefühltes Komma	感觉上需要的逗号	Fn. 264
Gegenlesen	复读	328, 381, 355, 469 ff.
Gegennormen	相对规范	90
Gegenrechte	相反权利	133
Gegenteil	反面	107
gelagerte Fälle	经改编的案情	364

(续表)

Genauigkeit	准确	553
Generalklauseln	一般条款	103, 119, 373, 431
Genetiv	第二格	331
Genus	词性	331a
Gerechtigkeitsgefühl	正义感	394
Gesamtergebnis	总结论	468
Gesamtschuld	共同债务	62
Gesamtschulderinneninnenausgleich siehe: Feministen	（女性）共同债务人补偿参见：女权主义者	
Geschlecht	性别	331a
geschütztes Leerzeichen	不换行空格	Fn. 1020
gesellschaftspolitisch	社会政治的	371
Gesetzblatt	法律公报	453
Gesetzesanalogie	法律类推	71 ff.
Gesetzesauslegungen	法律解释	215 ff.
Gesetzesumschreibungen	法律释义	405
Gesetzeszitate	法律引注	423
Gestaltungsrechte	形成权	62, 447
Getrenntschreibung	分开书写	327
Gewohnheitsrecht	习惯法	66
Ghostwriter	代笔	Fn. 917
gleiche Sachverhalte	同样的案件事实	431
Gliederung	大纲	415, 488 ff.
Gliederungsebenen	大纲级别	
—Zahl der	—数字	494
Gliederungsfunktion in Textverarbeitung	文本编辑中大纲的功能	492
Gönnerhaftigkeit	好为人师	193
Grafiken	图表	421
Grammatikprüfung	语法检查	Fn. 1015

(续表)

graphische Übersicht	图表示概览	454
graue Literatur	灰色文献	519, 528
Griechisch	希腊语	Fn. 489
Groß-und Kleinschreibung	大小写	327
grundsätzlich	原则上	371
Gruppenarbeit	小组合作	464
Gutachtenmethode	鉴定方法	62 f.
Gutachtenstil	鉴定式	15 ff.
—Unterschied zum Urteilsstil	—与判决式的区别	32
H		
Habilitationsschriften	执教论文	511
Hausarbeit	家庭作业	52, 323, 421, 457, 462 ff., 470 ff.
—Checkliste	—检查清单	571
Hausarbeiten	家庭作业	482
Heftnummer	册数	515
Heftung	册	485
Herausgeber	出版人	512 f.
herrschende Meinung	通说	176, 191, 235, 430
herrschende Literatur	主要文献	430
herrschende Seminarmeinung	研讨会通说	464
Hervorhebungen	强调	466
Hier	此处	388
Hilfsargumente	辅助论证	418a
Hilfsgutachten	辅助鉴定	95, 418 f., 463
Hilfsmittel	辅助手段	454
historische Auslegung	历史解释	221
historische Quellen	历史渊源	506
Höflichkeit	礼貌	194

(续表)

Humor	幽默	383
Hurenkinder	寡行	569
I		
ibidem	出处同上	555b
Ich	我	186 ff., 394
im vorliegenden Fall	在本案中	384
Imperative	命令式	389
In der Praxis...	实践中……	358
Indikativ	直陈式	55, 31, 127
indirekte Rede	间接引语	173
Informationsmüll	垃圾信息	522
Informationsquellen	信息来源	
—Blogs	—微博	522
—Fachliteratur	—专业文献	521 ff.
—Internet	—网络	522
—populärwissenschaftliche Literatur	—科普文献	521
—Presse	—新闻报道	523
Instruktiv hierzu	对此富有启发的	559
Internet siehe: Online-Ressourcen	网络参见：在线资源	
Internetarchive	网络文汇	Fn. 900
Internetfundstellen	网络出处	
—Zitierweise	—引用方式	522
Interpunktion	标点	326, 569
intertemporales Recht	时际法	441
Interviews	访谈	516b
Inzidentprüfung	附带检索	448
IPR	国际私法	214

		（续表）
Ironie	讽刺	383
J		
Jahrbücher	年鉴	515
Jahrgangsangaben	年份信息	515
Jargon	行话	372
—juristischer	—法学的	372b
Justiz	司法	394，456
juris	德国著名法学数据库，以判例为主	553a
K		
Kaffeeflecken	咖啡渍	485，Fn. 9
Kalenderdaten im Sachverhalt	案件事实中的时间信息	441
Kanzleisprache	律所语言	363
Karteikarten	索引卡	519
Kaschieren von Unterstellungen	隐藏假设	426
Kasus	格	331
Katachresen	不当比喻	362
kausale Nebensätze	原因从句	153
kausaler Schaden	具有因果关系的损害	371
Klammern	括号，夹子	344
Klausur	笔试	241，323，390，454
Klausurtaktik	考试策略	530
Komik	诙谐	383
Kommata	逗号	326
Kommentare	评注	514
—mit Ortsnamen	—连同地点名	513
Konjunktiv	虚拟式	55，377
Konkordanztabellen	（按字母排列的）词语索引表	179，552
Konkretbelege	具体出处	175，540
Konkurrenzen	竞合	
—Zivilrecht	—民法	214，434
Korrekturbesprechung	校对讨论	473
Korrekturlauf	校对过程	
—letzter	—最终	470 f.
—nach Mitternacht	—午夜之后	421

(续表)

Korrekturlesen	校对	421, 469 ff.
Kraftausdrücke, juristische	咒骂，法学的	359
Kreativität	创造力	458
Kritik	批判	
—ad rem/ad personam	—中肯的/以个人身份的	193
—an Präjudizien/Autoritäten	—针对判例/权威人士	206
kumulative Tatbestandsmerkmal	需同时满足的构成要件	82 ff.
Kündigungsrecht	解除权，解雇权	447
künftige Rechtslage	未来的法律状态	413
Künstlernamen	艺名	501
Kürzen	简短	139, 156, 384, 413, 462 f., 557
—mit Formatierungen	—格式化	421
Kurzlehrbücher	简易版教科书	519
Kurztitel	辅助命题	517, 546
L		
lange Sätze	长句子	341 ff.
längst überfällig	逾期已久	378
Latein	拉丁语	368
laut Bearbeitervermerk	根据编辑人的评注	384
laut Rechtsprechung	根据司法判决	Fn. 177
laut Sachverhalt	根据案件事实	384
Lebenserfahrung	生活经验	426
lebensferne Konstruktion	脱离生活的虚构	193
lebensnahe Auslegung	贴近生活的解释	Fn. 688
Leerformeln	虚词	373
Leerzeichen, geschütztes	空格，部换行	Fn. 1020
Legaldefinitionen	法定定义	99, 111
Legasthenie	阅读困难症	337
Lehrbuchfloskeln	教科书式的套话	463
Lehrbuchstil	教科书式	408 ff.

(续表)

Leistungsverwaltung	绩效管理	Fn. 74
Leitsätze	原则	548, Fn. 550
Lehrbücher	教科书	519
Leseempfehlungen in Fußnoten	脚注中的阅读推荐	559
Leserbriefe	读者来信	510a, Fn. 908
Lexika	百科全书	521
Lexikonartikel	百科全书中的条目	545
libri amicorum	纪念册	512
Lieblingswörter	最受欢迎词汇	381
Links	链接	522, 545
Literatur, weiterführend siehe: Schrifttum	参考文献，进一步请参见：文献	
Literaturverzeichnis	参考文献目录	179, 496 ff.
loc. cit.	于引证处	Fn. 978
Logik der Norm	规范的逻辑	434, 416
logisch	逻辑的	Fn. 574
Loseblattsammlungen	散页汇编	505
Lösungsrelevanz	与答案相关的	181 ff.
Lösungsskizze	解题草稿	530
Lücken im Sachverhalt	案件事实中的漏洞	429
M		
machen	做	Fn. 330
Makros	宏指令	497
mehrbändige Werke	多卷次的作品	509, 514
mehrfache Begründung	多层次论证	418, 463
Mehrheitsstatus	多数派观点	176
Mehrpersonenverhältnisse	多主体关系	46 结合 Fn. 60
Meinungsstreit	观点争议	158 ff.
Metaphern	比喻	362

(续表)

middle initials	中间名缩写	Fn. 811
Minderheitsmeinungen	少数派观点	430
mit anderen Worten	换句话说	352
mit weiteren Nachweisen	以及其他文献	560
Mittelmeinung	中间观点	430
Mitverschulden/Mitverursachung	共同责任/共同原因	Fn. 714
Modalpartikeln	语气助词	345
Moderationen	适度	389
Monographien	专著	511
Motto	格言，座右铭	398
Münchner Kommentar	慕尼黑法律评注	Fn. 813
mündliche Äußerungen	口头表达	523a
mündliche Prüfungen	口试	Fn. 5
Musterlösung	解题范例	473
N		
N. N.	姓名不详	502a
Nachbarwissenschaften	相邻学科	
—Schrifttum	—文献	521
—Terminologie	—专业术语	422
Nachbemerkungen	附言	396
Nachdruck	再版	504
Nachlässigkeiten, sprachliche	疏忽，语言上	364
Namen	姓名	
—bei Urteilen	—判决中	548
—im Schrifttumsverzeichnis	—参考文献目录中	501 f.
—im Text	—文本中	395
—in Fußnoten	—脚注中	545
—römische	—罗马的	501
Namensgleichheiten	同名	

关键词索引 499

(续表)

—Fußnoten	—脚注	545
—Schrifttumsverzeichnis	—参考文献目录	501
Natur der Sache	本质	225
Nebenfachstudenten	辅修学生	521
Negative Voraussetzungen	消极要件	87
Netzadresse	网址	522,545
neue Folge	新的情节	515
nicht tragende Gründen siehe: obtier dictum	不恰当的理由参见：法官的附带意见	
Nicht-Muttersprachler	非母语者	335
nicht sagende Obersätze	没有实际意义的大前提	439
noch nicht erschienene Texte	未出版的文本	509a
Nominalstil	名词语体	375 f.
normative Begriffe	规范性概念	40,373
Normen	规范	5 ff.,10,21,38
—Anwendbarkeit	—可适用性	214
Normenkollisionen	规范竟合	223 f.
Normzitate	规范引注	386,423
—in Fußnoten	—脚注中	406
Noten	分数	
—niveau	—等级	474
—ungerechte	—不公正的	475
number-dropping	分数下降	460
O		
Obersatz	大前提	
—Alternativen	—可选择的情形	81
—Formulierungen	—表述	55 ff.
—Inhalt und Funktion	—内容与功能	22
—nichtssagend	—没有实际意义的	439

(续表)

—nur eine Rechtsfolge	—仅有一个法律后果	56
—sprachliche Fassung	—语言表达	26
—Vollständigkeitsanspruch	—完全的请求权	80
obtier dicta	附带意见	567
Offenlassen	搁置不决	141, 154, 233, 428
offensichtlich	明显的	359
öffentliches Recht	公法	Fn. 74
Ökonomie der Darstellung	表达的精简性	463
ökonomische Analyse des Rechts	法经济学分析	422
Online-Lehreinheiten	在线教学单元	519
Online-Ressourcen	在线资源	
—Abkürzungen	—缩略语	Fn. 607
—Anleitungen Hausarbeiten	—家庭作业指南	Fn. 780
—bibliographische Informationen	—书目信息	Fn. 725
—Fachzeitschriften	—专业杂志	Fn. 1016
—Formatvorlagen	—模板	Fn. 668
—Gerichtsentscheidungen	—法院判决	Fn. 733
—Gesetze	—法律	Fn. 734
—Hausarbeitensammlungen	—家庭作业集	Fn. 650
—Verlage	—出版社	Fn. 1016
Online-Zeitschriften	在线杂志	515
Opportunismus	投机主义	420
Originalität	原创性	458
orthographische Fehler	正字法错误	324, 334
Ortsnamenkommentare	地名评注	513 f.
P		
Paginierung	分页	487, 526
Paragraphenformulierungen	条款表述	364

(续表)

Parallelfundstellen	平行出处	549
—im Internet	—于网络中	522
Parenthesen	插入语	344
Partizipien, hirnlose	分词，愚笨的	557
Passim	在好几处	555
Passiv	被动式	374
PC-Exhibitionismus	计算机—表现欲	421
PDF-Fassung	PDF-版本	
—Hausarbeit	—家庭作业	Fn. 784
—Urteile	—判决	553
permanente Links	永久性链接	Fn. 902
Personalpronomina	人称代词	356
Plagiate	抄袭	562, 408
Plattitüden	老生常谈	357
Plural	复数	367
Poesie	诗歌	362
Politikersprache	政治语言	346 f., 362
populärwissenschaftliches Schrifttum	科普文献	521
Post	邮政	472
praemissa maior	大前提	22 ff.
praemissa minor	小前提	27 ff.
Präjudizien	先例	431, 206
Praktikerliteratur	实践手册	521
Präpositionen	介词	Fn. 138
präskriptive Aussagen	描述性陈述	10
Praxis	实践	358
Präzedenzentscheidungen	先例	431

(续表)

Presseartikel	出版物	523
Primärquellen	主要来源	520 f.
Prinzipien	原则	Fn. 203
Privatrecht	私法	
—Formulierungsvorschläge	—表达建议	54 ff.
Probleme	问题	
—auf den zweiten Blick Unproblematisches	—细看之后不存在问题	231 ff.
—erledigte	—已完成的	174
—große	—大问题	238 ff.
—kleine	—小问题	234 f.
—mittlere	—中型问题	236 f.
—Schein-	—表面上的问题	232 f.
—Unproblematisches	—没有疑问的	228 ff.
problemfreundliche Bearbeitung	积极解决问题的处理方式	455, 418 f.
Problemvermeidungsstrategien	避免问题的策略	455
Pronomina	代词	356
Prüfungen des Gegenteils	检索相反部分	107
Prüfungsanfechtung	考试撤销	475 结合 Fn. 772
Prüfungsreihenfolge	检索顺序	416 f., 434
Prüfungsschemata	考试模板	146, 414 ff.
Pseudonyme	笔名	501
Q		
Quellen	来源	
—fremdsprachige	—外语的	510b, 553b
—historische	—历史的	506
—taugliche	—恰当的	519 ff.
Quellenverwaltungssoftware	出处管理软件	Fn. 182
Quellenverzeichnis	出处索引	496 ff.

(续表)

Querverweise	交叉引用	402 结合 Fn. 626
R		
Rand	页边	487, 526
Randnummern	页边码	547
Ratgeber, schlechte	建议者,糟糕的	464
Ratlosigkeitsindikatoren	不知所措的信号	439
rechtliches Gehör im Gutachten	鉴定中的法感	444
Rechtsanalogie	法律类推	71 ff.
Rechtsansichten der Parteien	当事人的法律观点	41, 167, 242 f., 444
Rechtschreibhilfe	正字法辅助工具	421
Rechtschreibkorrektur	正字法检查	
—bei Eigennamen	—专有名词	Fn. 788
—im PC	—在计算机上	328, 339
Rechtschreibreform	正字法改革	338
Rechtschreibung	正字法	
—alte und neue	—旧的与新的	Fn. 328, Fn. 634
Rechtschreibungsfehler	正字法错误	324, 334
Rechtsfolge nennen	指出法律后果	91 ff.
Rechtsfolgenseite der Normen	法律规范中的法律后果	244 ff.
rechtsgebietsspezifische Zitierkonventionen	特定法律部门的引注习惯	548
Rechtsgefühl	法感	394, 456
Rechtslexika	法律百科全书	Fn. 471
rechtspolitische Argumente	法政治学论据	396, 413
Rechtsprechungsverzeichnis	判例索引	525a
Rechtsschutzbegehren	法律保护诉愿	57
Rechtssprichwörter	法学谚语	368
Rechtswörterbücher	法律词典	
—Latein	—拉丁语	Fn. 471

(续表)

Rechtswörterbücher	法律词典	521
redaktionelle Anweisungen	编辑要求	470
Reden	论述	523a
Referate	报告	538, Fn. 5
Regel und Ausnahme	原则与例外	407
Regel—Ausnahme—Verhältnis	原则—例外—关系	417
Regelungslücke	规范漏洞	72
Registerzeichen der Gerichte	法院登记号	Fn. 607
Reihenfolge der Prüfung	检索顺序	416 f., 434
Relativierungen	相对化	350, 360
Relativpronomina	反身代词	356
Remonstration	异议	475
Repetitorenskripten	备考辅导老师的讲课手稿	519
Repetitorensprache	备考辅导老师的语言	368, 371
Reprint	重印，再版	504
Rezensionen	书评	
—zu Büchern	—针对书籍	516a
—zu Urteilen	—针对判决	516
rhetorische Figuren	修辞手法	362
Richterperspektive	法官观点	Fn. 83
Richterrecht	法官法	66
richtlinienkonforme Auslegung	合指令解释	223
roter Faden	主线	469
Rückdelegation der Subsumtionsarbeit	涵摄过程中回归	361
Rückgabe der Übungsarbeit	返还练习作业	473 ff.
Rücktritt	解除	
—vom Vertrag	—合同	246, 447

(续表)

Rücktrittsrecht	解除权	447
S		
Sachlichkeit	客观性	193, Fn. 618
Sachverhalt	案件事实	
—ausschöpfen	—用尽	440 f.
—Erwähnung	—提及	384
—in der Hausarbeit	—于家庭作业中	487
—Interpretation	—解释	427 ff.
Sachverhaltsauswertung	案件事实分析	440 f.
Sachverhaltsbezug	案件事实相关处	408 ff.
Sachverhaltslektüre	案件事实资料	457
Sachverhaltsquetsche	案件事实压缩	46
Sachverhaltsvarianten	案件事实变形	387, 402, 409, 459
Sachverhaltszitate	案件事实引用	385
Sammelwerke	汇编作品	512
Satzbau	句子结构	332
Satzlänge	句子长度	341 ff.
Satzstellung	语序	332
Satzzeichen	标点符号	326
Schadenersatz als Rechtsfolge	损害赔偿作为法律后果	244
Schaubilder	图表	454
Scheinproblem	表面问题	232 f., 436
Schema-Fetischismus	过度依赖模板	414
Schemata	图解	146, 414 ff.
schiefe Bilder	反面教材	362

(续表)

schlechte Ratgeber	糟糕的建议者	464
Schlussbetrachtungen	结论	396
Schlussfolgerung	结论	30 ff., 127 ff.
Schlusssatz	结语	30 ff.
—Formulierungen	—表述	127 ff.
—Inhalt und Funktion	—内容于功能	30
—sprachliche Fassung	—语言表述	31
Schmeicheleien	奉承者	420, 519
Schriftenreihe	系列，丛书	511
Schriftgrade/Schriftgröße	字号	483
Schrifttum	文献	
—Abkürzungen	—缩略语	Fn. 607
—Bibliotheken und Internet	—图书馆与网络	Fn. 727
—Fallbearbeitung im öffentlichen Recht	—公法案例分析	Fn. 74
—Fundstellenregister	—出处索引	Fn. 183
—für Referendare	—针对见习法官	Fn. 146
—juristische Arbeitstechnik	—法学工作技巧	Fn. 10
—juristische Logistik	—法学逻辑	Fn. 695
—juristische Methodenlehre	—法学方法论	Fn. 34
—lateinische Rechtswörterbücher	—拉丁语法律词典	Fn. 471
—Lernen und Prüfungen	—学习与考试	Fn. 723
—mündliche Prüfungen	—口试	Fn. 5
—Nebenfachstudenten	—辅修学生	521
—Rechtswörterbücher/Rechtslexika	—法律词典	Fn. 471
—Stilblüten	—语病	Fn. 584

(续表)

—Stilfragen	—《风格问题》	Fn. 252, Fn. 256
—Synonymwörterbücher	—近义词词典	Fn. 73
—Techniker der Fallbearbeitung	—案例分析专家	Fn. 51
—Themenarbeiten	—专题练习	Fn. 5
—Urteilskritik	—判决批判	Fn. 204
—Zitierregeln	—引注规则	Fn. 809, Fn. 901
—Zivilrecht systematisch	—民法体系性的	Fn. 13
—Zivilrecht, BGB AT und Schuldrecht	—民法，民法典总则及债法	Fn. 50
Schrifttumsverzeichnis	参考文献目录	179, 496 ff.
—aufpumpen	—充实	521b
—Internetfundstellen	—网络出处	522
—mündliche Äußerungen	—口头表达	523a
—Muster	—模板	572
Schrifttype	活字	483
Schusterjungen	孤行	569
Schwebebahn	悬空缆车	125
Schwerkraft	重力	425
Schwerpunktsetzung	确立重点	140, 227ff., 436 f.
Seeelefant	海象	336
Seitennummerierung	编页码	526
Seitenrand	页边	487, 526
Seitenzahlbegrenzung	页数限制	156, 461 ff.
Seitenzählung	编页码	487
Sekundärzitate	次级引注	555
Selbstverständlichkeit	不言自明之事	

(续表)

—bei Argumenten	—论证时	146
—Fußnoten	—脚注中	535
Seminararbeit	研讨会作业	563, Fn. 5
Separata	单独的，分别的	Fn. 835
Serifenschrift	衬线体	483
Seriositätsbedenken	可靠的思维方式	519
sic!	确实如此	561
Sicherung gegen Datenverlust	防止数据丢失	421
Silbentrennung	断字	329, 421, 463
Sinn machen	有意义	Fn. 516
Skizzen	打草稿	454
Skripten	手稿	519
Slang	俚语	
—juristischer	—法学的	372b
so genannten	所谓的	345
Sonderdrucke	特殊打印	Fn. 835
Sonderhefte	特殊装订	515
Sondermeinung	特殊观点	430
Sozialpädagogendeutsch	社会教育学德语	372
Spicken	作弊	530
Spott	讽刺	383
sprachliche Katastrophen	语言灾难	382
sprachliche Nachlässigkeiten	语言上的疏漏	364
Spruchkörper	合议庭	548
Staatsrecht	国家法	Fn. 74

（续表）

Standardsituationen	固定模式	157 ff.
Standpunktbestimmung	确立观点	188a
Statistik	统计	Fn. 686
Steigerungsformen	比较级	378 ff.
Stellungnahme, eigene	立场，本人	186 ff., 408
Stellvertretend	代理的	557
Stilblüten	语病	383
Stilebenen	语体层面	Fn. 330, Fn. 535
Stilfragen	《风格问题》	Fn. 252
Straffung	绷紧	156
Streitfragen	争议问题	158 ff.
—aufgegebene Ansichten	—过时的观点	174
—ausgestandene	—尚未解决的	174
Struktur des Gutachtens	鉴定的结构	438
Subjektivität	主观性	394
Substantive	名词	375 f.
Subsumtion	涵摄	117 ff.
—in der Fußnote	—于脚注中	541
Syllogismus	三段论，演绎推理	6 ff.
Symposiumsbände	研讨会合集	512
T		
Tagespresse	当天出版的（全部）报纸（总称）	453, 523
Tagungsbände	会议报告集	512
taktisches Verhalten	策略行为	326, 420
Tatbestandsmerkmale	构成要件	78 ff.

(续表)

—alternativ verknüpfte	—选择性连结	84, 94 f.
—kumulativ verknüpfte	—复合性连结	82 ff.
—überflüssige	—多余的	89
—ungeschriebene	—默示的	88
taugliche Quellen	可靠的来源	519 ff.
Täuschungsversuch	欺诈企图	527, 562
Teamarbeit	团队合作	464
Tempus	动词时态	330
Termine im Sachverhalt	案件事实中的期限	441
termini technici	术语	243, 371 f., 381
Textausgaben (Gesetze)	(法律)文本出版	453
Textverarbeitung	文本编辑	421
Themenarbeiten	专题练习	Fn. 5
Theorien des Rechts	法学理论	422
Theorienstreit	理论争议	158 ff.
Tippfehler	打字错误	324, 328
Titel	头衔	
—akadmische	—学术的	501
—Buch—	—书的标题	503
tragende Gründe	核心理由	Fn. 1002
Trennstriche	连字符	
—hart und weich	—软与硬	Fn. 1023
Trennungsprinzip	区分原则	435
Treu und Glauben	公序良俗	394
Tricksen	策略	
—mit Formatierungen	—格式化	421
Trivialitäten	陈词滥调	357
Typographische Auszeichnungen	印刷排字要求	466
Typographischer Feinschliff	印刷上的美化	569

(续表)

U		
überflüssige Information	多余的信息	460
überflüssige Tatbestandsmerkmale	多余的构成要件	89
Übergangsrecht	过渡法	214
überholte Ansichten		174
Überschreitung der Seitenzahlbegrenzung	超过页数限制	461 ff.
Überschriften	标题	
—amtliche	—官方的	220
—im Gutachten	—在鉴定中	424
Überschriftennummerierung	标题编码	491
Übersetzungen	翻译	510b
Umfang des Gutachtens	鉴定的范围	416 ff.
Umgangssprache	口语	Fn. 330
Umlaute	变元音	Fn. 810
Umschlagseiten	封面页	515
Umschreibungen des Gesetzes	法律改写	405, 463
Umweltpapier	环保纸张	484
unbestimmte Rechtsbegriffe	不确定的法律概念	103, 119, 431
ungerechte Noten	不公正的分数	475
ungeschriebene Tatbestandsmerkmal	默示的构成要件	88
Unproblematisches	没有疑问的	139 f., 436 f.
Unsicherheit	不确定	360
unstreitig	没有争议的	359
Untersatz	从句	
—Formulierungen	—表述	96 ff.
—Inhalt und Funktion	—内容与功能	27
Unterschrift	签字	527
Unterstellungen	假设	425 ff.
Untertitel	副标题	503

(续表)

unveröffentlichte Urteile	未公开的判决	528，553
Unwörter, juristische	不恰当的词，法学的	359 f.
URL	统一资源定位符	522
Urteile	判决	
—richtig zitieren	—正确引注	548 ff.
—unveröffentlichte	—未公开的	528，553
Urteile recherchieren	判决搜索	453
Urteilsanmerkungen	判决评论	516
Urteilskritik	判决批判	Fn. 204
Urteilsregister	案卷	552
Urteilsstil	判决模式	15，139，150，213
—kaschierter	—回避的	152
Urteilsversand	判决送达	528
V		
Variantenbildung als Argumentationsfigur	设立案情变形作为论证	459
Verallgemeinerungen	一般化	350
Verbindlichkeit formaler Regeln	形式规则的约束力	323
Verdammnis, ewige	诅咒，永久性	Fn. 997
verdeckte Exkurse	隐性离题	399
Verfassungsangabe	论述要求	
—fehlende	—缺失	502a
Verfassungsnormen	宪法条款	501 f.
Vergleiche mit Präzedenzentscheidungen	与先例比较	431
Verkehrswegeplanungsbeschleunigungsgesetz	《道路交通规划加速法》	375
Verlagsname	出版社名	507
vermögen	使……成为可能	Fn. 417
vermutlich	推测的	360
Vermutungen	推测	113，446

（续表）

—unwiderlegliche	—不可推翻的	113
—widerlegliche	—可推翻的	114
Verstärkungswörter	强调行词汇	359
Vertiefend	深入的	Fn. 986
verunfallen	遇到意外	Fn. 585
Verwaltungsrecht	行政法	Fn. 74
Verwaltungssprache	行政语言	363
Verweisungen	援引	156, 401 f.
—dynamische	—动态的	Fn. 626
verzichtbar	可放弃的	Fn. 134
Vgl.	参见	557
vollständige Sätze	完整的句子	340, 348
Vollständigkeit	完整性	449
Vorlauflagen	准备工作阶段	506
Vorbemerkungen	前言	396
Vorlesen	朗读	355
vorliegen	提交	363
Vornamen	名字	Fn. 811
—fehlende	—缺失的	510
—im Schrifttumsverzeichnis	—于参考文献目录中	501
—in Fußnoten	—于脚注中	545
Vorworte	前言	398
W		
Wahlrechte	选择权，选举权	246 f., 447
Wahrheit von Sachverhaltsangaben	案件事实信息的真实性	445
wahrscheinlich	可能的	360
Warnungen	警告	4
Wasserköpfe	庞大臃肿的机构	471
Wasserzeichen	水印	421
Wesensargumente	核心论据	225
Wettbewerbsvorteil	竞争优势	475a
Widerspruchsfreiheit	一致性（逻辑）	

(续表)

—der Rechtsordnung	—法律体系	224
—formal	—形式上的	323
—inhaltlich	—内容上的	432
Widerspruchsverfahren	异议程序	475
Widmungen	题词	398
Wiederholungen	复述	
—des Gesetzes	—法律	405 f.
—von Aussagen	—陈述	381, 463
Wikipedia	维基百科	Fn. 892
Wir	我们	394
Wissen präsentieren	知识展示	
—clever	—清楚的	243b
—dümmlich	—愚钝的	399
wissenschaftliche Arbeitstechnik	科学的工作技术	Fn. 723
wissenschaftlicher Apparat	科学的设备	496 ff., 533 ff.
Wissenschaftlichkeit als Falle	作为陷阱的科学性	Fn. 926
Wissensexhibitionismus	知识表现欲	399 f.
Wortgeklingel	华丽辞藻	346 f., 463
wörtliche Zitate	逐字逐句引注	408, 561
Wunder	奇迹	Fn. 981
Z		
Zahlen	数字	441 f.
Zeichensetzung	标点符号	325, 326, 569
Zeilenabstand	行间距	487, 526
Zeitangaben	时间信息	
—bei Internetquellen	—网络来源	522
—im Sachverhalt	—案件事实中	441 f.
Zeiteinteilung in der Klausur	笔试时的时间分配	530
Zeitform des Verbs	动词时态	330
Zeitschriften siehe: Fachzeitschriften	杂志参见：专业杂志	
Zeittabellen	时间表	454
Zeitungen	报纸	453

(续表)

Zeitungsartikel	报纸中的文章	518
Zirkelschlüsse	循环论证	225, 433
Zitate	引注	
—aus dem Gesetz	—源于法律	386, 405 f., 423
—aus dem Internet	—源于网络	522
—aus dem Sachverhalt	—源于案件事实	385
—aus Verträgen	—源于合同	443
—Blindzitate	—盲引	179
—fremde Rechtsordnungen	—外来法律规范	405
—fremdsprachige	—外文的	561
—Kennzeichnung	—标志	561
—nicht ausgewiesene siehe: Plagiate	—未标注的参见：作弊	
—rechtsgebietsspezifische Konventionen	—特定法律部门的惯例	548
—wörtliche	—逐字逐句的	408, 561
Zitierfähigkeit	可引注性	519 ff.
Zitiervorschlag	引注建议	500
Zitierweisen	引注方式	545
Zivilrecht	民法	
—Formulierungsvorschläge	—表达建议	54 ff.
Zivilsenate（BGH）	民庭（联邦最高法院）	Fn. 957
Zu prüfen ist...	需要检索的是……	439
Zugriffsdatum	访问日期	522
zukünftige Rechtslage	未来的法律状态	413
Zusammenfassen	总结	465
Zweipersonenverhältnisse	双方关系	46 结合 Fn. 60
Zwerge/Riesen	矮小的/巨大的	532
Zwischenergebnisse	中间结论	134, 415, 467

缩略语表

A		
a. A.	andere Ansicht	其他观点
Abk.	Abkürzung	缩略语
Abs.	Absatz	款
AcP	Archiv für die civilistische Praxis (Zeitschrift)	《民事实践文汇》
a. E.	am Ende	底部
AEG	Allgemeines Eisenbahngesetz	《一般铁路法》
a. F.	alte Fassung	旧文本
AfP	Zeitschrift für Medien- und Kommunikationsrecht (Zeitschrift)	《媒体法与通信法杂志》（杂志）
AG	Amtsgericht, Aktiengesellschaft	基层法院，股份公司
AGB	Allgemeine Geschäftsbedingungen	一般交易条款
AGG	Allgemeines Gleichbehandlungsgesetz	《一般平等对待法》
AJP/PJA	Aktuelle Juristische Praxis/Pratique Juridique Actuelle (Zeitschrift)	《法律实践时务》（杂志）
AL	Ad Legendum (Zeitschrift)	《法学教育杂志》（杂志）
Alt.	Alternative	其他可能性
Anm.	Anmerkung	注释
AnwBI.	Anwaltsblatt (Zeitschrift)	《律师报》（杂志）
AöR	Archiv des öffentlichen Rechts (Zeitschrift)	《公法文汇》（杂志）
AP	Arbeitsrechtliche Praxis (Entscheidungssammlung)	《劳动法实践》（判例汇编）
APuZ	Aus Politik und Zeitgeschichte (Zeitschrift)	《政治与时间史》（杂志）

(续表)

ArbGG	Arbeitsgerichtsgesetz	《劳动法院法》
ARSP	Archiv für Rechts- und Sozialphilosophie (Zeitschrift)	《法哲学与社会哲学文汇》（杂志）
Art.	Artikel	条
AStA	Allgemeine Studentenausschuss	学生会
AT	Allgemeiner Teil	总则、总论
AÜG	Arbeitnehmerüberlassungsgesetz	《劳务派遣法》
Aufl.	Auflage	版本
AVR	Archiv des Völkerrechts	《国际法文汇》
Az.	Aktenzeichen	文件号
B		
BAFöG	Bundesausbildungsförderungsgesetz	《联邦教育促进法》
BAG	Bundesarbeitsgericht	联邦劳动法院
BAGE	Entscheidungen des Bundesarbeitsgerichts	联邦劳动法院判决
BB	Der Betriebsberater (Zeitschrift)	《经营顾问》（杂志）
Bd.	Band	册
BeckRS	Beck Rechtsprechung (Datenbank)	贝克判决（数据库）
BeckOK	Beck'scher Online-Kommentar	《贝克在线法律评注》
BetrVG	Betriebsverfassungsgesetz	《企业组织法》
Begr.	Begründer	创立者
BGB	Bürgerliches Gesetzbuch	《德国民法典》
BGBl	Bundesgesetzblatt	《联邦法律公报》
BGH	Bundesgerichtshof	联邦最高法院
BGHZ	Entscheidungen des Bundesgerichtshofs in Zivilsachen	联邦最高法院民事判决
BLJ	Bucerius law journal (Online-Zeitschrift)	《布塞留斯法律期刊》（在线杂志）
BND	Bundesnachrichtendienst	联邦情报局
BNetzA	Bundesnetzagentur	联邦网络局
BPatG	Bundespatentgericht	联邦专利法院
BSE	Bovine spongiforme Enzephalopathie	牛海绵状脑病（俗称疯牛病）
BT	Besonderer Teil	分则、分论
BT-DrS.	Bundestags-Drucksache	联邦议会文件

(续表)

BtmG	Betäubungsmittelgesetz	《麻醉剂法》
BUrlG	Bundesurlaubsgesetz	《联邦休假法》
BVerfG	Bundesverfassungsgericht	联邦宪法法院
BVerwG	Bundesverwaltungsgesetz	联邦行政法院
BvR	Verfassungsbeschwerde (Registerzeichen des BVerfG)	宪法诉讼（联邦宪法法院登记号）
BW	Baden-Württemberg	巴登符腾堡
C		
ca.	circa	大约
CCITT	Comite Consultarif international Telephonique et Telegraphique	国际电话和电报咨询委员会
CIA	Central Intelligence Agency	中央情报局
cic	culpa in contrahendo	缔约过失
CIP	Catalogue Interoperability Protocol	图书在版编目
CCZ	Corporate Compliance Zeitschrift	《公司合规杂志》
D		
DAV	Deutscher Anwaltsverein	德国律师协会
DB	Der Betrieb (Zeitschrift)	《企业杂志》
DIN	Deutsches Institut für Normung	德国标准化研究所
Diss.	Dissertation	博士论文
DJT	Deutscher Juristentag	德国法学家大会
DNB	Deutsche Nationalbibliothek	德国国家图书馆
DÖV	Die Öffentliche Verwaltung (Zeitschrift)	《公共管理》（杂志）
DTP	Desktop publishing	桌面出版
DVBl.	Deutsche Verwaltungsblatt (Zeitschrift)	《德国行政报》（杂志）
E		
EBS	European Business School	欧洲商学院
EBV	Eigentümer-Besitzer-Verhältnis	所有权人—占有人—关系
EEG	Gesetz für den Vorrang erneuerbarer Energie	《可再生能源优先法》

缩略语表 519

(续表)

EG	Europäische Gemeinschaft	欧洲共同体
EGGVG	Einführungsgesetz zum Gerichtsverfassungsgesetz	《法院组织法实施法》
EGMR	Europäischer Gerichtshof für Menschenrechte	欧洲人权法院
Erg. Lfg.	Ergänzungslieferung	补充寄送
et al.	et alii, et aliae	其他人
etc.	et cetera	以及其他
EuG	Europäisches Gericht erster Instanz	欧洲初审法院
EuGH	Europäischer Gerichtshof	欧洲法院
EUR	Euro	欧元
EWG	Europäische Wirtschaftsgemeinschaft	欧洲经济共同体
EWiR	Entscheidungen zum Wirtschaftsrecht (Entscheidungssammlung)	《经济法判决》判决汇编
EzA	Entscheidungssammlung zum Arbeitsrecht	《劳动法判决汇编》
F		
f., ff.	folgende	页及以下
faq	frequently asked questions	常问问题
FASZ	Frankfurter Allgemeine Sonntagszeitung	《星期日法兰克福汇报》
FAZ	Frankfurter Allgemeine Zeitung	《法兰克福汇报》
FH	Fachhochschule	应用科技大学
Fn.	Fußnote	脚注
FS	Festschrift	纪念文集
FZV	Fahrzeug-Zulassungsverordnung	《机动车登记条例》
G		
GA	Goltdammer's Archiv für Strafrecht (Zeitschrift)	《格尔特达默刑法文汇》（杂志）
GesR	Gesundheitsrecht (Zeitschrift)	《健康法》（杂志）
GewArch	Gewerbe Archiv (Zeitschrift)	《工商业文汇》（杂志）
GewO	Gewerbeordnung	《工商业条例》
GG	Grundgesetz	《基本法》

(续表)

ggf.	gegebenenfalls	如有必要
GLJ	German Law Journal（Online-Zeitschrift）	《德国法年鉴》（在线杂志）
GmbH	Gesellschaft mit beschränkter Haftung	有限责任公司
GmbHG	GmbH-Gesetz	《有限责任公司法》
GmS-OGB	Gemeinsamer Senat der obersten Gerichtshöfe des Bundes	联邦最高法院共同审判委员会
GoA	Geschäftsführung ohne Auftrag	无因管理
GoJIL	Goettingen Journal of International Law	《哥廷根国际法期刊》
GreifRecht	Greifswaler Halbjahresschrift für Rechtswissenschaft	《格海斯瓦勒法学半年刊》
GS	Gedächtnisschrift/Großer Senat	纪念文集/大审判委员会
GVG	Gerichtsverfassungsgesetz	《法院组织法》
GVIDVDV	Verordnung über den Vorbereitungsdienst für den gehobenen Verwaltungsinformatikdienst des Bundes	《联邦高级行政信息服务预备役条例》
H		
Habil.	Habilitationsschrift	执教论文
HaftPflG	Haftpflichtgesetz	《责任法》
Hdb	Handbuch	工具书
HFR	Humboldt Forum Recht（Online-Zeitschrift）	《洪堡法律论坛》（在线杂志）
HG	Hochschulgesetz	《高等教育法》
HGB	Handelsgesetzbuch	《商法典》
HIV	Humanes Immundefizienzvirus	人类免疫缺陷病毒（艾滋病毒）
h. M.	herrschende Meinung	通说
HRRS	Höchstrichterliche Rechtsprechung im Strafrecht（Online-Zeitschrift）	《刑法最高法院判决》（在线杂志）
hrsgg.	herausgeben	出版
Hrsg.	Herausgeber	出版人

(续表)

HSOG	Hessisches Gesetz über die öffentliche Sicherheit und Ordnung	《黑森公共安全与秩序法》
I		
ICL	International Constitutional Law (Online-Zeitschrift)	《国际宪法》(在线杂志)
i. d. r.	in der Regel	原则上
IGH	Internationaler Gerichtshof	国际法院
IPR	Internationales Privatrecht	国际私法
ISBN	Internationale Standardbuchnummer	国际银行账号
i. S. d.	im Sinne der/des	在……意义上
i. S. v.	im Sinne von	在……意义上
ius. full	Forum für juristische Bildung (Zeitschrift)	《法学教育论坛》(杂志)
i. V. m.	in Verbindung mit	结合
J		
JA	Juristische Arbeitsblätter (Zeitschrift)	《法学工作报》(杂志)
JAP	Juristische Ausbildung und Praxisvorbereitung (Zeitschrift)	《法学教育与职业预备》(杂志)
JöR	Jahrbuch des öffentlichen Rechts der Gegenwart	《当代公法年刊》
JSE	Jura Studium und Examen (Online-Zeitschrift)	《法学教育与应试》(在线杂志)
jura	Juristische Ausbildung (Zeitschrift)	《法学教育》(杂志)
JurPC	Internet-Zeitschrift für Rechtsinformatik und Informationsrecht	《法律信息与信息法在线杂志》
JuS	Juristische Schulung (Zeitschrift)	《法学教育》(杂志)
JZ	Juristenzeitung (Zeitschrift)	《法学家报》(杂志)
K		
KJ	Kritische Justiz (Zeitschrift)	《批判性司法》(杂志)
KO	Konkursordnung	《破产条例》
KÖSDI	Kölner Steuerdialog (Zeitschrift)	《科隆税务对话》(杂志)

(续表)

KritV	Kritische Vierteljahresschrift für Gesetzgebung und Rechtswissenschaft (Zeitschrift)	《立法与法学批判性季刊》（杂志）
KschG	Kündigungsschutzgesetz	《解雇保护法》
L		
lat.	lateinisch	拉丁语
LAG	Landesarbeitsgericht	州劳动法院
LG	Landesgericht	州法院
Lit.	Literatur	文献
lit.	Buchstabe	字母
LL. B.	Bachelor of Laws (Online-Zeitschrift)	《法学学士》（在线杂志）
LL. M	Legum Magister	法学硕士
LMK	Kommentierte BGH-Rechtsprechung Lindenmaier/Möhring	附评注的最高法院判决
loc. cit.	loco citato (am angegebenen Ort)	同上
Ls.	Leitsatz	大前提
LTO	Legal Tribune Online (Online-Zeitschrift)	《法律论坛在线》（在线杂志）
M		
MdB	Mitglied des Bundestages	联邦议院代表
MDR	Monatsschrift für Deutsches Recht (Zeitschrift)	《德国法月刊》（杂志）
MIR	Medien, Internet und Recht (Online-Zeitschrift)	《媒体、网络与法律》（在线杂志）
MLR	Marburg Law Review (Zeitschrift)	《马堡法律评论》（杂志）
MMR	Multimedia und Recht (Zeitschrift)	《多媒体与法律》（杂志）
m. w. N.	mit weiteren Nachweisen	以及其他文献
N		
NdsVBl.	Niedersächsische Verwaltungsblätter	《下萨克森行政报》
n. F.	neue Fassung/neue Folge	新文本/新结果
NJ	Neue Justiz (Zeitschrift)	《新司法》（杂志）
NJOZ	Neue Juristische Online Zeitschrift	《新法学在线杂志》

（续表）

NJW	Neue Juristische Wochenschrift (Zeitschrift)	《新法学周刊》（杂志）
NJW-RR	NJW-Rechtsprechungs-Report (Zeitschrift)	《新法学周刊—判决报告》（杂志）
Nr.	Nummer	号数
NRW	Nordrhein-Westfalen	北韦斯特法伦
n. v.	nicht veröffentlicht	未出版的，未公开的
NVwZ	Neue Zeitschrift für Verwaltungsrecht	《行政法新刊》
NWB	Neue Wirtschafts-Briefe	《新经济概念》
NWVBl.	Nordrhein-Westfälische Verwaltungsblätter	《北韦斯特伦行政报》
NZA	Neue Zeitschrift für Arbeitsrecht	《劳动法新刊》
NZBau	Neue Zeitschrift für Baurecht	《建筑法新刊》
NZV	Neue Zeitschrift für Verkehrsrecht	《交通法新刊》
O		
o. ä.	oder ähnlich	或者类似的
o. J.	ohne Jahresangabe	无出版年份
OLG	Oberlandesgericht	州高等法院
o. O.	ohne Ortsangabe	无出版地点
OPAC	Online Public Access Catalogue	线上图书公用目录
o. V.	ohne Verfasserangabe	无作者信息
OVG	Oberverwaltungsgericht	州行政法院
OWiG	Gesetz über Ordnungswidrigkeiten	《德国违反秩序法》
P		
PC	Personal Computer	个人计算机
PDF	Portable Document Format	便携式文档格式
pFV	positive Forderungsverletzung	积极侵害债权
ProdHaftG	Produkthaftungsgesetz	《产品责任法》
pt	Punkt	点，句号
R		
RA	Rechtsanwalt	律师
RabelsZ	Rabels Zeitschrift für ausländisches und internationales Privatrecht	《拉贝尔外国法与国际私法杂志》

(续表)

RG	Reichsgericht	德国帝国法院
RGBl	Reichsgesetzblatt	帝国法律公报
RGZ	Entscheidungen des Reichsgerichts in Zivilsachen	帝国法院民事判决
RIW	Recht der internationalen Wirtschaft (Zeitschrift)	《国际经济法》(杂志)
Rn.	Randnummer	页边码
r. Sp.	rechte Spalte	右边栏
Rspr.	Rechtsprechung	判决
RVG	Rechtsanwaltsvergütungsgesetz	《律师收费法》
S		
S.	Satz/Seite	句子/页
SiG	Signaturgesetz	《电子签名法》
Slg.	Sammlung	汇编
sog.	sogenannte/r	所谓的
SozSichAbkÄnd-Abk2ZAbkTURG	Gesetz zu dem Zusatzabkommen von 2. November 1984 zum Abkommen vom 30. April 1964 zwischen der Bundesrepublik Deutschland und der Republik Türkei über Soziale Sicherheit und zur Vereinbarung von 2. November 1984 zur Durchführung des Abkommens von 11. Dezember 1986	《关于对1964年4月30日德意志联邦共和国与土耳其共和国就社会保障问题的条约于1984年11月2日所作的补充条约以及为实施1986年条约于1984年11月2日达成的协定法》
SPD	Sozialdemokratische Partei Deutschlands	德国社会民主党
StGB	Strafgesetzbuch	《刑法典》
StPO	Strafprozessordnung	《刑事诉讼条例》
StudZR	Studentische Zeitschrift für Rechtswissenschaft Heidelberg	《海德堡法学学生杂志》
StVG	Straßenverkehrsgesetz	《道路交通法》
StVZO	Straßenverkehrszulassungsordnung	《道路交通许可条例》
T		
taz	die tageszeitung	日报
Tbm	Tatbestandsmerkmal	构成要件

(续表)

TKG	Telekommunikationsgesetz	《电信法》
TVG	Tarifvertragsgesetz	《团体协议法》
U		
u. a.	und andere, unter anderem	以及其他
u. ä.	und ähnliches	以及类似的
UFITA	Archiv für Urheber- und Medienrecht (Zeitschrift)	《著作权法与媒体法文汇》（杂志）
u. ö.	und öfter	甚至更频繁
URL	Uniform Resource Locator	统一资源定位器
usw.	und so weiter	以及其他
UWG	Gesetz gegen den unlauteren Wettbewerb	《反不正当竞争法》
V		
v.	von, vom	由，属于
VBlBW	Verwaltungsblätter für Baden-Württemberg	《巴登符腾堡行政报》
VDI	Verein Deutscher Ingenieure	德国工程师协会
VersR	Versicherungsgerecht (Zeitschrift)	《保险法》（杂志）
VerwArch	Verwaltungsarchiv (Zeitschrift)	《行政文汇》（杂志）
VGH	Verwaltungsgerichtshof	行政法院
vgl.	vergleiche	参阅
VIZ	Zeitschrift für Vermögen- und Immobilienrecht	《财产法与不动产法杂志》（杂志）
VVDStRL	Veröffentlichungen der Vereinigung Deutscher Staatsrechtslehrer	德国国家法学者年会
VwGO	Verwaltungsgerichtsordnung	《行政法院法》
VwVfG	Verwaltungsverfahrensgesetz	《行政程序法》
W		
WaffenG	Waffengesetz	《武器法》
WissR	Wissenschaftsrecht (Zeitschrift)	《法学》（杂志）
WM	Wertpapier-Mitteilungen Teil IV (Zeitschrift)	《证券交易第四部分》（杂志）
WpHG	Wertpapierhandelsgesetz	《证券交易法》

(续表)

WuB	Entscheidungssammlung zum Wirtschafts- und Bankrecht	《经济法与银行法判决汇编》
Z		
Z	Zeile	行
ZaöRV	Zeitschrift für ausländisches öffentliches Recht und Völkerrecht	《外国公法与国际法杂志》
z. B.	zum Beispiel	例如
ZDF	Zweites Deutsches Fernsehen	德国电视二台
ZGR	Zeitschrift für Unternehmens- und Gesellschaftsrecht	《公司法与企业法杂志》
ZGS	Zeitschrift für das gesamte Schuldrecht	《一般责任法杂志》
ZHR	Zeitschrift für das gesamte Handels- und Wirtschaftsrecht	《一般商法与经济法杂志》
ZIP	Zeitschrift für Wirtschaftsrecht	《经济法杂志》
ZIS	Zeitschrift für internationale Strafrechtsdogmatik (Online-Zeitschrift)	《国际刑法教义学杂志》
ZJS	Zeitschrift für das juristische Studium (Online-Zeitschrift)	《法学教育杂志》（在线杂志）
ZPO	Zivilprozessordnung	《民事诉讼法》
ZR	Revision in Zivilsachen (Registerzeichen bei BGH)	《民事再审》（联邦最高法院登记号）
ZRFC	Risiko, Fraud und Compliance (Zeitschrift)	《风险、欺诈与合规性》
ZRG	Zeitschrift der Savigny-Stiftung für Rechtsgeschichte	《萨维尼基金法制史杂志》
ZRP	Zeitschrift für Rechtspolitik	《法政策杂志》
ZStW	Zeitschrift für die gesamte Strafrechtswissenschaft	《整体性法学杂志》
ZUR	Zeitschrift für Umweltrecht	《环境法杂志》
zust.	zustimmend/e/r	认可的/同意的
ZVglRW	Zeitschrift für vergleichende Rechtswissenschaft	《比较法学杂志》
ZZP	Zeitschrift für Zivilprozess	《民事诉讼杂志》

法律人进阶译丛

⊙ 法学启蒙

《法律研习的方法：作业、考试和论文写作（第9版）》，
　　［德］托马斯·M.J.默勒斯著，2019年出版
《如何高效学习法律（第8版）》，［德］芭芭拉·朗格著
《如何解答法律题：解题三段论、正确的表达和格式（第11版增补本）》，
　　［德］罗兰德·史梅尔著，2019年出版
《法律人的实习与入职：阶段、机会与申请（第2版）》，
　　［德］托尔斯滕·维斯拉格、斯特凡妮·贝格曼等著

⊙ 法学基础

《民法学入门：民法总则讲义·序论（第2版增订本）》，［日］河上正二著，
　　2019年出版
《民法的基本概念（第2版）》，［德］汉斯·哈腾豪尔著
《民法总论》，［意］弗朗切斯科·桑多罗·帕萨雷里著
《物权法（第32版）》，［德］曼弗雷德·沃尔夫、马尼拉·威伦霍夫著
《债法各论（第12版）》，［德］迪尔克·罗歇尔德斯著
《刑法分则I：针对财产的犯罪（第21版）》，［德］鲁道夫·伦吉尔著
《刑法分则II：针对人身与国家的犯罪（第20版）》，
　　［德］鲁道夫·伦吉尔著
《基本权利（第6版）》，［德］福尔克尔·埃平著
《法律解释（第6版）》，［德］罗尔夫·旺克著
《德国民法总论（第41版）》，［德］赫尔穆特·科勒著

⊙ 法学拓展

《奥地利民法概论：与德国法相比较》，
　　［奥］伽布里茲·库齐奥、海尔穆特·库齐奥著，2019年出版

《民事诉讼法（第4版）》，〔德〕彼得拉·波尔曼著
《所有权危机：数字经济时代的个人财产权保护》，
　　〔美〕亚伦·普赞诺斯基、杰森·舒尔茨著
《消费者保护法》，〔德〕克里斯蒂安·亚历山大著
《日本典型担保法》，〔日〕道垣内弘人著
《日本非典型担保法》，〔日〕道垣内弘人著

⊙ 案例研习
《德国大学刑法案例辅导（新生卷·第三版）》，〔德〕埃里克·希尔根多夫著
《德国大学刑法案例辅导（进阶卷·第二版）》，〔德〕埃里克·希尔根多夫著
《德国大学刑法案例辅导（司法考试备考卷·第二版）》，
　　〔德〕埃里克·希尔根多夫著
《民法总则（第5版）》，〔德〕约尔格·弗里茨舍著
《法定之债（第3版）》，〔德〕约尔格·弗里茨舍著
《意定之债（第6版）》，〔德〕约尔格·弗里茨舍著
《物权法（第4版）》，〔德〕延斯·科赫、马丁·洛尼希著
《德国劳动法案例（第4版）》，〔德〕阿博·容克尔著
《德国商法案例（第3版）》，〔德〕托比亚斯·勒特著

⊙ 经典阅读
《法学中的体系思维和体系概念》，〔德〕卡纳里斯著
《法律漏洞的发现（第2版）》，〔德〕克劳斯-威廉·卡纳里斯著
《欧洲民法的一般原则》，〔德〕诺伯特·赖希著
《欧洲合同法（第2版）》，〔德〕海因·克茨著
《民法总论（第4版）》，〔德〕莱因哈德·博克著
《法学方法论》，〔德〕托马斯·M. J. 默勒斯著
《日本新债法总论（上下卷）》，〔日〕潮见佳男著